上册

Study on IT Service Standards——Theory and Practice

IT服务标准研究
——理论和实践

郎庆斌　张剑平　孙先锋　著

人民出版社

责任编辑：高晓璐

图书在版编目（CIP）数据

IT 服务标准研究:理论和实践/郎庆斌等 著.－北京:人民出版社,2015.2
ISBN 978－7－01－014520－4

Ⅰ.①I… Ⅱ.①郎… Ⅲ.①IT 产业-商业服务-服务标准化-研究-中国
Ⅳ.①F49

中国版本图书馆 CIP 数据核字(2015)第 033310 号

IT 服务标准研究

IT FUWU BIAOZHUN YANJIU

——理论和实践

郎庆斌 等 著

人民出版社 出版发行

（100706 北京市东城区隆福寺街 99 号）

北京市文林印务有限公司 新华书店经销

2015 年 2 月第 1 版 2015 年 2 月北京第 1 次印刷
开本:710 毫米×1000 毫米 1/16 印张:54.25
字数:950 千字

ISBN 978－7－01－014520－4 定价:149.00 元(上下册)

邮购地址 100706 北京市东城区隆福寺街 99 号
人民东方图书销售中心 电话 (010)65250042 65289539

前　言

　　信息服务已经成为推动国民经济发展的重要产业，且为各行各业的基础产业。随着IT产业不断分化、融合，逐渐成熟，信息服务标准化已经成为产业发展的桎梏。

　　在信息服务标准化过程中，尚缺乏深入、严谨的基本概念、理论基础研究，缺失求实的调研和实践验证及标准研制过程的精细阐述。如"IT"概念的理解、服务生命周期的研究等。

　　大连软件行业协会自2004年创立大连标准化委员会，开始推进IT相关标准化研究和建设。截至2014年，相继组织、完成、发布、实施信息安全标准系列、IT服务标准系列、IT职业技能标准系列、数据管理标准及在研的智慧城市标准系列等多个标准体系，并参与工信部组织的ITSS国家标准研制，相继完成SJ/T 11445.2-2012《信息技术服务 外包 第2部分：数据（信息）保护规范》、SJ/T ×××××.×—20××《从业人员能力规范》等标准建设。

　　在标准化建设过程中，通过严谨、深入、扎实的IT及相关交叉学科理论的研究和实践验证，逐渐形成了独特的个人信息安全、IT服务、IT职业技能相关理论体系和实践验证体系，正在展开智慧城市相关研究工作，并构建了独树一帜的标准化建设体系。

　　暨标准化委员会成立十年之际，特此总结标准化建设十年研究成果，完成此一阶段工作任务，臧否标准化建设历程。本书借诠释各个系列标准的理论研究、实践基础，阐释了标准形成、标准规制、标准架构、标准结构、标准体例、标准用语和语境等的标准特质和一般规律，并希望藉此为全国的标准化建设提供参照，推进信息服务标准化建设。

全书由郎庆斌撰稿，设计全书架构。张剑平、孙先锋、尹宏参与创作，完成部分章节和资料收集。

全书分为上下两册，本书编排格式依人民出版社出版规范设计。本书为《IT服务标准研究——理论和实践》上册，阐述十年标准化成果的理论和实践，并与《IT服务标准研究——理论和实践》下册标准辑录内容相对应。

在各个系列标准化建设过程中，在本书形成过程中，得到许多关注及参与标准化建设同仁的大力支持和帮助，谨在此表示衷心的感谢。

大连交通大学
郎庆斌
2013年11月1日

关于IT……

为什么是IT服务标准研究，而不是"信息技术"服务标准研究？

IT（Information Technology），直译为信息技术，一般包括三个层次：

一、基础设备。支撑信息系统及其相关环境运行的基础设施，包括网络设备、处理和传输设备、数据存储设备、安全设备、计算机终端等及相关技术；

二、应用平台。承载信息化应用的软件系统，包括系统平台、支撑软件、安全系统等及相关技术；

三、应用系统。利用基础设备、应用平台解决各种实际问题的应用软件。包括科学计算、数据处理、知识获取、事物处理、辅助设计、业务管理等及相关开发技术。

随着信息技术相关领域的分化、融合、发展并趋向成熟，IT的语境（context）逐渐发生变化，由狭义逐渐延伸、扩展到广义，已成为内涵宽泛的专有词语，这也是中国国情使然。IT所指代的，不仅仅是信息技术，也包括资源、管理、服务、过程、质量种种，以及IT的相关环境。随着科学、技术、知识乃至实践的发展和社会的进步，IT的内涵亦由单一的学科领域向复合型、跨领域的交叉学科融合、发展。前瞻热炒的"智慧城市"、"物联网"……，是不能简单地以"信息技术"一言以蔽之的。

标准是服务的先行。必须厘清相关概念、术语，标准才具有指导意义和普适价值。在标准的实践中，"IT"的使用非常混乱，"IT"简单、理想地直译为"信息技术"，如"信息技术标准"、"信息技术服务"、"信息技术运维"，却又在行文中混用"IT"与"信息技术"，而不知所以然。

套用诺贝尔经济学奖得主萨缪尔森的"合成谬误"思想，即它是一种谬误，对局部来说是对的东西，仅仅由于它对局部而言是对的，便说它对总体而言也必然是对的。"信息技术"、"标准"、"服务"、"运维"……，各自表达的含义是清晰、明确的，然而当形成组合词"信息技术标准"、"信息技术服务"、"信息技术运维"等词语之时，却并不准确，甚至辞不达义，不能精准地传递标准应表述的真实含义。

笔者积卅余年IT从业经验，见证了计算机技术向IT技术的嬗变。特别是在十余年标准化研究、研制过程中，从肤浅的"信息技术"概念入手，逐步发现在我国特有的国情和语境内，"IT"一词使用的精妙，而非简单地使用"信息技术"，一叶障目。

"IT"语境的拓展，使得"IT服务"更加宽泛，内涵更加丰富。然而，如前言述，在IT服务标准化过程中，尚缺乏深入、严谨的基本概念及理论基础研究，缺失求实的调研和实践验证。"IT"概念的理解、IT服务内涵的研究等，在IT服务标准研制中具有奠基性意义。

大连交通大学

郎庆斌

2013年11月20日

Contents

目　　录

信息安全标准研究

信息服务标准研究

IT职业技能标准研究

智慧城市标准研究

数据管理标准研究

信息安全标准研究

　　广义的信息安全是保证自然、社会相关信息的状态，信息所依附的管理、技术及安全体系免受威胁和侵害。个人信息安全是随着社会进步、科技发展，特别是信息技术的发展，由信息安全衍生而出的新的分支及研究领域。

　　信息安全标准研究，主要涉及个人信息安全标准体系和信息安全检查标准体系两个研究方向。

第一章 个人信息安全标准系列

大连市自2003年开始启动个人信息保护研究和实践，循着相关标准系列的沿革，可以清晰地映射出个人信息相关研究、实践的脉络，臧否研究成果的深刻意义。

第一节 软件及信息服务业个人信息保护规范
（DB21/T 1522-2007）

DB21/T 1522-2007《软件及信息服务业个人信息保护规范》是在大连行业标准《软件及信息服务业个人信息保护规范》（2004）的基础上形成的，是中国行业个人信息保护自律标准的处子之作，开创了中国个人信息安全标准研制的先河。

一、标准肇始

个人信息保护早已引起许多国家的关注，并采取了相应的措施。而我国由于没有专门的保护个人信息的法律，公民和社会普遍缺乏个人信息保护意识，个人信息被不合理地公开甚至滥用。

在国际软件及信息服务外包业务的竞争中，我国与其他国家比较，缺乏信息安全保护意识和规范体系建设是极大弱项，特别是个人信息保护意识缺失，造成国际间在选择外包企业时对中国企业的不信任。随着国际交流的增加和国际业务的增多，相对于个人信息保护的要求，特别是欧盟、OECD、美国、日本、韩国等国际合作组织和国家相对完善的个人信息保护相关法规、标准和认证制度已经对我国的软件及信息服务外包业造成了影响，这些国家与其他国家间进行项目合作和交流时，会考虑到相应的个人信息保护情况，且将优先选择实行个人信息保护的国家合作。因此，是否实行个人信息保护已经成为一项重要的衡量条件之一，成为承接国际外包项目的壁垒。因而，建立我国计算机信息处理过程中的个人信息保护标准并按此标准建立企业个人信息保护体制，已经成为当务之急。

大连作为我国软件外包基地之一，有大量软件及信息处理业务来自于国外，国外客户对个人信息保护的要求，已经对大连软件及信息服务业中的外包业务的承接造成了影响，特别在对日外包业务中，由于日本颁布了个人信息保护法，特别是自2005年4月1日开始实行针对日本信息处理企业的P-AMRK认证制度，对软件外包企业意义深远。

从个人信息保护对大连软件及信息服务业的影响可以窥见一般：

1.产业整体表现为，信息服务业客户对加工信息发包谨慎；软件加工业客户不提供真实测试数据；

2.客户向承接外包项目的企业提出个人信息保护的具体要求，并在合同中增加个人信息保护相关条款和违反规定的处罚。因有关个人信息保护不当所造成损失的处罚金额相当高。

为了满足客户提出的个人信息保护要求，减少企业因个人信息保护不当可能造成的损失，企业必须从管理入手，按照日本企业的要求建立本企业的个人信息保护制度，但这种以单个企业建立的个人信息保护制度，不能得到国外客户对大连整体软件及信息服务业个人信息保护状况的认可。

二、保护模式

个人信息处于复杂、多变的环境中，呈现出多样性存在、多样态变化的特征。如何保证个人信息的相对安全，保障个人信息主体的权益是世界各国面对的共同课题。

目前，国际上存在三种个人信息保护模式：

（一）美国模式

美国以保护个人隐私为基准，采取政府引导下的行业自律模式，为了鼓励、促进信息产业的发展，对网络服务商采取比较宽松的政策，通过商业机构的自我规范、自我约束和行业协会的监督，实现个人信息的保护，并在隐私保护和促进信息产业发展之间寻求平衡，以保证网络秩序的安全、稳定。

美国"在线隐私联盟"（OPA），发布了在线隐私指导和自我规范原则，规定网上在线收集个人数据资料应全面告知消费者，包括所收集信息的种类、用途及是否向第三方披露该信息等，并提出由第三方机构监督执行机制，即网络隐私认证计划。由非营利性网络隐私认证机构TRUSTe、BBBonline实行该计划。

TRUSTe、BBBonline以OPA行业指导原则为基础，制定个人隐私保护基本原则，主要包括：制定经认证机构审查认可的隐私保护政策、可识别个人信息主体的个人信息的收集和利用必须告知个人信息主体、个人信息主体有个人信息的控制权等。

网络隐私认证计划，要求许可张贴隐私认证标示的网站，必须遵守网上在线收集、利用个人信息的行为规则，并接受某种形式的监督管理。

同时，美国联邦贸易委员会提出了四项基本原则：

1.知会原则：收集和处理个人信息时，应将收集、利用的目的、用途、内容，明确告知个人信息主体；

2.选择权原则：个人信息主体对被收集个人信息的使用目的、使用方式、二次开发等享有完全的决定和选择权利；

3.通道与参与原则：个人信息主体有权查看所收集的本人的个人信息，并有权质疑个人信息的准确性和完整性；

4.完全与完整性原则：应采取足够的管理、技术措施，防止未经授权的查看、损毁、使用、披露个人信息。

作为实施自律模式保护个人信息时的指导原则，以便与采取立法模式的国家和地区保持一致。

在一些比较敏感的领域，如儿童信息、医疗档案、金融数据等，美国国会采取了分散立法形式保护个人信息。

（二）欧盟模式

欧盟各国普遍认为，人格权是法律赋予自然人的基本权利，个人信息体现了自然人的人格利益，应当采取相应的法律手段加以保护。因而，欧盟制定了一系列严格、完善、规范的个人信息保护法律框架。它采用两个层次的立法模式：欧盟统一立法和欧盟成员国国内立法。通过指令、原则、准则、指南等立法规制，欧盟要求各成员国建立统一的个人数据保护法律、法规体系，保证个人数据在成员国之间自由流通。

1995年，欧盟通过的《个人数据保护指令》，几乎涵盖了个人数据保护的所有领域，包括个人数据处理形式、个人数据收集、记录、储存、修改、使用或销毁，以及基于网络的个人数据收集、记录、传播等。

欧盟立法模式覆盖面广，适于各种个人数据的相关行为。同时对向第三国跨境传输个人数据进行限制，要求必须通过欧盟的"充分性"保护标准。

（三）日本模式

日本参考欧盟的立法模式，更多采纳了美国的保护规制，通过政府立法和行业自律实现个人信息保护。

日本个人信息保护的实行，是通过地方政府立法和民间团体的行业自律推动，并于2005年开始施行《个人信息保护法》。自1975年日本东京都国立市制定第一个个人信息保护条例以来，大多数地方政府均相继制定了涉及个人信息保护的相关规范。非政府的民间团体企业则主要通过行政指导、行业自律或个别法的某些规则自我规范、自主规制。

日本于1999年3月制定了工业标准（JIS）《个人信息保护管理体系要求事项》（個人情報保護マネヅメントッステム—要求事項）（JIS Q 15001），并开始进行个人信息保护审核、认证工作（P—MARK认证）。P—MARK认证是JIPDEC对日本民间企业的个人信息保护状况进行评估和认定，其所颁发的个人信息保护标识，表明该企业遵守个人信息保护的相关法律、法规，遵守个人信息使用、处理的承诺，以提高企业的可信赖性。

日本已经构建了相对完善的个人信息保护法律体系：确定了适用于公共部门和非公共部门个人信息保护的基本原则，制定特殊领域的个别法，鼓励非公共部门实施行业自律，采用P—MARK认证机制，替代争端解决机制，配合《个人信息保护法》的实施。

与《个人信息保护法》比较，《个人信息保护管理体系要求事项》制定了详细的、构建企业个人信息保护管理体系的规则。

三、标准规制

大连行业标准《软件及信息服务业个人信息保护规范》，是自2004年开始，为应对日本开展P-MARK认证的影响，大连软件行业协会在大连市信息产业局的支持下，组织专家、企业及相关人员开始研究个人信息保护的相关问题，研究个人信息安全相关的理论和欧盟、日本等国家的法规、标准和实践，重点研究OECD个人信息保护八项基本原则和日本JIS Q15001《个人信息保护管理体系——要求事项》，调研企业需求和现状形成的。

大连软件行业协会开展的主要工作包括：

1.研究、编制个人信息保护相关标准，主要包括计算机处理行业个人信息保护原则制定，个人信息收集、使用、提供、管理、委托、个人信息主体权利相关要求；计算机信息处理过程中的个人信息保护界定，个人信息物理与技术安全管理与措施的研究，个人信息在计算机处理过程中的形态、概念、定义的研究等诸多问题；

2.首先开展软件与信息服务业个人信息保护标准化的研究，在信息服务行业推进个人信息的安全管理，并逐步向其他行业辐射、推广；

3.基于软件与信息服务业个人信息保护标准，研究建立个人信息保护评价体系，在行业内开展个人信息保护认证，并逐步向其他行业延伸；

4.通过各种形式宣传软件与信息服务业个人信息保护标准和相应的评价体系；

5.促进与国际间个人信息保护认证的相互认可，打破国际壁垒，提高我国软件及信息服务业在国际上的信任度；

6.持续开展个人信息安全管理标准系列的研究；

7.造就一批个人信息安全管理的人才，积累个人信息保护的经验。

标准编制过程中，曾聘请日本个人信息保护专家多次座谈和研讨，并聘请十几家企业负责信息安全的人员参与整个研制过程，以便符合企业的实际需求。

经过多次修改和完善，2006年3月20日，大连率先发布了首部地方性个人信息保护行业管理规范——《大连软件及信息服务业个人信息保护规范》，为全国开展个人信息保护工作提供有益的借鉴。

之后，在广泛听取社会各个方面的意见和信息安全专家建议的基础上，经过多轮、反复研究、讨论、修改，至2008年完成、颁布、实施DB21/T 1522-2007《软件及信息服务业个人信息保护规范》。

借鉴日本个人信息保护模式，规范软件及信息服务业个人信息保护。标准完全参照日本较为成熟的JIS Q15001《个人信息保护管理体系——要求事项》，标准框架、标准体例、标准用语、约束要件、标准阐释等均取自JIS Q15001，适度依据国情修改。依据JIS Q15001的要义，DB21/T 1522-2007主要规范了个人信息保护定义、原则、组织机构及责任、方针和基本规章建立、运行与实施、检查、持续改善、重新评估的要求等。

四、评价体系

（一）综述

前期调查、研究、实践和标准编制，为构建个人信息保护评价体系（PIPA），实施个人信息保护评价奠定了坚实的基础。个人信息保护相关标准是个人信息安全的基本要求和规则，实施个人信息保护评价是依据标准、采用合理、有效的技术和管理方法，系统、客观、全面地监督、判断、评估企业个人信息保护体系构建、运行、发展、完善、变化及其影响因素。

个人信息保护评价体系是深入研究了TRUSTe、P-MARK等认证制度后，大连市创建的、具有我国行业特色的个人信息保护认证计划，其基本概念与认证计划是一致的：

1.个人信息保护评价机构是独立、公正的第三方机构，对企业实施客观、公平、公正的评价，并要求评价对象遵守相关个人信息保护法规、标准；

2.依据个人信息保护相关标准，对已构建和运行个人信息保护体系的企业展开评价。通过评价的企业，颁发认证标志和相应证书，遵守个人信息保护相关法规和标准，并接受相关机构的监督管理；

3.对已构建和运行个人信息保护体系的企业展开评价，是判断和评估企业开展个人信息保护工作与个人信息保护相关法规、标准的一致性、符合性和目的有效性。

个人信息保护评价具有鲜明的特征：

1.个人信息保护评价是以个人信息保护体系为评价对象的第三方监督执行机制。企业依据个人信息保护规范的基本规则，构建个人信息保护体系，保障个人信息的安全。体系的安全性、可靠性、充分性和有效性，需要独立的第三方机构实施监督、判断、评估。

2.个人信息保护目的是个人信息保护评价的基础。目的决定个人信息保护的基本要求，是个人信息保护评价的出发点。个人信息保护评价的标准、任务、内容、方法，以及评价的组织形式等，都与个人信息保护目的密切相关。个人信息保护评价的目的是监督、判断、评估个人信息保护目的是否达成，通过改进、改善个人信息保护体系，促进个人信息保护目的的实现。

3.实现科学、客观的个人信息保护评价的手段是技术和管理方法的运用。采用技术手段和管理方法，收集、整理、分析、评估与个人信息保护体系相关信息，是个人信息保护评价的基本策略。

4.个人信息保护评价的价值取向。个人信息的价值取向是个人信息的显著特征，对人、社会存在积极的意义和作用。个人信息保护目的，也体现了个人信息价值属性的能动性。个人信息保护评价就是对个人信息的价值属性的再认识。

5.个人信息保护效果和影响的判断和评估。个人信息保护的效果是个人信息保护目的达成的程度；个人信息保护的影响是在达成个人信息保护目的过程中，对个人、企业、社会，及经济、文化、政治等施加的作用，或所形成的结果。个人信息保护评价应对个人信息保护的结果和影响，进行全面评估，以便更好地发挥评价的积极作用。

（二）工作机制

个人信息保护评价体系的规范化、专业化、科学化，是提高评价质量和效率，体现评价的独立性和权威性的保障。

1.组织机构。个人信息保护评价体系是通过组织机构组织、管理、协调和运作的。建立相对完善的组织机构，明确职责，对个人信息保护评价的全过程实施监督、管理。

（1）个人信息保护工作委员会。为推进个人信息保护，制定、实施个人信息保护相关法规、标准设立的专门机构。负责个人信息保护法规、标准的研究、制定、解释、修改和实施；监督个人信息保护评价机构的工作；审议个人信息保护评价报告；建立争端解决机制等。委员会下设法规组、仲裁组、宣传组、国际交流组、教育培训组和评价管理组。

（2）个人信息保护评价机构。个人信息保护工作委员会派出机构，由专家、学者、专业人士和管理人员组成。负责个人信息保护评价资格审查、个人信息保护现场审核、编制个人信息保护评价报告及评价员聘任、管理、培训、考核和投诉受理等。评价机构的常设机构和日常事务处理是PIPA办公室。

2.评价人员管理。评价人员是个人信息保护评价机构中负责个人信息保护评价的专家、学者及其他相关专业人士。由于个人信息保护评价是一种软评价方式，需要评价人员了解企业的基本情况，分析、判断企业个人信息保护相关的各种复杂关系，利用自身掌握的知识、专业和经验，依据个人信息保护相关法规、标准，对企业个人信息保护体系状况做出判断和评估。评价过程与评价人员的业务素养、个人修养、专业水平等有直接关系。因而，这些人员的管理关系到个人信息保护评价的质量和专业性。

（1）管理制度。建立评价人员管理制度，包括评价人员的工作能力、专业水平、从业经历、评价职责、知识更新等，保证个人信息保护评价的权威性、独立性。

（2）业务培训。个人信息保护评价仅仅依靠评价人员的专业知识、经验是不够的，还应接受个人信息保护相关专业的培训。培训内容包括：

· 个人信息保护相关法规、标准；

· 个人信息保护相关信息；

· 个人信息保护评价的基本要求；

· 个人信息保护评价的背景、基本概念及意义；

· 个人信息保护评价的工作流程；

· 实施个人信息保护评价的要求等。

（3）制订相应的培训计划，并不断改进和完善，以保证培训的有效性、充分性和适应性。

3.评价过程管理。个人信息保护评价的过程管理，是保证个人信息保护评价质量的重要活动。

（1）管理职责。管理职责是保证评价的质量。在评价过程中，确定评价目的和评价标准，制定切实可行的质量管理目标，明确管理机构、管理人员、评价人员的职责。

质量管理目标根据管理和评价人员的职能分解，并包含满足评价所需的相关内容。目标的定性或定量是评价有效性的保证。

（2）评价实施。评价实施是保证评价结果具有稳定、可靠的质量。在资格审查、现场审核中，发现明显的和潜在的隐患和缺陷，确定隐患和缺陷的危害程度，分析可能形成的原因及修复可能对企业产生的影响，提出解决方案建议。

（3）评价结论。

·评价人员根据现场审核结果形成现场审核意见；

·评价机构根据资格审查报告、现场审核意见，形成评价意见；

·通过资格审查、现场审核后，经相关媒体公示；

·公示期间无重大投诉和质疑，形成个人信息保护评价报告，报工作委员会审议；

·个人信息保护工作委员会根据个人信息保护评价报告，判定企业个人信息保护体系的充分性、有效性、符合性、稳定性和可靠性，得出符合实际的审批意见。

4.复审。对通过个人信息保护评价的企业复审，以监督企业个人信息保护体系的运行状况和持续完善、改进工作，是保证个人信息保护体系运行的稳定性、可持续性的必要措施。复审一般在通过个人信息保护评价后进行：

·定期检查；

·有重大投诉或举报，并确认为事实；

·出现重大个人信息安全事故；

·其他需要重新确认的事实。

5.过程改进。评价管理采用过程模式，通过过程管理的持续改进和完善，保证评价质量可靠、稳定的永恒目标。根据过程管理的实践、优化、修正过程管理中的缺陷和偏差，完善管理流程，提高过程管理的效率和有效性。

（三）体系管理

个人信息保护评价体系是保证个人信息保护体系充分、有效、安全、可靠的认证计划。个人信息保护评价体系的规范化、专业化、科学化，需要相应的管理措施和制度保障。

1.工作委员会。制定个人信息保护工作委员会工作条例，明确工作委员会的产生机制、工作职责和任务、约束工作委员会成员的行为；

2.评价机构。确定评价机构的组成和职能、评价管理人员的职责和义务、评价机构的工作流程等。

3.评价管理：

（1）个人信息保护评价的目的和规则；

（2）个人信息保护评价的流程；

（3）个人信息保护评价人员的管理；

（4）个人信息保护评价人员的职责；

（5）个人信息保护评价流程各个阶段的工作内容、工作方法和质量管理等；

（6）个人信息保护评价资格管理；

（7）相关文档管理；

（8）个人信息保护评价工作的评价等。

4.仲裁服务。投诉、意见、建议和反馈的管理。包括：

（1）投诉处理规则；

（2）投诉处理流程；

（3）投诉受理人员的职责和义务；

（4）投诉受理和反馈机制；

（5）意见和建议的受理和反馈；

（6）监督机制；

（7）特殊情况处理等。

5.培训教育机制。个人信息安全与其他信息安全管理存在交集，但个人信息的多样态存在、个人信息的特征和分布决定了个人信息安全的独特性，也决定了个人信息保护的特殊性和个人信息保护评价的敏感性。在个人信息安全领域，深刻理解并实践个人信息保护特殊性的实用人才匮乏，始终是制约个人信息保护评价体系的重要因素。

个人信息保护评价机构建立了培训教育机制，采取两种方式，对申请参加评价、已多次参加评价和高级评价人员开展培训教育，以期培养、聚集个人信息安全领域的专门人才：

（1）定期、实时：制订培训教育计划，根据不同类别的评价人员确定培训教育内容和方式，或针对评价过程中的问题，定期、实时开展培训教育；

（2）研讨：组织评价人员评议个人信息保护评价过程，或针对典型案例、或有争议的问题、或设定课题，展开讨论，各抒己见，达成共识。

6.质量管理。个人信息保护体系采用全面质量管理原则，保证系统、客观、全面地监督、判断、评估个人信息保护体系的构建和运行状况：

（1）以用户为中心。个人信息保护评价体系在充分理解用户需求，关注用户业务流程基础上，将评价指标、评价内容与用户需求融合，使评价体系易理解、易操作，能够科学、客观、有效地评价用户的个人信息保护状况；

（2）过程管理。个人信息保护评价体系采用PDCA过程管理模式，不断修正、改进评价流程，使评价体系日臻完善；

（3）基于事实的管理。在个人信息保护评价中，为保证获得评价数据和信息的可靠性，基于事实分析，权衡事实、技术、经验、直觉，做出科学、客观的判断、评估；

（4）持续改进。通过过程管理，依据评价目标、评价结果、评价资料分析等，持续改进评价体系，提高评价体系的有效性。

五、国际交流

个人信息安全是一个崭新的领域，国内开展个人信息保护，没有现成的经验，需要借鉴国际上成熟的经验和做法。大连市信息产业局、大连软件行业协会做了有益的尝试，开创了国内个人信息安全管理的先河。

（一）与日本的合作

大连个人信息保护肇始于软件与信息服务外包业务的需求，特别是对日外包业务的需要。大连软件行业协会与日本相关部门进行了广泛接触，多次聘请日本个人信息保护专家座谈、研讨，举办个人信息保护知识和日本P-MARK认证专题讲座。日本情报处理开发协会P-MARK事务局专家先后三次访问大连，与大连市信息产业局、大连软件行业协会探讨个人信息保护相互合作事宜。

2006年，大连软件行业协会与日本情报处理开发协会就个人信息保护工作相互合作事宜举行了友好会谈。双方认真讨论了日本个人信息保护认证（P-MARK）与大连个人信息保护评价（PIPA）进一步合作事项，并达成意向：

1.建立正式的合作关系，签署正式合作协议书；

2.中方和日方相互宣传P-MARK和PIPA评价制度；

3.P-MARK和PIPA资料相互交换、信息共享，共同提高认证与评价的质量；

4.认证网站相互链接；

5.探讨P-MARK和PIPA相互认可的条件和时机，达成相互认可的意向。

同年，在济南召开的中国软件行业协会（CSIA）与日本信息服务产业协会（JISA）第十届中日信息服务产业恳谈会上，日方JISA、ARG021、NTTDATA、NEC、野村总研、日立等的专题发言均强调个人信息保护和P-MARK认证的重要性。大连软件行业协会现场解答了日方对中国个人信息保护提出的询问，受到了与会近300位代表的高度重视。

2006年10月，大连软件行业协会(DLSIA)与日本情报处理开发协会(JIPTEC)就有关个人信息保护合作事宜签订正式合作协议，并就个人信息保护认证相互认可的条件、时间、内容开展了具体的讨论，达成了共识。

2007年大连市在日本举办有500多家日本企业参加的产业说明会，大连市夏德仁市长宣布大连开展个人信息保护工作，在日本业界引起轰动。第二天日本各大媒体都在显著位置报道了大连个人信息保护评价。

日本信息服务协会（JISA）专门邀请大连软件行业协会派人为JISA会员讲解大连个人信息保护评价。

同年9月在东京召开的第11届中日信息服务恳谈会上，大连软件行业协会被特别邀请在会上作了个人信息保护评价专题发言。

2007年11月，在东京召开的国际个人信息保护大会上，大连软协也作为中国参会的代表作了个人信息保护的报告，引起了各国参会代表的关注。

2008年软件会期间，PIPA与P-MARK正式实现互认。PIPA与P-MARK通过两年合作，认为在评价体系设计、评价方法、评价水平等方面达到一致，双方同意全面相互承认，并可共同使用同一认证标志。这是国际上首次实现两个国家间相互全面承认个人信息保护认证体系的合作项目，标志着中日之间个人信息交流壁垒已经消除，打破了日本信息服务外包中个人信息保护的准入门槛，促进了我国与日本信息服务外包业的合作和发展。

（二）与欧盟的交流

在成功构建、实施个人信息保护评价体系后，大连市信息产业局、大连软件行业协会组织专家、学者和相关人士着手研究与欧盟、美国的交流方式，并进行了多次接洽、协商。

2008年7月，《中国——欧盟信息社会项目》在大连召开了"个人信息保护高级研讨会"。这是中国与欧盟的合作项目，由商务部签约、国务院信息化工作办公室执行。项目的主要目标是根据中国信息化工作的政策和实施战略，加强中欧交流与合作；通过信息化，推进中国的改革开放和经济社会发展；利用欧盟资源，引入欧盟有益的经验，推动信息化有关法律框架比较研究。

会上，来自欧盟的专家Thomas Hart博士、Graham Sutton教授和齐爱民教授分别做了"欧盟数据保护立法及实践"、"个人数据保护欧盟经验与方法"、"中国制定个人信息保护法的核心问题"报告，大连软件行业协会也做了"软件与信息服务业个人信息保护的实践和意义"的发言。会议就与个人信息保护相关问题展开了热烈讨论。

此外、大连软件行业协会也与美国TRUSTe认证机构接触，洽商与个人信息保护相关事宜的合作模式。

六、评价体系的再评价

大连软件行业协会自2005年开始接触、研究个人信息安全，2006年正式发布、实施全国首个《软件及信息服务业个人信息保护规范》，并于2007年开始试行个人信息保护认证计划。经过两年多的实践、研究和改进，个人信息保护评价体系已经日臻完善。

截至目前，已有90余家信息服务外包企业、信息服务企业、教育培训机构通过个人信息保护评价体系，取得PIPA资质，这些企业包括本地企业和国内其他地区企业。取得PIPA资质的信息服务外包企业，同时获得日本P-MARK认证的认可，获得日本市场的准入。

为了了解个人信息保护评价效果，改进和提高个人信息保护评价质量，检验DB21/T 1522-2007《软件及信息服务业个人信息保护规范》的实效性，大连软件行业协会展开了一项旨在完善个人信息保护评价体系的调查。

调查对象是已通过个人信息保护评价的企业和申请个人信息保护评价的企业。调查方式是通过邮件方式实施。共发放调查问卷60份，最终回收44份，有效率为73.3%。其中通过个人信息保护评价企业问卷29份，申请个人信息保护评价企业问卷15份。

问卷调查内容主要分为两部分，第一部分为个人信息保护体系建立情况调查，了解企业构建个人信息保护体系的目的、效果及相关信息；第二部分为评价质量，主要了解企业对评价质量的满意度。

（一）申请个人信息保护评价的目的

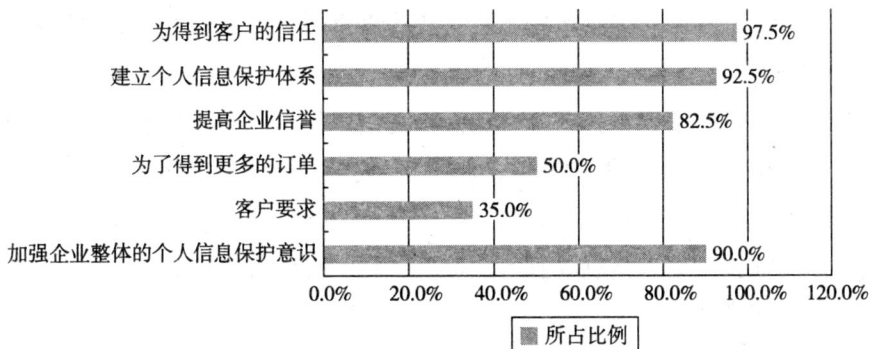

图1.1　申请个人信息保护评价的目的各方面占比图

（二）个人信息保护评价对管理质量的影响

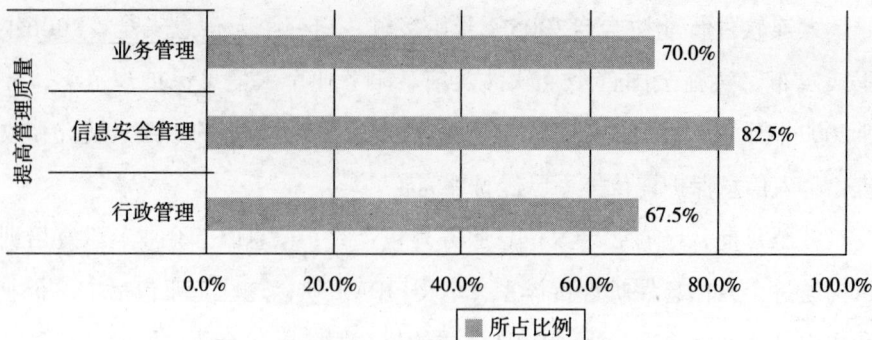

图1.2　个人信息保护评价对管理质量的影响占比图

（三）通过个人信息保护评价后的效果

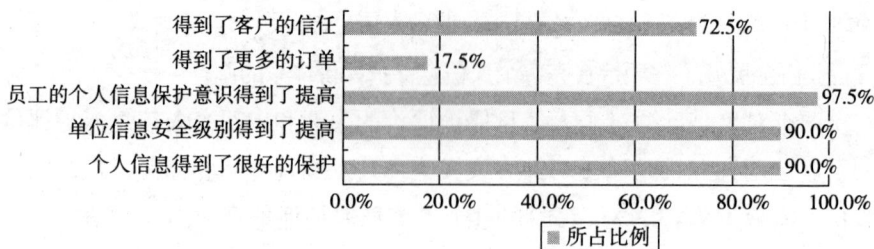

图1.3　评价通过后各方面效果占比图

调查发现，个人信息保护评价体系已经对企业产生了深刻影响：

1.构建个人信息保护体系，增强个人信息安全意识。在业务、管理活动中涉及个人信息的安全得到保障，同时，也保护了其他信息，提高了信息安全等级；

2.构建个人信息保护体系，规范化信息资源管理，有效推动和促进企业的发展和建设；

3.通过个人信息保护评价，保证个人信息保护体系的充分、有效，保证个人信息的安全，建立与客户间的信任关系，提高企业信誉和个人信息安全的信任度；

4.企业员工个人信息的有效保护，体现了对个人信息主体、个人信息主体权力的尊重。

（四）评价过程中，申报资料审查的合理性

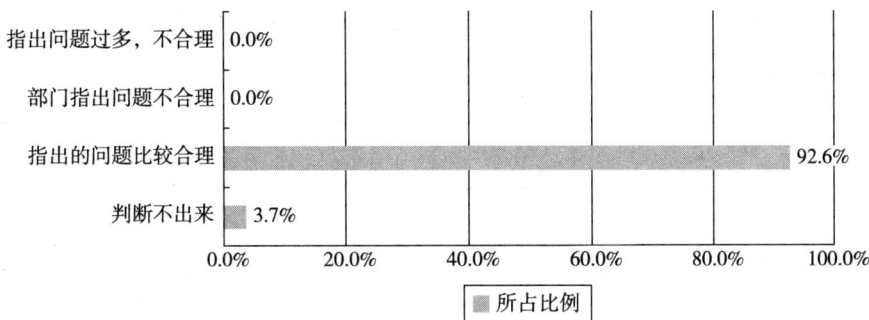

图1.4　申报材料合理状况占比图

（五）现场审核的合理性

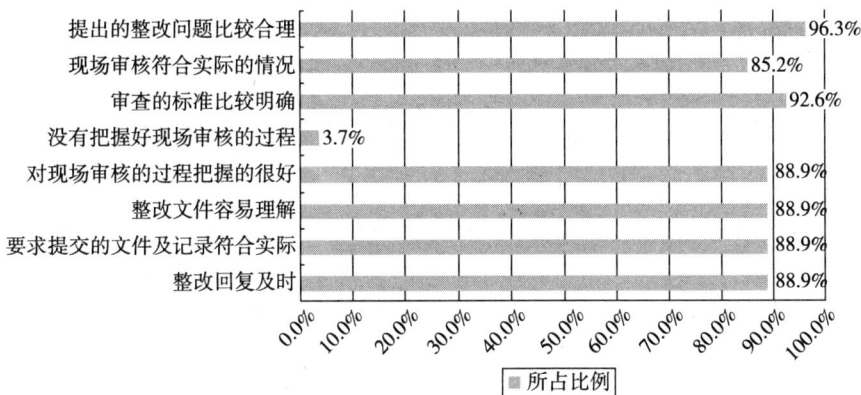

图1.5　现场申报的合理状况占比图

（六）评价人员能力

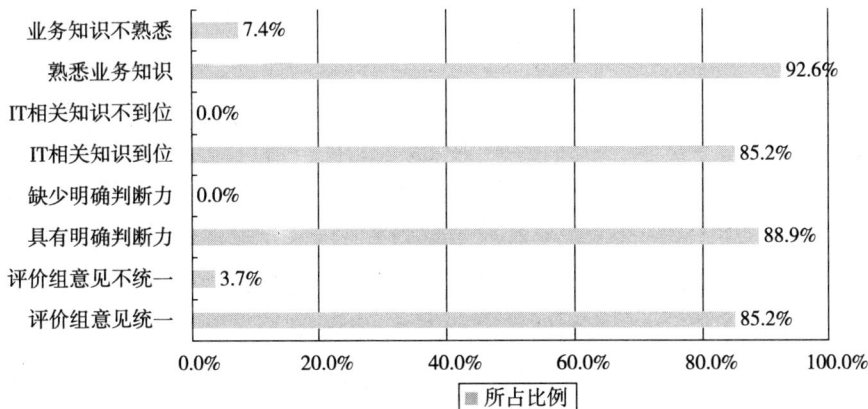

图1.6　评价人员状况占比图

由于强化了评价准备、评价过程和评价交付的质量管理、基于PDCA模式的过程改进策略和目标管理责任制，评价体系的成效是显著的。调查显示：

1.依据《大连软件及信息服务业个人信息保护规范》，合理设定个人信息保护评价目标，制定评价过程质量管理策略，明确职责，确定意见反馈机制。

2.依据企业需求和实际，制定适宜的资格审查和现场审核标准、大纲，采取科学、专业、有效的评价方式和方法，严谨、求实亦不失灵活性；

3.个人信息保护评价体系已经形成了一支科学化、专业化的人才队伍，既注重知识、专业技能的自我完善和提升，也注重经验和实践的积累和总结。

通过个人信息保护评价实践和调查、走访，推进个人信息保护，保证个人信息安全至为关键的是：

1.最高管理者的作用。缺少最高管理者的意志、领导、支持和协调，鲜有真正实现个人信息安全者。

2.个人信息保护体系的保障约束作用。在体系平台上，推进个人信息保护，约束有关各方的权益和行为，是保障个人信息安全的制度设计和框架。

3.个人信息保护方针的指导作用。个人信息保护方针确立的目标、权力、原则、方式方法等，为相关各方的行为、活动提供简单、明确、易于操作和执行的指南。

4.过程改进。采用PDCA模式和监察机制，跟踪、监督、控制、检查个人信息保护体系构建、实施的全过程，实时改进和完善。

第二节　个人信息保护规范（DB21/T 1628-2008）

在DB21/T 1522-2007《软件及信息服务业个人信息保护规范》研究、完成后，大连市信息产业局提出并支持大连软件行业协会、个人信息保护工作委员会开展全社会个人信息保护相关问题的研究，并着手申请编制面向全社会的辽宁省《个人信息保护规范》地方标准，以期提高全社会个人信息保护意识，增强个人信息保护管理工作的科学化、规范化和专业化。

通过编制、实施面向全社会的《个人信息保护规范》，维护公民基本的人格权，构建个人信息保护体系，提高全社会的个人信息保护意识，规范个人信息管理和使用，将为企事业、机关团体等组织建立个人信息保护制度提供可供参考的依据，提高这些组织的个人信息保护能力和个人信息安全，规范管理水平和质量。

发布、实施和推行《个人信息保护规范》，参照DB21/T 1522-2007《软件及信息服务业个人信息保护规范》确立的认证机制，建立个人信息保护评价体系，可以保证实施《个人信息保护规范》的科学、有序、规范，提高全社会个人信息保护的水平，促进个人信息保护的发展。

一、规范基础

个人隐私泛指不希望他人知道、干扰、涉入的、与公共利益无关的个人数据资料、个人生活或私人生活领域。

人格权是以维护人格主体自身的独立人格利益所必备的生命健康、人格尊严、人身自由、个人隐私、个人信息等的各种权利。

人格权的客体是涵盖个人隐私的独立人格利益。个人名誉、荣誉、肖像、个人隐私、精神自由等人格利益是以人的社会活动和实践为核心的。因而，人格的本质是人的社会性。

自然人的人格权具有纯粹的人身依附性，不能转让和继承。因此，个人信息主体的自然人属性，决定个人信息的主体是唯一的，依附于主体的属性存在，不能转让和继承，其人格利益也只能由主体唯一拥有。

个人信息保护相关标准的基础存在三种形态：以保护个人隐私为基础、以保护人格权为基础和同时采取两种模式，但更偏重人格权保护。

中国的国情存在很大差异。在中华传统文化中，社会政治模式是"家国同构"，即以血缘为基础，以宗法制度指导的家、家族、国家的结构同一性，是"族权"与"政权"的统一。中国的社会伦理、国家伦理皆由家族伦理演绎而来。因而：

（一）这一传统文化强调群体取向，忽视个人价值、尊严、权利。中国的传统社会，是以宗法制度为基础的，强调群体价值和整体性思维方式，轻视个体价值。在这种文化背景下，街谈巷议家长里短，喜好窥探和议论他人隐私的陋习成了一种被普遍认同、习以为常的社会习惯。

（二）以父子——君臣关系为人格化体现的伦理-政治系统，是中国社会的特色，绵延久远，其深层结构仍在主导、传承。

在依据国情编制个人保护相关标准中，必然考虑两种因素的潜移默化作用。由于家庭是重要的社会化环境要素，在人的成长过程中，必然受到中华传统文化的熏陶。在社会活动和实践中，也必然受到传统文化的影响。

日本模式似乎更贴近中国的实际。日本深受中华传统文化影响，虽然明治维新后转向西方，但深层次的中华传统文化影响依然存在，因而采用了混合模式而更偏重保护人格权。

以明治维新为界，这就是中国和日本的区别。依据我国国情，个人信息保护模式应以保护人格权为基础，更偏重保护个人隐私。

在中国的个人信息保护语境中，应摒弃父子——君臣关系的人格化体现，而凸显基于社会活动和实践的自然人的人格利益保护。

由于传统是在长期的历史演化过程中逐渐积累的一种文化，一种生活方式，是一种无形的规范。它有着确定的价值，在一定的条件和某些方面可以促进社会的进步和发展。因而，在中华传统文化的传承中，个人隐私极具中国特色。个人隐私的保护更具普遍意义和普适价值。

二、标准规制

基于第二节的认识，规划DB21/T 1628-2008《个人信息保护规范》的体例和结构。

（一）体例

规范基本沿袭DB21/T 1522-2007《软件及信息服务业个人信息保护规范》的基本框架，并遵循标准编制的基本原则。

（二）结构

如前述，DB21/T 1522-2007《软件及信息服务业个人信息保护规范》基本沿袭了日本较为成熟的JIS Q15001《个人信息保护管理体系-要求事项》。DB21/T 1628-2008《个人信息保护规范》依据国情修改、调整了标准结构、标准用语、约束要件、标准阐释等。

1.标准必须首先明确个人信息主体的权力和个人信息管理者的责任、

义务。如本章第二节所述，在中华传统文化潜移默化的影响下，个人信息主体的权力和个人信息管理者的责任、义务必须明确阐明。

2.必须明确个人信息保护体系的功能和内涵。在中国传统的伦理及政治体系中，需要管理者和一种管理结构。明确个人信息保护体系的功能和内涵，可以强化个人信息保护的执行力和有效性。

3.必须厘清个人信息保护的流程。展开个人信息保护体系的构成要素，即可清晰个人信息保护的流程，并据此构建相应的规则和约束。

（三）标准用语

汉语文法与英语文法、日语文法迥异，表述方式也不同，不能简单地望文生义，抑或简单地直译或音译，亦应在个人信息保护的特殊语境中，表述个人信息保护的本质。

（四）约束要件

1.标准应适当粗粒度，某些具有个性的规则，需要使用者根据标准和实际制定个性化的制度；

2.制定规则，应经过充分的调研，在占有大量资料基础上，尽可能多地涵盖可能的情况；

3.适当前瞻是标准制定的通例。个人信息保护相关标准亦应考虑可能的发展和变化。

三、概念研究

在个人信息保护标准研究中，涉及OECD、欧盟、美国、日本等国际组织和国家的相应法规、标准和实践。如何理解、把握与之相关的个人信息保护基本概念，并依据国情、实践、行业特点、市场需求表述，需要认真研究，并提炼出符合实际需要的概念。

（一）个人信息主体

主体，在西方的法律条文中称之为"Subject"。个人信息主体是具有社会性的、从事实践活动的自然人。

（二）个人信息管理者

管理者，在欧盟的相关法律中称之为"Controller"。个人信息管理是以占有、处理、利用个人信息为目的的管理活动，体现管理主体的权利、义务、责任和目标，同时体现计划、组织、领导、控制和协调的管理过程。因而，在个人信息管理体系中，合法拥有个人信息的管理主体，似应称为"个人信息管理者"更恰当。

依据管理的属性，个人信息管理者可以细分为个人信息使用者、个人信息处理者、个人信息提供者……具有个人信息管理者相同的权利和义务，但责任和职能更清晰。

（三）个人信息保护方针

方针是应遵循的目标、原则和方法，提纲挈领，简便易行。在个人信息保护体系中，个人信息保护方针确立了个人信息保护的目标、原则、方法、措施，为全体工作人员确立了应遵守的行为规则，明示于与个人信息保护相关的工作环境、网站等，是个人信息保护的基准。

方针是政策的特殊表现形式，在个人信息保护实践中，个人信息保护方针是个人信息保护体系中表达政策的一种形式。二者的区别在于：

1.个人信息保护方针包含在个人信息管理者总的政策范畴内，具体规定了个人信息保护的目标、原则、方法和措施等；政策所表达的内容则宽泛得多；

2.实践表明，个人信息保护方针表达了鲜明的适用性、原则性和稳定性。政策却存在较大的变通性和灵活性。约束在个人信息保护体系中，方针只能是唯一的，政策却存在多变的可能性。

（四）个人信息保护体系

包括确立个人信息保护目标、制定个人信息保护方针、建立个人信息保护的管理机制、保护机制、安全机制、过程改进机制等，以及个人信息保护管理质量等活动，是个人信息管理者计划、组织、协调、控制个人信息保护的管理活动，这些活动是相互关联又相互制约的。为实现个人信息保护目标、方针，充分、有效地开展个人信息保护的各项活动，约束个人信息管理者的行为，必须建立相应的管理体系，即个人信息保护体系。

个人信息管理者内部现存各种管理体系，质量、安全、环境……整合各种管理体系，确立一个总的管理方针和目标、一体化的体系文件、一体化的审核和管理评审，消除多个管理体系形成的多头管理是管理活动的趋势。但是目前的国情、相关法规、标准、政策、管理、现状等，短期内难以实现。因而，无保护体系的个人信息保护，资源分散于各个体系中，势必削弱个人信息保护的力度，增加管理风险和成本。

（五）个人信息保护的客体

个人信息保护的客体表现为个人信息主体的人格利益，个人信息保护的形式体现在收集、管理、处理、利用个人信息的各个环节。

1.收集是一种处理形式，但是个人信息保护的源头。必须强调个人信息收集的安全，保证个人信息来源的准确、完整、质量可靠。

在世界各国个人信息保护相关法规中，一般采用"收集（Collect）"表述获取个人信息的方式。日本的个人信息相关法规中，获取个人信息采用"しゅとく[取得]"表述。"しゅとく[取得]"的词义与Collect有所不同。日本デイリー—コソサイス和英辞典释义为："取得する：acquire；obtain"。

英文acquire含有"获得"、"取得"、"得到"的词义，侧重表达获得某种"物"，如知识、技术等，是通过不断的、持续的努力实现的；或经日积月累的过程，逐渐获得。

英文obtain是比较正式的用词，强调经过努力、或付出代价，获得所需要的、所选择的"物"。

显然，"しゅとく[取得]"的词义，与Collect比较，前者更注重获取个人信息的"过程"和"积累"，后者则注重获取个人信息的属性。然而，按照日语的文法习惯，在个人信息相关法规中使用"しゅとく[取得]"仍然含有Collect的词义。使用"收集（しゅうしゅう）"一词，不足以阐明获取个人信息的本质。

采用"しゅとく[取得]"表述，与采用Collect表述一样，同样注重从个人信息主体的人格权益的角度保护个人信息。

日语文法与英语文法迥异，与汉语文法也存在差异。日语的汉字词汇可能与汉语词汇相同，但很多词与汉语词义不同，不能简单地望文生义。日语中"取得[しゅとく]"是在个人信息保护语境中，表述个人信息保护的本质，与英文Collect是一致的。

2.管理是个人信息管理者对所拥有个人信息的计划、组织、协调、控制活动，强调个人信息管理者的义务和责任。

3.处理是个人信息的使用过程，包括编辑、加工、检索、存储、传输、销毁等。处理过程体现了个人信息被使用的整个流程，是个人信息保护的核心。

4.利用也是一种处理形式，如提供、委托、交易等。在我国特殊的社会生活、经济交往中，利用是个人信息泄露、滥用的温床，有必要特别关注。

（六）自动处理和非自动处理

计算机及其相关和配套设备、计算机网络系统、互联网等的普及和应用，可以按照一定的应用目的和规则，自动进行个人信息收集、加工、存储、传输、检索、咨询、交换等业务，但是，由于经济、社会发展的不平衡，在社会各个行业中，仍然存在大量的、人工收集、加工、存储、传输、检索、咨询、交换个人信息的业务。我国的国情决定了这种非自动处理情况会在一定时期和阶段普遍存在，也恰恰是个人信息保护的重点之一。

（七）个人信息数据库

由于社会、行政、经济活动的需要，政府、机关、事业团体、企业、商业机构、网站大量收集、积累个人信息，并以纸、电子、磁、网络等媒介形式储存，形成各具不同目的和应用的、保管个人信息的"仓库"，可以称之为个人信息数据库。

个人信息管理者依据特定、明确的目的收集个人信息，并根据特征、目的分类，按照一定方式存储，构成综合的个人信息数据库。根据综合的个人信息数据库反映出的不同的自然人群的个体特征和个人信息处理目的，采取不同的个人信息处理方式，满足不同的个人信息管理者的需要。因而，个人信息数据库与技术层面的数据库概念是不同的。

个人信息收集愈详尽，个人信息处理和利用的空间愈大，增值潜力也愈大。各种机构、网站采用各种方式，主动地、被动地，尽可能详细（过度）的收集个人信息，丰富个人信息数据库。通过对个人信息数据库的分析、挖掘，获得更多的个人信息主体未透露的信息，进一步深度开发个人信息。通过个人信息数据库，可以多次、无限制地反复处理、利用个人信息，重复获得倍增的经济利益。例如，房地产商拥有详细的购房人的个人信息，这种个人信息综合数据库可能是非商业的，是为便于与购房人之间的联系。如果房地产商提供给其他不同的商业机构使用，购房人就可能难以摆脱房屋装修、家具制造、家用电器、房屋中介等等不同商品经销商的纠缠，甚至，商业机构可以分析出购房人的习惯、爱好等，以便获取更大的利润。

（八）个人信息质量

质量是"实体满足规定或潜在需要的特征和特征的总和"。实体是可单独描述和考虑的、有形或无形的对象。因而，个人信息质量包括3部分：

1.信息本身的质量。即使琐碎的个人信息，如果认真、精心收集、整理，也有可能拼接、组合成片面或相对完整的个人信息，对个人信息主体形成不同程度的损害。因而，必须保证个人信息的准确、完整和最新状态。

2.过程质量。个人信息保护体系为个人信息收集、处理、存储、销毁全过程，及与之相关的资源、活动、人员等提供质量保证。同时，过程改进机制保证体系构建、实施、运行的质量改进和完善。

3.服务质量。服务也是过程，是在与个人信息主体、与资源的互动中形成的。个人信息管理者的个人信息保护行为及相应的活动和产生的结果构成服务。在保证过程改进的过程中，形成有效的内部管理机制和服务体系，为个人信息主体提供安全的服务环境，提高、达到个人信息主体的质量需求。

欧美的国情与我国存在极大的差异，即使日本也有很大不同。我国几千年的传统观念、地域发展不平衡、法制理念淡薄，个人信息的保护不能采用国际社会现成的做法，也不能完全照搬日本的模式。必须在我国特有的个人信息安全语境中，选择适合、适用、有效的相关概念。

四、标准系列研究

个人信息的多样态存在、分布和变化，个人信息保护涉及管理、业务、物理安全、信息安全、质量管理、过程改进、认证体系、认证保证等全方位、多领域的研究。同时，个人信息保护与复杂的社会因素存在必然的联系。因而，建设科学、规范、普适的个人信息保护标准系列，是个人信息保护发展趋势的使然。

在个人信息保护标准研究中，应遵循的原则，包括：

（一）实用性与前瞻性结合

遵循经济、社会发展的需要及信息安全的特征，制定实用、适用的标准，同时，关注科学技术的进步和经济、社会的发展；

（二）引用与发展结合

中国国内尚未形成相关法律、法规的个人信息保护体制，未有成熟的经验可资借鉴；同时，各类组织也缺少建立个人信息保护体系的经验。因此，参考和引用国际上的相关法规、标准，是构建中国个人信息保护标准的捷径。但应采用发展的眼光，根据中国国情和特点，有所创新，编制符合中国经济、社会发展需要的标准。

个人信息保护标准系列研究，主要包括：

（一）个人信息保护体系研究

1.体系机制。个人信息保护体系是为保障个人信息安全和个人信息主体权益构建的制度化、规范化、科学化的管理系统。保护体系的风险因素，奠定了个人信息保护标准的基本框架，个人信息保护标准则为体系提供支撑和保障。因而，个人信息保护体系机理、机制、设计、改进、风险管理及质量保证等方面的研究，将推进标准的研制、改进，保障体系设计科学、规范，运行充分、有效和持续。

2.融合与协调。多种管理体系的并存，需要构建与各种管理体系融合、协调，减少体系间冲突，适应发展的个人信息保护体系，完善标准的互通、包容。

（二）认证体系研究

个人信息认证体系的持续发展，需要深入研究体系，确立认证管理的方式、方法、标准，不断完善、改进，保证体系的规范化、科学化和专业化。包括认证体系中各种关系的研究；认证标准的研制；认证指标设计的充分性、合理性和有效性；个人信息保护体系认证质量（服务质量）；个人信息保护认证体系质量等。通过认证体系的研究，推动个人信息保护标准的改进、完善。

（三）与其他安全标准的关系研究

ISO/IEC27001、ISO/IEC27002和等同采用该标准的国家标准GB/T22080-2008、GB/T22081-2008规定了建立、实施、运行、监控、评审、保持、改进信息安全管理体系的规则和启动、实施、保持、改进信息安全管理的指南、原则。与之相比，个人信息保护标准系列在体系构建、体系机制、体系实施、安全机制、过程改进等方面存在一定的相似性，在个人信息保护体系认证实践中存在部分重叠。但个人信息的多样态存在、分布和变化、个人信息的特质决定了个人信息保护标准与信息安全标准之间的差异。然而，差异可以各自表述，体系可以逐渐融合，逐步实现个人信息保护标准与信息安全标准的一体化，还需要大量的研究、实践和测量。

d.个人信息保护相关问题研究

个人信息保护相关问题研究，包括基本概念、原则、特征、权力和义务、管理、过程改进、改进方式等；包括个人信息的二次开发和交易、个人信息处理过程中的安全界定、个人信息安全管理技术与措施、个人信息在处理过程中的形态及概念和定义、质量管理等；研究个人信息相关的理论和美国、欧盟、日本等国家的法规、标准和实践。

第三节　信息安全——个人信息保护规范
（DB21/T 1628.1-2012）[①]

DB21/T1628《个人信息保护规范》实施以来，对辽宁省个人信息保护工作起到了重要的指导作用。随着个人信息安全领域相关研究、实践的深入，个人信息安全事件的特征变化，对个人信息相关安全法规、标准的认识不断进步、发展，有必要调整DB21/T1628的结构，修订DB21/T1628的内容，建立规范的个人信息安全标准体系。

一、概念研究

（一）安全和保护

安全和保护是一对孪生兄弟，安全是目的，保护是手段，当存在现实

---

① 本节部分内容节选自《个人信息安全——研究和实践》，有修改、删节。

的或潜在的安全隐患时就需要采取相应的保护。

目的是依据环境、条件、需求等主观设定的行为结果，手段则是为实现目的，在对象性行为中，在主体与客体之间相应的资源的总和，是实现目的的方法和途径。

目的和手段相互关联和相互依存。目的的设定和实现，必定依赖相应的手段。与目的毫无关联，不能实际用于实现某种目的的手段，是毫无意义的。而目的如果没有手段的依托则是空泛的。目的推动手段的创新，手段的创新又推动目的的变革。

目的和手段是可以转化的。在一定的条件、时限、范围内，手段的创造可以转化为实现的目的；而已经实现的目的可以转化为新的目的的手段。但是，仅仅以手段作为目标，将可能导致目标的异化，使手段失去效能，变得毫无意义。

安全是目的，是在行为过程中避免、消除、控制危险或危害因素，保证行为主体的安全。目的是第一性的，手段的完善，需要基于正确的目的。在正确目的的导向下实现目的与手段的统一。

在个人信息安全领域，个人信息保护是以手段（保护）为目的，研究与手段相关的法律适用、技术适用、管理适用、标准适用等相关策略和方式方法。个人信息安全则应是以个人信息的生态环境为基本框架，综合、统一、系统、科学、完整地研究个人信息复杂生态系统的相互关联、相互作用和相互影响，及与个人信息生态相关的社会生态、社会形态、环境因素、技术进步、安全失衡等的安全策略、安全管理、安全机制等。

个人信息安全的含义，就是以安全为目的、以个人信息资源为核心，以服务管理流程为导向，构建相对稳定、动态平衡的个人信息生态系统，保证系统的正向、有序演化，保障在社会生态系统中个人信息主体权益。个人信息生态系统与社会生态系统是相互关联的，个人信息安全是复杂系统特性与社会生态系统相互作用、相互影响的过程。

个人信息保护，强调以法规或标准确立的规则为导向，引导手段（目标）的实现。大量的安全事件说明，关注规则的建立，易于忽视规则的存在，流于形式，如：

1.缺乏明确、清晰的目标，过程中大量的细节可能偏离规则的设定。

2.规则理解的多样性，使过程中规则的应用效能弱化或过度；

3.规则的缝隙或规则的缺失，滋生新的安全威胁；

4.缺少规则修复机制；

……

个人信息保护规则的确立，是实现个人信息安全的一种手段。在个人信息安全目标下，基于个人信息生态系统，逐渐改进、完善、发展。

（二）管理和安全

个人信息是与特定个人相关并可识别特定个人的数据、图像、声音等信息，是自然人非常重要的人格要素之一，其属性特征与自然人的日常生活、社交、工作等密不可分。如果公开这些信息，与个人有关或无关的其他自然人，可以根据信息直接定位于特定的个人，并根据自己的需要加以利用，因此，需要采取适宜的技术、管理等手段妥善保护。随着互联网技术的发展和普及，滥用、泄露、公开、非法传播个人信息的威胁日趋严重，这种保护尤显重要。

个人信息的存在是多样态的，可以以纸质、电子、磁介质、光介质、网络等多种媒介打印（书写）、存储、传播。无论以何种存在形式使用、处理、存储个人信息，均应采取相应的管理措施。

管理的目的是安全，实现安全的手段是管理职能。个人信息管理是基于特定、明确、合法目的，以有效、能动、可控、安全为目的、针对个人信息及相关资源、环境、管理体系等的相关活动或行为，是个人信息管理者向个人信息主体提供服务的过程，通过约束、规范管理行为或活动实现个人信息安全。

在提供个人信息的服务管理过程中，个人信息主体不仅关注个人信息管理者提供的个人信息相关服务管理，更加关注是如何获得服务的。如个人信息主体的权利、个人信息管理者的义务、个人信息收集目的的正确性，以及个人信息的正确性、完整性等是如何保障的。只有个人信息主体参与个人信息管理，加强服务过程的质量管理，尽可能减少因服务差错造成的个人信息管理失误，为个人信息主体提供更安全的服务环境，才能提高或达到个人信息主体的安全需求。

服务管理是基于基本的管理理论和方法，依据服务特性，管理、优化服务、服务过程及相关资源。

服务管理的核心是服务质量。格罗鲁斯认为，服务质量取决于客户对服务质量的预期（即预期质量）与实际感知的服务水平（即体验质量）的比较。如果体验质量符合或高于预期质量，则服务质量较高；否则，服务质量较低。

格罗鲁斯将服务质量细分为结果质量和过程质量。

结果质量是客户接受了什么服务，表示产出质量，即服务结果。由于结果质量主要涉及技术服务提供，所以又称为技术质量。结果质量是有形的，可以通过客观的标准评估，因而，结果质量的衡量也是客观的。

过程质量是客户如何获得或接受服务。过程质量难以用客观标准衡量，更多的是根据用户的主观感受评价。与结果质量相比，过程质量更为复杂，它强调的是服务过程中的功能消费，因此，又称为功能质量。

在服务过程中，服务消费不仅仅是服务结果消费，服务过程消费尤其重要。服务提供者与服务消费者在服务提供与服务消费的互动中形成客户感知的服务质量。因此，服务过程的质量管理，对客户感知的整体服务质量有很大影响。

服务质量与服务能力密切相关。服务能力是整个服务周期内服务组织内各类资源的转换能力和管理职能的体现。服务管理是通过服务能力感知服务质量的过程。

提高服务质量需要形成有效的内部管理机制和服务体系。服务是无形的，但与服务相关的服务环境、人员、设备、技术、信息等是有形的，通过客户的认识、感知、理解，了解和认识企业。因此，有效的内部管理机制和服务体系必然影响客户对服务质量的感知，引导客户形成合理的预期质量。

在个人信息管理者提供服务过程中，个人信息主体感知服务质量，认知个人信息管理者在服务管理中的个人信息管理策略、管理机制、方式方法等，是通过与个人信息管理者互动获得的。

（三）个人信息生命周期

个人信息生命周期是个人信息流动的过程，其周期则体现了服务管理过程中个人信息因关联因素、环境等的影响的演化过程。

当个人信息处于原始状态，未予收集时，表现为个人隐私，为自然人个人拥有。当个人信息被收集时，由于收集、处理、使用个人信息者的目的、范围不同，使个人信息的表现形态和存在方式出现差异，这种差异即是个人信息生命周期的表征。

当个人信息主体同意直接收集个人信息，即是个人信息生命周期的开始，启动个人信息管理者向个人信息主体提供服务管理的过程。

个人信息生命周期存在明显特点：

1.个人信息后处理过程。个人信息处理、使用后，不需继续保存、使用，生命周期终结；如需继续保存、使用，则开始新的生命周期；

2.个人信息生命周期可以是多重的。在一个个人信息生命周期内，可以形成新的生命周期，如间接收集应是个人信息生命周期中的一种存在形态的转换，亦是生命周期内存在的新的生命周期的开始。

个人信息生命周期可以分为三个阶段：

1.个人信息获取过程：存在两种形式：

（1）个人信息主体同意，基于特定、明确、合法目的，直接收集个人信息；

（2）在新的生命周期内的直接或间接获取过程。

个人信息获取过程是个人信息安全的源头和核心。由于个人信息的多样性、个人信息收集目的的多种形态，在个人信息收集、处理过程中，存在着个人信息被滥用、泄漏、扭曲、损毁的威胁。因此，个人信息获取过程必须明确个人信息收集的目的，保证个人信息收集的质量；即使是公开信息的收集，也应设定明确的目的。

2.个人信息处理过程：基于收集目的的个人信息加工、使用、处置过程，当产生提供、委托、利用等活动或行为时，将形成新的生命周期。

个人信息处理过程可以划分4种形式：

（1）个人信息处理包括编辑、加工、检索、存储、传输等不同的使用流程；

（2）个人信息处理包括提供、委托、交换等不同的利用过程；

（3）个人信息处理包括交易、二次开发等不同的利用过程；

（4）个人信息的后处理过程。个人信息处理、使用后，必须采取相应的安全处理措施，保证没有丢失、泄露、损毁、篡改、不当使用等事件发生。

3.基于生命周期的过程管理：在个人信息生命周期内，采用PDCA模式管理针对个人信息及相关资源、环境、管理体系等的活动或行为。

个人信息生命周期是个人信息管理者向个人信息主体提供服务管理的过程。在这个过程中，PDCA是质量控制的有效模式。PDCA是质量管理模式，但不是与其他相关因素割裂，无关联关系的实施。PDCA不仅仅运用于个人信息管理，也不仅仅运用于基于生命周期的过程管理……而是与个人信息管理的整个流程融为一体。因而，基于个人信息生命周期的过程管理，是在个人信息管理过程中，采用PDCA模式，运用各种管理机制、管理策略，持续改进、完善个人信息管理过程。

（四）个人信息安全

广义的信息安全是保证自然、社会相关信息的状态、信息所依附的管理、技术及安全体系免受威胁、侵害。个人信息安全是随着社会进步、科技发展，特别是信息技术的发展，衍生出的新的分支、新的研究领域。

信息安全是介于自然科学、系统科学、数学与社会科学、哲学之间的新兴的交叉学科，根据其研究内容、理论和实践的特征差异，个人信息安全是一个重要的研究领域。

在个人信息安全研究中，涉及个人信息的形态、特征、系统演化、社会学意义，以及安全机制、安全技术、管理科学、安全评价等多个方向。

个人信息安全的基本目标，包括：

1.完整性：保证个人信息在收集、存储、管理、处理、使用、传输、交换等过程中，不被破坏、损毁。完整性包括：

（1）识别因子的完整性。在个人信息中，可识别个人信息主体的关键因素，可以称为识别因子。个人信息主体是可识别的，其识别因子是唯一的。

（2）参照元素的完整性。在个人信息中，识别因子之外的组成元素，可以称之为参照元素。参照元素可间接识别个人信息主体，也必须是完整的。

2.准确性：保证个人信息在收集、存储、管理、处理、使用、传输、交换等过程中，不被篡改，可以准确识别、描述个人信息主体。准确性包括：

（1）过程保证。个人信息收集、存储、管理、处理、使用、传输、交换等过程，必须保证完善的质量管理，保证其科学性。

（2）方法合理。个人信息收集、存储、管理、处理、使用、传输、交换等，必须保证其方法合理、有效。

（3）来源可靠。必须保证个人信息来源真实、可靠。不能收集、存储、管理、处理、使用、传输、交换琐碎的个人信息。

3.时效性：

（1）必须确定个人信息的保存期限；

（2）必须适时更新，保持个人信息的最新状态。

4.不可抵赖性：保证个人信息管理相关行为的责任和诚实。

个人信息安全具有与信息安全类同的特性：

（1）全面性：在风险评估基础上，构架个人信息安全整体架构，全面、全方位建设个人信息安全管理体系；

（2）过程性：个人信息安全，体现在复杂的过程中。过程是依靠个人信息安全管理体系实现；

（3）动态性；随着社会进步、科技发展，特别是信息技术的发展，安全风险、安全威胁在动态变化，个人信息安全管理体系必须动态调整，适时改进、完善；

（4）多层次立体防护：个人信息安全的过程性和动态性，要求从管理、业务、环境、技术等多方面、深层次构建个人信息安全管理体系；

（5）相对性：个人信息安全同样是相对的，没有100%的安全。

IT安全与个人信息安全是信息安全的两个分支，二者互为融合，互为依托。区别个人信息安全与IT安全的关键，在于：

a.个人信息安全是基于保证个人信息、个人信息主体权益的安全；

b.IT安全是基于信息资源安全展开的。

二、生态系统研究

在信息科学中，个人信息是一个新的研究领域。因而，信息生态学的基本观点和理论，适用于构建个人信息生态系统。个人信息生态系统是以生态学的观点和理论，研究在某一特定环境和时间内，人、个人信息、个人信息环境的关系，及相互作用和相互影响。这一系统的核心是人的社会活动和实践。

（一）基本概念

从生态学角度，生态系统是在一定时间和空间内，生物与其生存环境、生物与生物之间相互作用，彼此通过物质循环、能量流动和信息交换，相互作用，相互依赖，相互影响，形成的一个有机的自然整体，并保持相对稳定和动态平衡。

在信息科学中引入成熟的生态学原理，研究人、人类社会组织与信息环境的关系，形成新的学科——信息生态学，解决随着科学技术，特别是信息技术的发展和社会信息化，如何使人与信息、人类在发展经济和保护自身生存环境之间得到协调和持续发展。因而，信息生态学的研究内容和任务在逐渐扩展到人类社会并渗入到人类的经济活动中。

随着社会信息化和经济全球化，信息失衡的一个重要表现，个人信息使用无序、滥用、侵权、垄断、焦虑、污染等恶劣的个人信息生态环境，严重影响了人们的正常生活、工作甚至各类社会形态的生产、决策，严重阻碍了社会、经济的发展，促使信息生态学研究中逐渐衍生出一个重要的分支–个人信息生态学研究。

个人信息生态系统以人为主体，以个人信息为基础，围绕个人信息的相关环境，动态、有机、整体地处理人、个人信息和个人信息环境之间相互关联、相互作用和相互影响的关系。不能割裂系统，孤立地看待人及其人格利益的变化，独立地评估个人信息的安全。互相关联、互相作用和互相影响的3大基本要素中任一要素发生的变化，会影响整个系统。

1.人是社会的产物，其具有的社会属性，是作为社会一员所具有的形态和特征，是在社会活动和实践中逐渐形成的。人的所有社会活动和实践，如教育、生产、工作等，都是在社会形态的约束下，按照一定的文化模式展开的。

2.人在社会活动和实践中所形成的社会地位、社会关系及扮演的社会角色等，体现了人格特征，本质是人的社会属性。基于人格特征表现出的精神性人格要素，如肖像、自由、名誉、荣誉等，是生态系统的能动性，体现在人与人、各种社会要素、社会活动和实践及自然和生存环境等之间的关联性、互动性和相互影响。

3.社会中存在各种各样、不同类型的人，丰富多彩的社会活动和实践，复杂的社会要素，人的自然和生存环境、社会结构的多样性，及生态系统中，各要素相互制约、相互影响的关系，使个人信息呈现多样态、个性化。

4.个人信息生态系统是随着社会的发展、变化不断演化的。社会活动和实践与社会构成要素相互作用、相互影响，推动系统的发展、进步，也促进了人格利益的演化。

（二）系统内涵

研究个人信息生态系统内涵，并在此基础上研究个人信息生态系统的机制、功能及相互关系等。主要包括：

1.人的能动性，包括意识、行为（行为的选择、行为的反作用等）

人的能动性，是人类特有的能动地反映、改造所处环境的能力和作用，是人类意识的能动作用。这种能力和活动是在社会活动、社会实践中形成的。

个人信息依附于自然人存在，其主体是唯一的，具有满足于主体所需要的价值属性。通过人的能动性的创造活动，赋予满足各种社会形态需要的价值属性。这种能动性的创造活动，是在社会活动、社会实践中，个人信息生态系统各要素之间、与各种社会形态及社会环境之间相互关联、相互作用、相互影响的结果，是组织、自组织、自适应过程。

能动性的创造活动，决定了行为的选择：

（1）对个人信息生态环境的认识。在社会活动和实践基础上，能动地认识个人信息的特征和属性、个人信息生态环境的内在机理和外部因素，形成充分、有效的目的、计划，指导生态系统的构建。

（2）指导个人信息生态系统的构建。依据对个人信息生态环境的认识，创造性地构建个人信息生态系统，影响、作用、改变社会因素、社会环境。

（3）个人信息生态系统内的行为规则。系统内组织、自组织、自适应过程。如果系统向低层次演化，是自组织的反向作用，抵消组织的作用和影响，使系统失衡。因而，应在组织作用下，改变、创造条件，促使系统的有序演化。

2.信息不对称理论的运用（在实践中，知情权的淡化）

信息不对称理论原是经济学中解释一些经济现象的理论，已广泛应用于各个领域，并获得实践的验证。

信息不对称可以定义为，由于信息主体和受体对信息了解、理解、释义程度不同形成差异，造成某种程度上信息缺失、信息残损、信息失真等。

信息不对称是造成个人信息生态失衡的重要原因。当人的能动性的创造活动，赋予个人信息满足各种社会形态需要的价值属性，与之相关的生态环境发生改变。个人信息窃取者，乃至个人信息管理者、个人信息消费者，在收集、处理、使用个人信息时，为攫取更大利益，部分或全部剥夺个人信息主体的知情权，使个人信息主体权益受到损害，引发个人信息生态危机。

信息不对称理论，对个人信息生态系统的启示，包括：

（1）个人信息的价值属性对各种社会形态的影响。个人信息的潜在价值，深刻影响个人信息生态系统与各种社会生态之间的相互作用和影响。

（2）个人信息生态系统结构的相关性。个人信息生态系统的宏观、中观、微观结构之间互相制约、互相影响，由于对与个人信息相关各种因素的理解差异，形成反作用。

（3）个人信息生态系统可能存在的缺陷，信息不对称是造成原因之一。仅仅依靠系统的自组织，是不能完全修正的。

（4）组织行为的重要性。在个人信息生态系统实施、运行中，必须强化组织行为，利用各种措施促使信息由不对称向对称演化，消除引发系统危机的因素。

3.多结构个人信息生态系统各种制约、影响要素的关系模式

制约、影响个人信息生态系统的模型，包括两部分：个人信息生态系统的平衡机制和个人信息生态系统外部因素。

个人信息生态系统由人、个人信息和个人信息环境三大基本要素构成均衡的生态。三要素不是孤立的，它包括许多生态因子：意识、思维、行为、人格要素、人格利益、规律、秩序、作用与反作用……

个人信息生态系统的外部因素包括相互关联、相互作用、相互影响的因素和无关的因素。包括各种社会形态、社会环境、自然环境等及其目标、内在需求、动因、态度、价值、信念、行为、结果等，以及文化、传统、道德、思想、制度、机构等对这些因素的影响。

个人信息生态系统的外部因素，作用与个人信息生态系统，存在着组织行为，制约自组织、自适应行为；个人信息生态系统内部变化对外部环境产生影响。

4.多结构个人信息生态系统的演化

个人信息生态系统在各种制约、影响要素作用下演化，这些要素广泛存在于宏观结构、中观结构和微观结构中，相互关联、相互作用和相互影响，促进生态系统的演化。

5.中观结构安全体系的构建模式

中观结构是个人信息服务管理过程相关的组织管理、制度、流程、体系、资源等，因而，构建基于中观结构的安全体系，是基于个人信息生命周期的安全设计，主要包括：

（1）管理机制：与个人信息生态系统三大要素相关的生态管理因子

·最高管理者：意识、权威、领导、协调、控制等

·相应的管理机构：职责、责任、能力、管理、功能、协调、沟通等

·管理制度：管理、业务、安全、环境等

·管理措施：宣传、教育、资源、人员、行为、活动等等。

（2）资源管理：与个人信息生态系统三大要素相关的信息资源、非信息资源因子

·资源配置：合理性、充分性、有效性

·资源相关：约束在组织内各种形态与个人信息生态系统的资源相关性

·资源管理：可用性、实效性、充分性等

（3）体系建设：个人信息生态系统内的管理框架

·机制设计：体系内各类管理机制设计，包括管理机制、安全机制、过程管理等

·体系相关：多体系间的关联性和相互融合等。

（4）安全机制：保证个人信息生态系统安全的管理、技术措施

·安全管理：与个人信息主体权益、个人信息相关行为、活动的安全管理，包括个人信息收集、个人信息处理、个人信息使用、个人信息环境、相关资源等

·安全技术：安全管理中采取的技术措施、策略、设施等。

（5）过程管理：个人信息生态系统的自适应过程

存在两个因素促进个人信息生态系统的自适应过程：

·个人信息生态系统在构建、运行过程中，不断感知外部因素的影响和作用

·安全体系构建过程中，感知要素个体、要素之间的影响和作用

过程管理主要包括：

·自我调节：

1.负反馈：接受、感知安全体系的缺陷、变化，改进、完善，达到并保持个人信息生态系统的平衡

2.正反馈：某些要素或因子的变化引发其他要素或因子的变化，促进个人信息生态系统的演化

·监督、审计。

6.宏观结构安全体制的构建模式

构建基于宏观结构的安全体制，主要包括：

（1）社会生态系统治理

（2）个人信息生态环境安全体制

（3）个人信息生态系统相关法规体制等。

7.个人信息生态系统的评估机制

个人信息生态系统评估机制，是分析、评价个人信息生态系统演化过程中的组织、自组织行为和自适应过程。评估内容主要包括：

（1）依据和条件。基于宏观结构构建的安全体制

（2）约束机制。基于中观结构构建的安全体系

（3）生态环境

（4）社会生态系统的关联、作用和影响

（5）微观结构的能动性

（7）宏观、中观和微观结构的相互作用等。

建立评估机制，主要包括：

（1）管理机制

·机构：职能、职责、管理、协调、沟通

·管理：行为、活动、能力等

（2）评价机制

·范围、指标、规则

·方法、测试

·保证措施等

（3）质量控制

·人员质量

·管理质量

·过程质量

·行为、活动质量

·质量检测等。

（三）系统风险

个人信息生态系统是人为构建的，因而存在外部和内部风险，需要充分的风险评估、应对和防范。

个人信息生态系统处于复杂、多变的社会生态系统中，风险发生的可能性，随社会环境、与社会生态系统的相互作用、生态系统内要素间的相互作用而变化，风险因素亦随之增加或减少，风险事件发生的可能性亦随之增大或减小。

个人信息生态系统风险是在特定条件、环境、范围、时限内，不确定性风险因素引发风险事件对生态系统、生态系统构成要素产生的风险影响。这种影响包括系统结构、功能，可能引发生态危机。

风险因素是构成风险源的基本单元，一个风险源，可能由多个风险因素构成，这些因素，可能是风险源固有的，也可能是互相关联的。威胁个人信息生态系统的风险因素可以分为危险因素和危害因素：

1.危险因素：可能突发或瞬时发生危害的风险因素，如某类资源突然失效、自然灾害等。危险因素分为可以预测的和不可预知的，如前者是可预测的，应采取预防措施，自然灾害是不可预知的，但应有应急机制。

2.危害因素：逐渐累积形成个人信息危害的因素。危害因素可能存在多个风险源中，在这些风险源的共同作用下，危及个人信息生态系统的安全。

危险因素和危害因素是相对的，在一定条件下可能转化。当个人信息生态系统向低层次演化，抵消组织的作用和影响，使系统失衡时，危害因素可能转变为危险因素；反之，就有可能规避、弱化可能存在的危险因素，并逐步降低风险等级，直至消弭。

个人信息生态系统具有普遍的风险特征，也具有不同的特质。主要包括：

1.风险的核心是"人"。不确定性是普遍存在的，个人信息的属性、特征是诱发个人信息生态系统风险的源，激励人的能动性。因而，个人信息生态系统风险是人为风险。

2.风险的潜在性。在个人信息生态系统安全评价中，许多风险是潜在的，不易识别的。当不确定因素具有明确的目标，潜在风险可能发生突变，破坏生态系统的平衡，引发生态危机。

随着全球经济一体化、科学技术，特别是信息技术进步、社会发展，个人信息生态风险的复杂性、影响性、危害性，日趋恶化个人信息生态环境，风险已经成为常态。

（四）系统演化

个人信息生态系统的多样性和系统内的自组织行为是系统演化的动力。这种自组织行为包括：

1.系统内各要素的相互关联、相互作用和相互影响

2.各要素个体之间呈现的多样性

个人信息生态系统是随着系统内自组织、自适应行为，动态地向有序化演化。这种演化可能"涌现"，也可能渐变。个人信息生态系统的演化，是由系统内活跃的要素引发的。

1.系统结构的演化。

个人信息生态系统是多结构、分层次的。

（1）个人信息生态系统各要素形成新的因子，或原有因子蜕化、消失，

（2）个人信息生态系统出现新的分层；

（3）个人信息生态系统各要素之间、各层次之间的作用和影响发生变化；

（4）个人信息生态系统与社会形态、社会环境之间的关联和影响发生变化；

（5）因而，所有要素及因子表现出新的行为或属性。

引发系统复杂度、有序性、管理能力和安全性演化。

2.系统功能演化。个人信息生态系统的功能演化表现在与各种社会形

态、与社会系统、与社会环境的关联和影响的变化。

（1）个人信息需求的增加，使这种关联和影响增大；

（2）某些社会形态或社会系统对个人信息生态系统的影响增强，使生态系统的某些功能增强；

（3）个人信息需求性质变化，使这种关联和影响产生积极或消极变化；

（4）个人信息生态系统内的自组织行为，使这种关联和影响发生变化；

（5）个人信息生态系统是开放的，与其他社会形态、社会关系和社会环境的交流，促进系统的演化。

个人信息生态系统的演化方向和路径是不确定的，可能有不同的、或多个方向和路径。影响系统演化方向和路径的，或是外部因素的变化，或是内部演化结果。

（五）系统失衡

自然生态系统的平衡，是系统内部生产者、消费者、分解者与非生物环境间，在一定时间内保持能量、物质输入和输出的相对稳定状态。生态系统平衡是动态的，通过自我调节实现系统功能和结构的相对稳定。

个人信息生态系统，通过各构成要素的自组织、自适应，相互协调，系统结构合理、功能清晰，实现相对稳定状态的平衡。当个人信息生态系统与各种社会形态、社会因素、社会环境之间相互影响、相互作用，生态系统内部结构和功能弱化、涌现，形成内、外部之间的不对称，导致生态危机，个人信息生态系统失衡。

个人信息生态系统失衡，主要表现为：

1.个人信息滥用和侵权。

在个人信息生态系统内；人的基本素质，是系统进化的决定因素。人包含三种形态：

·个人信息主体：具有物质性和精神性人格要素，人格权益是唯一的。

·个人信息消费和窃取：个人信息需求者。

基于一定的条件、环境，人的形态是可以互相转变、进化的。这种转变、进化，主要是系统内部的自组织作用：

（1）个人信息生态系统各个要素之间相互作用和影响。各要素有自身的特征、价值、利益，存在目的、资源等多方面的冲突和矛盾，可能打破原有的组织状态，促使个人信息生态失衡。因而，各要素需要协同、合作，达到系统的有序进化和发展。

（2）个人信息生态系统各要素个体的作用和影响。由于各要素有自身的特征、价值、利益，要素个体需要自我约束、自我协调，适应社会系统的需要。

个人信息生态系统的自组织，是系统依据各要素的多样性对社会形态、环境因素有目的的、主动的和有选择的行为。个人信息生态系统的组织和自组织，是相互作用和影响的，在系统构建时，通过组织有序演化；在组织过程中，作用并影响自组织过程，促使系统的有序演化。如果系统向低层次演化，是自组织的反向作用，抵消组织的作用和影响，使系统失衡。这种情况的原因，是组织过程的无序和失效。

个人信息滥用和个人信息侵权，即是自组织的反作用，是两种形态的个人自身价值、利益和目的、资源需求使然。

2.个人信息和个人信息资源垄断

垄断也是一种侵权行为。垄断包括：

（1）个人信息及相关资源的垄断。垄断者基于某种利益，控制、操纵个人信息，占有相关的个人信息资源；

（2）垄断行为的强化。垄断者借助利益集团、其他垄断者主导个人信息相关资源的配置、个人信息的收集和使用。

垄断极易造成个人信息滥用。当个人信息被某些垄断者集中控制时，就成为这些垄断者操纵、控制个人信息主体权益的手段，可以随意地、以利益最大化为目的，非正当、非授权使用。

3.个人信息焦虑

在个人信息生态系统内，个人信息焦虑是由于个人信息形态、质量、时态等引发的：

（1）个人信息形态。个人信息是由基于自然人的基本特征展开的自然情况、家庭关系、社会背景，包括生命、身体、健康、名誉、荣誉、肖像、隐私、自由、精神等人格要素构成的，其形态是人格要素的空间存在和记录，其记录形式是多样的，如完整的个人信息、部分个人信息、琐碎个人信息、敏感个人信息等。

（2）个人信息质量。个人信息是可识别特定自然人的信息，可以完整、准确地描述自然人的特征、属性。因而，个人信息的准确性、完整性等质量因子，是保证个人信息主体权益的基础。

（3）个人信息时态。构成个人信息的人格要素包括物质性要素和精神性要素。物质性要素具有人与生俱来的遗传特征，包括生命、身体、健康等；精神性要素则是在社会活动和实践中形成的，包括姓名、肖像、自由、名誉、荣誉等。人在社会活动和实践中，个人信息可能发生变化。这种变化可能影响人的特征、属性。因而，必须保持个人信息的最新状态。

个人信息形态、质量、时态等可能引发个人信息污染：

（1）垃圾和冗余。过多、过滥地个人信息数据库积累，可能构成危害个人信息主体权益的社会公害。

（2）虚假和失真。编织部分或全部虚假个人信息，或在收集、处理、使用过程中，形态、质量、时态的失真，造成个人信息主体权益的损害。

在个人信息价值属性日益凸显的今天，强迫人不断接受这种状态，超出人的承受能力，产生个人信息焦虑：

（1）压抑。可能失去个人信息知情、控制权，心理、生理上产生的抑制、郁结、束缚。

（2）恐惧。对个人信息安全威胁，本能的抵制、担心。

（六）系统调节

个人信息生态系统失衡的表现形式，引发个人信息生态系统内要素个体、各要素之间形成的平衡状态被打破，引起生态危机。同时，个人信息生态系统在社会生态系统的作用、影响下，会形成干扰、波动，影响内部自组织演化过程。个人信息生态系统的反向演化，必须通过组织行为、人工控制，包括社会形态、社会环境的治理，恢复生态系统的平衡。

1.生态位调节。在社会活动和实践中，人的生态位由于社会地位、社会角色的变化，发生压缩、扩展和转变，其资源需求、服务能力随之变化。相应地，随着生态位的改变，对其个人信息的需求和消费发生变化。生态位的变化，引发：

· 生态系统内的自组织、自适应；

· 生态系统外部环境变化。

需要相互协调，通过人工组织有序演化。个人信息生态系统的组织（Organizing），是使个人信息生态结构从无序、混乱，向制度化、规范化的有序演化，或从低有序向高有序演化。在组织过程中，作用并影响自组织过程，促使系统向恢复平衡有序演化。

2.价值属性调节。在个人信息生态系统内、外部存在个人信息价值链，维系个人信息生态系统与社会生态系统间的关系。价值链上存在不同的个人信息需求，个人信息窃取者为攫取个人信息利益，获得商业利润，采取一切可能的手段获取个人信息；个人信息消费者存在两种情况：

（1）基于某种合法利益，消费或过度采集自身需要的个人信息；

（2）与个人信息窃取者同谋，消费并愿意支付相应的费用。

个人信息管理者则对个人信息收集、处理、使用中的不规范行为加以干预和管理。

价值链上不同的个人信息需求，诱发生态系统危机，导致系统失衡。需要组织的作用，调节个人信息生态系统价值体系，使之与社会价值体系相互适应、相互制约、相互促进，推进生态系统的进化。

3.自律机制。是一种自组织形式，包括：

（1）自我约束。个人信息生态系统内存在的道德规范和文化内涵对个人信息相关行为者的约束机制。

（2）自我防护。个人信息生态系统内要素个体、各要素之间在自组织过程中的自适应过程。

在自律机制作用下，个人信息主体监督可能引发个人信息生态系统失衡的各种行为，并基于各种社会形态的相应自律标准，加以规范。

自律标准是一种组织行为。是与个人信息生态系统相关的各要素、社会形态、社会环境、社会活动和实践等共同建构协调个人信息生态环境安全的"秩序"，即控制、指导、干预个人信息生态系统行动规范的相应法规、标准、规章、制度等。

（七）系统约束

社会生态系统是由社会系统构成的诸多要素子系统，如人、文化、传统、道德、制度、环境等等构成的复杂系统。

社会生态系统的构成要素，包括人、文化和环境三大要素，在生活、工作中，各要素之间相互作用、相互关联、相互影响。

人的生存环境构成了完整的社会生态系统，相关联、作用和影响的因素，包括家庭系统；职业系统；各种社会服务、政府等社会形态等等。人在与各种因素的互动中，其行为受到文化、传统、道德、思想、心理、制度、机构等的制约。

个人信息生态系统与社会生态系统是共生的。二者的主体都是人及与人相关的各种社会形态；与生态系统相关的资源，是人的生存所必需的、可以产生某种效能满足需要的社会资源，包括个人信息生态系统的生态资源—个人信息数据库；为了维持生态系统的相对平衡，需要建立一定的约束机制，包括道德、法律、规范、秩序等。

共生是两个生态系统相互关联、依托，互相作用和影响。共生宿主是社会生态系统，个人信息生态系统则是共生体。在这个共生关系中，个人信息生态系统只能依托社会生态系统存在，不可能独立于宿主。

因而，个人信息生态系统不是孤立的——将社会生态系统割裂成一块块，以个人信息安全的名义封闭、包裹。而是共生于社会生态系统内，通过个人信息数据库（生态资源），建立与社会生态系统的连接纽带，接受社会生态系统的制约，相互关联、相互作用和相互影响。

在共生关系中，在松散、杂乱、和谐的社会表象下，无论宿主、共生体，存在一种无形的秩序，即自组织、自适应。

三、个人信息数据库

（一）基本概念

个人信息是个人信息管理者内部信息资产的特例，由信息资产中剥离的、具有个性特征的个人信息构成。在社会、生活、经济、行政管理中，政府、机关、事业、团体、企业、商业机构等各种社会形态，乃至某些个人，基于不同的目的和应用，大量收集、储存、积累个人信息，并根据需要管理、处理和使用。

随着信息技术的发展，愈来愈多的个人信息利用计算机系统自动处理，如人事信息、户籍信息、个人信用信息等；但仍有大量的个人信息采用非自动处理方式，如房屋销售、物业管理，以及许多声音、照片等。在发展过程中，特别是新一代信息技术、概念的发展，个人信息潜在的巨大价值链条，形成极具特色的信息安全重要领域。

无论自动处理，还是非自动处理，个人信息的存放形式均呈现数据库的形态，但个人信息数据库并不是技术层面的数据库概念。各种社会形态将收集到的个人信息，根据特征、类别、需求，按照一定的方式组织、存储和管理，构成综合的个人信息数据库。个人信息数据库的纪录形态包括纸、电子、磁、光、网络等媒介。根据综合的个人信息数据库反映出的不同的自然人群的个体特征和个人信息处理目的，对个人信息采取不同的处理方式，满足不同的社会形态的需要。

个人信息数据库是个人信息生态系统的基础和核心，是个人信息主体权益的保障形式。个人信息数据库依据一定的目的和规则，按照一定方式，收集、组织、排序、整合、存储，在个人信息生命周期内，将离散、孤立（个体相对集中）的个人信息统一到整体管理框架下，构成逻辑上统一的个人信息的集合，与集合相关的管理、技术手段，集合的存储媒介和管理方式等构成个人信息生态系统的基本资源。

个人信息需求是个人信息数据库形成的动力。由于个人信息的属性、特征，个人信息收集愈详尽，个人信息处理和利用的空间愈大，增值潜力也愈大。个人信息收集存在几种情况：

1.基于自然人的人格权益，有目的、有计划、有选择地采集特定自然人的信息；

2.有目的、有计划，尽可能详尽地采集自然人的个人信息（过度采集，其目的存在多种可能）；

3.恶意收集。

所构成个人信息数据库的功能、用途存在差异：

（1）非商业的：如第1条，限定在目的范围内，合法使用。如第2条，可能是非商业利益的过度采集，追求社会效益。

（2）商业的：如第3条，随意地攫取个人信息，以获得经济利益。如b，限定在一定目的范围内、基于商业利益的过度采集。

通过对数据库内个人信息的分析，可以获得更多的个人信息主体未透露的信息，进一步深度开发个人信息，从而多次、无限制地反复处理、利用个人信息，重复获得倍增的社会效益、经济利益。

各种商业机构、网站等，出于经营需要，采用各种方式，主动地、被动地，尽可能详细的收集个人信息。根据商业利益分析某个人的消费习惯、爱好、行为等，采取有针对性的商业行为或活动，以便获取更大的利润。

房地产商拥有的个人信息数据库，是商业性的。可以是为便于与购房人之间的联系而拥有，但如果房地产商提供给其他不同的商业机构使用，购房人就可能难以摆脱房屋装修、家具制造、家用电器、房屋中介等等不同商品经销商的纠缠。

（二）属性和特征

1.个人信息数据库属性

个人信息数据库的属性是个人信息生态系统与社会生态系统共生中体现出的个人信息数据库的特质：

（1）时限性。个人信息数据库反映的时间形态。个人信息是各种社会形态，基于不同的目的和应用，在特定环境、特定条件、特定时间内收集的，反映了个人信息主体在特定环境、条件和时间内，在社会活动、实践中的社会地位、社会关系和所扮演的角色。个人信息数据库的时间形态，是通过个人信息的时限性表现的，其时间维度以个人信息生命周期各个不同阶段的时间段演化。在个人信息生命周期的各个阶段，既反映个人信息数据库形成和个人信息的基本形态，也反映了数据库的时间形态。

（2）社会性。个人信息数据库是各种社会形态，乃至某些个人，在社会实践、社会活动中基于不同目的和应用，大量收集、储存、积累个人信息逐步形成的，因而，继承和扩展了个人信息的社会属性（个人信息的社会属性，除先天遗传因素外，是在人与人之间的相互作用和制约中逐渐形成的）。

个人信息数据库广泛存在于政府、机关、事业团体、企业、商业机构等社会形态中。这些社会形态在社会生态系统中的角色、地位、社会属性等，是个人信息数据库社会性属性形成的环境（外在）因素。

（3）价值异化。随着社会经济的发展，个人信息的价值特征日益凸显，是引发个人信息生态系统失衡的主要原因。个人信息数据库的价值异化，是随着社会经济、科学技术的飞速发展和个人信息价值特征的日益凸显形成的。一方面，需要规范个人信息数据库的价值体系，使之适应个人信息生态系统的正向演化，达到个人信息生态系统的平衡；另一方面，某些社会形态需要维护个人信息生态系统的失衡，利用个人信息的价值特征，促使个人信息生态系统反向演化，以获取最大的商业利益。

（4）人文性。个人信息数据库不仅仅是个人信息的集合体，它的深层次反映的是传统、道德、文化、规范、观念、价值观等。基于个人信息数据库的人文性，尊重和保护个人信息主体的人格利益和人格权益。

2.个人信息数据库特征

个人信息数据库的特征，是个人信息数据库的构成所反映出的特性。它映射出个人信息数据库拥有者的动机、认知、价值观等。

个人信息数据库反映了数据库专业领域的本质特征，同时，映衬出区别于数据库专业领域的不同特征。

（1）客观性。人格要素是构成个人信息的要件，包括物质性人格要素和精神性人格要素。它客观地反映了个人信息主体的遗传特征和在社会生活、社会实践中形成的人格要素，是个人信息主体社会角色、地位等的真实体现。

个人信息数据库的适用对象是未知的事实，在个人信息与未知事实之间，存在客观、内在的理性因素，奠定个人信息数据库的真实性和客观性。

（2）相关性。个人信息数据库的相关性特征，包括2个方面：

a.个人信息数据库是个人信息生态系统形成的基础，是个人信息生态系统与社会生态系统联结的纽带，体现出共生生态系统之间的关联、作用和影响。

b.个人信息数据库聚集的个人信息与事实之间存在实质关联，这种关联为人们认识并现实地以各种方式使用。确认这种关联，必须明确他组织确立的秩序、风险辨识等。

（3）质量特性。个人信息数据库的质量特性，是个人信息数据库的关键特征，包括两个方面：

a.一般而言，产品质量是产品为满足用户使用需要必须具备的物质、技术、心理和社会特征的总和，包括有效性、安全性、适用性、可靠性、可维修性、经济性和环境等。个人信息数据库亦应符合这一标准。

b.个人信息的质量，包括个人信息形态的完整性、准确性和时效性，如本章第三节所述。

如前述，完整的或基本完整的个人信息形态，可以保证其完整性、准确性。琐碎的、过时的个人信息形态，无法保证个人信息形态、内容的完整、准确。

（三）形式

1.个人信息记录介质

记录个人信息的保存、存储媒介，主要包括：

（1）磁介质：计算机硬盘、数据存储设备（如磁盘阵列等）、移动存储设备（如移动硬盘、U盘、磁带等）、手持移动设备（如智能手机、个人数码助理等）等；

（2）光介质：光盘、光存储设备等；

（3）芯片介质：芯片卡（如银行卡、护照等）；

（4）纸介质：纸质文档；

（5）电子媒介：广播、电视、电影等；

（6）网络媒介：博客、微博、微信、论坛、邮件、即时通讯、网站、网络视频等；

（7）声音媒介：录音、录像等。

2.个人信息数据库的构成形式

个人信息数据库的主要构成形式，包括：

（1）自动处理形成的个人信息数据库：

a.个人信息管理者基于管理、工作等需要形成的个人信息存储（如人力资源管理等）；

b.基于各种利益关系的需要形成的个人信息存储（网上活动、商业活动等）；

（2）非自动处理形成的个人信息数据库：

a.自动处理形成的个人信息数据库的备份；

b.除自动处理外其他个人信息保存形式。

（3）移动个人信息数据库：

a.移动存储设备、手持移动设备形成的可移动的个人信息存储；

b.个人信息主体随身携带的芯片卡、纸质文档等形成的个人信息储存。

（四）事务

数据库事务是由一系列操作序列构成的程序执行单元，并保证程序执行的可靠和可预测。如在网上购物中，如果交易失败，必须保证执行交易前的数据库状态不变。

个人信息数据库事务，与一般意义的数据库事务不同，是在个人信息生态系统构建过程中人工确立的执行单元，以确保执行过程的安全、可靠。

以物业管理为例，当业主入住小区后，个人信息数据库操作，一般包括：

（1）根据业主填写的个人信息，更新已建立的个人信息数据库（是在购房过程中形成的）；

（2）保存业主与物业之间相关的个人资料，建立与相关社会形态的交互；

（3）更新业主的相关个人资料。

在业主入住小区后，这些操作在物业管理过程中有序、成功执行。但是，如果在物业管理过程中的某个环节出现意外，如个人信息数据库更新时的异常、与某社会形态交互时个人信息的不确定等，将导致相应的管理活动失败。在这种情况下，数据库状态必须保持不变，否则，个人信息数据库内容将产生混乱，同时，在物业管理过程中如果引发个人信息威胁，将导致信用危机。

个人信息数据库事务是个人信息存储、处理、管理的人工操作流程（自动处理形成的个人信息数据库遵循数据库事务ACID属性，同时遵循人工操作流程），包括：

（1）简明、易懂地存储、记载个人信息，保证个人信息的唯一性；

（2）确认数据库内保存的个人信息准确、完整，必要时采取相应措施；

（3）确定数据库内保存的个人信息的时限，必要时采取相应措施；

（4）检查、确认操作权限；

（5）数据库调用时，明确目的、方式、方法等；

（6）数据库安全管理；

（7）适时更新、完善……

四、标准规制

（一）理论基础

经过近10年的潜心研究、探索，已经形成以生态系统为基础、以服务管理为导向、以生命周期为核心的、初步的个人信息安全标准的理论基础。

个人信息安全是多学科、多领域的交叉学科研究，因而，个人信息安全标准体系涉猎的理论基础，包括哲学、社会科学、生态学、系统科学、信息科学、人类及人类生态学、管理科学，以及信息技术、信息安全技术等。

1.系统性

如本章第三节所述，个人信息生态系统与社会生态系统是共生的，并依托社会生态系统存在，因而形成有机的整体。这一整体并非系统构成要素简单叠加、组合、重用形成，系统的整体功能也并非由独立的构成要素形成或具有。

在个人信息安全标准体系研究中，需要运用多学科的基本理论和思想，系统、动态、分层（生命周期）地研究个人信息生态系统的形成、构成要素、关联关系、环境制约等，研究其与标准化体系的关联关系、实现方式、影响评价等；

2.控制性

如本章第三节所述，个人信息生态系统处于动态平衡状态，与社会生态系统相互作用、相互影响，易于引发反向演化，需要通过组织行为、人工控制，包括社会形态、社会环境的治理，在系统演化条件下恢复生态系统的平衡。

在个人信息安全标准体系研究中，需要运用控制论的基本理论和方法，系统、动态地研究个人信息生态系统的演化路径、调控机理、控制和治理方法等，研究标准化体系的实现方式、控制策略和模式、策略评估等；

3.管理性

如本章第三节所述，服务管理是基于基本的管理理论和方法，依据服务特性，管理、优化服务、服务过程及相关资源。

服务管理是一种他组织行为，与个人信息生态系统相关的各基本要素、社会形态、社会环境、社会活动和实践等共同建构协调个人信息生态环境安全的"秩序"（控制、指导、干预个人信息生态系统行为规范的相应法规、标准、规章、制度等）。

在个人信息安全标准体系研究中，需要运用管理科学和其他相关学科的基本理论和方法，系统、动态、分层（生命周期）地研究个人信息生态系统内服务管理的基本形态、他组织行为、服务策略、质量保证等，研究标准化体系的实现方法和评估策略；

4.信息性

如本章第三节所述，个人信息生态系统共生于社会生态系统内，与社会生态系统建立了信息通道，接受社会生态系统的制约，并相互关联、相互作用和相互影响。

在个人信息安全标准体系研究中，需要运用信息学和其他相关学科的基本理论和方法，系统、动态、分层（生命周期）地研究社会生态系统与个人信息生态系统信息反馈机制、生态系统演化过程中生态环境变化的影响等，研究标准化体系的管理、控制策略，使标准趋近事实。

（二）标准属性

个人信息安全标准是衡量个人信息生态环境安全的准则，是保证个人信息生态系统平衡的秩序。个人信息安全标准具有特定的属性和特征，可以从不同角度、不同方面研究个人信息安全。

属性和特征是相互关联又相互区别的2个基本概念。属性是标准的内在的性质，特征是标准的外在的表现形式。属性是个人信息安全标准区别其他标准的特殊性，特征则是这种特殊性的外在表现。

个人信息安全标准的属性，主要包括：

1.客观性。

（1）个人信息生态系统的存在是客观的，个人信息安全标准反映系统内在功能和演化，规范、制约系统内各要素行为；

（2）个人信息安全标准是开放、可调整的，依据个人信息生态系统的演化、个人信息生态环境变化、社会生态系统演化，调整、改进、完善；

2.社会性。

（1）个人信息安全标准是约束个人信息生态系统要素行为的社会机制和社会秩序；

（2）个人信息安全标准是个人信息生态系统与社会生态系统相互关联、相互作用、相互影响，并将结果转化为机制、秩序。

基于属性的特征表现，主要包括：

1.目的有效性。个人信息安全标准覆盖个人信息生态系统，涉及个人信息生态系统内要素、关系、过程、管理、环境、条件等，也涉及社会生态系统对个人信息生态系统的作用、影响，需要规范个人信息生态系统内要素的自组织行为，也需要保证个人信息生态系统平衡，同时，需要保证社会生态系统与个人信息生态系统的和谐。因而，目的是复合、多样的，目的的有效性，保证个人信息安全标准内涵的适宜性。

2.生态环境多样性。个人信息生态系统与社会生态系统是共生的，社会生态系统是由多要素构成的复杂系统，是人类群体与其生存环境在特定时间、空间、环境、条件下的组合。因而，个人信息生态环境是复杂、多样的，个人信息安全标准必须适应这种多样性。

3.开放性。个人信息生态系统与社会系统、社会生态系统相互关联、相互作用、相互影响，因而，个人信息安全标准是开放的，必须适应社会、经济的发展。

4.相关性。个人信息生态系统与社会生态系统相关，个人信息安全标准的形成过程，是在社会生态系统内实施个人信息管理的过程，标准的功能，体现了整体性、完整性，构建了个人信息生态系统他组织秩序，促进社会生态的有效演化。

个人信息安全标准的功能是统一、协调，相互补偿的，形成个人信息管理的最佳秩序和效能。

（三）标准边界

个人信息管理者是个人信息安全标准的规范主体。与个人信息管理者相关，且与个人信息直接、间接接触的接触面，可以称为个人信息安全标准的规范边界。

个人信息安全标准的边界条件，是个人信息生态系统的表现形式、系统的自组织行为、个人信息生态系统与社会生态系统的相互作用和影响、社会生态系统施加到个人信息生态系统的约束等。明确边界条件，个人信息安全标准可以清晰描述社会形态内部垂直、水平、外部和环境边界的控制模式。

1.垂直边界：明确个人信息安全管理体系内的层级结构，确定不同的职责和权限。层级结构，是任何社会形态正常运行的管理保证，使管理信息、资源配置、沟通协调等可以按照一定的规则流通，保证总体目标的实现。因而，个人信息安全标准在管理机制描述中应明确体系的层级结构。

2.水平边界：明确个人信息生态系统构成要素间的关联关系。个人信息安全管理体系是个人信息生态系统的投射面，系统构成要素的关联、作用反映了生态系统的演化过程。这种关联、作用，包括职能、活动、行为等，需要在个人信息安全标准中描述和发现。

3.生态边界：明确个人信息生态系统与社会生态系统的关联。个人信息生态系统与社会生态系统是共生的，并依托社会生态系统存在。因而，个人信息生态系统与社会生态系统相互作用和影响。这种关联关系，应在个人信息安全标准中有所体现。

4.外部边界：明确社会形态之间的关联、作用和影响。不同社会形态之间存在相互关联、作用和影响，它们之间的相互交流，作用和影响个人信息生态系统的演化。演化是正向的抑或是逆向的，需要个人信息安全标准的约束。

边界存在，是实现社会形态的总体目标、管理和竞争优势的保证。但是，如果单纯强调边界，可能产生大量资源损耗。因而，在个人信息安全标准中，服务管理应尽量减少管理层次，适当增加有效管理幅度，实行扁平化管理。

（四）标准适应性

建立个人信息安全标准化体系，应充分考虑标准边界、标准相关性和个人信息生命周期，考虑标准要素的适应性，使标准更具普适性、可操作性：

1.行业相关。各个行业有各自独立的行业特征，可能存在各种形态的个人信息，存在于各种业务流程、各类社会形态的管理活动、与社会及各色人等的接触中，但其内容均与自然人的基本特征相关。譬如政府、公共服务、信息服务企业：

（1）管理。在各类组织行政、日常管理中涉及员工个人信息。这一分类是比较清晰的。当个人信息主体受聘为组织的员工，其个人信息即以合法手段为个人信息管理者拥有，在个人信息管理者的日常管理中使用。

a.个人信息来源。个人信息管理者获取个人信息的来源，主要是通过招聘、入职收集，以工作岗位作为个人信息收集的条件。

b.个人信息使用。个人信息管理者主要将个人信息用于日常管理，包括内部管理、银行、保险及其他公共服务部门。

c.个人信息管理。个人信息管理者拥有个人信息的管理方式、措施等对管理活动、行为的约束；

2.业务。在各类组织开展业务活动中涉及个人信息。这一分类比较复杂，各类组织的业务不尽相同，个人信息的存在形态也会呈现出各种不同。

a.个人信息来源。可能存在几种情况：

·外包服务。接受服务外包企业的业务，含有各种形态的个人信息（如何确定个人信息主体同意、存在个人信息泄露风险等）。

·网站应用。各类网站提供服务时要求个人信息主体提供真实的个人信息（主动收集），存在个人信息泄露、过度收集、二次开发、交易、信息不对称等风险。

·垄断应用。专业性垄断行业提供服务时要求个人信息主体提供真实的个人信息，多数是主动收集，也存在被动收集。基于某种利益，控制、操纵个人信息，占有相关的个人信息资源，可以随意地、以利益最大化为目的，非正当、非授权使用。同样存在个人信息泄露、过度收集、二次开发、交易、信息不对称等风险。

·公共服务。以提供公共服务名义合法、合理收集个人信息，存在过度收集、管理不当致个人信息泄露、交易、信息不对称等风险等等。

b.个人信息使用。

·在外包服务中，个人信息只存在于业务流程中，如数据录入、项目测试等；

·在网站应用中，个人信息应用于网站提供的相应服务，但管理的随意性，通过过度收集、二次开发，可以攫取更多的个人信息主体权益；

·在垄断应用中，个人信息应用于所提供的相应服务，但管理的随意性，通过过度收集、二次开发、交易，可以获取更大的利益；

·在公共服务中，个人信息应用于相应服务，但个人信息管理、使用更加随意。

c.个人信息管理。个人信息管理者对个人信息的管理松散、随意，缺乏有效监管。

因而，个人信息安全是基于个人信息主体的基本特征展开的，个人信息生命周期是类同的，个人信息的存在形态差异不大；

3.地域相关。虽然地区发展不平衡，个人信息安全认识存在较大差异，但个人信息安全标准的适应性是相同的。

由于区域经济社会发展的不平衡，在社会化环境中，人的社会基础存在很大差异，教育资源分布不均，文化教育水平和能力不同，人的价值观、意识、思维、观念、行为等也相去甚远。

中西部地区发展水平落后，仍然顽强地保留传统的以宗法制度为基础，强调群体价值和整体性思维方式的社会形态，虽然已经开始发生变化，但囿于社会发展、文化、教育、科技水平，对个人信息安全、保证个人信息安全必要性的逐步认识，尚需时日。

东部地区由于文化、科技的快速发展，社会经济的进步，人口素质较高，已经意识到个人信息安全的紧迫性，并正在采取行动，许多城市开始着手法规、标准建设。

即使发达地区，如大连地区，也仍然存在某些社会组织、城乡之间个人信息安全认识的差异，对推动个人信息法规、标准体系建设形成桎梏。

因而，个人信息标准化要素，应考虑个人信息特征、个人信息生命周期、个人信息管理、个人信息环境等。个人信息标准化体系框架应建立在基于标准边界、标准相关性的要素分解上，普适、泛化、易操作，而非单纯地考虑地域、行业，如此，势必形成大量重叠、繁复、冗余。

（五）标准宗旨

以生态系统为基础、以服务管理为导向、以生命周期为核心，是个人信息安全相关标准编制的基本宗旨。

1.生态系统基础

在社会生态系统中，个人信息是发散的，其外延非常宽泛，个人信息的存在形态是无序、混乱的。在社会活动、社会生活中，个人信息主体、个人信息和个人信息环境与社会生态环境相互关联、相互影响、相互作用，构成生态有机体，即个人信息生态系统。收敛发散的个人信息，通过其他组织，促使生态系统结构从无序、混乱向制度化、规范化有序演化；促使系统内各要素之间自我约束、协调，有序演化和发展。

个人信息生态系统可以实体化为任何一类社会形态。组织、自组织、自适应约束要素，特别是关键物种的行为、活动、思维等。生态是个人信息主体与相关环境之间的相互关系。其环境包括物理环境和精神环境。物理环境主要是个人信息主体的存在空间；精神环境是伦理、思维、行为、人与人之间的人际关系等。个人信息是这种相互关系的存在基础。

因而，个人信息生态系统的演化路径是保证个人信息安全的必要条件，个人信息安全相关标准必须基于个人生态系统的演化。

2.服务管理导向

（1）个人信息主体：服务管理是通过个人信息管理者的服务能力感知服务质量的过程。个人信息安全取决于个人信息管理的服务能力和服务质量。

（2）个人信息管理者：个人信息主体感知的个人信息管理者的服务能力是整个服务周期内各类资源的转换能力和管理职能的体现。服务能力需要形成有效的内部管理机制和服务体系。服务是无形的，但与服务相关的服务环境、人员、设备、技术、信息等是有形的，通过个人信息主体的认识、感知、理解，了解和认识个人信息管理者。因此，有效的内部管理机制和服务体系必然影响个人信息主体对服务质量的感知，引导、形成合理的预期服务质量。

3.生命周期为核心

个人信息生命周期是个人信息管理者向个人信息主体提供服务管理的过程，包括个人信息获取过程、个人信息处理过程、基于生命周期的过程管理等三个阶段，通过计划、组织、协调个人信息资源需求与个人信息主体的符合性，采取相应的规范化、系列化控制策略和控制措施，保证个人信息的安全。

个人信息管理流程基于个人信息生命周期展开，体现了服务管理过程中个人信息因关联因素、环境等的影响的演化过程。

五、标准融合

DB21/T 1628.1-2012《个人信息保护规范》（修订）采纳了GB/T24405 IT服务管理的基本思想和GB/T19001质量管理原则，以服务管理为导向，关注个人信息生命周期内服务管理能力、服务管理质量，构建相对平衡的个人信息生态环境，通过质量管控实现安全目的。规范规定了普适的个人信息管理过程中各要素的约束条件。在管理过程中，管理活动或行为可以视为要素。

（一）GB/T19001质量管理原则

GB/T19000系列标准是我国等同采用ISO/IEC 9000族的标准。

1.ISO/IEC 9000族标准特点

ISO/IEC 9000族标准的特点包括：

（2）标准具有广泛的适用性。可适用于所有产品类别、不同规模和各种类型的组织，并可根据实际需要剪裁某些质量管理体系要求；这种广泛性表现在四个方面：

a.任何组织的质量管理体系包括四个组成部分：

· 管理职责。包括质量方针、质量目标、管理承诺、职责与权限、策划、顾客需求、质量管理体系和管理评审等项内容。

· 资源管理。包括人力资源、信息资源、设施设备和工作环境等项内容。

· 过程管理。包括顾客需求转换、设计、采购、产品生产与服务提供等项内容。

·测量、分析与改进。包括资源评测、质量管理体系内审、产品监测和测量、过程监测和测量、不合格品控制、持续改进、纠正和预防措施等项内容。

b.标准中使用的术语"产品"一词，具有双重的含义，可以表示有形的实物产品，也可以表示"服务"。

c.采用标准建立质量管理体系的主要目的，是表示组织有能力持续提供满足顾客需求和相关法律、法规要求的产品，可以确保其通过有效运行质量管理体系增强顾客的信任。

d.标准的条款内容和要求使用了清晰的语言和术语，综合反映各类质量管理活动的特征，减少对标准条款理解和适用的难度。

（2）标准采用了以过程为基础的质量管理体系模式，强调过程间的联系和相互作用，逻辑性更强，相关性更好。

（3）明显改善ISO9000系列标准与其他管理体系的兼容性。标准强调质量管理体系是组织中其他管理体系的一个组成部分，便于与其他管理体系相互兼容。

（4）标准更注重质量管理体系的有效性和持续改进，减少了对形成文件的程序的强调性要求。

（5）标准将质量管理体系要求和质量管理体系业绩改进指南这两个标准，作为协调一致的标准使用。

2.质量管理原则

GB/T19001（等同采用ISO/IEC 9000）提出的八项质量管理原则，是在总结质量管理经验的基础上，明确组织在实施质量管理中必须遵循的原则。

原则1：以顾客为关注焦点。"组织依存于其顾客。因此，组织应理解顾客当前的和未来的需求，满足顾客要求并争取超越顾客期望"。

顾客是每一个组织存在的基础，顾客的要求是第一位的。组织应调查和研究顾客的需求和期望，并将其转化为质量要求，采取有效措施使其实现。

原则2：领导作用。"领导者建立组织统一的宗旨及方向。他们应当创造并保持使员工能充分参与实现组织目标的内部环境"。

领导的作用，是具有决策和领导一个组织的关键作用。为了创造使员工能够充分参与实现组织目标的环境，领导者应建立质量方针和质量目标，确保关注顾客要求，确保建立和实施有效的质量管理体系。

原则3：全员参与。"各级人员是组织之本，只有他们的充分参与，才能使他们的才干为组织带来收益"。

全体员工是每个组织的基础。组织的质量管理不仅需要领导者的正确领导，还有赖于全员的参与。所以要对职工进行质量意识、职业道德、以顾客为中心的意识和敬业精神的教育，还要激发他们的积极性和责任感。

原则4：过程模式。"将活动和相关的资源作为过程管理，可以更高效的得到期望的结果"。

过程模式的原则不仅适用于某些简单的过程，也适用于由许多过程构成的过程网络。过程模式提倡用过程方法识别和建立质量管理体系，用过程方法控制质量活动。由于过程方法符合质量活动的普遍规律，所以适合所有行业实现产品的管理运作。

ISO9000族标准提出了管理职责、资源管理、产品实现和测量、分析及改进四大主要过程，充分体现了戴明循环（PDCA）的管理思想和工作原理。过程模式描述四个过程之间的相互关系，并以顾客要求为输入，提供给顾客的产品为输出，通过信息反馈测定顾客的满意度，评价质量管理体系的业绩。

原则5：管理的系统方法。"系统的识别、理解和管理相互关联的过程，有助于组织提高实现目标的有效性和效率"。

系统方法，可以包括系统分析、系统工程和系统管理三大环节。从系统地分析相关数据、资料或客观事实开始，确定要达到的优化目标；然后通过系统工程，设计或策划为达到目标而应采取的各项措施和步骤，以及应配置的资源，形成一个完整的方案；在实施中通过系统管理而取得高可靠性和高效率。实施这一方法，可以提供对过程能力及产品可靠性的信任，为持续改进打好基础，同时使顾客满意，最终使组织获得成功。

原则6：持续改进。"持续改进整体业绩应当是组织的一个永恒目标"。

组织通过使用质量方针、质量目标、评估结果、资料分析、纠正和预防措施，以及管理审查等，持续改进质量管理体系的有效性。在质量管理体系中，改进是指产品质量、过程及体系有效性和效率的提高；持续改进包括：了解现状，建立目标，寻找、评价和实施解决办法，测量、验证和分析结果，把更改纳入文件等活动。

原则7：基于事实的决策方法。"有效决策建立在合乎逻辑、直观分析数据和信息的基础上"。

决策以事实为依据，可防止失误。在对信息和资料做科学分析时，统计技术是重要工具之一。统计技术可用来测量、分析和说明产品和过程的变异性，可以为持续改进的决策提供依据。

原则8：互利的供方关系。"组织与供方是相互依存的、互利的关系，可增强双方创造价值的能力"。

供方提供的产品将对组织向顾客提供满意的产品产生重要影响，因此处理好与供方的关系，影响到组织能否持续稳定地提供顾客满意的产品。应与供方建立互利关系，这对组织和供方都有利。

ISO/IEC 9000族标准的特点具有普适性，即质量管理是服务管理的生命线，个人信息主体通过个人信息管理者的服务能力所感知的服务质量，应具有ISO/IEC 9000族标准的基本特征。因而，在标准编制中，必须采用、融合ISO/IEC 9000族标准的基本特征。

（二）GB/T24405 IT服务管理基本思想

GB/T24405.1和GB/T24405.2是等同采用ISO/IEC 20000的国家标准。

ISO/IEC 20000:2005分为两个部分：

·第一部分：《ISO/IEC20000-1:2005 Information technology —— Service management —— Part 1: Specification》。这一部分定义了13个管理流程，规定了信息服务管理的要求、实施和维护。

·第二部分：《ISO/IEC20000-2:2005 Information technology —— Service management —— Part 2: Code of practice》。这一部分为内部审核提供指导，并帮助服务提供者规划服务改进或为通过《ISO/IEC20000-1:2005》的审核提供制导。

ISO/IEC 20000强调以流程为中心、以用户满意和服务质量为核心，整合信息服务与业务流程，提高信息服务提供和支持的能力和水平。

ISO/IEC 20000提供了服务管理的基本思想，在个人信息管理中，与ISO/IEC 9000族标准（等同采用的国家标准是GB/T19000系列）融合，个人信息主体可以通过个人信息管理者的服务能力感知服务质量，评估个人信息安全的有效性。

（三）PISMS与ISMS的异同

个人信息安全是整体信息安全的一部分，在确立信息安全目标、制定信息安全规划，或实施ISO27001认证（等同采用的国家标准是GBT22080）时，应根据个人信息的特征，考虑个人信息安全防护。

1.个人信息安全管理体系（PISMS）

个人信息安全管理体系，是为满足个人信息管理的需要，指导个人信息管理者建立健全各类管理机制，协调各类资源，充分保障个人信息主体的权利，保障个人信息管理业务的稳定运行。

建立个人信息安全管理体系，确立个人信息管理目标；通过风险管理，评估个人信息安全风险，制定、实施相应的安全管理策略、安全管理机制，以及质量管控措施，保证个人信息的安全。

2.信息安全管理体系（ISMS）

信息安全管理体系，利用风险分析管理工具，结合信息资源列表、系统威胁来源分析，及系统安全脆弱性评估结果等，综合评价影响整体信息安全的因素，并制定清晰的信息安全策略、明确的信息安全机制，及安全管理、安全服务等，降低潜在的风险威胁，保证企业信息资源和业务的安全。

3.体系异同

在体系构建、体系机制、体系实施、安全机制、过程管理等方面，PISMS与ISMS存在一定的相似性，但二者之间存在差异。

（1）信息安全管理体系是基于信息资源的安全管理活动。针对信息资源的安全，制定了详细的管理规则。

个人信息安全管理体系则基于保障个人信息主体权益展开相应的活动或行为。针对个人信息安全，规范相应的管理策略、管理机制。

（2）个人信息安全依然涉及信息资源的安全，但必须注意个人信息存在的多样变化及对信息资源产生的影响、发生的变化。

（3）个人信息处于复杂、多变的环境中，呈现出多样性，因而，个人信息风险发生的可能性，随环境、个人信息多样性变化，风险因素。随之增加或减少，风险事件发生的可能性亦随之增大或减小，可能产生不同的风险影响。

值得注意的是，除ISMS，企业中可能存在多种管理体系。这是目前国情、也是国际国内标准制定存在的现实。ISMS可以包容PISMPS，但相关国际标准（ISO27001、ISO27002等）及等同采用国际标准的国内标准，均无法完全包容个人信息管理，而将个人信息分散管理，势必削弱个人信息管理力度，增加管理风险和成本。因而，必须建立个人信息安全管理体系。

六、DB21/T 1628与DB21/T 1628.1

修订DB21/T1628时，该标准已经实施两年，对辽宁省个人信息保护工作起到了重要的指导作用。随着个人信息安全领域相关研究、实践的深入，个人信息安全事件的特征变化，对个人信息相关安全法规、标准的认识不断进步、发展，有必要基于最新的研究成果和实践经验，调整DB21/T1628的结构，修订DB21/T1628的内容，建立规范的个人信息安全标准体系。

与DB21/T1628比较，修订后的DB21/T1628.1的变化，主要包括：

·个人信息保护体系修订为个人信息安全管理体系；

·个人信息保护监察修订为个人信息安全管理体系内审；

·个人信息安全管理体系要素划分调整为：

个人信息管理方针

个人信息管理机构和职责

个人信息管理机制

个人信息管理过程

个人信息安全管理

个人信息安全管理体系内审

过程改进

应急管理；

·个人信息保护管理机构调整为个人信息管理机构；

·个人信息保护是针对个人信息及相关资源、环境、管理体系的管理活动或行为之一，因而：

个人信息保护修订为个人信息管理

增加个人信息管理相关规则

各章节依据这一规则修订；

·修订个人信息交易相关条款；

·原13、16章合并，并修订为过程改进；

·个人信息保护负责人调整为个人信息管理者代表；个人信息保护监察负责人调整为个人信息安全管理体系内审代表。

·本部分的修订，充分考虑其他管理体系，如GB/T19001-2000、GB/T 24405.1-2009、GB/T 24405.2-2010、GB/T 22080-2008、GB/T 22081-2008等的特点，为多种管理体系的融和实施，奠定适宜的基础。

个人信息安全标准体系包括七部分：

《信息安全 个人信息保护规范》

《信息安全 个人信息安全管理体系实施指南》

《信息安全 个人信息数据库管理指南》

《信息安全 个人信息管理文档管理指南》

《信息安全 个人信息安全风险管理指南》

《信息安全 个人信息安全管理体系安全技术实施指南》

《信息安全 个人信息安全管理体系内审实施指南》

第四节　信息安全——个人信息安全管理体系实施指南
（DB21/T 1628.2-2013）

DB21/T1628《个人信息保护规范》，已经于2008年发布实施，修订的DB21/T1628.1《信息安全 个人信息保护规范》也已于2012年发布实施。

《个人信息保护规范》在个人信息安全标准体系中，提出了个人信息管理的粗粒度的基本要求。在个人信息安全实践和个人信息安全管理体系认证实践中，需要细致、精准地解析《个人信息保护规范》规定的约束条件、要求，并制定较为细粒度的实施细则。

DB21/T 1628.2–2013《个人信息安全管理体系实施指南》，是《个人信息保护规范》实施的细则，是个人信息安全标准体系构成的一个重要标准。对推进《个人信息保护规范》的普适性，具有重要作用。

DB21/T 1628.2–2013《个人信息安全管理体系实施指南》遵循DB21/T 1628.1《个人信息保护规范》确立的个人信息管理的基本原则和要求，重点描述和指导个人信息安全管理体系的构建、实施、运行。同时，与个人信息安全标准体系其他标准均可与其他国际、国内信息安全标准及相关标准协调一致，并与这些标准相互配合或相互整合实施和运行。

一、个人信息安全管理体系[①]

建立个人信息安全管理体系的基本目的是满足个人信息管理的需要，指导各类组织建立健全各类管理机制，协调各类资源，充分保障个人信息主体的权利，保障个人信息管理业务的稳定运行。

（一）体系构成

个人信息安全管理体系不是简单的要素叠加，是在相互关联、相互作用和相互影响的过程中形成的有机整体。体系的运行，是通过构成要素的作用实现的。

1.机制

机制是个人信息安全管理体系的构成要素，是体系运行过程中，体系功能与各构成要素之间相互关联、相互作用的制约。机制包括：

（1）管理要素

与个人信息安全管理体系相关的管理要素，主要包括：

a.人员。人员可以分为管理者和被管理者。

·管理者。在个人信息安全管理体系中，管理者处于主导地位，负责个人信息管理的计划、组织、领导、激励、协调、控制工作。

管理者可以分为最高管理者和管理者代表：

Ⅰ.最高管理者。最高管理者在个人信息安全管理体系建设中的作用是关键的。最高管理者根据组织（某种社会形态）的目标、业务和经营方

---

① 本节部分节选自《个人信息安全——研究和实践》，有修改，详细阐述请参看该书。

向，统一内部环境，创造规范、高效、团结、活跃的组织文化和环境，使全体员工充分参与保护个人信息安全的各项活动，以达到个人信息安全的预定目标。

Ⅱ.管理者代表。管理者代表是最高管理者指定，代表最高管理者负责个人信息管理工作，推进个人信息管理工作的展开。

·被管理者。在个人信息安全管理体系中，被管理者处于从属地位，接受管理者的领导，遵从个人信息安全管理体系确定的各项机制。被管理者包括：

Ⅰ.个人信息安全管理体系内的各类管理者，在执行管理职责的同时，也是被管理者；

Ⅱ.组织的全体成员；

Ⅲ.与组织相关的非组织成员。

b.管理结构。管理结构是组织内全体员工为实现个人信息安全管理体系的目标实施的分工协作，并明确职能、责任、权限等。

管理结构主要包括：

Ⅰ.体系的目标和功能。确定个人信息安全管理体系的目标和功能。实施目标管理，根据目标的层次、边界和体系的功能要求，分解目标，明确职责、权限、能力；

Ⅱ.体系的构成方式。根据体系的目标、要素的相互关系等，确定个人信息安全管理体系的构成；

Ⅲ.组织结构。个人信息安全管理体系各种要素的组织形式。

a.技术。在个人信息安全管理体系构建、实施、运行过程中，积累的经验、知识，展示知识、经验的物质设施，及相应的方式、方法、手段、活动等。

与个人信息安全管理体系相关的技术类型，包括管理技术、信息安全技术、质量管理技术等。

b.资源。个人信息安全管理体系相关的信息资源。

c.环境。环境是与个人信息生态系统相关，并影响个人信息安全管理体系运行的各种因素。

（2）管理机制

个人信息管理机制是个人信息安全管理体系构成要素之一，是个人信息生态系统演化过程中，影响个人信息生命周期的各种因素相互关联、相互作用和管理方式。

个人信息管理机制，综合考虑个人信息环境、社会生态环境、关联因素等的相互作用、相互影响，构建包括管理、技术、流程的个人信息安全框架，系统、科学地基于个人信息生命周期管理个人信息。

（3）运行机制

运行机制是体系生存、发展中，影响体系运行的各种因素的相互关系、相互作用和运行方式，是保障个人信息安全管理体系目标和任务实现的有效方式。

运行机制包括安全管理机制、质量保证机制、过程改进机制等。

2.制度

制度是规范体系行为的他组织行为，为个人信息安全管理体系运行、体系内各要素关系、体系内各要素活动的行为确立了秩序。

个人信息安全管理体系需要制度支撑，同时，个人信息安全管理体系推进制度的执行。在个人信息安全管理体系设计、构建中，制度设计相对全面地体现了体系内的机制功能。

（二）生态系统与体系

体系是个人信息生态系统的演化形态。个人信息生态系统是复杂系统，在一个多维的复杂系统中，包含众多变化的因素，包括环境因素、人为因素、技术因素、管理因素、制约个人信息生态系统的社会生态系统因素等等，这些因素相互关联、相互作用、相互影响；存在他组织、自组织行为的效能，生态系统的准确抽象是困难的，也难以实施测量。

个人信息生态系统的动态演化行为，可以投射到一个恰当的形态上，这个形态具有较低的维数，可以映射出个人信息生态系统的特征、属性，各种因素约束在这个形态中，可以相互关联、协调，实现相对均衡的状态。

社会生态系统内共生着许多具有特质的生态系统，它们的演化行为均以体系的形态体现出来。如ISO9001质量管理体系是质量生态的演化形态，它是针对既定目标，识别、理解、管理相互关联的管理职责、资源管理、产品实现、评估、分析与改进等过程所构成的体系。

体系不是孤立、割裂的，构成体系的要素、过程、活动也不是孤立、割裂的，与生态系统相关联，相制约，接受生态系统确立的秩序，规范、有效地展开体系内各种活动，约束关键物种的行为。

（三）过程管理

体系是按照PDCA模式持续循环，不断改进和完善的。过程管理的核心是风险和问题的处理，推动体系的持续改进和完善，是体系发展的动力。

过程管理是依据个人信息安全的目标，识别、分析个人信息安全管理体系已识别风险的变化、潜在风险、残余风险和可能存在的缺陷、问题，采取相应的改进、完善措施，保证体系的活力和持续发展。

在个人信息安全管理体系构建、实施和运行中，PDCA是质量控制的有效模式。PDCA是质量管理模式，但不是与其他相关因素割裂，无关联关系的实施。PDCA不仅仅运用于个人信息安全管理体系构建，也不仅仅运用于个人信息安全管理体系的过程管理……而是与个人信息安全管理体系构建、实施、运行和过程管理的整个流程融为一体。

个人信息安全管理体系的过程管理，是在个人信息安全管理体系构建、实施、运行、改进过程中，采用PDCA模式，运用监控、内审等方式，持续改进、完善个人信息安全管理体系。

个人信息安全管理体系采用PDCA过程管理模式，与ISO9000族标准是契合的，完全遵循了ISO9000族标准的质量管理原则，也符合ISO20000-2011新版信息服务管理的思想。

二、标准规制

（一）个人信息管理

与一般性管理类同，个人信息管理是以占有、利用个人信息为目的的管理行为。根据管理学理论，个人信息管理者收集各类个人信息，根据收集目的、相关资源、环境、条件等，使用、处理个人信息，协调、组织相关资源需求与个人信息管理的符合性，采取相应的控制策略和控制措施，保证个人信息的安全。

个人信息管理即是针对上述活动或行为的管理。是基于特定、明确、合法目的，以有效、能动、可控、安全为管理目标，针对个人信息及相关资源、环境、管理体系等的相关活动或行为，是个人信息管理者向个人信息主体提供服务的过程，这个过程构成个人信息全生命周期，包括个人信息获取过程、个人信息处理过程、基于生命周期的过程管理等三个环节，通过计划、组织、协调个人信息资源需求与个人信息主体的符合性，采取相应的规范化、系列化控制策略和控制措施，保证个人信息的安全。

根据DB21/T1628.1《信息安全——个人信息保护规范》确立的规则，DB21/T 1628.2《个人信息安全管理体系实施指南》明确了个人信息管理的边界、管理的职能，要求依据DB21/T1628.1第6章，明确个人信息管理目标，采取相应的管理、技术措施，管理个人信息。

（二）网络信息管理

网络空间是虚拟的，如同现实世界一样，进入网络空间的个人，可以拥有自己虚拟的生活领域，自主确定个人信息的使用、处理和控制。在网络空间中，虽然个人不享有个人信息依附的存储设备的所有权，但个人信息的存储空间属于虚拟世界中个人生活领域，个人信息主体仍然享有人格利益的相应权利。

虚拟空间拓展了人类生存活动的空间，权利主体在虚拟空间的活动中虚拟化。个人的网络行为和活动，包括个人网站、信息发布、电子商务、电子邮件等产生的个人信息，可以轻易地采用现代信息技术手段监控、收集、利用。

然而，无论何种社会形态，无论何种个人信息存在形态，个人信息安全形态是相似的：

1.所拥有、管理的个人信息的生命周期是相同的；

2.个人信息管理职能，包括计划、组织、控制、协调等是相同的；

3.保障个人信息主体权益，约束个人信息管理者的责任和义务是相同的。

因而，网络信息管理是一般意义信息管理在网络空间中的延伸。实现个人信息安全的核心仍然是服务管理。以管理为主线，考虑个人信息生命周期不同阶段个人信息的特征，强化生命周期内服务管理能力、服务管理质量，通过质量管控实现网络空间个人信息安全。

DB21/T 1628.2《个人信息安全管理体系实施指南》确定的基于个人信息生命周期的个人信息管理规则，具有普适意义，既适用于不同社会形态的行业特征，亦适用于不同的个人信息存在形态（如网络信息管理）。

（三）资源管理

个人信息的存在形态包括自然人空间存在的生物特征形态和自然人作为民事主体存在的社会形态，其记录形式是多样的。

记录个人信息形态的基本形式，包括：

文字：书写的语言，以纸媒介保存的个人信息，可以用手书写，也可以机器印刷、计算机打印。用文字描述自然人的基本形态；

数据：可以是数字、字符、符号等。是客观事物的属性及相互关系和关联因素的抽象表示，适于自动或非自动的方式保存、传递和处理。如文字、声音、图像在计算机里被简化成"0"和"1"时，它们便成了数据。

声音：作为一种物理现象，声音是由物体的振动产生的。基于声音产生和传播的原理，声音是人体器官能直接感受和理解的一种记录信息的类型，并辅之以相应的录制工具。

图像：是基于各种观测系统以不同形式和手段观测客观世界获得的形态，并直接或间接作用于人眼，进而产生视知觉的实体。人的视觉系统是一类观测系统，通过它得到的图像就是客观事物在人的意识中形成的空间形态。

文字、数据、声音和图像可以相互转化，数据是基本载体。在自动处理中，文字、声音、图像均可以数字化。

由于多样式的个人信息记录形式和传播形态，其基本载体是与之密切相关的各种资源。如前述，个人信息安全依然涉及信息资源的安全。

根据DB21/T1628.1《个人信息保护规范》第6章的要求，必须识别与管理、业务涉及个人信息部分关联的各种资源。DB21/T 1628.2《个人信息安全管理体系实施指南》根据这一要求，明确资源管理的分类和资源管理规则。

（四）标准组织

个人信息管理是个人信息管理者向个人信息主体提供服务的过程，涉及服务过程中诸多因素。在依据DB21/T1628.1《个人信息保护规范》编制DB21/T 1628.2《个人信息安全管理体系实施指南》中，标准素材的组织需要考虑：

1.要求

个人信息管理的要求，主要包括四个方面：

（1）法律、规范的要求。个人信息管理必须符合、满足与个人信息安全相关法规、规范的要求和社会、人文环境需要。

（2）实施风险评估的结果。必须根据个人信息管理者管理的需要和业务发展、流程、目标等，实施个人信息安全风险评估，识别与个人信息安全相关资源的风险、发生的可能性，并评估影响。

（3）个人信息安全管理体系。个人信息管理者为在其管理和业务运行中保证个人信息的安全，必须构建个人信息安全管理体系，并遵循体系的要求。

（4）个人信息安全管理体系内审。为保证个人信息安全管理体系的安全运行，个人信息管理者必须建立个人信息安全管理体系内审机制，并根据内审结果改进、完善。

2.关键因素

（1）最高管理者的意识和支持；

（2）个人信息相关法规、标准的理解；

（3）个人信息管理相关组织机构的效能；

（4）个人信息管理相关机构负责人的责任；

（5）个人信息安全目标、安全策略和行为；

（6）个人信息安全宣传、教育的效果；

（7）个人信息安全风险管理的理解；

（8）个人信息安全管理体系内审效能；

（9）过程改进的有效性；

3.连续性管理

个人信息管理是个人信息管理者管理过程、业务活动的完整部分。个人信息安全管理体系运行不应影响关键业务流程、中断管理过程，并能够在受到影响时及时恢复。为避免受到影响，或在受到影响时及时恢复并将

信息安全标准研究

影响降到最小，应实现管理过程和业务活动的连续性管理。

在管理和业务的连续性管理中，主要注意所有资源参与下的风险管理与连续性的关联、个人信息安全管理体系运行与连续性的关联关系等。

4.标准兼容性

标准兼容性应考虑：

（1）DB21/T 1628.2《个人信息安全管理体系实施指南》遵循DB21/T 1628.1《个人信息保护规范》确立的个人信息管理的基本原则和要求，重点描述和指导个人信息安全管理体系的构建、实施、运行。

构建、实施和运行个人信息安全管理体系，应同时使用DB21/T 1628.1《个人信息保护规范》和DB21/T 1628.2《个人信息安全管理体系实施指南》。

构建、实施和运行个人信息安全管理体系，亦应同时融合、使用个人信息安全标准体系其他标准；

（2）DB21/T1628.1《个人信息保护规范》、DB21/T 1628.2《个人信息安全管理体系实施指南》及个人信息安全标准体系其他标准应与其他国际、国内信息安全标准、质量管理标准、信息服务标准及其他相关标准协调一致，并与这些标准相互配合或相互整合实施和运行。

（五）标准结构

1.实施惯例

DB21/T 1628.2《个人信息安全管理体系实施指南》的标准结构，既遵循DB21/T1628.1《个人信息保护规范》的基本结构，亦考虑个人信息安全管理体系的实施惯例。个人信息安全管理体系通用的实施惯例，包括：

（1）明确个人信息管理目标；

（2）建立个人信息管理相关组织机构；

（3）制定个人信息管理方针；

（4）构建个人信息安全管理体系；

（5）个人信息安全风险管理；

（6）制定个人信息管理相关规章；

（7）个人信息安全宣传、教育；

（8）个人信息管理过程；

（9）个人信息安全管理体系内审；

（10）过程改进；

2.过程管理

过程管理是个人信息全生命周期的主要阶段，是保证个人信息安全管理体系有效性的重要手段。DB21/T 1628.2《个人信息安全管理体系实施指南》必须保证DB21/T1628.1《个人信息保护规范》构建、实施、运行中过程模式的可操作性和有效性。DB21/T 1628.2《个人信息安全管理体系实施指南》描述了采用PDCA过程模式管理个人信息相关活动、相关资源及其相互关系应展开的管理活动和过程。

第五节　信息安全——个人信息安全风险管理指南
（DB21/T 1628.5–2014）

DB21/T1628《个人信息保护规范》，已经发布实施四年了，修订的DB21/T1628.1《个人信息保护规范》和DB21/T1628.2《个人信息安全管理体系实施指南》也已分别于2012年和2013年发布实施。

《个人信息保护规范》（以下简称《规范》）是个人信息管理中粗粒度的基本要求。在个人信息安全实践和个人信息安全管理体系评价实践中，需要细致、精准地基于《规范》规定的约束条件、要求，解析个人信息安全风险管理，并提供个人信息安全管理体系实施基准。

个人信息安全风险管理指南，是《规范》实施的风险防范细则，是个人信息安全标准体系构成的一个重要标准。对推进《规范》的普适性，具有重要作用。

一、风险管理

绝对的信息安全是不存在的。将不安全因素或风险降低到可接受范围内，是相对安全的。个人信息风险管理就是研究个人信息所处环境中可能存在的缺陷、漏洞及面临的威胁。通过安全风险评估技术，观察、测试、收集、评估、分析个人信息存在风险的不确定性及可能性等因素，制定风险管理策略和方法，避免和减少风险损失。

（一）风险的概念

风险存在于自然科学、政治、军事以及经济、社会生活诸多方面，至今还没有统一的定义。《大项目风险分析》（美国Cooper D. F. 和Chapman C. B.）一书中的定义是比较权威的："风险是由于从事某项特定活动过程中存在的不确定性而产生的经济或财务的损失、自然破坏或损伤的可能性"，即"不确定性对目标的影响"（这是ISO采纳的我国专家对风险的定义）。

风险管理是以可确定的管理成本替代不确定的风险成本，以最小的经济代价，实现最大安全保障的科学管理方法，其核心是风险的识别、分析、评估和处理。

1.风险特征

风险的特征是风险的本质及其发生规律的外在表现。

（1）风险存在的客观性和普遍性。在事物存在和活动过程中，风险是超越人们主观意识的客观存在。事物特征不同，风险各异。在事物及所属环境周围，始终存在许多不确定性因素，这些因素可能影响事物存在安全和活动质量。事物所关注的，是在有限的空间和时间内改变风险存在和发生的条件，降低发生频率，减少损失程度，尽可能降低风险。

（2）某一具体风险发生的偶然性和大量风险发生的必然性。风险是各种不确定因素的综合，不确定性是风险最本质的特征。任一具体风险的发生都是各种风险因素和其他因素共同作用的结果，是偶然的、随机的、无序的。但风险是客观存在的，它的不确定性与风险事实之间存在着潜在性，通过对大量风险事故资料的观察和统计分析，研究风险发生的频率及其造成的损失程度，可以预测风险发生的可能。

（3）风险的可变性。各种风险的质和量是随时可能变化的，有些风险得到控制或消除，潜在风险可能发生并得到处理。

（4）风险的多样性和多层次性。在事物存在和活动过程中，面临的风险多种多样，而且大量风险因素之间的内在关系错综复杂、各风险因素之间、各风险因素与外界环境的影响又使风险显示出多层次性。

（5）风险双重性。风险带来损失，也可能获得收益。风险的双重性即是风险与收益机会共存，对风险结果的研究，应将风险当作机会，既认真对待风险带来的损失，也可以通过风险管理尽量获得风险收益。

2.风险管理

风险管理就是组织识别、分析、评估可能面临的各种风险，并在此基础上，采取适当的措施有效处置风险。以可确定的管理成本替代不确定的风险成本，以最小的经济代价，实现最大安全保障的科学管理方法。

风险管理的核心是风险的识别、分析、评估和处理。风险管理是动态的，贯穿在事物存在和活动过程中，为管理决策提供依据，确保事物存在和活动过程中的持续、稳定、安全。

风险管理包括风险识别、风险分析、风险评估和安全策略等。风险识别主要是分析事物存在和活动过程，根据分析的结果，识别关键的资源及价值、安全威胁、系统漏洞、缺陷等，以此为基础，分析安全隐患可能造成的影响、灾难、损失及系统的脆弱性等，按风险等级评估事件的风险，制定、实施安全策略，保证资源及相关环境、各种要素的可靠性、完整性和可用性。

（二）个人信息安全风险

风险由风险因素、风险事件、风险影响构成。风险因素的变化，使风险事件发生的可能性变化，并产生相应的风险影响。

个人信息生态系统处于复杂、多变的社会生态系统中，风险发生的可能性，随社会环境的变化、与社会生态系统的相互作用和影响、生态系统内要素间的相互作用和影响，风险因素亦随之增加或减少，风险事件发生的可能性亦随之增大或减小，可能产生不同的风险影响。

个人信息生态系统风险是在特定条件、环境、范围、时限内，不确定性风险因素引发风险事件对个人信息生态系统、生态系统构成要素产生的风险影响。这种影响包括系统结构、功能，可能引发生态危机。

风险因素是构成风险源的基本单元，一个风险源，可能由多个风险因素构成，这些因素，可能是风险源固有的，也可能是互相关联的。威胁个人信息生态系统的风险因素可以分为危险因素和危害因素：

1.危险因素

可能突发或瞬时发生危害的风险因素，如某类资源突然失效、自然灾害等。危险因素分为可以预测的和不可预知的，如前者是可预测的，应采取预防措施，自然灾害是不可预知的，但应有应急机制；

2.危害因素

逐渐累积形成个人信息危害的因素。危害因素可能存在多个风险源中，在这些风险源的共同作用下，危及个人信息生态系统的安全。

危险因素和危害因素是相对的，在一定条件下可能转化。当个人信息生态系统向低层次演化，抵消组织的作用和影响，使系统失衡时，危害因素可能转变为危险因素；反之，就有可能规避、弱化可能存在的危险因素，并逐步降低风险等级，直至消弭。

个人信息生态系统具有普遍的风险特征，也具有不同的特质。主要包括：

1.风险的核心是"人"。不确定性是普遍存在的，个人信息的属性、特征是诱发个人信息生态系统风险发生的源。因而，个人信息生态系统风险是人为风险。

2.风险的潜在性。在个人信息生态系统安全评价中，许多风险是潜在的，不易识别的。当不确定因素具有明确的目标，潜在风险可能发生突变，破坏生态系统的平衡，引发生态危机。

随着全球经济一体化，科学技术特别是信息技术进步、社会发展，个人信息生态风险的复杂性、影响性、危害性，日趋恶化个人信息生态环境，风险已经成为常态。

二、风险管理过程

风险管理是动态、持续的，风险管理过程是可控的。风险管理过程如图1.7所示。

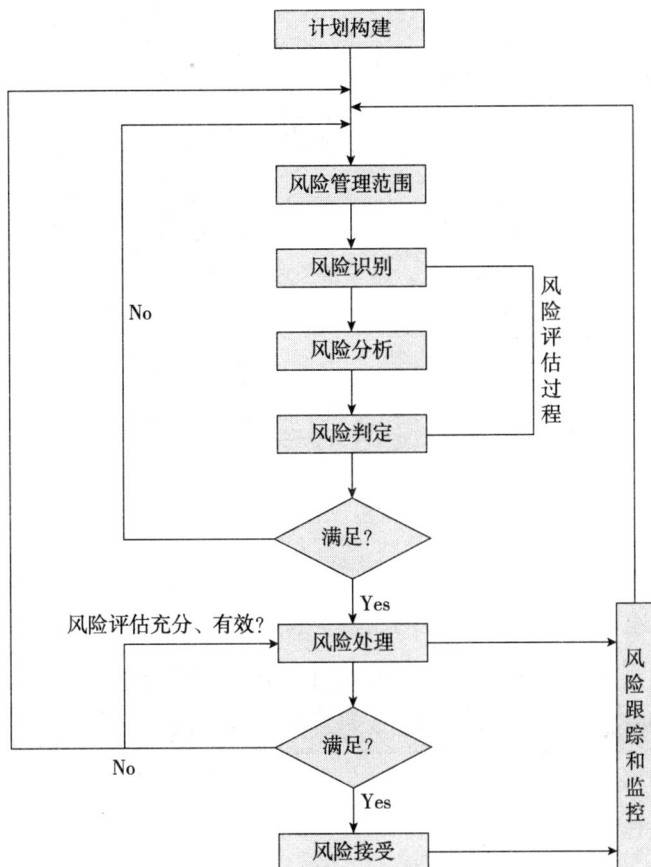

图1.7　风险管理过程

1.确定风险管理范围：确认个人信息相关资源，资源优先级，评估损失及影响程度，以确定风险管理边界；

2.风险评估：如果风险评估充分、有效，可以采取有效的风险应对措施；否则，重新确定范围，进入新的循环；

3.如果风险应对措施合理、有效，残余风险降低到可接受水平；否则：

（1）重新进行风险处理；

（2）重新确定风险范围，进入新的循环；

4.风险处理、风险接受后，应持续跟踪、监控风险变化。

风险管理应采用PDCA模式，改进过程如图1.8所示。

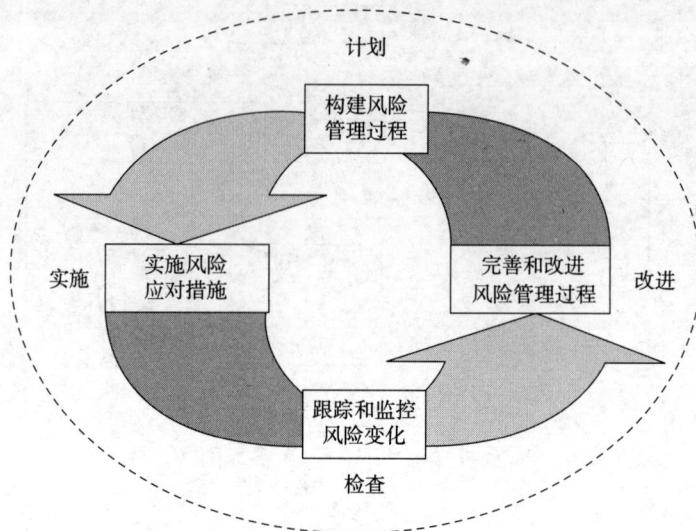

图1.8　适于风险管理过程的PDCA模式

表1描述了PDCA四个阶段的风险管理活动：

表1.1　PDCA四个阶段的风险管理活动

PDCA	风险管理活动
计划	风险管理范围 风险评估 风险处理 风险接受
实施	实施风险应对措施
检查	持续跟踪、监控风险变化
改进	完善、改进风险管理过程

三、标准构成

由于个人信息处于复杂、多变的环境中，呈现出多样性，因而，个人信息安全风险发生的可能性，随环境的变化、个人信息多样态的变化，风险因素亦随之增加或减少，风险事件发生的可能性亦随之增大或减小，可能产生不同的风险影响。

个人信息安全风险管理就是识别、分析、评估个人信息管理者运营中，各种可能危害个人信息和个人信息主体权益的风险，并在此基础上，采取适当的措施有效处置风险。是以可确定的管理成本替代不确定的风险成本，以最小的经济代价，实现最大安全保障的科学管理方法。

1.基于个人信息生命周期的风险管理

在个人信息生命周期内，个人信息以不同的样态存在，既依存于业务亦依存于管理，具有不同的风险因素。涉及个人信息安全风险的来源是多样的，依个人信息生命周期划分为：

（1）个人信息获取过程：

a.个人信息收集风险（收集目的、收集技术、方式和手段等）。

b.个人信息间接收集风险（收集目的、来源、第三方背景、安全承诺等）。

（2）个人信息处理过程：

a.个人信息使用风险（使用目的、使用方法和范围、使用背景等）。

b.个人信息提供风险（使用目的、使用方法和手段、接受者背景、安全承诺等）。

c.个人信息处理风险（处理目的、处理方式、处理方法和手段、后处理方式等）。

d.个人信息委托风险（委托目的、委托接受人、委托回收、安全承诺、回收方式等）。

e.个人信息传输风险（传输方式和手段、传输的安全措施等）。

（3）基于生命周期的过程管理。

a.个人信息管理风险（个人信息管理者的素质、权利和义务、管理方式等）。

b.个人信息安全管理体系风险（体系缺陷、漏洞等）。

所有个人信息的收集、处理、使用等行为，也都存在个人信息正确性、完整性和最新状态的风险。

识别、评估、判断个人信息的潜在价值、安全威胁，是个人信息管理的基础，也是个人信息安全管理体系构建、实施、运行的安全基础。

2.个人信息安全风险评估

实施个人信息安全风险管理的评估要求，包括：

（1）资源的影响：资源以多种形式存在，其所依存的管理、业务关联不同，具有不同的安全属性和价值，因而存在不同的安全风险；

（2）管理脆弱性：在个人信息管理者的管理体系、机制中，行政管理、员工管理、业务持续性等多方面存在固有的缺陷，因而存在某一特定环境、特定时间段发生风险的可能性；

（3）技术脆弱性：由于资源存在缺陷或漏洞，因而，所采取的技术管理措施存在必然的风险；

（4）个人信息安全管理体系的影响：个人信息安全管理体系（包括管理机制、内审机制、安全机制、过程改进、认证机制等）及标准、规范等存在设计缺陷，可能引发不同的安全风险。

四、标准规制

（一）风险管理指南的实施基准

DB21/T 1628.5《个人信息安全风险指南》为个人信息安全管理体系提供个人信息安全风险管理的基准和支持。但并不提供任何特定的个人信息安全风险管理方法。个人信息管理者应根据管理及业务特点、环境因素、特定的个人信息安全管理体系及风险管理范围等，确定适合自身的风险管理方式。

依据DB21/T 1628.5《个人信息安全风险指南》的规则，实施个人信息安全风险管理可以存在多种方式；

（二）风险管理指南实施要求

DB21/T 1628.5《个人信息安全风险指南》遵循DB21/T 1628.1《信息安全——个人信息保护规范》确立的个人信息安全原则和要求，亦遵循DB21/T 1628.2《信息安全——个人信息安全管理体系实施指南》确立的实施细则，重点描述和指导个人信息安全管理体系构建、实施、运行中个人信息安全风险的评估、处理、监控和持续的过程改进。

实施个人信息安全风险管理，应同时使用DB21/T 1628.1《信息安全——个人信息保护规范》、DB21/T 1628.2《信息安全——个人信息安全管理体系实施指南》和本指南，并参照DB21/T 1628系列其他标准。

（三）连续性管理

个人信息管理是个人信息管理者管理过程、业务活动的完整部分。个人信息安全管理体系运行不应影响关键业务流程、中断管理过程，并能够在受到影响时及时恢复。为避免受到影响，或在受到影响时及时恢复并将影响降到最小，应实现管理过程和业务活动的连续性管理。

在管理和业务的连续性管理中，主要注意所有资源参与下的风险管理与连续性的关联，个人信息安全管理体系运行与连续性的关联关系。

（四）兼容性

《个人信息保护规范》、《个人信息安全管理体系实施指南》、《个人信息安全风险管理指南》及个人信息安全标准体系其他标准可与其他国际、国内信息安全标准及相关标准协调一致，并与这些标准相互配合或相互整合实施和运行。

第六节　数据（信息）保护规范（SJ/T 11445.2-2012）

SJ/T 11445.2-2012《信息技术服务 外包 第2部分：数据（信息）保护规范》正式发布实施了，这是全行业推进数据保护的奠基性一步，对推进全国的个人信息（数据）保护具有重要意义。

一、标准范畴

SJ/T 11445.2-2012《数据（信息）保护规范》覆盖范围包括个人信息、商业数据。虽然知识产权涉及面广、构成复杂，且已有相关法规，但是，与知识产权相关信息的保护存在法律空白。同时，这部分信息与商业数据的特质类同。因而，知识产权相关信息归入商业数据。

（一）商业数据

在特定的语境中，需要限定数据的使用范围和边界。SJ/T 11445.2-2012《数据（信息）保护规范》将"数据"限定为涉及与个人信息、商业数据相关的信息。

在SJ/T 11445.2-2012《数据（信息）保护规范》中，需要管理的商业数据包括两部分：敏感的商业秘密和其他需要保护的商业数据。

敏感的商业秘密应是符合如下三个条件的技术信息、经营信息等：

1.与数据主体利益相关

敏感的商业秘密包括可直接使用的或正在研究、试制、开发中的，也包括可长期使用的和短暂使用的，具有显性的、潜在的或可预期的价值属性，可以为数据主体产生技术或经济价值和竞争价值的机密文件。

2.实用且已采取保密措施

因其具有实用性。敏感的商业秘密具有显性的、潜在的或可预期的价值属性，敏感商业秘密的实用性，必须是可以实际应用于技术开发、生产经营，或有助于技术开发、生产经营的具体的技术、生产、经营策略和方案等。从法律角度，并不保护单纯的构想和抽象的理论、概念。抽象的、模糊的原理或观念的覆盖范围极其广泛，尚处于探索阶段而无法具体化，但是，从标准的角度，这种敏感商业秘密形态，需要在一定时效内加以保护。

3.不为公众知悉

商业数据与个人信息不同。个人信息为个人信息主体唯一拥有，不予收集时，是个人隐私，处于封闭状态。商业秘密虽然处于秘密状态，不可能从公开的渠道获悉，但仍然是一种开放形态。

（1）知悉范围

商业秘密可以在一定限度内为一定范围的负有保密义务的相关主体知道，因而，可以同时被多个组织或个人拥有。所以，敏感的商业秘密的数据主体并不唯一。

（2）认知属性

如何认知商业数据的秘密属性，与数据主体的管理策略密切相关。商业秘密包括不同应用层次的商业数据，较高层次的，如正在研究、试制、开发的数据或用于技术开发、生产经营的具体的技术、生产、经营策略和方案等，在不同层面、不同主体间存在，易于形成商业秘密的认知。较低层次的，如营销策略等，具有广泛的属性，部分需要保密的操作细节，难于形成商业秘密的认知。因而，敏感的商业秘密具有开放的形态。

（3）收集限制

敏感的商业秘密的收集，不能从公共开放领域直接获取。公开发表、发布、演讲、展览或者存放在公众可以直接获得的地方的商业数据，是公开信息，可以直接使用。但是，敏感的商业秘密可以在一定限度内为一定范围的负有保密义务的相关主体公开。因而，敏感的商业秘密是具有一定收集限制的。

（二）知识产权相关信息

在SJ/T 11445.2-2012《数据（信息）保护规范》中，将与知识产权相关的信息统归为商业数据保护。

知识产权是人们在社会实践中创造的智力劳动成果的专有权利，国家赋予创造者在一定时期内享有智力劳动成果的专有权或独占权。

知识产权包括：

1.工业产权

工业产权包括发明（专利）、商标、工业品外观设计以及原产地地理标志等；

2.著作权

自然人、法人或者其他组织对文学、艺术和科学作品依法享有的财产权利和精神权利的总称。主要包括著作权及与著作权有关的邻接权。

知识产权涉及面广、构成复杂，且已有相关法规，例如：

1.《中华人民共和国民法通则》

规定了六种知识产权类型，即著作权、专利权、商标权、发现权、发明权和其他科技成果权，并规定了知识产权的民法保护制度。

2.《中华人民共和国刑法》

确定中国知识产权的刑法保护制度，包括明确知识产权犯罪的有关内容（第七节）。

3.分散立法

《中华人民共和国专利法》、《商标法》、《著作权法》、《发明奖励条例》等单行法和相关的行政法规等规定了相关知识产权的保护规则。

但是，与知识产权相关信息的保护存在法律空白，如：

1.网络侵权行为

信息技术的发展，几乎所有知识产权相关作品均可以数字化形式统一处理文字、声音、图像等多种表现手段，实现网络环境下的信息自由。因而，存在着知识产权与信息数字化之间的法律空白。

2.信息资源共享

随着新一代信息技术的应用，信息资源整合、共享大势所趋。必然涉及知识产权人的利益。强调知识产权保护，将阻碍信息资源共享；放开监管，将使法律流于形式。因而，法律与标准的互为救济是必要的。

3.一般性的创造

与传统、民俗等相关的创新、创造等表达形式，亦涵盖在知识产权范畴之内，但尚未在知识产权保护范围内。

4.知识传播

知识产权保护知识的表达形式，而非形成知识的思想本身。是因为在保障知识产权人的合法权益的同时，亦需兼顾人类文明的累积与知识、信息的传播，因而算法、数学方法、技术等均不属著作权所要保护的对象。需要在法律基础上的标准约束。

随着科技发展、社会进步，知识产权内涵愈益丰富、外延不断扩展。因而，严格意义上，商业秘密的主体（民事主体）应享有的相关权利，应包含在知识产权范畴内。

二、标准框架

（一）《数据保护框架》

个人信息与商业数据是完全不同的概念，需要统一在标准框架内，形成同一的标准体系。标准编制初期的设计，是构建统一的标准框架——《数据保护框架》，形成统一标准框架下个人信息和商业数据两个并行的标准体系。

《数据保护框架》依据国际、国内信息安全及其他相关法规、标准，为个人信息安全、商业数据安全和知识产权相关信息保护构架基本规则和要求。在《数据保护框架》下包含三部分标准：

《数据保护框架·个人信息保护规范》

《数据保护框架·商业数据安全标准》

《数据保护框架·知识产权保护规范》

《数据保护框架》基本标准如下示。

数据保护框架

第一部分　综述

1.本框架中，"数据"是一个广义的概念，代指各类组织中涉及个人隐私、商业秘密和知识产权的信息。

2.数据保护是一个广泛的课题，本框架涉及个人信息安全、商业数据安全和知识产权保护。

3.本框架涉及的数据保护，是指个人信息、商业数据的保密性、完整性、准确性、可用性、真实性、可控性和不可抵赖性，及公民、法人对自己创造性智力成果依法享有人身权和财产权的民事权利。

4.随着社会经济和科学技术的发展，数据的收集、处理，愈加方便、容易，个人信息、商业数据和知识产权的侵害事件也愈加频繁。个人的身份证号码、信用卡号码、电话号码、手机号码，企业的商业秘密等信息都可能成为被利用的工具，特别是计算机和网络系统的进步，更使得数据收集和利用变得非常容易。

5.本框架为个人信息安全、商业数据安全和知识产权保护提供了基本的规则和要求，以构建安全体系、安全机制，不因偶然的或者恶意的原因，遭到破坏、篡改、泄露、窃取等。

6.本框架在提供安全指导的同时，保证业务的连续性，不限制数据的自由流通。

7.本框架与其他国际、国内信息安全标准及其他相关标准协调一致，并与这些标准相互配合或相互整合实施和运行。

第二部分　原则

1.本框架遵循以下原则：

a.目的明确

数据处理、使用应基于明确、合法的目的；

b.权利限制

数据处理、使用应有明确的权限界定，防止未经授权的访问；

c.数据质量

数据处理、使用应保证数据的准确、完整、可用、真实、可控和不可抵赖；

d.安全保障

数据处理、使用应保证保密、安全、可靠，防止泄露、丢失、损毁、篡改等安全事件；

e.责任

应保证各项原则的有效实施。

2.本框架确定的原则是一般性的，编制个人信息安全、商业数据安全和知识产权保护标准宜根据各自的特点、需求，确立适宜的原则。

第三部分　标准要求

在本框架下编制个人信息安全、商业数据安全和知识产权保护标准，应遵循以下要求：

1.管理机制

a.依据组织的业务、发展战略，明确数据保护的目标；

b.宜设置相应的管理机构，明确职能和管理人员的职责；

c.应制定组织内的各项规章制度；

d.应在组织内外及面向客户开展相应的宣传活动；

e.应对组织内所有员工进行相关知识教育；

f.应建立所有涉及数据保护相关文档的管理策略；

g.应建立协调、沟通和意见反馈机制，以应对员工、客户和社会的影响。

2.保护机制

a.数据的获取、存储、管理、处理和使用应有明确的目的；

b.应根据不同的目的和需要，对数据获取、存储、处理和使用设置不同的权限；

c.应建立适宜的数据获取、存储、管理、处理和使用保护机制，如基于网络的数据保护、数据存储的保护、数据处理和使用的保护等；

d.数据获取、存储、管理、处理和使用方式、方法合理、充分、有效。

3.安全机制

a.应根据组织的整体信息安全管理体系，确定数据保护的安全机制；

b.应采取适宜的风险管理措施，规避、弱化、降低数据的安全风险；

c.应确立安全管理、技术管理措施，保证数据的安全。

4.过程改进

a.应跟踪、监控数据管理过程和数据保护实施过程；

b.应适时评估数据保护实施过程，随时修正、改进、完善过程；

c.过程改进应采用PDCA模式。

5.本框架规定了标准编制的一般要求，应根据个人信息安全、商业数据安全和知识产权各自的特点、实际需要编制各自的标准，如构建管理体系、监督监察机制等。

第四部分　管理评价

1.应适时进行组织内部评审，以确定数据管理过程和数据保护实施过程与相关法规、标准及安全要求的符合性、一致性；

2.应建立相应的认证体系，对数据管理过程和数据保护实施过程状况进行认证，确定与相应法规、标准的符合性、一致性和目的有效性。

（二）《数据（信息）保护规范》

SJ/T 11445.2-2012《数据（信息）保护规范》是最终形成的标准文献。它是基于这样的事实：

1.个人信息与商业数据具有类同的特质，在收集、处理、使用中，其安全要求、安全机制、安全策略等是同等的，可以采用统一的管理方式；

2.个人信息与商业数据是完全不同的概念，统一在数据定义下，各自表述；

3.个人信息主体与商业数据主体具有不同的属性、特征，统一在数据主体定义下，各自表述。个人信息主体是可识别的自然人个体，是清晰、明确的；商业数据主体本身也具有不同的属性特征，其唯一可识别的、统一的特征是合法拥有。

个人信息与商业数据是完全不同的概念，需要统一在标准框架内，形成同一的标准体系。

1.基本框架

SJ/T 11445.2-2012《数据（信息）保护规范》基本框架如图1.9示：

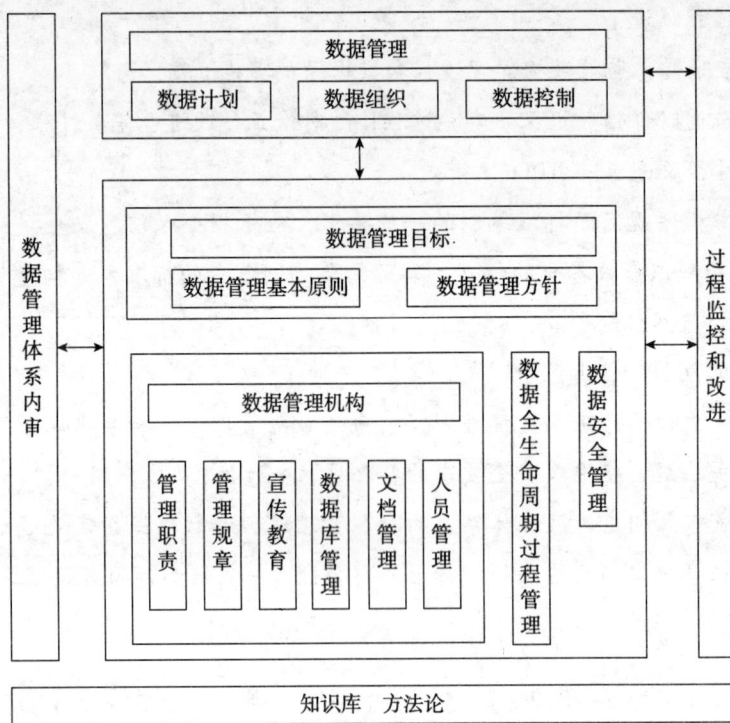

图1.9　基本框架

2.基本概念

SJ/T 11445.2-2012《数据（信息）保护规范》以"数据"指代标准的客体，其基本概念包括：

1.数据

数据是内涵和外延非常宽泛的概念，是信息的载体。SJ/T 11445.2-2012《数据（信息）保护规范》将"数据"限定为涉及个人信息、商业数据（仅指敏感的商业秘密或其他需要保护的数据）的相关信息。

由于知识产权涉及面广、构成复杂，且已有相关法规，但是，与知识产权相关信息的保护存在法律空白。同时，这部分信息与商业数据的特质类同。因而，SJ/T 11445.2-2012《数据（信息）保护规范》将知识产权相关信息归入商业数据；

2.内容数据库

内容也是相对宽泛的概念，需要限定在标准的特定语境中。SJ/T 11445.2-2012《数据（信息）保护规范》仅限定内容数据库是由个人信息、商业数据所构成的逻辑数据库。

如前述，各种形态的个人信息是政府、机关、事业团体、企业及商业机构等，在社会、行政、经济活动中的需要，大量收集、储存、积累，聚集形成的各具不同目的和应用的、保管个人信息的"库"；

商业数据包括未公开的产品、图纸、工艺、计划、方法等，形成不同的应用目的、范围、方式、方法等，以"库"的形式聚集、管理。

商业数据、个人信息可以是结构化或非结构化，可以是自动处理的，也可以是非自动处理的。如1.3.3所述，数据管理者将收集到的商业数据、个人信息，根据特征、类别等，按照一定的方式整合、储存，构成逻辑上统一的内容数据库，提供各种服务。因而，数据库不仅仅是技术层面的数据库概念。

根据内容数据库反映出的不同特征、处理目的等，采取不同的处理方式，可以满足不同的数据管理者的需要。通过内容数据库，可以多次、无限制地反复处理、利用相关数据，重复获得倍增的经济利益。

SJ/T 11445.2-2012《数据（信息）保护规范》的基本框架，以数据（个人信息、商业数据）为核心，以管理流程为基础，以服务质量管控和数据安全为导向，规范、约束数据管理者的相关活动或行为。

三、标准规制

SJ/T 11445.2-2012《数据（信息）保护规范》以DB21/T 1628.1-2012《个人信息保护规范》为蓝本，研究个人信息保护与商业数据保护的差异；商业数据的特征、边界、管理方式等。

个人信息伴随着社会发展和市场经济的建立，凸显人格利益的商业价值和经济利益。人格要素的商品化、利益多元化，更凸显了在现代社会、经济活动中，个人信息的无形的物质性财产权益。与之对应的是，日益激烈的市场竞争，突出表现为高新技术的竞争、信息（包括知识）的竞争，商业数据（包括知识产权相关信息）是企业的无形资产，蕴含着巨大的经济价值，是企业核心竞争力的关键要素、企业生存、发展的基础和条件。

随着计算机技术和互联网的普及，大量商业数据不断地数字化、网络化，严重威胁商业数据的安全。同时，商业竞争的加剧和不择手段、利益诱惑、员工流动，使企业内部商业数据泄露、流失更趋频繁。

个人信息和商业数据具有不同的属性和特征，也具有不同的安全目标，但是其安全的核心是一致的，即提高服务能力，通过服务质量管控，实现数据（个人信息、商业数据）的安全。因而，在数据（个人信息、商业数据）全生命周期管理中，其安全要求、安全机制、安全策略等是同等的，可以采用统一的约束规则。

1.数据（个人信息、商业数据）管理

数据管理的职能，是数据及相关资源、环境、管理体系等的计划、组织、协调、控制的相关活动或行为。在数据的整个生命周期，采用相应的管理策略、技术、手段，保证数据的安全。

2.数据（个人信息、商业数据）管理体系

为实现数据管理目标，充分、有效地开展数据管理各项活动，约束数据管理者的行为构建。包括确立数据管理目标，制定数据管理方针，建立数据管理机制、过程管理机制、安全管理、内审机制和过程改进机制，以及数据管理质量保证，是实现数据安全的管理活动，这些活动是相互关联又相互制约的，统一在数据管理体系的规制下。

3.商业数据例外

商业数据收集存在例外，包括商业数据主体认定的不可收集的商业数据、竞业禁止协议适用的商业数据和法律特别规定等。

四、标准兼容性

SJ/T 11445.2-2012《数据（信息）保护规范》与其他国际、国内信息安全标准及其他相关标准协调一致，并与这些标准相互配合或相互整合实施和运行。

（一）与GB/T 22080-2008、GB/T 22081-2008的差异

1.基点不同

GB/T 22080、GB/T22081关注资产的安全，并以信息资源为核心，在

信息系统全生命周期内确定安全策略、安全机制、安全技术，展开安全管理活动，以保障信息系统的安全。

SJ/T 11445.2-2012《数据（信息）保护规范》关注数据（个人信息、商业数据）的安全，并以数据主体权益为核心，在数据（个人信息、商业数据）生命周期内，确立适宜的数据管理策略、管理机制、管理方式，展开数据管理活动，并充分融合GB/T 22080、GB/T22081，建立适宜、适度的安全机制；

（二）评估点不同

GB/T 22080、GB/T22081以信息资源为核心，评价ISMS的规范性、有效性和可用性。

SJ/T 11445.2-2012《数据（信息）保护规范》以数据（个人信息、商业数据）为核心，评价数据管理体系的规范性、适宜性和目的有效性；

b.GB/T24405.1-2009、GB/T24405.2-2010及GB/T19001-2008

SJ/T 11445.2-2012《数据（信息）保护规范》采纳了GB/T24405 IT服务管理的基本思想和GB/T19001质量管理原则，以服务管理为导向，关注数据生命周期内服务管理能力、服务管理质量，通过质量管控实现安全目的；

（三）其他标准

SJ/T 11445.2-2012《数据（信息）保护规范》的内涵，涵盖了IT服务的所有要素，是IT服务的基础。虽然SJ/T 11445.2-2012《数据（信息）保护规范》暂定在服务外包标准组内，但对ITSS整体具有指导意义。

第七节　国家标准研究[①]

一、背景

我国目前还没有制定专门的《个人信息保护法》，2003年我国启动了个人信息保护立法研究工作，但鉴于我国国情，短期内难以成为现实。在个人信息安全领域，由于相关法律救济体系的缺位，形成分散立法的边界效应。法律的苍白，形成管理的真空，造成个人信息安全隐患。据有关人士统计，目前有近40部法律、30余部法规，以及近200部规章涉及个人信

---

① 本节摘自中国标准化研究院课题《辽宁省个人信息保护系列标准实施评价研究》，有删改。

息保护，其中包括规范互联网信息规定、医疗信息规定、个人信用管理办法等，各法规之间存有较大空隙。面对这个数量惊人的各类管理法规，再对照现实中个人信息被大肆侵权的现实，我们就能更深切体会到多头管理之弊了。

针对相关领域涉及的个人信息施行保护，就是分解多样态分布于各种社会形态中的个人信息。从全面实施个人信息保护的需求来看，现行规定还普遍存在一些问题，最主要的就是个人信息保护没有专门性规定。个人信息处理活动应当遵循什么原则、个人信息主体在个人信息处理活动中享有哪些权利、对滥用个人信息的信息处理者如何予以制裁、由什么机构负责执法等，现有的分散规定都无法解决这些问题。特别是个人信息主体的权利并没有得到全面、明确的确认，这在一定程度上导致公众个人信息保护意识不高。

大连软件行业协会（以下简称：协会）从2004年开始个人信息保护标准和评价体系的研究，先后制定了《大连软件及信息服务业个人信息保护标准》，并于2008年6月正式出台了国家首个省级全行业个人信息保护标准DB21/T 1628-2008。该标准经过四年研究和实践，在2012年进行了修改和完善，并重新颁布。该标准也是我国首个个人信息保护的地方标准，对我国个人信息保护体系的建立起到示范和推动作用，促进了我国个人信息保护的规范化管理和为企业个人信息保护制度建立提供一个可依据的参考的规范。

为了保障规范的实施效果，协会在制定标准的基础上研究和建立了一整套完善的个人信息保护评价（PIPA）体系。首先在软件及信息服务业中开展对企业的个人信息安全评价工作，经过几年的努力，现已扩大到全社会的个人信息保护评价，创建中国的个人信息保护评价管理体系，树立中国在国际上的个人信息保护形象。

大连软件行业协会承担的中国标准化研究院《辽宁省个人信息保护系列标准实施评价研究》课题，是在中国标准化研究院指导下，对10年来大连市个人信息保护工作的系统、全面、科学的总结，对初步构建的个人信息安全理论体系、标准化体系和实践验证体系的基本阐释，和10年来个人信息保护实践的初步调研。

为探索在全国其他地域和其他行业开展个人信息保护标准化工作的可行性和实施方案，《辽宁省个人信息保护系列标准实施评价研究》课题组，调研了国际、国内个人信息安全状况，总结了辽宁省实施个人信息保护以来的现状，形成包括《<辽宁省个人信息保护系列标准实施评价研究>研究报告》和《<辽宁省个人信息保护系列标准实施评价研究>调研报告》，以期为提高我国信息安全的整体水平作出贡献。

二、研究综述

ISO/IEC9001、ISO/IEC27001、ISO/IEC27002、ISO/IEC20000、和等同采用的国家标准GB/T19001—2000、GB/T 24405.1—2009、GB/T 24405.2—2010、GB/T 22080—2008、GB/T 22081—2008等规定了建立、实施、运行、监视、评审、保持、改进质量管理体系、信息安全管理体系、IT服务管理的规则和启动、实施、保持、改进相关管理的指南、原则。与之相比，个人信息安全标准系列在体系构建、体系机制、体系实施、安全机制、过程改进等方面存在一定的相似形，在个人信息安全管理体系评价实践中存在部分重叠。但个人信息的多样态存在和分布、个人信息的特质决定了个人信息安全标准与信息安全标准之间、个人信息管理与质量管理及服务管理之间的差异。然而，差异可以各自表述，体系可以逐渐融合，逐步实现个人信息安全标准与信息安全标准、管理标准的一体化，还需要大量的研究、实践和测量。

大连所开创的个人信息保护模式，仅是掀开了个人信息安全帷幕的一角，为地区性和全国个人信息安全提供可资借鉴的经验，为个人信息安全的深入研究、实践积累奠定基石，借以推动全国的个人信息安全法规、标准体系建设。经过近十年的努力，已经初见成效。

（一）概述

工信部自2009年开始组织编写个人信息保护相关标准，从《个人信息保护规范》到《公共及商用服务信息系统个人信息保护指南》，几易其稿。标准由中国软件评测中心主导，试图通过标准编制引导中国个人信息保护行业自律的走向。

然而，缺乏深入、严谨的研究，缺失调研和实践验证，仅仅简单的罗列、抄袭、拼凑、拍脑袋是不能形成具有可操作性、普适性的标准。从最初《个人信息保护规范》的简单形成，到报批的国家标准化指导性技术文件《公共及商用服务信息系统个人信息保护指南》，质量逐步消退，甚至大大退步。《公共及商用服务信息系统个人信息保护指南》明显缺乏个人信息基本概念、个人信息安全内涵、个人信息安全机理、个人信息社会学意义等等涉及社会科学、系统科学、信息科学、信息技术和信息安全、管理科学等的基础理论研究和全方位的实践验证，存在常识性、概念性、技术性、实践性错误，完全不具有指导意义和普适性。在征求意见阶段，我们依据研究基础提出了相应的意见（报批稿意见本书附录部分）。

（二）建议

基于辽宁标准化建设的实践和理论研究，实现个人信息安全的核心是服务管理。因而，在国家个人信息安全标准建设中，应以个人信息安全为目的，以服务管理为导向，建立贯穿个人信息全生命周期的安全管理体系。

1.标准体系特征

基于个人信息安全标准体系框架，架构个人信息安全标准体系，应考虑：

（1）标准边界。构成个人信息安全标准体系各标准的边界。在边界范围内，标准内容是密切相关的有机整体，反映标准化对象的特征、过程、流程、管理和逻辑关系等；

（2）标准相关。构成个人信息安全标准体系各标准之间是相互关联的。各标准具有不同的个性、功能和作用，标准构成要素、逻辑关系相互关联、相互作用、相互约束、相互补充，形成统一的整体；

（3）个人信息生命周期。基于个人信息生态系统，个人信息生命周期内的复杂特性，使各个标准的逻辑结构呈现不同的形态和表征。依据标准边界和标准间的关联关系，按照个人信息生命周期的特征和标准实施的可用性，逻辑组合各个标准；

（4）持续改进。根据经济社会、技术、管理等发展变化，以及研究深入、实践验证，及时调整、修改、完善；

2.标准建设

在社会生态系统中，存在各种不同的社会形态，各自具有不同的社会属性、形态特征、管理形态，但是，个人信息安全具有相似形：

（1）个人信息生命周期。不论何种社会形态，所拥有、管理的个人信息的生命周期是相同的。

（2）个人信息管理。不论何种社会形态，个人信息管理职能，包括计划、组织、控制、协调等是相同的。

（3）权利和义务。个人信息安全以保障个人信息主体权益，约束个人信息管理者责任和义务为目的。

个人信息安全标准建设，不应考虑不同社会形态的行业特征，应以管理为主线，考虑个人信息生命周期不同阶段的特征，关注生命周期内服务管理能力、服务管理质量，通过质量管控实现安全目的。

个人信息安全标准的对象：

1.个人信息主体：个人信息依附于自然人存在，其主体是唯一的，人格利益也具有唯一性，不能继承和转让。在收集、使用个人信息的过程中，个人信息主体主张人格权益，保护自身人格利益。

2.个人信息管理者：个人信息管理者收集各类个人信息，根据收集的目的，管理、使用个人信息，协调、组织个人信息资源需求与个人信息主体的符合性，采取相应的控制策略和控制措施。

因而，标准的内容应基于对象展开。

（三）标准体系构成

标准体系依据标准间的关联关系采用线形结构，而非层次结构。

建议个人信息安全标准体系主要由下列标准构成：

个人信息安全 第1部分：词汇

个人信息安全 第2部分：个人信息保护要求（个人信息安全管理要求）

个人信息安全 第3部分：个人信息安全管理体系实施指南

个人信息安全 第4部分：个人信息数据库管理指南

个人信息安全 第5部分：过程管理指南

个人信息安全 第6部分：个人信息安全风险管理指南

个人信息安全 第7部分：个人信息安全技术指南

个人信息安全 第8部分：文档管理规范等

《个人信息保护要求》（个人信息安全管理要求）（建议稿），参见本书下册。

第二章　信息安全标准

　　信息技术，特别是物联网、云计算、移动互联、社交网络、三网融合等新兴IT技术的广泛应用和迅速发展，极大地促进了社会发展、经济繁荣和人民生活水平的提高，网络应用的基础性、社会性、全局性日益凸显，社会、经济对信息化应用的依赖度愈来愈高，对网络与信息安全也提出了更高要求。

　　2011年，国家开始实施重要领域信息系统安全检查，为保证检查的科学、规范、有章可循，在大连市网络与信息安全协调小组的建议和指导下，大连市网络与信息安全专家组基于初次检查的实践，认真研究了信息系统的特征、信息化建设种种问题及对信息安全的影响、信息安全的特征及在不同领域的关联、不同领域信息安全的特征等，提出了构建信息系统安全检查标准体系的建议。

　　在信息系统建设和应用中，如何保证系统的安全、可用，国家相继发布实施了许多相关标准，如GB/T 20269《信息系统安全管理要求》、GB/T 20984《信息安全风险评估规范》、GB/T 22239《信息系统安全等级保护基本要求》、GB/T 22080《信息安全管理体系要求》、GB/T 22081《信息安全管理实用规则》、GB/T 22240《信息系统安全等级保护定级指南》、GB/Z 24364《信息安全风险管理指南》、中华人民共和国国务院令（147号）《计算机信息系统安全保护条例》等等。

　　依据相关的国家标准、法规，参照国际、国内通行的信息安全行为准则，基于信息系统生命周期，系统、整体、深层次规范、检查信息系统，特别是重要领域信息系统安全、信息系统构成各要素间的关联关系及对信息安全的影响，需要构建相对科学、规范、严谨的信息系统安全检查标准体系。

　　2013年1月，DB21/T 2082.1-2013《信息系统安全检查规范 第1部分：

管理规范》和DB21/T 2082.2-2013《信息系统安全检查规范 第2部分：技术规范》已经发布，并于2013年3月2日实施。该标准试用于2012年信息系统安全检查，适用于以后的信息系统安全检查。

第一节　总体框架

在信息系统安全检查中，适用多种类相关的国家标准。然而，信息安全相关国家标准具有不同侧重的离散性，适于在不同阶段、针对不同技术活动参照相应的标准规范实施。因而，在信息系统安全检查中，需要统合适用的国家标准，更具可操作性、实用性和有效性。

《信息系统安全检查规范》基于相关的国家标准和国务院办公厅《关于开展重点领域网络与信息安全检查行动的通知》，构建了信息系统安全检查的管理模型和技术框架，建立了包括管理规范、技术规范和测试规范的信息系统安全检查标准体系总体框架，规范了信息系统安全检查行为。

DB21/T 2082.1-2013《信息系统安全检查规范 第1部分：管理规范》：根据国务院办公厅《关于开展重点领域网络与信息安全检查行动的通知》，DB21/T 2082.1-2013《信息系统安全检查规范 第1部分：管理规范》构建了以自查为基础，辅以监督检查的管理模型。规范了信息系统主管单位、信息系统运营或使用单位信息系统安全自查的行为规则；信息系统所在上级管理部门或政府相关职能部门信息系统安全监督检查的行为规则。建立了信息系统安全检查形式、检查内容、过程管理等相应的规则，形成信息系统安全检查全过程的管理质量标准。

技术规范：技术规范与信息安全防御体系建立是一致的，必须考虑信息系统相关的各个要素、要素之间的关联及与信息安全的关系，并建立相应的约束规则。

测试规范：信息安全检查涉及的测试技术、测试方法和手段、测试内容和要求等。鉴于信息系统安全检查初创，暂时与技术规范合并，建立统一的约束规范。

第二节　信息系统安全检查规范——技术规范
（DB21/T 2082.2-2013）

一、安全事件

网络安全问题严重影响我国政治、经济、文化等领域的和谐发展，近年来一些较大级别的基础网络安全事件增多，安全风险继续处于高危水平，网络攻击和网页篡改事件频繁发生，用户密码、账号被盗比例上升到安全事件的第一位（2010年统计达到27%），社会影响力和关注度已达到前所未有的高度。"震网"病毒攻击、"谷歌地图事件"等都警示我们，网络信息安全已上升到国家安全的重要层面。

2010年，伊朗核设施感染的"震网"病毒，曾导致1000多台离心机瘫痪，其威力所至是因为几乎每台电脑都安装了微软的Windows系统。

2013年6月的"棱镜"门事件，暴露了中国信息安全形势的严峻，几乎完全赤裸地面对美国的虎视眈眈。美国CISCO、IBM、GOOGLE、高通、INTEL、APPLE、ORACLE、微软等"八大金刚"几乎渗透和占据了中国政府、海关、邮政、金融、铁路、民航、医疗、军警等所有领域的关键信息基础设施以及工控系统建设。"八大金刚"与美国政府、军队、情报部门保持紧密联系，从手机到服务器，从办公软件到操作系统，从搜索引擎到无线通信技术，从关键信息基础设施到信息安全设施，从应用（业务）系统到工控系统，通过网络、软件、安全及相关设备获取信息，几乎零门槛。

针对工控系统的威胁亦持续增加。工控系统安全威胁进一步发酵，包含"火焰"、"毒区"等病毒的新型攻击手段不断演化，已可在工控环境中实现自身隐匿、信息搜集和攻击破坏等一整套完整的攻击路径，对工控系统安全极具威胁。

2012年7月17日，世界知名开源软件Struts2发布高危安全漏洞补丁。这一漏洞可直接导致服务器被远程控制并轻松取得网站服务器的"最高权限"，从而引起数据泄露。几个小时内，已涉及淘宝、京东、腾讯等大型互联网厂商并仍在增长中。而且漏洞利用代码已被强化，可直接通过浏览器的提交任意操作服务器获取敏感内容。Struts漏洞影响巨大，受影响站点以电商、银行、门户、政府居多。而且一些自动化、傻瓜化的利用工具开始出现，填入地址即可直接执行服务器命令，读取数据甚至直接关机等操作。

二、安全隐患

为应对日益严峻的信息安全形势，国家网络与信息安全协调小组大力推进重要领域信息安全检查，以保证信息系统的可信、安全、可控。

然而，信息系统分散建设、各自为政形成的痼疾，严重影响信息系统安全检查的同一性，包括：

（一）信息系统建设乱象

在信息系统建设中，建设模式单一是我国的特色，即由系统集成商承包工程，涵盖系统设计、产品采购、软件开发、系统维护等多项职能，而业主缺少足够的信息和能力判断系统集成商的技术和实施能力。信息系统同质化，但由于系统集成商的实力、信誉、资质等多种因素，造成信息系统质量的差异。

（二）核心技术缺乏

在信息系统，甚至关系国计民生的工业控制系统中，基础设施、应用（业务）系统等或由国外厂商控制，或采用国外核心技术，即使采用国产设备，核心技术也掌握在国外企业手中，鲜见核心技术具有自主知识产权的国产设备。这种现象既有技术实力的原因，也有主观认识的原因。

（三）测试手段缺乏

关键应用（业务）系统缺乏相应的检测技术和手段，特别是关系国计民生的工业控制系统，几乎完全由国外厂商控制。系统未经检测即上线运行，甚至维护、更新、升级亦由国外厂商控制。

（四）过分迷信安全产品的作用

在实际应用中，部分用户过分依赖信息安全产品，以为大量部署信息安全产品，可以达到安全目的。但信息安全是系统、整体的，需要做整体信息安全深层防御，信息安全防御技术必须与信息安全管理相结合，才能达到相对安全的目的。

（五）产品同质化

信息安全产品生产技术差距缩小，产品特点、相似度越来越高，缺少针对特定系统的有自己特点的产品。另一方面，是产品参数虚高，并以参数确定需求。大大降低了信息系统的 安全系数。

（六）人才匮乏

信息安全乃至信息系统相关人才匮乏是比较普遍的。缺乏基础的培训教育、更缺乏接近实践的应用教育。另一方面，即使信息服务外包，也缺乏相应的职能、责任、安全等的约束，更缺乏对服务对象的培训义务要求。

（七）工控系统安全

工控系统安全问题日益凸显，随着物联网等技术的发展和两化融合的推进，传统信息安全问题向工控领域延伸。

21世纪已经进入信息社会，我国经济、社会对信息、信息系统应用的依赖度越来越高，信息安全形势越发严峻，信息安全防御体系、信息安全管理体系建设要求相应提高。上述种种，是对严峻的信息安全形势的反动。国家重点领域网络与信息安全检查正是为了应对这一反动，提高信息安全等级，采取的制约机制。

由于上述种种的存在，信息安全检查必须结合信息系统建设，特别是信息安全体系建设，建立科学、规范、统一的标准体系。有些问题暂时无法解决，但可以在标准体系约束下，将信息安全风险降至可接受的程度，提高信息系统的可信度，保证信息系统可信、安全、可控。

三、标准研究

在信息系统、信息系统安全建设中，国家相继发布了许多相关的标准，这些标准基于不同的应用环境各有侧重，构建了不同的可信计算基。

（一）信息安全等级保护

全国信息安全标准化技术委员会和公安部信息系统安全标准化技术委员会组织制订了信息安全等级保护工作需要的一系列标准，形成了比较完整的信息安全等级保护标准体系。

GB17859-1999《计算机信息系统安全保护等级划分准则》，结合我国信息安全系统建设的实际，将计算机信息系统的安全等级从低到高划分为五级：用户自主保护级、系统审计保护级、安全标记保护级、结构化保护级、访问验证保护级。不同用户可以根据实际的安全需求，对应不同的等级标准制订适宜的信息系统安全解决方案。

GB17859-1999是信息安全等级保护重要的强制性国家标准，并据此衍生出相关的《信息系统通用安全技术要求》等技术类标准、《信息系统安全工程管理要求》等管理类标准和《操作系统安全技术要求》等产品类标准，共同构成等级保护基础性标准，为其他相关标准的制定起到了基础性作用。

（二）信息安全管理要求

GB/T 20269—2006《信息安全技术——信息系统安全管理要求》是GB17859-1999衍生出的信息安全管理标准。

GB/T 20269—2006对信息和信息系统的安全保护提出了分等级安全管理的要求，阐述了安全管理要素及其强度，并将管理要求落实到信息安全等级保护所规定的五个等级上，有利于实施、评估和检查安全管理。

GB/T 20269—2006为信息系统运营使用单位建立相应的信息系统安全管理策略制定、信息系统安全管理组织体系建设、信息系统安全管理制度体系建设、信息系统运维及规划建设管理、信息系统安全管理监督检查、信息系统安全管理体系建立和完善等提供指导和参考。

GB/T 20269—2006以安全管理要素作为描述安全管理要求的基本组件。安全管理要素是为实现信息系统安全等级保护所规定的安全要求，从管理角度应采取的主要控制方法和措施。根据GB17859-1999对安全保护等级的划分，不同的安全保护等级会有不同的安全管理要求，可以体现在管理要素的增加和管理强度的增强两方面。

（三）信息安全风险管理

信息安全风险管理是信息安全防护体系的基础，信息安全管理是基于风险管理控制、规避、弱化信息系统安全风险。

GB/Z 24364-2009《信息安全风险管理指南》是为落实国家信息安全保障工作要求，实施信息安全等级保护制度制定的，综合性描述了信息安全风险管理所涉及的背景建立、风险评估、风险处理、批准监督、监控审查、沟通咨询等不同过程，重点阐述了信息安全风险管理在信息系统生命周期不同阶段的应用。

GB/Z 24364-2009将信息安全风险管理定义为"识别、控制、消除或最小化可能影响系统资源的不确定因素的过程"，并要求"在组织机构内部识别、优化、管理风险，使风险降低到可接受水平"。

GB/Z 24364-2009与GB/T 20984—2007《信息安全技术——信息安全风险评估规范》结合使用，可以作为组织构建信息安全管理体系的参考。

（四）信息安全管理体系

引起信息安全问题的原因是多方面的，有物理因素、技术因素，也有社会因素。但因管理不善引发的安全问题，是主要的。据统计，在所有的信息安全事件中，只有20%—30%是由于黑客入侵或其他外部原因造成的，70%—80%是由于内部员工的疏忽或有意泄密造成的。因此，人的因素是信息安全的关键。

信息安全管理体系（ISMS）是整体信息安全防护体系中重要部分，通过系统、全局的信息安全管理整体规划，确保用户所有信息资源和业务的安全与正常运行。ISMS是人、技术、管理的有机结合和有效实施。

GB/T 22080-2008《信息安全管理体系 要求》等同采用ISO/IEC 27001：2005《Information technology–Security techniques–Information security management systems–Requirements》，为建立、实施、运行、监控、评审、维持和改进信息安全管理体系提供模型。GB/T 22081-2008《信息安全管理实用规则》等同采用ISO/IEC 27002：2005《Information technology–Security techniques– Code of Practice for Information Security Management Systems》，为信息安全管理提供指导原则。

GB/T 22080强调整体信息安全管理，为建立信息安全管理体系提供规范的操作规程。它明确了信息安全管理体系建立、实施和维护的要求、应遵循的风险评估标准，及如何应用GB/T 22081标准。

GB/T 22081标准是一个详细的安全管理标准，几乎包括了信息安全内容的所有准则，强调建立信息安全管理体系的有效性、经济性、全面性、普遍性和开放性。

GB/T 22081并不能实现信息安全的绝对性，但可以将信息安全风险的发生概率降低，保证用户所有信息资源和业务的安全与正常运行。

四、相关问题研究

DB21/T 2082.2–2013《信息系统安全检查规范 第2部分：技术规范》研制中，依据相关国家标准和法规，基于信息安全检查实践，认真研究了信息系统的特征、信息化建设种种问题及对信息安全的影响、信息安全的特征及在不同领域的关联、不同领域信息安全的特征等等相关问。

（一）信息系统特征

计算机信息系统是由计算机及其相关的和配套的设备、网络基础设施、信息安全设施、系统和应用软件、信息资源、系统用户、管理机制等构成的，按照一定的应用目标和规则，运用知识采集、加工、存储、传输、检索信息的人机系统。

这一人机系统由多要素构成IT环境，包括计算环境、数据环境、应用环境、安全环境、服务保障环境等。多要素之间是相互关联、相互作用和影响的。

信息系统构成的IT环境，需要在物理环境等基础条件的支撑下获得保障，并与构成IT环境的多要素之间形成制约关系。

信息系统也是社会系统的投影面。在信息化社会，各个社会形态通过信息相互关联、影响。这些社会形态具象为信息系统，借助基础网络平台，储存、分类、检索、处理、传递各种信息，实现各个社会形态之间有效交流、作用，提高社会系统的运行效率。

因而，信息系统既是封闭的信息空间，在相对封闭的IT环境内，储存、分类、检索、处理各类信息。也是开放的运行平台，在相对开放的社会环境内，不同社会形态之间采集、传递信息。

信息系统安全是多维、多样、多态的，存在功能安全、信息安全、环境安全、管理安全等。

信息系统的核心特征是人，信息系统从规划、建设到运行，离不开人的参与。在构成信息系统IT环境的多要素中，人既是系统的管理者，也是系统的开发者。因而，信息系统的根本威胁是人员管理。

（二）不同领域信息安全特征

在信息系统安全检查中，主要涉及电子政务系统和重点企业工控系统，它们既具有相同的信息安全特征，也具有不同的领域特征。

1.电子政务系统

电子政务系统具有普遍的信息安全特征，其触角正在覆盖社会生活的方方面面。电子政务系统具有的一般的安全属性，包括：

（1）无边界性

电子政务系统规模愈益庞大，愈加展示出无边界网络特征，其安全特征更加复杂和多样化。在这个庞大的系统中，存在局部的有边界系统，可以根据实际的安全需求制定相应的安全策略，作为评估自身安全状态的标准，但放大到全局，则失去了一般性意义。

（2）开放性

服务于民是电子政务系统的基本特征，政务信息资源的开放性，使电子政务系统作为社会生活、经济发展的开放平台，成为政治安全，国家安全，经济安全、社会安全问题的载体。

（3）文化性

电子政务系统体现出的文化属性是多元的，在这个平台上可以展示形形色色的社会现象、政府形象和政府意志，并因此呈现出文化安全、意识安全。

（4）技术性

信息技术是电子政务系统的支撑和保障，也是政务应用的实现手段。信息技术的应用和扩散，使电子政务系统存在潜在的技术安全。

2.工控系统

工业控制系统（ICS）包括了监控和数据采集（SCADA）系统、分布式控制系统（DCS）、可编程控制器（PLC）等。通过分析工业控制系统与传统IT的主要区别，从管理、技术上量身设计信息安全保障体系，采用不同的安全策略，实现工业控制系统的相对安全。

由于工业控制系统的特殊属性，系统运行时间、风险管理方式、安全构架、安全目标及性能需求不同，与传统IT安全存在差异：

（1）功能安全和系统有效性

ICS和IT系统安全，其功能是类似的；但由于具有不同的风险和系统关注重点，优先级设计存在很大差异。

（2）可用性

ICS系统要求高可用性、高可靠性和可维护性，特别关注数据的可用性，非预期的系统中断，影响生产是不可接受的。

（3）封闭性

ICS系统是独立的，安装专用的控制协议，使用专用的基础设施和应用软件。但许多工控系统设计和实施时采用工业标准计算机、操作系统和网络协议，虽然仍是独立、隔离的，但易于与公共网络互联，增加了信息安全体系设计的复杂性。

五、标准框架

在信息系统安全检查中，适用多种类相关的国家标准。然而，信息安全相关国家标准具有不同侧重的离散性，适于在不同阶段、针对不同技术活动参照相应的标准规范实施。因而，在信息系统安全检查中，需要统合适用的国家标准，更具可操作性、实用性和有效性。DB21/T 2082.2–2013《信息系统安全检查规范 第2部分：技术规范》基于相关的国家标准和国务院办公厅《关于开展重点领域网络与信息安全检查行动的通知》（国办函〔2012〕102号），构建了信息系统安全检查的技术框架，规范了信息系统安全检查中的技术规则和行为。

（一）信息安全防护体系

信息系统安全是整体的系统工程。信息系统所构成的IT环境，其构成要素是相互关联和影响的，不能割裂要素间的关联关系考虑个体的安全。

信息安全防护体系，应由信息安全防御体系和信息安全管理体系构成，前者是技术和设备构成的基础物理架构，后者则是信息安全的关键。

狭义的信息安全，是以信息系统安全为目标，针对构成信息系统各要素、各要素关联关系的管理活动，即构建信息安全防护体系的过程管理。信息系统是由各个要素有机构成的，各要素存在相互关联的作用、影响，而不是割裂的、相互独立的。

因而，信息系统安全检查必须以信息安全防护体系为基础，综合、全面、整体、统一的系统检查。

依据相关国家标准的研究，统合标准不同侧重的安全规则，《信息系统安全检查规范 第2部分：技术规范》构建了7个层次的信息安全防护体系模型，如图2.1所示。

```
                              管理安全
                              运行安全
                              应用安全
                              通信安全
                              数据安全
                              平台安全
                              物理安全
```

信息安全防御体系　　　信息安全管理体系

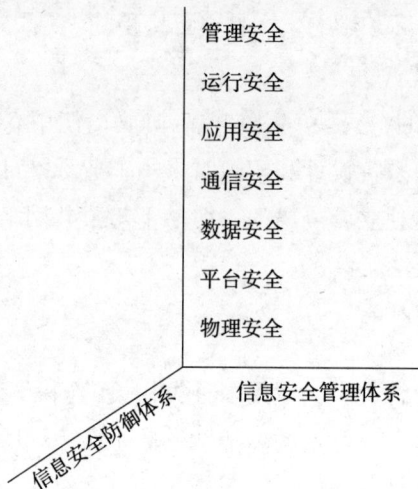

图2.1　信息安全防护体系模型

1.物理安全

为保证信息系统安全、稳定、可靠运行，避免因人为或自然因素的危害，造成信息丢失、泄露、破坏等，对信息系统环境、信息系统相关设备、存储媒介及设备等所采取的安全防护措施。

2.平台安全

基础平台是信息系统应用必备的基础设施，为信息系统应用提供安全、可靠、稳定的硬件平台、软件支撑平台和安全平台。包括网络基础平台、系统平台、应用系统平台、系统安全平台等。

3.数据安全

数据安全是系统应用的核心。数据安全主要指数据的完整性和可用性、数据访问的控制、数据交换、数据存储与容灾、存储介质的安全等。

4.通信安全

保障系统之间通信的安全。系统之间的通信是非常脆弱的，包括传输线路和网络基础设施的安全、各项网络协议的运行漏洞、数据传输的安全等。

5.应用安全

保障应用系统的安全运行。包括各种相关业务应用软件的应用系统是信息化的核心。应用系统本身的安全是脆弱的，对信息系统的威胁是致命的。因此，对各类应用软件的可靠性、可用性、安全性等进行测试是必要的。

6.运行安全

系统投入运行后，为保障系统的稳定性、可靠性，应长时间监测系统的安全。包括网络系统的安全、网络安全产品运行安全、应急处置机制、灾难预防与恢复、系统升级等。

7.管理安全

对上述各个层次的安全进行管理。针对各个层面的安全隐患，进行系统安全评估，制定安全策略和完善的安全管理制度，包括人员管理、文档管理、数据管理、设备管理、软件管理、运行管理、机房管理等。

《信息系统安全检查规范 第2部分：技术规范》基于7个层次的信息安全防护体系，融合信息安全防御体系设计，展开信息安全检查规则设计。

（二）信息安全管理体系[①]

信息安全管理体系（Information Security Management System，简称ISMS）是通过一系列信息安全整体规划确保用户所有信息资源和业务的安全与正常运行。ISMS利用风险分析管理工具，结合用户信息资源列表、系统威胁来源的调查分析，以及系统安全脆弱性评估等的结果，综合评价影响用户整体安全的因素，据此制定适当的信息安全策略和信息安全工程标准，以降低潜在的风险危机。

实施信息安全管理体系，根据用户特点，按照适合用户业务发展和信息安全需求的需要构建。在构建信息安全管理体系中，建立各种与体系相一致的相关文档、文件，并严格管理；严格纪录具体实施ISMS过程中出现的各种信息安全事件和安全状况，并建立严格的反馈流程和制度。

1.系统规划

构建信息安全管理体系，必须制定系统规划。系统规划主要是确定信息安全的目标、范围和政策，并收集目前和用户信息安全相关的资源；

2.制定信息安全策略

信息安全策略是用户信息安全管理的规则。必须深刻理解用户的业务，发现、分析、评估用户业务所处的风险环境，了解用户员工的安全意识、心理状况和行为状况，定义适合的安全投资规模和计划；制定合理的

---

① 参看《信息监理——信息系统工程质量控制》。

安全政策和制度。

在信息安全理论中，用户的业务是以信息资源形式表现出来，包括信息/数据、信息设施、信息技术、无形资产、人员及其能力等。实现信息资源的有效保护，必须对资源有很清晰的了解。

制定信息安全策略，需要根据用户内各个部门信息资源的安全需求的实际情况，分别制订不同的信息安全策略。要对所有相关员工进行信息安全策略的培训，对信息安全负有特殊责任的人员要进行特殊的培训，以使信息安全管理的规则真正落实到实际工作中。

3.定义ISMS的范围

明确在哪些领域重点实施信息安全管理。用户需要根据自身的实际情况，在用户的相关部门或领域构架ISMS。因此，在定义信息安全范围时，可以将用户划分成不同的信息安全控制领域，以方便用户对有不同需求的领域实施适当的信息安全管理。

4.信息安全风险评估

信息安全风险评估是通过评估可能影响信息资源的各种威胁和脆弱性的安全风险，确定安全需求。通过风险评估了解风险等级，为建立安全控制机制提供参考。

5.信息安全风险管理

根据风险评估的结果实施相应的风险管理。信息安全风险管理主要包括以下几种措施。

规避风险：有些风险可以通过采用不同的技术、更改操作流程、采用简单的技术措施等规避。

弱化风险：在考虑转移风险前，应首先考虑采取措施降低风险。

转移风险：通常只有当风险不能被弱化或规避、且被转移方接受时才被采用。一般用于低概率、但一旦发生会对用户产生重大影响的风险。

接受风险：在采取了弱化和规避风险措施后，由于各种原因，可能必然存在并必须接受的风险。

6.确定信息安全管理的目标和措施

在确定信息安全管理目标和措施时，用户应考虑安全策略、安全管理、安全教育与培训、企业文化和业务持续性管理等。信息安全是动态的系统工程，应实时对确定的信息安全管理目标和措施进行校验和调整，以适应变化的情况，使用户的信息资源得到有效、经济、合理的保护。

（三）信息安全防御体系①

信息安全防御技术是信息安全管理体系的重要一环。通过制定安全策略，完善安全服务，建立安全机制，实施安全管理等信息安全管理体系和应急机制，并采用信息安全防御技术，提高信息系统的物理安全、网络安全、数据安全、系统安全的防护能力，保证信息的安全性、完整性、可用性。

目前的信息安全防御技术主要包括：

逻辑隔离及网络访问控制技术；

数据加密及传输安全保护技术；

访问控制和安全认证技术；

恶意入侵的防御技术；

病毒检测、免疫、清除；

容灾备份与实时恢复技术；

系统内信息流监控等等。

信息安全防御体系是多层次、多因素、多目标、多维分级的深层结构，根据信息资源安全防护的不同等级，从各个层面，包括网络设施、系统主机、系统边界、基础支撑设施等，应用和实施整体信息安全策略，保障信息与信息系统的安全，实现预警、保护、检测、响应和恢复。

深层信息安全防御体系是针对系统各个层次，制定相应的安全策略，部署相关的网络安全产品，增加入侵者攻击系统花费的时间、成本和所需要的资源，有效降低系统的安全威胁，达到安全防护的目的。

信息系统攻防技术是信息安全技术发展的动力，是深层信息安全防御体系的核心。攻击技术主要包括四大类：

1.系统信息收集技术。信息收集型攻击并不对目标系统本身造成危害，只是为进一步入侵提供有用的信息。主要包括几个分类：

·目标系统的体系结构探测技术。使用具有已知响应类型的数据库自动工具，对目标系统根据坏数据包传送作出的响应进行检查。各种操作系

————————
① 参看《信息监理——信息系统工程质量控制》。

统都有各自独特的响应方法。将这种独特的响应与数据库中的已知响应进行对比，能够确定出目标主机所运行的操作系统。

·目标系统服务分布分析技术。利用一些主要的通用协议或工具收集驻留在系统中的所有相关信息。

·目标系统漏洞扫描技术。在收集到攻击目标的一些信息之后，探测系统内每台主机，寻找系统的安全漏洞、缺陷。可能使用地址扫描、端口扫描、反应映射、慢速扫描等方式自动扫描驻留系统的主机。

2.系统权限提升技术。权限提升就是利用系统的漏洞获得更高的特权。系统权限提升主要包括本地权限提升、远程权限提升。

利用系统中一些软件的逻辑缺陷、缓冲区溢出等漏洞，入侵者可以很容易在本地获得系统管理员权限；

入侵者可以远程登录，利用有缺陷的系统守护进程获得系统管理员权限、利用有缺陷的服务进程漏洞取得普通用户权限，远程登录服务器，进而获得管理员权限等。

只要系统中运行着某些服务进程（系统、应用等），入侵者就可以找到权限提升的途径.

3.系统渗透技术。入侵者确定准备进攻的系统后，通过信息收集，选定一个目标渗透。这个目标往往是安全漏洞最多的主机。系统渗透的方法有很多，主要包括后门技术；嗅探技术；欺骗技术；Tunnel及代理技术等。

（1）后门技术。绕过安全性控制，获取系统访问权的方法。多数后门设法躲过系统日志，即使入侵者正在使用系统也无法显示在线。后门一般是由下列情况产生的：

·系统软件。系统软件包括操作系统、数据库等，在设计时都会留有一些后门用于产品测试、或者可能存在一些设计缺陷、也存在有意埋伏安全陷阱的可能、配置时存在不安全设置等。这些后门、漏洞、缺陷使入侵者得以绕过系统的安全审计机制，成为入侵通道。

·网络通信协议捆绑。网络通信协议是计算机之间互联、互通必须共同遵守的规则。网络中采用的主流协议——传输控制协议/网间互联协议（TCP／IP）的设计初期是以"信任"为前提，过分强调开放性，而对安全性考虑较少，因此存在着许多原始的安全漏洞。目前已在TCP／IP协议上发现了100多种安全漏洞或弱点。

·应用系统。应用系统在开发阶段，程序员为方便修改程序中的缺陷会在软件中创建 "后门"，即程序入口。如果后门在系统发布前没有删除，并为他人获得，就成为非法用户越过系统正常的安全检查、以非授权方式访问系统的秘密通道。这是信息系统中威胁极大的安全漏洞。

·漏洞重入。入侵者利用系统漏洞攻击系统并取得一定权限后，就有机会在系统中设置后门程序，以便以后继续利用目标系统的信息资源。

入侵者设置的后门的目的是，即使管理人员修改密码，仍然能再次侵入，并且使再次侵入被发现的可能性减至最低。

·非技术因素。利用人的好奇、信任等心理，将可能设置后门的程序，通过WEB发布、邮件发送等方法，诱使目标系统执行，在目标系统中设置木马后门。

（2）嗅探技术。嗅探用于捕获网络报文，是安装在系统中的监听设备。这种监听设备是提供给管理人员的一类管理工具，可以监控网络的状态、数据流及网上传输的信息。同时，也是入侵者常用的工具。当信息以明文形式传输时，便可以使用这种系统监听方式进行攻击。将网络接口设置在监听模式，可以源源不断地截获网上传输的信息。

新的攻击技术，将嗅探技术与后门技术结合，形成更隐秘的 "嗅探式"后门。这种新型的后门技术将后门和用户使用的嗅探设备捆绑在一起，使攻击者能够巧妙地绕过用户通过监听端口发现后门的传统检测方法。

（3）欺骗技术。TCP/IP协议本身的一些缺陷可能被入侵者利用，对系统发动攻击。这些攻击主要包括序列号欺骗，路由欺骗，源地址欺骗和授权欺骗等。

欺骗攻击者首先选择目标系统；发现系统内主机间的信任模式；使被信任的主机丧失工作能力；同时，对目标主机的TCP序列号取样，并猜测出它的数据序列号；然后，伪装成被信任的主机，建立与目标系统基于地址验证的应用连接。为保证以入侵者代替真正被信任的主机，必须确保真正被信任的主机不能接收到任何有效的网络数据。入侵成功后，入侵者可以使用一种简单的命令设置系统后门，以进行非授权操作。

（4）Tunnel及代理技术。Tunnel称为隐藏通道，是可能被任一进程用来对系统安全策略造成威胁的数据传输通道。TCP/IP的设计缺陷，导致可以建立若干传输非法信息的隐藏通道，允许入侵者利用隐藏通道的方式在表面正常的数据包中秘密地传输数据。

当目标主机被设置Tunnel后，HTTP端口被Tunnel重新绑定。发送到WWW服务程序的数据，同时发送到Tunnel。Tunnel发送并处理从HTTP端口接收的攻击数据，并执行入侵者希望的操作。

对防火墙而言，这些攻击数据是正常的数据流。因此，Tunnel技术使后门技术又增加了一层隐蔽性。

（5）系统摧毁技术。使目标系统性能下降，服务终止；或使入侵者获得控制能力，并可能利用这个能力破坏目标主机的数据和其他资源；利用被控制的主机所具有的资源攻击其他主机；系统软件、数据库系统、应用系统及其他文件系统遭到破坏，系统中的重要、敏感的数据信息被窃取、篡改，最终使系统瘫痪。

系统摧毁技术主要包括目标系统服务终止、目标系统瘫痪；目标网络瘫痪。

四类攻击技术是不断发展、更新的。所以，系统安全防御会面临越来越多的新的攻击技术。

安全防守技术包括攻击检测，攻击防范，攻击后恢复三个方向，构成深层防御体系。

1.攻击检测。是利用入侵者留下的痕迹，如试图登录的失败记录等信息，有效地寻找非法攻击来源的技术。

攻击检测可分为在线、实时攻击检测和被动攻击检测两种。实时检测是在网络连接过程中循环进行，一经发现攻击迹象，立即切断入侵者与目标系统的连接，并采集相应的依据，并实施数据恢复。被动攻击检测是管理人员根据系统的历史记录，判断是否存在攻击行为，如果存在，切断网络连接，记录入侵依据，并实施数据恢复。

基于审计的攻击检测、基于神经网络的攻击检测、基于专家系统的攻击检测、基于模型推理的攻击检测技术等，都不能保证准确地检测出变化无穷的攻击行为，甚至某些攻击行为可能是根据某种检测方法本身的漏洞而实施的。因此，在系统安全防御中，需要认真比较、衡量各种方法的利弊，综合运用，以便有效检测攻击者的非法行为。

2.攻击防范。是提高系统安全性能，抵抗入侵的主动防御手段。根据安全策略、安全服务和安全机制检测系统的安全设置，评估系统整体的安全风险、缺陷和漏洞，结合不同的安全防御因素，采用相应的安全技术产品，如入侵检测、防火墙、漏洞检测等，保证深层防御体系各个层面的工作相互配合，提高系统的抗攻击能力。

攻击防范可以分为攻击前的防范和攻击过程中的防范。

·攻击前的防范。事前预防，建立安全防御体系。通过系统安全评测，采用安全扫描技术，了解系统的安全配置和运行的应用服务，及时发现安全漏洞，客观评估风险等级。根据评测和扫描结果，修正系统安全漏洞和不正确的配置，在入侵者进攻前进行防范；在系统边界应用防火墙技术，控制系统访问权限，实现系统安全集中控制。

·攻击过程中的防范。事中控制。入侵者透过系统漏洞、缺陷实施攻击，需要系统实时反应。防火墙可实现遭遇攻击前安全策略的定制，采用入侵检测技术可进行攻击过程中的防范与报警，在入侵攻击对系统发生危害前，检测到入侵攻击，并利用报警与防护系统驱逐入侵者。

入侵检测系统收集并检测通过防火墙的数据流，综合分析各种信息，确认入侵者的进攻行为，并立即作出反应；分析系统审计日志中大量的跟踪用户活动的细节记录发现入侵，及时作出反应，阻止进一步的攻击，减少入侵攻击所造成的损失。

3.攻击后恢复。事后处理。在系统受到攻击后，采集入侵信息，分析系统的审计日志。在受到一定危害时，调用应急响应与灾难恢复子系统处理；对系统进行安全评估，检查系统整体安全性，修正系统漏洞和不正确配置。

网络安全防御是动态、整体的系统工程，是由访问控制、安全操作系统、应用系统、防病毒、防火墙、入侵检测、网络监控、信息审计、通信加密、灾难恢复、安全扫描等多个安全组件构成的深层体系，一个单独的安全组件无法确保信息系统的整体安全性。

第三节 标准规制

信息系统安全体系建设，是保障信息系统安全、可靠、稳定运行提供的IT服务管理。信息安全防护体系的有效性，体现在服务管理过程中的服务质量和服务能力。

根据GB/T 20269—2006《信息系统安全管理要求》确立的"以安全管理要素作为描述安全管理要求的基本组件"原则，分析标准描述的管理要素，明了服务全过程的动态特征。这些要素的特征，使服务形态具有清晰的功能分层。不同层次的要素使能不同，同一要素在不同层次的使能也不同，可以将信息系统安全体系建设服务周期划分为3个阶段，体现服务周期全过程中不同阶段的要素特征表现：

1.服务提供：根据不同的安全需求、IT环境特征、信息安全的内容特征等，定义服务流程，提供相应的服务。

2.服务交付：根据服务提供阶段确定的服务内涵，提供体系建设实施、测试、验收、交付等服务，并保证服务产品的可靠性、可用性、安全性等。

3.服务支持：根据服务提供阶段确定的服务内涵和服务交付阶段提供的服务实体，提供体系运营、服务支持、持续改进、跟踪监控等服务。

在信息系统安全检查中，根据信息安全防护体系不同阶段的安全目标及各阶段的关联关系，依据3个阶段所适用的不同侧重的、离散的相应国家标准，制定《信息系统安全检查规范》适用的规则，并依据规则实施测试和审核，规范信息系统安全检查活动，并最终确认信息安全总目标的符合性、有效性。

依据国家相关的信息安全标准，编制符合国情和需求的信息系统安全检查规范，是一种尝试，是信息安全在信息系统生命周期中的存在方式、存在形态和管理形态的检验。因而，《信息系统安全检查规范》需要在实践中践行，修正、完善。

信息服务标准研究

在IT服务标准体系研究中，根据实际应用的需要，分析实施信息服务管理的主要构件：人员、技术、业务流程、环境影响、资源整合等，考虑未来的业务需求、服务提供、信息技术，保证服务管理对象的可靠性、可用性、可扩展性、安全性、前瞻性和可持续性管理，分解、融合ISO20000的13大流程，完整、合理地定义技术管理规范。

国家IT服务标准体系工作组约定IT服务标准体系简称ITSS。

第三章　信息服务标准系列

　　随着信息化应用的深入，信息技术成为社会、生活方方面面不可或缺的重要手段，更凸显信息服务管理的必要和重要。GB/T24405（等同采用ISO/IEC20000）正是基于这一事实，明确服务要求、降低成本和风险、提高服务质量的标准。

　　自金融危机引发全球经济危机以来，我国已将服务外包，特别是国内服务外包作为经济发展的重点之一，以推动信息服务业的持续发展。大连市信息产业局（经济和信息化委员会）、大连软件行业协会组织编制的DB21/T 1799《信息服务管理规范》标准系列，顺应了这一发展趋势，为推动信息服务管理，特别是信息服务外包管理，提供了依据GB/T24405（等同采用ISO/IEC20000）构建的、可操作的信息服务管理平台。

第一节　信息服务管理规范
第1部分：总则（DB21/T 1799.1-2010）

　　2006年，为规范信息服务业提供信息服务管理的行为，大连市信息产业局（经济和信息化委员会）、大连软件行业协会组织专家、企业及相关人员，认真研究IT的语境、ITSM的基本观点和方法，调研信息服务业的特征、分布、类别，信息服务需求和特点，国内外信息服务的现状等，组建标准化委员会和专家组，研制《信息服务管理规范》。

　　2007年，完成大连市行业标准《信息服务管理规范 第1部分：总则》、《信息服务管理规范 第3部分：计算机信息系统运营维护管理规范》，2008年完成了《信息服务管理规范 第2部分：计算机信息系统集成管理规范》。经过反复、多轮讨论、修改、论证、征求意见，分别于2008年1月和2009年1月，正式在大连市发布实施。

《信息服务管理规范》经过近两年的实践，用户反映效果良好。在此基础上，修订完成了DB21/T 1799系列若干标准。

一、IT语境

IT（Information Technology），直译为信息技术，是信息化过程中，与信息产生、发送、传输、接受、处理、存储、交换、识别、控制等相关的应用技术。

信息技术，一般包括三个层次：

（一）基础设备。支撑信息化的基础设备，包括网络设备、处理和传输设备、数据存储设备、安全设备、计算机终端等等及相关技术。

（二）应用平台。承载信息化应用的软件系统，包括系统平台（windows、Unix等）、支撑软件（数据库系统、接口软件、工具软件等）、安全系统（病毒防护等）等等及相关技术。

（三）应用系统。利用基础设备、应用平台解决各种实际问题的应用软件。包括科学计算、数据处理、知识获取、事务处理、辅助设计、业务管理等等及相关开发技术。

随着IT行业的分化、融合、发展、成熟，IT的语境（context）逐渐发生变化，由狭义逐渐延伸、扩展到广义。缩略语"IT"，已经不能简单地翻译为"信息技术"。如"IT标准"、"IT服务"、"IT运维"等，不能简单地翻译为"信息技术标准"、"信息技术服务"、"信息技术运维"。

"IT"语境所涵盖的，应该包括：

（一）信息资源：

信息资源是各类组织逐步累积的信息、信息系统、生产、服务、人员、信誉等有价值的资产，是由人、信息和信息技术三元素构成的有机整体，是信息化的基本要素。根据信息资源的属性、特征，主要包括6类：

1.信息资产：各类组织运营、服务涉及的数据、信息等；包括科技资产（技术、专利、机密、创新等）、生产资产（运营、服务中形成的各种信息，包括各类数据库、相应文件、合同和协议、文档、成本相关的各种信息等）、市场资产（组织运营、服务的外部相关信息）、宏观资产（组织生产、发展的宏观环境信息）及管理资产（信息资产的管理）。

2.软件资产：支撑信息资产生成、处理、分布、存储、检索、传输、交换、管理等的各类软件系统，如系统软件、应用软件、支撑软件、开发工具、服务等及相应的技术资产（软件系统的管理、应用、维护、支持等）。

3.硬件资产：保障信息资产、软件资产安全、稳定、可靠运行的基础设施，如计算机设备、网络设备、通信设备、移动介质及其他相关设备等及相应的技术资产（硬件基础设施的管理、应用、维护、支持等）。

4.物理资产：保障组织运营、服务的工作环境安全的物理设施，如门禁、监控等及相应的技术资产（物理设施的管理、应用、维护、支持等）。

5.人员资产："人"是信息资源的核心，利用智力和信息技术，控制信息资源，协调相关的活动和行为。因而，人员资产是重要的信息资源，涵盖组织的各类员工以及人力资源管理。

6.无形资产：没有实体形态、具有潜在利益的信息资源，如商标、信誉等，也包括员工个人的姓名、荣誉、名誉、肖像等及相应的管理资产（无形资产的管理）。

（二）信息技术：

包括前述的3个层次；

（三）信息服务：

根据服务环境特征、服务内容特征，采用信息技术，基于信息资源提供的多种服务，主要由服务策略与方法、服务对象、服务周期和服务内容四个要素构成。其中，服务周期包括服务支持、服务提供和服务交付3个阶段。

信息服务可以分为三大类：信息传输服务、IT服务和信息资源服务（包括产业）。主要包括：系统集成、软件工程、服务外包（ITO、BPO、KPO等）、数据库、系统运维、增值业务、内容管理、电子印刷、信息产业及提供专业服务的专门公司等等。

信息服务的特点是以用户需求为导向，以质量管理为核心，以中间产品服务为形式，提供多样化的生产关系、市场化的经营方式和规范化的服务管理。

（四）服务过程：

采用信息技术，基于信息资源提供的服务，由服务过程形成产品，体现了人、信息、信息技术之间的关联，是服务周期、服务对象和服务组织之间行为和活动的整合管理。

（五）服务质量。

在采用信息技术，基于信息资源提供服务的过程中，实施全面质量管理，保证服务产品的可用性。

因而，缩略语"IT"已不仅仅是信息技术的缩写，表达的是一个宽泛的概念，是与信息相关的IT生态环境。

二、基本概念

（一）信息服务

IT服务是基于信息资源展开的，其核心是信息的阐释，具有广泛的内涵和宽泛的外延。以"信息技术服务"为例，"信息技术服务"是涵盖在"IT服务"内的IT服务内涵之一，与"IT服务"是不同的2个概念。因而，在基于IT环境的语境中，"信息服务"更接近"IT服务"的本质。本书将IT服务释义为"信息服务"。

（二）信息服务的核心

信息服务的核心是服务。信息服务是以服务为核心，以流程为导向，以用户满意和服务质量为目标，计划、组织、控制、协调人、资源、技术及其他相关知识，实现信息服务与业务融和的服务管理体系；

（三）服务形态

形态是存在于空间或意识中的一种状态。形态与内容是不可分的，内容是构成事物各个要素的总和，形态则是统一内容各要素的结构和外在表现方式。

服务形态是与服务生命周期的阶段划分密不可分的。各个阶段存在由各种要素构成的不同的服务形态，服务形态之间是相互关联和影响的，各阶段服务形态间也存在千丝万缕的关联。

（四）信息资源

信息资源是提供服务的核心。信息资源规划是服务管理的基础。在服务生命周期内，规划信息及相关资源的整合、流通、分配、共享、调度等，为服务提供、交付和支持，奠定基础。

（五）最佳实践

最佳实践是已产生显著效果并具有普适性的优秀实践。ITSM就是依托最佳实践库ITIL建立的普适的IT服务管理模式。

三、ITSM

ITSM（IT服务管理）是基于ITIL（IT基础架构库）的信息服务管理模式。ITIL是英国于1980年开发的IT服务管理标准库，其目的是提供一套可适用于不同规模、不同技术、不同业务需求的有效的信息服务管理模式。在此基础上，总结信息服务管理的方法、模式，形成ITSM，为信息服务组织提供规划、研发、实施、运维的规范。

2001年，在国际ITSM论坛（ITSMF）年会上，英国标准协会（BSI）正式发布了ITSM英国国家标准BS15000。2002年，BS15000正式提交国际标准化组织（ISO），申请成为信息服务管理国际标准。2005年经"快速通道"正式发布成为国际标准：ISO/IEC 20000:2005。

ITSM基于ITIL，以流程为中心、以用户满意和服务质量为核心，整合信息服务与业务流程，提高信息服务提供和支持的能力和水平。ITSM强调信息服务三个要素的整合：

- 流程：监控、规范信息服务的实施；
- 技术：提供服务质量和效率的保障；
- 人员：是信息服务的关键要素，直接影响信息服务质量的优劣。

传统的信息服务管理，基于信息基础架构、应用基础架构、应用系统，从纯技术角度出发，忽略了信息技术与业务的关系。陈旧、落后的管理理念，粗放的管理模式，缺乏规范的管理流程和方法，形成信息服务管理的怪圈：

- 硬件设施的投入、运行环境的治理，实现了99.5%的可靠性，仍然不能保证系统的高可靠性、高可用性；
- 过分依赖专业技术人员，缺乏必要的管理流程和业务知识积累，这些人员的频繁流动，对系统的影响甚至是致命的；
- 缺少服务质量、服务水平、服务能力的量化标准。

ITSM关注的是流程，从以技术为中心转向以管理为中心，融合系统、网络基础设施、应用系统、应用开发等管理活动，构建服务水平管理、服务能力管理、规划管理、配置管理、变更管理、资源管理、问题管理、可持续性管理等流程，通过服务级别管理的协同，保障服务质量。信息技术与业务的融合，驱动信息服务由技术中心向服务中心转换。

20世纪90年代初，许多公司认识到信息服务管理的重要，开始进入这一领域，准备或实施ITSM；许多研究机构、企业从ITIL最佳实践出发，开发、整合各类ITSM解决方案，如HP公司开发的惠普ITSM参考模型（HP ITSM Reference Model）、微软开发的管理运营框架（MOF）、CA公司Unicenter等。这些企业实施ITSM的经验和方法，促进了ITSM的改进、提高和发展。

ISO/IEC 20000:2005分为两个部分：

• 第一部分：《ISO/IEC20000-1:2005 Information technology—Service management—Part 1: Specification》。这一部分定义了13个管理流程，规定了信息服务管理的要求、实施和维护。

• 第二部分：《ISO/IEC20000-2:2005 Information technology—Service management—Part 2: Code of practice》。这一部分为内部审核提供指导，并帮助服务提供者规划服务改进或为通过ISO/IEC20000-1:2005的审核提供制导。

2011年，ISO发布了IT服务管理标准新版本ISO/IEC 20000-1-2011《Information technology—service management—Part 1: Service management system requirements》。新版本引进了"服务管理体系"概念，明确了将PDCA方法应用于服务管理体系中；更好地融合了ISO9001、ISO27001、ITIL v3等国际标准和最佳实践。

2012年，ISO发布了ISO/IEC 20000-2-2012《Information technology—Service management—Part 2: Guidance on the application of service management systems》、ISO/IEC 20000-3-2012《nformation technology—Service management—Part 3: Guidance on scope definition and applicability of ISO/IEC 20000-1》。

我国发布了等同采用ISO/IEC20000的国家标准GB/T24405.1-2009《信息技术 服务管理 第1部分：规范》和GB/T24405.2-2010《信息技术 服务管理 第2部分：实践规则》。

四、信息服务业

信息服务业是有效利用计算机技术、通信技术、网络技术等及其他相关和配套的现代科学技术、信息加工设施，生产、收集、处理、加工、存储、传输、检索、利用信息，并以信息产品为社会提供服务，获取利益的专门行业的综合体。

信息服务的内涵和外延很宽泛，如前述，信息服务可以分为3大类：信息传输服务、IT服务和信息资源服务（包括产业）。主要包括：系统集成、软件工程、服务外包（ITO、BPO、KPO等）、数据库、系统运维、增值业务、内容管理、电子印刷、信息产业及提供专业服务的专门公司等等。

因而，信息服务业的种类也很繁杂。国际上一般划分为信息处理服务业、软件产品业和专业服务业三大类。

1.信息处理服务业：用计算机及其配套和附属设备提供委托计算服务（包括为用户提供上机操作）、数据录入、设备管理等业务的综合行业。按提供服务的形式可分为远程计算服务、批处理服务和设备管理服务等。

2.软件产品业：提供软件设计、开发、编程及与其相关的调研、分析、咨询等业务的综合行业。软件产品可以分为系统软件和应用软件（包括支撑软件）两类。

3.专业服务业：提供信息服务相关咨询、接受定制软件研发、系统开发等业务，也包括提供设备管理服务，但专业性更强。

4.一体化服务业：20世纪80年代后增加的第四种行业。针对专用应用领域，购入设备，配置专用软件，研制用户能直接使用的，集成软件、硬件的一体化系统，并获取利益。

与此对应，日本的信息服务业则划分为软件业、信息处理服务业、信息提供服务业和其他信息服务业四种。

信息服务业的定义和分类，国内外没有统一的标准，国内一些地方的分类也不尽合理。根据辽宁省和国内一些地区信息服务业的分布规律、需求和特点，参考国内一些地区的分类模式，在信息服务标准系列建设中，涉及人员、资源、管理、技术等，也涉及某些边缘学科或交叉学科，与不同的IT职业密切相关，因而，需要明确信息服务的职业类别。

在《信息服务管理规范》研制中，将信息服务业划分为九大类：

计算机信息系统集成

计算机信息系统运营和维护

软件服务

数据加工和处理

内容和增值服务

数据库服务

电子商务服务

信息化工程监理

其他专业类服务

（注：这里不包括一些专业性的垄断行业。）

信息服务应根据构成各类服务形态的要素特征集分类，要素特征集具有同一性且体现信息服务业的分布规律、需求、特点和市场，具有普适性，则可确定为某一信息服务类别。某些服务形态，如电子商务、信息化监理等或在信息服务业中具有特定的影响和意义，或具有特定的性质的服务，可以抽取单独分类。

以计算机信息系统集成为例，包括需求管理、架构设计、信息资源规划设计、项目管理、系统测试等服务形态。如果仅仅划分为系统集成、设备集成、软件集成等服务分类，其服务形态是相同的，不能体现服务形态的要素特征。

信息服务管理的范畴涵盖了九大类信息服务业。

五、信息服务生命周期

生命周期是运用生物学领域的某些工具、原理和方法等作仿生学研究所形成的适于社会生态各领域的结果。信息服务的生命周期，是自服务产生到服务结束，及服务结束后持续改进全过程构成的。

信息服务引入生命周期，可以明了信息服务全过程的动态特征。在信息服务过程中，存在许多由各种要素构成的服务形态，这些要素的特征，使服务形态具有清晰的功能分层。不同层次的要素使能不同，同一要素在不同层次的使能也不同。

根据功能分层，可以将信息服务周期划分为3个阶段，体现生命周期全过程中不同阶段的要素特征表现：

（一）服务提供：根据不同的服务需求、服务环境特征、服务内容特征等，定义服务流程，提供相应的服务；

（二）服务交付：根据服务提供阶段确定的服务内涵，提供服务实施、测试、验收、交付等服务，并保证服务的可靠性、可用性、安全性等；

（三）服务支持：根据服务提供阶段确定的服务内涵和服务交付阶段提供的服务实体，提供服务运营、服务支持、持续改进、跟踪监控等服务。

服务提供阶段，主要应包括可行性分析、服务咨询、需求管理、规划设计等服务内容，其中：

（一）需求管理。需求管理是信息服务管理中的关键任务之一，是确定服务可用性的基础。只有从用户的实际出发，全面分析信息服务的商业、技术、管理目标及约束，详细了解服务目的、目标、设想、环境、内容、目前现状、要求、服务规模等，才能提出满足用户要求、得到用户认可的需求分析报告，并据此制定服务规划，做出初步的设计方案。

需求管理主要包括需求识别、需求范围、需求分析、需求变更和需求确认等；

（二）规划设计。信息服务规划是在需求获取和分析的基础上实施的，是用户战略规划的组成部分，它应展示用户信息服务发展的方向和目标。

信息服务规划主要应包括：

1.广义的IS规划（Information System Strategic Planning）：在理解用户的发展前景、业务构成规划的基础上，形成信息系统的总体规划、信息系统的组成架构、信息系统各部分的逻辑关系，以支撑用户业务规划（Business Strategic Planning）目标的实现；

2.狭义的IT规划(Information Technology Strategic Planning）：基于IS战略规划，规划设计信息系统各部分的支撑硬件、支撑软件、支撑技术，以及信息资源整合、数据管理、安全管理等；

3.服务运营规划：根据服务目标和规划，依据相关标准、规范，实现服务内容与业务的融合；在服务阶段运营，采取过程管理，全面、有效地管理服务构成要素；

4.质量管控规划：信息服务实施过程中的目标管理策略、质量管理计划和项目管理计划；

5.实施规划：在上述规划基础上，制定信息服务实施规划，确定服务实施流程；

6.过程改进计划：采用PDCA过程模式，跟踪、监控信息服务过程，实现持续完善、改进；

7.其他必要的规划等。

在信息服务规划基础上，设计信息服务的总体构成、服务功能、服务模式、服务约束等。服务设计是形成信息服务质量的关键环节，决定服务的固有质量。当服务设计全面满足用户期望的质量特性，可以实现优质的信息服务。

服务交付阶段，主要包括服务实施、服务测试、服务交付等3个过程。

服务支持阶段，主要包括服务运营、技术支持、过程改进、服务保证、服务审计等模块。

信息服务涵盖的服务形态非常广泛，这些服务形态广泛分布于系统集成、软件工程、数据库、系统运维、增值业务、内容管理、电子印刷、各类专业服务等IT服务各类别和信息产业中。这些信息服务类别基本符合3个阶段的服务周期特征。

信息服务生命周期3个阶段划分，是根据ITIL V3生命周期包括服务策略、服务设计、服务转换、服务运营和服务改进5大阶段理论整合、提炼的，符合中国国情，适于建立普适的信息服务管理模式。

六、服务要素

信息服务要素是构成服务形态的基本元素，表达的是服务形态的基本特征。譬如，规划设计、部署实施、服务运营、持续改进和监督管理等，是服务形态的特征表现。

服务形态的构成，是由诸多要素组合而成。因而，信息服务强调要素的整合，以产生最大效能。构成信息服务的核心要素，包括：

（一）流程：建立信息服务方式、方法、过程，监控、规范服务的实施；流程是潜在的客观存在，需要挖掘、整理，以指导业务的有序、规范。信息服务通过问题管理、配置管理、变更管理等一系列流程可以保证IT与业务的融合。

（二）技术：提供服务质量和效率的保障；

（三）人员：是信息服务的关键要素，人员素质、职业技能、知识结构等直接影响信息服务质量的优劣。

资源是服务的核心和基础。在整合、规范、统一、共享资源的基础上实现服务效能的最大化。信息服务核心要素是服务质量的投影，构建信息服务的基础环境，因而，要素是一种资源。

与生产要素是生产经营活动所需要的内部资源和社会资源不同，信息服务要素是各类服务形态的特征表现。信息服务要素需要整合、协调、共享服务所需的各类资源。

因此，信息资源标准是ITSS的基础。信息服务要素的特征表现，则应在不同类别的信息服务标准约束各类服务形态中体现。

从服务实施角度，根据服务环境特征、服务内容特征，采用信息技术，基于信息资源提供多种信息服务的过程管理，主要由服务策略与方法、服务对象、服务周期和服务内容等要素构成。

信息技术，如前述，包括三个层次，是提供信息服务的基础平台和必要手段。信息资源则是提供信息服务必需具备的信息基础。

（一）服务策略与方法：提供信息服务采用的方式、方法、计划、流程、方案等，是实现信息服务能效必须的保障措施；

（二）服务对象：信息服务的接受者，是提供信息服务的需求动力；

（三）服务周期：如前述；

（四）服务内容：根据信息服务要素特征确定的服务内涵。

七、标准化建设

经济发展正在向以服务为中心转移，在信息化、互联网时代，信息服务是实现服务转型的基础。ISO/IEC20000提供了实施信息服务管理的国际标准，是信息服务管理的基本框架。如何在这个框架内建立普适的、可操作的平台，提供切合实际的信息服务管理规则，是信息服务标准化需要认真研究的课题。

（一）综述

ITSS研究基于这样的事实：

1.信息技术的不断发展，信息化应用规模的日益庞大、繁杂，业务的持续增长，为信息化应用普及提供了便捷的手段，同时，信息化建设也已经进入以服务为核心的第三阶段。但是落后的运营维护理念、粗放的管理模式，使信息服务滞后于发展，阻碍了应用的进步。

2.信息服务业，特别是软件服务、外包服务的发展，要求提供专业化的服务、规范化的管理。

3.先进的管理理念，特别是ISO20000的推广实施，为ITSS研制提供了可供参照的标准。

目前国内的研究，仍然限于依据ISO20000提出各种解决方案，鲜见编制可操作的信息服务管理规范或标准，目前可检索到《北京电子政务IT系统运维支撑系统》规范和北京医院信息化规范，基于ITSM编制。

因而，为实现信息化建设、管理和信息服务管理的规范化、标准化、科学化和专业化，加强行业自律行为、规范市场秩序，在ISO20000为信息服务管理提供的基础框架内，基于用户在信息服务管理规划、研究、实施和信息服务管理的范畴、功能、流程、环境等的实际需求，确定信息服务管理的规则，约束服务提供者的行为，衡量其服务水平和服务能力。通过IT治理，实现高效的信息服务管理，为ISO20000的实际应用提供普适的、可供操作的平台，是ITSS研究的目的。

ITSS研究的目的，包括：

1.逐步推进信息服务管理的规范化、标准化、科学化和专业化，保证信息化应用服务的高质量和高可用性；

2.保证信息基础架构、信息应用基础架构、信息应用系统的可靠性、可用性、可管理性、安全性和可持续性管理；

3.整合业务需求与IT功能的一致性，制订增值业务发展的信息战略；

4.确保经济、社会发展战略的实施，保证各项业务的持续性发展；

5.持续性改进保证信息服务的可持续性管理。

（二）架构设计

在ITSS研究中，根据实际应用的需要，分析实施信息服务管理的主要构件：人员、技术、业务流程、环境影响、资源整合等，考虑未来的业务需求、服务提供、信息技术，保证服务管理对象的可靠性、可用性、可扩展性、安全性、前瞻性和可持续性管理，分解、融合ISO20000的13大流程，完整、合理地定义技术管理规范。

ITSS研制原则：

1.已有的、用户可以普遍接受的管理模式，修正、改进；

2.揉进先进、成熟的管理理念和管理模式，保证规范的可持续性；

3.尽量采用一些最新的研究和实践成果，保证规范的前瞻性，适度超前。

ITSS总体架构设计分为总则部分和专业部分。总则部分提纲挈领，贯穿始终，构成标准化体系的整体框架，享有文本优先权，定义了信息服务管理的目的、性质和原则，以及各专业部分共有的特点，保证各专业领域的连续性、关联性。

根据信息服务业的分类，ITSS划分为9个专业部分，突出各专业服务管理的特点，依据ISO20000和标准化的整体框架，定义各专业信息服务管理的功能和目标。

已经发布的DB21/T 1799系列标准包括DB21/T 1799.1《信息服务管理规范 第1部分：总则》、DB21/T 1799.2《信息服务管理规范 第2部分：计算机信息系统集成管理规范》、DB21/T 1799.3《信息服务管理规范 第3部分：计算机信息系统运营和维护管理规范》、DB21/T 1799.8《信息服务管理规范 第8部分：电子商务服务管理 网络商品交易平台管理》。

总则部分主要包括三部分：服务类别定义、服务管理内涵和服务管理过程。服务类别定义是对9大专业部分的定义和诠释；服务管理内涵反映了服务管理的属性；服务管理过程则定义了过程中具有共性的管理规则，如服务水平、服务能力等。

系统集成管理规范是根据项目管理的基本理论和多年实践，总结、研究、归纳了系统集成的特质和规律，形成支撑系统集成的知识体系框架，并以此框架为基础，编制完成的。系统集成规范采用了系统集成发展的一些新的管理理念和技术思想，以保证规范的时效性和前瞻性。

依据系统集成知识体系框架，系统集成规范包括4个部分：服务类型定义、服务内涵、服务过程管理和服务支持。规范定义了3种类型的系统集成服务；通过服务内涵，诠释了系统集成主要服务的属性。在服务过程管理中，将系统集成项目管理，分解为项目实施和项目管理，根据系统集成知识体系的知识元素，展开、定义和约束。规范强调PDCA过程管理模式，以不断提高和改进项目管理。

运营和维护管理规范充分考虑信息基础架构、信息应用基础架构、信息应用系统、数据传输、信息安全、信息环境等各个方面的因素，主要包括三部分：服务类型和内容、客户服务和管理体系。规范将运营和维护服务类型划分为三类，并定义了相应的服务内容；客户服务主要通过服务台管理，构建一个与客户沟通的渠道；规范搭建了一个运营和维护管理的体系，对运营和维护管理实施过程管理。

在总体架构设计中，要求ITSS专业部分各个标准遵守约束条件：

1.应遵循DB21/T 1799.1《信息服务管理规范 第1部分：总则》的一般原则和要求，重点描述相关专业的服务管理规则；

2.ITSS专业部分各个标准的服务规则的一般原则和要求，应参照DB21/T 1799.1《信息服务管理规范 第1部分：总则》执行；

3.在ITSS各个专业部分依据ITSS提供相关专业服务中，应同时使用DB21/T 1799.1《信息服务管理规范 第1部分：总则》和本专业部分的相关标准。

八、标准规制

综上所述，在ITSS建设中，必须考虑信息服务的特点：

（一）信息服务没有统一、成熟的定义，各种理解千差万别。但在标准编制中，必须建立一个基准，统一、科学地明确信息服务的基准、语义、用例等，避免词语混乱、含义模糊等，如IT服务与信息技术服务，是不同的概念，应予区别。

（二）信息服务标准体系，必须根据信息服务生命周期的3个阶段分类，同时，根据不同专业领域的特点，分别编制相应的标准系列。信息服务的核心要素，是标准体系的基础和共性。不同专业领域的标准系列，应突出相应服务的特征，同时，应保证标准间的连续性、关联性。

（三）信息服务标准体系，必须根据相关国家标准，制定相应的标准系列表（图），以清晰标准体系的概括、总体结构、标准分布及标准之间的内在关联等，保证标准体系的系统化、规范化和科学化。

（四）信息服务的内涵和外延非常宽泛，知识密集、科技含量高，涉及专业领域宽广。在建立信息服务标准体系，选择信息服务方法论时，应研究、实践构建信息服务知识体系，特别是信息服务涉及的边缘学科或交叉学科。

（五）应明确信息服务标准的约束对象。由于信息服务是以服务为核心，以流程为导向，以用户满意和服务质量为目标，因而，信息服务标准的对象应是服务提供方。但信息服务标准的约束规则，无论供方还是需方应该是一致的。供方约束信息服务行为，需方既清晰信息服务行为，也明确信息服务提供的约束规则，以降低供需双方信息不对称形成的罅隙。

（六）因此，信息服务标准体系，亦应建立符合中国国情、经过实践检验的最佳信息服务实践库。这种实践库，应优先于标准体系的建立。

（七）为保证信息服务的实施质量，评测信息服务实施状况，及与相关法律、法规的符合性、一致性和目的有效性，信息服务标准体系应包括信息服务认证标准系列。

第二节　信息服务管理规范

第2部分：计算机信息系统集成管理

（DB21/T 1799.2-2010）

一、概述

计算机信息系统集成（以下简称系统集成）是根据用户的业务需求和质量要求，规划、设计、整合基础硬件平台、系统软件平台、支撑软件系统、应用软件系统、安全防护体系及其他相关功能，集成、建构的跨厂商、多协议、面向各种应用的互联、互操作的计算机信息系统体系结构。

系统集成是为信息系统建设提供的工程保障。实施系统集成过程全面质量管理，是保障信息系统工程质量的可靠手段。然而，自20世纪90年代以来，从中央到地方，从政府到企业，纷纷投入大量资金建设信息系统工程。但能按工程进度、质量要求、投资预算完成且达到用户满意的只占20%左右，大多数工程都不同程度地存在问题。

信息化建设中存在的问题，是我国信息化过程中特有的行为，主要包括：

（一）信息化建设具有投资大、周期长、知识密集的特点，科技含量高，所涉及的领域宽广。由于业主对信息技术应用的需求个性化差异很大，所以系统集成商很难确定标准化的需求和设计方案。

（二）管理机制不健全。目前信息系统工程建设市场尚不规范、政策法规不完善、缺少监督监理机制。某些公司利用信息系统工程建设市场的机制缺陷，置公司实力、信誉、资质状况于不顾，亦不屑于国家的政策法规，一哄而起、一拥而上，采用各种手段把项目争取到手。这种局面使用户在选择系统集成商时很难做出科学的选择。

（三）建设模式单一。目前，我国信息系统工程建设的模式主要采取由系统集成商承包工程的方式。各类硬件设备、系统软件的采购、应用软件的开发也往往由系统集成商承揽。实际上，系统集成商涵盖了系统设计、软硬件采购、系统安装、应用软件开发、系统维护等多项职能。因而，造成系统集成商数目巨大，素质良莠不齐。

同时，业主往往没有足够的信息和能力判断系统集成商的技术实力和实施能力。在招投标过程中，也侧重投标价格因素。

（四）业主自行管理系统的实施。在信息系统工程的实施中，某些业主自己负责对项目的管理。由于缺乏足够的技术力量和项目管理经验，业主易受到系统集成商的不合理误导；或采取过度怀疑态度，对系统集成商否定或者迟迟不予确认。没有建立必要的项目沟通机制，造成项目管理中大量的决策疏忽和延误。

（五）业主与系统集成商之间存在严重的信息或地位不对称，主要表现在：

1.在信息化建设过程中，有两种模式："技术部门主导"，信息技术主管部门了解业务部门的需求后，提出相应的解决方案；"业务部门主导"，业务部门根据信息化的需要，按照技术部门的要求，提出相应的解决方案。但是，由于技术部门与业务部门的知识背景不同和理解偏差，技术部门的解决方案难以满足业务部门的真正需要，业务部门的解决方案也难以满足真正的技术需求。只有双方相互配合，建立沟通与合作机制，才能获得信息化的成功。

2.系统集成商对技术信息的把握明显优于业主的项目人员，多数业主无法实施专业化管理，难以胜任从可行性分析、规划设计、方案评审、招标到工程监理和工程验收全过程的管理与组织协调工作，所以，系统集成商提出的设计方案、实施手段、测试方案、项目内容变更等，业主没有足够的能力作出合理的决策。

信息化建设存在的乱象，使计算机信息系统设计质量存在差异，直接影响系统的功能安全、信息安全、管理安全和环境安全。

二、信息系统生命周期

信息系统生命周期是信息系统孕育、产生到消亡的全过程，它的源起，肇始于系统集成服务生命周期的发端，终结于信息系统基础价值、应用价值、技术价值、社会价值等的评价。信息系统生命周期依存于社会大系统的需求。

信息系统生命周期包括4个阶段：

（一）系统孵化阶段

信息系统概念的产生，是随着应用需求、技术需求、社会需求和市场需求逐渐形成的。随着概念的产生，需要评估自身发展战略与信息系统的关系、业务应用对信息系统的依赖度、信息系统应用前景等关键需求，从而形成可行性研究，明确信息系统建设的目的性；

（二）系统形成阶段

依据可行性研究报告，逐渐形成信息系统实体。这个阶段可以划分为2个环节：

1.规划设计

（1）需求管理

明确信息系统建设的基础条件、项目边界、功能需求、应用需求、服务设计、扩展空间等，理解、分析显性和模糊需求，发现潜在需求。在需求管理中，组织、控制、协调、沟通，形成相对详尽的需求报告；

（2）规划设计

依据可行性研究报告和需求报告，构建信息系统总体构架和基于总体构架的可实施规划。信息系统规划包括IS规划和IT规划，如前述。

基于规划完成信息系统的概念设计和详细设计。

信息系统的固有质量取决于需求分析质量和设计质量，因而，规划设计阶段是信息系统质量保证的关键环节。

2.系统实施

实施、完成信息系统规划设计，并交付用户使用。这一部分包括：

（1）建设阶段

依据质量目标、项目管理原则完成信息系统规划设计目标。

（2）交付阶段

信息系统建设完成后，交付用户使用。

（三）系统运行阶段

信息系统正式投入运行。这一阶段包括3个部分：

1.信息系统运行

信息系统正式运行，完成业务流程、实现建设目标。

2.信息系统维护

为保证信息系统安全、稳定、可靠运行提供的技术支持。

3.信息系统服务

为保证信息系统长期、稳定运行，支持业务系统应用所提供的信息服务，如增值业务、性能评估、安全评估等。

（四）系统休眠阶段

信息系统完成自身价值后停止运行，或失去价值后撤销。

系统集成服务是信息服务的一个分类。系统集成服务生命周期，即是在信息系统生命周期内提供服务管理的过程。如前述，包括服务提供、服务交付和服务支持3个阶段。服务提供阶段，即包括咨询服务、可行性分析、需求管理、总体规划、系统设计等过程；服务交付阶段，即包括系统实施、系统交付等过程；服务支持阶段，即包括系统运行、系统服务和系统评估等过程。但系统集成服务生命周期与信息系统生命周期之间并不一定形成相应的对应关系。

在系统集成服务生命周期内，服务要素特征体现了业主（建设方）和承建方（系统集成商）之间的角色功能。

三、系统集成知识体系

在标准编制中，根据项目管理的基本理论和多年的实践，总结、研究、归纳了系统集成的特质和规律，形成了支撑系统集成的知识体系框架，并以此框架为基础，编制完成了DB21/T 1799.2-2010《信息服务管理规范 第2部分：计算机信息系统集成管理》。

（一）总体架构

系统集成的知识体系，是以系统集成的总体构架为参照系。系统集成的总体构架如图3.1所示：

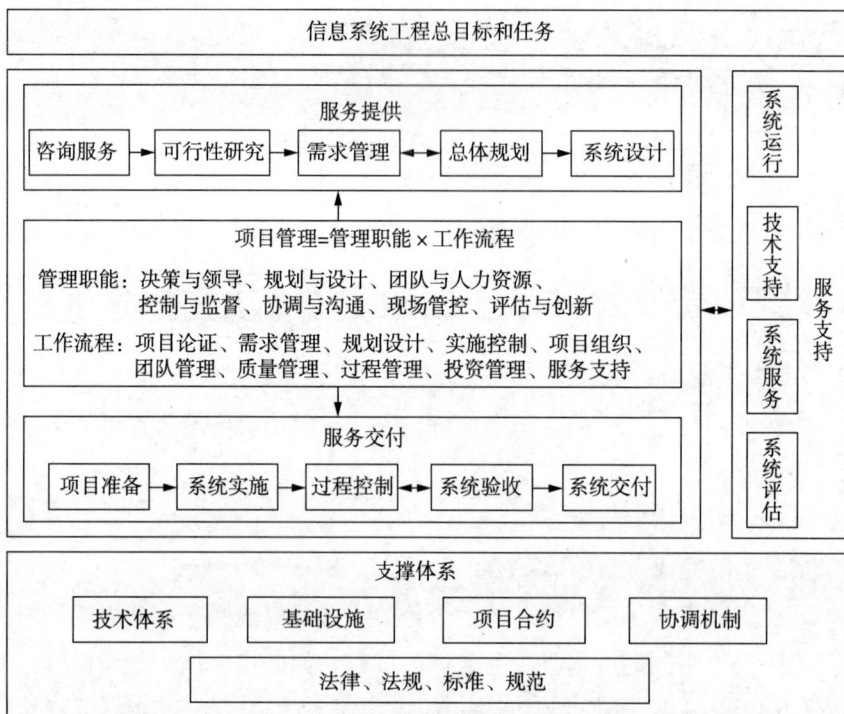

图3.1　系统集成的总体构架

（二）控制要素

系统集成总体架构包括两个控制要素：

1.信息系统工程总目标和任务

根据业主的业务发展规划，制定信息系统战略和发展规划，明确信息化建设的总目标和建设任务，作为信息系统建设的指导文件。

2.项目管理

项目管理是由管理职能和工作流程构成的矩阵，包括技术、管理、组织、产品、工程、服务等系统集成所涉及的各个要素。

其中管理职能主要包括7大要素：

·决策与领导：在协助业主制定信息化发展战略、信息安全战略、信息系统体系结构，识别和整合信息资源中，确定信息化建设目标、信息系统质量目标、系统集成技术路线，业务流程重组或再造，选择适宜业主的解决方案，定义团队管理、项目管理、人力资源管理、投资管理、风险管理、质量管理，协调和沟通各方面的关系。

领导是引导和影响项目团队实现决策做出努力与贡献的过程；

·规划与设计：根据决策制定的目标和方向，协助业主实施项目可行性论证，详细梳理、分析业主需求，制定信息系统工程整体建设规划，设计信息系统功能、结构、属性，确保与实际需求保持一致，使业主的各种资源得到合理配置，确定各种风险的应对策略，为实施控制提供依据；

·团队与人力资源：团队职能具有目标一致性、原则统一性、资源有机结合性、活动协作性和结构系统性的特点。定义项目团队的结构和关系后，应制定工作目标、质量目标、安全目标，定义工程规范、技术路线，合理配置资源，明确团队成员的责任。

项目团队成员的行为是工程建设中的关键因素。应合理配置人力资源，定义个人行为准则，制定责任目标，发挥团队精神和协作意识，调动团队成员的潜能和积极性，协调团队成员的行为；

·控制与监督：在系统集成过程中，衡量和校正团队内部的管理活动及其效果，监督系统集成各个阶段的质量目标、安全目标、安全策略、进度安排、管理目标、投资预算等的一致性和符合性，如果出现偏差，及时采取措施；

·协调与沟通：在系统集成过程中，需要协调、沟通项目各方的关系，使业主、承建单位和相关单位之间及团队内部相互密切配合，保证项目的顺利实施；

·现场管控：在项目实施现场，根据建设目标、工程进度和项目需要，管理和控制资金的使用，以及现场设备、物资、材料的进场检验和使用管理；

·评估与创新：在系统集成过程中进行阶段性评估和总体评估，评估系统各个阶段的质量、任务目标、策略、风险、缺陷、漏洞，适时调整质量目标和工程进度。

管理职能应随着科技发展、技术进步和市场需求不断完善和变化，并开创新的管理模式；

3.工作流程：在系统集成服务全生命周期，是以流程为导向，以质量为核心，通过PDCA过程模式，实现规划设计、项目实施、项目管理、服务支持和持续改进的系统集成全过程良性循环，实现IT与业务的无缝融合。

（三）服务阶段

系统集成总体架构基于系统集成服务生命周期的3个阶段展开。

1.服务提供阶段

（1）项目的可行性论证、工程的技术、管理、组织、实施等准备；

（2）定义信息系统整体架构，识别、整合信息资源，规划、设计信息系统功能、结构等要素，规划、设计信息安全工程等；

（3）设计工程实施方案、质量目标、进度目标、投资目标等；

（4）工程测试验收方案、方法、工具等；

（5）技术支持方案、试运行计划、服务承诺等。

2.服务交付阶段：

（1）项目准备：项目论证至项目实施前必要的准备，包括资源配置、人力资源管理等等；

（2）系统实施：制定项目实施、项目管理、风险管理、质量控制等项目实施计划，实施系统集成；

（3）过程控制：在系统集成服务全生命周期内，以流程为导向，以质量为核心，采用PDCA过程模式，分阶段实施目标、质量、进度、安全、风险、财务和人员等的控制；

（4）系统验收：在系统集成实施过程中，分阶段对已完成模块的目标、质量、进度、安全、风险、资金等测试、验收，并在项目完成后，根据总目标和任务，实施整体测试和验收。如果不能达成预定目标，应予修正。

（5）系统交付：通过测试验收后，系统集成实施可以正式结束。应收集、整理，并向用户提交完整的项目文档；对项目实施中可能存在的缺陷提出建议和修正意见。

3.服务支持阶段

（1）系统运行：系统交付后正式投入运行，保证业务系统的平滑应用。

（2）技术支持：信息系统全生命周期内提供相应的技术支持；在系统投入运行后，保证系统稳定、可靠运行提供管理、技术保障。

（3）系统服务：信息系统全生命周期内提供相应的管理、技术、应用等相关服务；系统投入运行后，保障系统支撑业务系统稳定、可靠运行提供相应服务。

（4）系统评估：系统服务的主要内容，如前述。

支撑体系是系统集成总体构架的基础，包括四大要素：

1.技术体系：系统集成中采用的专业理论和知识、技术路线、创新技术等；

2.基础设施：实施系统集成所需设备、物资、装备、工具等，以及管理、行为规范等；

3.项目合约：系统集成项目签约合同及其他附属约定；

4.协调机制：项目双方及相关方的协调、沟通；以及团队内部的协调、沟通等。

四大要素是以国际、国内相关技术、管理、施工、安全等法律、法规和标准、规范为依据。

（四）知识体系

参照系统集成总体构架，可以定义系统集成服务知识体系，如图3.2示：

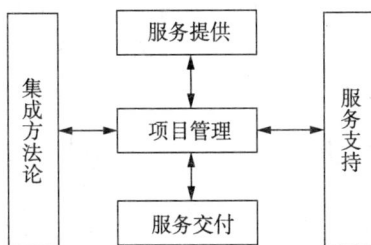

图3.2　系统集成服务知识体系

系统集成服务知识体系由五个维度的知识空间组成，其中：

1.项目管理是由管理职能和工作流程构成的矩阵，是知识体系的核心。其他知识元素以项目管理为中心辐射系统集成服务全过程；

2.集成方法论是在项目管理中，根据项目的总目标、任务和项目需求、特点等，采用的专业理论和知识、方法、技术路线、基础设施、法律、法规、标准、规范等的集合；

3.服务提供、服务交付和服务支持3个维度的知识空间，对应系统集成服务全生命周期内各个阶段的服务目标、服务内容、服务方法、服务管理等展开的知识结构，包括专业技术领域内的知识体系，也包括非专业领域内的知识体系。

系统集成服务知识体系一般按照各维度的知识展开，各维度知识之间是相互渗透、相互融合的。

四、标准规制

在本书第13页中，定义了编制信息服务管理规范的三项基本原则：

1.已有的、用户可以普遍接受的管理模式，修正、改进；

2.糅进先进、成熟的管理理念和管理模式，保证规范的可持续性；

3.尽量采用一些最新的研究和实践成果，保证规范的前瞻性，适度超前。

基于这一基本原则，在DB21/T 1799.2-2010《信息服务管理规范 第2部分：计算机信息系统集成管理》中，采用了系统集成发展的一些新的管理理念和技术思想，以保证规范的时效性和前瞻性。

依据系统集成的知识体系框架，DB21/T 1799.2-2010《信息服务管理规范 第2部分：计算机信息系统集成管理》包括四个部分：服务类型定义、服务内涵、服务过程管理和服务支持。

（一）信息产业部2002年发布的《信息系统工程监理暂行规定》，将信息系统工程定义为"信息化工程建设中的信息网络系统、信息资源系统、信息应用系统的新建、升级、改造工程"，并分别将3类系统定义为：

信息网络系统是指以信息技术为主要手段建立的信息处理、传输、交换和分发的计算机网络系统；

信息资源系统是指以信息技术为主要手段建立的信息资源采集、存储、处理的资源系统；

信息应用系统是指以信息技术为主要手段建立的各类业务管理的应用系统。

据此，根据市场需求和实际，规范定义了三种类型的系统集成服务；

（二）系统集成服务的内涵，诠释了系统集成主要服务的属性。在内涵诠释中：

1.分析系统集成服务中的主要矛盾和问题，规范突出了需求管理的重要性。应"充分理解用户的业务流程和建设目标，细化识别的需求，分析需求的关联、合理与不合理、限制与条件，以及项目建设的质量控制目标、TCO的可能、建设风险等"，"基于需求识别和分析，明确项目建设范围，确认可以明确的需求、不明确但有实际目标的需求、潜在的业务需求及其他模糊需求，降低需求变更频度"。

2.信息资源不仅仅是狭义的各种信息的有序集合，应包括"参与系统集成服务的各种与信息相关的资源，包括设备、物资、人员、技术、概念、能力、信誉、知识等所有支撑系统集成的有形、无形的因素的组合"。因此，信息资源规划应根据需求管理，"分析、识别用户的信息资源，明确信息资源规划的目标、原则、内容和实施规范"，"设计系统整体框架、功能要求、质量目标、安全目标等，制定项目管理预案，保证系统的高可用性、高可靠性、安全性、健壮性和可扩展性，降低TCO"，"整合用户管理、业务、技术、设备、人员等及其相互关联的各类资源，以及与外部关联的资源，按照系统整体设计原则，划分资源类型和分布，确定资源整合技术，制定资源配置、管理规划"。

3.降低运行成本、降低能源消耗，是机房建设应予考虑的焦点。因此，"在机房建设中，应充分考虑机房整体节能措施，选择节能技术和产品，降低机房能耗"。

4.在系统集成的高端服务中，应重视系统安全性评估，"明确、细化系统安全性能指标，评测系统整体架构、安全体系、应用系统等及其相互关联的信息资源的风险、威胁、脆弱性、安全隐患，制定风险应对策略和安全性能优化方案"。

5.信息技术与业务的融合，始终是系统集成的关键，也是系统集成高失败率的主要原因之一。因此，"应明确、细化信息技术与业务融合的目标，评估信息技术与业务融合的差异，优化资源配置，制定以服务为核心的业务治理方案，实现信息技术支持的业务高效运行"。

（三）科学、规范的项目管理，是高效、高质完成系统集成的关键。在系统集成知识体系中，项目管理是总揽系统集成全局的核心。依据项目管理知识体系（PMBOOK），包括9大知识领域，基于项目的全生命周期开展项目管理。但在系统集成实践中，项目管理并不完全按照PMBOOK展开。因此，在规范编制中，将系统集成项目管理，分解为项目实施和项目管理，根据系统集成知识体系中的相关知识维度的知识元素，展开、定义和约束。规范强调PDCA过程管理模式，以不断提高和改进项目管理。

（四）规范根据DB21/T 1799.1–2010《信息服务管理规范 第1部分 总则》中关于服务融合的要求，规定系统集成服务"应自项目计划阶段引入信息系统工程监理，根据用户需求，全程或按确定的关键点跟踪、监督、控制、协调项目实施"。同时，要求与项目计划同步实施信息服务规划，以保证信息服务的可持续性。

第三节　信息服务管理规范

第3部分：计算机信息系统

运营和维护管理（DB21/T 1799.3-2010）

一、概述

计算机信息系统运营和维护管理是系统集成服务生命周期的延续，是服务支持阶段的主要环节，以保障信息系统生命周期的延续。因而，DB21/T 1799.2–2010《信息服务管理规范 第2部分：计算机信息系统集成管理》要求"与项目计划同步实施信息服务规划，以保证信息服务的可持续性"。

由于系统集成具有的鲜明的专业特点：

1.行业相对新颖，人员趋向年轻化。信息技术是我国的新兴产业，科技含量高、智力密集、所涉及的领域宽广、对实践经验要求高。信息产业发展迅速，更新速度快；

2.信息技术中继承成分少，创新成分多；在信息系统工程中新设计、新开发的工作量占有很大的份额；

3.信息系统工程涉及的专业领域较多、技术跨度大。许多项目需要涉及网络技术、通信技术、安全技术、应用技术、自动控制技术及其他非专业领域等；

4.信息系统工程中可供选择的相关产品、提供服务的系统集成商非常多，产品型号复杂，功能差异较大，服务条款也不相同；集成商良莠不齐，必须综合比较性能、价格、技术实力、服务能力等各个方面。

因而，落后的运营维护理念、粗放的管理模式不能适应以服务为核心的、日益庞大、繁杂的信息化应用规模和应用环境，必须建立科学、规范、专业的信息系统运维管理体系，为深化各项业务应用、提升应用效能提供可靠的服务保障。

二、基本概念

在DB21/T 1799.3-2010《信息服务管理规范 第3部分：计算机信息系统运营和维护管理》研制中，存在某些概念差异，包括理解差异，也包括应用差异。

1.运行

运行是基于某种秩序的一种运动形态。运行的基础是物体本身的能动性。当运行发生时，它不是孤立的，受到多种因素的影响和作用。在多种因素内在的功能、结构、条件、关联关系及其相互作用的过程、方式等的影响下，形成运行机制。

信息系统运行，是其自身构成形态的能动性。信息系统构成的IT环境、运行环境的作用和影响形成信息系统运行机制。信息系统运行的基本秩序是信息系统生命周期形成过程中涉及的方法、技术、资源，形成的流程、文档，和相应的基本准则、各项制度及相关的法规、标准等。

2.运营

运营是基于确定秩序的服务形态。运营的概念是宽泛的，涵盖各行各业。信息系统运营，是服务提供商提供服务设计、系统运行、技术支持、系统评估、系统改进等的服务管理过程，是整合包括人员、设备、技术、管理、知识、资金等的服务要素资源，并转化为某种信息服务形态的过程。

另一方面，运营包含运行和营运的双重意义。信息系统运营是在保障系统有效运行基础上以增值为目的，实现服务效益最大化而展开的各种活动。

信息系统运营包含五个方面内容：

1.服务提供

（1）服务相关方：服务组织、服务对象、服务提供人员；

（2）服务形态：服务对象确定的服务模式、服务方式、服务环境；

（3）服务边界：服务组织界定的服务范围、区域；

（4）服务过程：服务生命周期内的过程控制。

2.服务需求

（1）服务资源：包括人员、设备、技术、管理、知识、资金等服务要素资源；

（2）服务使能：服务边界内，已知服务形态的基础条件、功能需求、潜在需求，及需求的能动性；

（3）服务变更：服务需求变更的适应性；

（4）服务能力：服务组织提供服务的组织能力、服务提供人员能力、综合能力等。

3.服务管理

（1）服务计划和组织：服务规划和计划、服务形态管理模式、服务的组织形式、服务设计；

（2）服务流程：服务准备、服务阶段、服务环节、服务步骤等；

（3）服务监控：服务跟踪、服务评估；过程改进、持续完善；

（4）服务资源：服务要素资源整合、优化配置；

（5）服务绩效：绩效评估、绩效管理。

4.服务排队

（1）服务优先级：服务要素资源关联度、服务等待时间、业务优先级、服务价值等；

（2）服务配置：依据服务优先级确定相关等级服务资源配置、适宜的服务管理方式等。

5.服务质量

（1）质量控制：质量目标、质量计划、质量管理模式；

（2）质量评估：质量跟踪、质量评价、质量改进、持续完善。

保障运营有效性的、确定的秩序包括系统运营的基本准则、各项制度及相关的法规、标准等。

传统的概念，信息系统处于运行状态，从纯技术角度出发，强调运行机制建设，过分依赖专业技术人员，缺乏必要的管理流程和业务知识积累，忽略信息技术与业务的关系。

信息系统运营，从以技术为中心向以服务为中心转变，提升信息系统服务功能，融合信息技术与业务应用，驱动信息系统增值服务功能。

三、架构设计

（一）总体架构

设计计算机信息系统运营维护总体架构，是DB21/T 1799.3-2010《信息服务管理规范 第3部分：计算机信息系统运营和维护管理》编制的基础。信息系统运营和维护总体架构如图3.3所示。

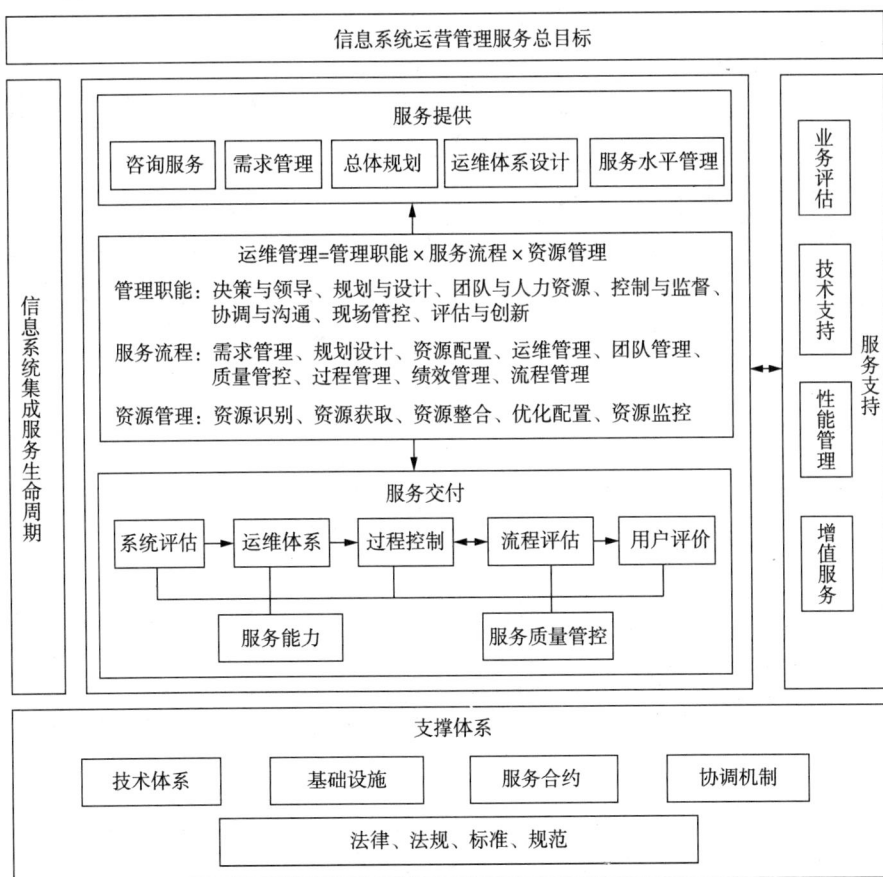

图3.3　信息系统运营和维护总体架构

（二）控制要素

依据总体架构，计算机信息系统运营维护管理服务包括2个控制要素：

1.信息系统运营管理服务总目标

根据用户的信息化发展战略和业务发展规划，明确信息系统运营管理服务的总目标，作为信息系统运营管理服务的指导文件；

2.运维管理

运维管理是由管理职能、服务流程和资源管理构成的多维矩阵，包括人员、设备、技术、资源、管理、组织、知识等信息系统运营维护所涉及的各个服务要素。

运维管理是以服务管理为核心，以服务流程为导向，以资源管理为基础，以用户满意和服务质量为目标，实现运营维护管理服务的最大效能。

如图3.4所示：

纵轴服务管理：建立运维管理体系，明确各项管理职能，实现运营管理服务总目标；

横轴服务流程：协同运营维护涉及的各个要素，设计服务流程，完成核心业务目标；

竖轴资源管理：协调、整合、配置、监控运维管理体系涉及的资源。

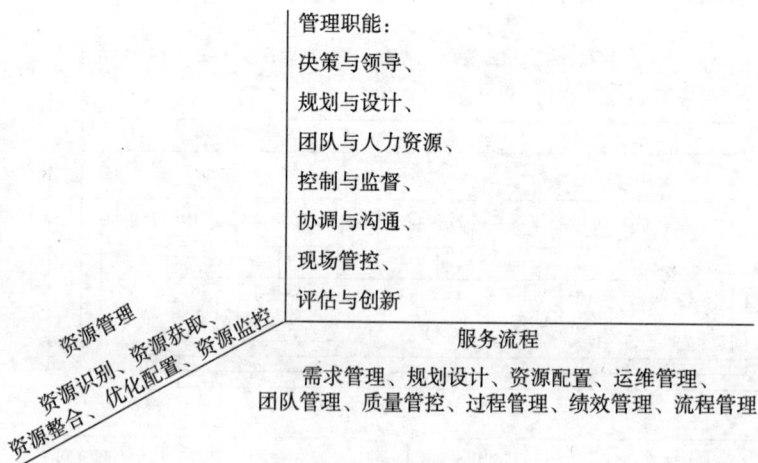

图3.4　信息系统运维管理

1.管理职能：主要包括7大要素：

• 决策与领导：在协助用户制定信息服务管理战略、运营维护管理服务目标，识别和整合运维相关资源中，确定运营管理服务的总目标、运维管理质量目标、运维管理阶段性目标、业务连续性策略和信息系统增值服务策略，选择适宜的运维管理服务解决方案，建立运维管理体系，定义运维管理服务涉及各个要素的关联关系。

领导是引导和影响服务团队实现决策作出努力与贡献的过程；

• 规划与设计：根据决策制定的目标和方向，协助业主详细梳理、分析运维需求、业务关联度、信息系统发展目标，定义信息系统运营维护管理服务等级、服务水平、服务策略，设计服务流程、资源属性和资源优化配置策略，确保信息系统与业务系统的充分融合、信息系统增值服务和信息系统的健壮性、稳定性、可靠性，确定各种运维风险的应对策略，为实施控制提供依据；

• 团队与人力资源：团队职能具有目标一致性、原则统一性、资源有机结合性、活动协作性和结构系统性的特点。定义服务团队的结构和关系后，应制定工作目标、质量目标、安全目标，定义服务规范、服务职责，合理配置资源，明确团队成员的责任。

服务团队成员的行为是运维管理服务中的关键因素。应合理配置人力资源，定义个人行为准则，制定责任目标，发挥团队精神和协作意识，调动团队成员的潜能和积极性，协调团队成员的行为。

• 控制与监督：在运维管理服务过程中，衡量和校正运维团队内部的管理活动及其效果，监督运维管理服务各个阶段的业务目标、质量目标、安全目标、服务策略、服务水平、服务能力、资源配置等与实际需求的一致性和符合性，如果出现偏差，及时采取措施。

• 协调与沟通：在运维管理服务过程中，需要协调、沟通与服务相关各方的关系，使用户、服务提供组织和相关单位之间及团队内部相互密切配合，保证服务的顺利实施。

• 现场管控：在运维管理服务过程中，根据运营管理目标、运维服务阶段和服务需求，管理和控制资源的合理使用，调整运维涉及要素的使用管理。

• 评估与创新：在运维管理服务过程中，实时评估服务水平、服务能力、服务管理，评估运维管理服务各个阶段的服务质量、任务目标、服务策略、运维风险、服务对象质量、业务连续性等，适时调整服务质量目标和服务过程，改进、完善服务流程。

管理职能应随着科技发展、技术进步和市场需求不断完善和变化，并开创新的管理模式。

2.服务流程：根据服务等级、服务水平要求和信息系统生命周期特征，设计计算机信息系统运营维护管理服务流程，并根据服务过程体现的特征变化修正、完善。

计算机信息系统运维管理服务通过PDCA过程模式，达到流程优化，实现IT与业务的无缝融合和信息系统的增值服务。

3.资源管理：资源配置是计算机信息系统运营维护的基础。在运维管理服务过程中，识别相关的资源、识别新增资源，整合共享、优化配置，并监控资源流向，保证资源合理配置和效能最大化。

（三）服务周期

信息系统生命周期是信息系统服务的管理过程，在这一过程的不同阶段，存在不同的生命周期，即信息系统生命周期不同阶段的服务管理过程。

信息系统全生命周期不同阶段的服务管理过程是相互关联、影响和作用的。计算机信息系统运营维护管理服务是信息系统生命周期中系统运行阶段形成的生命周期，与系统集成服务生命周期紧密相关，且受系统集成服务生命周期制约。

计算机信息系统运营维护管理服务包括3个服务阶段：

1.服务提供阶段

（1）计算机信息系统运营维护管理的可行性管理，包括服务建议、服务方案、知识整合等；

（2）计算机信息系统运营维护管理的基本条件研究，包括技术、应用、管理、目标、业务运行、资源等；

（3）计算机信息系统运营维护管理服务总体规划、定义服务架构，识别、整合相关资源，设计服务流程，明确运维相关要素的关联；

（4）根据总体规划设计运维管理体系；

（5）定义服务等级，规划服务水平，明确服务能力，评估服务管理，调整、改进、完善运维管理体系。

2.服务交付阶段

（1）介入系统集成服务生命周期，评估信息系统总体架构、功能需求、性能指标、业务应用、发展规划等，评估信息系统运营的IT环境；

（2）制定系统运维总体规划，组织、建立运维管理体系，明晰运维管理服务管理流程；

（3）PDCA过程管理，明确质量管理目标，制定运维管理、风险管理、质量控制、过程改进等运维管理体系实施计划；

（4）跟踪、监控、评估运维管理服务流程，实时调整、改进运维管理服务流程，完善运维管理体系；

（5）用户通过服务水平、服务能力感知服务提供者的服务质量，评估信息系统运营状况、业务系统支撑能力，提出适宜的意见和建议。

因而，服务能力和服务质量管控是服务交付阶段的基本保障。

3.服务支持阶段

（1）评估信息系统的业务支撑能力，评估IT与业务应用的融合度和适宜性，评估运维服务流程与业务应用的适宜性；

（2）提供信息系统运营维护必要的技术、资源、管理、服务支持；

（3）提供信息系统性能评估、性能调整、性能优化的必要的支持；

（4）提供信息系统总体能力评估，评估信息系统增值业务的可能性和可行性。

支撑体系是信息系统运营维护的基础，包括四大要素：

1.技术体系：运营维护采用的专业理论和知识、技术能力、创新技术等；

2.基础设施：实施运营维护所需设备、物资、装备、工具等，以及管理、行为规范等；

3.服务合约：运营维护签约合同及其他附属约定；

4.协调机制：运营维护双方及相关方的协调、沟通；以及团队内部的协调、沟通等。

四大要素是以国际、国内相关技术、管理、服务、安全等法律、法规和标准、规范为依据。

（四）知识体系

参照信息系统运营维护总体架构，定义运营维护管理服务知识体系，如下图3.5所示。

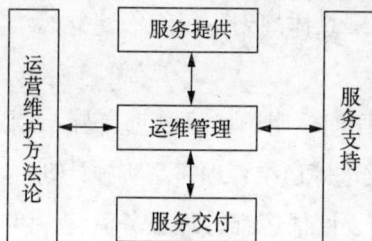

图3.5　运营维护管理服务知识体系

信息系统运营维护管理服务知识体系由5个维度的知识空间组成，其中

1.运维管理是由管理职能、服务流程和资源管理构成的多维矩阵，是知识体系的核心。其他知识元素以运维管理为中心辐射信息系统运营维护管理服务全过程。

2.运营维护方法论是在运维管理中，根据信息系统运营的总目标和运维需求、特点等，采用的专业理论和知识、方法、技术、基础设施、法律、法规、标准、规范等的集合。

3.服务提供、服务交付和服务支持3个维度的知识空间，对应运维管理服务全生命周期内各个阶段的服务目标、服务内容、服务流程、服务管理等展开的知识结构，包括专业技术领域内的知识体系，也包括非专业领域内的知识体系。

信息系统运营维护管理服务知识体系一般按照各维度的知识展开，各维度知识之间是相互渗透、相互融合的。

四、标准框架

DB21/T 1799.3-2010《信息服务管理规范 第3部分：计算机信息系统运营和维护管理》充分考虑信息基础架构、信息应用基础架构、信息应用系统、数据传输、信息安全、信息环境等各个方面的因素，确定标准总体框架主要包括三部分：

1.服务类型和内容：DB21/T 1799.3-2010《信息服务管理规范 第3部分：计算机信息系统运营和维护管理》将运营和维护服务类型划分为3

类，并定义相应的服务内容。

2.用户服务：DB21/T 1799.3-2010《信息服务管理规范 第3部分：计算机信息系统运营和维护管理》主要通过服务台管理，构建一个与用户沟通的渠道。

3.管理体系：DB21/T 1799.3-2010《信息服务管理规范 第3部分：计算机信息系统运营和维护管理》搭建了一个运营和维护管理的服务体系，对运营和维护管理服务实施过程管理。

（一）服务类型和内容

根据信息系统生命周期、信息系统运营维护特征和总体架构，DB21/T 1799.3-2010《信息服务管理规范 第3部分：计算机信息系统运营和维护管理》将信息系统运营维护管理服务划分为3种类型：

1.基础服务

"确保计算机信息系统安全稳定运营，应提供的基础性的保障和维护工作"。

2.性能优化服务

"计算机信息系统在运营过程中，各项资源（硬件基础平台、系统平台、存储平台、应用系统平台、安全平台等及其他相关资源）及各项业务的性能、效能的优化、整合、评估等服务"。

3.增值服务

"保证计算机信息系统运营的高效能、高效益，最大限度的保护并延长已有投资，在原有基础上实施进一步的应用拓展业务"。

计算机信息系统运营维护管理服务应与信息系统生命周期同步，涵盖生命周期全过程。因而，DB21/T 1799.2-2010《信息服务管理规范 第2部分：计算机信息系统集成管理》要求"与项目计划同步实施信息服务规划，以保证信息服务的可持续性"。

参照DB21/T 1799.1《信息服务管理规范 第1部分 总则》、DB21/T 1799.2《信息服务管理规范 第2部分：计算机信息系统集成管理》，DB21/T 1799.3-2010《信息服务管理规范 第3部分：计算机信息系统运营和维护管理》将服务内容定义为：

1.基础服务

在DB21/T 1799.3-2010《信息服务管理规范 第3部分：计算机信息系统运营和维护管理》中，计算机信息系统运营维护的基础服务划分为10个服务类别，是根据计算机信息系统构成要素及相关要素的特点、功能、与用户业务管理的关联和保障、在信息服务中的重要性等方面划分的。

（1）物理环境管理和维护

a.机房管理和维护：为保证机房内所有设备的安全、稳定、无故障运行，监控机房的环境、监测并定期检查电源、通风、接地等所有机房设施的工作状态，发现并报告问题和提出变更建议；

b.布线系统管理和维护：针对设备间、弱电井等区域的配线设备、线缆、信息插座等设施，按照一定的模式进行标识和记录，内容包括：管理方式、标识、色标、交叉连接、跳线等。监控、诊断、分析布线系统的工作状态和可能的故障状态，保证系统运行的高可靠性和维护管理的高效率；

c.监控系统管理和维护：监控、诊断、分析门禁系统、各类监控设备等的运行状态、参数变化、提示信息等，发现并报告问题，及时变更、维护，保证监控系统的可靠性。

隐蔽工程系统、土建施工部分不包含在标准之内。

（2）网络基础设施管理和维护

为保证路由设备、网络交换设备等网络基础设施的安全性、可靠性、可用性和可扩展性，保证网络结构的优化，定期评估网络基础平台的性能，制定故障维护预案，及时消除可能的故障隐患，制定应急预案，保证网络基础平台的高可靠性、高可用性。

（3）数据存储设施管理和维护

为保证数据存储设施，如服务器设备、集群系统、存储阵列、存储网络等，以及支撑数据存储设施运行的软件平台的安全性、可靠性和可用性，保证存储数据的安全，定期评估存储设施及软件平台的性能，确认数据存储的安全等级，制定故障应急预案，及时消除故障隐患，保障信息系统的安全、稳定、持续运行。

（4）系统平台管理和维护

为保证操作系统、数据库系统、中间件、其他支撑系统应用的软件系统及网络协议等的安全性、可靠性和可用性；定期评估系统平台的性能，制定系统故障处理应急预案，及时消除故障隐患，保障信息系统的安全、稳定、持续运行。

（5）应用系统管理和维护

保证在系统平台上运行的各类应用软件系统的安全性、可靠性和可用性，定期评估应用软件系统的性能、功能缺陷、用户满意度等，及时或与开发商沟通消除应用系统可能存在的安全隐患和威胁、根据需求更新或变更系统功能。

（6）数据管理和维护

数据管理是系统应用的核心。为保证数据存储、数据访问、数据通信、数据交换的安全，定期评估数据的完整性、安全性、可靠性；制定备份、冗灾策略和数据恢复策略，消除可能存在的安全隐患和威胁。

（7）安全管理和维护：保证物理环境和系统运行的安全，物理环境安全包括机房监控、门禁系统、灾害预防、等电位系统、消防系统等等；系统运行安全包括风险评估、安全策略、安全机制、安全级别、病毒防护、补丁管理等等。定期检查和评估可能的安全隐患、缺陷和威胁，制定安全恢复预案。

（8）子网管理和维护：子网是构成系统的要素。定期评估子网的安全性、可靠性、可用性，消除可能存在的故障和安全隐患及对系统的威胁。

（9）桌面管理：个人计算机终端及工作环境的可靠性、可用性、安全性管理。

（10）操作管理：日常操作的规范化和标准化。

2.性能优化服务

在DB21/T 1799.3–2010《信息服务管理规范 第3部分：计算机信息系统运营和维护管理》中，计算机信息系统运营维护的性能优化服务划分为6个部分，是为保证信息系统的健壮性、可用性、可靠性和安全性，提升信息系统服务功能，融合信息技术与业务应用，提升信息系统可持续应用能力划分的。

（1）系统平台性能评估

评估系统整体架构的合理性、安全性、可靠性、可用性、可扩展性，以及系统鲁棒性评估等。

（2）应用系统性能评估

评估支撑软件、应用软件及其他应用系统性能的安全性、可靠性、可用性，和功能缺陷等。

（3）数据存储和通信安全评估

评估数据的完整性、保密性、不可抵赖性；数据通信的安全策略；访问控制策略，以及安全隐患评估、数据交换安全性评估等。

（4）系统整体安全性能评估

风险评估及应对策略、系统脆弱性检测、非传统安全隐患评估及应对策略等。

（5）系统安全平台性能评估

评估安全防护体系架构的合理性、安全防护体系自身的安全性、可靠性、可用性及存在的风险；安全管理体系的合理性、可用性等。

（6）业务整合

评估用户的业务系统与信息技术整合的现状和改进措施。

3.增值服务

在DB21/T 1799.3-2010《信息服务管理规范 第3部分：计算机信息系统运营和维护管理》中，计算机信息系统运营维护管理的增值服务划分为6个部分，充分考虑信息系统生命周期的效能、信息服务的可持续性、信息系统的发展空间。

（1）规划管理

信息系统全生命周期的发展设计。主要包括：信息系统总体发展架构；信息系统中长期建设、应用、发展规划；资源整合和规划；IT治理模式；IT服务规划；标准建设等。

（2）可用性管理

优化、设计、提高系统基础架构（包括硬件基础平台、系统平台、安全平台、数据管理平台等）的可用性、可靠性，降低系统TCO值。

（3）核心应用管理

计算机信息系统中核心技术、高端技术的应用、部署、管理。

（4）安全管理

系统安全的深层分析；安全防护体系、安全管理体系的优化、设计等。

（5）投资保护

信息系统建设的投资分析、TCO分析，根据规划管理，制定投资策略等。

（6）系统运营策略和应用拓展

分析系统需求影响和运营效能，制定获得最大效能的系统运营策略、分析系统潜在的增值服务的可能性等。

（二）用户服务

提供信息服务，需要建立服务提供者与用户之间的沟通渠道。参照GB/T24405，DB21/T 1799.3-2010《信息服务管理规范 第3部分：计算机信息系统运营和维护管理》建立了服务台管理机制。

服务台是一个服务管理职能，是连接服务提供者与用户的信息交换平台，具有双向功能：

1.服务台与服务提供者提供的所有服务管理流程关联，包括服务级别、配置管理、问题管理、变更管理、可用性管理、发布管理、服务持续性，及信息系统维护管理等，并提供相应的接口。

提供计算机信息系统运营维护管理服务，可以通过服务台的有效运作，根据用户要求的服务类型、内容，协调资源配置，实现服务管理流程与IT环境的无缝融合，支撑业务应用效能和业务连续性。

2.服务台建立用户与IT应用之间的关联，处理用户的事件、事故、问题、咨询、建议和意见等，为用户业务活动、业务流程与IT应用环境之间提供服务接口。

在计算机信息系统运营维护管理服务中，通过服务台有效的应用支撑，实现业务流程与服务管理基础架构的集成，提高用户IT应用水平、组织管理能力和市场竞争力，获得持续、可靠、稳定的IT环境支撑。

同时，在计算机信息系统运营维护管理服务中，服务台作为与用户沟通的路由节点，与产品供应商之间存在关联。当信息系统运维服务产生新的变更请求或维护需求，需要服务台整合外部资源提供支撑时，形成支撑信息系统运行环境的外部沟通渠道。

（三）管理体系

如前述，体系不是简单的要素叠加，是体系构成要素在相互关联、相互作用和相互影响的过程中形成的有机整体。体系的运行，是通过构成要素的作用实现的。

建立信息系统运营维护管理体系的基本目的是满足运维管理的需要，指导各类服务组织规范服务管理流程，协调各类资源，支撑IT环境的稳定性和业务应用的连续性。

信息系统运营维护管理体系包含2层含义：

1.系统工程

信息系统运营维护管理是一项系统工程，必须系统、科学、整体规划、实施：

（1）信息系统是由多种要素构成的有机整体，各要素之间相互关联和影响。各要素又可独立形成子系统，仍受子系统内的要素制约。因而，信息系统具有复杂系统特征。

（2）信息系统具有开放性，受到环境因素的影响和制约，包括运行环境、应用环境等，乃至社会环境、人文环境。因而，信息系统形成了复杂的信息生态环境。

（3）信息系统运营维护管理是信息系统集成的延续，也即信息系统生命周期的重要阶段，关联系统集成服务生命周期各个环节，并与之形成统一的整体。

1.服务管理

信息系统生命周期是提供服务管理的过程，因而，信息系统运营维护管理是信息系统生命周期内重要的服务支持阶段。

（1）服务质量管控是信息系统生命周期延续的重要保障。用户通过服务能力、服务水平感知信息系统运营维护管理的服务质量。

（2）服务能力是信息系统运营维护管理水平的重要保障。服务能力包括服务提供组织的服务支持能力和服务提供人员的专业素养：

a.服务支持能力：服务提供组织的整体管理能力、技术实力、拓展能力、企业文化等。

b.专业素养：服务提供人员的专业素质、相关专业运用、知识结构、业务能力和专业能力等。

c.基本素质：服务提供人员还应具备沟通、协调、互动等其他人际交往能力、团队意识，及其他基本能力；

（3）服务标准化是信息系统运营维护管理的重要支撑。不同的用户、不同的信息系统有不同的质量目标，服务要求千差万别，但是，服务标准具有同一性。基于同一的服务标准，根据不同的质量目标、服务要求，提供符合用户需求的服务。

（4）服务差异化是提高信息系统生存能力、也是提高服务组织竞争能力的必然。在信息化建设和运营维护中，产品同质化、系统建设同质化、服务同质化，信息系统运营维护管理服务无差异。但是，服务提供组织的服务能力不同，用户的服务要求千差万别，服务提供组织提供的信息系统运营维护管理服务必须根据实际情况，提供具有用户特征的有差异服务。

五、标准规制

如本章第二节所述，DB21/T 1799.3–2010《信息服务管理规范 第3部分：计算机信息系统运营和维护管理》亦基于本章第一节第（七）部分定义的编制信息服务管理规范的3项基本原则：

1.已有的、用户可以普遍接受的管理模式，修正、改进。

2.糅进先进、成熟的管理理念和管理模式，保证规范的可持续性。

3.尽量采用一些最新的研究和实践成果，保证规范的前瞻性，适度超前。

DB21/T 1799.3–2010《信息服务管理规范 第3部分：计算机信息系统运营和维护管理》基于DB21/T 1799.2《信息服务管理规范 第2部分：计算机信息系统集成管理》确定的服务内容展开，并制定约束规则。

计算机信息系统运营维护管理服务必须厘清运营和维护的关系。DB21/T 1799.3–2010《信息服务管理规范 第3部分：计算机信息系统运营和维护管理》分别定义、规范了构建、实施、运行运维管理体系的基本规则和规范、实施计算机信息系统维护的约束规则。

1.运营。如前述，是在保障信息系统有效运行基础上以增值为目的，实现服务效益最大化而展开的各种活动。

　　DB21/T 1799.3-2010《信息服务管理规范 第3部分：计算机信息系统运营和维护管理》规范了运维管理体系建立、运维管理要素和运维管理体系内涵，规定了运维管理体系实施规则。

　　2.维护是在计算机信息系统运营过程中提供的技术支持

　　DB21/T 1799.3-2010《信息服务管理规范 第3部分：计算机信息系统运营和维护管理》确定了计算机信息系统维护的内涵，规范了信息系统维护的实施规则和约束条件。

第四节　信息服务管理规范

第8部分：电子商务服务管理　网络商品交易平台服务管理（DB21/T 1799.8-2013）

　　2010年作为互联网电子商务的开创元年，网民数量突破4.5亿，2011年更突破5亿。2009全年网购交易规模达到2600亿元，2010年突破5200亿元。

　　为规范网络商品交易服务，国家工商总局出台了《网络商品交易及有关服务行为管理暂行办法》，推动网络商品交易的规范化，对规范和促进整个网络商品交易平台的经营与管理具有指导性意义。但是，由于缺乏相关的行业标准配合法规的实施，形成行业管理的空白点。为使更多规范的网络商品交易平台，获得更大的发展空间、提升整个网购产业的发展水平和诚信水平，必须建立相关的标准体系。

　　大连市经信委和大连软件行业协会为解决上述问题，满足从事网络商品交易平台运营商对于建立服务管理标准的要求，委托大连天眼网络有限公司编制《信息服务管理规范 第8部分：电子商务服务管理 网络商品交易平台服务管理》，以指导各网络商品交易运营单位，规范商品交易各个环节的约束规则。

一、电子商务

（一）综述

电子商务，顾名思义，是以电子形式展开的商务活动。

以电子形式展开商务活动，可追溯至1839年，当电报出现的时候，意味着以电子手段开展商务活动的可能。电子技术的飞速发展，标志着运用电子手段开展商务活动的不断延伸。

赋予电子商务以新的含义，是计算机技术的进步和广泛应用。基于计算机应用技术的电子数据处理，为标准化商务单证的电子数据交换的开发应用提供了有力的工具，标志着电子商务活动的新的纪元。

随着互联网应用的发展和普及，电子商务逐渐融入网络应用，成为互联网应用最大热点。现代新兴电子技术的发展推动了电子商务的发展。因而，电子商务可以定义为基于计算机技术、网络技术、通信技术及其他相关电子技术，实现商务活动过程的电子化、数字化。

电子商务角色，包括企业内部、供应商、客户和其他参与方。电子商务是角色之间基于计算机网络，采用电子化手段，在法律许可范围内进行商务活动的交易过程。参与商务活动的角色不同，电子商务的构成形式也不同，主要包括：

1.企业内部

通过企业内部网，自动处理企业运营中的商务操作和工作流，整合、优化、共享企业各种资源，协同处理客户问题，增加商务活动处理的敏捷性，更快地对市场状况做出反应，以便为客户提供更好的服务。

2.商户间电子商务（B2B）

基于电子商务平台完成产品、服务、信息等商务交易过程的电子商务角色，都是供应商（泛指企业、公司等）。

3.商户与消费者间的电子商务（B2C）

基于电子商务平台完成产品、服务、信息等商务交易过程的电子商务角色，包括供应商（泛指企业、公司等）和客户，是商户直接面向消费者完成产品、服务、信息等的销售。

4.消费者间的电子商务（C2C）

基于电子商务平台完成产品、服务、信息等商务交易过程的电子商务角色，都是消费者。是基于电子商务构建的在线交易平台，完成消费者之间的产品、服务、信息等的销售。

还存在许多已经形成并快速发展的电子商务形式，如B2G、B2M、B2B2C、C2B2S等等。

（二）电子商务构成要素

电子商务是基于计算机网络，采用电子化手段，实现商务活动过程的电子化、数字化。因而，电子商务的构成要素包括：

1.IT环境

电子商务与互联网应用的融合，使电子商务具有广泛的发展前景，推动了电子商务的应用。因而，电子商务必须构建基本的IT环境，支撑电子商务的运作。

支撑电子商务应用的IT环境，包括信息资源、信息技术、信息服务及相关的质量控制、过程管理等。

（1）信息资源：基于电子商务平台完成商务交易过程所涉及的信息资源，及其整合、共享和优化配置。

（2）信息技术：基于电子商务平台完成商务交易过程所涉及的信息交互、传输等，需要相应的计算机技术、计算机网络技术、软件技术等及其他相关技术的支持。

（3）信息服务：基于电子商务平台完成商务交易过程，及电子商务自身的完善，需要提供相应的技术、管理服务，支撑电子商务的改进、完善和发展。

在基于电子商务平台完成商务交易过程中，需要建立质量控制机制，不仅仅是产品质量，也包括基于电子商务平台的商品交易服务、管理质量及过程质量等，并在过程管理中，不断改进、完善。

2.虚拟市场环境

基于电子商务平台的商务交易过程，是在信息技术构建的虚拟的市场环境中完成的，即电子商务中的各种角色，在虚拟市场环境中，以数字方式实施交互式的商务交易活动。

在基于电子商务平台的商务交易过程中，电子商务中的各种角色，在虚拟的市场环境中成为虚拟主体或虚拟客体，具有双重属性：虚拟属性和角色属性，但与真实角色是不能割裂的。虚拟角色的交易利益是真实角色交易利益在虚拟空间中的映射和延伸。

3.商务规则

基于电子商务平台的商务交易过程，涉及电子商务基础设施、交易管理、信用规则、安全管理等等，涉及交易双方各种角色，必须制定新的、适宜电子商务环境和各种交易角色的、与商务相关活动和商务交易相关的规则。

二、电子商务的基本构成

（一）交易平台

如前述，电子商务是角色之间基于计算机网络，采用电子化手段，在法律许可范围内进行商务活动的交易过程。计算机网络技术构建了一个保障交易安全的第三方网上交易平台，提供了交易管理和相关服务的虚拟场所和空间。

网上交易平台的功能包括：

1.网上交易平台提供了信息、产品、服务等商品信息互动、传递的虚拟场所和网络空间。

2.网上交易平台提供了不同角色的服务功能，满足不同角色的服务需求；

3.网上交易平台提供了采用电子化手段完成信息、产品、服务等交易的过程管理。

网上交易平台的形式是多种多样的， B2B平台、B2C平台、独立商城、银行网上商城、运营商平台等，如"淘宝"、"京东"、"拍拍"、"天猫"，及中国移动、中国联通、中国电信等。

网上交易平台是一种新的商务活动形式，不仅涉及IT环境的运用和各种商务活动的属性，也与社会管理的方方面面相关，包括金融、税务、法规等及社会的各个层面，需要建立新的、适应新型商务实践的有效秩序。

通过网上交易平台可以实现：

1.交易管理

网上交易平台提供商务活动和商务活动过程的管理，协调、管理商务活动涉及的各种角色、各个要素（如人员、产品、财务等），以便建立良

信息服务标准研究

好的虚拟商务活动环境和相应的服务管理水平。

2.咨询服务

网上交易平台可以提供多种交流形式，借以了解相关行业市场和商品信息、洽谈信息、产品、服务等的交易事项。

3.网上订购

网上交易平台可以提供多种手段，完成信息、服务、产品等交易活动，并保证交易的安全性。

4.网上支付

网上交易平台提供了各种角色在商务活动中采用电子支付手段的安全控制。

5.物流服务

网上交易平台提供了物流配送管理，将交易获取的商品，采用适合的手段交付相关角色。

6.意见反馈

通过网上交易平台收集客户在商务活动中的意见，以提高相关角色的服务水平。

网上交易平台还可以提供其他如广告宣传、电子账户等多种服务。

（二）角色分析

基于网上交易平台进行商务活动的角色，主要包括2大类：

1.平台运营商

网上交易平台运营商是基于网上交易平台为电子商务活动提供相关服务的管理者。

网上交易平台运营商整合电子商务活动适用的技术、资源等，向电子商务活动各角色提供相应的服务信息，规范各角色的电子商务交易行为，保证各交易角色的责权利。

网上交易平台运营商，一般指在工商行政管理部门登记注册并领取营业执照，从事第三方交易平台运营并为交易双方提供服务的自然人、法人和其他组织；

2.交易方

（1）经营者

基于网上交易平台，从事销售商品、服务、信息等商务活动及相关服务的自然人、法人和其他组织。

网上交易平台为经营者提供相应的服务，规范经营者的交易行为，保障客户的利益，保证经营者的责权利；

（2）消费者

基于网上交易平台，购买、使用产品、服务、信息等，接受服务的自然人、法人和其他经济组织。

网上交易平台为消费者提供消费保障和相应的服务，约束消费者的消费行为，保障消费者的权益。

（三）电子商务流

在基于网上交易平台的商务活动中，主要存在3种商务流：

1.信息流

信息流是电子商务活动的神经。在基于网上交易平台的商务活动中，信息流在不同角色间相互传递，包括信息收集、传输、处理、存储、检索、交换等。

信息流是双向的，在电子商务活动中，角色之间产生横向的流通信息；角色自身产生纵向的信息流。通过信息流连接交易双方，并相互作用和影响，以便作出相应的决策。信息流包括商务活动形成的各种商品、服务信息，及与之相关的技术、管理、财务、文档等信息。

2.物流

基于网上交易平台的交易活动完成后，商务活动并未结束。只有当相关商品和服务转移到消费者，商务活动结束。商品和服务的转移是通过物流完成的。

在电子商务活动中，物流是因角色的信息、商品、服务等的交易行为形成的实体性商品的物理性转移过程。在这一过程中，物流的属性包括时间、空间和位置，并相应的由有效的一系列相关服务构成，包括包装、仓储、配送、运输、装卸等服务。

物流是电子商务的保证。通过物流，提高电子商务活动的效能，协调电子商务活动，实现电子商务供应链的集成。

3.资金流

资金流是在电子商务活动中，角色间因交易活动引起的资金转移过程，包括支付、转账、结算等。资金转移的中间过程，是银行等金融部门提供的电子账户管理。

三、标准框架

（一）标准综述

基于网上交易平台的电子商务活动规范化管理，商务部已经发布了行业标准SB/T10518-2009《电子商务模式规范》和SB/T10519-2009《网络交易服务规范》，国家工商总局也发布了《网络商品交易及有关服务行为管理暂行办法》。

各地依据这些标准化文件，形成具有地区特点的标准。如深圳已经出台刺激电子商务网络交易的发展政策，并开始草拟相关的标准。北方地区相对落后，大连是电子商务试点城市，尚缺乏相应的配套标准。

据辽宁省工商局统计，全省总计有700余家经营网络商品交易平台。但是拥有合法手续的仅占总数的15%左右。因而，DB21/T 1799.8-2013《信息服务管理规范 第8部分：电子商务服务管理 网络商品交易平台服务管理》对规范和促进大连、辽宁的网络商品交易有指导性意义，对辽宁省从事网络开店运营的经营者，可进行很好的管理和监督，提升网络商品交易的可信任度，增强消费者对网络商品交易的安全感，从而更好的推进辽宁省网络商品交易的发展，让更多的符合该规范的网络店铺，获得更大的发展空间。

在DB21/T 1799.8-2013《信息服务管理规范 第8部分：电子商务服务管理 网络商品交易平台服务管理》编制中确立的基本目标是：

1.通过采用科学、简明、实用的平台运营管理规范，指导网络商品运营者建立统一的服务标准。

2.指导从事网络商品交易的管理者、运营者、交易双方的科学化和专业化服务水平。

3.保证网络商品交易过程中个人信息保护，保障交易者的合法权益。

4.持续改进运营平台的管理方法，逐步建立安全的交易环境，全面提升商品交易的可信任度和消费者的满意程度。

（二）基本概念

DB21/T 1799.8-2013《信息服务管理规范 第8部分：电子商务服务管理 网络商品交易平台服务管理》确立的基本概念，包括：

1.网络商品

基于网络交易平台交易、交换的具有产权、所有权的产品、服务和信息。

2.网络商品交易

基于网络交易平台的电子商务活动，包括：

（1）商家与商家之间的交易（B2B）：商家与商家之间基于网络商品交易平台发生的网络商品交易；

（2）商家与用户之间的交易（B2C）：商家与用户之间基于网络商品交易平台发生的网络商品交易；

（3）用户与用户之间的交易（C2C）：用户与用户之间基于网络商品交易平台发生的网络商品交易。

3.网络商品交易平台

基于计算机网络系统提供商品交易管理和相关服务的虚拟场所和空间；

4.平台运营商

基于网络商品交易平台为网络商品交易提供相关服务的管理者。

5.网络商品经营者

基于网络商品交易平台销售商品、服务、信息等的法人、经济组织或者自然人。

6.网络商品消费者

基于网络商品交易平台，购买、使用商品、服务、信息等，接受服务的法人、经济组织或者自然人。

7.第三方机构

基于网络商品交易平台，为网络商品交易方交易的顺利实施，提供配套及保障性服务的法人、经济组织。如网络服务提供商（ISP）、网络银行服务商、物流配送机构、信用保障及监管机构。

（三）标准构成

依据SB/T10518-2009《电子商务模式规范》、SB/T10519-2009《网络交易服务规范》和《网络商品交易及有关服务行为管理暂行办法》，基于DB21/T1799.1-2010《信息服务管理规范 第1部分：总则》和DB21/T1799.3-2010《信息服务管理规范 第3部分：计算机信息系统运营和维护管理》确立的基本规则，DB21/T 1799.8-2013《信息服务管理规范 第8部分：电子商务服务管理 网络商品交易平台服务管理》规范了网络交易平台的管理活动，主要包括6个方面：

1.平台运营商管理

（1）基于平台运营商的资质和要求所需要满足的基本条件，以及平台经营必须遵守相应的法规；

（2）规范平台运营商必须遵守的责任和义务，以便提供持续、安全、可靠的管理和服务。

2.网络商品交易平台的管理

（1）规范平台的软硬件设置以及平台的运行环境，并保证平台的稳定运行；

（2）规范平台管理、人员管理、服务窗口的行为，并明确相应的职责；

（3）建立并完善平台日常管理规章，约束管理行为；

（4）明确出现紧急问题时的应急处理办法。

3.网络商品经营者的管理

（1）规范个人经营者和企业经营者的经营资质，并明确资质审核要求；

（2）明确商品经营者的责任和义务。

3.建立相应的管理机制，明确商品经营者入驻、退出的约束规则，并建立监督、举报、处罚机制。

4.网络商品交易的管理

（1）对于商品交易环节，要求进行必要的信息公开，方便监督；

（2）建立网络商品交易的管理机制，严格限制交易过程中保证金、资金结算、订单管理、促销管理；

（3）建立相应的信用体系。

（4）建立交易评价机制，并监督、管理网络商品经营者的相关活动；

（5）建立平台运营商破产、倒闭的管理机制。

5.网络商品交易平台的安全管理

对网络商品交易平台运营过程中的安全管理提出要求，包括环境安全、基础设施安全、数据安全、应用安全、访问管理等。对个人信息安全也做出了明确的要求。

6.培训教育

对平台运营商和商品经营者提出了不同的培训教育要求，平台运营商的运营人员应学习新的知识、技术，总结信息服务管理经验，不断提升平台运营商运营人员的服务能力。商品经营者应定期学习新的制度、经验、技巧，不断提升网络商品经营者的经营能力。

第四章　数字化社区教育标准

数字化社区教育以数字化基础设施为依托，以社区居民为对象，全面提高社区居民的素质和生活质量，为社区居民提供数字化教育资源。

为保证数字化社区教育的科学化、标准化，有必要建设规范、普适的数字化社区教育标准。在相关研究和实践的基础上，由大连市教育局提出，大连教育学院、大连社区教育协会组织相关专家、学者着手编制了DB21/T 2179-2013《数字化社区教育（学习）实施规范》，以建设科学、规范、普适的数字化社区教育。

第一节　标准背景

根据《国家中长期教育改革和发展规划纲要（2010—2020年）》"加强城乡社区教育机构和网络建设，开发社区教育资源"，"大力发展现代远程教育，建设以卫星、电视和互联网等为载体的远程开放继续教育及公共服务平台，为学习者提供方便、灵活、个性化的学习条件"的要求，为解决教育资源不均衡和教育不公平，使社区居民享受便捷、共享、低成本的终身教育环境，需要创新社区教育载体，深化社区教育内涵，提升社区教育质量，实现"以人为本"，落实"教育惠民"政策，推进全民终身学习，建设学习型社会。

数字化社区教育建设，创新社区教育载体，深化社区教育内涵，提升社区教育品质，惠及社区广大成员，是普及社区教育、推进全民终身学习、建设学习型社会的重要发展方向，有利于推进社区教育信息化进程，满足社区成员日益增长的多样化、个性化的知识需求，实现教育方式和个人学习方式的转变。

数字化社区教育并不是单纯的基于社区的学习环境建设、提升社区成员生活品位，这是综合性的系统工程，涉及社会环境、教育环境、信息化基础环境，以及多样化的用户需求、资源需求、教育资源需求、教学需求、用户需求确定的个性化学习需求等等。因而，数字化社区教育应形成科学、规范、统一的标准化建设体系。

为了提高现代远程教育质量，推动优质教育资源的整合、共享，构建数字化学习支持服务创新体系，探索并实践终身化、网络化和开放式的继续教育发展新模式，教育部正式启动了"数字化学习港与终身学习社会的建设与示范"教育改革项目。该项目的子课题之一是构建数字化学习型社区，引领示范和推动促进数字化时代社区教育的发展。

2009年，中国成人教育协会社区教育专业委员会发布了《关于推进全国数字化学习社区建设的意见》，并制定了《数字化学习社区建设基本标准》。然而，意见和标准以远程教育为支点，推进相对规范和理想的学习体系，忽视了社区教育的本质，即社区教育的多样化和知识需求的个性化，缺乏有效的普适价值。

第二节　综述

一、数字化基础设施

数字化社区教育的基础是社区数字化基础设施建设，即支撑社区数字化应用的IT环境建设。

社区是社会构成的一个基本单元，是社会成员在一定的地理区域内，基于生活环境，形成一定社会关系，具有社会功能，规范社会行为的社会共同体。

随着社会、经济的发展，信息技术应用的普适化，社区居民生活质量提升，社区信息化应用需求持续增长，社区信息化建设成为必然。

数字化社区，适应了社区居民信息化应用的需求，它是利用信息技术，有效整合社区资源，并关联社会资源，建立的基于互联网络、高效的社区服务提供者与社区成员之间互动、交流的信息服务平台。

数字化社区构建了一个支撑社区数字化应用的IT环境，包括网络基础设施、应用（业务）系统、数据管理、信息安全等等，以及相关的技术、管理、服务等。社区各种应用服务统一整合在数字化社区平台上，整合社区资源和更多的社会资源，实现高度共享、跨地域服务，提供更加有效的管理、更加丰富的文化和更加全面的服务。

数字化社区教育，是基于数字化社区平台提供的应用服务，为社区居民提供各种不同需求、不同方式的教学、学习服务，是普及社区教育、推进全民终身学习、建设学习型社会的典型应用。

二、基本概念

数字化学习社区建设如火如荼，如何规范的规划、建设数字化学习社区，建设规范、统一的标准体系，是势在必行的。大连市教育局、大连教育学院、大连社区教育协会组织专家、学者在意见和标准推进中，认真调研了数字化学习社区的相关概念、需求、环境、实践和应用等，逐步形成了数字化社区教育的基本概念，着手标准准备，研究、调研标准制定、实施可能的相关问题，认真研究数字化社区教育与数字化学习社区的概念界定、实践关系等，形成标准体系、标准框架、标准体例、标准内容、约束规则等。

在研究基于数字化社区的教育、学习，并编制DB21/T 2179–2013《数字化社区教育（学习）实施规范》中，存在基本概念的差异。

1.社区教育

教育是科学、技术、知识和道德精神的传递、提升行为，以增进人们的知识、技能、影响思想活动，是教育者、受教育者和教育中介之间，以传递知识、经验，影响人的身心为直接目的的相互关系。因而，教育是教育者、受教育者之间知识传授、知识学习的有效性关系。

社区教育是为提高社区居民的素质和生活质量，促进社区和居民发展的教育活动。社区教育是为社区全体成员服务、满足全体成员及社区发展的各方面学习需求的全方位的终身教育。

2.数字化社区教育

数字化社区教育，是以数字化社区平台为载体，以社区为基本教学单元，通过教育者的教学活动，满足受教育者（社区居民）的学习需要、学习意向和学习目的，构建数字化学习型社区。

数字化社区平台是数字化社区教育的中介，整合教学、学习需求，提供综合性、多样化、多种类教育、教学资源，满足不同居民人群的需求。在数字化社区教育中，任何其他形式的教育中介，均通过数字化社区平台展现。

数字化社区教育不是单纯的课堂式被动教学，更多的是采用以学习者为主的、多种方式的在线式互动教学。

3.数字化学习社区

学习是通过教授或体验获得知识、技术或价值意义的过程，以适应经验、实践或环境条件的变化，是受教育者接受教育者的教育形成的有效性关系。

数字化学习社区，是基于数字化社区平台（教育中介），获得教育者教学活动成果，满足受教育者（社区居民）的学习需要，构建以社区为基本单元的互动式学习环境。

数字化学习社区是数字化社区教育的综合成果，是基于数字化社区教育形成的、以社区为基本单元的学习环境。

4.标准化建设

数字化学习社区是数字化社区教育的客体，是基于数字化社区教育形成的、以学习者为主体、以社区为基本单元的学习环境。因而，在标准化建设中，应以数字化社区教育为基准，建设教育、教学和学习适用的标准体系，规范教育者、受教育者和教育中介的行为。

三、特征

数字化社区教育具有信息时代教育普及的鲜明特征：

1.教育环境虚拟化

互联网创造了一个巨大的虚拟环境，拓展了人类活动的空间。基于虚拟环境，社区教育延伸至有限的、实体性的教育活动之外的任意区域。

社区教育环境虚拟化，拓展了教育、学习的时间和空间，社区居民可以随时、随地、按需获得教育资源。

2.教育活动开放性

基于虚拟环境的数字化社区教育，摒弃了固定模式教育活动的封闭性，面向开放的社区环境、不同教育需求的社区人群、不同的学习环境，提供多样化的教育资源、多元化的教育形式和开放式的教育环境。

3.教育过程个性化

数字化社区教育提供了多样化的教育资源和多元化的教育形式，为社区居民提供适应不同需求的个性化教育，社区居民可以根据个人工作、生活及兴趣、爱好等实际需求，自主选择适宜的教学活动。

4.教学活动互动化

在数字化社区教育环境中，个性化的教育过程可以实现教育者与受教育者的互动。在教学活动中，数字化社区教育可以实现时间、地点等的平等、多向差异性互动，使教学过程更丰富、更实际、更具目的性。

5.教育资源共享化

数字化社区教育是开放性的，多样化的教育资源涉及正规教育资源、非正规教育资源和社会多方面资源，提供数字化社区教育平台采集、整合，实现教育资源的优化配置、高度共享，满足不同社区人群的不同教育需求。

四、教育资源

数字化社区教育的基础和核心是教育、教学资源的整合。DB21/T 2179-2013《数字化社区教育（学习）实施规范》确认的数字化社区教育资源，主要包括：

1.各级各类学校和教育文化机构提供的优质教学资源；

2.为社区教育定制的，符合社区成员学习需要的优质教学资源；

3.社区特色教育教学资源；

4.教学过程中的素材积累；

5.教学过程中的无形资源；

6.网络学习资源。

7.其他。

这些资源是离散的，以某种形态存在，彼此间存在关联或独立的。存在形态包括正规教育资源、非正规教育资源、社会资源等，多数与数字化社区教育没有交集。

数字化社区教育资源的整合，是将离散的教育和相关资源通过一定的方式建立完整的关联关系，实现社区教育与多样化的教育资源和相关资源的系统性、整体性和价值属性，社区教育资源的优化配置，协同不同教学形式的教学活动。

数字化社区教育资源的特征，具有一般意义，也具有社区教育的特点，包括：

1.资源广度

社区居民的工作、生活及兴趣、爱好等实际教育需求是多样的，对教育资源的需求也是多元的。因而，需要整合的教育资源和相关资源涉及社会各个领域，分布广泛；

2.资源深度

在数字化社区教育中，多样化教育资源的整合可以演化为实际的社区教育资源，但在复杂的社会大背景下，浅层的社区教育并不能完全满足社区居民的多元化需求，需要深度开发和充分利用；

3.资源离散性

数字化社区教育需要整合的教育资源和相关资源，广泛存在于社会各种形态和社会各个阶层。这些资源是离散的、相对独立的，整合过程是复杂的，需要与各种社会形态、各个社会阶层沟通、协调、拓展、衔接；

4.资源质量

简单整合的教育资源和相关资源纷繁芜杂，质量千差万别，需要按照一定的规律和方法，去芜存真、去伪存精，提高资源质量、资源使用质量，提升资源使用效能；

第三节　标准框架

DB21/T 2179–2013《数字化社区教育（学习）实施规范》基于《关于推进全国数字化学习社区建设的意见》和《数字化学习社区建设基本标准》编制，并较深入、客观的研究了相关概念、实践和理论基础。

一、总体架构

数字化社区教育具有相对宽泛的内涵，是教育投射在数字化社区平台上的典型应用。如前述，社区教育是为提高社区居民的素质和生活质量，促进社区和居民发展的教育活动。因而，在基于数字化社区平台展开的社区教育内涵中，包括普遍意义的教育属性，也包括社区特征的教育属性，同时包括基于IT环境建设学习型社区必需的学习属性。

数字化社区教育也具有广义的外延，是社会大系统投射在社区居民社会生活的实际体验。如前述，数字化社区教育是通过教育者的教学活动，满足社区居民的学习需要、学习意向和学习目的。因而，基于数字化社区平台展开的社区教育，可以延伸至社会生活的各个方面，包括普遍意义的教育需求、社区居民实际生活的教育需求，也包括非实际需求的教育模式和社会各个层面不同的学习需求。

在规范数字化社区教育约束规则的研制中，必须充分考虑数字化社区教育相对宽泛的内涵和广义的外延，构建相对严谨、完整、独立的数字化社区教育标准体系。数字化社区教育标准体系应仿照一般意义的教育模式，参照信息服务管理的基本思想，根据数字化社区教育内容的不同特征属性，规范相应的标准系列，并保证标准间的连续性、关联性。数字化社区教育标准体系应以清晰的标准体系概括、总体结构、标准分布及标准之间的内在关联等，保证标准体系的系统化、规范化和科学化。

数字化社区教育标准体系的总体架构是以管理为主导、技术为保障、服务为核心。充分考虑社区教育的服务能力和支持能力。

数字化社区教育标准化初期，即DB21/T 2179-2013《数字化社区教育（学习）实施规范》的研制，构建简约、普适的一体化标准，逐步在实践中形成宽泛、适用的标准化体系。DB21/T 2179-2013《数字化社区教育（学习）实施规范》包括数字化社区教育管理架构和相应的技术架构。

二、管理架构

教育管理是一般意义的管理与教育特征的结合。从教育的本意，教育不仅仅是正规教育管理、非正规教育管理，教育管理是社会管理的构成部分。

在社会大系统中，社会生活构成的各种要素都在影响、作用于教育。教育管理是建立一种管理秩序，协调教育内在机制，组织、约束各种要素与教育的关联关系，创造适宜、有效的教育环境。

教育管理的核心是服务质量，在传递、提升科学、技术、知识、经验和道德精神，影响人的身心的知识传授、学习服务中，受教育者与教育者互动获知教育服务管理的质量。

教育管理是传递、提升科学、技术、知识、经验和道德精神的服务过程，教育管理者组织、协调、整合、拓展人力资源、教育资源和其他相关资源，根据社会、社会阶层、受教育者的需要，有目的、有计划、有组织地展开知识传授、学习服务，对受教育者的身心施加影响。

教育形式可以是正规教育、非正规教育和非正式教育。教育管理划分为正规教育管理和非正规教育管理。教育管理包括教育行政管理和教务管理。与正规教育管理比较，非正规教育管理更加灵活，更具随意性。

基于数字化社区平台的社区教育，应是非正规教育与非正式教育的组合，兼具部分正规教育的特征。社区教育的内容表现为通过数字化社区教育平台展开的各种具有选择性、随意性的教学活动，也表现为社区居民借助数字化社区平台，通过各种网络媒介、公共信息等的学习活动。社区教育也可以在固定机构或场所，利用数字化手段，由专职教学人员，对社区居民进行一部分正规教育活动。

DB21/T 2179-2013《数字化社区教育（学习）实施规范》建立的数字化社区教育基本管理架构，是以主管教育的相关政府组织为根，通过数字化社区教育管理机构，如社区学院，辐射完整的数字化社区教育管理过程，包括相应的教育行政管理、教学（学习）管理等，以及数字化平台所需的技术服务，形成相对规范的数字化社区教育管理。

三、技术架构

数字化社区教育的基础设施是支撑社区数字化应用的IT环境建设。与一般意义的信息化建设没有差异。

在数字化社区教育的IT环境建设中，应充分考虑：

1.社区教育管理的特征：非正规教育与非正式教育的组合，兼具部分正规教育；

2.新技术应用：新一代信息技术的应用和衔接；

3.支撑能力：资源容量、应用能力、扩展空间；

4.兼容能力：多种平台、异构系统、多终端形式等。

一般意义的数字化社区平台是宽泛的，并不局限于某一具体社区，可以是多个数字化社区平台的整合。

DB21/T2179-2013《数字化社区教育（学习）实施规范》技术架构设计：

1.以区级教育管理为核心，数字化基础平台覆盖街道、社区（居民委），建构3层网络架构；

2.社区居民自配置终端环境，与之互联；

3.教育、教学（学习）资源，规范为全分布式、云服务模式，以实现按需服务，支撑大容量教育、教学资源应用；

4.选择适宜的固定机构或场所，利用多媒体教学手段，建设正规教育平台。

四、实例

DB21/T 2179-2013《数字化社区教育（学习）实施规范》依据技术架构的设计思想，建构了一个模拟的支撑数字化教育的IT环境。

附录部分以区级教育管理为核心，搭建了一定规模的实例模型，包括网络基础平台、数据管理、安全体系和场地等，以及多媒体教室建设，供实际应用中参考。

作为模型，与实际应用存在差异，参考使用时可放大或缩小，或根据需要剪裁。

第四节　标准规制

目前，社区教育发展参差不齐，数字化社区平台建设不均衡，因而，在标准设计中，需要考虑：

1.目前社区教育的现状

（1）社区教育管理体制需要完善；

（2）社区教育资源需要整合、监管；

（3）社区教育的普适化等。

2.数字化社区平台应用

支撑数字化社区教育平台的IT环境，存在几种可能性：

（1）电子政务网络；

（2）教育信息化平台；

（3）数字化社区平台建设；

（4）运营商等。

任何一种形式的数字化社区教育平台的IT环境，均应符合统一的标准，满足最低的社区教育需求。

3.数字化社区教育发展趋势和前景

数字化社区教育以建设学习型社区为目标，完善社区教育体系为导向，推进全民教育，提高社区居民的整体素质和生活质量。因而，数字化社区教育在构建终身教育体系建设中具有重要作用，将实现教育连续性、社会适应性和教育手段多样性。

数字化社区教育标准DB21/T 2179-2013《数字化社区教育（学习）实施规范》，应具有相对高度和适当前瞻，建构在一定规模的数字化平台之上，同时具有一定的可伸缩性。在标准使用中，可依据实际需求适当剪裁。

DB21/T 2179-2013《数字化社区教育（学习）实施规范》作为实施数字化社区教育的规范，并不一定适应所有情况，也可能存在未能约束的情况。需要在实践中探索。数字化社区教育建设者需要根据具体需求和相关标准，采取相应的策略。

第五章　信息服务资费标准系列

　　大连地方标准《信息服务资费标准》是为配合大连地区DB21/T 1799系列标准的实施编制。

　　信息技术的不断发展，信息化应用规模的日益庞大、繁杂，业务的持续增长，要求提供专业化的信息服务管理。同时，信息服务管理的价值属性，需要为其确定相应服务的利益空间，以满足用户对信息服务管理质量的要求。

　　由于IT市场需求不同，地区差异、社会经济发展差异等，不可能形成统一的信息服务资费标准。为适应大连地区信息服务市场的需要，根据大连社会经济实际状况，编制《信息服务资费标准》，规范化、专业化信息服务管理的收费标准。

第一节　成本要素

　　在信息服务管理中，80%的IT预算与服务管理流程相关。ITSM关注服务质量与服务成本的平衡，为保持IT服务始终满足业务的需求并向长远管理目标不断靠近，采用一种持续改进的实施理论指导方法，为ITSM的实践源源不断的提供向前的原动力，保障ITSM实践成功。

　　信息服务管理存在两种成本：直接成本和间接成本。成本的节省是其中任何一种或两种成本的节省。但应计算信息服务提供商整体的综合成本水平，而不仅仅是IT系统本身的开销。

　　信息服务管理的成本构成，包括（以系统集成服务为例）：

　　1.物理成本

　　（1）硬件产品

- 网络基础设施及操作系统
- 数据存储和管理
- 数据传输
- 应用系统、软件产品和软件包（包括外购的和自主开发的）
- 相关数据或信息
- 相应的技术应用
- 相关发IT服务等等。

2.项目成本

- 人力资源
- 场地
- 项目实施
- 质量控制
- 项目变更（扩展、修正、更新等）
- 竣工验收等等。

3.潜在成本

- 人员、系统、数据库等的知识和经验
- 智力、创新
- 用户沟通
- 关系协调等等。

根据ITSM的各项功能和其他可能的因素、用户环境、用户需求等为参数，确定实际服务范畴、功能、流程，建立用户管理规范，根据规范建立ITSM成本模型，并依据模型，为信息服务管理的资金投入提供依据。

第二节　成本分析

信息服务管理成本的核心是质量成本。质量成本包含两部分：

其一为保证和提高产品和服务质量而支出的所有费用；

其二因产品和服务质量未达到用户满意的标准造成的所有损失而支出的所有费用。

质量成本主要是由预防成本、鉴定成本、内部缺陷成本和外部缺陷成本构成。

（一）预防成本

当提高产品和服务质量及其可靠性、可用性时，为预防质量缺陷，投入的大量时间、资金等，包括质量管理体系、服务过程及服务规划、培训等。通常，预防成本是随着产品和服务质量的提高而增加的。但是，由于产品和服务质量的提高而使各种"不符合要求的代价"减少所带来的收益也是巨大的。

（二）鉴定成本

在实现"零缺陷"管理情况下，为检验产品和服务质量而发生的所有费用。所谓"零缺陷"管理，即产品和服务一次交验合格。通常，当提高产品和服务质量及其可靠性、可用性时，鉴定成本会降低。

通过质量鉴定，可以帮助管理人员发现质量问题的所在，以便立即采取措施解决存在的问题，保证质量能够持续得到改善。但质量持续得到改善，需要企业全体员工的参与，从而保证在服务过程中迅速发现质量问题，减少质量问题带来的各项成本。

（三）内部缺陷成本

不符合要求的代价。在提供服务和服务过程中，如果不能一次将工作做好（零缺陷）而产生的。内部缺陷成本主要包括服务损失和再服务成本。

1.服务损失

一次服务不能达到用户满意的质量标准，不能满足用户的要求，必须舍弃，所给企业带来的损失。

服务损失不仅仅包括增加服务成本、也包括劳动力成本的增加、管理成本的增加、质量检验成本的增加、服务时间的增加、设备的损耗，以及公司无形资产的损失等及其他资源损耗。

2.再服务成本

当一次服务不能达到用户满意的质量标准，不能满足用户的要求，但可以经过再一次提供服务或改进质量，弥补质量缺陷，重新成为合格服务，因此产生的成本。

再服务成本与服务损失一样，与再服务成本有关的各种成本将相应增加。

同样，当提高产品或服务质量及其可靠性、可用性时，内部缺陷成本会降低。可以采取许多预防措施降低内部缺陷成本，虽然预防成本可能上升，但收益是巨大的；

4.外部缺陷成本

信息服务提供商提供的产品或服务在交付用户后发现不能达到用户满意的质量标准，因此产生的损失，及由此发生的成本。与内部缺陷成本的区别，产品或服务不能达到用户满意的质量标准是在交付用户后发现的。

外部缺陷成本也同样增加了相应成本，重要的是信息服务提供商的无形资产，如形象、市场占有率等的损失。

外部缺陷成本可能因相应的服务纠纷引出两类成本：质量保证成本和诉讼成本。

1.质量保证成本

当用户提供产品或服务时，以书面形式为所提供的产品和服务提供合同约定的质量保证。为满足这一保证而提供客观证据、演示和证明所发生的费用。

通常，质量保证成本是有条件或时间限制的。

当产品或服务交付用户后，如果出现质量问题，用户可以根据质量保证条款提出相应的要求。

2.诉讼成本

严重的质量问题或由于服务质量问题可能引发诉讼；因严重的质量问题使用户受到人身伤害，可以引发诉讼等。由此付出的费用，如赔偿费用。

引发诉讼的质量问题往往是由于产品设计不合理或服务质量太差造成的。

同内部缺陷成本一样，当提高产品或服务质量及其可靠性、可用性时，外部缺陷成本会降低。

分析质量成本构成，可以看出，内部缺陷和外部缺陷产生的成本，在总质量成本中所占比例较大，鉴定成本和预防成本比例相对较小。统计资料表明，如果以预防为主，加强质量管理，提高质量的可靠性和可用性，预防成本可能增加，约在3%到5%。预防成本和鉴定成本的提高，保证产品和服务质量水平的提高，产品和服务的缺陷减少，从而使总的质量成本下降。但是，在达到最佳质量成本后，即使增加预防和鉴定成本，也不可能降低质量成本。

第三节　标准规制

一、原则

为配合DB21/T 1799《信息服务管理规范》标准系列的实施，依据《ISO/IEC20000：2005"信息技术——服务管理"》和DB21/T 1799标准系列，参照已有的国家、行业标准、规范；企业自制标准、规范；行业现状和发展；以及工程经验等，并考虑用户可能的承受能力，编制相应的信息服务管理资费标准，并尽可能达到普适性。

编制信息服务管理资费标准的目标是：

（一）保证信息服务管理、信息服务过程中所需收费的规范化、标准化，以保证信息服务提供的高质量和高效率；

（二）保证信息服务各项业务的可靠性、可用性、安全性；

（三）保证信息服务的可持续性管理。

信息服务的内涵和外延很宽泛，信息服务业的种类也很繁杂，不可能在一个标准中包罗万象。因此，相应的资费标准应大体符合信息服务的规律和需求，以及信息服务业的分布规律和利益诉求，基本满足用户的服务需求和用户的能力。

信息服务管理资费标准编制的原则是：

（一）信息服务管理资费标准与DB21/T 1799标准系列对应

在编制信息服务管理资费标准时，应考虑与DB21/T 1799标准系列平滑对接，以便实施DB21/T 1799标准系列时，有所依据；

（二）信息服务管理资费标准与信息服务提供商能力对接

制定资费等级时，考虑服务水平、服务能力、技术实力、公司规模等因素，按照公司性质、相应资质等，确定资费标准；

（三）信息服务管理资费标准与惯例融合

制定信息服务管理资费标准时，也应考虑已为市场接受的、约定俗成的标准，如软件开发中每人月××××元等；或已制定的收费标准等；

（四）信息服务管理资费标准基于信息服务管理项目

信息服务管理资费标准应根据DB21/T 1799标准系列确定的信息服务类别和信息服务内容确立相应的资费原则；

（五）制定资费标准时，不应将标准框死，应划定一个合适的范围，或取一个合适的百分比。

二、规制

信息服务管理资费标准是根据DB21/T 1799标准系列确定的服务类别划分和服务内容、信息服务的特点、用户的普遍性需求等制定，尽可能贴近大多数用户的需求，具有普适性。以计算机信息系统运维管理服务为例：

（一）服务质量

应根据DB21/T 1799标准系列、《ISO/IEC20000：2005"信息技术——服务管理"》和相关法律、法规，确定信息服务质量目标，并达成用户一致的需求。

（二）信息资源

在签订计算机信息系统运营和维护服务合同前，应规划可取费信息服务的信息资源，以便确定服务类型、服务内容，并确定服务资费比例（信息资源应包括可提供服务的信息系统中硬件、软件、技术、信息等及相关配套设施）。

（三）服务能力

应根据服务提供者的资质、业绩、人员构成、公司结构等，确定服务水平、服务能力、技术实力。

（四）服务内容

应在确定各项服务内容时，考虑该项服务内容可能具有的外延，以便确定相应的、适当的资费比例。并在服务内容重叠时，与用户充分协商、沟通。

（五）服务类型

计算机信息系统运营的基础性工作，是指确保计算机信息系统安全稳定运营，必须提供的保障和维护工作。

计算机信息系统应用的相关工作，是指计算机信息系统在运营过程中，各项应用（硬件基础平台、系统平台、存储平台、应用系统平台、安全平台等）、各项业务的性能、效能评估。

计算机信息系统运营所需高层次服务，是指计算机信息系统运营过程中所需的高端服务。

（六）资费比例

资费比例按照服务类型，限制在一个合理的范围内浮动，根据服务内容适当调整。根据工程实践，确定四类服务规模作为比例基数：200万元以下（含200万元）、200—500万元（含500万元）、500—1000万元（含1000万元）和1000万元以上。根据基数设定不同的比例范围。

（七）资费基准

根据信息资源规划，确定信息服务内容和范围。并根据服务内容和范围，累加计算总投资，并作为计算资费比例的基准。服务内容项起始基数为1。

（八）比例使用

如果提供完全的某类服务，资费可取资费比例的上限；如果提供n+1（n=0）项某类服务，可根据服务内容，并与用户沟通，选取合适的比例，但总比例不得大于资费比例上限的90%。

IT职业技能标准研究

　　IT职业技能标准，国际间通称为ITSS（IT Skill Standards：IT技能标准），是根据IT市场需求、行业特点和职业技能要求，科学、规范地划分IT职业种类，并分析、描述和评价各职业种类，基于各职业种类对相应知识、专业、技能水平的要求，归纳、概括、描述，形成职业技能的规则，是衡量IT行业从业人员的知识、技能、业务能力的准则，是实施技能标准、技能鉴定和人力资源管理的基本依据。

第六章　IT职业技能标准系列

　　IT职业技能标准，是随着国际IT产业的成熟，逐步完善的。我国IT产业正在逐渐成熟，随着与国际间的接轨，国际IT技能标准（ITSS）正在深刻影响着我国IT产业的发展。IT从业人员职业技能管理的现状和需求，需要构建符合中国国情的IT职业技能标准，以推动信息服务业职业技能管理的规范化、科学化、专业化和标准化。

　　由于金融危机引发的全球经济危机，我国已将服务外包，特别是国内服务外包作为经济发展的重点之一，以推动信息服务业的持续发展。这是推动信息服务业职业技能管理规范化、科学化、专业化、标准化的契机，将使IT从业人员管理、使用科学、规范、有序。

　　大连市信息产业局、大连软件行业协会组织编制DB 21/ T 1793—2010《IT行业职业技能标准 通用要求》，是基于这一形势的尝试，构建了可操作的IT职业技能管理平台，以推动信息服务业职业技能管理的规范化、科学化、专业化和标准化。

第一节　IT行业职业技能 通用要求
（DB 21/ T1793—2010）

一、背景

（一）国际间ITSS现状

　　随着经济全球化和IT产业的发展，IT相关技能标准已是全球IT产业社会化分工导致的必然需求。虽然，目前尚没有确立统一的、通用的、可行的国际标准，但近年来随着美国、欧洲、日本等IT产业发达国家和地区IT产业的成熟，区域性的IT相关技能标准体系已逐步趋于完善和成熟。

美国始终是全球IT产业的领跑者，IT产业成熟度较高。因而，IT技能标准已形成相对完善的架构和相对成熟的认证体系，引导欧洲、日本等世界其他国家和地区确立IT技能标准。较有影响的是美国劳工部NWCET（National Workforce Center for Emerging Technologies）联合美国国家科学基金会、SBCTC、波音、微软等机构制定的IT Skill Standards（IT技能标准）。这是适用IT人才教育领域的标准，包括8个职业种类和50个职业分类，较详细地定义了每个职业分类的技术知识、专业技能和业务能力等。标准适于改善IT从业人员的教育状况，提高学术研究的机动性、建立技能学位的标准化。

欧洲地区较有代表的IT技能标准是英国的SFIA和德国的KIBNET。SFIA是由英国计算机协会（BCS，British Computer Society）和信息系统管理协会（IMIS，Institute for the Management of Information System）联合制定的IT技能开发体系，称为"信息时代技能框架（Skills Framework for the Information Age）"。该体系对已有的IT职业及相应技能简单分类，根据专业技能记录个人职业信息。通过IT技能开发体系鉴定，可以帮助企业确定和开发员工的专业技能，并安排适合的专业岗位。SFIA成为由英国提出、爱尔兰完善并被欧盟和世界其他国家认可的软件人才标准，并将自2011年成为欧盟对BPO（业务流程外包）企业的强制标准，即承接欧盟BPO项目的企业必须具有符合SFIA标准的人才。SFIA正在影响世界，它的体系架构、普适性，以及欧盟在全球范围内的影响，已经、或将成为全球通行的软件人才技能标准。

日本在亚洲IT领域技能标准的确立、推行中发挥了重要的指导作用。日本IT领域职业分类自1994年开始逐渐完善、健全，21世纪初始致力于制定IT行业人才技能标准，并逐步推出了面向整个IT行业的ITSS、面向嵌入式开发系统的ETSS和面向信息系统用户的UTSS等3项技能标准，并在亚洲地区推广。日本ITSS是信息服务业的技能标准，将信息服务业划分为11个职业种类和35个专业领域，由日本经济产业省所属信息处理推进机构IPA（IT技能标准推进中心）推广和认证。NEC、富士通、日立等数十家知名企业成为ITSS会员企业，积极支持并在企业人才培养、技能资格考试中采用该标准。

（二）我国IT职业技能发展

IT产业是我国迅速发展的新兴产业，正逐步走向成熟。在产业发展过程中，采用国际标准化体系的国际知名IT企业相继进入中国，为适应新技术的发展和国际间的交流，与质量、管理、人才、技能相关的现代标准化意识逐渐达成共识，国际标准化的发展深刻影响了我国信息服务业的发展，特别是随着软件外包业务迅速发展，并日益成为信息服务业的支柱产业，促使IT产业的管理机制与国际接轨，走国际标准化的道路。

目前，我国尚没有适合IT职业特点和需求的、权威的IT职业分类标准，也缺乏统一、完善的、基于IT行业需求的职业技能标准，但在行业内部已在酝酿建设相应的标准化体系。目前，国家已在推行与IT职业技能鉴定接近的IT行业相关考试机制，如全国计算机等级考试（教育部考试中心）、全国计算机信息高新技术考试（劳动和社会保障部）、计算机软件资格考试（国家人事部和信息产业部）、全国信息技术水平考试（信息产业部电子教育中心）和全国计算机职业技能考试（教育部考试中心）等。如表1所示。

表6.1　IT行业相关考试比较

IT行业相关考试比较					
考试名称	全国计算机等级考试	全国计算机信息高新技术考试	全国计算机技术与软件专业技术资格（水平）考试	全国信息技术水平考试	全国计算机职业技能考试
组织机构	教育部考试中心	劳动和社会保障部	国家人事部和信息产业部	信息产业部电子教育中心	教育部考试中心
产生时间	1994	1996	1987（30省市联考）1990年（全国统一）	2004	2004

考试目的	考查应试人员计算机应用知识与技能。其目的在于以考促学，向社会推广和普及计算机知识，也为用人部门录用和考核工作人员时提供一个统一、客观、公正的标准。	测评考生掌握计算机各类实际应用技能的水平。为高新技术应用人员提供一个应用能力与水平的标准证明，以促进就业和人才流动。	目的是，科学、公正地对全国计算机与软件专业技术人员进行职业资格、专业技术资格认定和专业技术水平测试。	对从事或即将从事信息技术的专业人员技术水平的综合评价，其目的是加快国民经济信息化技术人才的培养，同时为企业合理选拔聘用信息化技术人才提供有效凭证。	建立、健全适应IT行业需求、适合中国IT职业教育现状的考试体系，推动中国IT职业教育持续、健康、规范地发展，也希望帮助企业提供面向职位的技术人员评测工具。
考试类别	等级水平考试	职业鉴定	资格考试	水平考试	职业鉴定
国际合作		美国ATA	日本信息处理技术人员考试中心		

分析上表，在我国IT行业职业技能（水平）认定的相关考试中，不存在统一考评的基准，各类考试根据各自不同的知识水平和职业类别的需求设定相应的考核标准。虽然各类考试具有不同的特点和性质，但对人才的使用、教育、管理过于繁杂、臃肿。

从上表可以看出，国家已经开始关注IT职业技能的标准化。2002年1月31日，信息产业部电子教育中心与日本信息处理技术人员考试中心分别受信息产业部和日本经济产业省委托，签署了中国计算机技术与软件专业技术资格（水平）考试与日本信息处理技术人员考试的考试标准，达成互认协议，并于2005年再次签署互认协议。表明中国的软件技术水平认证制度考试与国外标准接轨，开始探索IT行业职业技能标准的国际化、本土化和系统化，推进IT职业技能标准的确立和发展。

随着软件外包产业发展的深化，我国外包产业链呈现出的差距日益

IT职业技能标准研究

加大，人才和人力资源管理成为软件外包业发展的瓶颈。国内传统的学历教育和社会众多IT培训机构培养出的IT人才与企业所期望的人才素质存在较大差距，学生普遍缺少项目实践经验和专业技能，难以达到企业用人标准。许多企业内部也缺乏人力资源管理（选人、育人、用人和留人）机制。而仅仅通过各种考试，选拔、录用企业期望的人才，是不可能达到预期效果的。

国内许多地区正在构建各自的人才使用标准，以满足日益增长的IT人才需求和行业发展的潜力。如中关村国际孵化软件协会正在致力于搭建一个人才供需平台，通过四大考核指标（知识技能、工作经历、法律道德、国际化）对人才进行初级、中级、高级、专家级四种标准的划分，并予以认证；北航科技园计划成立软件外包CEO俱乐部，在企业与教育界之间搭建桥梁，使大学尽可能培养和输送符合企业需求的人才；成都发布了信息服务业职业技能架构（CNSFIA：Chinese Skills Framework for the Information Age），这是为承接欧盟BPO项目，基于英国SFIA标准编制的行业规范。

但是，IT产业的内涵和外延非常宽泛，外包服务面向全球。国内外各种版本的IT职业技能标准，多是以软件服务为蓝本，基于软件行业人才技能需求编制的。不独国内，也是国际间对"IT"认识的偏差。如何构建适应中国国情、IT市场需求和行业特点的、普适的、面向信息服务业的职业技能标准，推动IT行业，特别是服务外包业的良性发展和人才管理、使用的科学化、规范化，是DB 21/ T1793—2010《IT行业职业技能标准 通用要求》编制的初衷。

二、IT职业技能管理

（一）人才结构

随着IT产业的分化、融合，逐渐成熟，更凸显人才资源匮乏的制约，特别是ITO、BPO等服务外包向高端的发展，人才结构失衡更趋明显。

人才结构是根据市场需求和产业发展，充分发挥人才功能所构成的一种整体形式。合理的人才结构应是由高端人才、技能型人才和应用型人才构成的相互依托、相互作用的稳定形式。以软件行业为例，人才结构应由既懂技术又懂管理的软件管理人才、软件工程师、熟练的程序员，即软件蓝领组成。这种人才结构，应用型人才需求量最大，依次递减，形成一种金字塔结构。

IT产业人才需求中，最缺乏的是软件人才、实用技能型网络人才、系统集成工程师、数据仓库及数据挖掘人才等。仍以软件行业为例，目前我国严重短缺的软件人才主要包括软件高端人才（如软件架构师、系统分析师等）、低端软件人才（软件编程操作人员）、高质量的复合型人才和国际化软件人才（熟悉国际标准和软件开发规范，能够迅速进入国际化软件企业的技术开发流程）。企业需要的软件人才应具有软件测试相关经验、缜密的逻辑思维能力、全面的技术能力、责任心和团队合作精神、出色的沟通能力、良好的学习能力、优秀的书面表达能力等，如果具有良好的外语基础、掌握软件测试技术应是软件行业的抢手人才。在其他IT行业，如系统集成中，同样缺乏如系统架构师、需求分析师等高质量的复合型人才，以及项目管理人才，特别是新一代信息技术的应用，相关人才更加匮乏。

（二）培养模式

人才培养模式是基于一定的教育模式，实施人才教育的过程体系。教育模式包括培养目标、人才规格、教学体系、课程体系、教育管理、教学评估等。

我国IT人才的培养模式，是传统的学历教育、职业技术学校教育和社会IT培训机构等。传统的教育培养的学生，由于教育结构和层次不合理，培养模式单一，缺乏实际操作能力，不熟悉国际、国内的标准及工程和技术规范，是一种"同质化"的培养模式。

IT行业是国家发展的基石，各行各业离不开IT应用，因此，人才需求愈益增大。然而，很多相关专业大学毕业生难以找到工作，使IT专业人才培养与社会发展需求之间产生结构性失衡。

培养模式不合理，是人才结构失衡的主要原因之一。传统的培养模式和社会众多的良莠不齐的IT培训机构，缺乏实际需求的培训方案、标准化的课程体系、项目实训机制，培养的IT人才与企业所期望的人才素质存在较大差距，学生普遍缺少项目实践经验和专业技能，难以达到企业用人标准。

传统的培养模式亟需调整、改进和完善。IT人才培养应与产业发展结合，从"通才"转向培养满足市场需求，符合人才结构构成，并具备某项IT实用技能的"专才"。

IT专业人才培养，应强调知识、能力、素质的协调发展，培养学生具有更强的自主学习能力和岗位适应性。不仅具有胜任某种职业岗位的技能，而且具有技术创新和技术二次开发的能力，具有更高的适应多种岗位的综合素质。

同时，不少企业缺乏合理的人力资源管理机制，没有意识到高素质人才是企业持续发展的基石。帮助企业人才制定合理的职业发展规划，提供相应的职业培训，才能确保企业创新和发展。

国内IT人才管理缺乏统一的职业技能管理和规范的市场竞争环境，也是人才培养机构难以适应市场需求的原因。科学化、规范化、专业化的职业技能管理，可以为各种教育和培训机构提供借鉴和帮助，提高企业的市场竞争力。

（三）职业技能管理规范化

IT产业是我国迅速发展的新兴产业，从业人员众多，知识密集，科技含量高，涉及的专业领域宽广，因而，社会影响力和社会渗透力很强。

IT产业门类众多，作为迅速发展的新兴产业，在发展过程中不断分化、融合，正在逐渐形成较为宽泛的职业种类和较为精细的职业分类。

然而，发展迅速、从业人员众多的IT产业，尚没有权威、统一的职业分类、职业技能标准。企业根据自身实际，自行制定标准，吸引、保留和激励人才。这种无序的状态，不利于人才的流动，造成人才资源的浪费和不合理使用。

IT职业技能是IT从业人员在职业活动范围内需要掌握的基本知识、专业知识和业务能力。能力具有一般性，是掌握知识、技能的基础，并在掌握知识、技能过程中逐渐形成和发展，为进一步掌握知识、技能积累条件。技能存在于人的身心系统中，在能力运用时发挥出来。技能可以分为多种，IT职业技能可以称为心智技能，在IT职业活动范围内，从业人员依靠知识运用、信息传递、沟通交流、学习创新，分析和解决问题，不断提高职业技能水平。

IT行业的特点、市场需求和发展，是决定IT职业技能的要素。IT从业人员应掌握的基本知识、专业知识和业务能力是由要素决定的。职业技能管理，则是包括职业技能规则、职业技能培训、职业技能鉴定、人才市场管理等的管理机制。根据IT职业技能要素规范职业技能管理，是解决人才结构和人才培养机构失衡的关键之一。

IT职业技能标准，国际间通称为ITSS（IT Skill Standards：IT技能标准），是根据IT市场需求、行业特点和职业技能要求，科学、规范地划分IT职业种类，并分析、描述和评价各职业种类，基于各职业种类对相应知识、专业、技能水平的要求，归纳、概括、描述，形成职业技能的规则。

IT职业技能标准是衡量IT行业从业人员的知识、技能、业务能力的准则，是实施技能标准、技能鉴定和人力资源管理的基本依据。

确认IT从业人员的职业技能水平，需参加IT职业技能鉴定。根据1995年实施的《劳动法》规定："国家确定职业分类，对规定的职业制定职业技能标准，实行职业资格证书制度，由经过政府批准的考核鉴定机构负责对劳动者实施职业技能考核鉴定。" 职业技能鉴定机构按照IT职业技能标准，对从业人员的基本知识、专业知识、业务能力和技能水平，客观地量度和评价，合格者核发相应的职业资格证书。

三、标准框架

自2007年，大连市信息产业局、大连软件行业协会组织专家、企业及相关人员，研究信息服务业的特点；IT职业的特征、分布和发展；IT职业类别的特征、差异；国内外职业分类的特点、方法；IT职业市场的需求和现状；IT职业的通用能力、专业能力、技术能力的需求等，尝试编制IT职业技能标准，规范IT职业人才市场和企业人力资源管理的行为，以保证吸引、使用人才资源的科学化、规范化、标准化和专业化。

（一）信息服务业

信息服务业是基于计算机、通信等现代科学技术手段，生产、收集、处理、加工、存储、传输、检索、利用信息资源，并以信息产品为社会提供服务的专门行业。

信息服务业是我国的新兴产业，具有丰富的内涵和宽泛的外延。随着信息技术的快速发展，信息服务业不断分化、融合。信息服务业鲜明的行业特征影响着社会生活的方方面面。

a.行业融合、交叉

信息服务业涵盖社会、生活、经济方方面面，与多种社会行业相互交叉，为社会、生活经济运行提供支撑。因而，信息服务业没有明确的边界，多种技术、知识融合、交叉，应用互相渗透，服务互相集成；

b.行业新颖，人员趋向年轻化

信息服务业是新兴产业，基于现代科学技术的发展，展现前沿、边缘、交叉科技进步。因而，科技含量高、智力密集、所涉及的领域宽广、要求具有一定的实践经验；

c.涉及多专业领域、多技术跨度

由于信息服务业是多种技术、知识的融合、交叉，展现了前沿、边缘、交叉科技进步，因而，信息服务业涉及多种专业领域和相关领域，知识、技术跨度大、更新快；

d.信息服务要素不断创新

信息服务业服务于社会、生活、经济方方面面，信息服务构成要素需要不断适应社会、生活、经济的发展。因而，信息服务要素不断创新，单纯继承不能适应社会发展的需要。在信息服务过程中，新技术、新知识、新概念占有很大比例。

信息服务业的行业特征，对从业人员的综合素质提出了更高的要求。从业人员必须不断学习，适应知识、技术、应用的潮流。

（二）职业种类

IT职业是信息服务行业与行业内多种不同社会角色技能要求的交集，体现了劳动者在信息服务行业所获得的社会角色应具有的职业技能、工作性质、社会责任和义务等。

如前述，信息服务可以分为3大类：信息传输服务、IT服务和信息资源服务（包括产业）。主要包括：系统集成、软件工程、服务外包（ITO、BPO、KPO等）、数据库、系统运维、增值业务、内容管理、电子印刷、信息产业及提供专业服务的专门公司等等。

在信息服务标准研究部分，我们分析、研究了信息服务业的特质，划分了信息服务业种类：

信息服务业的定义和分类，国内外没有统一的标准，国内一些地方的分类也不尽合理。根据辽宁省和国内一些地区信息服务业的分布规律、需求和特点，参考国内一些地区的分类模式，在信息服务标准系列建设中，涉及人员、资源、管理、技术等，也涉及某些边缘学科或交叉学科，需要明确信息服务的职业类别。

在《信息服务管理规范》研制中，将信息服务业划分为9大类：

- 计算机信息系统集成
- 计算机信息系统运营和维护
- 软件服务
- 数据加工和处理
- 内容和增值服务
- 数据库服务
- 电子商务服务
- 信息化工程监理
- 其他专业类服务

这里不包括一些专业性的垄断行业。

信息服务应根据构成各类服务形态的要素特征集分类，要素特征集具有同一性且体现信息服务业的分布规律、需求、特点和市场，具有普适性，则可确定为某一信息服务类别。某些服务形态，如电子商务、信息化监理等或在信息服务业中具有特定的影响和意义，或具有特定的性质的服务，可以抽取单独分类。

各类信息服务根据劳动者在社会、生活、经济运行中获得的不同的社会角色，具有不同的职业技能要求。根据信息服务的特征、性质、属性和社会角色不同的职业技能要求，信息服务可以划分为不同职业种类。

职业种类是以工作性质的同一性为原则，根据信息服务业的特点和市场需求，系统划分和归类职业类型。

工作性质是职业间区别的根本属性，通过职业活动对象、不同的专业特点、从业人员的技能要求、工作方式等体现。

IT职业种类划分，是将纷繁复杂的各种不同的工作类型，分门别类、标准统一，区分层次和类别。并根据不同的职业类别，对工作性质的同一性做出技术解释。

职业种类体系，通过职业名称、职业定义、职业的工作内容等，描述职业种类的内涵和外延，明确每一种类的技能要求、知识水平和专业能力。

信息服务业在逐渐成熟过程中分化、融合，职业种类划分是相对完善的。随着知识、技术、专业的发展和市场的变化，IT职业种类应持续完善、调整和改进。

（三）总体架构

根据《国家职业标准制定技术规程》，制定职业标准的工作目标是"依据《劳动法》，根据社会经济发展和科学技术进步的需要，建立以职业活动为导向、以职业技能为核心的国家职业标准体系，以满足企业生产经营和劳动力管理的需要，满足职业教育培训和职业技能鉴定的需要，促进劳动力市场的发展和劳动者素质的提高。"

DB 21/ T1793标准体系是以职业活动为导向、以职业技能为核心，依据相关的国际、国内标准、法规，参照国际、国内通行的职业技能标准，构建信息服务行业职业技能标准体系。

如前述，信息服务业职业种类因工作类型的不同，纷繁复杂，各具不同的工作性质。但是，各个不同的职业种类，具有一些相同的共性，职业技能的规范化、科学化、专业化和标准化，应制定同一的规则。

DB 21/ T1793—2010《IT行业职业技能标准 通用要求》总体架构设

计，以通用要求为总则，提纲挈领，规范IT职业技能的共性，定义技能标准的目的、性质和原则，制定各个不同职业种类应遵循的同一的规则，保证信息服务业职业技能要求的关联性和持续性。总则享有文本优先权，贯穿标准始终，构成DB 21/ T1793—2010《IT行业职业技能标准 通用要求》的总体框架。

根据信息服务业不同职业种类的职业技能需求，IT职业技能标准体系应分为2部分：

a.职业技能标准部分，分别根据信息服务业不同职业种类的不同的特点、市场需求、职业发展，定义相应的基本知识、专业知识、技术能力、业务能力等应遵循的准则；

b.职业技能培训标准部分，根据总则和职业技能标准部分的要求，定义各个不同职业种类的人才培养、职业角色转换、技能提升等应遵循的准则。

DB 21/ T1793标准体系建设，采用线性结构。标准体系内各标准间是相互关联的，体现信息服务业的行业特征，基于总则（通用要求）确立的同一的规则，规范标准体系，保证DB 21/ T1793标准体系的系统性、科学性和专业性。

（四）标准结构

基于DB 21/ T1793标准体系总体架构设计，需要明确信息服务业中劳动者获得的社会角色对应的职业种类和相应的职业技能等级划分。

1.DB21/ T1793—2010《IT行业职业技能标准 通用要求》根据DB21/T1799标准体系的行业划分和IT职业的特质，明确DB 21/ T1793标准体系研制的职业种类基础；

2.职业种类。职业种类是制定DB 21/ T1793标准体系的基础。如前述，职业种类具有工作性质的同一性。然而，信息服务业职业种类纷繁复杂，在发展过程中不断分化、融合。职业种类划分没有权威的、统一的标准；国内信息服务业的发展，具有鲜明的中国特色。职业种类的划分，既应符合中国的职业特色，亦应融合并与国际发展接轨。同时，应考虑市场需求和成熟度。据此，经过反复、多次调研、研讨，几易其稿，我们将职业种类划分为12大类；

3.职业分类。虽然职业种类具有同一的工作性质，在这一前提下，同一职业种类仍然具有不同的工作类型，知识和技能要求有所区别。因而，在DB 21/ T1793标准体系研制中，并不对职业种类做出技术解释，而应针对不同工作类型的职业分类，制定相应规范；

4.职业技能等级。是通过职业资格证书体现从业人员技能水平的规则。职业资格证书是国际上通行的一种对人才资格认证的重要制度，通过相应的考核鉴定机构，客观公正、科学规范的评价、鉴定从业人员的技能水平，授予合格者相应的职业资格证书。

DB21/ T1793—2010《IT行业职业技能标准 通用要求》根据信息服务业的特点、市场的需求、职业种类的不同、知识和技能的不同要求，将职业资格划分为7个等级。

5.职业技能鉴定

国家实施职业技能鉴定，是从业人员应具备的技术、知识、工作能力的客观评价和测量。依据相关规定，职业技能鉴定主要包括职业知识、操作技能和职业道德3部分。

如第一章第一节所述，信息服务业具有鲜明的职业特征，从业人员应具备的技术、知识、工作能力的评价和测量，应基于职业特征展开，而非泛泛考核岗位工作能力。目前国内开展的IT职业技能鉴定，并没有深刻理解IT行业特征，细分职业种类，一般性的评价某一岗位工作能力，缺乏从业人员职业规划能力。

IT职业技能鉴定包括可量化指标和非量化指标，如沟通能力、人际关系、应变能力等等，因人而异，不能建立相应的技能模型，需要以适当的方式定性表达。DB21/ T1793—2010《IT行业职业技能标准 通用要求》规范职业技能考核，包括：

（一）基本知识考试：基础知识、专业知识、相关知识；

（二）职业履历鉴定：业务能力、技术能力及教育背景、工作经历、相关资格、获奖情况、发表论文等；

（三）面试：基本素质、实践经验、表达能力、综合分析能力、应变能力、自我控制能力、人际交往能力等。

前2项IT职业技能考核包括了职业知识（包括相关知识）、职业技能和职业道德；非量化指标可以通过面试，根据实际需要确定。

四、标准规制

由于信息服务业不断发展、变化、分化、融合，信息服务行业分类不清晰，职业纷繁复杂，DB21/ T1793—2010《IT行业职业技能标准 通用要求》和系列标准形成中，已作为大连地方标准在大连地区试用，并反复研究、论证。

（一）标准名称

DB21/ T1793—2010《IT行业职业技能标准 通用要求》申报审定名称是《IT职业技能标准 第1部分：总则》。如前述，IT职业是劳动者在信息服务行业中获得的社会角色，因此，这里不适用"行业"，且《IT职业技能标准 第1部分：总则》是IT职业技能标准体系的总纲，但应标准审定部门的意见修改；

（二）职业种类

2007年启动IT职业技能标准研制，基本参照日本ITSS模式。但经过几轮讨论、研究，日本模式的适用性与中国国情形成反差。特别是行业分类和职业种类划分，必须依据中国国情和国内市场需求。

日本模式中，职业领域和成就度标准可以图表形式表现，如图6.1所示为日本的职业框图。横轴表示工作种类，纵轴表示成就度标准的水平。在职业框架中，将职业领域分为14个工作种类，43个专业领域。成就度标准与职业包含的专业领域相对应，按个人实际业务能力分为7个等级。其中，附有颜色的部分是该工作种类和专业领域存在的成就度标准等级跨度；没有颜色的空白部分，表示该等级在市场及产业领域中暂不作考虑。

日本的职业领域结合软件业行业发展和业务需求，分为[详细职业]和[共通职业]两类。共通职业框架将职业领域分为8个工作种类，10个专业领域。如图6.2所示：

工作种类	专业领域	高级 水平7	高级 水平6	高级 水平5	中级 水平4	中级 水平3	低级 水平2	低级 水平1
市场	市场管理							
市场	销售渠道战略							
市场	市场沟通							
销售	访问型指导							
销售	访问型产品							
销售	媒体利用							
销售	嵌入式系统							
咨询	BT(IT业务转化)							
咨询	包应用							
IT架构师	应用程序架构							
IT架构师	集成架构							
IT架构师	基础架构							
PM	系统开发							
PM	软件开发							
PM	网络服务							
PM	嵌入式软件							
PM	外包							
IT专家	平台							
IT专家	系统管理							
IT专家	数据库							
IT专家	网络							
IT专家	分布式计算							
IT专家	安全性							
IT专家	嵌入式关联技术							
IT专家	测试专家							
应用专家	业务系统							
应用专家	业务包							
沟通专家	共通							
技术写作	共通							
软件开发	基本软件							
软件开发	中间软件							
软件开发	嵌入式软件							
数字媒体	动漫							
客户服务	硬件							
客户服务	软件							
客户服务	计算机类呼叫中心							
客户服务	易用性管理							
操作	系统操作							
操作	网络操作							
操作	客户支持							
操作	数据录入							
教育	共通							

图6.1 职业框架

工作种类		IT架构师	PM	IT专家			应用专家	沟通专家	软件开发	客户服务	操作
专业领域		共通	外包	系统管理	数据库	测试专家	共通	共通	对日软件开发	计算机类呼叫中心	数据录入
高级	水平7										
	水平6										
	水平5										
中级	水平4										
	水平3										
低级	水平2										
	水平1										

图6.2 共通职业框架

相应的职业说明，如图6.3示。

工作的种类	概要
市场	为了对应客户需求，预测并分析企业、事业、产品及服务市场的动向，负责商务战略的规划实施。对通过市场分等筹划的商务战略的投资效果、创新性、客户满意度负有责任。
销售	确认对顾客的经营方针，提出调整解决办法的建议，与客户针对解决方案，产品。服务的建议等商务进程签口合同。确立与顾客的良好关系，提高顾客满足度。
咨询	灵活运用相关知识和咨询方法，对客户制定经营战略，商务战略及IT战略进行咨询。建议和指导。为实现客户的商务战略和理想做出贡献。对建议带来的价值和效果，客户满意度、实现可能性等负有责任。
IT架构	分析商务及IT的课题，重亲构建解决方安所包含的信息系统的要件。灵活运用软硬件相关技术（应用程序关联技术和方法）。实现客户的商务战略并设计保持信息系统全体的质量（调整性，一贯性等）的IT架构。对于技术风险要进行事的评估。
PM	灵活运用项目管理关联技术和商务管理技术，对项目实施管理，对客户要求的质量。成本和纳期负有责任。不同专门领域的PM（如软件开发，IT外包和系统开发等）有不同的要求。
IT专家	灵活运用软硬伯关联的专业技术，实施最适合客户环境的系统基础的设计、构建和引进。对构筑系统基础的非功能要件（性能、恢复性和可用性等）负有责任。
应用专家	灵活运用行业固定业务，通用业务以及应用程序开发的专业技术。实施关于解决业务课题的应用程序的设计、开发、构筑、引进，测试及维护。对构件的应用程序的质量（机能性、恢复性、便利性等）负有责任。该工作对于行业知识和业务知识有较高的要求。
软件开发	灵活运用软件工程技术和开发技术，基于市场战略，进行软件产品的规划、设计、开发，测试和维护。在高水平中，实施有关软件产品的商务战略的筹划和提高。对开发的软件产品的功能性、可靠性等负有责任。软件开发及包括一般意义上的软件开发。也包括嵌入式软件开发和动漫游戏开发，只不过要求不同的特别技能而已。
客户服务	灵活运用硬件、软件。专业技术的实施。符合顾客设备的硬件及软件的引进、定制、维护及修理。远程维护。对导入的硬件，软件的质量（使用性，对可维护等）有责任。
操作	灵活运用系统管理的专业技术，实现系统全体的安全运转，保障商务活动正常进行，在故障发生时，保障损失最小。对系统的稳定运转（安全性，效率性等）有责任。
教育	灵活运用担当领域的专业技术和有关培训的专业技术。实施符合客户技能开发需求的培训，包括培训课程和培训路径的分析、设计、开发以及评价。

图6.3 职业说明

日本模式基于软件服务外包角度，对信息服务行业整体缺乏普适性，工作种类不尽科学、专业领域也不尽合理。同时，信息服务的内涵和外延很宽泛，不可能在一个职业框架内包罗万象，应根据中国国情分专业设计。

第二节　IT职业技能标准 计算机信息系统集成
（DB 21/ T1948—2012）

一、综述

（一）专业特点

如前述，计算机信息系统集成具有的鲜明的专业特点：

1.行业相对新颖，人员趋向年轻化。信息技术是我国的新兴产业，科技含量高、智力密集、所涉及的领域宽广、对实践经验要求高。信息产业发展迅速，更新速度快。

2.信息技术中继承成份少，创新成分多；在信息系统工程中新设计、新开发的工作量占有很大的份额。

3.信息系统工程涉的专业领域较多、技术跨度大。许多项目需要涉及网络技术、通信技术、安全技术、应用技术、自动控制技术及其他非专业领域等。

同时，信息系统工程中可供选择的相关产品、提供服务的系统集成商非常多，产品型号复杂，功能差异较大，服务条款也不相同，必须综合比较性能、价格、技术实力、服务能力等各个方面。

（二）专业相关

如前述，计算机信息系统集成可以定义为根据用户的业务需求和质量要求，规划、设计、整合基础硬件平台、系统软件平台、支撑软件系统、应用软件系统、安全防护体系及其他相关功能，集成、建构的跨厂商、多协议、面向各种应用的互联、互操作的计算机信息系统体系结构。

但在实际应用中，计算机信息系统集成的含义并不仅此。计算机信息系统围于社会大系统的需求，随着技术、经济、社会的发展，相关的技术、知识、技能需求，与其他非专业领域知识、技术融合、交叉，应用上互相渗透，工程中相互集成。

（三）专业因素

影响计算机信息系统集成的因素很多，主要包括3大因素：

1.技术因素：计算机信息系统集成的核心因素，计算机信息系统集成职业技能的核心因素。在计算机信息系统集成中，技术性活动是保证信息系统质量的关键；

2.社会因素：在计算机信息系统集成中，形成与社会各种形态、各种项目相关人员（亦存在某些无关人员）的关联关系，因而，计算机信息系统集成职业技能除要求具有相关的技术知识、项目经验等外，需要具有较高的组织、协调、沟通等管理能力；

3.资源因素：计算机信息系统集成是生产活动过程，也是经济活动过程，涉及信息资源和其他相关资源。资源的组织、调整、优化、配置，亦是计算机信息系统集成职业技能考量的关键因素。

二、标准框架

如前述，DB 21/ T1793IT职业技能标准体系总体架构设计，以DB 21/ T1793—2010《IT行业职业技能标准 通用要求》提纲挈领，规范IT职业技能的共性，定义技能标准的目的、性质和原则，制定各个不同职业种类应遵循的同一的规则，保证信息服务业职业技能要求的关联性和持续性。总则享有文本优先权，贯穿标准始终，构成DB 21/ T1793职业技能标准体系的总体框架。

根据信息服务业不同职业种类的职业技能需求，IT职业技能标准体系分为2部分。DB 21/ T1948—2012《IT职业技能标准 计算机信息系统集成》是IT职业技能标准体系中职业技能标准部分，依据DB21/T1793—2010《IT行业职业技能标准 通用要求》确立的基本准则，根据系统集成的特点、市场需求、职业发展，划分职业分类的职业资格等级，定义相应职业资格的基本知识、专业知识、技术能力、业务能力和职业技能鉴定等应遵循的准则。

（一）职业分类

如前述，职业种类是以工作性质的同一性为原则，根据信息服务业的特点和市场需求，系统划分和归类职业类型。虽然职业种类具有同一的工作性质，在这一前提下，仍然具有不同的工作类型，知识和技能要求有所区别。

在DB 21/ T1948—2012《IT职业技能标准 计算机信息系统集成》编制中，根据计算机信息系统集成职业中不同工作类型的知识、技能要求和系统集成市场需求，将计算机信息系统集成职业划分为IT架构、需求分析、信息资源规划、项目建设和管理、系统测试等5个职业分类，并针对不同的工作类型，制定相应约束规则。

1.IT架构

基于非常丰富的IT项目设计和应用经验，理解、分析、整合业务需求，构建包括基础设施平台、应用系统平台、资源平台、数据管理、安全体系等的系统整体架构，融合IT与业务需求，保证系统架构的可靠性、安全性、可用性和可扩展性。

　　a.技术角度：　"IT架构"是计算机信息系统整体架构的研判、规划、设计，深刻理解用户业务应用与IT需求的关联关系，选择适宜的架构设计，规划基于IT应用的业务流程，优化配置资源，保障计算机信息系统的质量、服务能力、技术支持能力和系统实现能力。

　　b.管理角度：　"IT架构"能够制定基于用户中长期发展规划的IT战略规划，整合相关资源优化创新，服务项目团队提供创新性、建设性意见，风险控制和传承知识、技能。

　　IT架构是计算机信息系统相关要素的整体规划设计，非某一要素的架构设计，如应用系统架构设计，因而，应掌控计算机信息系统所有相关要素的内部关联和外部因素及与用户业务应用的紧密契合。

　　"IT架构"必须在需求分析基础上，形成系统整体的认知；

　　2.需求分析

　　基于丰富的工程经验、良好的用户沟通能力和对用户业务流程的把握、理解、确认项目范围，获取、分析、定义、确认、验证用户需求，编制并为架构师提供合理、适宜、充分、有效，相对完善的用户需求管理方案和文档。

　　需求是计算机信息系统规划、设计的基础，随着IT应用规模的不断扩大，需求贯穿信息系统整个生命周期，因而形成了需求工程，包括需求分析、需求管理、需求验证等。

　　在信息系统生命周期中，需求分析是获取系统规划、设计，保障系统内在质量的信息的必要手段，涉及信息系统建设目标、信息系统要素约束、信息系统运行环境、用户业务系统需求、项目建设约束等功能性和非功能性要求。需求包括显性需求和潜在需求，涉及不同的知识背景、专业角度，乃至信息不对称，需要很强的交流、沟通能力；

　　3.信息资源规划

　　根据需求分析师的方案，梳理客户业务流程，识别、整合信息资源，基于系统整体架构，规划、设计包括系统基础平台、数据管理、应用平台、信息安全平台等的功能、结构、性能，制定整体解决方案。

　　如前述，信息资源包括6大类。因而，信息资源规划主要应包括：

a.信息系统环境：信息系统运行环境、信息系统安全环境、信息系统工作环境等；

b.信息系统基础平台：信息系统硬件基础平台、系统软件平台、应用系统平台、安全系统平台等；

c.数据管理：数据存储、数据安全、数据管理、数据传输等；

d.信息安全系统：系统安全性、系统运行安全、系统工作安全、病毒防护等；

e.信息化监理：信息系统生命周期的过程监控、质量管控；

f.信息服务：技术支持、服务规划、服务管理等等；

4.项目建设和管理

根据项目整体解决方案，掌握项目管理的原理、技术、方法和工具，参与或领导项目的启动、计划、组织、项目资源（包括人、财、物）配置、实施项目建设和收尾过程的活动，跟踪、监控项目进展；建立沟通机制，激励项目组的工作，确保项目能在规定的范围、时间、质量与成本等约束条件下完成既定目标的人员。

依据DB21/T 1799.2–2010《信息服务管理规范 第2部分：计算机信息系统集成管理》，将系统集成项目管理，分解为项目实施和项目管理，实现项目统筹管理和质量管控。

5.系统测试

根据需求方案和整体解决方案，编制系统测试计划，确定测试方法和测试流程，完成系统分阶段测试和整体调试，跟踪、分析发现的问题，评估解决方案的合理性。

系统测试是保障信息系统质量的必要手段，是对信息系统构成要素的功能特性、关联关系，及与业务系统的融合性的确定。通过系统测试，明确需求管理的符合性、一致性和需求变更的有效性。

（二）总体架构

依据DB21/T1793《IT行业职业技能·通用要求》，以职业技能鉴定为核心，定义职业分类，规范申报职业分类资格等级要求，制定各职业分类应遵循的同一的规则，并明确不同的规则范畴，保证各职业分类之间的关联性和持续性。

1.在DB 21/ T1948—2012《IT职业技能标准 计算机信息系统集成》编制中，根据计算机信息系统集成生命周期内服务要素的关联性，规范职业分类应具备的职业技能。各职业分类职业技能要求并不是孤立的，而是贯穿计算机信息系统集成生命周期整体设立的，各职业分类职业技能要求是相互作用和影响的。

2.在DB 21/ T1948—2012《IT职业技能标准 计算机信息系统集成》编制中，根据各职业分类不同的工作特征和职业技能要求，规范不同的职业资格等级划分。在计算机信息系统集成生命周期内，各服务要素具备不同的职业（工作）特征，专业知识和专业素养、职业技能、职业履历等要求不尽相同，相应的职业资格等级亦不同，且不同的职业（工作）特征，职业资格划分密度不同。

3.在DB 21/ T1948—2012《IT职业技能标准 计算机信息系统集成》编制中，申报相应等级职业资格的条件应相对宽泛。申报相应等级职业资格的条件考虑几种情况：

a.国家计算机技术与软件专业技术资格（水平）考试

b.正规学历教育

c.同等学历的社会教育

d.工作经历

e.已具备的职业资格等。

（三）标准规制

在DB 21/ T1948—2012《IT职业技能标准 计算机信息系统集成》编制中，计算机信息系统集成职业技能要求，应随着计算机信息系统集成的职业特点、新一代信息技术的应用、IT应用和信息服务新概念的提出，不断适应知识、技能、实践等的需要。

1.职业知识

如第一章第二节所述，计算机信息系统集成具有的鲜明职业特征，要求从业人员的知识结构不仅具有经过专门教育学习后所拥有的较深的专业知识体系构成，也应具有相对宽泛的知识面，具备相对完整的、适应实际事业发展的合理、优化的知识体系。

DB 21/ T1948—2012《IT职业技能标准 计算机信息系统集成》规范了

计算机信息系统集成从业人员应具有的基本知识、专业知识，也规范了从业人员应具有的相关知识。

2.业务能力

依据DB21/T1793《IT行业职业技能·通用要求》，计算机信息系统集成职业业务能力，包括：

a.项目：即"从事本专业工作年限内，完成的实际项目及在项目中所担负的责任范围、项目的难易度与项目的规模、质量"。

①复杂度：计算机信息系统集成的职业特征，决定系统集成项目的复杂度越高，项目难度越大，职业技能要求的职业知识、实践能力等也越高。在DB 21/ T1948—2012《IT职业技能标准 计算机信息系统集成》中，项目复杂度主要考虑：

业务模型复杂度：从事本专业工作年限内，完成实际项目中用户业务流程的复杂程度及与IT环境的依存度。

需求成熟度：从事本专业工作年限内，完成实际项目中需求变更频次、稳定程度。

功能复杂度：从事本专业工作年限内，完成实际项目中功能域划分与业务复杂度的关系。

资源整合复杂度：从事本专业工作年限内，完成实际项目中资源存在形态。

规划复杂度：从事本专业工作年限内，完成实际项目中信息化规划与业务模型的契合度。

数据复杂度：从事本专业工作年限内，完成实际项目中依据业务模型形成的数据规模。

技术复杂度：从事本专业工作年限内，完成实际项目中依据功能复杂度确定的技术实施难度。

管理复杂度：从事本专业工作年限内，完成实际项目的管控能力等等。

②规模：计算机信息系统集成项目的边界和范畴。计算机信息系统集成项目规模，并不直接说明从业人员能力，必须与项目复杂度相关。

2.专业：从事本专业工作年限内，从业人员应具备的专业素养。在DB 21/ T1948—2012《IT职业技能标准 计算机信息系统集成》中，专业主要考虑：

a.专业发展：所从事专业的精通程度、专业更新和完善状况及影响范围；

b.技术传承：从事本专业工作年限内，使专业技术体系化、制度化；

c.新人培养：培训、指导无经验或经验不多的该专业从业人员；

3.技术能力

依据DB21/T1793《IT行业职业技能·通用要求》，计算机信息系统集成职业技术能力，包括：

a.基本知识：包括基础知识和相关知识，即"IT职业从业人员必须掌握的基础理论知识、专业知识和相关知识"；

b.专业技能：即"从事该职业分类的工作必须掌握的专业技术和应达到的专业水平"。主要包括：

①专业技术：从事本专业工作年限内，完成实际项目中专业技术实施能力；

②专业知识：从事本专业工作年限内，完成实际项目中专业知识运用能力。

第三节　IT职业技能标准 数据处理 日文数据录入
（DB 21/ T1949—2012）

日文数据录入是我国针对日本市场服务外包业务中的重要内容，业务量逐年增加，已经形成了规模，市场逐渐成熟。日文数据录入从业人员目前的职业技能现状和需求，需要构建符合国情和市场需要的职业技能标准，以推动职业技能管理的规范化、科学化和标准化。

一、编制背景

（一）日文数据录入现状

目前日文数据录入涵盖了银行数据、信用卡数据、各类保险数据、保险理赔数据、医疗/体检数据、税务数据、法律数据等的处理，涉及的专业领域广泛，信息种类繁杂，对所提供服务的技术、能力、价格、经验等综合实力要求较高；

（二）职业技能管理

1.人才结构

日文数据录入人才结构，主要是由技能型人才和应用型人才构成的相互依托、相互作用的稳定形式。日文数据录入需要的人才，应具有综合运用专业、知识、经验的技能，并具有责任心和团队合作精神、出色的沟通协调能力、良好的学习能力。

职业技能体现的是智力技能、技术和专业技能、个人技能、沟通协调技能、组织和管理技能等。在日文数据录入行业中，由于缺少相应的以各类信息种类和数据类型为基础的、统一、规范、科学的行为规范，无法界定人才结构的构成、要素、需求等，人才结构不合理。特别是缺乏能快速处理多种类型数据的实用型应用人才。

2.培训模式

我国IT人才的培养模式，是传统的学历教育、职业技术学校教育和社会IT培训机构等。传统教育培养的学生，由于教育结构和层次不合理，培养模式单一，缺乏实际操作能力，不熟悉国际、国内的标准及业务规范，是一种脱离实践要求的培养模式。

IT行业人才需求愈益增大，然而，院校培养出的学生很难适应工作岗位的要求，使IT专业人才培养与社会发展需求之间产生了错位。传统的培养模式亟需调整、改进和完善。IT人才培养应与产业发展结合，从"通才"转向培养满足市场需求，符合人才结构构成，并具备某项IT实用技能的"专才"。

个别企业缺乏合理的人力资源管理机制，没有意识到高素质人才是企业持续发展的基石。帮助企业人才制定合理的职业发展规划，提供相应的职业培训，才能确保企业创新和发展。

二、编制目的和依据

IT产业是我国迅速发展的新兴产业，从业人员众多，知识密集，科技含量高，涉及的专业领域宽广，因而，社会影响力和社会渗透力很强。

（一）编制目的

日文数据录入是基于IT技术的服务外包业务中的重要内容，每项业务都围绕IT技术而展开，服务外包是迅速发展的新兴产业，日文数据录入是IT行业中的一项分类，在发展过程中不断融合、接受新的元素，知识体系不断更新，知识空间不断扩充，从业人员技能需求更趋规范、科学、精细。

然而，日文数据录入尚没有权威、统一、规范的职业技能标准，企业根据自身实际，自行制定标准，吸引、保留和激励人才。这种无序的状态，不利于企业的发展、市场的需求和人才的流动，造成人才资源的浪费和不合理使用。

自2006年，大连市信息产业局（现大连市经济和信息化委员会）、大连软件行业协会组织专家、企业及相关人员，研究IT职业的特征、分布和发展；IT职业类别的特征、差异；国内外职业分类的特点、方法；IT职业市场的需求和现状；IT职业的通用能力、专业能力、技术能力的需求等，尝试编制IT职业技能标准，规范IT职业人才市场和企业人力资源管理的行为，以保证吸引、使用人才资源的科学化、规范化、标准化和专业化。先后发布、实施大连行业标准《IT职业技能标准·总则》和辽宁地方标准DB21/T 1793-2010《IT行业职业技能·通用要求》。

2009年，大连软件行业协会标准化委员会、标准委专家组、企业和相关人员认真研究了日文数据录入的特点、人才的通用能力、专业能力、技术能力需求、市场需求等，依据DB21/T 1793的基本准则，编制完成了DB21/T1949—2012《IT职业技能标准 数据处理 日文数据录入》，并在行业内发布实施。

职业技能标准是衡量行业从业人员的知识、技能、业务能力的准则，是实施技能标准、技能鉴定和人力资源管理的基本依据。

（二）编制依据

2010年发布、实施的辽宁地方标准DB21/T 1793-2010《IT行业职业技能·通用要求》，是以职业活动为导向、以职业技能为核心，依据相关的国际、国内标准、法规，参照国际、国内通行的职业技能标准，构建IT行业职业技能标准体系的总则。

职业技能标准体系的总体架构设计，以DB21/T 1793提纲挈领，规范IT职业技能的共性，定义技能标准的目的、性质和原则，制定各个不同职业种类应遵循的同一的规则，保证信息服务业职业技能要求的关联性和持续性。DB21/T 1793享有文本优先权，贯穿标准体系始终，构成IT职业技能标

IT职业技能标准研究

209

准体系的总体框架。

DB 21/ T1949—2012《IT职业技能标准 数据处理 日文数据录入》，是IT职业技能标准体系中职业技能标准部分，依据DB21/T 1793确立的基本准则，根据日文数据录入的特点、市场需求、职业发展，划分的职业资格等级，定义相应职业资格的基本知识、专业知识、技术能力、业务能力和职业技能鉴定等应遵循的准则。

三、标准框架

DB 21/ T1949—2012《IT职业技能标准 数据处理 日文数据录入》的主要技术特点，包括：

（一）职业说明

在DB 21/ T1949—2012《IT职业技能标准 数据处理 日文数据录入》编制中，首次明确提出了日文数据录入是运用计算机、相关输入设备、网络技术平台和相应软件处理系统，及时、准确、高效、高质量的对日文数据等信息进行输入处理的定义；

（二）总体架构

在DB 21/ T1949—2012《IT职业技能标准 数据处理 日文数据录入》编制中，依据DB21/T 1793《IT行业职业技能·通用要求》，以职业技能鉴定为核心，规范了申报职业分类资格等级要求；

（三）能力鉴定

在DB 21/ T1949—2012《IT职业技能标准 数据处理 日文数据录入》编制中，依据DB21/T 1793《IT行业职业技能·通用要求》，对日文数据处理复杂度和知识要求做了明确描述。

1.复杂度：根据信息种类、数据类型、工作流程、技术、管理、安全等及其相互关联的因素，确定日文数据录入的复杂程度；

2.知识要求：依据DB21/T1793《IT行业职业技能·通用要求》，规范了日文数据录入从业人员必须掌握的通用基础知识，包括职业所需和与职业相关并贯穿整个职业活动的相关知识，规范了各等级从业人员应具备的专业知识和专业技术。

第四节　标准修订的思考

DB21/T 1793—2010《IT行业职业技能标准—通用要求》已经发布实施4年了，对辽宁省IT职业技能鉴定和IT职业发展发挥了重要作用。随着IT技术的创新和更迭、社会发展对IT职业的需求变化，以及因此而对IT职业的新的研究、分析，对IT职业的特征、划分、技能要求、市场需求、标准约束规则的认识，愈加深入、发展。因此，有必要重新调整DB21/T1793的结构，修订DB21/T1793的内容，建立更加规范的IT职业技能标准体系。

一、综述

（一）IT的意义

随着信息技术相关领域的分化、融合、发展并趋向成熟，IT的语境（context）逐渐发生变化，由狭义逐渐延伸、扩展到广义，已成为内涵宽泛的专有词语。IT所指代的，不仅仅是信息技术，也包括资源、管理、服务、过程、质量种种，及IT的相关环境。

（二）IT职业

"IT"语境的拓展，IT的内涵亦由单一的学科领域向复合型、跨领域的交叉学科融合、发展，IT服务更加宽泛，内涵更加丰富。因而，IT职业的职业边界愈加模糊，对职业技能的能力需求随之提高，系统型、复合型人才需求成为IT职场的趋势。

（三）IT服务标准化

IT服务标准化是服务的先行，厘清相关概念、术语，是标准具有指导意义和普适价值的关键。在标准的实践中，"IT"的使用非常混乱，"IT"与"信息技术"混用而不知所以然。因而，在标准编制中需要明确IT的使用，并不混同于信息技术。

（四）关于信息资源

在信息采集、存储、管理、处理、传输、使用过程中，信息及承载信息的相关资源（包括环境资源）构成信息资源。从系统工程角度，信息资源是整体、系统、统一的，信息资源规划强调顶层设计的规范、统一、标准。

随着新一代信息技术、新的IT应用，如"智慧城市"、"云计算"、"物联网"等的发展和成熟，信息资源规划将逐步成为新的职场需求，形成新的职业类别。

（五）标准体系

IT行业是我国迅速发展的新兴产业，门类众多，涉及的专业领域宽广，在发展过程，特别是新一代信息技术发展过程中不断分化、融合，正在逐渐趋向较为宽泛的职业种类和较为精细的职业分类。

因而，有必要规范IT职业技能的共性，定义技能标准的目的、性质和原则，制定各个不同职业种类应遵循的同一的规则，保证职业技能要求的关联性和持续性。同时，分别根据各个职业种类不同的特点、市场需求、职业发展，定义相应的基本知识、专业知识、技术能力、业务能力等应遵循的准则。据此，形成IT职业技能体系：

1.IT职业技能标准 第1部分：总则

2.IT职业技能标准 第2部分：职业技能 职业种类。

二、职业种类

如前述，IT行业随着新一代信息技术的发展不断分化、融合，IT职业种类在发展过程中不断演化。因而，IT职业种类需要根据技术创新、更迭和社会需求变化，重新分析、划分。

在DB21/T 1793—2010《IT行业职业技能标准 通用要求》修订中，考虑"智慧城市"、"云计算"、"物联网"等新一代信息技术的应用，IT职业需要复合型、系统型、战略型顶层设计规划人才，IT职业技能要求需要具有一定的前瞻性。

准备修订DB21/T 1793.1《IT职业技能标准 第1部分：总则》，考虑新的职业种类划分，如图6.4示，职业种类说明如图5示。

类别序号	01	02	03	04	05	06	07	08	09	10	11	12
职业种类	软件工程	信息资源规划	IT系统集成	信息化监理	IT系统运维	信息安全	数据管理	互联网应用	IT服务管理	多媒体制作	数据处理	IT教育与培训

图6.4　职业种类划分

职业种类	说明
软件工程 01	为实现IT系统各项功能及基于IT系统的各种应用，研发、编制、定制、提供、维护各类有效、实用和高质量软件。 a）基础软件工程：包括系统软件、软件定义（SDN、SDS等）、支撑软件、通用软件、工具软件、安全管理软件、网络管理软件等的研发、提供、安装、调试、技术支持、维护等； b）应用软件工程：除基础软件外的专门业务领域软件应用的研发、编制、安装、调试、技术支持、维护等； c）定制软件工程：根据特定的业务需求提供相应的软件研发、编制、安装、调试、技术支持、维护等
信息资源规划 02	运用系统工程方法，以信息资源为基础，规划战略发展目标，构建系统整体架构，统一、系统规划层次、结构、要素，实现系统功能协调、结构统一、标准规范，及资源整合、优化、共享
IT系统集成 03	根据用户的业务需求和质量要求，规划、设计、整合IT系统基础平台、系统软件平台、支撑软件系统、应用软件系统、安全防护体系及其他相关功能，建构跨厂商、多协议、面向各种应用的互联、互操作的IT系统
信息化监理 04	基于丰富的工程经验，明确项目范围，确认、验证客户需求，依据国家法律、法规、技术标准和监理工程合同，依据公平、公正、独立的原则，对信息系统工程实施规范的监督、审核、控制和协调
IT系统运维 05	从技术、管理、服务等各个方面保障IT系统长期、稳定、持续运行。IT系统运维的范畴包括系统运行和系统支撑。系统支撑包括运维的组织和人员保障、运维的管理和制度保障、系统运行监测和预警、应急故障处理等
信息安全 06	构建信息安全防御体系和信息安全管理体系，保证IT系统连续、安全、可靠运行；保证信息的保密性、真实性、完整性、未授权拷贝和所寄生系统的安全性，以及业务连续性
数据管理 07	利用多种信息技术和相关技术有效采集、存储、分析、处理、应用开发数据、数据资源

图6.5：职业种类说明

在相应的职业技能要求和职业鉴定中考虑：

1.职业资格5级以上增加技术发展和应用的要求；

2.在知识能力评价中，增加知识能力的运用能力；

3.在专业技能评价中，增加专业技术的综合运用能力。

第七章 从业人员能力规范

SJ/×××××—××××《信息技术服务 外包 从业人员能力规范 第1部分：总则》是大连软件行业协会主持承担的工信部ITSS（信息服务标准体系）的一部分，经过数年、十数次全国范围的讨论、修改形成的送审稿。

第一节 背景

IT产业的内涵和外延非常宽泛，外包服务面向全球。国内外各种版本的IT职业技能标准，多是以软件服务为蓝本，基于软件行业人才技能需求编制的。不独国内，也是国际间对"IT"认识的偏差。如何构建适应中国国情、IT市场需求和行业特点的、普适的、面向信息服务业的职业技能标准，推动IT行业，特别是服务外包业的良性发展和人才管理、使用的科学化、规范化，是IT职业技能标准编制的初衷。

SJ/×××××—××××《信息技术服务 外包 从业人员能力规范 第1部分：总则》基于DB21/T1793《IT行业职业技能·通用要求》的基本框架编制。在DB21/T1793《IT行业职业技能·通用要求》编制中，充分研究了我国IT职业的特征、分布和发展；IT职业类别的特征、差异；国内外职业分类的特点、方法；IT职业市场的需求和现状；IT职业的通用能力、专业能力、技术能力的需求等，基本符合SJ/×××××—××××《信息技术服务 外包 从业人员能力规范 第1部分：总则》的编制要求。因而，SJ/×××××—××××《信息技术服务 外包 从业人员能力规范 第1部分：总则》的编制，采用了DB21/T1793《IT行业职业技能·通用要求》的体例、结构、用语等，并为适应国内外包市场需求，适当修订。

由于国内除辽宁省发布实施了DB21/T1793—2010《IT行业职业技

能·通用要求》、 DB 21/ T1948—2012《IT职业技能标准 计算机信息系统集成》和DB 21/ T1949—2012《IT职业技能标准 数据处理 日文数据录入》等职业技能标准外，尚没有类似标准，但与IT职业技能鉴定接近的IT行业相关考试机制，存在亲缘，即在可能实施的IT职业技能鉴定中，职业资格申报条件将充分考虑、参考相关考试机制的结果。

第二节　标准规制

一、服务分类与职业

如前述，由于IT行业的不断分化、重组，且新一代信息技术、新的概念引发的IT行业变化，IT行业分类尚不成熟，国内尚没有权威的信息服务行业分类规范，严重桎梏规范化、科学化的IT职业种类的确定。

职业是从业人员的社会角色，是服务社会并作为主要生活来源的工作，是从业人员具备知识能力、技术能力、专业能力和实践能力的相应工作职位。职业体现了从业人员的权利、义务、责任、职责。

职业的基本特征包括：

（一）经济性：运用知识能力、技术能力、专业能力和实践能力创造物质或精神财富，获取合理报酬，以获取个人社会存在和从事其他一切社会活动的基础；

（二）技能性：运用知识、专业、实践适应相应职位的技术能力和业务能力，是个人社会存在并获取相应社会地位的基本能力；

（三）社会性：人是社会构成的基本要素，获得社会认可并承担一定的社会角色，即应承担相应的社会责任和义务并获得报酬。因而，职业涉及社会构成的诸多领域，具有广泛的社会性；

（四）服务性：职业是为满足社会生活、社会活动需要产生的具有价值特征的商业行为，以为社会需要提供相应有效、有用的服务。因而，体现自然人社会存在和社会活动的社会角色本质是服务，是职业服务性的广泛特征；

（五）持续性：美国社会学家塞尔兹认为，职业是一个人为了不断取得个人收入而连续从事的具有市场价值的特殊活动。因而，职业应是相对稳定、非中断的。

服务是从业人员基于所承担的社会角色提供的有价值的活动，是社会需求在职业中的投影，通过技术能力、专业能力和实践能力实现。由于社会构成的复杂、多样，个人需要、社会需要是广泛、多层次、多方位的，因而，社会需求需要的服务是多样态的。

服务是无形的，在相应工作职位履行职责过程中，通过一系列的职业活动具象为不同的服务形态。如果根据不同的服务形态将职业切片，则一个职业可能提供若干服务，若干职业提供的服务可能是相似的。

GB/T 29264-2012《信息技术服务 分类与代码》制定了信息服务业的服务分类规则，但信息服务业深入研究和扎实的实践表明，由于存在以下疏漏，这种分类方法尚欠严谨：

（一）缺乏规范、科学的信息服务业分类规则。虽然IT职业尚在发展、成熟，但制定标准需要一个相对严谨地界定信息服务行业分类规则的基准。

（二）因而，职业路径不清晰，无法明确定义各类职业对应的职业活动。

（三）IT服务生命周期的科学、清晰的定义存在偏差。

标准似以软件开发为基础，缺乏此类标准应有广度和深度。

二、职业种类划分与解释

如前述，职业种类是以工作性质的同一性为原则，根据信息服务业的特点和市场需求，系统划分和归类职业类型。

服务形态由一系列职业活动具象，由各种服务要素聚合构成，表达服务形态的基本特征。明确信息服务行业分类，并确定各种服务形态的要素特征集，根据要素特征集的同一性划分职业种类，是编制从业人员能力标准的基础。

但囿于ITSS框架，基于GB/T 29264-2012《信息技术服务 分类与代码》编制从业人员能力标准，需要厘清职业路径，明确职业活动。GB/T 29264-2012《信息技术服务 分类与代码》定义了服务类型，然而，由于IT服务生命周期的认识存在偏差，职业路径不清晰，因而，服务分类是离散的、单一的，不能形成有序的职业活动，构成相应的服务要素集合，无法形成职业种类同一性特征的解释。

同时，职业种类的划分，必须充分考虑信息服务业丰富的内涵和宽泛的外延，考虑信息服务业的行业特征。特别是新一代信息技术、新的概念出现，行业边界愈益模糊情况下，应考虑IT职业融合、行业交叉融合的情况。

在SJ/××××—××××《信息技术服务 外包 从业人员能力规范 第1部分：总则》研制中，需要整合GB/T 29264-2012《信息技术服务 分类与代码》中离散的服务分类，适应我国IT职业的特征、分布和发展；IT职业类别的特征、差异；IT职业分类包含的服务形态，和IT职业市场的需求、现状，并据此确定IT职业从业人员的通用能力、专业能力、技术能力要求；同时，应考虑信息技术的发展、社会需要，具有一定的前瞻性。

在标准研制中，不能简单理解国际标准，包括体例、架构、结构、概念、用语等，不能以一个企业，乃至一个领域的标准简单地放大到整个行业。应考虑国情、语境，考虑标准的普适性。

三、职业资格等级

在SJ/××××—××××《信息技术服务 外包 从业人员能力规范 第1部分：总则》研制中，职业资格等级划分充分考虑国家现行的专业技术等级，即"IT职业资格各等级设置，可对应国家相关部门认可的专业技术职称"。并说明"IT职业资格等级对应的专业技术职称设置，是一般性的建议，应根据各职业种类的实际情况设置；各等级职业资格对应的同等级专业技术职称的差异，应依据职业技能要求区分"。

智慧城市标准研究

智慧城市标准体系框架的建构，需要深刻、充分理解智慧、智慧城市的内涵，研究构建标准体系的标准范畴、理论基础和实践评估体系，形成具有扎实基础的普适、适宜、适用的规范化智慧城市建设、运营保障体系。

第八章　智慧城市标准体系框架

　　智慧城市标准体系框架的建构，需要深刻、充分理解智慧、智慧城市的内涵，研究构建标准体系的标准范畴、理论基础和实践评估体系，形成具有扎实基础的普适、适宜、适用的规范化智慧城市建设、运营保障体系。

　　在创建智慧化新型城市生态中，标准化委员会组织专家、学者认真研究"智慧城市"相关的概念、内涵、架构、应用等，并在研究基础上着手研究"智慧城市"标准体系的基本架构、标准体系基本框架、标准体系边界和关联性等等，形成"智慧城市标准体系框架"，以为在"智慧城市"规划、实施、建设、运营中建构规范化的标准体系提供指导，奠定基础。

第一节　背景

　　自IBM提出"智慧地球"以来，国内"智慧城市"概念炒作甚嚣尘上，"智慧城市"规划建设如火如荼。目前，我国有上百个地区提出建设"智慧城市"，30多个省市将物联网作为产业发展重点，80%以上城市将物联网列为主导产业，推动"智慧城市"以前所未有的热情和速度迅猛发展，这与IBM提出"智慧地球赢在中国"的商业战略不谋而合。

　　然而，究竟如何理解"智慧"、"智慧城市"的概念和内涵，如何系统、科学、完整地勾勒、规划"智慧城市"，并且科学、标准、规范的建设"智慧城市"，却是鲜有深入、深刻的研究和阐释。

　　然而，这正是问题的症结。究竟什么是"智慧城市"，如何理解其概念和内涵，"智慧城市"之于城市管理和发展的关系及对社会、经济的作用和反作用等等，是需要深入、深刻研究的。

基于城市管理理解"智慧"、"智慧城市"，不独信息技术，不仅仅依托信息技术推动社会进步，必须从各个方面多角度探讨，涵盖社会、经济、政治、生活各个层次。"智慧城市"应是以智慧化服务为核心，以知识社会创新为导向，以新一代信息技术为支撑，优化配置资源，平衡社会需求，实现城市规划、治理、运营及人文环境建设的智能化。

"智慧城市"规划应涵盖社会各个层面、各种社会结构，是多学科的交叉、融合，非唯技术至上，而以技术为支撑。目前国内多如牛毛的"智慧城市"规划，因循窠臼，类同于信息化建设规划，抑或是数字城市2.0，缺乏应有的宽度、深度和高度，缺乏符合实际的实现城市管理智能化的总体目标。

"智慧城市"规划存在的缺陷，恰是由于相关研究和实践的滞后，囿于一般性信息化规划、建设理论和实践的局限性，囿于对"智慧城市"规划中多学科、多行业相互融合、复合应用的认识局限性。

也正因为如此，在"智慧城市"规划建设运营中，缺乏具备一定高度、内涵、深度和宽度的科学、系统、规范的标准体系架构。"智慧城市"是复杂的巨系统工程，如果缺少有效的标准约束，各自为政、各行其是，将会形成新的部门、行业割据，阻碍信息的顺畅交互。以计算机信息系统集成为例，建设初期，由于没有建立必要的管理秩序，缺乏相应的行业监管，一窝蜂大上、快上，形成今天的信息孤岛、信息烟囱、行业壁垒，不能有效整合资源，不能有效实现业务交叉、融合，严重桎梏"智慧城市"的建设。

第二节　基本概念

一、智慧

智慧，"辨析判断、发明创造的能力"（新华字典），即迅速、灵活、正确地理解和处理事物的能力。

一般意义上，智慧是高等生物所具有的一种高级综合能力，包括感知、知识、记忆、理解、联想、情感、逻辑、辨别、文化等等，以及计算、分析、判断、决定等多种能力。高等生物遗传和后天获得的智慧，是由包括智力和非智力、知识和技能、观念和思想、审美和评价等等多个生理和心理机能构成的复杂的认知、思维体系。高等生物内在的智慧能力，在认知、思考外界过程中，受到外界影响和作用，智慧能力发生变化。

与高等生物之外的事物组合形成的实体智慧，非一般意义的解释。如果用"智慧"修饰、限定、说明城市向更高阶段发展的本质，主要包括3层涵义：

（一）社会意义：高等生物遗传和后天获得的智慧，具有智力和非智力、知识和技能、观念和思想、审美和评价等等多个认知、思维体系，是高等生物社会存在的价值。城市向智慧型高级阶段发展，亦应培育城市社会的智能属性，包括社会各个层面的创新能力、社会各种形态的价值体系、社会成员的智能认知、社会评价体系等等。

（二）技术意义：高等生物后天获得的智慧，是在社会活动中，借助知识、技术、方法等，通过不断学习、实践获得的。技术，包括知识、经验、技巧、方法等，是获得智慧的充要条件。城市向智慧型高级阶段发展，必须依托技术培育城市社会的智能属性。因而，科学技术，特别是IT技术的创新、新一代信息技术的应用，是推动社会创新性发展，逐步实现城市向智慧型高级阶段嬗变的动因。

（三）市场意义：市场是社会分工和商品经发展的产物，但市场绝不仅仅是交易，广义上，市场是高等生物在社会活动中形成价值规范的催化剂。在城市向智慧型高级阶段发展过程中，市场亦是构建城市规范的价值体系、培育城市社会智能属性的催化剂。特别是随着科技进步、社会发展，新一代信息技术应用形成的市场活动，亦是推动社会各个层面、社会各种形态创新性发展的动力。

二、智慧城市基础

城市是人口集中、工商业发达、居民以非农业人口为主的地区。通常是周围地区的政治、经济、文化交流中心（新华字典）。支撑城市社会发展的环境，由城市基础设施、公共服务设施和社会公共事务构成，包含诸多的城市构件和城市元素，涉及各种社会形态、社会阶层、市民和劳动力、资本、社会生活和经济活动基础设施等等，形成复杂的城市巨系统。

城市在发展过程中，城市构件、城市元素产生横向、纵向、边界间的相互制衡，在城市向智慧型高级阶段发展中，由于感知、知识、理解、联想、逻辑、辨别、文化以及分析、判断、决定等多种能力，知识和技能、观念和思想等形成的认知、思维体系的差异，社会阶层、社会结构发展不均衡，城市社会智能属性的培育，必须基于同一的认知、思维体系，推进社会阶层、社会结构的变革。

城市构件、城市元素，狭义是相对聚合、统一的，广义是离散、割裂、孤立、封闭形成孤岛效应，在城市向智慧型高级阶段发展中形成羁绊。因而，实现城市智慧化的基础是：

（一）社会基础元素整合：在实现城市智慧化管理中，需要整合、优化、协调构成社会运行的基本元素，包括社会各个层面、各种社会形态的政治、经济、社会、生活、文化等构成元素，聚合离散、割裂、孤立、封闭的城市元素，形成统一、科学、规范的城市元素群，奠定城市向智慧型高级阶段发展的构架基础。

（二）社会基础资源整合：在城市向智慧型高级阶段发展中，涉及社会各个层面、各种社会形态的政治、经济、社会、生活等相关基础资源，需要整合、共享、支撑、优化配置包括智力、知识、文化等方方面面的资源，形成分布部署、统一协调、规范管理的城市基础资源簇，奠定城市向智慧型高级阶段发展的资源基础。

三、智慧城市

仿照自然界生态理论，在城市发展中，通过自然人的社会活动与自然、社会等环境相互影响、相互作用，形成动态平衡的城市生态系统。维持社会生态系统动态平衡的基础是城市社会中的物质流、能量流、信息流、资源流等。

城市向智慧型高级阶段发展，即城市生态系统实现感知化、物联化、智能化和资源效能化。城市生态系统向智慧型高级阶段发展的演化路径，可以描述为：

（一）自然生态系统的演化。城市自然生态系统，是在特定的城市环境内，非生物元素（如空气、水、土地等）与各种生物之间相互影响和作用，不断交换物质和能量而形成的。城市自然生态系统的演化，是基于生物与非生物、生物与环境之间的动态平衡关系有序、正向进化，保持生态系统的可持续性发展。

（二）社会生态系统的演化。社会生态系统是社会系统环境与人的相互作用，影响人的行为，并不断交换物质、能量、信息和资源形成的。在社会生态系统内，企业、政府、学校、医院、团体、社区等各类组织形成的各种社会形态，是文化、传统、道德、思想、制度、机构等社会系统环境要素的体现。这些文化、传统、思想、制度、机构等社会系统环境要素，反映了人在社会活动、实践、生活中的目标、态度、价值、信念、行为等，是影响社会生态系统发展、演化的关键因素。

自然生态系统、社会生态系统的演化，推进人类自身的进步。关注人类自身的进步，超过对GDP增长的关注，是城市生态系统向智慧型高级阶段发展的基本点。

因而，城市向智慧型高级阶段发展，充分整合信息、知识、智力和其他各类资源，通过透明、充分的信息获取，广泛、安全的信息传递，有效、科学的信息处理，均衡、有效地提高城市运行和管理效率，改善城市公共服务水平，跨越式地提高城市发展的创新性、有序性和持续性，形成低碳城市生态圈，构建新的城市发展形态，培育、发展城市社会的智能属性，使城市具有较为完善的感知、认知、学习、成长、创新、决策、调控能力和行为意识，使绝大多数市民都能享受到智慧城市的服务和应用。

第三节　基本架构

如前述，"智慧城市"应是以智慧化服务为核心，以知识社会创新为导向，以新一代信息技术为支撑，优化配置资源，平衡社会需求，实现城市规划、治理、运营及人文环境建设的智能化。因而，"智慧城市"的基本架构设计，主要包括三部分。

一、基本社会架构

城市是人类文明的主要组成部分，形成具有某些特征的社会组织形式，人们相互交往、相互依存，形成有机的社会整体。

由于城市社会的构成是城市构成要素相互关联、相互作用的形态和方式，因而，城市社会的组织结构是复杂的，包括经济结构、社会结构、空间结构等。

　　社会成员中人群之间基于不同的政治、经济、社会原因存在价值取向、文化特征差异，生存和生产职能、分工不同，环境适存度不同，形成不同社会层次、不同社会地位的社会群体。

　　城市在发展过程中，已经形成了固定的结构、层次、模式和认知体系，在向智慧型高级阶段发展过程中，需要修正、改变固定的结构、层次、模式和认知体系，优化、重构社会基本架构，以期适应城市社会的智能属性。

　　智慧城市的基本社会架构，主要包括：

　　（一）社会结构

　　当社会各种结构在社会高速发展的压力下吱嘎作响时，需要形成一种均衡关系。因而，城市向智慧型高级阶段发展，必须构建相适应的社会结构。

　　城市的智慧型高级阶段，社会结构构成要素优化配置、协调发展，社会体系功能均衡、完善，社会秩序有效、创新，社会成员互动、和谐，形成同一的智慧城市基本价值规范体系。

　　（二）社会生态

　　社会生态系统，包括自然生态系统，已经成为社会、经济高速发展的瓶颈，需要从根本上改变社会构成要素与社会生态系统的关系，协调社会、经济发展与社会生态系统均衡、一致。因而，城市向智慧型高级阶段发展，必须构建适宜、和谐、均衡发展的社会生态系统。

　　城市的智慧型高级阶段，社会发展与生态环境相适应，人与生态环境互惠、调适，人与社会系统能动、和谐，社会文化环境适应智慧城市基本的价值规范体系，形成正向、有序的社会生态演化路径。

　　（三）社会形态

　　社会各种结构在社会高速发展的压力下吱嘎作响，社会生态系统失衡，企业、政府、学校、医院、团体、社区等各类组织形成的各种社会形态需要建设规范的价值体系。因而，城市向智慧型高级阶段发展，必须在适应的社会结构和均衡的社会生态系统环境下规范各种社会形态。

城市的智慧型高级阶段，社会各构成形态与社会环境之间公平发展，公共服务均衡、普适，社会资源配置共享、优化、有效，形成有序、有效、公平、合理的社会发展机制；

（四）信任体系

在社会高速发展背景下，社会生态系统开始失衡，出现各种浮躁、贪婪、偏激、恐惧等，需要建立规范、有序的价值体系。因而，城市向智慧型高级阶段发展，必须建立可信、有效的信任体系。

城市的智慧型高级阶段，形成可信的信任评估机制，有效的风险管理措施，可靠的法律救济体系，建立人与人、人与社会之间的完善、有效的信任体系。

二、基本技术架构

（一）概念研究

新一代信息技术、新的概念支撑智慧城市的规划、建设。然而，如何理解这些新的技术、概念，并运用系统工程的方法规划、设计智慧城市，是非常关键的。

1.云计算

"云"是整合分布式计算、并行计算、虚拟技术等诸多IT技术，基于泛在网络提供、使用所需服务的模式。

云，大气中的水蒸气，凝聚成小水滴或水粒，或与雨共存时肉眼可见的集合体。顾名思义，云服务模式的核心是资源的占有、整合，聚合分散、不连续的，或孤立、封闭的资源，依据目标、方式、对象等的不同，提供相应的服务。

云服务模式的基础是泛在网络。如云之于大气，云服务模式的服务通道是泛化、透明的，各种形式、技术构成底层无所不在的服务网络，任何时间、地点，使用任一服务节点可以提供泛在的，无所不含的信息服务和应用，实现与任何人或物的信息交换。

从实践角度，云服务模式是服务于一个行业、一个领域，或一个专业应用。服务通道是泛化、透明的，服务资源是相对独立的。在智慧城市的规划、设计中，需要汇聚、整合各种云服务模式，形成完整、系统、规范、基于城市智能化服务的统一的云服务模式。

2.物联网

物联网是集成了传感器、嵌入式系统、数据传输等技术，基于泛在网络搭建的应用框架，是云服务模式向生物体、非生物体的延伸，实现生物体、非生物体的信息交换。

通过物联网建设，实现城市社会智能属性全覆盖。智能服务的触角可以延伸至任一物体，实现自动感知、自动识别、自动处理，云服务资源最大化，云服务模式自动化。

3.大数据

大数据是云服务模式的核心，包括历史数据、采集数据、共享数据等，呈现出海量、多样态、高附加值等特点。

大数据的应用价值，不独一般意义的数据应用，还在于历史数据、废弃数据的挖掘、收集、分析、筛选、处理、筛查，以获取可资利用的潜在价值。

在智慧城市应用中，大数据涉及行业、领域或应用方向，或地区、区域等。目前国内大量建设超级数据中心，动辄TB、PB以上的计算容量，上千万次/秒的浮点运算峰值，将大数据曲解为数据大集中，可能造成未来资源闲置、浪费。大数据管理适宜根据行业、领域或地区、区域特点建设分布式架构数据管理平台，以策数据安全、管理、应用无虞。

（二）架构研究

智慧城市的基本技术架构，主要包括：

1.泛在网络

智慧城市的底层基础架构，是以泛在网络建设为基础的。采用有线、无线等多种网络通信技术，整合、建设无所不在的智慧城市网络基础设施，使市民都能够随时、随地畅通的使用网络。

2.物联网络

物联网络是基于泛在网络实现智慧应用的基本框架，支撑智慧城市各个层面的相互协同、资源共享及各类应用集成和融合。

3.大数据交换与共享服务

大数据交换与共享是智慧城市提供服务的核心。在智慧城市的大量应用中，可能产生大量复杂的同构或异构、结构化或非结构化数据，各项公共服务间生成频繁、复杂的数据交换和业务协同，大数据交换提供统一的数据交换标准，借助各种数据管理技术和策略，实现多源数据的共享、交换、集成，从而全面整合资源，实现高效业务协同。

4.智慧城市运营平台

智慧城市运营平台是智慧云服务模式的通道，是基于泛在网络架构，整合各种构成的平台、不同结构的信息和资源，提供具有统一、公用、开放标准的跨行业、跨领域的、完善的智慧云服务模式功能，为市民提供智能化的服务。

5.智慧城市应用

智慧城市应用是资源整合、业务协同形成的不同领域（行业）应用体系，通过智慧城市运营平台，实现城市管理互联化、感知化、智能化和人文化。

在城市向智慧型高级阶段发展中，智慧应用体系不是孤立的"智慧孤岛"。因而，在智慧应用体系建设中，应考虑：

（1）合成谬误。诺贝尔经济学奖得主萨缪尔森（Paul Anthony Samuelson）提出了合成谬误的思想，这一思想在社会实践中屡见不鲜。如果行业各自独立规划、建设智慧应用体系，可能是合理、有效的，但当在智慧城市运营平台上整合、协同应用，可能产生偏差，甚至谬误。

（2）如果行业各自独立规划、建设智慧应用体系，将可能产生同质化（类似目前信息系统集成的同质化），缺乏创造性和开拓性。

（3）社会化作用。智慧应用是城市构件、要素实现智能化的过程，应用之间是相互关联、作用的。因而，智慧应用体系建设应社会化，便于整合资源、提高效能，避免重复建设、资源浪费。

6.智慧城市安全

保证智慧城市的信息安全，是保证智慧城市应用普适化的关键。需要建立统一、系统、整体的深层次信息安全防御体系，完善、有效的信息安全管理体系。

三、基本社会治理架构

城市向智慧型高级阶段发展，企业、政府、学校、医院、团体、社区、社会组织等各类组织及个人形成的各种社会形态，必须形成和谐、平等的合作关系，依法规范、管理社会事务、社会组织、社会生活等，以建立有序、有效、公平、合理的社会发展机制，实现公共利益最大化。

智慧城市的基本治理架构，主要包括：

（一）法律保障体系

适应智慧城市基本社会架构，形成完善的基于智慧城市基本价值体系的有效的秩序建构。

在城市向智慧型高级阶段发展中，必然优化、重构社会基本架构，社会构成要素发生变化，推进法律保障体系适应社会高级发展阶段的变革，以建立适合智慧型高级社会阶段的、具有普遍约束力的社会行为规范。

（二）社会自组织

适应智慧城市基本价值体系，形成社会内部各种要素、各种形态的自我调整、自我约束。

协同学的创立者哈肯（Hermann Haken）将自组织定义为"如果一个体系在获得空间、时间或功能的结构过程中，没有外界的特定干涉，仅依靠系统内部的互相作用来达到，该系统就是自组织"。即如果一个系统运用等级权利和指令控制方式形成组织，就是他组织；如果系统不存在这种控制方式，按照相互约定的某种规则，各尽其责、相互协调地自动形成有序结构，就是自组织。

在社会高速发展中形成了社会畸形因素，冲击着社会内部的自组织行为，包括文化、传统、道德、思想等。因此，社会内部存在的自组织活动，必须在城市向智慧型高级阶段发展中，形成全体社会成员认知的、规范的基本价值体系，在法律保障体系救济下，实现城市构成要素、社会形态的自我调整、自我约束。

（三）社会管理

在建构智慧城市法律保障体系基础上，实现多元利益主体对社会事务、社会组织、社会生活的规范化管理。

在向智慧型高级城市阶段发展中，城市管理主体向多元利益主体过渡，形成和谐、平等的合作关系，以建立有序、有效、公平、合理的社会发展机制，实现公共利益最大化。

（四）智慧城市规范

智慧城市建设和运营，应在各种完善的法规、标准、规范保障下实施。同时，建立智慧城市建设评估监督机制，建立统一的评估考核标准，健全项目建设监督管理机制。

智慧城市规范化建设和运营，必须建构与法律保障体系相互救济的行业自律规范，并通过评估监督机制，保障智慧城市建设、运营的可持续性发展。

第四节　标准规制

一、综述

诚如《智慧城市标准体系框架及核心标准参考集》（以下简称标准参考集）所述，"标准涉及领域宽泛，标准数量众多，缺乏系统性、专业性、指导性强的标准化咨询服务。智慧城市是一项系统性工程，其建设实践涉及的国家标准与行业标准数量众多：已发布或在制定的信息技术标准两千多项，通信标准近三千项；行业应用标准几千项；涉及的技术领域范围广，涉及物联网、云计算、信息和通信技术、网络和信息安全软件产品、信息技术服务、应用系统等通用性标准；涉及众多应用领域及其标准，政务、交通、医疗、建筑、家居、农业等领域已经有了很多应用标准。"

标准参考集提出了智慧城市标准体系框架，由包括七个类别的标准组成，分别为：智慧城市总体标准，智慧城市支撑技术标准，智慧城市公共平台标准，智慧城市测试标准，智慧城市建设管理标准，智慧城市信息安全标准，智慧城市应用标准。

然而，智慧城市涉及多学科、多行业、多技术，是跨学科、跨领域、综合体现技术、管理、服务的复杂巨系统，需要基于科学、技术、知识、经验的研究、实践综合成果，构建最佳秩序，为智慧城市各种活动、行为和结果提供有效的规范性约束规则，以促进、达到最佳的效能。

因而，在智慧城市标准体系建设中，学科、领域融合，边界模糊，是基本特征。必须加强知识体系、理论基础、实践验证等相关研究和实践，以奠定城市智能化规划相关的社会、政治、经济、文化、人文、生态等各个方面的知识根基，形成规范、科学、严谨的标准化体系，推进"智慧城市"规划、实施、建设、运营有序发展。

标准参考集提出的智慧城市标准体系框架，仍然囿于技术架构的研究：

（一）缺乏智慧城市总体架构的基础研究，标准体系框架没有建立清晰的标准路径。

（二）标准体系列表关注具体技术的标准实现，缺乏标准分类、层次、关联和逻辑关系的描述。

（三）囿于技术架构的研究，仍然缺乏总体架构的把握，特别是核心技术的标准实现。

（四）缺乏对一些基本概念的研究。在我国IT标准化过程中，始终困于IT相关概念的理解、研究和标准描述。

二、构成原则

在向智慧型高级城市阶段发展中，由于城市构成要素复杂，社会生态环境内涵丰富，智慧城市标准化过程，需要统一、规范、科学。因而，需要明确智慧城市标准体系框架的构成原则。

智慧城市标准体系框架的构成原则，主要包括：

（一）适用性：

1.适用先进成熟的科学技术。智慧城市标准体系应紧跟科学技术的发展，评估智慧城市应用前景，尽可能覆盖适于智慧城市建设、实施、运营的先进、成熟、适用的技术。

2.适用创新的管理思想。在向智慧型高级城市阶段发展中，管理思想的变革是关键性的。智慧城市标准体系应激发管理认知、思维创新，管理体系的融合、变革和创新。

3.适用"以人为本"的服务理念。向智慧型高级城市阶段发展，重要的是人的认知、思维模式的进步。智慧城市的基本点，是"以人为本"，促进人类自身的进步。

（二）前瞻性：

1.跟踪社会发展、科技进步。在向智慧型高级城市阶段发展中，社会生态系统持续正向演化，社会构成要素不断进化、发展，科学技术不断进步，智慧城市标准体系应适应、跟踪社会、科技的发展，使标准体系具有实用性、适用性。

2.适度前瞻。智慧城市标准体系应根据需求分析、总体规划、发展目标等，评估潜在的标准需求，使标准体系适应未来一段时间内的标准需求。

（三）相关性：

标准体系内各个标准是独立的，各个标准之间是相关的，体现标准体系框架的整体性、完整性。

（四）开放性：

标准体系是开放的，可以基于智慧城市标准体系框架拓展、开发、创新和延伸，以适应向智慧型高级城市阶段发展中标准需求的变化。

（五）普适性：

标准体系具有一般意义的普遍适用规则。

三、标准构成

《智慧城市标准体系框架》以智慧城市总体架构为基础，宏观研究智慧城市建设、实施、运营的标准规范，以为智慧城市标准体系建设提供规则。

（一）智慧城市涉及社会各个层面、不同的社会生态、各种社会形态和社会生态系统内的要素构成。因而，智慧城市标准体系是泛化的，既应考虑智慧城市深层的自组织形式，亦应考虑"智慧城市"必需的社会秩序，即他组织形式。

城市社会主要的自组织形式是传统、道德、文化等。目前中国社会太多的浮躁、贪婪、欺诈、偏激等，自组织向低层次逆向演化，在向智慧型高级城市阶段发展中，智慧城市标准体系的秩序建构，作用并影响自组织过程，促使社会生态系统正向、有序演化。

（二）智慧城市不同客体的需求，是交叉、重叠的，大致可以划分为技术、管理和服务三大类。因而，"智慧城市"标准体系总体架构，可以包括3个相互关联、又相互独立的标准体系框架。

1.智慧城市以服务为核心。随着IT产业基础性作用的发展和应用，社会、经济形态向服务形态演化。服务的基本特征，是构建均衡的服务生态环境，并在服务生态演化过程中，将服务需求转化为服务要素间的相互关联、作用和影响。

智慧城市的终极目标，是基于社会生态系统构建优良的服务生态环境，为社会成员提供各种形态优质、满意的服务。

2.智慧城市以管理为主线。服务管理是基于基本的管理理论和方法，依据服务特性，管理、优化服务、服务过程及相关资源。服务管理是通过服务能力感知服务质量的过程，服务能力是整个服务周期内服务组织内各类资源的转换能力和管理职能的体现。

智慧城市提供的服务管理，是保证服务生态环境的质量，在向智慧型高级城市阶段发展中，形成规范的基本价值体系。

3.智慧城市以技术为支撑。随着信息技术的发展，逐渐渗入各行各业，成为产业发展基础。特别是新一代信息技术的发展，为实现普适的城市社会智能属性提供了有效的技术支撑。

（三）智慧城市标准体系总体架构，是标准体系的构成要素，形成标准体系的总体结构，描述了各要素间的关联关系。

智慧城市标准体系总体架构如图8.1所示：

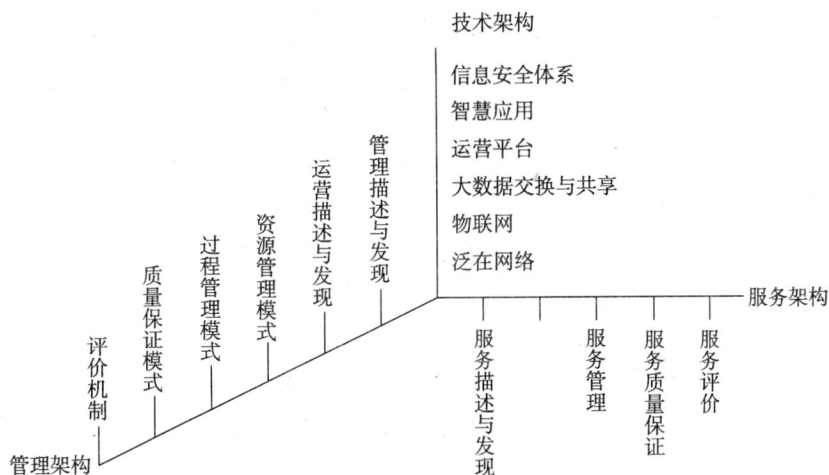

图8.1　智慧城市标准体系总体架构

（四）智慧城市标准体系框架，是相互关联又相互独立的，描述了非层次的、线性相关的不同要素标准体系的结构构成和约束规则。如图8.2所示。

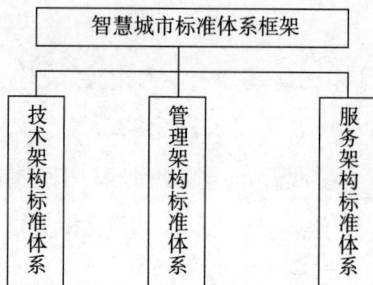

图8.2　智慧城市标准体系框架

四、标准层次

《智慧城市标准体系架构》尝试构建一个多角度、全方位、多层次的标准体系，试图涵盖智慧城市主要标准要素。因而，《智慧城市标准体系架构》主要包括2个层次：

（一）如第一章第三节所述，智慧城市主要包括3个基本架构，因而，在考虑构建标准体系架构时，应考虑包括3个基本架构的完备的标准体系框架，形成有序、规范、完整、系统的智慧城市标准体系；如图8.3-图8.5所示。

图8.3　技术架构标准体系总体架构

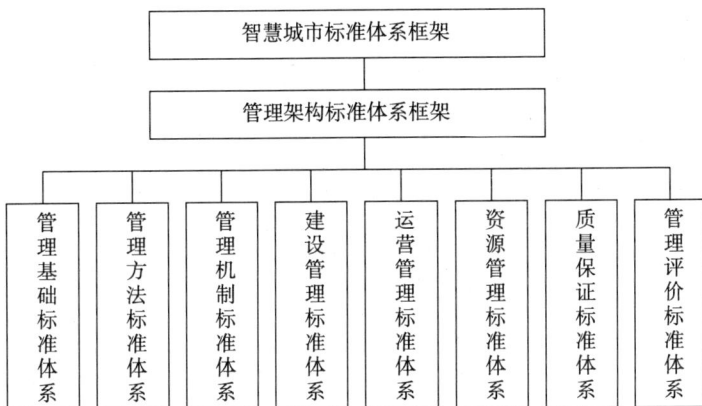

图8.4　管理架构标准体系总体架构

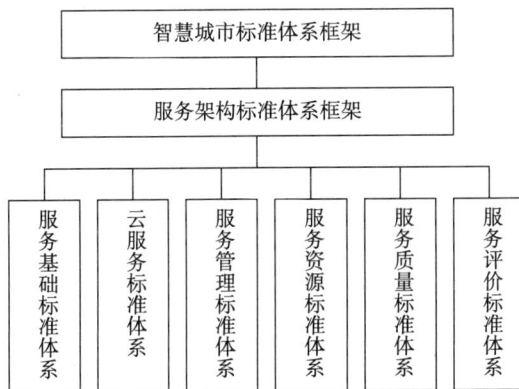

图8.5　服务架构标准体系总体架构

（二）鉴于此，在智慧城市标准体系构建中，应考虑包括3个基本架构的、完备的标准体系内各个标准之间的关联关系和效用，构建通用、普适、泛在的"智慧城市"标准体系。

第五节　标准组织

在《智慧城市标准体系架构》相关研究和标准组织过程中，需要考虑标准的普适性：

（一）考虑标准体系总体框架适应性的3种情况：

1.已发布实施、已完成、编制中的国家、行业、地方标准、规范。

2.已发布实施、已完成国家、行业、地方标准、规范修订。

3.研制适用的新一代标准体系。

（二）智慧城市标准体系框架内各标准体系间可能存在重复，需要在标准研制中，提取共性的特征部分，形成统一的标准，抑或各标准体系依据相关特征各自表述。

（三）《智慧城市标准体系架构》应作为智慧城市标准体系研制的基准，其内容并不一定完全适用，也可能需要本标准未涵盖的内容。标准使用者宜根据实际情况剪裁、调整、修正，并与《智慧城市标准体系架构》的条款相互印证，以期达到标准的可用性、可操作性和普适性目标。

（四）智慧城市标准体系总体框架是基于智慧城市的基本认知，以技术为支撑，以管理为主线，以服务为核心形成的。因而，可以基于总体框架，逐步实现多角度、全方位、多层次的标准体系建设。

第九章　智慧城市管理规范

第一节　综述

随着社会、经济的高速发展，城市化进程日新月异，城市规模不断扩大、城市管理所涉及的各类城市部件、管理要素快速增加，社会结构日趋复杂，阶层群体间的矛盾冲突逐渐增多、社会形态愈加活跃，群众诉求不断提升，群众维权意识也在逐步增强。

在城市基础设施不断完善，全民素质不断提高，政府服务意识不断加强，政府管理模式和体制变革创新，推进城市发展持续发展演化中，随着各种新技术、新理念的不断进步、成熟，需要深化城市管理平台的研究，运用物联网、云服务、新一代网络通信技术、高性能数字技术等新一代信息技术，实现城市各类资源的高度共享、各类城市管理部件和要素的感知、各业务单元的协同联动、快速反应和精确管理，全局统筹指挥、独立的全面过程监督考核，面向行动、支撑一线，以人为本、强化服务的智能化城市管理模式。

智能化城市管理模式(以下简称智慧城管)是智慧城市的重要构成，是数字化城市管理的延伸和发展，是新一代信息技术支撑、知识社会创新2.0环境下的城市管理新模式。智慧城管基于城市数字化、信息化和智能化建设，利用新一代信息技术，探索城市智慧化的发展途径，为实现智能化城市管理、均等化社会服务、高效化城市经济和高新化城市产业提供新的支撑和动力。建设集信息获取、信息处理、全过程监控督办、分析决策、视频监控、应急联动、联合指挥调度等多位一体的智慧化、全覆盖、全流程的综合性城市管理平台，通过新一代信息技术支撑达到全面透彻感知、宽带泛在互联、智能融合应用，实现社会模式创新、管理模式创新、服务模式创新的智能化、可持续发展的城市管理新模式，使城市的政府管理者、政府工作的监督执法人员和普通市民共同受益。

在实现智能化城市管理过程中，需要管理模式、业务流程、体制变革、知识、方法和技术应用的创新，需要在过程中不断研究探索、总结改进和发展变化。城市管理者依托智能化城市管理平台提高城市运营效率和管理效益，并促使每一位市民成为一名城市管理的监督员，以缓解城市管理压力，实现资源节约、共享和效能最大化，不断提高市民对政府的满意度，从而相互促进，形成良性循环，推动城市和社会不断进步、发展。

《智慧应用 第2部分：行业 城市管理》，是在智慧城市标准体系框架下，作为智慧城市建设的核心应用，主要涉及到智慧城市标准体系框架的基础标准体系、通用标准体系及产品标准体系等部分内容。制订《智慧应用 第2部分：行业 城市管理》，是对智慧城市标准体系框架下相关标准的细化、丰富和完善，同时对智慧城市的其他应用标准的制订也具有一定的参考意义。

2013年初，大连市金州新区城市建设管理局启动了金州新区智慧城管项目的建设工作，并根据辽宁省质量技术监督局下达的2014年度辽宁省地方标准制修订项目计划，与大连云帆科技有限公司、大连软件行业协会于2014年4月初成立标准编制课题组，开始标准编制工作。课题组广泛调研、查阅、收集国内外关于智慧城市、智慧城管的相关标准，包括相关权威机构发布的技术文件等，并充分系统的研究了这些标准和技术文件。在金州新区智慧城管项目的建设经验基础上，提出了智慧城市管理标准总体架构，经过多次内部讨论，广泛咨询行业内专家，并在金州新区智慧城管项目成功实施的基础上展开相关验证工作,最终编写完成了《智慧应用 第2部分：行业 城市管理》标准（报批稿）。

第二节　特征

城市管理是基于法律、经济、行政、技术等的管理机制运用，通过政府、市场与社会的互动，决策引导、规范协调城市运行和发展的管理、服务、运营活动和行为。

《智慧应用 第2部分：行业 城市管理》采用狭义的城市管理定义，即与城市规划、城市建设及城市运行相关联的城市基础设施、公共服务设施和社会公共事务的管理，包括对市容环境、园林绿化、市政公路、城市排水、河道、公共客运交通、道路交通安全、社区公益性服务设施与社区环境等实施的管理。

智能化城市管理，是基于泛在网络基础，构建高感知度物联网应用框架的智能化城市管理基础环境，通过各类城市部件、资源的优化、整合配置，各类城市元素的高度协同、融合，实现城市管理信息及时、有效、互动、智能的感知、传递和处理，提高城市居民的生活幸福感和社会经济的竞争力，增强城市发展的可持续能力。

在智能化城市管理建设中，充分利用计算机、网络应用、通信、传感、控制、多媒体和虚拟仿真等现代科学技术，全方位、多层面、多元素感知、识别、处理、分析和利用与城市管理部件、资源等构成要素相关的各个方面，实现城市管理所涉及城乡资源、生态、环境、人口、经济、社会等诸方面的智能化管理、服务，提供智能化决策依据，创造新的城市价值。

感知应用是构建物联网应用的基础，全面实现城市管理的感知能力，是智能化城市管理的基础。借助电子标签、智能传感器、二维码等多种信息采集设施，构建包括感知层、网络层和应用层物联网络基础架构，获取身份、位置、图像、状态等各种类信息，以全面实现城市管理的感知能力。

基于这一构架形成的智能化城市管理建设规划是同质化的、具有普适意义，适于构建同一的基于物联网应用框架的智慧城管系统，应用于城市管理，包括社会、经济、生活等所有元素的信息自动采集、处理。然而，基于物联网的应用对象具有不同的城市特征、发展特色、生态环境、社会形态等，需要规划适于本地特色的基于物联网应用构架的智能化城市管理系统。

第三节　总体架构

智慧城管总体架构如图7.1示。

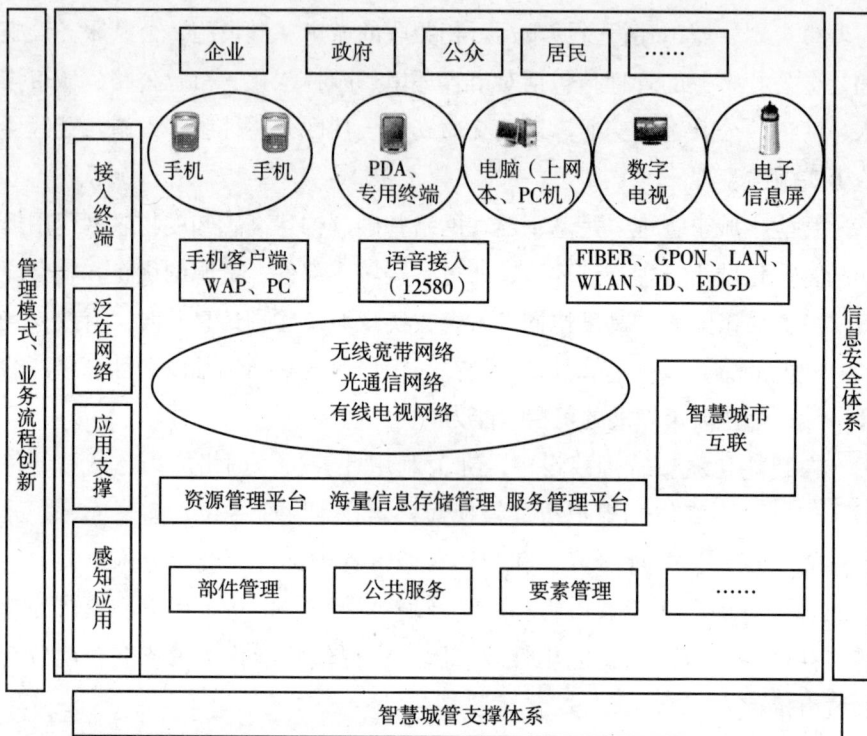

图7.1：智慧城管总体架构

智慧城管主要包括四部分：

一、城市管理架构

城市基础设施、公共服务设施和社会公共事务，构成了城市社会经济发展的环境，基于这一环境的城市经济社会发展的基础是社会管理。涉及各种社会形态、社会阶层、市民和劳动力、资本、社会生活和经济活动基础设施等。因而，智能化社会管理需要创新社会管理模式，梳理、重组业务管理流程，规范城市部件、要素管理，构建适应智能化城市管理的新的城市管理架构。

智慧城市管理架构实现城市管理的管理模式创新、服务模式创新、知识创新和城市运行模式创新，发挥城市整体优势和聚集效应，使整个城市系统高效、有序、智能化协调运行。

二、数字化城市管理基础架构

基于泛在网络构建物联网基本架构，搭建智能化城市管理平台，实现信息感知、信息整合、资源优化整合、信息分析处理及服务、指挥、监察的智能化城市管理基础架构。

数字化城市管理基础架构是实现城市智能化的技术支撑架构，基于新一代信息技术实现全面透彻感知、宽带泛在互联、智能融合应用，支撑城市管理智能化；

数字化城市管理是智慧城管的基础。数字化城市管理基础架构包括：

1.泛在网络

采用有线、无线等多种网络技术，整合、建设无所不在、能够随时、随地畅通的智慧网络基础设施，使社会管理的触角延伸至城市的每个角落。

2.物联网络

基于泛在网络实现的智能化城市管理应用框架。基于物联网络构建城市部件、城市元素的智能应用体系。

3.数据中心

在数字化、智能化城市管理的应用中，可以产生大量复杂的同构或异构数据，城市部件、要素、各项公共服务间生成频繁、复杂的数据交换和业务协同，借助各种数据管理技术和策略，实现多源数据的共享、交换、集成，从而全面整合资源，实现高效业务协同。

4.管理平台

数字化、智能化城市管理的服务重心是平台化。需要整合各种构成的平台、不同结构的信息和资源，提供具有统一、公用、开放标准的智能化城市管理服务平台，为城市管理提供智能化的服务。

5.城市管理应用

数字化、智能化城市管理应用是资源整合、业务协同形成的城市管理应用体系，通过城市管理平台，实现城市管理智能化、互联化、自动化和人文化。

6.信息安全体系

建设统一、系统、整体的智能化城市管理深层信息安全防御体系和信息安全管理体系。

7.智能化城市管理建设、运营支撑体系

智能化城市管理建设、运营应在各种完善的政策、法规、标准、规范保障下实施。同时，建立规范化的智慧城管建设、运营评估监督机制，和统一的评估考核标准，健全项目建设、平台运营监督管理机制；

三、智慧管理的治理架构

实现多元利益主体在城市运行中对社会事务、社会组织、社会生活的规范化管理；

四、城市资源整合

城市资源整合是智慧城市管理的基础和核心，包括：

1.城市管理中各种基础部件、元素的整合。如道路养护、园林绿化所涉及的各种部件，市政管理中的各种元素等等的统一规划、整合；

2.城市管理中相关资源的整合。城市管理涉及城市运行所需各种资源的统一规划、整合、配置。

第四节　标准架构

在智慧城市运营中，智慧应用以多业态分布。行业种类、数量庞大、繁杂，且存在行业分化、聚集、重组的演化机制。行业特征明显，行业与行业间存在关联，因而，智慧应用统一于智慧城市运营平台，智慧应用标准化建设基于智慧城市总体架构。

智慧应用标准体系总体架构设计，以通用要求提纲挈领，贯穿多业态智慧应用，构成体系的整体框架，享有文本优先权，保证各行业智慧应用的连续性、关联性。

一、通用要求：基于智慧城市总体架构，定义同一的智慧应用研发技术架构、技术路线、功能设计、代码及系统安全、接口设计等等及其他智慧应用研发共有技术特征的约束规则；

二、行业应用：基于不同的行业特征、智能化需求、与其他行业的关联等，定义相应行业智慧应用研发应遵循的准则。

《智慧应用 第2部分：行业 城市管理》是智慧应用标准体系中的行业应用部分。智慧城市管理标准可形成系列化标准体系。《智慧应用 第2部分：行业 城市管理》提炼城市管理中共性的约束规则形成，以期为后续标准研制提供参照，并为一般性智慧城市管理构建标准框架。

依据DB21/T××××《智慧城市标准体系框架》，基于智慧城市管理的基本认知，智慧城市管理标准总体架构应如图7.2所示，并据此在后续标准研制中逐步规范化。

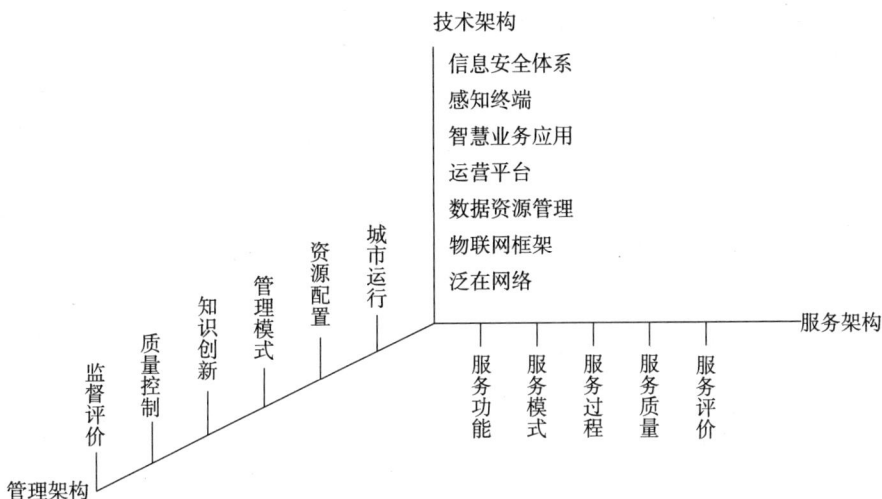

图7.2 智慧城市管理标准总体架构

《智慧应用 第2部分：行业 城市管理》可作为智慧城市管理标准体系研制的基准。在智慧城市管理中，《智慧应用 第2部分：行业 城市管理》内容并不一定完全适用，也可能需要本标准未涵盖的内容。标准使用者宜根据实际情况剪裁、调整、修正，并与《智慧应用 第2部分：行业 城市管理》的条款相互印证，以期达到标准的可用性、可操作性和普适性目标。

数据管理标准研究

在信息系统的构建过程中，由于缺少统一的数据标准，形成许多"信息孤岛"，使得应用系统之间信息不能共享，不支持业务协同；而在其后应用系统集成的工作中，由于缺乏数据管理规范，不知道从根本上进行数据环境治理，致使集成工作见不到实效。

数据管理是利用信息技术有效收集、存储、处理和应用数据的过程，目的在于充分有效地发挥数据的作用。实现有效的数据管理，关键是从数据元到数据组织技术的运用。

第十章　数据管理基础规范

随着国民经济和社会信息化建设的日益发展，信息技术在我国的电子政务和企事业单位信息化中均得到广泛应用。在网络建设有了一定的基础之后，各种信息系统的开发应用对提高科学管理水平起到越来越重要的作用。但是，在信息系统的构建过程中，由于缺少统一的数据标准，形成许多"信息孤岛"，使得应用系统之间信息不能共享，不支持业务协同；而在其后应用系统集成的工作中，由于缺乏数据管理规范，不知道从根本上进行数据环境治理，致使集成工作见不到实效。

大连市经信委和大连软件行业协会为解决上述问题，满足电子政务和企事业单位信息化建设中建立数据标准的要求，委托大连圣达信息工程有限公司编制《数据管理基础规范》，用以指导各单位建立科学规范的数据管理标准体系，提升数据管理质量，支持信息资源整合与应用系统集成。

第一节　背景

数据管理是利用信息技术有效收集、存储、处理和应用数据的过程，目的在于充分有效地发挥数据的作用。实现有效的数据管理，关键是从数据元到数据组织技术的运用。

按诺兰模型的信息化发展规律，"数据管理"是信息化过程中的一个重要发展阶段，抓紧解决数据管理的规范化问题，对于我国企事业信息化和电子政务建设，既是当务之急，也是为长远的发展奠定基础。

（一）数据处理危机问题

20世纪六十七年代，以美国为代表的一些计算机技术发达的国家，在数据处理应用的发展期，形成了大量分散开发的应用系统，出现了所谓

"数据处理危机"的问题，暴露出由于分散开发所带来的严重后果，其表现为应用系统开发周期拖长，投资倍增，失败案例多，维护困难。要修改原先的软件，重新组织数据，连成一个统一的大系统，所耗费的人力和资金比重新建立还要多，采取维护和修改的办法是根本行不通的。系统维护问题就像病魔似的缠住了数据处理的发展；

（二）信息工程方法论（IEM）

以詹姆斯·马丁(James Martin)为代表的美国学者于20世纪80年代初，在总结许多企业数据处理发展的正反两方面经验基础上，提出了一整套建立"计算机化企业"的理论与方法，即信息工程方法论（Information Engineering Methodology，简称IEM）。

该方法论的一个重要组成部分就是"总体数据规划"，阐述了数据管理的最基本的原理——"数据类和数据之间的内在联系是相对稳定的，而对数据的处理过程和步骤则是经常变化的"。

（三）数据管理（DA）

威廉·德雷尔(William Durell) 的专著《数据管理》（data admingstra：A Practical Guide to Successful Data Management）总结了数据管理标准化方面的经验，主要观点有：

• 没有卓有成效的数据管理，就没有成功高效的数据处理，更建立不起来整个企业的计算机信息系统；

• 数据元素是最小的信息单元，数据管理工作必须从数据元素标准化做起；

• 企业数据管理部门的重要职责，是集中控制和管理数据定义，建立全企业数据管理基础标准和规范化的数据结构，协调计算机应用开发人员和用户实施数据管理标准规范；

• 数据管理是企业管理的重要组成部分，是长期复杂的工作，会遇到许多困难，持之以恒才能见到效果。

（四）数据管理基础规范的编制需求

信息资源规划/信息资源整合（IRP/IRI）的核心工作，是如何通过执行数据管理基础规范，建立统一的数据标准体系。数据标准是信息资源开发利用的最基本的数据标准，是决定信息系统质量的关键之一，也是信息标准化体系的核心，主要包括：数据元素、信息分类编码、用户视图、概念数据库和逻辑数据库等标准。

信息技术的不断发展，信息化应用规模的日益庞大、复杂和业务应用的持续增长，为信息系统应用提供了便捷的手段，同时，"重硬轻软"和"重网络轻数据"的倾向一直延续下来，"信息烟囱"和"信息孤岛"问题一直未得到解决，究其根本原因，是缺乏信息资源规划和数据标准化。根据《关于加强信息资源开发利用工作的若干意见》（中办发〔2004〕34号）和《2006—2020年国家信息化发展战略》（中办发〔2006〕11号）文件精神，当前和今后很长一个时期，通过信息资源规划建立统一的数据标准化体系，是政府部门和企事业单位信息化建设的重要基础；能否为信息化咨询服务、系统集成和软件开发商提供科学、简明和实用的数据标准的技术服务，是提高信息化建设成功率的重要措施。

（一）DB21/T1981-2012《数据管理基础规范》以信息工程方法论（IEM）为指导，以信息资源规划（IRP）和信息资源整合（IRI）为理论和实践基础，通过基于信息资源规划的总体设计过程建设数据管理基础标准，为信息资源整合与应用系统集成奠定坚实基础；

（二）DB21/T1981-2012《数据管理基础规范》建立统一的数据标准化体系，并可外延到信息资源的语法、语义及应用等规则，实现信息资源的检索、定位与共享，成为信息资源管理的基础标准规范；

（三）DB21/T1981-2012《数据管理基础规范》通过软件工具的支持，可以实现网络化、版本化、资源化的电子元库管理，为信息资源开发与利用整体解决方案的提供，做好数据管理基础工作。

第二节　基本概念研究

在DB21/T1981-2012《数据管理基础规范》研制中，涉及一些基本概念的理解和解释。

一、数据

数据是客观事物原始形态的描述，以数字、文字、符号、图像、声音等形式表示。在社会生活、经济运行中，数据是各种社会活动、经济活动的依据，如企业运营、科学研究、经济统计、技术设计等。

数据分为两大类：

（一）模拟数据：在某个区间内产生的连续数值，如声音、图像、温度、压力；

（二）数字数据：在某个区间内产生的离散的数值，可以用数字表示。如通过某种手段获得的可定量描述的某种事物的数值。

在信息社会中，数据是可以输入计算机系统处理、加工的、具有一定意义的模拟数据、数字数据，包括存储、排序、归并、计算、转换、检索、制表、传送等操作。数据的表现形式是文字、数字、符号等及其组合以及语音、图形、图像等。

数据可以通过某种物理媒介记录、传送。在信息社会，数据可以基于网络以数据通信方式传输。

在计算机系统中，数据是以某种集合的形式呈现：

（一）数据库：是面向事务设计的、在线处理的数据管理系统，按照某种数据模型存储、管理、组织、维护，并最优方式提供多种应用的数据支持。

数据库包括三个层次：

1.物理数据层：物理存贮设备上实际存储的原始数据集合，是数据库的内层；

2.概念数据层：数据库存储数据的逻辑表示，表示每个数据的逻辑定义及数据间的逻辑联系，是数据库的中间层；

3.逻辑数据层：数据库存储记录的逻辑组合，表示一定规律或方式的数据集合，是用户看到和使用的数据库。

（二）数据仓库：根据比尔·恩门（Bill Inmon）的定义，数据仓库是面向主题的（Subject Oriented）、集成的（Integrate）、相对稳定的（Non-Volatile）、反映历史变化（Time Variant）的数据集合。

数据仓库提供决策支持所需的当前和历史数据。根据比尔·恩门的定义，数据仓库的特点包括：

1.面向主题：数据仓库侧重数据分析，因而，数据仓库中的数据是按照一定的主题域组织的；

2.集成的：数据仓库中的数据是相对应用的整体数据，必须保证数据源的一致性和符合性；

3.相对稳定的：数据仓库涉及的数据是历史数据，非数据库日常事务数据处理，因而，数据仓库操作主要是数据查询，很少修改等操作，通常只需要更新、添加；

4.反映历史变化：数据仓库中的数据具有时间属性，记录某一时间区域内的数据变化，以便定量分析、预测数据的发展和趋势。

二、信息

在人类社会进入知识化、数字化的今天，信息已经渗透到我们社会和人类的各个方面，与物质、能源构成了现代社会的三大支柱。

信息是人类生产活动、社会活动中的基本载体，承载以文字、符号、声音、图形、图像等形式，通过各种渠道传播的信号、消息、情报、资料、文档等内容。信息普遍存在于自然界、人类社会和人的思维之中。

因而，信息是通过各种数据形式表现的，是数据的内涵。信息的基本载体是数据。数据按照一定规律、方法解释或处理形成信息，即在社会生活、经济活动中，数据与某种实体行为作用并产生影响形成信息。任何信息不能脱离数据载体单独存在。

关于信息的定义有上百种之多，它们都从不同的侧面、不同的层次揭示了信息的某些特征和性质，但至今仍没有统一的、能为各界普遍认同的定义。人们会因不同的使用和研究目的，从不同的角度理解、解释和定义"信息"。

不同学科的研究者，从不同的角度解释信息的概念。有些学者将信息的涵义解释为狭义和广义：

狭义的信息可以定义为一种消息、情报、文档资料或数据。

广义的信息可以定义为对各种事物的存在方式、运动状态和相互联系特征的表达和陈述，是自然界、人类社会和人类思维活动普遍存在的一种物质和事物的普遍属性。

根据N. 维纳（Norbert Wiener）的定义，从信息处理角度，可以定义信息是具有属性的、经过加工处理的数据。数据的属性是数据客观存在的特征，描述数据内在的本质和规律。

信息由三个基本要素构成：

（一）信源：信息的主体。表示具有某种存在方式、运动状态和相互联系特征的源信息。信源反映了事务的客观存在，因此，信源与信源具有不同的内涵；

（二）信宿：信息的接收者。是对信源的认知和理解；

（三）信道：信源与信宿之间建立的传递通道。

信息的传播过程可以简单地描述为：

信源　　　信道　　　信宿

人类历史上四次信息技术革命，使信息可以利用纸、电子、磁性物质等媒介（信道）传播；第五次信息技术革命，网络空间的信息传播突破了时空和地域的限制。人类进入信息社会，信息表现为多信源、多信道、多信宿。

信息的概念非常宽泛，但具有明显的特征：

（一）信息是客观存在的。源于物质世界和人的思维、意识。信息反映了物质的特征、运动状态和内在的规律，反映了人的意识过程。

（二）信息是可再现的。通过识别、搜索、存储、传递、变换、显示、处理、复制等，信息可以独立于物质和思维存在，并再现信息本体。

（三）信息是可共享的。信息是不可或缺的资源，可以收集、生成、压缩、更新和共享。可以根据信息分类设定共享条件。

（四）信息是可以控制的。可以根据信息的使用目的，确定信息处理范畴、处理方法。

三、数据资源管理

数据是对各种社会活动原始形态的描述，可转化为各种社会形态发展的能力，因而，数据具有资源属性，可以从中获得知识，并具有价值属性。

数据资源是在社会生活、经济活动中所有数据及与数据相关资源的集合。数据资源主要包括2部分：

（一）数据：在政府、教育、企业等各行各业和日常生活中，涉及大量的数据，反映了社会生活、经济运行的原始形态，是相关社会活动的基础，并据此形成所需的相关信息；

（二）管理资源：数据经过分析、处理形成有用的信息，所需要的技术、管理等措施、方法、手段等。如数据库系统、数据仓库等。

数据资源管理，是利用IT技术、数据库技术、数据仓库技术及其他软件工具和相应的管理策略，完成数据及相关资源的管理，形成高质量的数据环境和有效的数据管理流程。

数据资源管理基于数据生命周期，包括数据抽取、数据存储、数据分析和处理、数据应用和数据消亡。数据经过分析、处理、应用，形成相关信息，影响社会生活、经济运行中各种行为、活动、事态等。

数据资源管理是面向应用的数据管理，关注数据生命周期内数据应用过程的管理，即数据应用过程中的数据变化。在数据资源管理中，使用元数据描述数据的组织、数据域及相互关系和数据环境。

数据资源管理规范化汇集、整合、管理数据资源。内容包括数据采集、数据管理、数据编码、数据标准、数据质量、数据服务等。

（一）数据采集：数据格式复杂、数据结构多样和多种类型、多种形式的广泛的存在形态，数据采集必须科学化、规范化。

（二）数据管理：数据是社会形态的基本资源，必须有效管理，提升效能，提供及时、准确、方便、安全的数据访问策略。

（三）数据编码：数据转换为代码或编码符号过程中，必须保证系统化、标准化、实用化和可扩充。

（四）数据标准：数据质量的保障，包括数据采集标准、数据编码标准、数据管理标准、数据质量标准、数据服务标准等。

（五）数据质量：数据采集、数据编码、数据处理、数据管理、数据传输等过程的质量控制措施。

（六）数据服务：提供数据完整性、一致性，及数据聚合、重用等等服务。

随着物联网、云计算、移动互联网等新一代信息技术及智慧城市等新概念的应用，大数据是数据应用的发展趋势。需要更加规范化、科学化、体系化的数据资源管理。

四、信息资源管理

信息资源是信息及与信息相关资源的集合，是各类社会形态逐步累积的信息、信息系统、生产、服务、人员、信誉等有价值的资产，是由人、信息和信息技术三元素构成的有机整体；是与社会生活、经济活动、社会发展关联的，在信息应用中产生价值并影响社会发展的信息及与信息相关要素的整合。根据信息资源的属性、特征，主要包括6类，参看本书第2部分信息服务标准研究。

信息资源管理是根据信息资源的性质、特征、利用、效能等，及相关的时间、空间、价值等，优化配置、规范管理，使信息资源利用效益最大化。

根据信息资源管理的内涵，可以包括狭义的信息资源管理和广义的信息资源管理。

狭义的信息资源管理是一般意义的信息管理，即对信息、信息载体及信息内容建设的管理过程，具有相对宽泛的含义。

（一）信息：抽取数据资源，加工、处理形成的事物的描述。

（二）信息载体：包含2层含义：

1.数据资源：数据资源管理形成的标准化数据资源是具有丰富内涵的信息的基本载体。

2.承载信息的各种载体：承载信息的各种实体介质。

（三）信息内容：包括。

1.数据资源：各种不同类别数据抽取、分析、组织、存储，并规范化、科学化。

2.分散信息：不同载体上的散在信息，收集、分析、评价、选择、组织、存储，并有序化、规范化。

3.需求信息：获取、研究、分析、组织、存储用户需求和信息需求，形成有价值的规范化信息。

广义的信息资源管理是在狭义的信息资源管理基础上的扩展，包括信息、设备、技术、管理、服务、人员、信誉等有价值的信息资源的管理过程，具有相对深度的含义。

广义的信息资源管理是开放、无边界的，对信息资源构成要素全过程、全方位管控，实现跨边界的信息资源共享、配置和增值。

第三节　标准框架

一、原则和依据

DB21/T1981-2012《数据管理基础规范》研制的基本原则是：

（一）通过采用科学、简明、实用的数据管理基础规范，指导电子政务和企事业单位信息化过程建立统一的数据管理基础标准；

（二）指导信息化咨询服务、系统集成和应用开发商提高数据管理的科学化和专业化服务水平；

（三）保证信息基础设施中的数据定义、数据组织的科学性和稳定性；

（四）持续改进各单位的数据结构，逐步建立高档次数据环境，全面提升信息化水平。

DB21/T1981-2012《数据管理基础规范》编制工作小组广泛查阅和收集了相关的国内外标准资料：

——GB/T18391.1-2009/ISO/IEC 11179-1-2004《信息技术 元数据注册系统(MDR) 第1部分：框架》

——GB/T18391.2-2009/ISO/IEC 11179-2-2005《信息技术 元数据注册系统(MDR) 第2部分：分类》

——GB/T18391.3-2009/ISO/IEC 11179-3-2003《信息技术 元数据注册系统(MDR) 第3部分：注册系统元模型与基本属性》

——GB/T18391.4-2009/ISO/IEC 11179-4-2004《信息技术 元数据注册系统(MDR) 第4部分：数据定义的形成》

——GB/T18391.5-2009/ISO/IEC 11179-5-2005《信息技术 元数据注册系统(MDR) 第5部分：命名和标识原则》

——GB/T18391.6-2009/ISO/IEC 11179-6-2005《信息技术 数据元的规范与标准化第6部分：注册》

——GB/T19488.1-2004《电子政务数据元 第1部分：设计和管理规范》

——GB/T 20001.3-2001《标准编写规则 第3部分:信息分类编码》

——GB/T 20529.1-2006《企业信息分类编码导则 第1部分：原则与方法》

——GJB/Z 139-2004《数据标准化管理规程》等。

DB21/T1981-2012《数据管理基础规范》编制工作小组还参考学习了相关专著和文献。

二、架构设计

根据信息资源管理基础标准的整体框架，建立数据管理基础对象的表达规则，支持信息技术发展和业务需求，保证数据管理基础对象的科学性、简明性和实用性。

在DB21/T1981-2012《数据管理基础规范》编制中期望实现：

（一）以国内外先进、成熟的信息化理论为基础，保证规范的科学性、前瞻性。

（二）采用经过大量实践检验的研究成果，保证规范的可用性、可持续性。

（三）保证电子政务和企事业信息化建设单位、系统集成和软件开发商、信息化建设咨询服务商三类组织，均能普遍接受本规范，用以进行数据管理工作，打好信息化建设基础。

因而，考虑数据管理的一般流程，某一组织在一定范围内所建立的数据元素集、基于数据资源管理的信息分类编码集、用户视图集、概念数据库集和逻辑数据库集，构成该组织一定范围内的数据资源管理集。该组织可以通过一定范围的信息资源规划，初步建设规范化的数据管理基础：

（一）首先分析识别各职能域的用户视图，建立用户视图集初稿。

（二）通过用户视图集的组成，即可识别定义数据元素，建立数据元素集初稿。

（三）通过识别数据元素集中需要编码的对象，并做ABC分类，建立信息分类编码集初稿。

（四）通过对用户视图集的分组，识别定义面向业务主题的概念数据库，建立概念数据库集初稿。

（五）对概念数据库集中的每一数据库做规范化分析，一般达到三范式（3-NF），即得到逻辑库集。

根据这一流程，DB21/T1981-2012《数据管理基础规范》架构设计，以数据元素为基本单位，逐步展开，规范了数据元素的命名和标识规则、基于数据资源管理的信息分类编码ABC分类规则、用户视图的分类和组成表示方法、概念数据库的表示方法和逻辑数据库的表示方法等，建立了数据管理的基本规则和方法。

三、内容设计

在对国家数据元标准和信息分类编码标准充分研究基础上，DB21/T1981-2012《数据管理基础规范》编制单位基于长期研究、开发实践，并经大量应用验证，总结提出了数据管理基础规则。

（一）数据元素

是一类数据对象的抽象，最小的数据单位。

在国家标准GB/T18391.4-2009/ISO/IEC 11179-4-2004《信息技术 元数据注册系统(MDR) 第4部分：数据定义的形成》、GB/T18391.5-2009/ISO/IEC 11179-5-2005《信息技术 元数据注册系统（MDR）第5部分：命名和标识原则》的基础上，DB21/T1981-2012《数据管理基础规范》补充了科学、简明、实用的数据元命名规则和标识规则，及建立某一组织数据元素集的方法。

（二）信息分类编码

在数据资源管理基础上，根据信息内容的属性或特征，将信息按一定的原则和方法区分、归类，并在信息分类的基础上，将信息对象（编码对象）赋予有一定规律性的、易于计算机和人识别与处理的符号。

在国家标准GB/T 20529.1-2006《企业信息分类编码导则 第1部分：原则

与方法》、《GB/T 20001.3–2001 标准编写规则 第3部分:信息分类编码》基础上，DB21/T1981–2012《数据管理基础规范》补充了科学、简明、实用的信息分类编码对象ABC分类规则，和建立某一组织信息分类编码集的方法；

（三）用户视图

业务工作所使用的单证、报表、账册和屏幕表单等数据格式的抽象，是一些数据的集合，它反映了最终用户对数据实体的看法；

（四）概念数据库

最终用户对数据存储的看法，反映了用户的综合性信息需求。

（五）逻辑数据库

系统分析设计人员的观点，是对概念数据库的进一步分解和细化，由一组基本表构成。

第十一章　计算机软件工程文档编号规范

第一节　编制背景和原则

长期以来，在计算机软件开发中，没有统一的计算机软件开发文档编号，导致企业对软件产品开发管理、资产复用管理存在一定的困难。

DB21/T 2139-2013《计算机软件工程文档编号规范》借鉴其他行业关于图纸文档管理经验，并结合软件开发行业特点，规定了计算机软件开发文档的编号标准，用于规范计算机软件开发文档的标识，以满足软件产业发展的迫切需求。

DB21/T 2139-2013《计算机软件工程文档编号规范》由大连华信计算机技术股份有限公司组织编制，大连软件行业协会参与标准的讨论与起草工作。大连华信计算机技术股份有限公司组织技术人员开展了大量的研究工作，包括其他行业的相关研究，并先行制定企业内部标准，在企业内部实施，根据实施结果修订。

大连华信计算机技术股份有限公司研究了其他行业相关标准，分析了软件开发中文档特点和国内国外技术实现状况，以及软件开发管理相关的标准要求等。

通过相关的研究与分析，确定了标准的技术基本原则与原理。经多轮评审，并将该标准在不同类型项目使用，根据使用的结果进行了评估与修改。

在标准编制中，标准的用语、格式依据GB/T1.1-2009规则起草。标准内容的编制原则包括：

（一）满足产业实践需要

在DB21/T 2139-2013《计算机软件工程文档编号规范》标准编制中，通过实践检查其实用性；

（二）借鉴其他行业成熟经验

在DB21/T 2139-2013《计算机软件工程文档编号规范》标准编制中，研究、分析其他行业的相关标准，并结合软件开发的特点，总结并借鉴了其中成熟的做法。

第二节　标准框架

DB21/T 2139-2013《计算机软件工程文档编号规范》规定了软件文档编号的基本原理、原则和通用的技术要求。

（一）编号的基本原理

文档编号字符

编号基本原则

一般要求

分类编号

隶属编号

软件开发文档编号组成

软件开发文档编号存放与显示位置

基于软件开发文档规定编号要求：

编号组成

软件产品编号

软件工程阶段编号

子系统、组件、模块文档编号

文档种类编号

语言编号

（二）编号正交

正交的维度为：

产品结构；

工程阶段；

文档类别；

语言类表；

（三）实例

为了有效使用DB21/T 2139-2013《计算机软件工程文档编号规范》，在附录中设计了编号标准应用的例子。

附录A《公共及商用服务信息系统个人信息保护指南》报批稿意见

关于《个人信息保护指南》的意见

1 标准名称

根据我国国情，在"公共及商用服务"中，存在大量的以纸质及其它形态媒介保存的个人信息，而这一部分恰恰是保护的重点。而自动处理的个人信息也不仅限于信息系统。如果仅仅保护信息系统处理的个人信息，则会产生严重的边界效应，多少非法使用可以假汝之名。因而，从标准名称看，指南不具有实际的普适的指导意义。

2 范围

处理仅仅是个人信息生命周期的一个环节，仅仅规范处理过程的个人信息保护，其它环节，特别是个人信息源，将如何保护。

既然是公共服务，政府机关是个人信息安全漏洞最大的源头之一，如何解决？

3 信息系统

定义有误。依据中华人民共和国国务院令（147号），应为"由计算机及其相关的和配套的设备、设施（含网络）构成的，按照一定的应用目标和规则，采集、加工、存储、传输、检索信息的人机系统。"

4 个人信息定义

（1）将个人信息定义为计算机数据是错误的，从指南角度，个人信息是可为计算机识别、处理的数据。个人信息定义应考虑个人信息的形态、特征等，个人信息定义本身与计算机无关。

（2）其他信息是什么，难道与任何其他信息结合都可识别自然人？

（3）个人信息分类是错误的。个人信息分类可以有不同的角度，反映的是个人信息的形态和特征。什么是个人一般信息，这种分类根本不清楚个人信息的存在形态，因而存在很大的威胁隐患。

5　个人信息主体

定义存在歧义。指向与识别有很大的区别。起草者显然没有搞清个人信息和个人信息主体的内涵。个人信息必须是可通过个人信息识别的特定的自然人，仅仅指向，并不能确认。

6　个人信息管理者

这个定义存在几个问题：

（1）个人信息管理者必须获得个人信息主体授权，基于明确、合法目的。

（2）个人信息管理者并不仅仅是处理个人信息，实际是个人信息管理，包括个人信息收集、个人信息处理、个人信息管理过程的控制等。

（3）个人信息管理者也可以是个人。

7　个人信息获得者

什么是个人信息获得者，根据定义，二者都对个人信息进行处理，那么他们的关系是什么？

实际上，个人信息管理者就是个人信息获得者，如果不是，个人信息管理者的个人信息来自哪里；个人信息获得者获得个人信息后的职能究竟是什么？一个组织存在如此多的个人信息xx者，会对组织产生极大的管理压力，会对管理产生极大的混乱。

8　个人敏感信息

（1）定义是错误的。敏感的个人信息是自然人特殊的个人隐私私密，是禁止收集的。

（2）"根据接受服务的个人信息主体意愿和各自业务特点确定个人敏感信息内容"是与国际通行的做法相悖的，也是不允许的。

（3）枚举中将身份证号、手机号码等也列入个人敏感信息，也是错误的，没有理解敏感的个人信息的真正含义。

9　个人一般信息

如前述，这种定义是没有必要的，是画蛇添足。

10　个人信息处理

个人信息收集是特殊的处理，是个人信息管理的源，关系个人信息主体的人格权益，应特别强调。所以，应单独定义。

11　默许同意

个人信息主体无明确反对情况下，视为同意，是为非法使用个人信息埋下伏笔。特别在中国国情下。大量的个人信息安全事件说明了这个问题。

12　角色

（1）个人信息保护实施过程中的角色定位存在问题。个人信息管理者是某种社会形态，个人信息保护是社会形态内的个人信息管理过程。因此，个人信息管理者并不能作为个人信息保护实施过程中角色，而应具体定位实施过程中的各种人员角色；

（2）同时，角色应包括组织内各种人员；

（3）"个人信息主体在提供个人信息前要主动了解……"，是在推卸个人信息管理者的责任，为非法使用个人信息制造借口；

（4）个人信息管理者是宏观上的某种社会形态，如何"负责依照……（描述的职责）"？管理主体是谁？；

（5）4.1.4不具备4.1.3描述的职责吗，不对个人信息的安全负责吗？个人信息管理者和个人信息获得者的定义，是明显的逻辑思维混乱，管理主体不清；

（6）所谓"……立即删除相关个人信息。"，难道个人信息加工后没有其他处理方式吗？这是明显的缺乏实践验证；

（7）"第3方测评机构……对信息系统进行测试和评估……"，测评机构对个人信息保护状况的评估，如果仅限于对信息系统的评估，如何完整、充分、有效的评价个人信息保护状况呢？根本就对个人信息的生存状况没有深入的研究、理解、阐释，测评机构的职能、作用不清。

且在这里出现第3方测评机构的规则，特别是个人信息保护管理部门和行业协会，更加莫名其妙。

13　个人信息主体权利

囿于我国的国情，与欧美，乃至日本存在太多的不同。特别是我国几千年的传统观念、地域发展不平衡、法制理念的淡薄，应特别强调个人信息主体权益。因此，指南作为国家标准化指导性技术文件，应首先明确个人信息主体权利，从而，以规范的形式，确立个人信息保护的核心。

14　个人信息管理

（1）个人信息管理者是某种社会形态（组织）的统称，占有、管理个人信息，明确个人信息安全承诺。因而，必须确定其管理责任和义务，约束其管理行为或活动。因此，指南作为国家标准化指导性技术文件，应首先明确个人信息管理者的责任和义务，从而，以规范的形式，确立个人信息保护的导向。

（2）个人信息管理者内存在各种人员要素。必须指定责任主体，明确职能、职责。而非笼统地规定个人信息管理者的行为规则，可能造成事件责任主体不清，推诿扯皮，失去指南的效能。

（3）个人信息安全管理体系是组织为保障个人信息安全和个人信息主体权益构建的制度化、规范化、科学化的管理体制。不能简单认为组织内体系多如牛毛，而采取发散式管理，亟易产生责任交叉、边界效应、规范客体不清等弊端。虽然，一体化体系建设是发展方向，但囿于目前国际、国内标准建设的发展，只能逐步与各种管理体系融合、协调，减少体系间的冲突，而不是因噎废食。

15　基本原则

（1）最少够用原则。1并不是最少个人信息可达到处理目的，这不是事实的全部，而应是适度、适当，不过度。2处理目的后在最短时间内删除，是不适当的，如第12点f所述。

（2）缺少主体权利原则。

（4）质量保证原则。1保密应是安全保障原则内容之一。2仅仅完整、可用是不够的，必须保证准确性。

（4）必须确立手段、方式的合理、合法原则。

16　个人信息生命周期

个人信息生命周期包括个人信息获取过程、个人信息处理过程、基于生命周期的过程管理等三个环节。指南作为国家标准化指导性技术文件，应明确个人信息生命周期，规范生命周期各个阶段适宜、适用、有效的规则。不能将个人信息保护机制矮化为个人信息的处理过程。当缺乏明确的管理主体和管理策略，缺乏个人信息生命周期管理的过程控制，则个人信息保护机制设计，存在固有的质量缺陷，将在提供指导时产生混乱。

17　过程管理

指南应构建过程管理框架，明确管理的质量目标、过程改进模式和内部审计机制。缺乏个人信息生命周期的过程管理，个人信息管理是发散、随意的，无法建立严格的评估机制，缺乏评价目标和评价主体。

在个人信息生命周期内，个人信息管理是与环境、资源、管理、人员、技术等等相关的，不能将个人信息割裂出来单独强调保护。因而，需要采用过程管理模式，系统、科学、规范的管理。

18　收集

（1）收集应包括直接收集和间接收集；

（2）收集前告知应包括安全承诺、个人信息主体权利、个人信息处理后的处理方式等；

（3）敏感的个人信息是禁止收集的（存在一些特例）；

（4）5.2.2内容过于混乱；

（5）"处理个人信息……主体的同意"，过于宽泛，应是在个人信息收集时，即应征得个人信息主体的明确同意；

（6）"收集个人一般信息时，可认为个人信息主体默许同意"，既如此，本标准还是不做的好；

（7）"收集个人敏感信息……"，这是严格禁止的。个人信息主体同意，应有收集特例的章节；

（8）根据指南定义，如果允许"个人信息主体配置、调整、关闭个人信息收集功能"，意味着个人信息主体可以自主操纵信息系统，这是多大的安全隐患，现实吗？

（9）应有对"16周岁的未成年人……"收集个人信息的相关规则，但任何敏感的个人信息都是禁止收集的。

指南应约束个人信息管理者的行为，在收集、使用个人信息前，主动向个人信息主体提供相关信息，取得个人信息主体同意或授权。

19 转移

指南引用"转移"的概念，描述提供、委托等行为，即将保存或拥有的个人信息移交给其他自然人、法人或组织的行为定义为转移。

在转移的一般描述中，责任和义务是不确定的。由于转移是一种个人信息扩散行为和过程，无论何种转移类型，均存在目的性和功利性，必须附带个人信息管理者的责任和义务，明确个人信息主体的权利。因而，转移并不能精确传递基于利益移动个人信息行为和过程的要义。

转移的内涵和外延很宽泛，既包括个人信息交易，也包括合法的个人信息提供、委托等，因而，仅仅定义转移的一般概念，是不能完全涵盖的。

因而，转移的概念是不适当的。

20 管理主体不明

整个第5章管理主体不清。依据上下文，似乎是信息系统。如何明确责任、义务？如何保证各项规则的实施？

21 管理形式

个人信息处理、使用存在多种形式，且各具特征。指南第5章将之搅在一起，不理解个人信息生命周期内个人信息的各种生存状态，完全是混乱的，无所适从的。

以上是一些初步的意见，请参考。

总之，指南作为国家标准化指导性技术文件，虽然为"仍处于技术发展过程中（例如变化快的技术领域）的标准化工作提供指南或信息"，亦应基于深厚的理论研究和多方位的实践验证。在我国特有的个人信息环境、个人信息语境中，选择适宜、前瞻、普适的模式和适合、适用、有效的相关概念。

大连交通大学　郎庆斌

东北财经大学　孙毅

关于《个人信息保护指南》的意见的回复意见

1 标准名称

根据我国国情，在"公共及商用服务"中，存在大量的以纸质及其它形态媒介保存的个人信息，而这一部分恰恰是保护的重点。而自动处理的个人信息也不仅限于信息系统。如果仅仅保护信息系统处理的个人信息，则会产生严重的边界效应，多少非法使用可以假汝之名。因而，从标准名称看，指南不具有实际的普适的指导意义。

回复：本标准仅针对信息系统，非普适标准。

2 范围

处理仅仅是个人信息生命周期的一个环节，仅仅规范处理过程的个人信息保护，其它环节，特别是个人信息源，将如何保护。

回复：本标准适用范围不包括政府机关，对象是信息系统，不是个人信息主体

既然是公共服务，政府机关是个人信息安全漏洞最大的源头之一，如何解决？

回复：一个标准不能解决所有问题，正是因为政府机关的特殊性，这个标准没有指导机关覆盖在内。

3 信息系统

定义有误。依据中华人民共和国国务院令（147号），应为"由计算机及其相关的和配套的设备、设施（含网络）构成的，按照一定的应用目标和规则，采集、加工、存储、传输、检索信息的人机系统。"

回复：引用并改写自其他安全标准。

4 个人信息定义

（1）将个人信息定义为计算机数据是错误的，从指南角度，个人信息是可为计算机识别、处理的数据。个人信息定义应考虑个人信息的形态、特征等，个人信息定义本身与计算机无关。

（2）其他信息是什么，难道与任何其他信息结合都可识别自然人？

（3）个人信息分类是错误的。个人信息分类可以有不同的角度，反

映的是个人信息的形态和特征。什么是个人一般信息，这种分类根本不清楚个人信息的存在形态，因而存在很大的威胁隐患。

回复：定义仅适用于本标准。

回复：分类有很多的角度，本标准采用的其中一种角度进行分类。

5　个人信息主体

定义存在歧义。指向与识别有很大的区别。起草者显然没有搞清个人信息和个人信息主体的内涵。个人信息必须是可通过个人信息识别的特定的自然人，仅仅指向，并不能确认。

回复：定义确实考虑的是指向，而非明确的、法律意义上的、证据明确的确认。

6　个人信息管理者

这个定义存在几个问题：

（1）个人信息管理者必须获得个人信息主体授权，基于明确、合法目的。

回复：获得授权和基于明确、合法目的是对管理者的要求，不是管理者的定义。

（2）个人信息管理者并不仅仅是处理个人信息，实际是个人信息管理，包括个人信息收集、个人信息处理、个人信息管理过程的控制等。

回复：标准陈述与此相符。

（3）个人信息管理者也可以是个人。

回复：本标准中的管理者不特指个人，标准的对象是系统，个人的义务应由法律提出。

7　个人信息获得者

什么是个人信息获得者，根据定义，二者都对个人信息进行处理，那么他们的关系是什么？

实际上，个人信息管理者就是个人信息获得者，如果不是，个人信息管理者的个人信息来自哪里；个人信息获得者获得个人信息后的职能究竟是什么？一个组织存在如此多的个人信息xx者，会对组织产生极大的管理压力，会对管理产生极大的混乱。

回复：见编制说明，管理者对信息系统负责，主体是信息系统的信息来源，获得者是信息系统的信息出口，管理者控制信息处理过程，几个角色均为信息系统的外延，而整个模型的内涵是信息系统。

8 个人敏感信息

（1）定义是错误的。敏感的个人信息是自然人特殊的个人隐私私密，是禁止收集的。

回复：隐私和个人敏感信息是不同角度的定义，隐私的主体是人，敏感信息的主体是数据。

（2）"根据接受服务的个人信息主体意愿和各自业务特点确定个人敏感信息内容"是与国际通行的做法相悖的，也是不允许的。

回复：国际做法并不统一，我们没有必要也无法跟随欧盟体系或美国体系，需要按照我国特点制定标准。

（3）枚举中将身份证号、手机号码等也列入个人敏感信息，也是错误的，没有理解敏感的个人信息的真正含义。

回复：不能将敏感信息与隐私混淆，本标准中指的是敏感信息，通常的理解确实包括身份证号和手机号。

9 个人一般信息

如前述，这种定义是没有必要的，是画蛇添足。

回复：在合理利用的前提下保护个人信息是必要的。

10 个人信息处理

个人信息收集是特殊的处理，是个人信息管理的源，关系个人信息主体的人格权益，应特别强调。所以，应单独定义。

回复：对于信息系统，它只是处理的一个环节。

11 默许同意

个人信息主体无明确反对情况下，视为同意，是为非法使用个人信息埋下伏笔。特别在中国国情下。大量的个人信息安全事件说明了这个问题。

回复：在合理利用的前提下保护个人信息，全部明示同意不具可行性

12 角色

（1）个人信息保护实施过程中的角色定位存在问题。个人信息管理

者是某种社会形态，个人信息保护是社会形态内的个人信息管理过程。因此，个人信息管理者并不能作为个人信息保护实施过程中角色，而应具体定位实施过程中的各种人员角色。

回复：见编制说明，管理者对信息系统负责，控制信息处理过程，获得者是信息系统的信息出口，管理者和获得者均为信息系统的外延。

（2）同时，角色应包括组织内各种人员。

回复：进一步的管理标准将细化并提出要求.

（3）"个人信息主体在提供个人信息前要主动了解……"，是在推卸个人信息管理者的责任，为非法使用个人信息制造借口；

回复：从个人信息主体的角度来讲，应主动了解信息收集的目的、用途，这是对自己的保护，并不意味着管理者的责任减轻

（4）个人信息管理者是宏观上的某种社会形态，如何"负责依照……（描述的职责）"？管理主体是谁？。

回复：管理者是实际控制个人信息并利用信息系统处理个人信息的组织和机构。

（5）4.1.4不具备4.1.3描述的职责吗，不对个人信息的安全负责吗？个人信息管理者和个人信息获得者的定义，是明显的逻辑思维混乱，管理主体不清。

回复：两个定义是站在信息系统这个内涵上看的两个不同外延，一个是系统的管理者，一个是从系统获取信息的外部接口，获得者是相对个人信息主体而言的，一个是信息系统的个人信息入口，一个是出口。

（6）所谓"……立即删除相关个人信息。"，难道个人信息加工后没有其他处理方式吗？这是明显的缺乏实践验证。

回复：不删除就会继续加工，完成目的后如需再处理，标准中提出"消除其中能够识别具体个人的内容"，即使其不再是个人信息，这应该就是您说的"其他处理方式"。

（7）"第3方测评机构……对信息系统进行测试和评估……"，测评机构对个人信息保护状况的评估，如果仅限于对信息系统的评估，如何完整、充分、有效的评价个人信息保护状况呢？根本就对个人信息的生存状况没有深入的研究、理解、阐释，测评机构的职能、作用不清。

回复：本标准所描述的个人信息保护是以信息系统为内涵进行陈述，管理者是其外延，测评机构的工作包括对其内涵与处延的评估。

且在这里出现第3方测评机构的规则，特别是个人信息保护管理部门和行业协会，更加莫名其妙。

回复：标准中出现的不是第三方机构的规则，而是描述处理个人信息的信息系统的外延，即第三方机构与信息系统的关系。

13　个人信息主体权利

囿于我国的国情，与欧美，乃至日本存在太多的不同。特别是我国几千年的传统观念、地域发展不平衡、法制理念的淡薄，应特别强调个人信息主体权益。因此，指南作为国家标准化指导性技术文件，应首先明确个人信息主体权利，从而，以规范的形式，确立个人信息保护的核心。

回复：个人的权力是由法律决定的，不是由标准确定。立法是大家努力的共同方向。

14　个人信息管理

（1）个人信息管理者是某种社会形态（组织）的统称，占有、管理个人信息，明确个人信息安全承诺。因而，必须确定其管理责任和义务，约束其管理行为或活动。因此，指南作为国家标准化指导性技术文件，应首先明确个人信息管理者的责任和义务，从而，以规范的形式，确立个人信息保护的导向。

回复：本标准中已经对管理者的责任和义务进行了描述，个人信息保护标准将是一个系列，个人信息安全管理会在后续的管理标准中提到并详细描述。

（2）个人信息管理者内存在各种人员要素。必须指定责任主体，明确职能、职责。而非笼统地规定个人信息管理者的行为规则，可能造成事件责任主体不清，推诿扯皮，失去指南的效能。

回复：作为信息系统的外延，管理者可以用一个角色来描述，当然管理者中有各种分工，这是看问题的另一个角度，就像一个单位有各位领导，但对外是一个公司名称、一个法人。

（3）个人信息安全管理体系是组织为保障个人信息安全和个人信息主体权益构建的制度化、规范化、科学化的管理体制。不能简单认为组织内体系多如牛毛，而采取发散式管理，亟易产生责任交叉、边界效应、规范客体不清等弊端。虽然，一体化体系建设是发展方向，但囿于目前国际、国内标准建设的发展，只能逐步与各种管理体系融合、协调，减少体系间的冲突，而不是因噎废食。

回复：同意您的看法，我们将努力作好协调工作，推动个人信息保护的标准化进程。

15　基本原则

（1）最少够用原则。1并不是最少个人信息可达到处理目的，这不是事实的全部，而应是适度、适当，不过度。2处理目的后在最短时间内删除，是不适当的，如第9点所述。

回复：最少够用是必需的要求，任何超过目的、不声明的收集都是不应当的。不删除就是继续在信息系统中加工（存储），就适用于加工过程的保护。

（2）缺少主体权利原则。

回复：权利由法律赋予，而非标准。

（3）质量保证原则。1保密应是安全保障原则内容之一。2仅仅完整、可用是不够的，必须保证准确性。

回复：采纳。

（4）必须确立手段、方式的合理、合法原则。

回复：公开告知等原则是对手段的要求，合法性问题不在标准中陈述。

16　个人信息生命周期

个人信息生命周期包括个人信息获取过程、个人信息处理过程、基于生命周期的过程管理等三个环节。指南作为国家标准化指导性技术文件，应明确个人信息生命周期，规范生命周期各个阶段适宜、适用、有效的规则。不能将个人信息保护机制矮化为个人信息的处理过程。当缺乏明确的管理主体和管理策略，缺乏个人信息生命周期管理的过程控制，则个人信息保护机制设计，存在固有的质量缺陷，将在提供指导时产生混乱。

回复：由于标准的主体是信息系统，因此生命周期过程管理不在本标准中描述，在个人信息保护标准系列的其他标准，如管理标准中将进一步描述。

17 过程管理

指南应构建过程管理框架，明确管理的质量目标、过程改进模式和内部审计机制。缺乏个人信息生命周期的过程管理，个人信息管理是发散、随意的，无法建立严格的评估机制，缺乏评价目标和评价主体。

回复：由于标准的主体是信息系统，因此生命周期过程管理不在本标准中描述，在个人信息保护标准系列的其他标准中将进一步描述。

在个人信息生命周期内，个人信息管理是与环境、资源、管理、人员、技术等等相关的，不能将个人信息割裂出来单独强调保护。因而，需要采用过程管理模式，系统、科学、规范的管理。

回复：同意您的看法，本标准是系列标准的第一个，后续还会有管理标准出台。

18 收集

（1）收集应包括直接收集和间接收集。

回复：同意您的看法，间接收集见5.2.5。

（2）收集前告知应包括安全承诺、个人信息主体权利、个人信息处理后的处理方式等。

回复：标准中要求了保护措施、留存时限，不涉及主体权利。

（3）敏感的个人信息是禁止收集的（存在一些特例）。

回复：这里定义的敏感信息指身份证号等，不是隐私。

（4）5.2.2内容过于混乱。

回复：此处为列举各种应提示的信息。

（5）"处理个人信息……主体的同意"，过于宽泛，应是在个人信息收集时，即应征得个人信息主体的明确同意。

回复：在合理利用的前提下处理个人信息，全部明示同意不具可行性。

（6）"收集个人一般信息时，可认为个人信息主体默许同意"，既如此，本标准还是不做的好；

回复：在合理利用的前提下处理个人信息，全部明示同意不具可行性。

（7）"收集个人敏感信息……"，这是严格禁止的。个人信息主体同意，应有收集特例的章节。

回复：这里定义的敏感信息指身份证号等，不是隐私。

（8）根据指南定义，如果允许"个人信息主体配置、调整、关闭个人信息收集功能"，意味着个人信息主体可以自主操纵信息系统，这是多大的安全隐患，现实吗？

回复：配置、调整、关闭目前在部分网站上以个人账户配置实现，是可实现的成熟功能。

（9）应有对"16周岁的未成年人……"收集个人信息的相关规则，但任何敏感的个人信息都是禁止收集的。

回复：这里定义的敏感信息指身份证号等，不是隐私。

指南应约束个人信息管理者的行为，在收集、使用个人信息前，主动向个人信息主体提供相关信息，取得个人信息主体同意或授权。

回复：如您所言，指南目前正是如此提出指导的，但作为指导性技术文件，描述中的口气不会是约束和要求。

19 转移

指南引用"转移"的概念，描述提供、委托等行为，即将保存或拥有的个人信息移交给其他自然人、法人或组织的行为定义为转移。

在转移的一般描述中，责任和义务是不确定的。由于转移是一种个人信息扩散行为和过程，无论何种转移类型，均存在目的性和功利性，必须附带个人信息管理者的责任和义务，明确个人信息主体的权利。因而，转移并不能精确传递基于利益移动个人信息行为和过程的要义。

转移的内涵和外延很宽泛，既包括个人信息交易，也包括合法的个人信息提供、委托等，因而，仅仅定义转移的一般概念，是不能完全涵盖的。

因而，转移的概念是不适当的。

回复：对于信息系统这个内涵来说，转移的动作是唯一的，即信息从系统中出去，整个指南以这个定义来提出对转移的指导。

20 管理主体不明

整个第5章管理主体不清。依据上下文，似乎是信息系统。如何明确责任、义务？如何保证各项规则的实施？

回复：见编制说明，管理者对信息系统负责，获得者是信息系统的信息出口，管理者控制信息处理过程，几个角色均为信息系统的外延，而整个模型的内涵是信息系统。

21 管理形式

个人信息处理、使用存在多种形式，且各具特征。指南第5章将之搅在一起，不理解个人信息生命周期内个人信息的各种生存状态，完全是混乱的，无所适从的。

回复：本标准描述的个人信息处理是在信息系统内进行的，对个人信息保护贯穿标准中所述四个主要环节。

以上是一些初步的意见，请参考。

总之，指南作为国家标准化指导性技术文件，虽然为"仍处于技术发展过程中（例如变化快的技术领域）的标准化工作提供指南或信息"，亦应基于深厚的理论研究和多方位的实践验证。在我国特有的个人信息环境、个人信息语境中，选择适宜、前瞻、普适的模式和适合、适用、有效的相关概念。

回复：感谢您对指南的深入分析，我们将继续深入学习研究，您的支持是我们继续前进的动力，谢谢！

关于《个人信息保护指南》回复意见的意见

1 关于针对信息系统的个人信息保护

针对信息系统的个人信息保护本身没有问题，但是：

（1）如何界定标准的边界，特别是外部边界？

（2）如何防止信息系统处理个人信息向纸质及其它形态媒介转移，从而产生严重的边界效应。

（3）个人信息是如何收集的，5.2仅仅罗列了一些约束条件，但并不明确个人信息源，且如何保证源的质量、合法性等。（如果明确是针对网站管理，可以解释，但也并不是唯一。网站的个人信息来源也是多方面的）

（4）个人信息的存储方式、存储安全等。

2 标准与法律

在制定相应标准时，如何在无法律依托下保证标准的严谨性和可操作性，保证行业自律的有效性和充分性，是需要认真研究的。

不能因为强调法律的作用忽视标准的功能、照搬标准理论。譬如，在行业自律中，个人信息主体权利和个人信息管理者的责任和义务必须在标准中强调，法律赋予的权力，与标准互为救济。如果在标准中缺如，个人信息保护的核心是什么？如何规范、约束个人信息管理者的行为？

法律和标准均需基于一个基础，或者是人格权（欧盟模式），或者是个人隐私（美国模式），或者是兼具（日本模式）。但《个人信息保护指南》恰恰缺少这种基础，标准制定究竟要保护什么？不能就个人信息谈个人信息。

3 标准框架

回复意见所述系列标准，我在《信息技术与标准化》1—2期读到编制者所写文章，其中提到信息系统个人信息保护标准体系。

建立标准体系，应充分考虑标准边界、标准相关性和个人信息生命周期，人为将个人信息生命周期内的要素割裂成各个标准，而不考虑标准的内部相关性，大大降低了标准的可操作性。前此意见即基于此思想提出。

因而，标准是不完备、缺少效能的。

4 个人信息保护内涵外延

回复意见称"本标准所描述的个人信息保护是以信息系统为内涵进行陈述，管理者是其外延"是错误的。个人信息保护不管基于什么，其内涵均是以保证个人信息主体权益为核心展开，外延则是与个人信息主体权益相关的环境、资源等。如果以信息系统为内涵，岂不是要考虑信息系统的信息安全吗？这应是GB/T 22080系列标准的作用。

对个人信息保护内涵和外延的理解失误是标准缺少效能的根本原因。

5 隐私和敏感

看来作者根本没搞清楚什么是个人隐私、什么是个人敏感信息。"隐私的主体是人，敏感信息的主体是数据"，这是滑天下之大稽，个人隐私也好、个人信息也好，均是依附于个人信息主体存在。数据是信息的载体，怎么可能成为主体。

个人敏感信息是国际公认的，即使根据我国国情，这些国际公认的准则也是适用的，是绝对禁止收集的。所谓"通常的理解"，只是作者自己的理解吧，在世界范围内个人信息研究者不会将身份证号、手机号列为个人敏感信息。

回复意见并为触及实质问题，明显缺乏对一些基本概念、内涵等的研究、理解，存在常识性、概念性、技术性、实践性错误。不能一一揭示。

仅此，请斟酌。

谢谢

大连交通大学　郎庆斌

东北财经大学　孙　毅

附录B 标准化工作委员会

主　任：

唐忠德　　　　大连市经济和信息化委员会

副主任：

孙　鹏　　　　大连软件行业协会

董　莉　　　　大连市经济和信息化委员会软件与信息服务管理处

顾　问：

周　平　　　　工业和信息化部电子工业标准化研究所

吕翀南　　　　辽宁省经济和信息化委员会

李忠权　　　　辽宁省质量技术监督局标准化处

锅谷健二　　　大连软件行业协会日本事务顾问

专家组：

郎庆斌（组长）　大连交通大学信息中心

汤玉杰　　　　大连市经济和信息化委员会软件与信息服务管理处

杨　莉　　　　东北财经大学

司　丹　　　　大连医科大学

陈志华　　　　大连交通大学

宋明秋　　　　大连理工大学管理学院

孙　毅　　　　东北财经大学信息工程学院

王小庚　　　　大连大学

沈晓宇　　　　大连市质量技术监督局标准化处

赵爱东　　　　大连市质量技术监督局标准化处

秘书组：

尹　宏（组长）　大连软件行业协会

曹　剑　　　　大连软件行业协会

牟　楠　　　　　大连软件行业协会

常　伟　　　　大连软件行业协会

潘晓敏　　　　大连软件行业协会

附录C 个人信息保护工作委员会

主任：

靳国卫　大连市信息产业局副局长（大连市经济和信息化委员会主任）

副主任：

孙鹏　汤玉杰

一、法规组：

负责个人信息保护相关法规、标准、制度的制定，及评价规则、评价内容编制和审核。组员构成：

郎庆斌（组长）	大连交通大学信息中心
李舒明	大连电子研究所
潘玉景	大连海心计算机有限公司
曹　剑	大连软件行业协会
尹　宏	大连软件行业协会

二、仲裁组：

负责个人信息保护事故及投诉、质疑的处理。组员构成：

王开红（组长）	大连软件行业协会
吕蕾蕾	大连理工大学计算机系
孙　毅	东北财经大学信息工程学院
王小庚	大连大学
郭玉梅	大连市信息资源管理中心

三、国际合作组：

负责开展国际间个人信息保护工作的交流与合作。组员构成：

李青宁（组长）	大连亚舟信息产业有限公司
马场宏治	日本株式会社DTS大连代表处
锅谷健二	日本创研情报株式会社/大连软件行业协会顾问
姜丽华	大连华信计算机技术股份有限公司
常　伟	大连软件行业协会

四、宣传推广组：

负责在全国地区、各行业推广和宣传个人信息保护。组员构成：

孙　鹏（组长）	大连软件行业协会
王永丹	大连东方之星信息技术有限公司
赵德祥	大连市教育局
杨万清	大连电业局信息中心
张　军	海辉软件（大连）有限公司
牟　楠	大连软件行业协会

五、教育培训组：

负责各大专院校、相关职业培训机构及面向社会开展个人信息保护宣传教育。组员构成：

孙　毅（组长）	东北财经大学信息工程学院
王永丹	大连东方之星信息技术有限公司
王开红	大连软件行业协会
吕蕾蕾	大连理工大学计算机系
李青宁	大连亚舟信息产业有限公司
郭玉梅	大连市信息资源管理中心
常　伟	大连软件行业协会

六、评价管理组：

负责个人信息保护评价机构的认可、监督、管理等；评价员聘任、管理、培训、考核；评价结果审核和评价事务管理。

曹　剑（组长）	大连软件行业协会
孙　鹏	大连软件行业协会
郎庆斌	大连交通大学信息中心
李舒明	大连电子研究所
杨　莉	东北财经大学信息工程学院

后 记

十年树木，砥砺前行，《IT服务标准研究——理论和实践》经过了十年的沉淀。每一个标准，不仅仅是标准内容的堆砌，更是专业知识、非专业知识，基本知识、相关学科知识的潜心研究、组织、创制。因而，每一标准体系可自成卷帙，十年的标准积淀当成近于浩繁的书稿。是故，《IT服务标准研究–理论和实践》撷取研究和实践的精华，撰著成稿，为研究者、工作者、学习者提供基础、借鉴和方便，期冀为IT服务标准研究展示其标准的文献意义和科学价值。

在个人信息安全研究中，我曾写道"大连正在进行的事业，仅是掀开了个人信息安全帷幕的一角，为地区性和全国个人信息安全提供可资借鉴的经验，为个人信息安全的深入研究、实践积累奠定基石。大连的工作，在中国的土地上是前无古人的。没有相关法规、标准的参照，专家和人才匮乏，缺少与个人信息保护相关的经验。这是创新，是试图打破几千年传统观念的桎梏，在全球经济一体化的进程中，为经济、社会发展提供的制度保障。"IT服务标准的奠基性、开创性工作何尝不是如此！

我们参与了2009年启动的国家ITSS工作组的工作，主持了若干标准的起草研制。然而，在IT服务基本概念、IT服务生命周期、服务要素、IT服务内涵、标准体系总体框架，及至标准体例、结构、用语等许多方面的研究和理解，与ITSS工作组存在差异，以至《从业人员能力规范》完成国内意见征集并形成送审稿后被腰斩。本书附录此稿，并在IT职业技能研究部分阐述基本思想，以飨读者，以供研究、比较、参考。

欧美国家，乃至日本，与我国的国情存在太多的不同。我国几千年的传统观念（自组织结构和活动）、地域发展不平衡、法制理念的淡薄，严重制约国人认知能力、思维能力的进化。因而，IT服务标准不能照搬国际社会现成的做法，甚至不能完全照搬日本的模式。必须在我国特有的IT服务环境和语境中，选择适合、适用、有效的相关概念，理解和阐释IT服务的内涵。因此，我们在IT服务标准研制中，注意兼收并蓄，但避免将对日软件服务外包和欧美标准的思维、方式、概念不加分析地引进标准研制，这恰恰是国内IT服务标准研制的通病。

大连市开展IT服务标准化工作十年，在标准化委员会的呼吁下，聚集了一批有志于此的专家、学者、企业家和社会活动家，共同为建构IT基础产业保障——IT服务标准化而努力，在基础、理论、技术、应用研究等各个方面，产生了许多具有开创性、奠基性的重要成果，也共同见证了中国IT服务标准化的历程。

2004年，软件行业协会常务副秘书长（常务副会长）孙鹏先生树起IT服务标准化大旗，以他奉献、开拓、创新、坚韧的精神和人格魅力，以一张白纸起步，很快聚沙成塔、集腋成裘，形成了国内首个IT服务标准化高地。标准体系逐步覆盖了个人信息安全、信息服务、IT职业技能，乃至智慧城市建设各个领域，已经形成相应的标准规模。

在标准化过程中，标准化委员会的工作，始终得到大连市质量技术监督局赵爱东先生的鼎力支持和帮助。在标准基础知识、标准体例和结构、标准用语等多方面提供坦诚、中肯的意见，为IT服务标准化工作付出辛勤和汗水。

做为国家级服务业标准化试点单位和省软件与信息服务业标准化试点单位，大连软件行业协会副秘书长尹宏女士为标准计划、标准组织、标准审定和协调沟通倾尽心血，协助孙鹏先生推进信息服务标准化进程，提供细致、严谨的标准化服务工作。

IT服务标准化工作平台，吸引了众多企事业单位精英争相参与。高复先、赵德祥、毛军、王永丹、刘宏、陆雷、孙先锋等各位先生，依据自身学识、知识积累和经验，在各自的服务领域，创新性工作，成就了相应的标准体系。

众多企业家和社会活动家（详见各标准起草单位、标准化委员会成员、个人信息保护工作委员会成员）在多年的IT服务实践中，积累了宝贵的才智和经验，贡献于IT服务标准化创建。

智慧城市标准化研究和建设以大连市金洲新区智能化城市管理为基点展开，新区城市建设局赵德文先生、孙宏伟先生、董本华先生、张秀朝先生、刘建民先生、新区市政管理处白毅先生、新区科技局孙朝霞女士和东软信息学院邓珊女士以城市管理的专业知识、管理经验提供建设性、创新性的智慧化标准建设思路，为《智慧应用 第2部分：行业 城市管理》标准提供专业和技术支持。

众多专家、学者（包括标准化委员会专家组成员、个人信息保护工作委员会成员）无私奉献，无计报酬，用知识、学识、专业、素养，为标准研究、编制、审定倾尽心血，在标准化十年历程留下了坚实的脚印。

软件行业协会、标准化委员会诸位工作同仁，尹宏、陈洋、王开红、郭玉梅、曹剑、牟楠、常伟、潘晓敏等，为标准研制铺路搭桥，搜集、提供了大量资料，贡献了许多有益的思想。

本书的出版，特别感谢大连云帆科技有限公司，感谢路新一先生的鼎力支持。云帆科技以城市智慧应用的实践支撑智能化城市管理标准的研制，具有里程碑意义。

标准化十年，路漫漫修远兮，上下求索，澹泊明志，感谢内人的坚守、付出，谨以此书献给内子。

I dedicate this book to My Dear Wife Yiping Li!

大连交通大学
郎庆斌
2014年8月20日

参 考 文 献

1.郎庆斌等，《信息监理——信息系统工程质量控制》，2005年，人民出版社。

2.郎庆斌等，《个人信息保护概论》，2008年，人民出版社。

3.孙毅等，《个人信息安全》，2010年，东北财经大学出版社。

4.郎庆斌等，《个人信息安全——研究和实践》，2012年，人民出版社。

下册

Study on IT Service Standards——Theory and Practice

IT服务标准研究
——理论和实践

郎庆斌 周 杰 孙先锋 著

人民出版社

前　言

信息服务已经成为推动国民经济发展的重要产业，且为各行各业的基础产业。随着IT产业不断分化、融合，逐渐成熟，信息服务标准化已经成为产业发展的桎梏。

在信息服务标准化过程中，尚缺乏深入、严谨的基本概念、理论基础研究，缺失求实的调研和实践验证及标准研制过程的精细阐述。如"IT"概念的理解、服务生命周期的研究等。

大连软件行业协会自2004年创立大连标准化委员会，开始推进IT相关标准化研究和建设。截至2014年，相继组织、完成、发布、实施信息安全标准系列、IT服务标准系列、IT职业技能标准系列、数据管理标准及在研的智慧城市标准系列等多个标准体系，并参与工信部组织的ITSS国家标准研制，相继完成SJ/T 11445.2–2012《信息技术服务 外包 第2部分：数据（信息）保护规范》、SJ/T ×××××.×—20××《从业人员能力规范》等标准建设。

在标准化建设过程中，通过严谨、深入、扎实的IT及相关交叉学科理论的研究和实践验证，逐渐形成了独特的个人信息安全、IT服务、IT职业技能相关理论体系和实践验证体系，正在展开智慧城市相关研究工作，并构建了独树一帜的标准化建设体系。

暨标准化委员会成立十年之际，特此总结标准化建设十年研究成果，完成此一阶段工作任务，臧否标准化建设历程。本书借诠释各个系列标准的理论研究、实践基础，阐释了标准形成、标准规制、标准架构、标准结构、标准体例、标准用语和语境等的标准特质和一般规律，并希望藉此为全国的标准化建设提供参照，推进信息服务标准化建设。

全书由郎庆斌撰稿，设计全书架构。张剑平、孙先锋、尹宏参与创作，完成部分章节和资料收集。

全书分为上下两册，本书编排格式依人民出版社出版规范设计。本书为《IT服务标准研究——理论和实践》下册，主要辑录了十年标准化实践中的成果，以与本书上册相对应。

在各个系列标准化建设过程中，在本书形成过程中，得到许多关注及参与标准化建设同仁的大力支持和帮助，谨在此表示衷心的感谢。

大连交通大学

郎庆斌

2013年11月1日

关于IT……

为什么是IT服务标准研究，而不是"信息技术"服务标准研究？

IT（Information Technology），直译为信息技术，一般包括三个层次：

一、基础设备。支撑信息系统及其相关环境运行的基础设施，包括网络设备、处理和传输设备、数据存储设备、安全设备、计算机终端等及相关技术；

二、应用平台。承载信息化应用的软件系统，包括系统平台、支撑软件、安全系统等及相关技术；

三、应用系统。利用基础设备、应用平台解决各种实际问题的应用软件。包括科学计算、数据处理、知识获取、事物处理、辅助设计、业务管理等及相关开发技术。

随着信息技术相关领域的分化、融合、发展并趋向成熟，IT的语境（context）逐渐发生变化，由狭义逐渐延伸、扩展到广义，已成为内涵宽泛的专有词语，这也是中国国情使然。IT所指代的，不仅仅是信息技术，也包括资源、管理、服务、过程、质量种种，以及IT的相关环境。随着科学、技术、知识乃至实践的发展和社会的进步，IT的内涵亦由单一的学科领域向复合型、跨领域的交叉学科融合、发展。前瞻热炒的"智慧城市"、"物联网"……，是不能简单地以"信息技术"一言以蔽之的。

标准是服务的先行。必须厘清相关概念、术语，标准才具有指导意义和普适价值。在标准的实践中，"IT"的使用非常混乱，"IT"简单、理想地直译为"信息技术"，如"信息技术标准"、"信息技术服务"、"信息技术运维"，却又在行文中混用"IT"与"信息技术"，而不知所以然。

套用诺贝尔经济学奖得主萨缪尔森的"合成谬误"思想，即它是一种谬误，对局部来说是对的东西，仅仅由于它对局部而言是对的，便说它对总体而言也必然是对的。"信息技术"、"标准"、"服务"、"运维"……，各自表达的含义是清晰、明确的，然而当形成组合词"信息技术标准"、"信息技术服务"、"信息技术运维"等词语之时，却并不准确，甚至辞不达义，不能精准地传递标准应表述的真实含义。

笔者积卅余年IT从业经验，见证了计算机技术向IT技术的嬗变。特别是在十余年标准化研究、研制过程中，从肤浅的"信息技术"概念入手，逐步发现在我国特有的国情和语境内，"IT"一词使用的精妙，而非简单地使用"信息技术"，一叶障目。

"IT"语境的拓展，使得"IT服务"更加宽泛，内涵更加丰富。然而，如前言述，在IT服务标准化过程中，尚缺乏深入、严谨的基本概念及理论基础研究，缺失求实的调研和实践验证。"IT"概念的理解、IT服务内涵的研究等，在IT服务标准研制中具有奠基性意义。

大连交通大学

郎庆斌

2013年11月20日

*C*ontents
目　录

···IT服务标准辑录

　　信息服务已经成为推动国民经济发展的重要产业，且为各行各业的基础产业。随着IT产业不断分化、融合，逐渐成熟，信息服务标准化已经成为产业发展的桎梏。

　　大连软件行业协会自2004年创立大连标准化委员会，开始推进IT相关标准化研究和建设。截止至2014年，相继组织、完成、发布、实施多个系列标准。

软件及信息服务业个人信息保护规范（DB21/T 1522-2007）

DB21

辽 宁 省 地 方 标 准

DB21/T 1522-2007

软件及信息服务业个人信息保护规范

Personal Information Protection Regulations for Software & Information Service Industry

2007-06-13 发布   2007-08-01 实施

辽宁省质量技术监督局　发布

前　言

　　本标准是依据我国信息管理及信息安全相关法规和标准，并参考世界经济合作发展组织OECD《关于保护隐私和个人数据跨国流通指导原则》和日本JIS Q 15001–2006《个人信息保护管理系统—要求》制定的。

　　本标准由大连市信息产业局提出。

　　辽宁省信息产业厅归口。

　　本标准起草单位：大连软件行业协会、大连市质量技术监督局。

　　本标准主要起草人：孙鹏、薛源福、汤玉杰、王开红。

　　本标准2007年6月首次发布。

Contents
目　录

软件及信息服务业个人信息保护规范

1 范围

本标准规定了个人信息保护相关术语和定义，原则、负责人及责任、方针、风险分析与基本规章、运行与实施、检查、持续改进等单位个人信息保护体系建立所应具备的基本框架及要求。

本标准适用于软件及信息服务行业的企业、事业、社会团体等单位，其它相关行业可参照执行。

2 术语和定义

2.1 个人信息

个人信息是指业已存在的与个人相关的，并且可用于识别特定个人的信息。如：姓名、出生日期、分派给个人的号码、标志以及其它符号、可以识别个人的图像或生物信息等（包括某些单独使用时无法识别，但与其他信息进行对比后，能够由此识别特定个人的信息）。

2.2 信息主体

根据特定信息进行识别或者能够识别的对象。文中指拥有该个人信息的本人。

2.3 个人信息取得

是指为明确目的而获取个人信息的行为。

2.4 个人信息处理

是指利用计算机和相关配套设备及软件对个人信息进行录入、存储、编辑、修改、检索、删除、输出、传输和销毁等行为。

2.5 信息主体同意

信息主体对与自身相关的个人信息的取得以及使用表示同意，原则上以信息主体的签名、盖章为准，下述情况视为已取得信息主体同意：

a）未成年人和无法对事情做出正确判断的成年人应由家长或监护人代表同意；

　　b）在取得个人信息时，单位与信息主体签订的合同中规定了个人信息的使用，而且信息主体同意履行合同。

3　原则

3.1　取得与使用

个人信息取得应采用合理合法手段，并应征得信息主体的同意。个人信息取得和使用应有明确目的，不得超范围使用。

3.2　安全保障

应采取必要的安全保护措施，防止个人信息的丢失、泄漏、篡改和破坏等事件发生。除信息主体同意外，个人信息不得提供给第三方。

3.3　信息主体权利

信息主体有权确认个人信息状态。并拥有对个人信息提出删除、修改和完善的权利。

3.4　信息内容更新

个人信息应确保在使用目的范围内的正确性和完整性，并做到及时更新。

4　负责人及责任

建立和维护个人信息保护管理体系，须明确各负责人的权限及责任，形成文件并公布。

4.1　最高管理者

单位最高管理者应重视个人信息保护工作，选择有能力的人员作为个人信息保护负责人，并在资金和资源上给予支持。

4.2　个人信息保护负责人

单位个人信息保护负责人负责单位个人信息保护工作的开展；组织制定与实施基本规章制度；组织各部门个人信息保护责任人共同制定部门管理细则；指导培训教育工作的开展；负责检查单位个人信息保护运行状况并写出报告。

4.3　监察负责人

单位应设置专门的个人信息保护监察负责人，监察负责人可以在本单位内部选拔任命，也可以由外面聘请。监察负责人应具有独立性，并站在客观、公正的立场上开展工作。监察负责人负责制定监察规定和监察计划，按照计划对单位个人信息保护情况进行监察，负责写出监察报告并提出改进意见。

4.4 培训教育负责人

单位应任命个人信息保护培训教育负责人，负责制定培训教育规定和培训教育计划，并负责计划的实施。

4.5 客户负责人

单位应任命客户负责人，负责接受客户或消费者的意见和建议，提出处理意见并促进意见的落实和反馈，在出现问题时负责与客户或消费者沟通，讨论解决办法。

4.6 其它责任人

单位应指定各部门的个人信息保护责任人，负责制定和实施本部门个人信息保护工作管理细则。

5 方针、风险分析与基本规章

5.1 方针

由个人信息保护负责人制定本单位个人信息保护方针，方针应以简洁、明确的语言予以阐述。方针的制定应注意以下事项：

a）内容应是符合单位实际情况的个人信息保护原则和基本措施；

b）遵守国家相关法律、法规；

c）符合本规范的要求。

个人信息保护方针应让本单位所有人员知道、理解和执行，并向社会公布。

5.2 风险分析

单位应对所有已经涉及到和可能涉及到的个人信息进行确认，并制作个人信息风险分析流程图，通过流程图对个人信息的取得、使用、传输、委托、保管过程中可能会出现的问题予以确认和分析，制定风险对策和措施，为个人信息保护规章的建立提供参考。

5.3 基本规章

单位应根据本规范要求和单位实际情况，参考风险分析流程图的分析，建立以下个人信息保护相关基本规章，并持续改进：

a）个人信息保护组织机构与责任规定；

b）个人信息取得、使用、提供、委托、处理等管理规定；

c）个人信息安全保护措施及文档管理规定；

d）个人信息保护培训教育规定；

e）个人信息保护监察规定；

f）违反个人信息保护规章制度的处罚规定。

6 运用于实施

6.1 宣传

6.1.1 对内

应向本单位全体员工宣传个人信息保护的重要性。

6.1.2 对外

应向社会宣传本单位的个人信息保护方针，在承接有个人信息的业务时，应主动向客户和消费者宣传本单位个人信息保护的措施和规定。

6.2 部门管理细则

6.2.1 制定

部门应根据本部门特点制定具体的个人信息保护措施，部门管理细则应与单位基本规章相一致，应切实可行，应要求每一个具体操作人员完全理解和遵照执行。部门管理细则的实施需获得本单位个人信息保护负责人的批准。

6.2.2 实施

部门管理细则由部门个人信息保护责任人负责组织实施。

6.3 个人信息取得

6.3.1 范围

单位应在个人信息取得之前明确使用目的，并征得信息主体同意，在限定的目的范围内取得。从已公开资料中取得个人信息时也应明确使用目的。

6.3.2 方法与手段

个人信息应采取科学、规范的方法和合理、合法的手段取得。

6.3.3 直接取得个人信息的告知

直接从信息主体取得个人信息时，应以书面或能代替书面的形式告知并征得信息主体的同意，告知信息主体的内容应包括：

a）取得个人信息的单位名称、信息管理者名称、职务、部门、联系电话；

b）使用目的；

c）如果将信息提供给第三者时，应明确下列事项：

——提供给第三者的目的；

——提供个人信息的项目；

——提供手段和方法；

——接受该个人信息的人或组织的种类和属性；

——如果有个人信息使用及委托的相关合同，需注明其主要内容。

d）委托保管个人信息时的信息接受者及个人信息保管合同；

e）信息主体如果拒绝提供自身个人信息可能会产生的后果。

6.3.4 间接取得个人信息的告知

间接取得个人信息时，应以书面或能代替书面的形式告知信息主体，并征得信息主体的同意，但以下情况除外：

a）信息主体已明确使用目的；

b）在保证信息主体利益不受侵害时，将被委托保管的个人信息用于对外委托的业务；

c）将使用目的通知信息主体或者公布可能会危及信息主体或者第三者的生命、身体、财产安全以及其它利益；

d）将使用目的通知信息主体或者发布时可能会造成取得单位的权利或正当利益受到损害；

e）根据国家法律、法规所必须执行的公务，通知信息主体或者发布可能会影响到公务的执行。

6.4 使用与提供

个人信息应在明确的目的范围内使用与提供。

在超出使用目的范围使用和提供时，应事先征得信息主体的同意，告知内容按照6.3.3的要求执行。但以下情况除外：

a）有相应的法律法规规定；

b）信息主体或公众的生命、健康、财产的重大利益需要保护；

c）为了开展公共卫生事业等特殊工作，不便征得信息主体同意；

d）根据国家法律、法规所必须执行的公务，通知信息主体或者发布可能会影响到公务执行。

6.5 委托

6.5.1 范围限定

对于委托业务中被委托保管的个人信息，应在信息主体同意的使用目的范围内或委托方提出的（合同或其它方式）使用目的范围内对信息进行处理，不可超范围使用和提供。

6.5.2 条件与监督

对于包含个人信息的委托处理业务，应制定相应的标准，选择能对个人信息实施充分保护的单位，进行适当的监督，并在委托合同中规定如下内容：

a）明确委托及受委托者责任；

b）个人信息的安全管理事项；

c）再委托时的相关事项；

d）个人信息使用状况及委托者要求报告的事项；

e）有关个人信息保护的条款；

f）违反合同时的处理办法；

g）发生事故时的责任及报告事项；

h）合同期满后，个人信息的处理办法。

6.6 信息主体权利保障

6.6.1 信息主体权利

信息主体对自身个人信息的保存和使用状况具有知情权，有权对其提出合理、合法的修改、删除和公开要求，有权确认、提取、拷贝自身的个人信息，有权对自身个人信息的使用目的提出反对意见。

6.6.2 告知义务

单位应将个人信息的使用目的、不提供信息的后果、查询和更正自身个人信息的权利告知信息主体。

6.6.3 信息主体意见与反馈

在信息主体对自身个人信息提出要求时，单位要及时做出回应，并采取相应措施。

6.6.4 个人信息公示

6.6.4.1 告知

公示个人信息时应征得信息主体同意。单位需要公示个人信息时，应以书面或能代替书面的形式告知信息主体，内容包括：

a）公布个人信息的单位名称及管理者名称；

b）个人信息的使用目的；

c）信息主体对自身个人信息公示拥有的权利；

d）同意或者不同意公示可能产生的后果。

6.6.4.2 不应公示的条件

a）危及信息主体或第三者生命、身体、财产安全及正当利益；

b）影响单位业务的正常开展；

c）违反国家法律、法规。

出现上述情况时不应采用公示，但可采取适当方法通知信息主体：

6.6.4.3 信息主体对个人信息公示的权利

信息主体有权对公示的自身个人信息提出修改、增加、删除、公示和停止公示的要求，单位应对信息主体的要求给予及时反馈及妥善处理。

6.7 管理

6.7.1 保管

单位应在信息主体同意的使用目的范围内，以信息主体同意的形式正确及时地保管个人信息，应对个人信息的安全负全责。个人信息应有专人负责保管和记录，登记项目应包括业务类型、信息存放位置、保管期限、取得方法、取得途径、提供目的、废弃方法。

6.7.2 完整性与可用性

单位要保证所保管的个人信息在使用目的范围内的完整性与可用性，并及时更新。

6.7.3 文档

单位应对个人信息管理体系的规章、文件、计划、记录、合同等文档建立管理制度，随时更新及完善。

6.7.4 从业人员

单位应对使用个人信息的工作人员进行必要的监督和管理。

6.7.5 安全保护措施

单位应参照国家有关信息安全管理标准及法规，对本单位拥有的个人信息采取必要的安全保护措施。包括采取物理和技术手段。

6.7.5.1 权限

明确本单位涉及个人信息工作的相关人员的权限及责任。

6.7.5.2 网络与设备

对本单位计算机、网络、服务器及相关设备应采取安全防护措施，包括访问及存取控制、密钥管理、权限设置等，防止对个人信息的不当存取、非法修改、破坏、泄漏和删除等。

对外部网络和电子邮件的信息交换过程，须采取必要的预防措施，防止非法入侵和病毒破坏等。

6.7.5.3 数据备份

单位应对个人信息数据采取备份和数据恢复等保护措施，防止个人信息的破坏和丢失。

6.7.5.4 存储

对本单位存有个人信息的计算机、存储设备及其它介质要确保安全使用、妥善保存和处置。

6.7.5.5 紧急事件的预防与处理

单位应针对可能发生的个人信息丢失、泄漏、损坏事件和可能造成的经济损失及不利影响进行分析，制定相应的预防措施和处理方案：

a）制定处理流程；

b）迅速将个人信息泄漏、丢失和破坏的情况通知信息主体；

c）应把事件的发生原因、相关影响以及责任及时公布；

d）建立应急机制，制定应急方案。

6.8 培训与教育

6.8.1 实施

单位每年应制定个人信息保护培训教育计划，并对全体员工进行培训教育，培训对象应包括正式员工、临时员工和在本单位工作的其它人员等。教育内容应包括：

a）个人信息保护的重要性；

b）员工在单位个人信息保护中的职能及责任；

c）违反个人信息保护规章可能引起的损害和后果。

6.8.2 纪录

对每次培训教育应有记录，内容包括培训时间、地点、教材、教师、参加人员、培训效果及员工反馈等。

6.9 意见与反馈

单位对信息主体和客户在个人信息保护方面提出的意见、建议和咨询要及时做出反馈和适当处理，并记录和保存。

7 检查

7.1 内部检查

个人信息保护负责人应定期或不定期检查本单位个人信息保护状况，形成检查报告，报送最高管理者。

7.2 监察

7.2.1 实施

监察负责人应制定监察计划，定期或不定期对单位个人信息保护状况进行监察，形成监察报告，报送最高管理者。

7.2.2 纪录

每次监察都应有监察记录，内容包括：监察对象、目的、范围、时间、结果等。监察记录和监察报告由本单位保存。

8 持续改进

8.1 不符合事项的处理与预防

最高管理者应根据个人信息保护负责人和监察负责人提供的报告和业务发展情况，对不符合个人信息保护的事项进行改进，并修改完善预防措施。处理不符合事项的工作流程：

a）不符合事项的确认；

b）分析发生不符合事项的原因，制定改进办法和预防措施；

c）限定期限进行改进；

d）对不符合事项的改进过程及修订的预防措施记录备案；

e）对改进结果及修订的预防措施进行评估。

8.2 定期评估

应对本单位个人信息保护体系进行定期评估、不断改进和完善。在改进与完善过程中应参考以下内容：

a）监察负责人和个人信息保护负责人的报告；

b）投诉及内部、外部的意见及建议；

c）对每次改进和修订后执行情况的跟踪；

d）国家相关法律、法规的颁布和修改；

e）社会形势、公众意识、技术进步的变化；

f）单位业务领域及经营范围的变化。

DB21

辽 宁 省 地 方 标 准
DB21/T 1628-2008

个 人 信 息 保 护 规 范
Personal Information Protection Specification

2008-06-16发布   2008-07-16实施

辽宁省质量技术监督局   发布

前　言

本标准依据国际、国内相关法律、法规及信息安全相关标准，遵循 OECD（世界经济合作发展组织 Organization for Economic Co-operation and Development）《关于保护隐私和个人数据跨国流通的指导原则》，参考国际通行的个人信息保护相关法规和行业自律模式制订。

本标准由大连市信息产业局提出。

本标准由辽宁省信息产业厅归口。

本标准主要起草单位：大连软件行业协会、辽宁省信息安全与软件测评认证中心。

本标准主要起草人：郎庆斌、孙鹏、王开红、郭玉梅、曹剑、李倩、李舒明、王占昌、张弩、潘玉景、邢轶男。

本标准发布日期：属首次发布。

C*ontents*
目　录

个人信息保护规范

1 范围

本标准规定了个人信息保护相关术语和定义、个人信息保护原则、个人信息主体权利、个人信息管理者的义务、个人信息保护体系的建立、个人信息保护实施、个人信息保护的安全机制、持续改进、个人信息保护评价等基本规则和要求。

本标准适用于自动或非自动处理全部或部分个人信息的机关、企业、事业、社会团体等组织及个人。

2 术语和定义

2.1 个人信息

与特定个人相关、并可识别该个人的信息，如数据、图像、声音等，包括不能直接确认，但与其他信息对照、参考、分析仍可间接识别特定个人的信息。

2.2 个人信息数据库

为实现一定的目的，按照某种规则组织的个人信息的集合体。包括：

a）可以通过自动处理检索特定的个人信息的集合体，如磁介质、电子及网络媒介等；

b）可以采用非自动处理方式检索、查阅特定的个人信息的集合体，如纸介质，声音，照片等；

c）除前2项外，法律规定的可检索特定个人信息的集合体。

2.3 个人信息主体

可通过个人信息识别的特定的自然人。

2.4 个人信息管理者

获个人信息主体授权，基于特定、明确、合法目的，管理、处理、使用、利用个人信息的机关、企业、事业、社会团体等组织及个人。

2.5　收集

基于特定、明确、合法的目的获取个人信息的行为。

2.6　处理

自动或非自动处置个人信息的过程，如录入、加工、编辑、存储、检索、交换、传输、输出等行为及其它处置行为。

个人信息的自动处理是利用计算机及其相关和配套设备、信息网络系统、信息资源系统等，按照一定的应用目的和规则进行信息收集、加工、存储、传输、检索、咨询、交换等业务。

个人信息的非自动处理是按照一定的应用目的和规则，人工进行信息收集、加工、存储、传输、检索、咨询、交换等业务。

2.7　使用

基于特定、明确、合法的目的，运用个人信息的行为。

2.8　利用

基于特定、明确、合法的目的，提供、委托第三方处理、使用个人信息及其它因某种利益处理、使用个人信息的行为。

2.9　保护

社会生活中为尊重、保护个人人格权，个人信息管理者对基于特定、明确、合法目的收集、保存、管理、处理、使用、利用的个人信息采取相应的安全管理措施，并组织、开展个人信息安全的宣传、教育；制定个人信息保护的基本规章制度；监督个人信息保护的实施。

2.10　个人信息主体同意

收集、处理、使用、利用个人信息，应通知个人信息主体并征得个人信息主体的明确同意。通知形式包括：

a）以书面形式通知个人信息主体；

b）以可鉴证的、有规范记录的、满足书面形式要求的非书面形式通知个人信息主体。

3　原则

3.1　目的明确

个人信息收集应有明确的目的，不得超范围处理、使用、利用。

3.2 主体权利

个人信息主体对相关个人信息享有权利。

3.3 信息质量

个人信息应在收集、处理目的范围内保持准确性、完整性和最新状态。

3.4 使用限制

个人信息收集、处理、利用应采用合理、合法的手段和方式，并保持公开的形式。

3.5 安全保障

应采取必要、合理的管理和技术措施，防止未经授权的个人信息检索、使用、公开及丢失、泄露、损毁、篡改等行为。

4 个人信息主体权利

4.1 知情权

a）确认个人信息数据库中与个人信息主体相关的信息；

b）确认个人信息收集、处理、使用、利用的相关信息；

c）查阅个人信息数据库中与个人信息主体相关的个人信息。

4.2 支配权

a）收集、处理、使用、利用个人信息，必须经个人信息主体以书面形式明确同意，并签字盖章。下述情况视为默认的个人信息主体的意愿：

·由监护人代表未成年的或无法做出正确判断的成年的个人信息主体表达的意愿；

·个人信息管理者与个人信息主体签订合同中确认了相关个人信息处理的规定，个人信息主体同意履行合同；

b）个人信息主体有权修改、删除、完善相关个人信息，以保证个人信息的完整、准确和最新状态；

c）个人信息主体有权以其它方式利用与之相关的个人信息。

4.3 疑义和反对

a）个人信息主体有权质疑相关个人信息的准确性、完整性和时效性；

b）个人信息主体有权质疑或反对相关个人信息的使用及利用目的、处理过程等；

c）个人信息主体如果认为相关个人信息的使用及利用目的、处理过程等侵害了相关主体的权益、或其它正当理由，有权提出撤消该个人信息；撤消应经个人信息主体确认。

5 个人信息管理者义务

5.1 权利保障

个人信息管理者必须保障个人信息主体的权利。

5.2 目的明确

个人信息管理者必须保证个人信息处理、使用及利用的目的与个人信息主体的意愿一致，不能超目的、超范围处理、利用。

5.3 告知

个人信息管理者应将个人信息的使用及利用目的、处理方式、不提供个人信息的后果、查询和更正相关个人信息的权利，以及个人信息管理者本身的相关信息等告知个人信息主体。

5.4 质量保证

个人信息管理者应保证收集、管理、处理、使用、利用个人信息的完整性、准确性、可用性，并保持最新状态。

5.5 保密性

个人信息管理者必须对所管理的个人信息予以保密，并对个人信息处理、使用、利用过程中的安全负责。

6 个人信息保护体系

应构建个人信息保护体系，协调保护机制和各类资源，保障个人信息主体的权利，保障业务系统的稳定运行。体系应包括：

a）方针；

b）机构及职责；

c）目标和基本原则；

d）管理机制；

e）实施过程；

f）安全机制；

g）跟踪与评估；

h）过程模式；

i）持续改进。

7 个人信息保护方针

应是指导个人信息保护工作，符合个人信息管理者实际情况，遵守国家相关法律、法规的原则和措施，并应以简洁、明确的语言阐述，并公之于众。内容主要包括：

a）个人信息主体的权利；

b）个人信息管理者的义务；

c）个人信息保护的目的和原则；

d）个人信息保护的措施和方法；

e）个人信息保护的改进和完善。

8 个人信息保护相关机构及职责

8.1 最高管理者

个人信息管理者的最高行政领导，应重视个人信息保护工作，并选择有能力的人员组建相应的机构，在资金、资源等各个方面提供完全的支持。

8.2 个人信息保护管理机构

个人信息保护管理机构负责个人信息管理者的个人信息保护工作。机构的主要职责包括：

a）开展个人信息保护工作的组织、实施；

b）个人信息保护基本规章、制度的制定；

c）个人信息保护宣传、教育；

d）个人信息保护情况的检查、改进、完善。

8.2.1 宣传教育

宣传教育应指定专人负责，在个人信息保护管理机构的指导下开展工作。宣传教育的主要职责是：

a）组织、实施个人信息保护宣传教育；

b）制定个人信息保护宣传教育制度、计划；

c）个人信息保护宣传策略和方法的制定；

d）个人信息保护相关知识、技术的培训、教育；

e）个人信息保护宣传教育的改进和完善。

8.2.2 服务支持

服务支持应指定专人负责，在个人信息保护管理机构的领导下开展工作。服务支持的主要职责应包括：

a）提供个人信息保护相关咨询和服务；

b）提供个人信息处理、使用建议和意见；

c）接受有关个人信息保护的意见，并落实和反馈；

d）沟通、交流；

e）个人信息保护相关事项、问题处理等的发布；

f）其它应处理的问题。

8.3　个人信息保护监察机构

应指定专门的个人信息保护监察负责人，可以在个人信息管理者内部选聘，或聘请社会人士担任。其职能是：

a）独立、公平、公正地开展个人信息保护监督、检查、调查工作；

b）制定个人信息保护监察制度和监察计划，并按计划实施监察；

c）编制监察报告，督促、建议个人信息保护的改进、完善。

9　个人信息保护管理机制

9.1　管理制度

应制定个人信息保护的规章和制度，包括基本的个人信息保护规章和适用于各从属机构、部门特点的管理细则，并使每个工作人员完全理解并遵照执行。

9.1.1　基本规章

个人信息保护基本规章是个人信息管理者及其工作人员应遵循的行为准则，应在实施过程中不断改进和完善。基本规章主要包括以下各项：

a）个人信息保护相关机构职能及职责；

b）个人信息收集、处理、利用等的管理；

c）个人信息保护风险和安全管理措施；

d）个人信息数据库管理；

e）个人信息保护管理体系相关文档管理；

f）个人信息保护培训教育管理；

g）个人信息保护监察管理；

h）服务支持管理；

i）应急管理；

j）违反个人信息保护相关规章的处理；

k）其它必要的管理。

9.1.2 管理细则

各从属机构、部门应根据实际需要制定与基本规章一致，并符合从属机构、部门实际、切实可行的个人信息保护细则。

9.1.3 其它管理规定

其它业务开展或有特殊要求的业务，涉及个人信息收集、处理，应制定相应的个人信息保护规定。

9.2 宣传

9.2.1 基本宣传

个人信息管理者应在其内部向全体工作人员及其它相关人员说明实施个人信息保护的重要性和管理策略，以得到工作人员及其它相关人员对个人信息保护工作的配合和重视。

9.2.2 业务宣传

个人信息管理者处理涉及个人信息的相关业务时，应主动说明实施个人信息保护的目的、措施、方法和规定，并做出保密承诺。

9.2.3 社会宣传

个人信息管理者应在相关媒介中增加个人信息保护的相关内容，如宣传资料、网络媒介（如网站、博客、播客等）及其它相关的面向社会的电子类、纸质等材料。

9.3 培训教育

9.3.1 计划

应根据人员、机构、业务、需求等实际情况，制定个人信息保护相应的培训和教育制度，适时开展个人信息保护培训教育。

9.3.2 对象

个人信息保护培训教育的对象，应包括：

a）工作人员；

b）临时员工；

c）其他相关人员。

9.3.3 内容

个人信息保护培训教育的主要内容，应包括：

a）个人信息保护相关法律、法规、规范、标准和管理制度；

b）个人信息保护的重要性和必要性；

c）个人信息保护培训教育对象的职能和责任；

d）违反个人信息保护相关标准可能引起的损害和后果。

9.4 公示

公开、公示个人信息，应征得个人信息主体同意。通知的内容应包括：

a）个人信息管理者的相关信息；

b）公示的目的、方式、范围和内容；

c）个人信息主体的权利；

d）公示和非公示的结果。

9.5 个人信息数据库管理

9.5.1 保存

个人信息主体应明确确认其个人信息是否以简明、易懂的语言记载、存储在个人信息数据库中，并可以清楚无误地提取、拷贝这些信息。

9.5.2 时限

个人信息管理者应为个人信息的存储、保存设定一个合理的时限，并与目的充分相关。

9.5.3 管理

个人信息管理者应履行第5章规定的义务，建立个人信息数据库管理机制。包括：

a）个人信息数据库管理和使用制度；

b）个人信息数据库管理者的职责；

c）权限和安全管理；

d）备份和恢复；

e）维护和记录；

f）事故处理。

9.5.4 备案

应建立备案登记制度，并有专人负责。记录应包括存储、保存的目的、时限、更新时间、获取方法、获取途径、位置、使用记录、使用目的、废弃原因和方法等。

9.5.5　安全性

个人信息管理者应保证个人信息数据库存储、保存的个人信息的准确性、完整性、保密性和可用性，并随时更新，以保证信息的最新状态。

9.6　保护体系文档

9.6.1　记录

应在个人信息保护体系实施过程中记录相关个人信息保护行为的目的、时间、范围、对象、方式方法、效果、反馈等信息。如培训教育、监察、宣传等。

9.6.2　管理

应建立与个人信息保护体系相关的规章、文件、记录、合同等文档的备案管理制度，并不断改进和完善。

10　保护实施

10.1　收集

10.1.1　目的

所有个人信息收集行为，必须具有特定、明确、合法的目的，并应征得个人信息主体同意，限定在收集目的范围内。

10.1.2　方法和手段

10.1.2.1　方式

收集方式主要包括：

a）主动收集：个人信息主体基于生活、工作需要主动提供。如购物（房、车等）、医疗、银行业务、电子商务等；

b）被动收集：个人信息主体不知情或不能控制情况下收集。包括：

·采用各种网络技术和方法；

·社会交往、商业经济等活动。

10.1.2.2　限制

应基于特定、明确、合法的目的，采用科学、规范、合法、适度、适当的收集方法和手段，以保障个人信息主体的权力：

a）应将收集目的、范围、方法和手段、处理方式等清晰无误的告知个人信息主体，并征得个人信息主体同意；

b）被动收集时，应将收集目的、范围、内容、方法和手段、处理方式等以公告形式发布。如有疑义、反对，应停止收集；

c）个人信息主体应采用适当的措施，防止不正当收集个人信息。

10.1.3 类别

10.1.3.1 直接收集

直接从个人信息主体收集相关个人信息时，应征得个人信息主体同意。必须向个人信息主体提供的信息应包括：

a）个人信息管理者的相关信息；

b）个人信息收集、处理、利用的目的、方法；

c）接受并处理、利用该个人信息的第三方的相关信息；

d）个人信息主体拒绝提供相关个人信息可能会产生的后果；

e）个人信息主体的查询、修正、反对等相关权利；

f）个人信息安全和保密承诺。

10.1.3.2 间接收集

非直接地收集个人信息时，也应征得个人信息主体同意。间接收集必须保证个人信息主体利益不受侵害。必须提供的信息参照10.1.3.1。

10.2 处理

10.2.1 同意

个人信息管理者处理个人信息之前，必须征得个人信息主体同意；或为履行与个人信息主体达成的合法协议的需要。

10.2.2 目的

个人信息管理者应在个人信息收集目的范围内处理、使用、利用个人信息，不可超出收集目的处理。

10.2.3 质量保证

个人信息管理者在处理个人信息时，应履行5.4款规定的义务，保证个人信息安全。

10.3 利用

10.3.1 提供

10.3.1.1 合法性

个人信息管理者所拥有的个人信息主体的相关个人信息，应是依特定、明确、合法的目的，经个人信息主体同意，采取适当、合法、有效的方法和手段获得的，并不与收集目的相悖。

10.3.1.2　权益保障

个人信息管理者合法拥有的个人信息主体的相关个人信息，在向第三方提供时，应履行第5章个人信息管理者的义务，保障个人信息主体的合法权益。

10.3.1.3　授权许可

个人信息管理者向第三方提供个人信息主体的相关个人信息，应获得个人信息主体的授权，并在允许的目的范围内，采用合法、适当、适度的方法使用。

10.3.1.4　质量保证

第三方接受个人信息管理者提供的个人信息主体的相关个人信息，应履行5.4款的规定。

10.3.1.5　安全承诺

个人信息管理者向第三方提供个人信息主体的相关个人信息时，应获得第三方以书面形式（或以可见证的、有规范纪录的、满足书面形式要求的非书面形式）、保证个人信息的完整性、准确性、安全性的明确承诺，避免不正确使用或泄露。

10.3.2　委托

10.3.2.1　范围限定

委托第三方收集个人信息、或向第三方委托个人信息处理业务时，应在个人信息主体明确同意的，或委托方以合同或其它方式要求的使用目的范围内处理，不可超范围、超目的随意处理，并将受托方相关信息提供给个人信息主体。提供的信息可参照10.1.3.1。

10.3.2.2　委托信用

涉及个人信息委托业务时，应选择已建立个人信息保护体系的个人信息管理者，以建立相应的委托信用机制，保证不会发生个人信息泄露或个人信息滥用。在委托合同中应包括：

a）委托方和受托方的权利和责任；

b）委托目的和范围；

c）个人信息保护安全措施和安全承诺；

d）再委托时的相关信息；

e）个人信息保护体系的相关说明；

f）个人信息相关事故的责任认定和报告；

g）合同到期后个人信息的处理方式。

10.3.3 其它

10.3.3.1 二次开发

分析、整合、整理、挖掘、加工等个人信息二次开发，应履行第5章个人信息管理者的义务，征得个人信息主体同意，并限定在个人信息主体同意的范围内，避免随意泄露、传播和扩散。通知的内容应包括：

a）个人信息管理者的相关信息；

b）二次开发的目的、方式、方法和范围；

c）安全措施和安全承诺；

d）事故责任认定和处理方式；

e）开发完成后的处理方式。

10.3.3.2 交易

个人信息交易应履行第5章个人信息管理者的义务，征得个人信息主体同意，并限制在个人信息主体同意的范围内处理使用，避免随意泄露、传播和扩散。通知的内容可参照10.3.3.1。

个人信息交易的行为，包括：

a）基于某种利益关系的个人信息交换行为；

b）基于某种利益关系的个人信息出售行为。

10.4 使用

任何使用个人信息的行为，应履行第5章个人信息管理者的义务，征得个人信息主体同意，并限定在个人信息主体同意的范围内，避免随意泄露、传播和扩散。通知信息参照10.1.3.1。

10.5 目的外处理

需要超目的范围处理、使用、利用个人信息时，应得到该个人信息主体同意。通知信息参照10.1.3.1。

11 安全机制

11.1 风险管理

应在个人信息收集、处理、使用、利用过程中，识别、分析、评估潜在的风险因素，制定风险应对策略，采取风险管理措施，监控风险变化，并将残余风险控制在可接受范围内。

11.2 物理环境管理

应根据需要采取必要的措施，保证个人信息存储、保存环境的安全，包括防火、防盗及其它自然灾害、意外事故、人为因素等。

11.3 工作环境管理

应注意工作人员工作环境内所有相关的个人信息的保护，防止未经授权的、无意的、恶意的使用、泄露、损毁、丢失。工作环境包括：

a）出入管理；

b）工作桌面；

c）计算机桌面；

d）计算机接口；

e）计算机管理（文件、文件夹等）；

f）其它相关管理。

11.4 网络行为管理

应制定网络管理措施，采用相应的技术手段，引导、约束通过网络利用、传播个人信息的行为，构建规范、科学、合理、文明的网络秩序。

11.5 信息安全管理

应在整体信息安全体系建设中，充分考虑个人信息保护的特点，加强个人信息安全防护，预防安全隐患和安全威胁。如网络基础平台、系统平台、应用系统、安全系统、数据等的安全，及信息交换中的安全防范、病毒预防和恢复、非传统信息安全等。

11.6 存储管理

保存个人信息的个人计算机系统、可移动存储媒介（电子、磁、纸、网络等介质及其它非自动处理介质）应确保个人信息存储的准确性、完整性、可靠性和安全使用。

11.7 使用管理

应根据个人信息自动和非自动处理的特点，制定相应的个人信息使用管理策略，包括访问/调用控制、权限设置、密钥管理等，防止个人信息的不当使用、毁损、泄露、删除等。

11.8 备份和恢复

应制定个人数据资料备份和恢复机制，并保证备份和恢复个人信息的完整性、可靠性和准确性。

11.9 人员管理

应明确与个人信息相关人员的权限、责任，加强相关人员的监察和管理，防止未经授权的个人信息接触。

11.10 备案管理

涉及个人信息相关资料的使用、借阅，应建立登记备案制度。登记应署真实姓名、部门、使用目的、使用方法及安全承诺。违反登记备案制度，应予以处罚，并承担赔偿责任。

12 监察

12.1 计划

应根据相关法律、规范和实际需求制定个人信息保护监察计划。

12.2 实施

应根据个人信息保护监察计划，定期独立、公平、公正地监控、检查、规范个人信息保护状况，并形成监察报告。

13 意见和反馈

个人信息管理者应对个人信息主体、监察人员及其它相关机构和人员提出的个人信息保护相关意见、建议、咨询等及时反馈，并采取相应的处理措施。

14 应急管理

个人信息管理者应制定应急预案，对收集、处理、使用、利用个人信息过程中可能出现的个人信息泄露、丢失、损坏、篡改、不当使用等事件进行评估、分析，采取相应的预防措施和处理。预案应包括：

a）事件的评估、分析；

b）事件的处理流程；

c）事件的应急机制；

d）事件的处理方案；

e）事件的报告制度；

f）事件的责任认定。

15 例外

15.1 收集例外

不允许收集、处理、利用个人敏感信息。经个人信息主体同意，或法律特别规定的例外，但应采取特别的保护措施。个人敏感信息包括：

a）有关思想、宗教、信仰、种族、血缘的事项；

b）有关人权、身体障碍、精神障碍、犯罪史及相关可能造成社会歧视的事项；

c）有关政治权利的事项；

d）有关健康、医疗及性生活的相关事项等。

15.2 法律例外

基于以下目的的例外，可以不必事先征得个人信息主体同意：

a）法律特别规定的；

b）保护国家安全、公共安全、国家利益、制止刑事犯罪；

c）保护个人信息主体或公众的权利、生命、健康、财产等重大利益等。

16 持续改进

个人信息管理者应依据相关法规、监察报告、需求变化、建议、投诉等，定期评估、分析个人信息保护体系运行状况，持续改进和完善个人信息保护体系：

a）分析、判断个人信息保护实施中的缺陷和漏洞；

b）制定预防和改进措施；

c）实时预防、改进；

d）跟踪改进结果。

17 评价

为提供个人信息保护的质量保证，应对个人信息管理者实施个人信息保护的状况进行评价，以确定其与个人信息保护相关法律、法规、规范的符合性、一致性和目的有效性，并以此作为颁发个人信息保护认证证书的依据。

ICS 35.020

L70

DB21

辽 宁 省 地 方 标 准

DB21/T 1628.1–2012

代替 DB21/T1628–2008

信 息 安 全　　个 人 信 息 保 护 规 范

Information Security-Specification for Personal Information Protection

2012–02–07 发布　　　　　　　　　　　　2012–03–07实施

辽宁省质量技术监督局　发布

前　言

本标准代替DB21/T 1628—2008《个人信息保护规范》。与DB21/T 1628—2008相比，本标准除编辑性修改外，主要技术变化如下：

——个人信息保护体系修订为个人信息安全管理体系；

——个人信息保护监察修订为个人信息安全管理体系内审；

——个人信息安全管理体系要素划分调整为个人信息管理方针、个人信息管理机构和职责、个人信息管理机制、个人信息管理过程、个人信息安全管理、个人信息安全管理体系内审、过程改进和应急管理；

——个人信息保护管理机构调整为个人信息管理机构；

——个人信息保护是针对个人信息及相关资源、环境、管理体系的管理活动或行为之一，因而将　个人信息保护修订为个人信息管理，增加了个人信息管理相关规则，标准各章节依据这一规则修订；

——修订个人信息交易相关条款；

——原13、16章合并，并修订为过程改进；

——个人信息保护负责人调整为个人信息管理者代表；个人信息保护监察负责人调整为个人信息安全管理体系内审代表。

——本部分的修订，充分考虑其它管理体系，如GB/T19001—2000、GB/T 24405.1—2009、GB/T 24405.2—2010、GB/T 22080—2008、GB/T 22081—2008等的特点，为多种管理体系的融和实施，奠定适宜的基础。

本标准是依据GB/T1.1—2009《标准化工作导则 第1部分：标准的结构与编写》制定的。

本标准由大连市经济和信息化委员会提出。

本标准由辽宁省经济和信息化委员会归口。

本标准主要起草单位：大连软件行业协会、辽宁省信息安全与软件测评认证中心。

本标准主要起草人：郎庆斌、孙鹏、曹剑、孙毅、吕蕾蕾、王开红、郭玉梅、李倩。

DB21/T 1628—2008《个人信息保护规范》于2008年6月首次发布，本次修订为第一次修订。

引　言

DB21/T1628已经实施近3年，对辽宁省个人信息保护工作起到了重要的指导作用。个人信息安全领域相关研究、实践，随着社会、经济、文化等各个领域的深刻变革不断深入，个人信息安全事件的特征发生变化，对个人信息相关安全法规、标准的认识不断进步、发展，有必要调整DB21/T1628的结构，修订DB21/T1628的内容，建立规范的个人信息安全标准体系。

本标准修订以个人信息管理为主线、个人信息安全为目的，规定普适的个人信息管理过程中各要素的约束条件。在管理过程中，管理活动或行为可以视为要素。在个人信息管理过程中，个人信息保护是针对个人信息及相关资源、环境、管理体系等的管理活动或行为之一。

本标准修订后，将陆续编制个人信息安全标准体系其它标准，主要包括：

——个人信息安全管理体系实施指南

——个人信息数据库管理指南

——个人信息管理文档管理指南

——个人信息安全风险管理指南

——个人信息安全管理体系安全技术实施指南

——个人信息安全管理体系内审实施指南等。

C*ontents* 目 录

信息安全　个人信息保护规范

1　范围

本标准规定了个人信息管理原则、个人信息主体权利、个人信息管理者的义务、个人信息管理、个人信息安全管理体系建立、个人信息管理过程、个人信息安全管理、个人信息安全管理体系内审、过程改进等的基本规则和要求。

本标准适用于自动或非自动处理全部或部分个人信息的机关、企业、事业、社会团体等组织及个人。

2　术语、定义和缩略语

2.1　术语和定义

下列术语和定义适用于本文件。

2.1.1　个人信息 personal information

与特定个人相关、并可识别该个人的信息，如数据、图像、声音等，包括不能直接确认，但与其它相关信息对照、参考、分析仍可间接识别特定个人的信息。

2.1.2　个人信息数据库 personal information database

为实现一定的目的，按照某种规则组织的个人信息的集合体。包括：

a）可以通过自动处理检索特定的个人信息的集合体，如磁介质、电子及网络媒介等；

b）可以采用非自动处理方式检索、查阅特定的个人信息的集合体，如纸介质、声音、照片等；

c）除前2项外，法律规定的可检索特定个人信息的集合体。

2.1.3　个人信息主体 personal information subject

可通过个人信息识别的特定的自然人。

2.1.4　个人信息管理者 personal information controller

获个人信息主体授权，基于特定、明确、合法目的，管理个人信息的机关、企业、事业、社会团体等组织及个人。

2.1.5　个人信息管理 personal information management

计划、组织、协调、控制个人信息及相关资源、环境、管理体系等的相关活动或行为。

2.1.6　个人信息安全管理体系 personal information Security management system

个人信息管理活动或行为的结果。基于个人信息管理目标，整合目标、方针、原则、方法、过程、审核、改进等管理要素，及实现要素的方法和过程，提高个人信息管理有效性的系统。

2.1.7　个人信息收集 personal information collect

基于特定、明确、合法的目的获取个人信息的行为。

2.1.8　个人信息处理 personal information process

自动或非自动处置个人信息的过程，如收集、加工、编辑、存储、检索、交换等及其它使用行为或活动。

2.1.8.1　自动处理 automatic processing

利用计算机及其相关和配套设备、信息网络系统、信息资源系统等，按照一定的应用目的和规则，收集、加工、编辑、存储、检索、交换等相关数据处置行为或活动。

2.1.8.2　非自动处理 non-automatic processing

除自动处理外的其它数据处置行为或活动。

2.1.9　利用 utilize

基于特定、明确、合法目的，提供、委托第三方使用个人信息及其它因某种利益使用个人信息的行为。

2.1.10　个人信息主体同意 personal information subject agreement

个人信息管理活动或行为与个人信息主体意愿一致，个人信息主体明确表示赞成。表达形式包括：

a）个人信息主体以书面形式同意；

b）个人信息主体以可鉴证的、有规范记录的、满足书面形式要求的非书面形式同意。

注：下述情况视为个人信息主体同意：

a）由监护人代表未成年的或无法做出正确判断的成年个人信息主体表达的意愿；

b）个人信息管理者与个人信息主体签订合同中确认了相关个人信息处理的规定，个人信息主体同意履行合同。

2.2 缩略语

2.2.1 PDCA Plan-Do-Check-Act

全面质量管理应遵循的科学方法。本标准用于个人信息管理相关活动的质量管理。

2.2.2 PISMS personal information Security management system

个人信息安全管理体系。

3 个人信息管理原则

3.1 目的明确

收集个人信息应有明确的目的，不应超目的范围处理、利用、使用。

3.2 主体权利

个人信息主体对与个人相关的个人信息享有权利。

3.3 信息质量

在管理活动或行为中保证个人信息的准确性、完整性和最新状态。

3.4 合理限制

收集、处理、使用、利用个人信息，应采用合法、合理的手段和方式，并保持公开的形式。

3.5 安全保障

应采取必要、合理的管理和技术措施，防止个人信息滥用、篡改、丢失、泄露、损毁等。

4 个人信息主体权利

4.1 知情权

a）确认个人信息数据库中与个人信息主体相关的信息；

b）确认个人信息收集、处理、使用、利用的目的、方式、范围等相关信息；

c）查询个人信息收集、处理、使用、利用情况及个人信息质量等相关信息。

4.2　支配权

a）收集、处理、使用、利用个人信息，应经个人信息主体同意，并签字盖章；

b）个人信息主体有权修改、删除、完善与之相关的个人信息，以保证个人信息的完整、准确和最新状态；

c）个人信息主体有权决定如何使用与之相关的个人信息。

4.3　质疑权

a）个人信息主体有权质疑与之相关的个人信息的准确性、完整性和时效性；

b）个人信息主体有权质疑或反对与之相关的个人信息管理目的、过程等；

c）如果个人信息管理目的、过程违背了个人信息主体意愿或其它正当理由，个人信息主体有权请求停止个人信息管理活动、行为或提出撤消该个人信息。停止或撤销应经个人信息主体确认。

5　个人信息管理者义务

5.1　管理责任

个人信息管理者对所拥有的个人信息负有管理责任，并征得个人信息主体同意后开展个人信息管理相关活动或行为。

5.2　权利保障

个人信息管理者必须保障个人信息主体的权利。

5.3　目的明确

个人信息管理者必须保证个人信息管理目的与个人信息主体意愿一致，管理过程或行为不应超目的、超范围。

5.4　告知

个人信息管理者应将个人信息管理目的、方式、不提供个人信息的后果、查询和更正相关个人信息的权利，以及个人信息管理者本身的相关信息等告知个人信息主体。

5.5 质量保证

个人信息管理者应在管理活动或行为中保证个人信息的完整性、准确性、可用性，并保持最新状态。

5.6 保密性

个人信息管理者必须对所管理的个人信息予以保密，并对个人信息管理过程中的安全负责。

6 个人信息管理

6.1 目的

个人信息管理者应依据5.1，协调、组织PISMS和各类相关资源，根据收集目的，采取相应的控制策略和措施，处理、使用、利用个人信息。

6.2 计划

个人信息管理者应根据管理、业务目标，制定个人信息管理计划。计划应包括：

a）个人信息收集目的、策略；

b）个人信息管理措施、策略；

c）个人信息管理和各类相关资源的组织、协调、沟通；

d）个人信息安全风险评估；

e）计划评估；

f）其它必要的管理策略。

6.3 组织

个人信息管理者应根据管理计划，组织个人信息管理活动或行为，主要包括：

a）建立PISMS，保证管理、业务需要；

b）明确个人信息管理职责和行为准则；

c）实施、运行PISMS；

d）评估PISMS效能；

e）评估个人信息管理效果；

f）其它相关管理。

6.4 控制

个人信息管理者应根据管理计划，检查、修正个人信息管理相关活动、行为，并监督管理计划的实施。

6.5 协调

在个人信息管理活动或行为中，应注意个人信息主体与个人信息管理者、个人信息管理者各部门（从属机构）与PISMS、PISMS内、PISMS与相关资源之间等的协调、沟通。

7 个人信息安全管理体系（PISMS）

PISMS应包括以下要素：

a）目标和基本原则；

b）方针；

c）机构及职责；

d）管理机制；

e）管理过程；

f）安全管理；

g）内审；

h）过程改进；

i）应急管理。

8 个人信息管理方针

应是指导个人信息管理，保障个人信息安全，符合个人信息管理者实际情况，遵守国家相关法律、法规的原则和措施。应以简洁、明确的语言阐述，并公之于众。内容宜包括：

a）个人信息主体的权利；

b）个人信息管理者的义务；

c）个人信息管理的目的和原则；

d）个人信息管理的措施和方法；

e）个人信息管理的改进和完善。

9 个人信息管理相关机构及职责

9.1 最高管理者

个人信息管理者的最高行政领导，应重视个人信息管理，并选择、任命有能力的个人信息管理者代表组建、负责个人信息管理机构，在资金、资源等各个方面提供完全的支持。

9.2　个人信息管理机构

个人信息管理机构主要包括宣传教育、个人信息安全、服务台等责任主体，其主要职责包括：

a）个人信息管理计划制定、实施；

b）PISMS建立、实施、运行；

c）明确个人信息管理相关机构和人员职责、责任；

d）个人信息相关活动、行为的管理；

e）PISMS运行检查、评估、改进、完善；

f）记录个人信息管理活动，并编制PISMS运行报告。

9.2.1　宣传教育

宣传教育宜指定责任主体，在个人信息管理者代表领导下开展工作。宣传教育的主要职责是：

a）组织、实施PISMS宣传、教育；

b）制定PISMS宣传、教育制度、计划；

c）制定PISMS宣传策略和方法；

d）个人信息相关知识、管理和安全技术等的宣传、教育；

e）改进、完善宣传、教育措施、方法。

9.2.2　个人信息安全

个人信息安全宜指定信息安全责任主体负责，在个人信息管理者代表指导下开展个人信息安全管理工作。其主要职责应包括：

a）个人信息安全风险管理；

b）制定个人信息安全管理策略、措施；

c）实施个人信息安全管理措施；

d）改进、完善个人信息安全管理。

9.2.3　服务台

服务台宜指定责任主体，在个人信息管理者代表领导下提供个人信息相关的服务。服务台的主要职责包括：

a）提供个人信息管理、安全的相关咨询和服务；

b）提供个人信息处理、使用建议和意见；

c）接受有关个人信息管理、安全的意见，并落实和反馈；

d）沟通、交流；

e）个人信息管理、安全相关事项、问题处理等的发布；

f）其它应处理的问题。

9.3　PISMS内审机构

PISMS内审机构应由最高管理者指定的PISMS内审代表负责，该代表可以在个人信息管理者内部选聘，或聘请社会人士担任。其职责是：

a）独立、公平、公正地开展PISMS监督、检查、调查工作；

b）制定PISMS内审制度和内审计划，并按计划实施内审；

c）跟踪、监控、评估PISMS实施、运行；

d）编制内审报告，督促、建议PISMS的改进、完善。

10　个人信息管理机制

10.1　管理制度

应制定个人信息管理的相关规章和制度，包括基本的管理规章和适用于各从属机构、部门特点的管理细则，并使每个工作人员完全理解并遵照执行。

10.1.1　基本规章

基本规章是个人信息管理者及其工作人员应遵循的行为准则，应在实施过程中不断改进和完善。基本规章宜包括以下各项：

a）个人信息管理相关机构职能及职责；

b）个人信息管理；

c）个人信息安全风险和安全管理措施；

d）个人信息数据库管理；

e）个人信息管理文档管理；

f）PISMS宣传、教育；

g）PISMS内审；

h）过程管理；

i）服务台管理；

j）应急管理；

k）违反相关规章的处理；

l）其它必要的管理制度。

10.1.2　管理细则

各从属机构、部门应根据实际需要制定与基本规章一致，并符合从属机构、部门实际、切实可行的相关管理细则。

10.1.3　其它管理规定

其它业务开展或有特殊要求的业务，涉及个人信息管理，应制定相应的管理规定。

10.2　宣传

10.2.1　基本宣传

个人信息管理者应在其内部向全体工作人员及其它相关人员说明个人信息管理的重要性和相关管理策略，以得到工作人员及其它相关人员对个人信息管理工作的配合和重视。

10.2.2　业务宣传

个人信息管理者处理涉及个人信息的相关业务时，应主动说明收集、处理、使用、利用个人信息的目的、措施、方法和规定，并做出保密承诺。

10.2.3　社会宣传

个人信息管理者应在相关媒介（宣传资料、网络媒介（如网站等）及其它相关的面向社会的电子类、纸质等材料）中增加个人信息管理的相关内容。

10.3　培训教育

10.3.1　计划

应根据人员、机构、业务、需求等实际情况，制定个人信息管理相关的培训和教育制度，适时开展相应的培训教育。

10.3.2　对象

培训教育的对象，应包括：

a）工作人员；

b）临时员工；

c）其他相关人员。

10.3.3　内容

培训教育的主要内容，应包括：

a）个人信息安全相关法律、法规、规范、标准和管理制度；

b）个人信息管理的重要性和必要性；

c）PISMS的构成、实施等；

d）个人信息主体的权利、责任；

e）管理、业务活动中个人信息管理的方式、措施等；

f）违反个人信息安全相关标准可能引起的损害和后果；

g）其它必要的教育。

10.4　公示

公开、公示个人信息，应通知个人信息主体，并征得个人信息主体同意。通知的内容应包括：

a）个人信息管理者的相关信息；

b）公示的目的、方式、范围和内容；

c）个人信息主体的权利；

d）公示和非公示的结果。

10.5　个人信息数据库管理

10.5.1　保存

个人信息主体应明确确认其个人信息是否以简明、易懂的语言记载、存储在个人信息数据库中，并可以清楚无误地提取、拷贝这些信息。

10.5.2　时限

个人信息管理者应为个人信息的存储、保存设定一个合理的时限，并与目的充分相关。

10.5.3　备案

个人信息数据库的使用、查阅，应建立备案登记制度，并有专人负责。记录应包括责任人、存储（保存）目的、时限、更新时间、获取方法、获取途径、位置、使用目的、使用方法、安全承诺、废弃原因和方法等。

10.6　个人信息管理文档

10.6.1　记录

应在个人信息管理过程中记录与个人信息相关活动和行为的目的、时间、范围、对象、方式方法、效果、反馈等信息。这些活动和行为包括体系建立、宣传、培训教育、安全管理、过程改进、内审等。

10.6.2 备案

应建立与个人信息管理相关的规章、文件、记录、合同等文档的备案管理制度，并不断改进和完善。

10.7 人员管理

10.7.1 相关人员

应明确与个人信息管理相关人员的权限、责任，加强监督和管理，防范未经授权的个人信息接触、职责不清等风险。

10.7.2 工作人员

应加强所有与个人信息管理者相关工作人员的宣传和教育，明确岗位职责，提高保护个人信息主体权益的意识，避免发生个人信息安全事件。

10.7.3 激励

应采取有计划的措施，激发工作人员与个人信息管理机构之间的互动交流、合理诉求，增强工作人员保护个人信息的热情、责任感、积极性和事业心，以实现个人信息管理目标。

11 个人信息管理过程

11.1 收集

11.1.1 目的

所有个人信息收集行为，必须具有特定、明确、合法的目的，并应征得个人信息主体同意，限定在收集目的范围内。

11.1.2 限制

应基于特定、明确、合法的目的，采用科学、规范、合法、适度、适当的收集方法和手段，以保障个人信息主体的权益：

a）应将收集目的、范围、方法和手段、处理方式等清晰无误的告知个人信息主体，并征得个人信息主体同意；

b）被动收集时，应将收集目的、范围、内容、方法和手段、处理方式等以适当形式公开，如以公告形式发布。如有疑义、反对，应停止收集；

c）个人信息主体应采用适当的措施，防止不正当收集个人信息。

11.1.3 类别

11.1.3.1 直接收集

征得个人信息主体同意，直接从个人信息主体收集个人信息。应向个人信息主体提供的信息包括：

    a）个人信息管理者的相关信息；

    b）个人信息收集、处理、使用的目的、方法；

    c）接受并管理该个人信息的第三方的相关信息；

    d）个人信息主体拒绝提供相关个人信息可能会产生的后果；

    e）个人信息主体的查询、修正、反对等相关权利；

    f）个人信息安全和保密承诺；

    g）后处理方式。

11.1.3.2　间接收集

非直接地收集个人信息时，也应保证个人信息主体知悉并同意。间接收集必须保证个人信息主体利益不受侵害。应保证个人信息主体知悉的信息参照11.1.3.1。

11.2　处理

个人信息管理者处理、使用个人信息应基于明确、合法的目的，并遵循以下约束：

    a）应征得个人信息主体同意；或为履行与个人信息主体达成的合法协议的需要；

    b）应在个人信息收集目的范围内处理、使用个人信息。如需要超目的范围处理、使用个人信息，应征得该个人信息主体同意。通知信息参照11.1.3.1。

    c）在处理、使用个人信息时，应履行第5章规定的相关义务，保证个人信息安全。

11.3　利用

11.3.1　提供

11.3.1.1　合法性

个人信息管理者所拥有的个人信息，应是依特定、明确、合法的目的，经个人信息主体同意，采取适当、合法、有效的方法和手段获得的，并不与收集目的相悖。

11.3.1.2　权益保障

个人信息管理者合法拥有的个人信息，在向第三方提供时，应履行第

5章个人信息管理者的义务，保障个人信息主体的合法权益。

11.3.1.3　授权许可

个人信息管理者向第三方提供个人信息，应获得该个人信息的个人信息主体授权，并在允许的目的范围内，采用合法、适当、适度的方法使用。应向个人信息主体说明的信息，参照11.1.3.1。

11.3.1.4　质量保证

第三方接受个人信息管理者提供的个人信息，应履行5.5节的规定。

11.3.1.5　安全承诺

个人信息管理者向第三方提供个人信息时，应获得第三方以书面形式（或以可见证的、有规范记录的、满足书面形式要求的非书面形式）保证个人信息的完整性、准确性、安全性的明确承诺，避免不正确使用或泄露。

11.3.2　委托

11.3.2.1　范围限定

委托第三方收集个人信息、或向第三方委托个人信息处理业务时，应在个人信息主体明确同意的，或委托方以合同或其它方式要求的使用目的范围内处理，不可超范围、超目的随意处理，并将受托方相关信息提供给个人信息主体。提供的信息可参照11.1.3.1。

11.3.2.2　委托信用

涉及个人信息委托业务时，应选择已建立PISMS的个人信息管理者，以建立相应的委托信用机制，保证不会发生个人信息泄露或个人信息滥用。在委托合同中应包括：

a）委托方和受托方的权利和责任；

b）委托目的和范围；

c）保护个人信息的安全措施和安全承诺；

d）再委托时的相关信息；

e）PISMS的相关说明；

f）个人信息相关事故的责任认定和报告；

g）合同到期后个人信息的处理方式。

11.3.3　其它

11.3.3.1　二次开发

分析、整合、整理、挖掘、加工等个人信息二次开发，应履行第5章个人信息管理者的义务，征得个人信息主体同意，并限定在个人信息主体同意的范围内，避免随意泄露、传播和扩散。通知的内容应包括：

a）个人信息管理者的相关信息；

b）二次开发的目的、方式、方法和范围；

c）安全措施和安全承诺；

d）事故责任认定和处理方式；

e）开发完成后的处理方式。

11.3.3.2 交易

个人信息交易应履行第5章个人信息管理者的义务，征得个人信息主体同意，并限制在个人信息主体同意的范围内处理使用，避免随意泄露、传播和扩散。通知的内容应包括：

1）个人信息管理者相关信息；

2）个人信息来源的合法性、有效性；

3）个人信息交易的必要性；

4）个人信息交易的目的、方式、方法和范围；

5）安全措施和安全承诺；

6）事故责任认定和处理方式；

7）交易完成后的处理方式。

11.4 使用

任何使用个人信息的行为，应履行第5章个人信息管理者的义务，征得个人信息主体同意，并限定在个人信息主体同意的范围内，避免随意泄露、传播和扩散。通知信息参照11.1.3.1。

11.5 后处理

个人信息处理、使用后，应根据个人信息主体意见或合同约定方式，采取相应的安全措施，避免发生丢失、损毁、泄漏等安全事故。

11.5.1 质量

个人信息处理、使用、利用后，如需继续保存、使用、返还，应保证个人信息的准确性、完整性和最新状态。

11.5.2 销毁

个人信息处理、使用、利用后，如不需继续保存、使用、返还，应彻底销毁与个人信息相关的文档、介质等及其记录的个人信息。

12 个人信息安全管理

12.1 风险管理

应在个人信息管理过程或行为中，识别、分析、评估潜在的风险因素，制定风险应对策略，采取风险管理措施，监控风险变化，并将残余风险控制在可接受范围内。

12.2 物理环境管理

应根据需要采取必要的措施，保证个人信息存储、保存环境的安全，包括防火、防盗及其它自然灾害、意外事故、人为因素等。

12.3 工作环境管理

应注意工作人员工作环境内所有相关的个人信息管理，防止未经授权的、无意的、恶意的使用、泄露、损毁、丢失。工作环境包括：

a）出入管理；

b）工作桌面；

c）计算机桌面；

d）计算机接口；

e）计算机管理（文件、文件夹等）；

f）其它相关管理。

12.4 网络行为管理

应制定网络管理措施，采用相应的技术手段，引导、约束通过网络利用、传播个人信息的行为，构建规范、科学、合理、文明的网络秩序。

12.5 IT环境安全

应在整体信息安全体系建设中，充分考虑个人信息及相关因素的特点，加强个人信息安全防护，预防安全隐患和安全威胁。如网络基础平台、系统平台、应用系统、安全系统、数据等的安全，及信息交换中的安全防范、病毒预防和恢复、非传统信息安全等。

12.6 个人信息数据库安全

个人信息管理者应保证个人信息数据库存储、保存的个人信息的准确性、完整性、保密性和可用性，并随时更新，以保证个人信息的最新状态。

12.6.1　管理安全

个人信息管理者应履行第5章规定的义务，建立个人信息数据库管理机制。包括：

a）个人信息数据库管理和使用制度；

b）个人信息数据库管理者的职责；

c）维护和记录；

d）事故处理。

12.6.2　使用安全

应根据个人信息自动和非自动处理的特点，制定相应的个人信息数据库管理策略，包括访问/调用控制、权限设置、密钥管理等，防止个人信息的不当使用、毁损、泄露、删除等。

12.6.3　备份和恢复

应制定个人信息数据库备份和恢复机制，并保证备份、恢复的完整性、可靠性和准确性。

13　PISMS内审

13.1　管理

a）应审核个人信息管理相关活动和行为、PISMS、PISMS实施和运行过程；

b）内审应由与审核对象无直接关系人实施；

c）内审应提出过程改进和完善建议。

13.2　计划

应根据相关法律、规范和实际需求制定PISMS内审计划：

a）内审目标和原则；

b）内审策略和控制措施；

c）组织、协调相关资源；

d）内审周期、时间；

e）职责、责任；

f）内审实施；

g）其它必要的措施。

13.3　实施

应根据PISMS内审计划，定期独立、公平、公正地实施内审，并形成内审报告。

14　过程改进

14.1　服务台管理

服务台应接受个人信息主体、各类组织和人员提出的个人信息管理活动、PISMS的相关意见、建议、咨询、投诉等，并采取相应的处理措施，及时反馈。

14.2　跟踪和监控

PISMS内审机构应实时跟踪、监控PISMS的实施、运行，及时发现潜在的安全风险、缺陷和存在的问题，提出整改建议。

14.3　持续改进

个人信息管理机构应依据相关法规、内审报告、需求变化、服务台反馈、跟踪监控结果等，采用PDCA模式，定期评估、分析PISMS运行状况，并持续改进和完善：

a）分析、判断PISMS实施、运行中的缺陷和漏洞；

b）制定预防和改进措施；

c）实时预防、改进；

d）跟踪改进结果。

15　应急管理

个人信息管理者应制定应急预案，评估、分析收集、处理、使用个人信息过程中可能出现的个人信息泄露、丢失、损坏、篡改、不当使用等事故，采取相应的预防措施和处理。预案应包括：

a）事故的评估、分析；

b）事故的处理流程；

c）事故的应急机制；

d）事故的处理方案；

e）事故记录和报告制度；

f）事故的责任认定。

16 例外

16.1 收集例外

不允许收集、处理、使用敏感的个人信息。经个人信息主体同意，或法律特别规定的例外，但应采取特别的保护措施。敏感的个人信息包括：

a）有关思想、宗教、信仰、种族、血缘的事项；

b）有关身体障碍、精神障碍、犯罪史及相关可能造成社会歧视的事项；

c）有关政治权利的事项；

d）有关健康、医疗及性生活的相关事项等。

16.2 法律例外

基于以下目的的例外，可以不必事先征得个人信息主体同意，但应依据相关法规，或经由专门机构确定：

a）法律特别规定的；

b）保护国家安全、公共安全、国家利益、制止刑事犯罪；

c）保护个人信息主体或公众的权利、生命、健康、财产等重大利益等。

17 评价

为提供个人信息管理、PISMS的质量保证，应评价个人信息管理者实施、运行PISMS的状况，以确定其与个人信息安全相关法律、法规、规范的符合性、一致性和目的有效性，并以此作为颁发PISMS认证证书的依据。

IT
服
务
标
准
辑
录

DB21

辽 宁 省 地 方 标 准

DB21/T 1628.2-2013

信息安全 个人信息安全管理体系实施指南

Information Security-Personal information security management system
Implementation guidelines

2013-08-20 发布   2013-09-20实施

辽宁省质量技术监督局 发布

前　言

DB21/T1628分为7部分：

——信息安全 个人信息保护规范

——信息安全 个人信息安全管理体系实施指南

——信息安全 个人信息数据库管理指南

——信息安全 个人信息管理文档管理指南

——信息安全 个人信息安全风险管理指南

——信息安全 个人信息安全管理体系安全技术实施指南

——信息安全 个人信息安全管理体系内审实施指南等。

本标准是DB21/T1628的第2部分。

本标准依据GB/T1.1—2009《标准化工作导则 第1部分：标准的结构与编写》制定。

本标准由大连市经济和信息化委员会提出。

本标准由辽宁省经济和信息化委员会归口。

本标准主要起草单位：大连软件行业协会、大连交通大学。

本标准主要起草人：郎庆斌、孙鹏、曹剑、王开红、尹宏。

引　言

0.1　个人信息管理

个人信息是与特定个人相关并可识别特定个人的数据、图像、声音等信息，是自然人非常重要的人格要素之一，其属性特征与自然人的日常生活、社交、工作等密不可分。如果公开这些信息，与个人有关或无关的其他自然人，可以根据信息直接定位于特定的个人，并根据自己的需要加以利用，因此，需要采取适宜的技术、管理等手段妥善保护。随着互联网技术的发展和普及，滥用、泄漏、公开、非法传播个人信息的威胁日趋严重，这种保护尤显重要。

个人信息的存在是多样态的，可以以纸质、电子、磁介质、光介质、网络等多种媒介打印（书写）、存储、传播。无论以何种存在形式使用、处理、存储个人信息，均应采取相应的管理措施。

个人信息管理是基于特定、明确、合法目的，以有效、能动、可控、安全为目的、针对个人信息及相关资源、环境、管理体系等的相关活动或行为，是个人信息管理者向个人信息主体提供服务的过程，这个过程构成个人信息全生命周期，包括个人信息获取过程、个人信息处理过程、基于生命周期的过程管理等三个环节，通过计划、组织、协调个人信息资源需求与个人信息主体的符合性，采取相应的规范化、系列化控制策略和控制措施，保证个人信息的安全。

个人信息获取过程：基于特定、明确、合法目的，直接、间接收集个人信息（个人信息主体同意）；

个人信息处理过程：个人信息的加工、使用、处置过程；

基于生命周期的过程管理：在个人信息生命周期内，采用PDCA模式管理针对个人信息及相关资源、环境、管理体系等的活动或行为。

0.2　网络信息管理

网络信息管理是一般意义信息管理在网络空间中的延伸。网络空间是虚拟的，进入网络空间的个人，可以拥有自己的虚拟生活领域，自主确定个人数据的使用、处理和控制。然而，个人的网络行为和活动，包括个人网站、信息发布、电子商务、电子邮件等产生的个人信息，可以轻易地采用现代信息技术手段监控、收集、利用。

无论何种社会形态，无论何种个人信息存在形态，个人信息安全形态是相似的：

a）所拥有、管理的个人信息的生命周期是相同的；

b）个人信息管理职能，包括计划、组织、控制、协调等是相同的；

c）保障个人信息主体权益，约束个人信息管理者的责任和义务是相同的。

因而，实现个人信息安全的核心是服务管理。以管理为主线，考虑个人信息生命周期不同阶段个人信息的特征，强化生命周期内服务管理能力、服务管理质量，通过质量管控实现个人信息安全。

本指南确定的基于个人信息生命周期的个人信息管理规则，具有普适意义，既适用于不同社会形态的行业特征，亦适用于不同的个人信息存在形态（如网络信息管理）。

0.3　个人信息管理的必要性

随着社会经济的发展，个人信息的收集、处理、使用、利用，愈加方便、容易，对个人信息的侵害也愈加频繁，愈加呈现多样性。个人的身份证号码、信用卡号码、电话号码、手机号码等信息都可能成为被利用的工具，特别是信息技术和网络系统的进步，更使得个人信息的收集和利用变得非常容易。

在许多公共机构、政府行政机构、提供公共服务的组织合法掌握着大量的个人信息，当人们在提供自身信息的同时，个人信息泄漏和被非法利用的危险同时存在。

个人信息随着社会发展和市场经济的建立，凸显人格利益的商业价值和经济利益。构成人格利益的人格要素的商品化、利益多元化，更凸显了在现代社会、经济活动中，个人信息的无形的物质性财产权益。因此，个人信息的安全应成为每个公民的自觉意识，尊重和保护公民的人格权益，是每个公民的职责。

0.4　个人信息安全管理体系

体系是具有特定功能、由相互关联的若干要素构成、可以实现预定目标的有机整体。要素与要素、要素与体系、体系与环境之间相互作用又相互依赖。

任何体系都是一个有机的整体，它不是各个要素的机械组合或简单叠加，各个要素的有机整合，构成体系整体性能。体系中的各个要素不是孤立存在，每个要素在体系中都发挥着特定的作用。要素之间相互关联，构成不可分割的整体。如果将要素从体系整体中割离出来，它将失去要素的作用。

体系应具有：

a）明确的目标；

b）清晰、严谨的法规、规范；

c）完善的组织机构；

d）完备的管理机制；

e）持续改进、完善的过程更新能力。

建立个人信息安全管理体系的基本目的是满足个人信息管理的需要，指导个人信息管理者建立健全各类管理机制，协调各类资源，充分保障个人信息主体的权利，保障个人信息管理业务的稳定运行。

0.5　个人信息管理的要求

个人信息管理者应确定个人信息管理的要求，主要包括4个方面：

a）法律、规范的要求。个人信息管理应符合、满足与个人信息安全相关法规、规范的要求和社会、人文环境需要；

b）实施风险评估的结果。个人信息管理者应根据其管理的需要和业务发展、流程、目标等，实施个人信息安全风险评估，识别与个人信息安全相关资源的风险、发生的可能性，并评估影响；

c）个人信息安全管理体系。个人信息管理者为在其管理和业务运行中保证个人信息的安全，应构建个人信息安全管理体系，并遵循体系的要求；

d）个人信息安全管理体系内审。个人信息管理者为保证个人信息安全管理体系的安全运行，应建立个人信息安全管理体系内审机制，并根据内审结果改进、完善。

0.6 个人信息安全管理体系实施惯例

个人信息安全管理体系通用的实施惯例，包括：

a）明确个人信息管理目标；

b）建立个人信息管理相关组织机构；

c）制定个人信息管理方针；

d）构建个人信息安全管理体系；

e）个人信息安全风险管理；

f）制定个人信息管理相关规章；

g）个人信息安全宣传、教育；

h）个人信息管理过程；

i）个人信息安全管理体系内审；

j）过程改进。

0.7 个人信息管理的关键因素

a）最高管理者的意识和支持；

b）个人信息相关法规、标准的理解；

c）个人信息管理相关组织机构的效能；

d）个人信息管理相关机构负责人的责任；

e）个人信息安全目标、安全策略和行为；

f）个人信息安全宣传、教育的效果；

g）个人信息安全风险管理的理解；

h）个人信息安全管理体系内审效能；

i）过程改进的有效性。

0.8 个人信息安全管理体系基准

本指南应作为构建、实施、运行个人信息安全管理体系的基准，其内容并不一定适应所有个人信息管理者，也可能需要本指南未涵盖的内容。个人信息管理者宜根据个人信息安全相关法规、规范，设置所需的控制策略和措施，并与本指南的条款相互引用，将适宜评价人员的符合性、一致性和有效性评估。

0.9 指南架构

本指南依据DB21/T1628.1《个人信息保护规范》确立个人信息安全管理体系：

a）个人信息安全目标和基本原则；

b）个人信息管理相关机构及职责；

c）个人信息管理方针；

d）个人信息管理机制；

e）个人信息管理过程；

f）个人信息安全管理体系内审；

g）过程改进；

h）管理和业务的连续性管理。

本指南条款基本依据个人信息安全管理体系顺序排序，但并不表明体系各项重要程度排序。根据个人信息管理者的管理、业务、环境等的需要，各条款可能均是重要的。

实践表明，构建、实施个人信息安全管理体系宜遵循"个人信息安全管理体系实施惯例"（0.5）。

0.10 本指南要求

本指南遵循DB21/T 1628.1《个人信息保护规范》确立的个人信息管理的基本原则和要求，重点描述和指导个人信息安全管理体系的构建、实施、运行。

构建、实施和运行个人信息安全管理体系，应同时使用DB21/T 1628.1《个人信息保护规范》和本指南。

构建、实施和运行个人信息安全管理体系，亦应同时融合、使用个人信息安全标准体系其它标准。

0.11 与其它标准体系的兼容性

《个人信息保护规范》、《个人信息安全管理体系实施指南》及个人信息安全标准体系其它标准可与其它国际、国内信息安全标准及相关标准协调一致，并与这些标准相互配合或相互整合实施和运行。

《个人信息保护规范》、《个人信息安全管理体系实施指南》易于使个人信息安全管理体系与其它管理体系整合实施。

Contents
目 录

信息安全　个人信息安全管理体系实施指南

1　范围

本标准为个人信息管理者构建、实施、运行、内审、改进个人信息安全管理体系提供指导和通用准则。

2　规范性引用文件

下列文件对于本文件的应用是必不可少的。凡是注日期的引用文件，仅所注日期的版本适用于本文件。凡是不注日期的引用文件，其最新版本（包括所有的修改单）适用于本文件。

DB21/T1628.1-2012《信息安全 个人信息保护规范》

DB21/T1628.3《个人信息数据库管理指南》

DB21/T1628.4《个人信息管理文档管理指南》

DB21/T1628.5《个人信息安全风险管理指南》

DB21/T1628.6《个人信息安全管理体系安全技术实施指南》

DB21/T1628.7《个人信息安全管理体系内审实施指南》

3　术语和定义

DB21/T1628.1界定的以及下列术语和定义适用于本文件。

3.1　指南 guide

构建个人信息安全管理体系应作什么和如何做。

3.2　个人信息管理方针 policy of personal information management

个人信息管理者正式公布的个人信息管理策略、原则和措施。

3.3　个人信息管理机制 management mechanism of personal information

个人信息安全管理体系中保证个人信息管理的机构、功能和相互关系。

注1：管理机制应包括组织机构、职责、规章、活动、资源等。

3.4 个人信息安全管理 personal information security management

个人信息安全管理体系中为保证个人信息安全采取的安全策略、安全技术和安全管理措施。

3.5 个人信息安全风险 personal information security risk

个人信息安全事故发生的可能性、后果和可能的影响。

3.6 过程管理 process management

采用PDCA模式管理个人信息的相关活动、相关资源及其相互关系。

3.7 个人信息安全事件 personal information security incidents

违反个人信息管理方针或由于个人信息安全管理体系不健全引发的活动、状态。

3.8 个人信息安全事故 personal information security accidents

威胁个人信息安全，损害个人信息主体权益，并可能造成一定影响的单个或一系列个人信息安全事件。

4 过程方法

4.1 要求

构建、实施、运行、监控、内审、改进PISMS时应采用过程管理。

4.2 PDCA模式

图1描述了PISMS依据个人信息安全的要求和期望，应展开的管理活动和过程。

4.3 描述

a）计划（构建PISMS）：根据个人信息管理者的整体目标，确立个人信息管理目标和方针，根据个人信息管理计划，构建个人信息安全管理体系；

b）实施（实施和运行PISMS）：实施和运行个人信息安全管理体系；

c）检查（监控和内审PISMS）：监督、检查、控制PISMS的实施和运行，实施内部审查和评估，报告内审结果；

d）改进（完善和改进PISMS）：根据内审结果和其它相关信息，采取相应的预防、改进、完善措施，实现PISMS的持续改进。

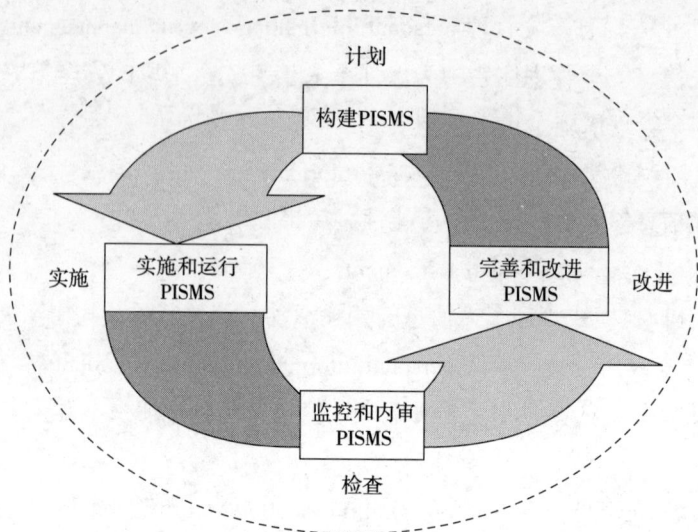

图1 适于PISMS的PDCA模式

5 个人信息管理

5.1 要求

应依据DB21/T1628.1第6章，明确个人信息管理目标，采取相应的管理、技术措施，管理个人信息。

5.2 管理边界

依据DB21/T1628.1 5.1，个人信息管理者履行个人信息管理责任，应限定管理边界：

a）层级和权责：个人信息管理者内部管理、业务层次和权限、责任；

b）部门间：个人信息管理者内部各部门之间的关联、影响；

c）外部：个人信息管理者与客户、社会组织之间的关联和影响；

d）个人：个人信息管理者的员工行为和责任。

5.3 计划和组织

依据DB21/T1628.1 6.2，应制定个人信息管理计划：

a）明确个人信息管理者的管理、业务目标；

b）收集个人信息前的准备：包括来源、目的、方式、方法、安全措施等；

c）识别与个人信息管理相关的资源，包括信息系统、行政管理、业务流程、工作环境、外部环境等相关资源；

d）评估个人信息安全风险的方法和措施；

e）评估管理状况和效果，包括管理目标、管理边界、管理方式、资源配置、体系建设和运行等及管理缺陷的处理方式；

f）评估计划的实施情况，包括计划执行过程中，随时检查、分析计划执行情况和计划执行完毕检查、总结、分析计划执行情况。

6 构建和管理PISMS

依据DB21/T1628.1第7章，个人信息管理者构建个人信息安全管理体系应：

a）建立个人信息管理相关机构，明确机构职责和机构负责人的责任；

b）明确个人信息安全目标，确立个人信息管理的基本原则；

c）制定个人信息管理方针，阐明个人信息管理的指导原则；

d）根据管理和业务特征、资源、技术、环境、员工及其它相关因素确定PISMS范围；

e）实施风险管理，识别风险源和安全隐患，确定PISMS的控制目标和控制方式（参见DB21/T1628.5《个人信息安全风险管理指南》）；

f）建立个人信息管理机制：

1）根据管理和业务特征、个人信息安全相关法规、规范，制定所有员工应遵循的基本规章、个人信息安全管理体系运行规范；

2）制定个人信息安全宣传策略，在内、外部宣传个人信息安全的重要性和所采取的管理策略；

3）制定个人信息安全培训教育计划，对全体员工实施个人信息安全相关知识的教育，并跟踪培训教育的效果；

4）其它个人信息相关管理事务；

g）管理过程。在个人信息管理过程中，采用相应的管理、技术手段，保证与目的的一致性、符合性，保证个人信息的安全和个人信息主体的权益；

h）个人信息安全管理（参见DB21/T1628.6《个人信息安全管理体系安全技术实施指南》）；

i）建立个人信息安全管理体系内审机制。监控、检查、评估个人信息安全管理体系实施和运行过程，持续改进和完善体系；

j）过程改进。对个人信息安全管理体系实施、运行缺陷实施改进；

k）应急管理。建立应急预案，对可能发生的个人信息安全事件或个人信息安全事故，及时采取相应的应对措施。

7 个人信息管理相关机构及职责

7.1 要求

个人信息管理的相关机构是个人信息安全的组织保障，是构建个人信息安全管理体系的首要任务，应首先在最高管理者授意下组建。

7.2 最高管理者

是个人信息管理者构建个人信息安全管理体系、实施并持续完善改进的决策者。依据DB21/T1628.1 9.1，其责任应包括：

a）确立个人信息安全、保证管理和业务稳定运行的目标和方向；

b）创造全体员工参与、资源保障、有利于实施个人信息管理的内部环境；

c）组建个人信息管理机构，选择有能力的管理者代表，并赋予相应权限，确保个人信息安全管理体系的实施和运行；

d）为实施、运行个人信息安全管理体系所需资源提供切实可行的支持，资源包括人员、资金、信息、技术、环境等；

e）对个人信息安全管理体系实施、运行过程中可能出现的各种不利因素提供决策支持；

f）对个人信息安全管理体系实施、运行制定合理、适宜的激励机制；

g）对个人信息安全管理体系的持续改进提供决策支持；

h）组建个人信息安全管理体系内审机构，选择适宜的内审代表，并赋予相应的权限，监控、检查、评估个人信息安全管理体系的实施和运行；

i）批准个人信息管理相关责任主体的职责分配、个人信息管理方针、个人信息管理规章、个人信息安全宣传教育计划等管理机制，并协调、组织实施个人信息安全管理体系。

7.3 个人信息管理机构

7.3.1 个人信息管理者代表

是最高管理者指定的个人信息管理机构责任主体，依据DB21/T1628.1 9.2，其职责应包括：

a）代表最高管理者负责个人信息管理机构的日常工作；

b）负责个人信息安全管理体系构建、实施和运行；

c）确定组织、构建和实施个人信息安全管理体系的资源需要和资源分配；

d）组织制定、实施个人信息管理的基本规章制度，推进个人信息管理工作的开展；

e）部署个人信息安全的宣传；

f）指导个人信息安全的培训和教育；

g）监督个人信息安全管理机制的构建和实施；

h）监督、指导个人信息安全管理体系各项文档的管理；

i）个人信息安全管理体系实施、运行过程中的组织、协调和管理；

j）协调内审机构的工作；

k）实施过程改进。

7.3.2 其他责任主体

a）个人信息管理责任主体，宜包括个人信息管理者从属的各机构、部门的负责人。

b）责任主体职责包括个人信息管理机构内宣传教育、个人信息安全、服务台等责任主体的职责。

c）DB21/T1628.1 9.2确立的个人信息管理机构的责任主体职责，应

1.宣传教育应注意协调部门、人员、管理、业务、资源及外部因素等；

2.个人信息安全管理应注意协调整体信息安全与个人信息安全的关联；

3.各责任主体具体责任人的职责，宜根据个人信息管理者需要确定。

7.3.3 职责分配

应明确、清晰地定义、分配所有个人信息管理相关责任主体的职责。

a）职责定义、分配应与个人信息安全目标、方针一致；

b）职责分配应形成相应职责说明的文件；

c）职责分配应明确定义授权形式，并形成相应文件；

d）已分配职责的人员，如将相关任务委托其他人员，仍应负有责任，并应确认被委托任务是否正确完成、涉及的个人信息是否完整、准确；

e）职责应随管理、业务的变化、内审意见等适时补充、改进和完善。

7.4　内审机构职责

依据DB21/T1628.1 9.3，个人信息安全管理体系内审机构的主要职责应包括：

a）明确个人信息安全管理体系内审的目的，编制内审制度和内审计划；

b）明确内审责任人的职责；

c）跟踪、评估个人信息安全管理体系构建、实施过程的合理性、充分性和完整性；

d）评价管理人员、工作人员的意识、行为、活动；

e）评估个人信息安全管理体系运行的效率和效果；

f）及时发现缺陷，提出适宜的改进、完善建议。

注2：内审责任人的职责，宜根据个人信息管理者和其内部各部门的需要确定。

7.5　协调

个人信息管理者内部行政、财务、人力资源、业务等各不同部门宜有负责个人信息安全的代表。个人信息安全管理体系实施和运行，应在这些代表间协调和合作。协调活动应保证：

a）各个部门个人信息管理的目的同一性、实施有效性；

b）与个人信息管理方针的一致性；

c）风险管理过程和方法的准确性、有效性及风险评估的充分性；

d）个人信息管理规章的充分性和有效性；

e）个人信息安全宣传教育的针对性、完全性、有效性；

f）个人信息管理的有效性；

g）个人信息安全管理体系内审的充分性、有效性；

h）个人信息安全管理体系内审的协调性、充分性和有效性等。

7.6　相关团体的联系

个人信息管理机构应与个人信息安全相关专家、团体，如行业协会等，保持联系：

a）获得关于个人信息安全的最新进展、最佳实践和更新知识；

b）个人信息安全管理体系实施和运行过程中的疑问、意见、建议等的沟通；

c）相关团体关于个人信息安全、个人信息安全管理体系认证的意见、修正、改进等；

d）个人信息安全事故的报告、处理等。

8 资源管理

8.1 相关资源

根据DB21/T1628.1第6章，应识别与管理、业务涉及个人信息部分关联的各种资源。这些资源包括：

a）信息资源：个人信息数据库及相应文件、合同和协议、个人信息管理文档等个人信息管理者运营、服务涉及个人信息的数据、信息等；

b）软件资源：系统软件、应用软件、工具软件、开发工具、服务等支撑管理、业务运营的存储、处理信息的软件；

c）硬件资源：保证管理、业务等运行的基础设施，如计算机设备、网络设备、通信设备、移动介质及其它相关设备等；

d）物理资源：门禁、监控等保证工作环境安全的物理设施；

e）技术资源：个人信息安全相关的各种技术及支撑手段；

f）人力资源：个人信息安全管理体系涵盖的各类员工；

g）无形资源：姓名、荣誉、名誉、肖像等没有实体形态、具有潜在利益的个人信息资源；

h）服务：资源管理、数据通信等个人信息管理者所提供的各种服务。

8.2 资源分类

资源应分类管理，分类原则应包括：

a）结合风险管理，确定在个人信息安全管理体系实施、运行中资源的敏感、关键程度；

b）在涉及个人信息的管理、业务中所关联资源的重要性；

c）涉及资源的个人信息的价值；

d）资源的安全等级。

8.3 资源使用

应制定使全体员工、客户、第三方客户接受并执行的与个人信息相关资源的使用规定，如：

a）互联网使用规定；

b）电子邮件使用规定；

c）移动设备使用规定；

e）系统软件更新、病毒防范；

f）个人信息数据库管理；

g）文档管理；

h）门禁管理等。

全体员工、客户、第三方客户应对所使用的资源负责。

9 个人信息管理方针

9.1 要求

依据DB21/T1628.1第8章，确立与管理、业务需求一致，符合个人信息安全相关法规、规范，为个人信息安全管理体系实施、运行提供指导和支持的原则和措施。

个人信息管理者在构建个人信息安全管理体系时，应首先制定清晰、简洁、明确的个人信息管理方针，并在其内、外部公开发布，阐明个人信息管理措施和承诺。

9.2 内容

个人信息管理方针应由最高管理者批准。其内容宜包括：

a）个人信息安全的目标及重要性；

b）个人信息主体的权利；

c）个人信息管理者的责任和义务；

d）个人信息安全相关法规、规范的要求；

e）个人信息管理采取的保护措施和方法；

f）违反个人信息管理方针的处理；

g）个人信息安全建议、意见的处理和反馈（应有服务台责任主体、联系方式等说明）；

h）改进和完善个人信息安全管理体系的措施等。

9.3 改进

个人信息管理方针应随时间的变化或管理、业务、环境等发生重大变化时适时改进，以保证方针的适宜性和有效性。

个人信息管理者代表应适时评估方针的适宜性和有效性，并根据时间、环境、管理、业务、技术、法律等的变化适时改进。

10 个人信息安全风险管理

个人信息管理者代表应责成安全管理责任人对个人信息及相关资源可能存在的安全风险实施风险管理。参见DB21/T1628.5《个人信息安全风险管理指南》。

11 个人信息管理机制

11.1 管理制度

11.1.1 基本规章

11.1.1.1 要求

基本规章是实施个人信息安全管理体系应遵循的行为准则，依据DB21/T1628.1 10.1.1，基本规章内容主要宜包括以下各节。

11.1.1.2 个人信息管理相关机构职能及职责

a）机构建立的组织程序、管理层级、机构及各责任主体名称；

b）各机构、各责任主体责任人任命程序；

c）各机构、各责任主体的职能和权限；

d）各机构、各责任主体责任人的职责；

e）最高管理者的责任。

11.1.1.3 个人信息管理

a）个人信息主体的权利；

b）个人信息管理者的责任和义务；

c）应遵循的个人信息安全基本原则；

d）个人信息管理计划制定；

e）个人信息收集、处理、使用、利用规则；

f）个人信息主体同意的方式和措施；

g）个人信息公示的规定；

h）特殊情况的处理；

i）记录和统计的规定。

注3：如果个人信息管理者存在个人信息二次开发、交易等行为，应特别注意在基本规章中加以约束和限制。

11.1.1.4　个人信息安全风险管理

a）目的、范围；

b）风险管理的方法和流程；

c）风险源确认方法；

e）风险分析和分类的方法；

f）风险程度和影响的评估方法和策略；

g）风险应对措施；

h）风险监控、跟踪措施；

i）风险重评估的依据、方法和策略。

11.1.1.5　个人信息安全管理措施

a）与整体信息安全的关系；

b）范围；

c）管理层安全管理措施；

d）业务层安全管理措施；

e）资产安全管理措施（包括相关的信息系统、软件应用、访问控制、权限管理等等）；

f）员工工作环境安全管理措施（包括出入管理、防灾管理、桌面管理等）；

g）员工行为管理措施；

h）特殊岗位安全管理；

i）其它必要的安全管理措施。

11.1.1.6　个人信息数据库管理

a）合法、合理、有效保存/存储措施；

b）时效规定；

c）管理和使用；

d）责任者的职责；

e）使用权限和安全管理；

f）备案登记；

g）备份和恢复；

h）维护和记录；

i）使用后的处理措施；

j）事故处理；

k）其它必要的安全管理措施。

11.1.1.7 个人信息管理相关文档管理

a）管理实施记录；

b）文档范围和分类；

c）文档编码规则和修订规则；

d）备案管理和使用；

e）备份和销毁。

11.1.1.8 个人信息安全宣传教育管理

a）培训教育目的、范围、对象说明；

b）培训教育计划制定和实施；

c）培训教育执行方式；

d）培训教育大纲、内容；

e）效果确认和跟踪（出勤、考试等）；

f）培训教育记录。

g）宣传范围、对象；

h）宣传方式

i）宣传内容

j）效果评估

11.1.1.9 个人信息安全管理体系内审管理

a）目的、作用、范围；

b）计划制定和实施；

c）内部审查内容（体系运行状况、各机构职责履行情况、责任人职责等）和措施；

d）实施方法；

e）内审处理措施；

f）内审记录和报告的编制规则；

g）其它必要的管理措施。

11.1.1.10　服务台管理

a）目的、作用、职责；

b）范围；

c）服务提供守则；

d）处理流程；

e）落实、反馈措施；

f）事故处理流程和措施；

g）记录管理；

h）其它管理措施。

11.1.1.11　应急管理

a）应急处理流程；

b）事故评估程序；

c）事故处理措施；

d）事故报告；

e）责任认定。

11.1.1.12　过程改进管理

a）评估方式、方法

b）体系需改进、完善事项的确定；

c）改进流程；

d）改进和预防措施；

e）改进后的跟踪措施。

11.1.1.13　违反个人信息管理相关规章的处理

a）处理对象的责任认定（员工、机构、负责人等）；

b）处理依据和原则；

c）处理的决策过程；

d）处理的相关决定和措施；

e）公示。

11.1.2　管理细则

个人信息管理者涉及个人信息的各从属机构、部门，应依据基本规章，根据管理、业务的实际需要，制定相应的管理细则。

注4：涉及个人信息的机构、部门，宜包括人力资源、财务、行政主管、相关业务部门等。

11.1.3 其它管理规定

有特殊业务要求的部门或在业务开展中有特殊要求，涉及个人信息收集、处理，应制定相应的个人信息管理规定。

注5：个人信息管理者应根据自身的特点、实际需要制定适宜的规章，但应涵盖与个人信息相关的环境、管理、业务、人员等所有因素。本标准仅提供一般性意见。

注6：制定规章的注意事项：

a）各项规章的封面，应含名称、文件编号、版本号、制定日期、审批人、制作人、编制单位等；

b）各项规章的首页应设置修改控制页，记录相应规章的修订情况，包括版本号、制定/修改日期、修改原因、修改人、审批人等；

c）规章排版格式应统一、规范。标题宜采用3号黑体、正文宜采用4号宋体；

d）规章中引用或对应的相关文档、记录，应作为附录列出，附在相应规章后。

11.2 宣传教育

11.2.1 要求

个人信息安全的宣传教育是实现个人信息管理者发展战略的重要手段，应依据DB21/T1628.1 10.2，制定相应的宣传教育策略、措施和方法。

11.2.2 策略

a）基于个人信息安全的目标、重要性，在内部开展有针对性的基本宣传和培训教育，包括：

1）个人信息安全的基本知识；

2）个人信息安全的重要性和必要性；

3）个人信息安全相关法规、规范及规章制度；

4）个人信息主体的权益；

5）个人信息管理者的责任和义务；

6）管理、业务与个人信息安全的关系；

7）个人信息管理的措施、方法；

8）违反个人信息安全相关法规、规范、规章的处理等；

b）基于业务开展的需要，应在涉及个人信息的业务交往中，主动宣传个人信息管理的目的、措施、方法和规定，并做出保密承诺（如招聘网站、保险、银行、业务客户等）；

c）应面向社会公开宣传实施个人信息管理的目的、措施、与个人信息管理者发展战略的关系、个人信息安全的必要性等，营造个人信息安全的环境。

11.2.3　措施和方法

a）基本宣传和培训教育应：

1）依据人员、机构、业务和需求等实际情况，制定宣传策略和培训教育制度、计划；

2）开展全员宣传和教育，包括正式员工、临时员工和相关人员；

3）培训教育的顺序应是：

·个人信息管理者的各级负责人；

·个人信息管理机构及相应责任主体、内审机构的各负责人；

·全体员工；

b）应利用形象宣传、广告宣传、业务交流、展览展示、网络媒介等各种宣传形式，宣传实施个人信息管理的意识和决心；

c）根据培训教育计划，应：

1）一年至少实施一次全员培训教育；

2）较大型个人信息管理者宜根据实际采取分批实施、网上实施等多种形式；

3）新员工、新业务或业务变化时，应及时培训教育。

d）应记录每次培训教育情况：

1）记录内容应包括：时间、内容、教师、对象、部门、人数、负责部门等；

2）培训人员应有登记和签名；

3）应有考试记录；

e）应根据培训教育结果形成报告，上报个人信息管理者代表，并不断改进和完善培训教育计划。

11.2.4　效果

应适时评估培训教育的效果，使全体员工认识到个人信息安全的重要性和必要性：

a）个人信息管理者的各级负责人的个人信息安全意识；

b）个人信息管理机构、内审机构责任人的个人信息安全意识；

c）全体员工的意识、行为和培训教育的有效性；

d）不合格人员的补充培训。

注7：个人信息管理者结合信息安全、新员工上岗等培训教育展开个人信息安全培训时，应有重点、有目的，结合实际需要，避免边缘化。

11.3 公示

必须公开、公示个人信息，应依据DB21/T1628.1 10.4，征得个人信息主体同意。

如个人信息主体对公示内容提出疑义，或要求修改、删除、更新，个人信息管理者应采取必要的措施维护个人信息主体的权益。

11.4 个人信息数据库管理

11.4.1 介质

根据DB21/T1628.1 2.2，个人信息数据库是个人信息管理者在个人信息管理过程中的所有记录及相关媒介。包括：

a）磁介质：计算机硬盘、磁盘阵列、活动硬盘、U盘、磁带、笔记本电脑等；

b）光介质：光盘、光盘存储等；

c）电子媒介：广播、电视等；

d）网络媒介：博客、微博、论坛、邮件、即时通讯、网站、网络视频等；

e）纸介质：纸质文档；

f）声音：录音、录像等。

11.4.2 管理限制

根据DB21/T1628.1 10.5，个人信息数据库管理应满足条件：

a）各种媒介记载、存储个人信息，应简明、清晰、可识别，易于提取、拷贝；

b）各种媒介记载、存储个人信息，应根据环境、条件、业务、管理等实际需要，确定适宜的管理时限；

c）各种媒介记载、存储个人信息，应保证准确性、完整性、可用性，并在个人信息发生变化时，及时更新，保持最新状态；

d）数据库媒介应保存在适宜媒介存放的环境、条件下，并保证个人信息数据库的保密性、安全性；

e）政府、公共服务机构等管理的特定的个人信息数据库，采用磁介质、光介质、纸介质、声音等形式存储，应在法律规定的范围内检索。

11.4.3 备案管理

应根据DB21/T1628.1 10.5.3，建立备案登记制度，明确责任人的职责，确定相应的管理措施。

注8：个人信息数据库管理，参见DB21/T1628.3《个人信息数据库管理指南》。

11.5 个人信息管理文档

根据DB21/T1628.1 10.6.1，个人信息管理中，应记录与个人信息相关的所有活动或行为，这些记录主要包括：

a）管理机构建立的相关文档；

b）规章、制度、法规、标准及相关文件；

c）宣传、培训教育计划、记录；

d）风险管理记录；

e）安全管理记录；

f）内审计划、记录；

g）业务活动记录和统计；

h）管理活动记录和统计；

i）公示信息记录；

j）服务台相关信息记录；

k）体系检查记录；

l）违章处理记录；

m）其它相关文件等。

并应根据DB21/T1628.1 10.6.2建立备案管理制度。

注9：个人信息管理文档，参见DB21/T1628.4《个人信息管理文档管理指南》。

11.6 人员管理

11.6.1 人员类别

根据DB21/T1628.1 10.7，个人信息管理者人员类别，包括：

a）最高管理者和各级管理者；

b）个人信息管理者代表和个人信息安全管理体系各责任主体责任人；

c）全体工作人员；

d）其他人员。

11.6.2 职责管理

应根据DB21/T1628.1 10.7，明确权限和职责，包括：

a）个人信息管理者代表和个人信息安全管理体系各责任主体责任人，应有清晰的个人信息安全意识，明确管理权限和管理职责，在个人信息安全管理体系实施、运行过程中推进个人信息管理。

b）最高管理者和各级管理者，应接受个人信息管理者代表的指导和监督，明确个人信息安全的意义，在管理、业务活动中推进个人信息管理。

c）全体工作人员和其他人员，应有个人信息主体权益意识，明确岗位职责和个人信息安全责任，避免在工作中发生个人信息安全事件。

12 个人信息管理过程

12.1 管理过程

根据DB21/T1628.1 第11章，个人信息管理者应依据个人信息安全相关法规、规范、已确立的个人信息管理方针，在收集、处理、使用、利用过程中保证个人信息安全。

12.1.1 权利保证

收集、处理、使用、利用个人信息，应保证个人信息主体的权益不被侵犯，如：

a）收集、处理、使用、利用个人信息应履行告知义务，并征得个人信息主体明确同意；

b）收集、处理、使用、利用个人信息，应事先签署保密协议或申明保护个人信息的条款，如：

1）企业招聘、新员工参加工作时；

2）向公共机构，如银行、保险等提供个人信息时；

3）委托或受委托涉及个人信息业务时等；

c）收集、处理、使用、利用个人信息的方法和措施，应予以公开。

注10：收集方式主要包括：

a）主动式收集：个人信息主体基于生活、工作需要主动提供。如购物（房、车等）、医疗、银行业务、电子商务等；

b）被动式收集：个人信息主体不知情或不能控制情况下收集。包括：

·采用各种网络技术和方法；

·社会交往、商业经济等活动；

·采用欺骗、诱惑等手段窃取。

注11：任何方式收集，均应遵循DB21/T1628.1 11.1.2的限制，保证个人信息主体的权益。

12.1.2 来源合法

个人信息管理者应保证所拥有个人信息的来源合法、有效：

a）个人信息收集目的明确、合法，并明确告知个人信息主体；

b）个人信息收集手段、方式合法，并明确告知个人信息主体；

c）个人信息主体明确同意。

注12：任何方式收集个人信息，均应将收集目的、手段、方式等，以各种形式通知、告知个人信息主体，如有疑义，应停止收集。

12.1.3 质量保证

个人信息管理者应保证所拥有个人信息的准确性、完整性和时效性：

a）个人信息收集目的明确、合法；

b）任何方式直接或间接收集个人信息，应保证个人信息的质量：

1）准确：真实、符合事实的；

2）完整：非零散、无扭曲的；

3）形态：能够反映最新事实的状态；

c）个人信息收集应适度、与目的相关，并不超出目的范围；

d）个人信息管理者所拥有的个人信息，应随时更新、完善，保证个人信息的最新状态。

12.1.4 责任保证

全体工作人员、客户、第三方客户、其他相关人员均应了解其在个人信息安全管理体系中的责任，避免个人信息滥用、泄漏、丢失的危险。

a）全体工作人员、其他相关人员应了解个人信息安全的重要性、在个人信息安全管理体系中，个人的责任和权利、个人信息安全管理体系的作用和意义；

b）最高管理者、各级管理者、个人信息管理相关责任人的责任，应包括：

1）根据个人信息管理方针，实施个人信息管理；

2）明确各自的职责和授权及各部门间的协调；

3）提供所需资源，以实施、运行、监控、改进、完善个人信息安全管理体系；

4）向全体工作人员宣传、传达个人信息安全相关事宜。

c）与客户涉及个人信息的业务交互时，应申明个人信息安全管理体系的必要性、方法和措施及客户的责任和义务；

d）接受委托、提供业务的第三方客户，也应履行个人信息管理者的责任和义务。

12.1.5 安全保证

在个人信息收集、处理、使用、利用过程中，应提供适当的安全保证，避免个人信息泄漏、滥用。

收集、处理应基于明确、合法的目的，征得个人信息主体明确同意：

a）直接收集应征得个人信息主体明确同意，并将相关信息通知个人信息主体；

b）间接收集时：

1）如果可以以简捷、方便的方式与个人信息主体建立联系，应征得个人信息主体明确同意，并将相关信息通知个人信息主体；

2）拥有个人信息的第三方应提供合法说明，并获得个人信息主体授权；

3）委托收集，应根据DB21/T1628.1 11.3.2的规则实施。

c）处理个人信息应征得个人信息主体同意：

1）处理直接收集的个人信息，应限于收集目的范围内；

2）处理间接收集的个人信息，应保证个人信息来源合法、有效。

使用、利用个人信息应基于明确、合法的目的，遵循DB21/T1628.1 11.3、DB21/T1628.1 11.4的规则。

12.2 开发和交易

个人信息二次开发和交易，应遵循DB21/T1628.1 11.3.3的规则，征得个人信息主体明确同意。如不能直接征得个人信息主体同意，应采取适当方式通知个人信息主体，并取得明确意见；未取得个人信息主体明确同意，不应发生任何针对个人信息的行为。

12.3 后处理

个人信息处理、使用后，应根据DB21/T1628.1 11.5采取相应的安全措施，如：

a）个人信息管理者在管理过程中涉及个人信息相关事务，如已与管理、业务无关，应明确继续保存的时限和方式，及超过保存时限后的销毁方式、销毁时间、销毁责任人等；

b）个人信息管理者在涉及个人信息的业务活动完成后，应根据合同约定、规章制度，采取相应的处理措施；

c）向第三方提供个人信息，应根据11.3.1.5验证安全承诺，并约定处理、使用后的处理方式。获得第二方提供的个人信息，应严格遵循安全承诺和处理、使用后的处理约定；

d）委托业务（委托第三方收集个人信息或向第三方委托个人信息处理业务）完成后，应根据11.3.2，验证安全承诺，并按约定处理个人信息；

e）二次开发和交易完成后，应根据11.3.3，验证安全承诺，检验个人信息使用的方式、方法、目的、范围等，并按约定处理个人信息。

13　个人信息安全管理

根据DB21/T1628.1 第12章，个人信息安全管理责任主体应根据整体信息安全需求、个人信息安全特点，采取相应的安全措施（参见DB21/T1628.6《个人信息安全管理体系安全技术实施指南》）。

14　内审

14.1　要求

根据DB21/T1628.1 第13章，个人信息安全管理体系内审代表应根据个人信息安全目标、个人信息安全管理体系评价要求和规则制定内审计划，确定适当时间，监控、检查个人信息安全管理体系实施、运行的有效性、充分性和适宜性，并报最高管理者批准：

a）个人信息安全管理体系构建完成后，应运行3个月后实施一次；

b）个人信息安全管理体系正式运行后宜一年一次；

c）过程改进完成后，应重新实施全体系内审。

14.2　目标

个人信息安全管理体系构建、实施并运行3个月后，应进行内部审核，确定个人信息安全管理体系的目标、个人信息管理措施、个人信息安全管理体系实施过程是否达到：

a）符合个人信息安全相关法规、规范要求；

b）个人信息安全目标、措施和过程符合个人信息安全需求；

c）个人信息安全风险得到有效、充分的识别、控制；

d）个人信息管理适宜、安全、有效；

e）个人信息安全管理体系设计、构建充分、适宜、有效；

f）个人信息安全管理体系实施、运行有效；

g）过程改进有效实施。

内审应由个人信息管理者代表和个人信息安全管理体系内审代表共同组织实施（个人信息管理者代表不应影响个人信息安全管理体系内审代表的独立性）。

注13：个人信息安全管理体系正式运行后，应确定适宜的内审周期，根据个人信息管理者的运营状况，管理、业务、人员、环境变化，风险跟踪变化，体系运行状况等，适时实施内审。

14.3　对象

个人信息安全管理体系内审的对象应包括：

a）最高管理者；

b）个人信息管理者涉及个人信息及与此相关的部门及其责任人；

c）个人信息管理责任主体相关责任人；

d）个人信息安全管理体系构建、实施、运行；

e）个人信息管理者收集、处理、使用、利用个人信息的行为；

d）员工意识和行为等。

14.4　责任者

个人信息安全管理体系内审由内审代表组织实施。个人信息安全管理体系内审代表可以指定必要、适宜的内审责任人具体实施：

a）个人信息安全管理体系内审机构相关人员；

b）各相关部门内审责任人；

c）其他适宜的相关人员。

个人信息安全管理体系内审责任人，应遵循个人信息安全相关法规、规范、规章，在个人信息安全管理体系内审代表的指导下，独立、公平、公正的开展个人信息安全管理体系内审工作。

14.5　报告

个人信息安全管理体系内审实施后，应形成个人信息安全管理体系内审报告。报告应包括：

a）内审目标和范围；

b）内审内容；

c）个人信息安全管理体系实施、运行状况；

d）各部门、各分支机构的个人信息管理状况；

e）问题说明及评判依据；

f）整改建议。

个人信息安全管理体系内审报告，应报最高管理者和个人信息管理者代表。

14.6　例外

个人信息安全管理体系内审的例外情况，包括：

a）个人信息安全管理体系内审代表所在部门的内审应指定其他个人信息安全管理体系内审责任人实施；

b）个人信息安全管理体系内审责任人均不应审查其所在部门的个人信息管理状况。

注14：如在3个月内出现严重的个人信息安全事故，应参照相关标准处理。

注15：内审管理，参见DB21/T1628.7《个人信息安全管理体系内审实施指南》。

15　过程改进

15.1　服务台管理

应根据DB21/T1628.1 14.1，展开服务台管理：

a）明确服务宗旨、服务台功能；

b）明确相关责任人的职能和服务意识；

c）培训、提高相关责任人的服务水平、技术能力；

d）适时评估服务、相关人员的服务水平和能力。

应公布服务台管理责任人、联系方式；并记录服务过程中的所有活动或行为。

15.2　不符合事项

根据DB21/T1628.1第13章，在个人信息安全管理体系内审中发现的与个人信息安全相关法规、规范、规章不符合的事项，应在过程改进中纠正。

a）不符合事项说明及内容；

b）不符合事项原因；

c）不符合事项纠正措施；

d）纠正跟踪。

15.3　纠正措施

在过程改进中消除不符合事项，预防再次发生。纠正措施应包括：

a）确认不符合事项；

b）确定不符合事项原因；

c）确定和实施不符合事项纠正措施；

d）评估所采取的纠正措施，评估包括纠正措施的安全性、纠正措施对个人信息管理的影响、纠正措施的有效性和可用性等。

15.4　预防措施

在过程改进中，应消除潜在的不符合事项，预防发生：

a）识别并确认潜在的不符合事项；

b）制定并评估预防不符合事项发生需要采取的措施；

c）确定和实施不符合事项预防措施；

d）评估所采取的预防措施。

识别潜在的不符合事项，应结合风险管理实施。注重风险变化。

15.5　跟踪和监控

根据DB21/T1628.1 14.2，个人信息安全管理体系内审机构应实时跟踪、监控个人信息安全管理体系的构建、实施和运行，及时发现个人信息安全管理体系潜在的安全风险、缺陷和存在的问题，提出整改建议，提请个人信息管理者代表采取相应的整改措施，推进个人信息安全管理体系的持续改进。

15.6　持续改进

根据DB21/T1628.1 14.3，应通过个人信息安全策略、个人信息安全目标、个人信息安全管理体系内审、服务台反馈、跟踪和监控、纠正和预防措施持续改进和完善个人信息安全管理体系的有效性、充分性。

注16：过程改进后应重新实施个人信息安全管理体系内审。

16　管理和业务的连续性管理

16.1　要求

个人信息管理应是个人信息管理者管理过程、业务活动的完整部分。个人信息安全管理体系运行不应影响关键业务流程、中断管理过程，并能够在受到影响时及时恢复。

为避免受到影响，或在受到影响时及时恢复并将影响降到最小，应实现管理过程和业务活动的连续性管理。

16.2　连续性与风险管理

在个人信息安全风险管理中，应注意所有资源参与下的风险评估：

a）考虑个人信息安全对整体管理过程的要求，并不局限于个人信息安全；

b）考虑个人信息安全对业务活动的要求，并不局限于个人信息安全。

综合分析判断风险，包括可能产生的影响、影响时限、恢复等，采取相应的应对措施，保证管理过程和业务活动的连续性。

16.3　连续性与PISMS

制定事故应急预案时，应考虑：

a）个人信息安全管理体系运行可能对个人信息管理者的管理过程、业务活动的影响；

b）在要求时限内恢复；

c）可能造成损失的评估；

d）应急处理方案等。

附录A
（资料性附录）
个人信息保护规范与实施指南

表A-1列出了《个人信息保护规范》第6章至第16章（A.6–A.16）的要求与本实施指南的对应。表中所列可能不尽详细，个人信息管理者宜根据个人信息安全相关法规、规范和管理、业务实际增加相应的管理措施。

表A-1　《个人信息保护规范》要求与实施指南

规范		实施指南	
章节	要求	章节	要求
6	个人信息管理	5	个人信息管理
7	个人信息安全管理体系	6	构建和管理PISMS
8	个人信息管理方针	9.1	要求
		9.2	内容
		9.3	个人信息管理方针应随时间的变化或管理、业务、环境等发生重大变化时适时改进，以保证方针的适宜性和有效性。
9	个人信息管理相关机构及职责	7.1	要求
9.1	最高管理者	7.2	是个人信息管理者构建个人信息安全管理体系、实施并持续完善改进的决策者。
9.2	个人信息管理机构	7.3	个人信息管理机构
		7.3.1	个人信息管理者代表
		7.3.2	其他责任主体
		7.3.3	职责分配

9.3	PISMS内审机构	7.4	内审机构职责
9	个人信息管理相关机构及职责	7.5	协调
		7.6	相关团体的联系
		8	资源管理
10.1.1	基本规章	11.1.1	基本规章
10.1.2	管理细则	11.1.2	管理细则
10.1.3	其他管理规定	11.1.3	其他管理规定
10.2 10.3	宣传 培训教育	11.2	个人信息安全宣传教育是实现个人信息管理者发展战略的重要手段，应制定相应的宣传教育策略、措施和方法。
10.4	公示	11.3	公示
10.5	个人信息数据库管理	11.4	个人信息数据库管理
10.6	个人信息管理文档	11.5	个人信息管理文档
10.7	人员管理	11.6	人员管理
11	个人信息管理过程	12.1	管理过程
		12.2	开发和交易
		12.3	后处理
13	PISMS内审	14.1	要求
		14.2	应确定内审目标
		14.3	确定个人信息安全管理体系内审的对象
		14.4	确定个人信息安全管理体系内审责任人
		14.5	个人信息安全管理体系内审实施后，应形成个人信息安全管理体系内审报告
		14.6	内审存在例外情况
14	过程改进	15.1	服务台管理
		15.2、 15.3、 15.4	与个人信息安全相关法规、规范、规章不符合的事项，应在过程改进中纠正
		15.5	应实时跟踪、监控个人信息安全管理体系的构建、实施和运行
		15.6	持续改进
		16	管理和业务的连续性管理

ICS 35.020

L70

IT服务标准辑录

DB21

辽 宁 省 地 方 标 准

DB21/T 1628.5-2014

信息安全 个人信息安全风险管理指南

Information Security-Personal information security risk management
guidelines

2014-07-15 发布   2014-09-15实施

辽宁省质量技术监督局 发布

前　言

DB21/T1628分为7部分：

——信息安全 个人信息保护规范

——信息安全 个人信息安全管理体系实施指南

——信息安全 个人信息数据库管理指南

——信息安全 个人信息管理文档管理指南

——信息安全 个人信息安全风险管理指南

——信息安全 个人信息安全管理体系安全技术实施指南

——信息安全 个人信息安全管理体系内审实施指南。

本标准是DB21/T1628的第5部分。

本标准依据GB/T1.1—2009《标准化工作导则 第1部分：标准的结构与编写》制定。

本标准由大连市经济和信息化委员会提出。

本标准由辽宁省经济和信息化委员会归口。

本标准主要起草单位：大连交通大学、大连软件行业协会。

本标准主要起草人：郎庆斌、孙鹏、张剑平、尹宏、曹剑、王开红。

引　言

0.1　综述

风险是"不确定性对目标的影响"。即　"风险是由于从事某项特定活动过程中存在的不确定性而产生的经济或财务的损失、自然破坏或损伤的可能性"（美国Cooper D．F和Chapman C．B《大项目风险分析》）。

由于个人信息处于复杂、多变的环境中，呈现出多样性，因而，个人信息安全风险发生的可能性，随环境的变化、个人信息多样态的变化，风险因素亦随之增加或减少，风险事件发生的可能性亦随之增大或减小，可能产生不同的风险影响。

个人信息安全风险管理就是识别、分析、评估个人信息管理者运营中，各种可能危害个人信息和个人信息主体权益的风险，并在此基础上，采取适当的措施有效处置风险。是以可确定的管理成本替代不确定的风险成本，以最小的经济代价，实现最大安全保障的科学管理方法。

0.2　个人信息安全风险管理的必要性

在个人信息生命周期内，个人信息以不同的样态存在，既依存于业务亦依存于管理，具有不同的风险因素。涉及个人信息安全风险的来源是多样的，依个人信息生命周期：

a）个人信息获取过程：

1）个人信息收集风险（收集目的、收集技术、方式和手段等）；

2）个人信息间接收集风险（收集目的、来源、第三方背景、安全承诺等）；

b）个人信息处理过程：

1）个人信息使用风险（使用目的、使用方法和范围、使用背景等）；

2）个人信息提供风险（使用目的、使用方法和手段、接受者背景、安全承诺等）；

3）个人信息处理风险（处理目的、处理方式、处理方法和手段、后处理方式等）；

4）个人信息委托风险（委托目的、委托接受人、委托回收、安全承诺、回收方式等）；

5）个人信息传输风险（传输方式和手段、传输的安全措施等）；

c）基于生命周期的过程管理：

1）个人信息管理风险（个人信息管理者的素质、权利和义务、管理方式等）；

2）个人信息安全管理体系风险（体系缺陷、漏洞等）；

等等。所有个人信息收集、处理、使用等行为，也都存在个人信息正确性、完整性和最新状态的风险。

识别、评估、判断个人信息的潜在价值、安全威胁，是个人信息管理的基础，也是个人信息安全管理体系构建、实施、运行的安全基础。

0.3　个人信息安全风险管理评估

评估个人信息安全风险管理，包括：

a）资源的影响：资源以多种形式存在，其所依存的管理、业务关联不同，具有不同的安全属性和价值，因而存在不同的安全风险；

b）管理脆弱性：在个人信息管理者的管理体系、机制中，行政管理、员工管理、业务持续性等多方面存在固有的缺陷，因而存在某一特定环境、特定时间段发生风险的可能性；

c）技术脆弱性：由于资源存在缺陷或漏洞，因而，所采取的技术管理措施存在必然的风险；

d）个人信息安全管理体系的影响：个人信息安全管理体系（包括管理机制、内审机制、安全机制、过程改进、认证机制等）及标准、规范等存在设计缺陷，可能引发不同的安全风险。

0.4　风险管理基准

本指南为个人信息安全管理体系提供个人信息安全风险管理的基准和支持。但是，本指南并不提供任何特定的个人信息安全风险管理方法。个人信息管理者应根据管理及业务特点、环境因素、特定的个人信息安全管理体系及风险管理范围等，确定适合自身的风险管理方式。

依据本指南的规则，实施个人信息安全风险管理存在多种方式。

0.5　与其它标准体系的兼容性

本指南支持其它国际、国内信息安全标准、风险管理标准及相关标准的一般概念和规则，并与其协调一致，相互配合或相互整合实施和运行。

0.6　规定

本指南各条款所指"风险管理"、"风险评估"、"风险处理"、"风险应对"及其它"风险XX"等，均指"个人信息安全风险XX"。如"风险管理"即为"个人信息安全风险管理"等。

C ontents
目　录

个人信息安全风险管理指南

1 范围

本指南为个人信息安全管理体系构建、实施、运行中实施风险管理提供指导和帮助。

本指南适用于个人信息管理者内关注个人信息安全的各级管理者和员工，及为个人信息安全管理体系构建、实施和运行提供支持的相关组织。

2 规范性引用文件

下列文件对于本文件的应用是必不可少的。凡是注日期的引用文件，仅所注日期的版本适用于本文件。凡是不注日期的引用文件，其最新版本（包括所有的修改单）适用于本文件。

DB21/T 1628.1–2012《信息安全–个人信息保护规范》

DB21/T 1628.2–2013《信息安全–个人信息安全管理体系实施指南》

DB21/T 1628.4–20xx《个人信息安全–个人信息安全管理体系文档管理指南》

DB21/T 1628.6–20xx《个人信息安全管理体系安全技术实施指南》

3 术语和定义

DB21/T 1628.1界定的以及下列术语和定义适用于本标准。

3.1 风险 risk

从事某项特定活动中存在的不确定性对活动目标的影响。

3.2 资源 resources

信息、信息系统、生产、服务、人员、信誉等有价值的资产。

3.3 个人信息安全风险 personal information security risk

个人信息收集、管理、处理、使用存在的缺陷和漏洞导致安全事件发生并产生相应影响。

本指南所指"风险"均为"个人信息安全风险"。

3.4　风险管理 risk management

评估各种可能危害个人信息和个人信息主体权益的风险，采取适当的措施有效处置风险。以最小的经济代价，实现最大安全保障的科学管理方法。

3.5　风险识别 risk identification

发现、记录、描述危害个人信息和个人信息主体权益的风险因素的过程。

3.6　风险评估 risk assessment

识别风险因素，分析风险因素的危害，判断风险因素导致安全事件的可能性和可能产生的影响。

3.7　风险规避 risk avoidance

采取有效的管理、技术措施，或更改风险管理计划，消除风险或风险发生的条件。

3.8　风险弱化 risk mitigation

采取有效的管理、技术措施，将风险和可能的影响降低到可以接受的水平。

3.9　风险转移 risk transfer

与其它管理体系、或与其它相关组织分担风险损失和影响。

3.10　风险接受 risk acceptance

接受可能的风险损失和影响。

3.11　残余风险 residual risk

实施风险管理，采取安全措施后，仍然可能存在的风险。

4　要求

本指南遵循DB21/T 1628.1《信息安全 个人信息保护规范》确立的个人信息安全原则和要求，亦遵循DB21/T 1628.2《信息安全 个人信息安全管理体系实施指南》确立的实施细则，重点描述和指导个人信息安全管理体系构建、实施、运行中个人信息安全风险的评估、处理、监控和持续的过程改进。

实施个人信息安全风险管理，应同时使用DB21/T 1628.1《信息安全 个人信息保护规范》、DB21/T 1628.2《信息安全 个人信息安全管理体系实施指南》和本指南，并参照DB21/T 1628系列其它标准。

5 风险管理概述

5.1 风险因素

风险因素包括

a）危险因素：存在可能突发或瞬时发生个人信息危害的因素；

b）危害因素：逐渐累积形成个人信息危害的因素。

危险因素的事例：

a）自然灾害；

b）载有个人信息的介质突然丢失；

c）IT设施突然受到攻击等。

危险因素分为可以预测的和不可预知的，可预测的应有必要的预防措施；不可预测的应有应急机制。

危险因素和危害因素是相对的，在一定条件下可能转化。当弱化个人信息安全管理时，危害因素逐渐累积，可能转变为危险因素；如果重视个人信息安全管理，则有可能规避、弱化可能存在的危险因素，并逐步降低风险等级，直至消弭。

5.2 风险类别

根据危险或危害因素分类，便于识别和分析个人信息安全风险。按照风险发生的直接原因，个人信息安全风险宜分为5类：

a）业务性的：涉及个人信息的业务流程中存在的风险，如：

1）业务流程的安全模式；

2）业务团队的管理模式；

3）业务管理方式；

4）IT基础设施的管理模式等。

b）管理性的：涉及个人信息的经营管理中存在的风险，如：

1）关键部门的管理方式；

2）个人信息的管理模式；

3）网络应用方式；

4）管理人员的职责

5）个人信息安全管理体系设计缺陷等。

c）环境性的：个人信息管理者的运营场所与个人信息安全相关的环境及个人工作位置与个人信息安全相关的环境存在的风险，如：

1）环境管理（自然状况）；

2）出入管理；

3）关键部门（核心区域）管理方式；

4）相关信息（文档等）的管理方式；

5）个人终端及周边环境的管理等。

d）行为性的：与个人信息相关个人的行为可能存在的安全风险，如：

1）管理人员行为规范；

2）业务人员的行为规范；

3）IT基础设施管理人员的行为规范；

4）个人信息管理相关负责人的行为规范；

5）个人信息安全管理体系内审人员的行为规范；

6）其他人员应遵循的行为准则等。

e）心理性的：基于人性弱点可能产生的个人信息安全风险，如：

1）电话交谈；

2）诱使开门；

3）垃圾；

4）闲谈；

5）可能的网络聊天

6）可能的网络技术欺骗等。

任何类型的个人信息安全风险，均与资源管理、技术策略相关。

5.3 风险管理职责

风险管理过程应是针对个人信息管理者整体，包括各部门、物理区域、环境、业务及所有资源。

实施风险管理人员应包括最高管理者、各级管理人员、个人信息管理相关负责人及其他与个人信息相关人员。其责任如表1所示。

表1 个人信息管理相关人员的责任

相关人员	责任
最高管理者	1 实施风险管理的决策者 2 管理者的决心和意识
各级管理人员	1 自身的行为和意识 2 本部门风险的理解和认识 3 风险管理过程的组织和协调
个人信息管理相关负责人	1 岗位职责的履行 2 所在部门的监督和沟通 3 风险应对措施 4 跟踪和监控
其他相关人员	1 自身的行为和意识 2 岗位职责的履行

5.4 风险管理实施

5.4.1 流程

风险管理流程，应包括：

a）个人信息管理者代表应制定适宜、充分、有效的风险管理计划、风险管理流程和风险管理策略；

b）确定所有相关人员的责任；

c）全体员工的培训；

d）实施风险管理过程；

e）跟踪、监控风险变化；

f）过程改进。

5.4.2 个人信息安全风险管理过程

风险管理是动态、持续的，风险管理过程是可控的。风险管理过程如图1所示。

风险管理过程

风险管理过程如图1：

a）确定风险管理范围：确认个人信息相关资源，资源优先级，评估损失及影响程度，以确定风险管理边界；

　　b）风险评估：如果风险评估充分、有效，可以采取有效的风险应对措施；否则，重新确定范围，进入新的循环；

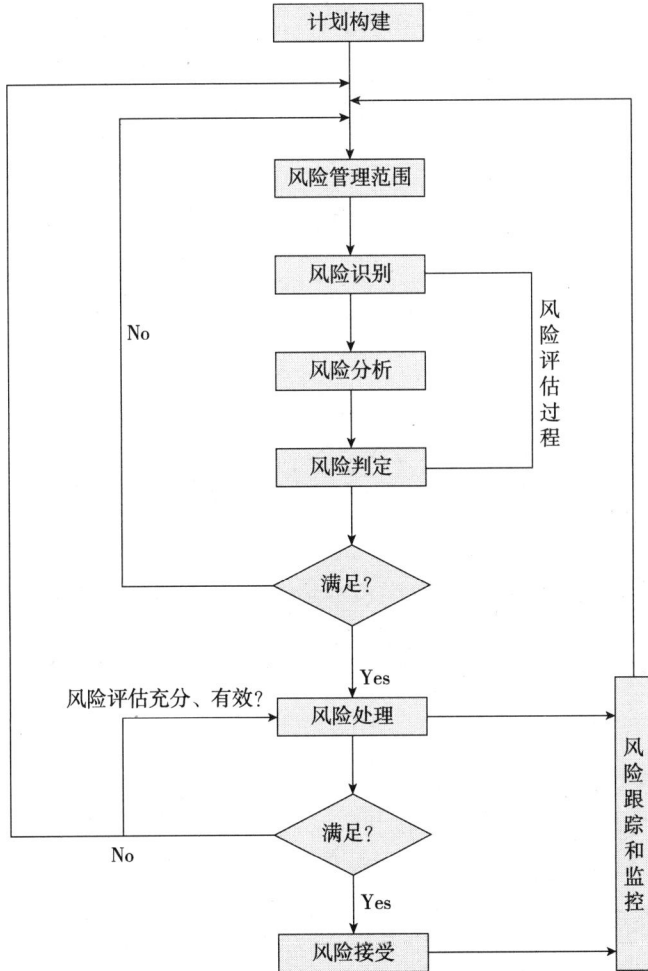

n）风险管理过程

　　c）如果风险应对措施合理、有效，残余风险降低到可接受水平；否则：

　　1）重新进行风险处理；

　　2）重新确定风险范围，进入新的循环；

　　d）风险处理、风险接受后，应持续跟踪、监控风险变化。

风险管理应采用PDCA模式，改进过程如图2所示。

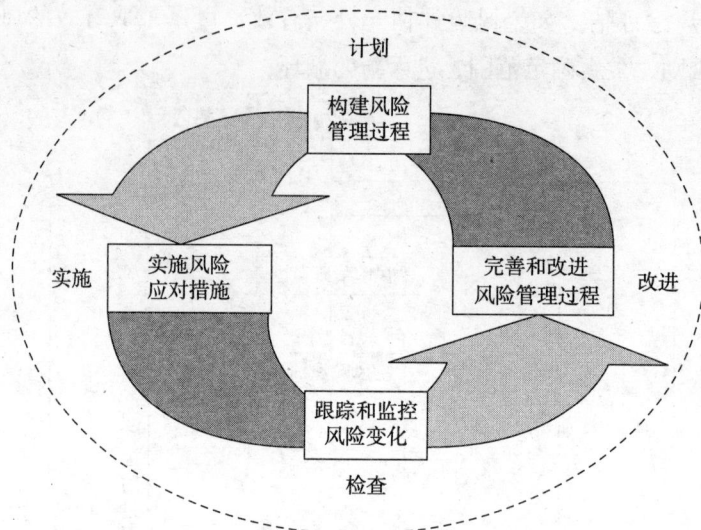

适于风险管理过程的PDCA模式

表2描述了PDCA四个阶段的风险管理活动：

表2　PDCA四个阶段的风险管理活动

PDCA	风险管理活动
计划	风险管理范围 风险评估 风险处理 风险接受
实施	实施风险应对措施
检查	持续跟踪、监控风险变化
改进	完善、改进风险管理过程

6　风险管理范围

6.1　资源

应识别与管理、业务涉及个人信息部分关联的各种资源。（参见DB21/T1628.2第8章）。

风险管理范围涵盖了个人信息管理者所有与个人信息相关的资源。

6.2　范围界定

确定风险管理的范围，应考虑：

a）个人信息管理者的运营战略、管理结构、业务模式；

b）个人信息管理机构的职能；

c）个人信息管理方针；

d）资源管理（参见DB21/T1628.2第8章）；

e）依据风险类别确定风险管理的边界；

f）影响风险管理的约束条件等。

7 风险评估

7.1 原则

风险评估是在风险管理范围内，识别与个人信息相关联的资源，识别个人信息的安全风险，分析、判断风险发生的可能性和可能的影响。

风险评估的原则，宜遵循：

a）个人信息安全相关法规、规范的要求；

b）个人信息管理者的管理、业务模式和发展战略；

c）与个人信息相关资源的重要程度；

d）风险等级；

e）与所涉及个人信息相关各方的权益。

7.2 风险识别

7.2.1 资源识别

7.2.1.1 资源风险

资源风险主要表现为：

a）资源依赖度：涉及个人信息的管理、业务对各类资源的依赖程度，依赖度越高，风险越大；

b）资源价值：与管理、业务涉及个人信息部分关联的各种资源，依赖程度越高，价值越大，风险越大；

c）资源管理者、使用者：个人责任；自然的或人为的、意外的或故意的行为等对资源的潜在风险；

d）环境因素：资源所处环境的安全。

7.2.1.2 资源风险确认

应对每一项可识别的需要保护的资源，确认：

a）关键的、需重点防护的：资源依赖度高、价值高的资源；

b）次要的但也需保护的：资源依赖度相对较高，具有较高的价值的资源；

c）暂不需专门关注的：资源依赖度相对较低，资源价值较低。

7.2.1.3 资源风险描述

在风险管理范围内，应识别、描述与管理、业务涉及个人信息部分关联的各种资源：

a）该类资源的详细信息；

b）资源与个人信息的关联度；

c）资源的责任者和职能等。

7.2.1.4 资源风险跟踪

a）资源识别是个人信息生命周期存续期间相关资源的识别。应关注资源与个人信息安全的关联，在资源识别中，应注重威胁个人信息生命周期各个环节的风险；

b）个人信息安全风险发生的可能性因环境、管理、业务及个人信息多样态等的变化动态变化，因而对资源的关注度也随之变化。跟踪、监控风险变化，亦应识别资源的重要程度。

典型实例，如表3。

表3 资源识别典型实例

资源识别	风险描述	应对措施
复印机 打印机、传真机输出资料	所涉及个人信息泄露、丢失	强化管理：如权限、责任人职能等
员工门禁卡	丢失、转借	强化管理措施、宣传和教育
身份证、护照、驾驶证等	泄露 复印件被盗取或者丢失	强化管理措施、宣传和教育
网络受到攻击	个人信息泄露	加强技术和管理措施
笔记本无线网卡上网	个人信息泄露	禁止或采取技术和管理措施

7.2.2 管理体系风险识别

个人信息安全管理体系构建、实施、运行过程中的风险识别，是体系持续改进和完善的保证。个人信息安全管理体系安全风险主要表现为：

a）最高管理者的意志和意识：如果最高管理者仅仅选择形式，则体系形同虚设。

b）个人信息管理机制的设计：管理机制设计不合理，将造成管理机构职责不清、管理制度生搬硬套、员工个人信息安全意识不清等；

c）技术管理：保障个人信息安全的信息安全技术，如网络安全、存储安全、环境安全、传输安全等，应与整体信息安全统一规划、设计，并考虑个人信息安全的特殊性；

d）业务流程管理：应充分考虑业务流程中与个人信息关联的风险因素的管理策略；

e）过程改进缺陷：应注意个人信息安全管理体系在过程改进中可能引发的潜在威胁；

7.2.3 识别约束

在风险识别中，应确定个人信息安全风险源及如何发生、以什么方式发生、发生位置、发生原因等。

7.3 风险分析

基于风险管理范围，在风险分类并识别后，定性描述分析和确认的各类风险的特征、发生的可能性、频度、显性或潜在的影响的风险等级，如表4—表8示例。

表4 业务性风险等级描述

风险因素	风险等级				
	1	2	3	4	5
业务性的风险因素	不涉及个人信息	极少涉及个人信息，风险发生的可能性极小	涉及少量个人信息，存在风险但发生的可能性较小	涉及个人信息，存在较大风险且发生的可能性较大	涉及个人信息，发生个人信息安全风险的可能性很大

表5 管理性风险等级描述（1）

风险因素	风险等级				
	1	2	3	4	5
管理性的风险因素	不涉及	极少涉及个人信息，风险发生的可能性极小	涉及部分个人信息，存在风险但发生的可能性较小	涉及个人信息，存在较大风险且发生的可能性较大	发生个人信息安全风险的可能性很大

表6　管理性风险等级描述（2）

风险因素	风险等级				
	1	2	3	4	5
管理性的风险因素（技术管理）	不涉及	相应技术措施相对完善，缺陷被使用的可能性极小	相应技术措施存在一般性的缺陷，被使用的可能性较大	相应技术措施存在严重缺陷，易于被使用	未采取或仅采取少部分技术措施，风险极大

表7　环境性风险等级描述

风险因素	风险等级				
	1	2	3	4	5
环境性的危险或危害因素	无风险	在整体环境或个人工作环境中极少存在个人信息安全隐患，风险发生的可能性极小	在整体环境或个人工作环境中存在部分个人信息安全隐患，存在风险但发生的可能性较小	在整体环境或个人工作环境中存在个人信息安全隐患，存在较大风险且发生的可能性较大	在整体环境或个人工作环境中存在很大的个人信息安全隐患，极易发生风险

表8　行为性风险等级描述

风险因素	风险等级				
	1	2	3	4	5
行为性的风险因素	无行为危险	员工行为存在极少个人信息安全隐患，风险发生的可能性极小	员工行为存在发生个人信息安全隐患的可能，存在风险但发生的可能性较小	员工行为存在个人信息安全隐患，存在较大风险且发生的可能性较大	员工行为存在很大的个人信息安全隐患，极易发生风险且发生的可能性较大

注：通常采用定性描述，获得一般性的风险描述，并可发现重大安全隐患。对发现的重大安全隐患可以采用更准确或定量的分析。

7.4 风险判定

7.4.1 判定原则

风险影响判定，宜遵循以下原则：

a）违背个人信息安全相关法规、规范的情况；

b）个人信息主体权益损失程度；

c）个人信息准确性、完整性和时效性的确定；

d）资源风险的确定；

e）风险等级确定

f）经营损失的确定；

g）声誉损失。

7.4.2 风险影响

根据风险等级和风险判定原则，可判定风险可能产生的影响。影响可以分为3级，如表9所示。

表9　风险影响

风险等级	风险影响
1	几乎无影响
2	不构成严重事故，但仍造成一定损失：业务受到一定影响；有一定经济和声誉损失
3	严重损害个人信息主体权益，影响极大：业务受到极大影响；经济和声誉有很大损失

8　风险处理

8.1　风险处理原则

应根据风险评估的结果，选择、实施适宜的风险应对措施，将风险控制在可接受的范围内。风险处理原则包括：

a）可能完全消除的风险，应完全消除；

b）不可能完全消除的风险，应尽可能采用技术和管理措施，规避、弱化或转移风险；

c）应考虑人的心理承受和行为能力；

d）应通过内审检测风险是否得到控制；

e）应通过技术、管理改进风险应对措施；

f）应制定应急计划和应急处理流程。

可能采用的安全技术，参见DB21/T1628.6《信息安全 个人信息安全管理体系安全技术实施指南》。

8.2 风险接受原则

8.2.1 风险接受基准

个人信息管理者应根据自身的管理和业务运行目标、特点及可接受风险能力，基于多方面情况考虑，将风险控制在可接受范围内：

a）个人信息安全相关法规、规范；

b）管理、业务模式；

c）运行模式；

d）技术管理；

e）环境因素；

f）人为因素；

g）其它因素。

8.2.2 风险接受区别

风险接受可以因下列情况不同而接受：

a）风险保持时间不同：例如，某项业务活动中风险存在时间不同，采取不同的风险应对方式，将风险降低到可接受程度；

b）各类管理者对风险的理解不同，形成风险评估差异，而采取不同的风险应对措施，但残余风险是可接受的；

c）风险是不可接受的，但承诺并确认在确定时间内将风险降低到可接受程度。

8.3 风险处理方式

一般宜采用风险规避、风险弱化、风险转移和风险接受方式处理风险：

a）风险规避：如果通过风险评估，个人信息安全风险是不可接受的，可以采用避免使用资源风险高的资源；改变运行环境；停止或取消业务、管理计划或活动（如果可能）等方式规避风险；

b）风险弱化：对高资源风险采取适宜的保护措施避免或降低风险。如IT基础设施的防护、个人信息数据库的防护、备份容灾、应急处理等。风险弱化应考虑：

1）注意管理、技术、环境等因素，考虑成本控制，选择适宜的措施；

2）注意安全防护措施的约束条件，如技术条件、管理成本、员工能力、环境因素等；

3）应在风险弱化后，重新实施风险评估，确定保护措施是适宜、充分、有效的。

c）风险转移：鉴于在个人信息安全管理中，风险转移的复杂性，不建议采用。

d）风险接受：通过评估，可以不采取进一步的风险处理措施，接受风险可能带来的影响。

8.4　残余风险

残余风险是采取风险处理措施后，仍然存在的风险，包括：

a）可以接受的风险；

b）风险评估中遗漏的风险，仍存在发生的可能性。

应在个人信息安全管理体系运行中跟踪、监控残余风险，随时采取相应的应对措施。

9　风险控制

9.1　要求

风险是普遍、动态存在的，在某一特定环境、特定时间段存在发生的可能性。因此，应随时跟踪、监控风险的变化。

9.2　风险监控

动态跟踪、监控风险发展和变化，是实施风险评估和处理后，应采取的必要的措施，包括：

a）跟踪、监控已识别风险的变化。已处理的已识别风险，其存在的环境、条件和影响等，是否会发生变化，风险应对措施是否合理、适宜，是否存在残余风险等；

b）管理或业务变更后的风险监控。当管理机制、业务（流程、处理等）、技术手段等及相应资源增加、变更后，可能产生新的风险，或引发已识别风险、残余风险发生的可能性。应重新识别、评估可能的风险，并采取相应的应对措施。

9.3　个人信息安全管理体系内审

风险控制，是易于遗漏的风险管理过程，个人信息安全管理体系内审是保证风险控制的重要机制（参见DB21/T1628.7《信息安全 个人信息安全管理体系内审实施指南》）。

10 文档管理

应重视风险管理过程中文档的形成和管理，包括：

a）风险管理计划和方案：

1）风险管理目标；

2）风险管理范围；

3）风险管理周期；

4）风险管理责任人职能；

5）风险管理实施安排等。

c）风险评估流程：

1）风险评估目标；

2）风险评估方法；

3）风险评估过程；

3）风险评估依据；

4）风险评估职责等。

d）资源风险识别清单：

1）资源名称、描述、类型、管理部门/责任人；

2）风险类型、描述、来源、等级和影响；

3）风险应对措施等。

e）风险管理报告：总结风险评估和风险处理情况；报告风险管理结果。

f）风险监控报告：

1）已识别风险、残余风险的跟踪、监控情况；

2）资源、业务增加、变更的风险监控；

3）风险监控周期；

4）风险监控处理结果等。

文档管理，参见DB21/T1628.4《信息安全 个人信息管理文档管理指南》。

参 考 文 献

[1] GB/T 23694-2009 风险管理 术语
[2]GB/T24353-2009 风险管理原则与实施指南

IT服务标准辑录

数据（信息）保护规范（SJ/T 11445.2-2012）

ICS 35.080

L77

SJ

中华人民共和国电子行业标准

SJ/T 11445.2—2012

信息技术服务 外包
第 2 部分：数据（信息）保护规范

IT Service—Outsourcing—Part 2: Specifications for Data Protection

2012 - 12 - 28 发布   2013 - 01 - 01 实施

中华人民共和国工业和信息化部 发布

前　言

本标准根据GB/T1.1—2009给出的规则起草。

请注意本文件的某些内容可能涉及专利。本文件的发布机构不承担识别这些专利的责任。

本标准由工业和信息化部软件服务业司提出。

本标准由中国电子技术标准化研究院归口。

本标准起草单位：大连软件行业协会、东软集团股份有限公司、北京万国长安容灾备份服务有限公司、中金数据系统有限公司、广州越维信息科技有限公司、北京赛迪时代信息产业股份有限公司。

本标准主要起草人：郎庆斌 孙鹏 赵兴华 马强 李岗 尹宏 赵振文 赵熙程磊 杨帆 王开红 郭玉梅 曹剑 周平 崔静。

引　言

本标准内涵和外延均较宽泛，存在易于混淆、多义性的概念、理解，现予以说明，以便于标准条文的解释和标准的应用。

0.1　基准

本标准考虑个人信息与商业数据具有类同的特质，在收集、处理、使用中，其安全要求、安全机制、安全策略等是同等的，可以采用同一的管理方式，适于IT服务外包组织共同遵守和应用，也可为其他行业提供借鉴。

0.2　数据

"数据"是一个广义的概念，本标准中，代指涉及个人信息、商业数据（仅指敏感的商业秘密或其他需要保护的数据）的相关信息。

由于知识产权涉及面广、构成复杂，且已有相关法规，但是，与知识产权相关信息的保护存在法律空白。同时，这部分信息与商业数据的特质类同。因而，本标准将知识产权相关信息归入商业数据。

0.3　内容数据库

内容是相对宽泛的概念。本标准仅限定内容数据库是由结构化、非结构化个人信息、商业数据（包括自动处理和非自动处理）所构成的逻辑数据库。

0.4　数据管理

数据保护是针对数据及相关资源、环境、管理体系等的管理活动或行为之一，因而，本标准采用"数据管理"涵盖"数据保护"。本标准数据管理涉及个人信息管理、商业数据管理。

数据管理包含数据收集、处理、使用的整个生命周期。

0.5　数据安全性

本标准涉及的数据安全性，是指个人信息、商业数据的保密性、完整性、准确性、可用性、真实性、可控性和不可抵赖性。

0.6 数据管理体系

本标准为个人信息管理、商业数据管理提供了基本的规则和要求，以构建数据管理体系，最大程度降低数据因偶然的或者恶意的原因，遭到破坏、篡改、泄露、窃取和不当使用等的可能性。

0.7 业务连续性

本标准在提供安全指导的同时，应基于数据的合理流通，保证业务的连续性。

0.8 标准兼容性

本标准与其他国际、国内信息安全标准及其他相关标准协调一致，并与这些标准相互配合或相互整合实施和运行。

0.9 标准实施

本标准的适用范围并不仅限于IT服务外包组织。本标准规范的数据管理规则，是IT服务管理的基础，具有普适性，同时，为IT服务的发展建立数据管理基准。因而，其他机关、企业、事业、社会团体等各类组织，可以参照执行。

C ontents
目　录

10.1 管理制度

10.2 宣传

10.3 培训教育

10.4 公示

10.5 内容数据库管理

10.6 数据管理文档

10.7 人员管理

11 管理过程

11.1 收集

11.2 处理

11.3 提供

11.4 委托

11.5 其他

11.6 使用

11.7 后处理

12 安全管理

12.1 风险管理

12.2 物理环境安全

12.3 工作环境安全

12.4 网络行为管理

12.5 IT 环境安全

12.6 存储安全

12.7 内容数据库安全

13 数据管理体系内审

13.1 管理

13.2 计划

13.3 实施

14 过程改进

14.1 服务台管理

14.2 跟踪和监控

信息技术服务 外包 第2部分：数据保护规范

1 范围

本标准规定了数据管理相关术语和定义、数据管理原则、数据主体权利、数据管理者的责任和义务、数据管理体系的建立和实施、数据管理体系内审、过程改进等基本规则和要求。

本标准适用于IT服务外包组织，其他组织可参照执行。

2 术语、定义和缩略语

2.1 术语和定义

下列术语和定义适用于本文件。

2.1.1 数据data

描述个人信息、商业数据形态、属性等，并便于保存、处理、使用。

2.1.1.1 个人信息personal information

与特定个人相关、并可识别该个人的数据、图像、声音等信息，包括不能直接确认，但与其他信息对照、参考、分析仍可间接识别特定个人的信息。

2.1.1.2 商业数据business data

与数据主体利益相关，实用且已采取保密措施，并不为公众知悉的技术信息、经营信息等（含未公开的知识产权相关信息），及其它需要保护的数据。

2.1.2 内容数据库content database

为实现一定目的，按照某种规则组织、管理的数据的逻辑集合体。

2.1.2.1 个人信息数据库personal information database

a）可以通过自动处理检索特定的个人信息的集合体，形式如磁介质、电子及网络媒介等；

b）可以采用非自动处理方式检索、查阅特定的个人信息的集合体，如纸介质、声音、照片等；

c）除前2项外，法律规定的可检索特定个人信息的集合体。

2.1.2.2　商业数据库business database

a）可以通过自动处理检索特定商业数据的集合体，形式如磁介质、电子及网络媒介等；

b）可以采用非自动处理方式检索、查阅特定商业数据的集合体，如纸介质、声音、图片、产品等；

c）除前2项外，法律规定的可检索特定商业数据的集合体。

2.1.3　数据主体data subject

可通过数据识别的 个人信息、商业数据的所有者。

2.1.3.1　个人信息主体personal information subject

可通过个人信息识别的特定的个人。

2.1.3.2　商业数据主体business data subject

商业数据的合法所有者。

2.1.4　数据管理data management

计划、组织、协调、控制数据及相关资源、环境、管理体系等的相关活动或行为。

2.1.5　数据管理者data controller

获数据主体授权，基于明确、合法目的，管理、使用数据的IT 服务外包组织。

2.1.6　数据管理体系data management system

数据管理活动或行为的结果。基于数据管理目标，整合目标、方针、原则、方法、过程、审核、改进等管理要素，及实现要素的方法和过程，提高数据管理有效性的系统。

2.1.7　数据管理方针data management policy

数据管理者应遵守的行为规则，明示于与数据管理相关的环境中，是数据管理的基准。数据管理方针确立了数据管理的目标、原则、方法、措施等。

2.1.8 数据收集data collection

基于明确、合法目的获取数据的行为。

2.1.9 数据处理data processing

自动或非自动处置数据的过程，如加工、编辑、存储、检索、交换、传输、输出等及其它使用行为或活动。

2.1.9.1 自动处理automatic processing

利用计算机及其相关和配套设备、信息网络系统、信息资源系统等，按照一定的应用目的和规则，加工、编辑、存储、检索、交换、传输、输出等相关数据处置行为或活动。

2.1.9.2 非自动处理non-automatic processing

除自动处理外的其它数据处置行为或活动。

2.1.10 数据主体同意data subject's consent

数据管理活动或行为与数据主体意愿一致，数据主体明确表示同意。表达形式包括：

a）数据主体以书面形式同意；

b）数据主体以可鉴证的、有规范记录的、满足书面形式要求的非书面形式同意。

注：下述情况视为个人信息主体同意：

a）由监护人代表未成年的或无法做出正确判断的成年的数据主体表达的意愿；

b）数据管理者与数据主体签订合同中确认了相关数据处理的规定，数据主体同意履行合同。

2.2 缩略语

PDCA 计划-实施-检查-改进（plan-do-check-active）

全面质量管理应遵循的科学方法。本标准用于数据管理相关活动的质量管理。

3 数据管理原则

3.1 目的明确

数据收集、处理、使用应基于明确、合法的目的。

3.2 主体权利

数据主体对相关的个人信息、商业数据享有权利。

3.3 数据质量

在数据管理行为或活动中，应保证数据的准确、完整、可用、真实、可控和不可抵赖。

3.4 使用限制

应采用合理、合法的手段和方式，收集、处理、使用数据，并征得数据主体同意。

3.5 安全保障

应采取必要、合理的管理和技术措施，防止发生数据泄露、丢失、损毁、篡改等的安全事件。

3.6 责任

应保证各项原则的有效实施。

4 数据主体权利

4.1 知情权

a）知悉数据收集、处理、使用的相关信息；

b）确认数据收集、处理、使用的目的、方式、范围等相关信息；

c）确认数据管理者保存数据的相关信息；

d）查询数据收集、处理、使用情况及数据质量等相关信息。

4.2 支配权

a）收集、处理、使用数据，应经数据主体同意；

b）数据主体有权修改、删除、完善与之相关的数据信息，以保证数据信息的质量；

c）数据主体有权控制、自主决定收集、处理、使用数据的方式、目的、内容、范围等。

4.3 质疑权

a）数据主体有权质疑与之相关的数据的准确性、完整性和时效性；

b）数据主体有权质疑或反对与之相关的数据管理目的、过程等；

c）如果数据管理目的、过程违背了数据主体意愿或其他正当理由，数据主体有权请求停止数据管理活动、行为或提出撤销该数据。停止或撤销应经数据主体确认。

5 数据管理者的责任和义务

5.1 管理责任

数据管理者对所拥有的数据负有管理责任，并征得数据主体同意后开展数据管理相关活动或行为。

5.2 权利保障

数据管理者应保障数据主体的权利。

5.3 目的明确

数据管理者应保证数据管理目的与数据主体意愿一致，管理过程或行为不应超目的、超范围。

5.4 告知

数据管理者应将数据管理目的、方式、不提供数据的后果、查询和更正相关数据的权利，以及数据管理者本身的相关信息等通知数据主体。

5.5 质量保证

数据管理者应在管理活动或行为中保证数据的完整性、准确性、可用性，并保持最新状态。

5.6 安全和保密

数据管理者应对所管理的数据予以保密，并对数据管理过程中的安全负责。

6 数据管理

6.1 目的

数据管理者应依据5.1 的规定，协调、组织数据管理体系和各类相关资源，根据收集、处理目的，采取相应的控制策略和措施，处理、使用数据。

6.2 计划

数据管理者应根据管理、业务目标，制定数据管理计划。计划应包括：

a）数据收集目的、策略；

b）数据管理措施、策略；

c）数据管理和各类相关资源的组织、协调、沟通；

d）数据安全风险评估；

e）计划评估；

f）其他必要的管理策略。

6.3　组织

数据管理者应根据管理计划，组织数据管理活动或行为，主要应包括：

a）建立数据管理体系；

b）明确数据管理职责和行为准则；

c）实施、运行数据管理体系；

d）评估数据管理体系效能；

e）评估数据管理效果；

f）其他相关管理。

6.4　控制

数据管理者应根据管理计划，检查、修正数据管理相关活动、行为，并监督管理计划的实施。

7　数据管理体系

数据管理体系应包括以下要素：

a）目标和基本原则；

b）方针；

c）机构及职责；

d）管理机制；

e）管理过程；

f）安全管理；

g）内审；

h）过程改进。

8　数据管理方针

数据管理者应基于实际情况，依据国家相关法规、标准的原则和措施，以简洁、明确的语言阐述、公示，以指导数据管理工作。内容宜包括：

a）数据主体的权利；

b）数据管理者的义务；

c）数据管理的目的和原则；

d）数据管理的措施和方法；

e）数据管理的改进和完善。

9 数据管理相关机构及职责

9.1 最高管理者

数据管理者的最高领导，应重视并激励数据管理体系建设，授权适宜的人员组建相应的数据管理机构，并为数据管理体系的构建、实施和运行提供完全的支持。

9.2 管理机构

数据管理机构负责数据管理体系构建、实施和运行，应由最高管理者任命的数据管理者代表负责。机构的主要职责应包括：

a）数据管理计划制定、实施；

b）数据管理体系建立、实施、运行；

c）明确数据管理相关机构和人员职责、责任；

d）管理数据相关活动、行为；

e）检查、评估、改进、完善数据管理体系；

f）记录数据管理活动，并编制数据管理体系运行报告。

9.2.1 宣传教育

宜指定专人负责宣传教育，在数据管理机构的指导下开展工作。其主要职责应包括：

a）组织、实施数据管理体系的宣传、教育；

b）制定数据管理体系宣传、教育制度、计划；

c）制定数据管理的宣传策略和方法；

d）数据管理相关知识、管理和安全技术等的培训、教育；

e）改进、完善宣传、教育措施、方法。

9.2.2 安全管理

宜指定信息安全责任人负责数据安全管理，在数据管理机构指导下开展数据安全管理工作。其主要职责应包括：

a）数据、数据管理体系安全风险管理；

b）数据收集、处理、使用安全；

c）数据管理体系安全；

d）制定数据安全管理策略、措施；

e）实施数据安全管理措施；

f）改进、完善数据安全管理措施。

9.2.3　服务台

宜指定专人负责，在数据管理机构的领导下开展工作。其主要职责应包括：

a）提供数据管理、安全的相关咨询和服务；

b）提供数据收集、处理、使用建议和意见；

c）接受有关数据管理、安全的意见、建议，并落实和反馈；

d）沟通、交流；

e）数据管理相关事项、问题处理等的发布；

f）其他应处理的问题。

9.3　内审机构

最高管理者应组建数据管理体系内审机构，选聘适宜的内审代表（或在数据管理者内部委任，或聘请社会人士），负责数据管理体系内审。其职责应包括：

a）制定数据管理体系内审计划，并按计划实施；

b）独立、公平、公正地监控、检查、审计数据管理体系状况；

c）跟踪、监控数据管理体系构建、实施和运行过程；

d）适时评估、审计数据管理体系运行过程；

e）编制内审报告，推进数据管理体系持续改进、完善。

10　管理机制

10.1　管理制度

10.1.1　概述

应制定实施数据管理应遵循的相关规章和制度，包括基本的管理规章和适用于各从属机构、部门特点的管理细则，并使每个工作人员完全理解并遵照执行。

10.1.2　基本规章

基本规章是数据管理者及其工作人员应遵循的行为准则，应在实施过程中不断改进和完善。基本规章宜包括以下各项：

a）数据管理相关机构职能及职责；

b）数据管理（包括数据收集、处理、使用等）；

c）数据管理安全风险和安全管理措施；

d）内容数据库管理；

e）数据管理相关文档管理；

f）数据管理体系宣传、培训教育；

g）数据管理体系内审；

h）过程改进；

i）服务台管理；

j）应急管理；

k）违反相关规章的处理；

l）其他必要的管理制度。

10.1.3 管理细则

各从属机构、部门应根据实际需要制定与基本规章协调一致，并符合从属机构、部门实际、切实可行的相关管理细则。

10.1.4 其他管理规定

在业务（包括有特殊要求的业务）活动中，涉及相关数据，应制定相应的管理规定。

10.2 宣传

10.2.1 基本宣传

数据管理机构应在其内部向全体工作人员及其他相关人员说明数据管理的重要性和相关管理策略，以得到工作人员及其他相关人员对数据管理工作的配合和重视。

10.2.2 业务宣传

数据管理者处理涉及相关数据的业务时，应主动说明数据管理的目的、措施、方法和规定，并做出保密承诺。

10.2.3 社会宣传

个人信息管理者应在相关媒介（宣传资料、网络媒介[如网站等]及其他相关的面向社会的电子类、纸质等材料）中增加个人信息管理的相关内容。

10.3 培训教育

10.3.1　计划

数据管理机构应根据人员、机构、业务、需求等实际情况，制定数据管理相关的培训和教育制度、计划，适时开展相应的培训教育。

10.3.2　对象

培训教育的对象应包括数据管理者的各级管理、业务部门及其所有员工。员工应包括：

a）在职人员；

b）临时员工；

c）其他相关人员。

10.3.3　内容

培训教育的主要内容，应包括：

a）数据管理的基本知识；

b）数据管理的重要性和必要性；

c）数据安全相关法规、标准和管理制度；

d）数据主体的权利和维护；

e）数据管理体系的构成、实施等；

f）管理、业务活动中数据管理的方式、措施等；

g）违反数据管理相关标准可能引起的损害和后果；

h）其他必要的教育。

10.4　公示

数据公开、公示，应征得数据主体同意。通知数据主体的内容应包括：

a）数据管理者的相关信息；

b）公开、公示的目的、方式、范围和内容；

c）数据主体的权利；

d）公示和非公示的结果。

10.5　内容数据库管理

10.5.1　保存

应明确确认个人信息、商业数据是以简明、易懂的语言记载、存储在内容数据库中，并可以清楚无误地提取、拷贝这些信息。

10.5.2 时限

应根据相关法规、标准，设定合理的数据存储、保存时限，并与目的充分相关。

10.5.3 备案

应建立内容数据库使用、查阅备案登记制度，并有专人负责。记录应包括责任人、存储（保存）目的、时限、更新时间、获取方法、获取途径、位置、使用目的、使用方法、安全承诺、废弃原因和方法等。

10.6 数据管理文档

10.6.1 记录

应在数据管理过程中记录与数据相关的行为、活动的目的、时间、范围、对象、方式方法、效果、反馈等信息。这些活动或行为包括体系建立、培训教育、宣传、安全管理、过程改进、内审等。

10.6.2 备案

应建立与数据管理相关的规章、文件、记录、合同等文档的备案管理制度，并不断改进和完善。

10.7 人员管理

10.7.1 相关人员

应明确数据管理相关人员的权限、责任，加强监督和管理，防范未经授权的数据接触、职责不清等风险。

10.7.2 工作人员

应加强所有数据管理者相关工作人员的宣传和教育，明确岗位职责，提高保护数据主体权益的意识，避免发生数据安全事件。

10.7.3 保密

数据管理者应与全体工作人员和其他相关人员签署保密协议，明确个人信息、商业数据的保密原则、范围、等级、管理措施等。

11 管理过程

11.1 收集

11.1.1 目的

所有数据收集行为，应具有特定、明确、合法的目的，并应征得数据主体同意，限定在收集目的范围内。

11.1.2　限制

应基于特定、明确、合法的目的，采用科学、规范、合法、适度、适当的收集方法和手段，以保障数据主体的权益：

a）应将收集目的、范围、方法和手段、处理方式等清晰无误地告知数据主体，并征得数据主体同意；

b）应将收集目的、范围、内容、方法和手段、处理方式等以适当形式公开，如以公告形式发布。如有疑义、反对，应停止收集；

c）数据主体应采用适当的措施，防止不正当收集数据。

11.1.3　类别

11.1.3.1　直接收集

直接从数据主体收集相关数据时，应通知数据主体，并征得数据主体同意。应向数据主体提供的信息包括：

a）数据管理者的相关信息；

b）数据收集、处理、使用的目的、方法；

c）接受并管理该数据的第三方的相关信息；

d）数据主体拒绝提供相关数据可能会产生的后果；

e）数据主体的查询、修正、反对等相关权利；

f）数据安全和保密承诺；

g）后处理方式。

11.1.3.2　间接收集

非直接地、采用其他方式收集数据时，也应保证数据主体知悉并同意。间接收集应保证数据主体利益不受侵害。应保证数据主体知悉的信息参照11.1.3.1。

11.2　处理

数据管理者处理、使用数据应基于明确、合法的目的，并遵循以下约束：

a）应征得数据主体同意；或为履行与数据主体达成的合法协议的需要；

b）应在数据收集目的的范围内处理、使用数据。如需要超目的范围处理、使用数据，应征得该数据主体同意。通知信息参照11.1.3.1。

c）处理、使用数据时，应履行第5章的要求，保证数据质量和数据安全。

11.3 提供

11.3.1 合法性

数据管理者所拥有的数据，应是依特定、明确、合法的目的，经数据主体同意，采取适当、合法、有效的方法和手段获得的，并不与收集目的相悖。

11.3.2 权益保障

数据管理者合法拥有的数据，在向第三方提供时，应履行第5章的要求，保障数据主体的合法权益。

11.3.3 授权许可

数据管理者向第三方提供数据，应获得数据主体授权，并在允许的目的范围内，采用合法、适当、适度的方法使用。应向数据主体说明的信息参照11.1.3.1。

11.3.4 质量保证

第三方接受数据管理者提供的数据，应履行5.5的规定。

11.3.5 安全承诺

数据管理者向第三方提供数据时，应获得第三方以书面形式（或以可见证的、有规范记录的、满足书面形式要求的非书面形式）保证的数据完整性、准确性、安全性的明确承诺，避免不正确使用或泄露。

11.4 委托

11.4.1 范围限定

委托第三方收集数据、向第三方委托数据处理业务或接受数据处理委托业务时，应在数据主体明确同意的，或委托方以合同或其他方式要求的使用目的范围内处理，不可超范围、超目的随意处理，并将受托方相关信息提供给数据主体。提供的信息可参照11.1.3.1。

11.4.2 委托信用

涉及数据委托业务时，应选择已建立数据管理体系的数据管理者，以建立相应的委托信用机制，保证不会发生数据泄露或滥用。在委托合同中应包括：

a）委托方和受托方的权利和责任；

b）委托目的和范围；

c）保护数据的安全措施和安全承诺；

d）再委托时的相关信息；

e）数据管理体系的相关说明；

f）与数据相关事故的责任认定和报告；

g）合同到期后数据的处理方式。

11.5　其他

11.5.1　二次开发

分析、整合、整理、挖掘、加工等数据的二次开发，应履行第5章的要求，征得数据主体同意，并限定在数据主体同意的范围内，避免随意泄露、传播和扩散。通知的内容应包括：

a）数据管理者的相关信息；

b）二次开发的目的、方式、方法和范围；

c）安全措施和安全承诺；

d）事故责任认定和处理方式；

e）开发完成后的处理方式。

11.5.2　交易

数据相关交易应履行第5章的要求，征得数据主体同意，并限制在数据主体同意的范围内处理使用，避免随意泄露、传播和扩散。通知的内容应包括：

a）数据管理者相关信息；

b）数据来源的合法性、有效性；

c）数据交易的必要性；

d）数据交易的目的、方式、方法和范围；

e）安全措施和安全承诺；

f）事故责任认定和处理方式；

g）交易完成后的处理方式。

11.6　使用

任何使用数据的行为，应履行第5章的要求，征得数据主体同意，并限定在数据主体同意的范围内，避免随意泄露、传播和扩散。通知信息参照11.1.3.1。

11.7　后处理

数据处理、使用后，应根据数据主体意见或合同约定方式，采取相应的安全措施，避免发生丢失、损毁、泄漏等安全事故。

11.7.1　质量

数据处理、使用后，如需继续保存、使用、返还，应保证数据的准确性、完整性和时效性。

11.7.2　销毁

数据处理、使用后，如不需继续保存、使用、返还，应彻底销毁与数据相关的文档、介质等及其记录的数据。

12　安全管理

12.1　风险管理

应在数据管理过程或行为中，识别、分析、评估潜在的风险因素，制定风险应对策略，采取风险管理措施，监控风险变化，并将残余风险控制在可接受范围内。

12.2　物理环境安全

应根据需要采取必要的措施，保证数据存储、保存环境的安全，包括防火、防盗及其他自然灾害、意外事故、人为因素等。

12.3　工作环境安全

应确保工作人员工作环境内所有相关数据的安全管理，防止未经授权的、无意的、恶意的使用、泄露、损毁、丢失。工作环境应包括：

a）出入管理；

b）工作桌面；

c）计算机桌面；

d）计算机接口；

e）计算机管理（文件、文件夹等）；

f）其他相关管理。

12.4　网络行为管理

应制定网络管理措施，采用相应的技术手段，引导、约束通过网络利用、传播相关数据的行为，构建规范、科学、合理、文明的网络秩序。

12.5　IT环境安全

应在整体信息安全体系建设中，充分考虑数据及相关因素的特点，加强数据安全防护，预防安全隐患和安全威胁。如网络基础平台、系统平台、应用系统、安全系统、数据管理等的安全，及信息交换中的安全防范、病毒预防和恢复、非传统信息安全等。

12.6　存储安全

数据管理者应保证个人计算机系统、可移动存储媒介（电子、磁、纸等介质及其他介质）的安全，以确保数据存储的准确性、完整性、可靠性和安全使用。

12.7　内容数据库安全

数据管理者应保证内容数据库存储、保存的数据的准确性、完整性、保密性和可用性，并适时更新，以保证数据的最新状态。

12.7.1　管理安全

数据管理者应履行第5章的要求，建立内容数据库管理机制。管理安全应包括：

a）内容数据库管理和使用制度；

b）内容数据库管理者的职责；

c）维护和记录；

d）事故处理。

12.7.2　使用安全

应根据数据自动和非自动处理的特点，制定相应的内容数据库管理策略，包括访问/调用控制、权限设置、密钥管理等，防止数据的不当使用、毁损、泄露、删除等。

商业数据应建立商业数据库安全等级管理制度。

12.7.3　备份和恢复

应制定内容数据库备份和恢复机制，并保证备份、恢复的完整性、可靠性和准确性。

13　数据管理体系内审

13.1　管理

数据管理体系内审机构应依据相关法规、标准实施数据管理体系内审：

a）应审核数据管理相关活动和行为、数据管理体系、数据管理体系实施和运行过程；

b）内审应由与审核对象无直接关系人实施；

c）内审应提出过程改进和完善建议。

13.2　计划

应根据相关法律、规范和实际需求制定数据管理体系内审计划，主要应包括：

a）内审目标和原则；

b）内审策略和控制措施；

c）组织、协调相关资源；

d）内审周期、时间；

e）职责、责任；

f）内审实施；

g）其他必要的措施。

13.3　实施

应根据数据管理体系内审计划，定期独立、公平、公正地实施内审，并形成内审报告。

14　过程改进

14.1　服务台管理

服务台应接受数据主体、各类组织和人员提出的数据管理活动、数据管理体系的相关意见、建议、咨询、投诉等，并采取相应的处理措施，及时反馈。

14.2　跟踪和监控

数据管理体系内审机构应实时跟踪、监控数据管理体系的实施、运行，及时发现潜在的安全风险、缺陷和存在的问题，提出整改建议。

14.3　持续改进

数据管理机构应依据相关法规、内审报告、需求变化、服务台反馈、跟踪监控结果等，定期评估、分析数据管理体系运行状况，并持续改进和完善：

　　a）分析、判断数据管理体系实施、运行中的缺陷和漏洞；

　　b）制定预防和改进措施；

　　c）实时预防、改进；

　　d）跟踪改进结果。

14.4　过程模式

应采取PDCA 模式（或其他以PDCA 为基的相关模式），持续改进、完善数据管理过程、数据管理体系运行、数据管理体系内审过程。

15　应急管理

应制定应急预案，评估、分析获取、存储、处理和使用数据过程中可能出现的数据泄漏、丢失、损坏、篡改、不当使用等事件，采取相应的预防措施和处理。预案应包括：

　　a）事件的评估、分析；

　　b）事件的处理流程；

　　c）事件的应急机制；

　　d）事件的处理方案；

　　e）事件记录和报告制度；

　　f）事件的责任认定。

16　例外

16.1　收集例外

16.1.1　个人信息收集例外

不应收集、处理、使用敏感的个人信息。经个人信息主体同意，或法律特别规定的例外，但应采取特别的保护措施，履行第5 章的要求。敏感的个人信息包括：

　　a）有关宗教、信仰、种族、血缘的事项；

　　b）有关身体障碍、精神障碍、犯罪史及相关可能造成社会歧视的事项；

　　c）有关健康、医疗及性生活的相关事项等；

d）法律特别规定的。

16.1.2　商业数据收集例外

不应收集下述商业数据。法律特别规定的例外，但应采取特别的保护措施，履行第5章的要求。这些商业数据包括：

a）商业数据主体认定的不可收集的商业数据；

b）竞业禁止协议适用的商业数据；

c）法律特别规定的。

16.2　法律例外

基于以下目的的例外，可以不必事先征得数据主体同意，但应依据相关法规，或经由专门机构确定：

a）法律特别规定的；

b）维护国家安全、公共安全、国家利益、制止刑事犯罪；

c）保护数据主体或公众的权利、生命、健康、财产等重大利益等。

17　管理评价

应对数据管理过程和数据管理体系实施过程进行认证，确定与相应法规、标准的符合性、一致性和目的有效性。

参 考 文 献

[1]Directive 95/46/EC of the European Parliament and of the Council of 24 October 1995 on the

protection of individuals with regard to the processing of personal data and on the free movement of such data

[2]OECD Guidelines on the Protection of Privacy and Transborder Flows of Personal Data

[3]ISO/IEC 27001:2005 Information technology–Security techniques–Information security management systems–Requirements

[4]ISO/IEC 27002:2005 Information technology–Security techniques–Code of practice for information security management

[5]Data Protection Act 1998

[6]個人情報の保護に関する法律（平成一五年五月三十日法律第五十七号）

[7]JIS Q 15001:2006 個人情報保護マネジメントシステム—要求事項

[8]BS 10012:2009 Data protection – Specification for a personal information management system

[9]GB/T22080–2008 信息技术安全技术信息安全管理体系要求

[10]GB/T22081–2008 信息技术安全技术信息安全管理实用规则

[11]GB/T20984–2007 信息安全技术信息安全风险评估规范

[12] GB/ Z 24364–2009 信息安全技术信息安全风险管理指南

[13]《中华人民共和国保守国家秘密法》

[14]商务部《关于保护网上商业数据的指导意见》（征求意见稿）

[15]个人信息保护法（专家建议稿）

[16]DB21/T 1628–2008 个人信息保护规范

[17]郎庆斌等《个人信息保护概论》人民出版社2008

[18]孙毅等《个人信息安全》东北财经大学出版社2010

IT
服
务
标
准
辑
录

个人信息安全
第2部分：个人信息保护—要求
（个人信息安全管理-要求）

（建议稿）

《辽宁省个人信息保护系列标准实施评价研究》课题组

前　言

　　本标准是依据GB/T1.1—2009《标准化工作导则　第1部分：标准的结构与编写》制定的。

　　本标准由　　　　　　　　　　提出。

　　本标准由　　　　　　　　　　归口。

　　本标准主要起草单位：

　　本标准主要起草人：

引　言

个人信息安全领域相关研究、实践，随着社会、经济、文化等各个领域的深刻变革不断深入，在个人信息安全标准化过程中，个人信息安全事件发生的特征变化，影响个人信息相关安全法规、标准的认识不断进步、发展。

《辽宁省个人信息保护系列标准实施评价研究》课题组基于这一事实，尝试以个人信息管理为主线、个人信息安全为目的，构建科学化、规范化、系列化的普适的个人信息安全标准体系。体系应主要包括：

个人信息安全　第1部分：词汇

个人信息安全　第2部分：个人信息保护要求　（个人信息安全管理要求）

个人信息安全　第3部分：个人信息安全管理体系实施指南

个人信息安全　第4部分：个人信息数据库管理指南

个人信息安全　第5部分：过程管理指南

个人信息安全　第6部分：个人信息安全风险管理指南

个人信息安全　第7部分：个人信息安全技术指南

个人信息安全　第8部分：文档管理规范等。

个人信息管理过程，应是基于个人信息生命周期的、针对个人信息及相关资源、环境、管理体系等的管理活动或行为之一。《个人信息安全 个人信息保护-要求》（个人信息安全管理-要求）（建议稿），将管理过程中的管理活动或行为视为要素，规定普适的个人信息管理过程中各要素的约束条件。

Contents
目　录

8.7 后处理

8.7.1 质量

8.7.2 销毁

9 个人信息安全管理

9.1 风险管理

9.2 物理环境管理

9.3 工作环境管理

9.4 网络行为管理

9.5 IT环境安全

9.6 个人信息数据库安全

9.6.1 管理安全

9.6.2 使用安全

9.6.3 备份和恢复

10 过程管理

10.1 PISMS内审

10.1.1 管理

10.1.2 计划

10.1.3 实施

10.2 过程改进

10.2.1 服务台管理

10.2.2 跟踪和监控

10.2.3 持续改进

10.3 应急管理

11 例外

11.1 收集例外

11.2 法律例外

12 认证

1 范围

本标准规定了个人信息主体权利、个人信息管理、个人信息管理方针、个人信息管理机制、个人信息获取过程、个人信息处理过程、个人信息安全管理、过程管理等的基本规则和要求。

本标准适用于自动或非自动处理全部或部分个人信息的机关、企业、事业、社会团体等组织及个人。

2 术语、定义和缩略语

下列术语、定义和缩略语适用于本文件。

2.1 术语和定义

2.1.1 个人信息 personal information

依附于个人，并可描述个人基本形态的信息，包括

a）可通过感官直接识别的个人信息，如听觉、视觉等；

b）可借助各种手段间接识别的个人信息，如与其它相关信息对照、参考、分析等。

2.1.2 个人信息数据库 personal information database

为实现一定的目的，按照某种规则组织的个人信息的集合体。包括：

a）可以通过自动处理检索特定的个人信息的集合体，如磁介质、电子及网络媒介等；

b）可以采用非自动处理方式检索、查阅特定的个人信息的集合体，如纸介质、声音、照片等；

c）除前2项外，法律规定的可检索特定个人信息的集合体。

2.1.3 个人信息主体 personal information subject

可通过个人信息识别的特定的自然人。

2.1.4 个人信息管理者 personal information controller

获个人信息主体授权，基于特定、明确、合法目的，管理个人信息的机关、企业、事业、社会团体等组织及个人。

2.1.5 个人信息安全 personal information security

以安全为目的、以个人信息资源为核心，以服务管理流程为导向，构建相对稳定、安全的个人信息环境。

2.1.6 个人信息生命周期 personal information life cycle

当个人信息主体同意直接收集个人信息，个人信息管理者向个人信息主体提供服务管理的过程。

注：个人信息生命周期可以是多重的，如间接收集应是个人信息生命周期内存在的新的生命周期。

2.1.7 个人信息管理 personal information management

以有效、能动、可控、安全为目的，计划、组织、协调、控制个人信息及相关资源、环境、管理体系等的相关活动或行为。

2.1.8 个人信息安全管理体系 personal information Security management system

个人信息管理活动或行为的结果。基于个人信息管理目标，整合目标、方针、原则、方法、过程、审核、改进等管理要素，及实现要素的方法和过程，提高个人信息管理有效性的系统。

2.1.9 个人信息收集 personal information collect

基于特定、明确、合法的目的获取个人信息的行为。

2.1.10 个人信息处理 personal information process

自动或非自动处置个人信息的过程，如收集、加工、编辑、存储、检索、交换、传输等及其它使用行为或活动。

2.1.10.1 自动处理 automatic processing

利用计算机及其相关和配套设备、信息网络系统、信息资源系统等，按照一定的应用目的和规则，收集、加工、编辑、存储、检索、交换、传输等相关数据处置行为或活动。

2.1.10.2 非自动处理 non–automatic processing

除自动处理外的其它数据处置行为或活动。

2.1.11 利用 utilize

因某种利益交付第三方使用个人信息的行为。

2.1.12 个人信息主体同意 personal information subject agreement

个人信息管理活动或行为与个人信息主体意愿一致，个人信息主体明确表示赞成。表达形式包括：

a）个人信息主体以书面形式同意；

b）个人信息主体以可鉴证的、有规范记录的、满足书面形式要求的非书面形式同意。

注：下述情况视为个人信息主体同意：

a）由监护人代表未成年的或无法做出正确判断的成年个人信息主体表达的意愿；

b）个人信息管理者与个人信息主体签订合同中确认了相关个人信息处理的规定，个人信息主体同意履行合同。

2.2 缩略语

2.2.1 PDCA Plan-Do-Check-Act

全面质量管理应遵循的科学方法。本标准用于个人信息管理相关活动的质量管理。

2.2.2 PISMS Personal Information Security Management System

个人信息安全管理体系。

3 个人信息主体权利

3.1 知情权

a）确认个人信息数据库中与个人信息主体相关的信息；

b）确认个人信息收集、处理、使用、利用的目的、方式、范围等相关信息；

c）查询个人信息收集、处理、使用、利用情况及个人信息质量等相关信息。

3.2 支配权

a）个人信息主体有权依据自身意愿决定如何使用自身的个人信息。

b）个人信息主体有权修改、删除、完善自身的个人信息，以保证个人信息的完整、准确和最新状态；

3.3 质疑权

a）个人信息主体有权质疑自身个人信息的准确性、完整性和时效性；

b）个人信息主体有权质疑或反对自身个人信息管理的目的、过程等；

c）如果个人信息管理目的、过程违背了个人信息主体意愿或其它正当理由，个人信息主体有权请求停止个人信息管理活动、行为或提出撤消该个人信息。停止或撤销应经个人信息主体确认。

4　个人信息管理

4.1　目的

个人信息管理者依据其责任和义务，协调、组织PISMS和各类相关资源，根据收集目的，采取相应的控制策略和措施，收集、处理、使用、利用个人信息。

4.2　个人信息管理原则

4.2.1　目的明确

收集个人信息应有明确的目的，不应超目的范围处理、利用、使用。

4.2.2　主体权利

个人信息主体对与个人相关的个人信息享有权利。

4.2.3　信息质量

在管理活动或行为中保证个人信息的准确性、完整性和最新状态。

4.2.4　合理限制

收集、处理、使用、利用个人信息，应采用合法、合理的手段和方式，并保持公开的形式。

4.2.5　安全保障

应采取必要、合理的管理和技术措施，防止个人信息滥用、篡改、丢失、泄露、损毁等。

4.3　个人信息管理者责任和义务

4.3.1　管理责任

个人信息管理者对所拥有的个人信息负有管理责任，并征得个人信息主体同意后开展个人信息管理相关活动或行为。

4.3.2　权利保障

个人信息管理者必须保障个人信息主体的权利。

4.3.3　目的明确

个人信息管理者必须保证个人信息管理目的与个人信息主体意愿一致，管理过程或行为不应超目的、超范围。

4.3.4　告知

个人信息管理者应将收集个人信息的目的和方式、不提供个人信息的后果、查询和更正相关个人信息的权利，以及个人信息管理者本身的相关信息等告知个人信息主体。

4.3.5 质量保证

个人信息管理者应在管理活动或行为中保证个人信息的完整性、准确性、可用性，并保持最新状态。

4.3.6 保密性

个人信息管理者应对所管理的个人信息予以保密，并对个人信息管理过程中的安全负责。

4.4 个人信息生命周期

个人信息生命周期应包括3个阶段：

a）个人信息获取过程：个人信息主体同意，基于特定、明确、合法目的，直接或间接收集个人信息；

b）个人信息处理过程：基于收集目的的个人信息使用、利用过程，可划分4种形式：

1）包括编辑、加工、检索、存储、传输等不同的使用流程；

2）包括提供、委托、交换等不同的利用过程；

3）包括交易、二次开发等不同的利用过程；

4）个人信息的后处理过程；

c）基于生命周期的过程管理：在个人信息生命周期内，采用PDCA模式管理针对个人信息及相关资源、环境、管理体系等的活动或行为。

4.5 计划

个人信息管理者应根据管理、业务目标，制定基于个人信息生命周期的管理计划。计划应包括：

a）个人信息收集目的、策略；

b）个人信息管理措施、策略；

c）个人信息管理和各类相关资源的组织、协调、沟通；

d）个人信息安全风险评估；

e）计划评估；

f）其它必要的管理策略。

4.6 内容

个人信息管理者应对个人信息生命周期全过程实施符合个人信息相关

法规、标准的管理，主要包括：

a）建立、落实个人信息管理机构，明确责任主体和职责，制定管理计划；

b）建立、实施、运行个人信息安全管理体系；

c）基于个人信息生命周期的过程管理；

4.7　组织

个人信息管理者应根据管理计划，建立个人信息管理机构，组织个人信息管理活动或行为。

4.7.1　相关机构及职责

4.7.1.1　最高管理者

个人信息管理者的最高行政领导，应重视个人信息管理，并选择、任命有能力的个人信息管理者代表组建、负责个人信息管理机构，在资金、资源等各个方面提供完全的支持。

4.7.1.2　个人信息管理机构

个人信息管理机构宜包括宣传教育、安全管理、服务台等责任主体，其主要职责包括：

a）个人信息管理计划制定、实施；

b）PISMS建立、实施、运行；

c）明确个人信息管理相关责任主体和人员职责、责任；

d）个人信息相关活动、行为的管理；

e）PISMS运行检查、评估、改进、完善；

f）记录个人信息管理活动，并编制PISMS运行报告。

注：宣传教育、安全管理、服务台等责任主体，应配备专职或兼职管理人员。

4.7.1.2.1　宣传教育

宣传教育责任主体应在个人信息管理者代表领导下开展工作。宣传教育的主要职责是：

a）组织、实施PISMS宣传、教育；

b）制定PISMS宣传、教育制度、计划；

c）制定PISMS宣传策略和方法；

d）个人信息相关知识、管理和安全技术等的宣传、教育；

e）改进、完善宣传、教育措施、方法。

4.7.1.2.2　安全管理

安全管理宜指定信息安全责任主体负责，在个人信息管理者代表指导下开展个人信息安全管理工作。其主要职责应包括：

a）个人信息安全风险管理；

b）制定个人信息安全管理策略、措施；

c）实施个人信息安全管理措施；

d）改进、完善个人信息安全管理。

4.7.1.2.3　服务台

服务台责任主体应在个人信息管理者代表领导下提供个人信息相关的服务。服务台的主要职责包括：

a）提供个人信息管理、安全的相关咨询和服务；

b）提供个人信息处理、使用建议和意见；

c）接受有关个人信息管理、安全的意见，并落实和反馈；

d）沟通、交流；

e）个人信息管理、安全相关事项、问题处理等的发布；

f）其它应处理的问题。

4.7.1.3　PISMS内审机构

PISMS内审机构应由最高管理者指定的PISMS内审代表负责，该代表可以在个人信息管理者内部选聘，或聘请社会人士担任。其职责是：

a）独立、公平、公正地开展PISMS监督、检查、调查工作；

b）制定PISMS内审制度和内审计划，并按计划实施内审；

c）跟踪、监控、评估PISMS实施、运行；

d）编制内审报告，督促、建议PISMS的改进、完善。

4.7.2　个人信息安全管理体系

个人信息管理者应建立基于个人信息生命周期的PISMS，满足个人信息管理的需要，PISMS应包括以下要素：

a）个人信息安全目标和基本原则；

b）个人信息管理方针；

c）个人信息管理机制；

d）个人信息获取过程；

e）个人信息处理过程；

f）个人信息安全管理；

g）过程管理等。

4.8 控制

个人信息管理者应根据管理计划适时评估个人信息管理体系的效能和个人信息管理效果，检查、修正个人信息管理相关活动、行为，并监督管理计划的实施。

4.9 协调

在个人信息管理活动或行为中，应注意个人信息主体与个人信息管理者、个人信息管理者各部门（从属机构）与PISMS、PISMS内、PISMS与相关资源之间等的协调、沟通。

5 个人信息管理方针

应是指导个人信息管理，保障个人信息安全，符合个人信息管理者实际情况，遵守国家相关法律、法规的原则和措施。应以简洁、明确的语言阐述，并公之于众。内容宜包括：

a）个人信息主体的权利；

b）个人信息管理者的义务；

c）个人信息管理的目的和原则；

d）个人信息管理的措施和方法；

e）个人信息管理的改进和完善。

6 个人信息管理机制

6.1 管理制度

应制定个人信息管理的相关规章和制度，包括基本的管理规章和适用于各从属机构、部门特点的管理细则，并使每个工作人员完全理解并遵照执行。

6.1.1 基本规章

基本规章是个人信息管理者及其工作人员应遵循的行为准则，应在实施过程中不断改进和完善。基本规章宜包括以下各项：

a）个人信息管理相关机构职能及职责；

b）个人信息管理；

c）个人信息安全风险和安全管理措施；

d）个人信息数据库管理；

e）个人信息管理文档管理；

f）PISMS宣传、教育；

g）PISMS内审；

h）过程管理；

i）服务台管理；

j）应急管理；

k）违反相关规章的处理；

l）其它必要的管理制度。

6.1.2 管理细则

各从属机构、部门等应根据实际需要制定与基本规章一致，并符合从属机构、部门实际、切实可行的相关管理细则。

6.1.3 其它规定

其它业务开展或有特殊要求的业务，涉及个人信息管理，应制定相应的管理规定。

6.2 宣传

6.2.1 基本宣传

个人信息管理者应在其内部向全体工作人员及其它相关人员说明个人信息管理的重要性和相关管理策略，以得到工作人员及其它相关人员对个人信息管理工作的配合和重视。

6.2.2 业务宣传

个人信息管理者处理涉及个人信息的相关业务时，应主动说明收集、处理、使用、利用个人信息的目的、措施、方法和规定，并做出保密承诺。

6.2.3 社会宣传

个人信息管理者应在相关媒介（宣传资料、网络媒介（如网站等）及其它相关的面向社会的电子类、纸质等材料）中增加个人信息管理的相关内容。

6.3　教育培训

6.3.1　计划

应根据人员、机构、业务、需求等实际情况，制定个人信息管理相关的培训和教育制度，适时开展相应的培训教育。

6.3.2　对象

培训教育的对象，应包括：

a）全体工作人员；

b）临时员工；

c）其他相关人员。

6.3.3　内容

培训教育的主要内容，应包括：

a）个人信息安全相关法律、法规、规范、标准和管理制度；

b）个人信息管理的重要性和必要性；

c）PISMS的构成、实施等；

d）个人信息主体的权利、责任；

e）管理、业务活动中个人信息管理的方式、措施等；

f）违反个人信息安全相关标准可能引起的损害和后果；

g）其它必要的教育。

6.4　公示

公开、公示个人信息，应通知个人信息主体，并征得个人信息主体同意。通知的内容应包括：

a）个人信息管理者的相关信息；

b）公示的目的、方式、范围和内容；

c）个人信息主体的权利；

d）公示和非公示的结果。

6.5　个人信息数据库管理

6.5.1　保存

个人信息主体应明确确认其个人信息是否以简明、易懂的语言记载、存储在个人信息数据库中，并可以清楚无误地提取、拷贝这些信息。

6.5.2 时限

个人信息管理者应为个人信息的存储、保存设定一个合理的时限，并与目的充分相关。

6.5.3 备案

个人信息数据库的使用、查阅，应建立备案登记制度，并有专人负责。记录应包括责任人、存储（保存）目的、时限、更新时间、获取方法、获取途径、位置、使用目的、使用方法、安全承诺、废弃原因和方法等。

6.6 个人信息管理文档

6.6.1 记录

应在个人信息管理过程中记录与个人信息相关活动和行为的目的、时间、范围、对象、方式方法、效果、反馈等信息。这些活动和行为包括体系建立、宣传、培训教育、安全管理、过程改进、内审等。

6.6.2 备案

应建立与个人信息管理相关的规章、文件、记录、合同等文档的备案管理制度，并不断改进和完善。

6.7 人员管理

6.7.1 相关人员

应明确与个人信息管理相关人员的权限、责任，加强监督和管理，防范未经授权的个人信息接触、职责不清等风险。

6.7.2 工作人员

应加强所有与个人信息管理者相关工作人员的宣传和教育，明确岗位职责，提高保护个人信息主体权益的意识，避免发生个人信息安全事件。

7 个人信息获取过程

7.1 目的

所有个人信息收集行为，必须具有特定、明确、合法的目的，并应征得个人信息主体同意，限定在收集目的范围内。

7.2 限制

应遵循4.2、4.3的规定，基于特定、明确、合法的目的，采用科学、规范、合法、适度、适当的收集方法和手段，以保障个人信息主体的权益：

a）应将收集目的、范围、方法和手段、处理方式等清晰无误的告知个人信息主体，并征得个人信息主体同意；

b）间接或被动收集时，应将收集目的、范围、内容、方法和手段、处理方式等以适当形式公开，如以公告形式发布。如有疑义、反对，应停止收集；

c）个人信息主体应采用适当的措施，防止不正当收集个人信息。

注：被动收集，即个人信息主体不知情或不能控制情况下收集。

7.3 类别

7.3.1 直接收集

征得个人信息主体同意，直接从个人信息主体收集个人信息，应向个人信息主体提供的信息包括：

a）个人信息管理者的相关信息；

b）个人信息收集、处理、使用的目的、方法；

c）接受并管理该个人信息的第三方的相关信息；

d）个人信息主体拒绝提供相关个人信息可能会产生的后果；

e）个人信息主体的查询、修正、反对等相关权利；

f）个人信息安全和保密承诺；

g）后处理方式。

7.3.2 间接收集

非直接地收集个人信息时，应遵循7.2的规定，保证个人信息主体知悉并同意。间接收集应保证个人信息主体利益不受侵害。应保证个人信息主体知悉的信息参照7.3.1。

8 个人信息处理过程

8.1 处理

个人信息管理者处理、使用个人信息应基于明确、合法的目的，并遵循以下约束：

a）应征得个人信息主体同意；或为履行与个人信息主体达成的合法协议的需要；

b）应在个人信息收集目的范围内处理、使用个人信息。如需要超目的范围处理、使用个人信息，应征得该个人信息主体同意。通知信息参照

7.3.1;

c）在处理、使用个人信息时，应履行4.2、4.3规定的原则和相关责任、义务，保证个人信息安全。

8.2 提供

8.2.1 合法性

个人信息管理者所拥有的个人信息，应是依特定、明确、合法的目的，经个人信息主体同意，采取适当、合法、有效的方法和手段获得的，并不与收集目的相悖。

8.2.2 权益保障

个人信息管理者合法拥有的个人信息，在向第三方提供时，应履行4.3规定的个人信息管理者的责任和义务，保障个人信息主体的合法权益。

8.2.3 授权许可

个人信息管理者向第三方提供个人信息，应获得该个人信息的个人信息主体授权，并在允许的目的范围内，采用合法、适当、适度的方法使用。应向个人信息主体说明的信息，参照7.3.1。

8.2.4 质量保证

第三方接受个人信息管理者提供的个人信息，应履行4.3.5节的规定。

8.2.5 安全承诺

个人信息管理者向第三方提供个人信息时，应获得第三方以书面形式（或以可见证的、有规范记录的、满足书面形式要求的非书面形式）保证个人信息的完整性、准确性、安全性的明确承诺，避免不正确使用或泄露。

8.3 委托

8.3.1 范围限定

委托第三方收集个人信息、向第三方委托个人信息处理业务或接受个人信息处理委托业务时，应在个人信息主体明确同意的，或委托方以合同或其它方式要求的使用目的范围内处理，不可超范围、超目的随意处理，并应向个人信息主体提供受托方相关信息。提供的信息可参照7.3.1。

8.3.2 委托信用

涉及个人信息委托业务时，应选择已建立PISMS的个人信息管理者，以建立相应的委托信用机制，保证不会发生个人信息泄露或个人信息滥用。在委托合同中应包括：

    a）委托方和受托方的权利和责任；

    b）委托目的和范围；

    c）保护个人信息的安全措施和安全承诺；

    d）再委托时的相关信息；

    e）PISMS的相关说明；

    f）个人信息相关事故的责任认定和报告；

    g）合同到期后个人信息的处理方式。

8.4 二次开发

分析、整合、整理、挖掘、加工等个人信息二次开发，应履行4.2、4.3规定的原则和个人信息管理者的责任、义务，征得个人信息主体同意，并限定在个人信息主体同意的范围内，避免随意泄露、传播和扩散。通知的内容应包括：

    a）个人信息管理者的相关信息；

    b）二次开发的目的、方式、方法和范围；

    c）安全措施和安全承诺；

    d）事故责任认定和处理方式；

    e）开发完成后的处理方式等。

8.5 交易

个人信息交易应履行4.2、4.3规定的原则和个人信息管理者的责任、义务，征得个人信息主体同意，并限制在个人信息主体同意的范围内处理使用，避免随意泄露、传播和扩散。通知的内容应包括：

    1）个人信息管理者相关信息；

    2）个人信息来源的合法性、有效性；

    3）个人信息交易的必要性；

    4）个人信息交易的目的、方式、方法和范围；

    5）安全措施和安全承诺；

    6）事故责任认定和处理方式；

    7）交易完成后的处理方式等。

8.6　使用

任何使用个人信息的行为，应履行4.2、4.3规定的原则和个人信息管理者的责任、义务，征得个人信息主体同意，并限定在个人信息主体同意的范围内，避免随意泄露、传播和扩散。通知信息参照7.3.1。

8.7　后处理

个人信息处理、利用、使用后，应根据个人信息主体意见或合同约定方式，采取相应的安全措施，避免发生丢失、损毁、泄漏等安全事故。

8.7.1　质量

个人信息处理、使用、利用后，如需继续保存、使用、返还，应保证个人信息的准确性、完整性和最新状态。

8.7.2　销毁

个人信息处理、使用、利用后，如不需继续保存、使用、返还，应彻底销毁与个人信息相关的文档、介质等及其记录的个人信息。

9　个人信息安全管理

9.1　风险管理

应在个人信息管理过程或行为中，识别、分析、评估潜在的风险因素，制定风险应对策略，采取风险管理措施，监控风险变化，并将残余风险控制在可接受范围内。

9.2　物理环境管理

应根据需要采取必要的措施，保证个人信息存储、保存环境的安全，包括防火、防盗及其它自然灾害、意外事故、人为因素等。

9.3　工作环境管理

应注意工作人员工作环境内所有相关的个人信息管理，防止未经授权的、无意的、恶意的使用、泄露、损毁、丢失。工作环境包括：

a）出入管理；

b）工作桌面；

c）计算机桌面；

d）计算机接口；

e）计算机管理（文件、文件夹等）；

f）其它相关管理。

9.4 网络行为管理

应制定网络管理措施，采用相应的技术手段，引导、约束通过网络利用、传播个人信息的行为，构建规范、科学、合理、文明的网络秩序。

9.5 IT环境安全

应在整体信息安全体系建设中，充分考虑个人信息及相关因素的特点，加强个人信息安全防护，预防安全隐患和安全威胁。如网络基础平台、系统平台、应用系统、安全系统、数据等的安全，及信息交换中的安全防范、病毒预防和恢复、非传统信息安全等。

9.6 个人信息数据库安全

个人信息管理机构应保证个人信息数据库存储、保存的个人信息的准确性、完整性、保密性和可用性，并随时更新，以保证个人信息的最新状态。

9.6.1 管理安全

个人信息管理者应履行4.3规定的责任和义务，建立个人信息数据库管理机制。包括：

a）个人信息数据库管理和使用制度；

b）个人信息数据库管理者的职责；

c）维护和记录；

d）事故处理。

9.6.2 使用安全

应根据个人信息自动和非自动处理的特点，制定相应的个人信息数据库管理策略，包括访问/调用控制、权限设置、密钥管理等，防止个人信息的不当使用、毁损、泄露、删除等。

9.6.3 备份和恢复

应制定个人信息数据库备份和恢复机制，并保证备份、恢复的完整性、可靠性和准确性。

10 过程管理

10.1 PISMS内审

10.1.1 管理

a）应审核个人信息管理相关活动和行为、PISMS、PISMS实施和运行过程；

　　b）内审应由与审核对象无直接关系人实施；

　　c）内审应提出过程改进和完善建议。

10.1.2　计划

应根据相关法律、规范和实际需求制定PISMS内审计划：

　　a）内审目标和原则；

　　b）内审策略和控制措施；

　　c）组织、协调相关资源；

　　d）内审周期、时间；

　　e）职责、责任；

　　f）内审实施；

　　g）其它必要的措施。

10.1.3　实施

应根据PISMS内审计划，定期独立、公平、公正地实施内审，并形成内审报告。

10.2　过程改进

10.2.1　服务台管理

服务台应接受个人信息主体、各类组织和人员提出的个人信息管理活动、PISMS的相关意见、建议、咨询、投诉等，并采取相应的处理措施，及时反馈。

10.2.2　跟踪和监控

PISMS内审机构应实时跟踪、监控PISMS的实施、运行，及时发现潜在的安全风险、缺陷和存在的问题，提出整改建议。

10.2.3　持续改进

个人信息管理机构应依据相关法规、内审报告、需求变化、服务台反馈、跟踪监控结果等，采用PDCA模式，定期评估、分析PISMS运行状况，并持续改进和完善：

　　a）分析、判断PISMS实施、运行中的缺陷和漏洞；

　　b）制定预防和改进措施；

　　c）实时预防、改进；

d）跟踪改进结果。

10.3 应急管理

个人信息管理者应制定应急预案，评估、分析收集、处理、使用个人信息过程中可能出现的个人信息泄露、丢失、损坏、篡改、不当使用等事故，采取相应的预防措施和处理。预案应包括：

a）事故的评估、分析；

b）事故的处理流程；

c）事故的应急机制；

d）事故的处理方案；

e）事故记录和报告制度；

f）事故的责任认定。

11 例外

11.1 收集例外

不允许收集、处理、使用敏感的个人信息。经个人信息主体同意，或法律特别规定的例外，但应采取特别的保护措施。敏感的个人信息包括：

a）有关思想、宗教、信仰、种族、血缘的事项；

b）有关身体障碍、精神障碍、犯罪史及相关可能造成社会歧视的事项；

c）有关政治权利的事项；

d）有关健康、医疗及性生活的相关事项等。

11.2 法律例外

基于以下目的的例外，可以不必事先征得个人信息主体同意，但应依据相关法规，或经由专门机构确定：

a）法律特别规定的；

b）保护国家安全、公共安全、国家利益、制止刑事犯罪；

c）保护个人信息主体或公众的权利、生命、健康、财产等重大利益等。

12 认证

为提供个人信息管理、PISMS的质量保证，应评价个人信息管理者实施、运行PISMS的状况，以确定其与个人信息安全相关法律、法规、规范的符合性、一致性和目的有效性，并以此作为颁发PISMS认证证书的依据。

信息系统安全检查规范—管理规范（DB21/T 2082.1-2013）

ICS 35.020

L70

DB21

辽 宁 省 地 方 标 准

DB21/T 2082.1-2013

信息系统安全检查规范
第1部分：管理规范

Specification for information system security checks

Part1: Management Criterion

2013-01-30发布   2013-03-02实施

辽宁省质量技术监督局 发布

前　言

DB21/T2082分为2部分：

——第1部分：管理规范

——第2部分：技术规范

本部分是DB21/T2082的第1部分。

本标准依据GB/T1.1-2009《标准化工作导则 第1部分：标准的结构与编写》制定。

本标准由大连市网络与信息安全协调小组提出。

本标准由辽宁省经济和信息化委员会归口。

本标准起草单位：大连市经济和信息化委员会、大连市网络与信息安全专家组。

本标准主要起草人：郎庆斌、孙鹏、刘刚、李持见、仇宏、董晶、孙毅、杨莉、王小庚、尹宏、汪祖民、夏炳俐。

引　言

信息技术，特别是物联网、云计算、移动互联、社交网络、三网融合等新兴IT技术的广泛应用和迅速发展，极大地促进了社会发展、经济繁荣和人民生活进步，网络应用的基础性、社会性、全局性日益凸显，社会、经济对信息化应用的依赖度愈来愈高，对网络与信息安全也提出了更高要求。

网络安全问题严重影响我国政治、经济、文化等领域的和谐发展，近年来一些较大级别的基础网络安全事件增多，安全风险继续处于高危水平，网络攻击和网页篡改事件频繁发生，用户密码、账号被盗比例上升到安全事件的第一位（2010年统计达到27%），社会影响力和关注度已达到前所未有的高度。"震网"病毒攻击、"谷歌地图事件"等都警示我们，网络信息安全已上升到国家安全的重要层面。

为应对日益严峻的信息安全形势，保证信息系统的可信、安全、可控，国家网络与信息安全协调小组推进重要领域信息系统安全检查，是重要的保障措施。本规范是为建立科学、规范、有序的信息系统安全检查环境编制。

Contents
目　录

信息系统安全检查规范 第1部分：管理规范

1 范围

本标准规定了信息系统安全检查的模式、监督检查流程和自查管理的一般要求。

本标准适用于各级党政机关、行业主管单位为履行职能提供支撑的信息系统的检查。其它面向社会提供服务的重要行业信息系统检查可参照本标准执行。

本标准不适用于涉及国家秘密的信息系统安全检查。

2 规范性引用文件

下列文件对于本文件的应用是必不可少的。凡是注日期的引用文件，仅所注日期的版本适用于本文件。凡是不注日期的引用文件，其最新版本（包括所有的修改单）适用于本文件。

GB/T 5271.8 信息技术 词汇 第8部分：安全

GB/T 20269 信息安全技术 信息系统安全管理要求

3 术语、定义和缩略语

3.1 术语和定义

GB/T 5271.8界定的以及下列术语和定义适用于本标准。

3.1.1 计算机信息系统 computer information system

由计算机及其相关的和配套的设备、网络基础设施、信息安全设施、系统和应用软件、信息资源、系统用户、管理机制等构成的，按照一定的应用目标和规则，运用知识采集、加工、存储、传输、检索信息的人机系统。

3.1.2　重要信息系统 important information system

关系国家安全、信息资源安全、经济建设安全、社会稳定等重要领域的信息系统。

3.2　缩略语

3.2.1　信息系统 information system

计算机信息系统。

3.2.2　PDCA Plan-Do-Check-Act

全面质量管理应遵循的科学方法。本标准用于信息系统安全检查相关活动的质量管理。

4　检查模式

4.1　自查

应遵循GB/T 20269确立的信息系统安全管理要求和本规范展开自查。

a）信息系统安全自查应由信息系统主管单位、信息系统运营或使用单位组织实施；

b）信息系统安全自查应根据业务状况、信息系统特点和安全要求实施；

c）信息系统安全自查应经常性定期实施，或根据业务、信息系统、信息安全变化情况实施。周期性自查可有重点、有针对性实施。

4.2　监督检查

a）信息系统安全监督检查应由信息系统所在上级管理部门组织实施，也可由政府相关职能部门依据相关法规实施；

b）信息系统安全监督检查应依据本标准要求，制定检查流程，实施整体信息安全检查；

c）信息系统安全监督检查应依据本标准要求，实施信息系统安全检查全过程管理；

d）信息系统安全监督检查可在自查基础上，实施关键环节或重点内容检查。

5　检查形式

a）信息系统安全检查应以自查为主，自查和监督检查相互结合、互相补充；

b）受检单位或监督检查组织部门不具备检查能力的，可委托经相关主管部门认可的机构实施检查。

6 监督检查管理

6.1 机构

监督检查应建立相应的组织机构，明确相应的职责，保障检查的有效性，包括：

a）信息系统安全检查领导机构；

b）信息系统安全检查专家组；

c）信息系统安全检查小组；

d）信息系统安全检查测试组。

6.2 计划

监督检查应制定年度信息系统安全检查计划。计划应包括：

a）信息系统安全检查目的、策略；

b）根据DB21/T 2082.2、本标准和相关国家标准确定检查内容；

c）信息系统安全检查管控措施；

d）信息系统安全检查质量控制目标；

e）相关资源的组织、协调；

f）计划执行情况评估；

g）其它必要事项。

6.3 组织

监督检查组织机构应根据检查计划，组织实施信息系统安全检查，包括：

a）明确信息系统安全检查小组职能和检查组成员职责；

b）确定自查、监督检查的时间节点；

c）组织各相关单位依据本标准实施自查；

d）接受受检单位自查报告并启动审核机制：

1）审查受检单位信息系统安全检查自查报告的完整性、充分性；

2）自查工作方案的有效性、合理性；

3）听取受检单位信息系统安全自查陈述；

4）评估受检单位信息系统安全自查报告；

e）根据重要信息系统、典型意义、信息系统特征等确定抽检单位；

f）根据本标准和相关国家标准实施抽检单位现场检查：

1）测试组确定测试目标，选定适宜的测试工具、测试手段、方式方法等，实施测试，并形成测试报告；

2）检查小组根据受检单位提交的相关文档、现场陈述、测试报告实施现场检查；

3）形成现场检查报告；

g）对存在信息安全隐患的受检单位发出不符合事项报告和整改通知书；

h）跟踪整改落实情况；

i）信息系统安全检查情况总结；

j）形成检查报告。

6.4 评估

信息系统安全检查小组应评估检查计划的实施情况，及时修正、完善检查计划。

6.5 协调

在信息系统安全检查过程中，应注意与受检单位、相关单位和部门及各类相关资源的协调、沟通。

6.6 文档管理

6.6.1 记录

应记录信息系统安全检查过程中与检查活动或行为相关的目的、范围、内容、过程、人员等各项信息。

6.6.2 备案

应建立信息系统安全检查相关各类文档的备案管理制度。

6.7 过程管理

6.7.1 质量控制

应明确信息系统安全检查的质量目标，确定实现质量目标的管控措施、人员职责，根据国家相关法规、标准，实施信息系统安全检查全过程质量控制。

6.7.2 持续改进

信息系统安全检查组织机构应根据相关法规、标准、检查实践、信息安全特点、受检单位反馈等，采用PDCA模式，定期评估、分析信息系统安全检查实施状况，持续改进、完善检查过程。

7 自查管理

7.1 资源准备

7.1.1 文档准备

受检单位应准备与信息系统安全检查相关各项文档，包括：

a）本单位信息系统规划、建设及信息安全工作相关文档；

b）本单位信息安全技术运用、更新；

c）本单位与信息安全相关资产清单；

d）信息安全知识、技能培训情况和记录；

e）本标准所列各项资料；

f）其它必须的相关资料。

7.1.2 测试环境准备

受检单位应根据DB21/T 2082.2准备信息系统安全检查相应的测试环境，包括网络接口、测试场地等。

7.1.3 其它资源准备

受检单位应准备信息系统安全检查所需的各项相关资源，包括场地、设备、人员等。

7.2 自查内容

7.2.1 计划

应制定自查计划，确定自查实施方案，包括：

a）明确自查工作负责人及其职责；

b）确定自查实施机构及其职能；

c）明确自查工作、范围和自查项目；

d）自查工作的组织协调、资源配置；

e）确定自查的时间进度等。

7.2.2 管理

a）信息安全组织机构建立和运行情况：

1）信息安全组织机构建立相关文档；机构层级、人员配备等合理；

2）信息安全组织机构由单位主管领导负责；

3）信息安全组织机构相关工作文档清晰、完整；

d.信息安全组织机构信息安全工作检查和考核等；

b）制度建设情况：

1）依据DB21/T 2082.2 8.10要求，建立信息安全管理各项规章制度；

2）定期监督、检查制度落实情况；

3）根据实际需要，适时修订相关制度；

c）相关人员管理情况：

1）信息安全相关工作人员配备；

2）信息安全相关工作人员岗位职责；

3）依据信息安全相关工作文档检查信息安全相关工作人员的工作现状；

d）事故处理情况：

1）信息安全事故发生的原因（如果存在）；

2）信息安全事故的处置；

3）信息安全事故责任确定和相应处理；

4）信息安全事故报告和相关文档，并完整、清晰。

7.2.3 技术

应依据DB21/T 2082.2的要求，定期检查信息系统安全状况。

7.2.4 专项经费

a）经费预算：

受检单位应根据信息系统建设和应用的实际，在信息化建设总预算中设置一定比例的信息安全专项经费，保障信息安全建设和应用。

b）经费管理：

1）应有完整的信息化建设预算报告、信息安全经费使用记录和报告、信息安全产品采购和维护相关文档等；

2）信息安全经费使用应涵盖信息系统规划、建设、运行、维护、检查、测试、安全评估、培训教育等方面。

7.2.5 检查

a）信息安全检查相关文档齐全、完整；

b）信息安全检查方案合理、适宜；

c）定期实施信息系统安全检查，并责任、任务落实，切实完成；

d）上年度信息系统安全检查状况及整改实施落实情况。

7.3 自查总结

自查工作完成后，应全面总结检查情况，研究存在的问题和风险，分析、评估可能存在的安全威胁，制定改进、完善措施。

7.4 报检准备

受检单位应定期实施信息系统安全自查并形成信息系统安全自查报告。自查报告应包括：

a）本单位信息系统基本状况；

b）本单位信息系统运行总体状况；

c）本单位信息安全防护和信息安全技术运用情况；

d）本单位信息系统管理状况；

e）自查工作方案；

f）自查工作汇总、存在的信息安全问题；

g）问题的整改措施；

h）发展规划；

i）意见和建议。

自查报告应根据信息系统安全检查组织机构的要求及时报送。

7.5 检查及整改

7.5.1 检查

受检单位应定期实施信息系统安全检查，并建立完整的信息安全检查文档。

7.5.2 整改

根据自查报告、不符合事项报告和整改通知书，制定整改计划，实施整改措施，建立完整的整改文档，提交整改报告。并在整改完成后，重新检查信息系统的安全状况。

7.5.3 评估

应在整改完成后，评估：

a）整改措施的有效性；

b）整改措施的风险和隐患；

c）信息系统整体风险和隐患。

附录A
（资料性附录）
信息系统安全检查常用表格

A.1 信息安全检查记录表

表A.1 信息安全检查记录表

序号	检查项	检查记录	对应条款	检查结果

受检单位负责人（签字）：

检 查 人 员（签字）：

A.2 受检单位不符合事项确认表

表A.2 受检单位不符合事项确认表

受检单位/部门： _____ 负责人： _____

检查依据： _____

不符合事项： _____

_____

现场检查结论：现场检查存在不符合事项，与_____不符合。

现场检查意见：建议整改，整改措施将通过下列方式验证：

整改并重新自查，提交整改报告

现场跟踪

检查人员（签字）： _____

检查组长（签字）： _____

受检单位确认：

同意：

不同意： _____

受检单位负责人（签字）： _____

A.3 受检单位整改报告模板

表A.3 受检单位整改报告模板

单位名称	（盖章）			
地　　址			邮编	
负责人		联系电话	E_mail	
整改报告				
自查报告				
整改措施风险状况				
信息安全整体风险状况				
信息安全整体评估				

ICS 35.020

L70

DB21

IT服务标准辑录

辽 宁 省 地 方 标 准

DB21/T 2082.2-2013

信息系统安全检查规范
第2部分：技术规范

Specification for information system security checks

Part2: Technical Criterion

2013-01-30发布　　　　　　　　2013-03-02实施

辽宁省质量技术监督局 发布

前　言

DB21/T2082分为2部分：

——第1部分：管理规范

——第2部分：技术规范

本部分是DB21/T2082的第2部分。

本标准依据GB/T1.1–2009《标准化工作导则 第1部分：标准的结构与编写》制定。

本标准由大连市网络与信息安全协调小组提出。

本标准由辽宁省经济和信息化委员会归口。

本标准起草单位：大连市经济和信息化委员会、大连市网络与信息安全专家组。

本标准主要起草人：郎庆斌、孙鹏、刘刚、李持见、仇宏、董晶、孙毅、杨莉、王小庚、尹宏、汪祖民、夏炳俐

引　言

　　信息技术，特别是物联网、云计算、移动互联、社交网络、三网融合等新兴IT技术的广泛应用和迅速发展，极大地促进了社会发展、经济繁荣和人民生活进步，网络应用的基础性、社会性、全局性日益凸显，社会、经济对信息化应用的依赖度愈来愈高，对网络与信息安全也提出了更高要求。

　　网络安全问题严重影响我国政治、经济、文化等领域的和谐发展，近年来一些较大级别的基础网络安全事件增多，安全风险继续处于高危水平，网络攻击和网页篡改事件频繁发生，用户密码、账号被盗比例上升到安全事件的第一位（2010年统计达到27%），社会影响力和关注度已达到前所未有的高度。"震网"病毒攻击、"谷歌地图事件"等都警示我们，网络信息安全已上升到国家安全的重要层面。

　　为应对日益严峻的信息安全形势，保证信息系统的可信、安全、可控，国家网络与信息安全协调小组推进重要领域信息系统安全检查，是重要的保障措施。本规范是为建立科学、规范、有序的信息系统安全检查环境编制。

Contents
目　录

信息系统安全检查规范

1 范围

本标准规定了基于信息系统安全防护体系，信息系统基础产品检查、信息安全等级保护检查、信息系统安全检查技术要求、检查方式的基本要求。

本标准适用于各级党政机关、行业主管部门为履行职能提供支撑的信息系统的检查。其它面向社会提供服务的重要行业信息系统检查可参照本标准执行。

本标准不适用于涉及国家秘密的信息系统安全检查。

2 规范性引用文件

下列文件对于本文件的应用是必不可少的。凡是注日期的引用文件，仅所注日期的版本适用于本文件。凡是不注日期的引用文件，其最新版本（包括所有的修改单）适用于本文件。

GB/T 5271.8 信息技术 词汇 第8部分：安全

GB/T 20269 信息安全技术 信息系统安全管理要求

GB/T 20984 信息安全技术 信息安全风险评估规范

GB/T 20988 信息安全技术 信息系统灾难恢复规范

GB/T 21671 基于以太网技术的局域网系统验收测评规范

GB/T 22239 信息安全技术 信息系统安全等级保护基本要求

GB/T 22240 信息安全技术 信息系统安全等级保护定级指南

GB/Z 24364 信息安全技术 信息安全风险管理指南

中华人民共和国国务院令（147号）计算机信息系统安全保护条例

国密局发[2009]10号 关于印发《<信息安全等级保护商用密码管理办法>实施意见》的通知

DB21/T 1799.1 信息服务管理规范 第1部分：总则

DB21/T 1799.3 信息服务管理规范 第3部分：计算机信息系统运营和维护管理

DB21/T2082.1 信息系统安全检查规范 第1部分：管理规范

3 术语和定义

GB/T 5271.8和DB21/T2082.1界定的以及下列术语和定义适用于本部分。

3.1 信息系统生命周期 life cycle of information system

信息系统开发方法，包括可行性分析、需求管理、总体规划、系统设计、系统实施、系统运行、系统服务和系统评估等阶段。

3.2 安全策略 information security policy

为实现安全目标制定的约束所有信息安全管理相关活动的一组规则。由实施信息安全的组织建立、描述、实施和实现。

4 要求

信息系统安全检查技术规范，遵循GB/T 20269确立的信息系统安全管理要求。

本部分遵循DB21/T2082.1确立的管理原则和要求，重点描述信息系统安全检查边界、检查评估内容。

信息系统安全检查技术规范的一般原则和要求，参照DB21/T2082.1执行。

在信息系统安全检查中，应同时使用DB21/T2082.1和本部分。

在信息系统安全检查中，应根据DB21/T2082.1确立的管理原则和要求，制定技术方案，明确检查措施、技术手段。

5 信息安全防护体系

5.1 物理安全

物理安全主要包括：

a）电源管理：将电源有效分配到系统中不同的设备组件。应考虑电源设备参数对设备的影响，如过压、过流、浪涌、短路等；应考虑电源系统的裕量（包括UPS）；

b）等电位管理：设置配电系统、各类电子设备及附属设施（包括所有金属件）、防雷、防静电等的接地等电位体，应考虑静电防护、感应雷电可能形成的电磁脉冲和过电压的干扰和毁坏等；

c）设备管理：信息系统相关设备的日常运行和管理；防电磁信息辐射泄漏、防电磁干扰、防线路截获、电源保护等；

d）媒介安全：各种存储媒介内容和媒介本身安全；

e）场地环境：应考虑机房内通风、温度、湿度、灰尘、灯光等的配置；考虑机柜放置与冷却效率和制冷单元热点的关系；以及可能因功能扩大引起的冷却效率问题等；

f）灾害预防：应考虑物理和自然灾害发生的可能性，制定应急预案；考虑设备防盗、防毁等；

g）布线系统：监控设备间、弱电井、机房等区域配线设备、信息插座等设施及线缆状态，以及网络通信线路的工作状态和可能的故障状态；

h）监控系统管理：监控门禁系统、各类监控设备等的运行状态、参数变化、提示信息等。

5.2　平台安全

信息系统平台主要包括：

a）网络基础平台：路由设备、网络交换设备、存储设备等网络基础设施的安全性、可靠性、可用性和可扩展性，及网络结构的优化等；

b）系统平台：操作系统、数据库系统及网络协议等的安全性、可靠性和可用性；

c）应用系统平台：支撑系统应用的Web、DNS、Mail、中间件等服务设施和其它支撑系统应用的软件系统的安全性、可靠性和可用性；

d）系统安全平台：信息系统安全设施、安全策略、安全机制、安全级别、病毒防护、补丁管理等的安全性、有效性和可用性。

5.3　数据安全

a）存储设备：服务器设备、集群系统、存储阵列、存储网络等，以及支撑数据存储设施运行的软件平台等数据存储设施的安全性、可靠性和可用性；

b）数据管理：

1）数据质量：数据的完整性、可靠性、可用性及数据管理和数据恢复策略；

2）数据访问控制：数据访问控制策略、访问权限控制策略、非授权访问处理策略等；

3）数据存储与容灾：数据存储、数据容灾策略，制定数据存储事件处理预案；

4）数据交换安全：规划建设数据安全交换平台，保证内、外网络之间数据交换的安全。制定数据安全交换、交换过程中数据的完整性、可靠性、安全性策略；制定数据交换事件处理预案。

5.5 通信安全

a）数据传输线路和网络基础设施的安全性；

b）各项网络协议的安全性；

c）数据传输的安全性及数据通信的安全策略，制定数据通信应急处理预案。

5.6 应用安全

a）应用系统可靠性、安全性、可用性测试；

b）应用系统安全策略；

c）应用系统访问控制策略；

d）应用系统访问终端安全检查；

e）日志审计等。

5.7 运行安全

a）信息系统运行状况监测、预警和管理；

b）工作环境管理，包括工作场地、个人计算机终端安全性等；

c）系统性能评估，包括系统整体架构、系统平台、应用系统、数据管理、系统安全平台等的整体安全性、可用性，及业务融合度评估等；

d）应急管理和灾难预防恢复机制；

e）系统更新、升级等。

5.8 管理安全

a）制定安全防护体系各个层次和整体的安全管理策略和机制，建立完善的管理制度；

b）日常管理规范化和标准化；

c）制定信息系统安全总体发展规划，包括信息系统安全中长期建设、应用、发展规划；资源整合规划安全性；IT治理模式；标准建设等；

d）优化、提高系统基础架构（包括硬件基础平台、系统平台、安全平台、数据管理平台等）的可用性、可靠性和安全性。

6 信息系统基础产品检查

6.1 IT及相关产品

6.1.1 检查准备

a）IT及相关产品技术文档；

b）进网许可证、安全审查相关文档；

c）其它必要的文档。

6.1.2 检查对象

IT产品及相关文档。

6.1.3 检查项

a）IT产品国产化情况；

b）系统软件、应用系统、数据库管理系统等的国产化情况；

c）IT产品应用情况；

d）国外产品的安全审查情况。

6.1.4 检查实施

a）查阅IT产品技术文档（包括软件应用），确认其应用范围；

b）查看现有IT产品国产化应用；

c）如选用国外IT产品，查阅安全审查记录。

6.1.5 检查评估

评估以下各项：

a）在满足应用需求情况下，优先选用国产化产品；

b）IT产品在规定的应用范围内使用；

c）如选用国外产品，具有安全审查记录，且记录完整、清晰。

则此项检查结果应通过。

6.2 信息安全产品

6.2.1 检查准备

a）信息安全产品技术文档；

b）信息安全产品认证、销售许可相关文档；

c）其它必要文档。

6.2.2 检查对象

信息安全产品及相关文档。

6.2.3 检查项

a）信息安全产品国产化情况；

b）信息安全产品应用情况；

c）信息安全产品认证、销售许可情况。

6.2.4 检查实施

a）查阅信息安全产品技术文档，确认其应用范围；

b）查看现有信息安全产品国产化情况；

c）查阅信息安全产品清单、认证和销售许可证明。

6.2.5 检查评估

a）完全选用国产信息安全产品；

b）信息安全产品在规定的应用范围内使用；

c）信息安全产品已获得版权局、公安部、国家密码管理局等相关认证和销售许可。

则此项检查结果应通过。

7 信息安全等级保护检查

7.1 检查准备

a）信息安全等级保护测评相关文档；

b）信息安全等级保护定级相关文档；

c）信息安全等级保护备案文档；

d）信息安全等级保护整改相关文档；

e）其它相关文档。

7.2 检查对象

信息安全等级保护定级、评测、整改、备案情况及相关管理机制。

7.3 检查项

a）已建、新建信息系统定级、备案；

b）信息系统等级准确性；

c）定级报告与信息系统的符合性；

d）信息系统变更后定级、备案；

e）依据国家标准选择测评机构；

f）依据国家标准开展信息系统测评；

g）依据国家标准和实际情况实施整改；

h）等级保护责任机构、责任人；

i）等级保护规章制度、相关培训；

j）等级保护建设规划。

7.4 检查实施

a）定级、备案范围已覆盖相关业务系统；

b）等级报告符合国家标准；

c）等级报告与信息系统实际情况相符合；

d）信息系统变更后及时定级、备案；

e）测评机构选择 和等级评测、等级保护整改和相应报告符合相关标准；

f）相关规章制度明确了等级保护工作；

g）明确等级保护责任机构、责任主体、责任人及其职责；

h）等级保护相关培训文档清晰、完整；

i）制定等级保护建设规划、部署和计划等级保护开展。

7.5 检查评估

评估以下各项：

a）具有符合等级保护定级要求的定级报告、备案证书；

b）等级报告符合GB/T 22240要求；

c）定级报告符合信息系统实际情况；

d）信息系统变更后及时定级、备案；

e）定期展开信息系统测评，测评机构和测评符合公信安[2010]303号要求；

f）整改报告满足公信安[2009]1429号要求，且记录清晰、完整；

g）明确等级保护责任机构、责任主体、责任人，且职责明确；

h）规章制度明确信息安全等级保护工作；

i）定期开展等级保护培训，记录完整、清晰；

j）等级保护建设规划、工作机制有效。

则此项检查结果应通过。

8 技术要求

8.1 风险评估

8.1.1 检查准备

a）信息安全风险评估报告；

b）其它相关文档。

8.1.2 检查对象

a）信息系统安全管理机制；

b）信息系统安全防护体系。

8.1.3 检查项

a）信息安全风险评估机制；

b）依据相关标准实施风险评估工作。

8.1.4 检查实施

a）信息系统生命周期内，信息安全风险评估工作情况（包括配置变更、业务变化等）；

b）信息安全风险评估相关规章制度；

c）风险评估报告的严谨性、规范性和有效性。

8.1.5 检查评估

评估以下各项：

a）信息安全风险评估的有效性和GB/T 20984、GB/Z 24364的符合性；

b）管理机制的科学性、有效性（包括管理规章的完整性）；

c）风险评估的时效和周期；

d）风险评估报告完整、规范、有效。

则此项检查结果应通过。

8.2 物理安全

8.2.1 检查准备

a）信息系统物理环境各项技术图纸及其它相关资料；

b）信息系统物理环境相关的各项文档；

c）信息系统物理环境检测、验收文档。

8.2.2 检查对象

信息系统物理环境，包括机房、设备间、其它配套房间、8.2.1所列各项等。

8.2.3 检查项

a）5.1所列各项；

b）5.1所列各项相关设备、设施运行、维护状况；

c）信息系统物理环境检测、验收状况。

8.2.4 检查实施

a）查阅8.2.1所列各项的完整性、规范性；

b）信息系统物理环境检测、验收数据的合理性、有效性；

c）实地察看信息系统物理环境现状。

8.5.5 检查评估

评估以下各项：

a）获得正规、可鉴证的检测、验收报告，且结论认定符合设计要求、达到质量目标、满足检测、验收条件；

b）5.1所列各项相关设备、设施运行状态正常、稳定，维护措施有效；

c）经实地察看，信息系统物理环境符合国家相关标准，5.1所列各项均安全、合理、有效；

d）8.2.1所列各项完整、规范。

则此项检查结果应通过。

8.3 网络基础平台安全

8.3.1 检查准备

a）网络拓扑结构图、网络配置文档；

b）网络基础平台规划设计相关文档；

c）网络基础平台测试、验收相关文档；

d）其它网络基础设施相关文档。

8.3.2 检查对象

网络基础设施、网络拓扑结构、网络安全策略、网络基础平台相关文档。

8.3.3　检查项

a）网络基础设施性能；

b）网络拓扑结构、网络结构设计合理性；

c）网络配置、安全域划分合理性；

d）网络设备安全性；

e）网络冗余配置；

f）网络基础设施测试、验收文档；

g）网络基础平台其它文档完整性、规范性。

8.3.4　检查实施

8.3.4.1　测试

a）网络拓扑发现工具发现网络拓扑结构，比对异同；

b）网络性能测试工具测试网络设备性能；

c）漏洞扫描工具扫描网络设备；

d）配置核查工具或手工检查配置核查网络设备。

形成测试报告。

8.3.4.2　设备检查

a）网络设备运行、维护、管理状况；

b）检查设备管理记录、设备无故障运行时间、故障率等；

c）网络设备更新状况：更新时间、更新记录、定期检测等；

d）检查设备日志内容。

8.3.4.3　结构检查

a）查看测试文档，分析网络性能、业务应用满足度；

b）查看网络基础平台设计、验收文档，分析设计、验收数据的合理性、适宜性；

c）网络配置合理性；不同网段（子网）划分，与工作职能、业务重要程度的关联性；内、外网安全性；网络拓扑结构与实际业务需求的满足度；

d）网络重要节点、关键路径的冗余配置；

e）查看网络基础设施运行、维护文档，分析设备故障率；根据测试报告，分析网络性能；

f）实地查看网络基础设施运行状况；

g）网络基础平台文档管理完整、规范、有效。

8.3.4.4　安全功能检查

a）业务高峰期网络带宽分配和业务优先级设置功能；

b）依据安全策略实施严格的访问控制措施；

c）全面检测、记录网络设备运行状况、网络流量、用户行为；

d）具备边界完整性检查功能，及时定位、报警、阻断非法外联行为；

e）具备基本的网络入侵防范功能，监控入侵事件，及时报警；

f）网络地址管理策略；

g）核心交换机配置、预留数据镜像端口。

8.3.5　检查评估

评估以下各项：

a）网络拓扑与实际网络系统一致，且满足当前业务应用需求；

b）网络配置、网段划分、安全域设置合理，且根据安全策略有效隔离；

c）网络重要节点、关键路径冗余配置；

d）各项安全功能均安全、合理、有效；

e）网络基础平台设计合理，测试、验收符合GB/T 21671要求；

f）网络基础平台运行状态良好，运行、维护文档完整、规范，真实记录网络运行状况；

g）其它网络基础平台文档管理规范、有效；

h）经实地查看，网络基础平台运行符合国家相关标准。

则此项检查结果应通过。

8.4　系统平台安全

8.4.1　检查准备

a）软件设计、部署、应用相关文档；

b）数据库系统设计、部署、应用相关文档；

c）应用服务器（web、e-mail、中间件等）设计、配置、应用文档及网络协议等相关文件；

d）系统平台测试、验收文档；

e）其它相关文档。

8.4.2　检查对象

操作系统、数据库系统、中间件及网络协议等、应用服务器、应用系统平台，系统平台相关文档。

8.4.3　检查项

a）操作系统性能和资源占用；

b）系统应用平台设计、部署；

c）数据库系统设计、部署、应用现状；

d）应用服务器设计、配置、应用；

e）测试、验收文档；

f）其它相关文档完整性、规范性。

8.4.4　检查实施

8.4.4.1　测试

a）漏洞扫描工具检查操作系统、数据库系统、应用系统平台和应用系统的中、高风险安全漏洞；

b）配置核查工具配置核查操作系统、数据库管理系统；

c）数据库渗透测试、SQL注入、TDS协议安全性分析；

d）应用服务器失效性检查等。

形成测试报告。

8.4.4.2　安全配置检查

a）系统性能和资源占用情况；

b）安全策略配置（如密码设置、系统审核、开放端口、访问权限、帐户管理等）；

c）桌面软件正版和安全漏洞更新；

d）应用服务器配置、日志、运行状况及日常检查；

e）虚拟技术的安全性检查（虚拟软件、工具、管理等）；

f）桌面级安全产品部署和应用（防病毒、桌面防火墙等）。

8.4.4.3　安全监控检查

a）服务器和重要客户端部署桌面管理系统；

b）系统使用行为、系统资源状况监控、审计；

c）虚拟机管理策略、采用虚拟技术的网络访问控制策略、虚拟软件更新策略；

d）监控记录的记录形式、内容等。

8.4.5　检查评估

评估以下各项：

a）操作系统的CPU使用率低于30%、内存使用率低于60%、系统盘剩余空间大于30%，系统运行状态良好；

b）系统平台密码设置、系统审核、开放端口、访问权限、帐户管理等安全策略配置合理、有效；

c）服务器和重要客户端已安装、部署并启动桌面管理系统；

d）正版软件并随时更新安全漏洞；

e）系统平台不存在中、高安全风险漏洞（如弱口令、SQL注入等）；

f）虚拟机管理策略、虚拟工具使用、虚拟软件更新、网络访问控制策略等配置合理、有效；

g）安全监控记录完整、存储方式合理，包括：

1）监控内容包括时间和日期、类型、主体标识、客体标识、事件结果等；

2）监控记录存储空间满足安全策略要求，且出现异常时应有相应处理机制，保证记录完整；

3）监控记录保存时间应在30天左右；

4）监控记录应由专人负责管理、统计和分析；

h）系统平台相关文档完整、规范。

则此项检查结果应通过。

8.5　应用系统安全

8.5.1　检查准备

a）应用系统设计书及相关文档；

b）应用系统部署、应用相关文档；

c）应用系统测试、验收文档；

d）其它相关文档。

8.5.2　检查对象

业务系统、网站等重要应用系统及相关文档管理、内容审计系统。

8.5.3　检查项

a）应用系统设计、验收和测试文档；

b）应用系统代码安全；

c）系统可用性、可控性；

d）防篡改和恢复功能；

e）web应用层防护功能；

f）应用系统应用现状。

8.5.4　检查实施

8.5.4.1　测试

a）漏洞扫描工具检查应用系统中、高风险安全漏洞；

b）代码安全测试（黑、白盒等）；

c）网站监测、CC攻击检测；

d）SQL注入检查等。

形成测试报告。

8.5.4.2　防护措施检查

a）安全策略（如密码设置、身份鉴别、系统审核、开放端口、访问控制和权限、帐户管理等）；

b）资源控制、容错机制、变更管理；

c）系统交付管理（开发环节和过程控制、测试验收管理、交付管理、文档管理等）；

d）防篡改和恢复功能；

e）web应用层防护功能。

8.5.4.2　关键字过滤检查

a）内容审计系统关键字过滤功能设置；

b）内容审计系统关键字过滤记录；

c）关键字过滤的安全策略设定。

8.5.5　检查评估

评估以下各项：

a）密码设置、身份鉴别、系统审核、开放端口、访问控制和权限、帐户管理等设置合理、有效；

b）某一时间段内系统并发会话连接数限制合理、有效；

c）访问帐户或进程分配资源最大和最小限额，并在达到阈值时自动监测、报警；

d）建立数据处理容错机制，并可有效实现；

e）系统交付过程符合国家相关标准，规范、完整、有效；

f）网站存储空间无有害程序（病毒、木马、恶意代码、域名劫持等），测试未发现安全漏洞、后门；

g）建立网站页面定期监测机制，及时处理可能出现的信息破坏事件、有害程序事件等；

h）建立网站信息内容安全定期监测机制，监测法规禁止、敏感、涉密信息等；

i）具备防篡改和恢复功能；

j）具备web应用层防护功能；

k）应用系统运行状况正常；

l）内容审计系统设置关键字过滤功能；

m）关键字过滤记录清晰、完整；

n）安全策略设定关键字过滤规定；

o）应用系统运行日志完整；

p）文档管理完整、规范。

则此项检查结果应通过。

8.6 系统安全平台检查

8.6.1 检查准备

a）系统安全平台设计、配置文档及其它相关文档；

b）系统安全平台测试、验收文档；

c）设备运行维护文档；

d）其它相关文档。

8.6.2 检查对象

各类安全设备及信息安全防御技术、安全策略、安全机制、安全审计、设备运行管理等。

8.6.3　检查项

a）系统安全平台设计、配置文档；

b）系统安全平台测试、验收文档；

c）各类安全设备性能、功能及运行管理现状；

d）安全管理策略；

e）日志记录、保存、使用；

f）安全设备更新状况。

8.6.4　检查实施

8.6.4.1　测试

a）采用相关网络安全工具（如威胁发现系统、安全扫描技术、木马监测系统、防病毒设备、网络故障综合分析系统等）检测网络系统恶意代码等；

b）采用相关系统安全工具（如系统分析软件、恶意代码清查软件、防病毒软件等）检测系统平台恶意代码等；

c）采用网络嗅探工具，检查重要线路数据包的密码使用；

d）采用漏洞扫描工具，扫描测试网络设备、系统平台、系统安全平台等。

形成测试报告。

8.6.4.2　设备检查

a）安全设备运行、维护、管理状况；

b）检查设备管理记录、设备无故障运行时间、故障率等；

c）安全设备更新状况：更新时间、更新记录、定期检测等；

d）检查设备日志内容。

8.6.4.3　安全管理检查

a）根据第5章和信息资源安全需求，制定不同的安全策略的合理性、有效性；

b）安全设备的安全策略设置的合理性、有效性；

c）安全机制（包括数据加密、身份验证、访问控制等）设置的合理性、有效性；

d）系统安全监测系统的适宜性、合理性和有效性。

8.6.4.4 密码使用和管理

a）密码生成、分发、存储、使用、更新、备份、恢复、导入、导出、归档、销毁等按照国家相关法规、政策、标准管理；

b）重要线路采用加密方式保护；

c）重要数据、文档采取加密保护措施。

8.6.5 检查评估

评估以下各项：

a）安全设备正常运行，且运行状态良好，故障率在安全策略允许范围内；

b）安全设备软件、特征库、防病毒系统保持更新至最新版本；

c）建立深层信息安全防御体系，具备入侵防范功能，检测、监控端口扫描、强力攻击、木马攻击、拒绝服务攻击、缓冲区溢出攻击、IP碎片攻击、蠕虫攻击等入侵事件，并提示报警，有效阻断；

d）建立准入控制机制，使入网所有终端合法、合规、可信。

e）网络系统、操作系统、应用系统、数据库系统等不存在恶意代码（如木马、蠕虫、ARP病毒等）；

f）安全策略、安全机制配置有效；

g）安全设备日志采用合理方式存储，记录完整、保存时限适当，有专人管理；

h）重要数据、文档、线路加密保护；

i）密码管理符合国密局发[2009]10号，密码使用符合安全策略规定；

j）文档管理完整、规范；

k）经实地察看，安全设备安装、运行符合国家相关标准。

则此项检查结果应通过。

8.7 数据安全检查

8.7.1 检查准备

a）数据存储设计、配置文档及其它相关文档；

b）数据存储测试、验收相关文档；

c）数据管理相关文档；

d）数据存储设备运行、维护相关文档；

e）其它相关文档。

8.7.2　检查对象

数据存储设备、数据管理安全策略、数据备份容灾、数据交换等。

8.7.3　检查项

a）数据存储设计、配置文档；

b）数据存储测试、验收文档；

c）数据存储设备参数配置、性能、运行管理状况；

d）数据管理安全策略（数据存储、访问、使用等）；

e）数据安全交换策略（网内、内外网之间等）；

f）数据备份容灾策略、管理和实施；

g）相关文档的完整性。

8.7.4　检查实施

8.7.4.1　测试

参照8.4.4.1测试数据安全性，并形成测试报告。

8.7.4.2　设备检查

a）存储设备运行、维护现状；

b）存储系统的管理机制和管理流程；

c）存储设备管理方式；

d）存储设备管理记录、设备无故障运行时间。

8.7.4.3　数据管理检查

a）数据管理安全策略设置的合理性、有效性；

b）数据交换平台的安全性、可靠性；

c）数据交换策略的合理性、有效性；

d）数据质量的一致性、准确性和规范性。

8.7.4.4　备份容灾检查

a）重要数据备份、恢复安全策略合理性；

b）数据备份记录完整，符合安全策略要求；

c）备份数据恢复后可用、准确、规范；

d）备份介质、数据备份和恢复指定专人管理；

e）容灾备份系统灾难恢复能力等级；

f）容灾备份系统建设、使用和管理情况。

8.7.5 检查评估

评估以下各项：

a）存储系统正常运行，且运行状态良好，故障率在安全策略允许范围内；

b）存储系统管理规范；管理机制、流程、方式合理、有效；

c）数据管理策略与数据库管理系统一致，合理、有效；

d）数据交换平台不存在安全威胁（如信息探测攻击、非法使用、完整性破坏等）；

e）数据备份策略、介质选择、备份频率等适当、有效；

f）数据备份管理规范、合理、有效；

g）容灾备份系统建设、使用、管理符合GB/T 20988要求；

h）容灾备份系统灾难恢复能力等级符合系统安全策略；

i）备份数据恢复可用、完整、有效；

j）备份容灾有专人维护、管理；

k）各项文档管理规范、完整。

则此项检查结果应通过。

8.8 通信安全检查

8.8.1 检查准备

a）数据通信设计、配置相关文档；

b）数据通信测试、验收文档；

c）数据通信应用、维护、管理相关文档。

8.8.2 检查对象

网络安全域划分及域间数据交换、网络协议安全、数据传输安全等。

8.8.3 检查项

a）网络安全域划分及域间数据交换安全策略、相关文档；

b）数据传输线路相关文档；

c）数据传输相关安全策略；

d）网络协议安全性；

e）数据通信维护、管理现状；

f）相关文档完整性。

8.8.4　检查实施

8.8.4.1　测试

a）参照8.3.4.1测试网络安全域的安全性；

b）数据加密方法和测试等。

形成测试报告。

8.8.4.2　安全域检查

a）安全域划分的合理性；

b）是否依重要性划分安全域等级，并依据不同的等级制定相应的安全策略；

c）不同安全域（域内不同分区）的边界防护策略的合理性和有效性；

8.8.4.3　数据传输检查

a）数据传输线路的可靠性（传输介质、线路备份等）；

b）数据传输的保密性、完整性、一致性；

c）内外网数据交换的安全性。

8.8.5　检查评估

评估以下各项：

a）依据资产价值、安全需求等的重要性划分不同等级的安全域；

b）依据不同等级制定域安全策略（不同域的访问控制策略、数据传输的完整性和一致性、数据审核等）；

c）依据不同安全域部署安全设备、安全产品；

d）高等级安全域的安全威胁降至最低；

e）日志信息完整，存储适当；

f）数据传输线路适宜、可靠，数据质量完整、一致；

g）各项文档完整、规范。

则此项检查结果应通过。

8.9　运行安全检查

8.9.1　检查准备

a）系统验收和交付文档、项目监理文档、IT服务相关文档；

b）系统运行、管理相关文档；

c）系统性能评估相关文档；

d）应急管理相关文档；

e）其它相关文档。

8.9.2 检查对象

信息系统运行现状、信息系统性能评估、应急管理等。

8.9.3 检查项

a）信息系统运行相关文档；

b）工作环境管理；

c）系统性能管理；

d）应急管理；

e）相关文档的完整性。

8.9.4 检查实施

8.9.4.1 系统运行检查

a）规定系统运行、使用权限管理；

b）规定系统运行维护操作流程；

c）系统性能管理，自动监测、自动报警、有效分配系统资源；

d）系统变更、更新管理；

e）文档管理、完整。

8.9.4.2 IT服务检查

如IT服务组织提供系统运维服务，应实施此项检查。

a）与IT服务组织的服务合同；

b）IT服务组织的资质、技术能力、服务能力、人员素质；

c）IT服务组织运维管理现状。

8.9.4.3 工作环境检查

a）计算机桌面和办公桌面管理；

b）文档管理；

c）办公设备（包括移动设备、移动通讯设备）管理。

8.9.4.4　应急管理检查

a）制订应急预案，并根据实际情况定期修订；

b）根据应急预案实施应急演练，相关记录完整、清晰；

c）根据应急预案，建立重大信息安全事件、灾难处置、恢复机制；

d）应急支援队伍的制度建设；

e）与外部应急支援队伍签订服务合同；

f）应急支援队伍能力能够满足业务需求。

8.9.4.5　事件管理检查

a）信息安全事件处置情况；

b）信息安全事件完整记录；

c）信息安全事件报告；

d）信息安全事件责任认定。

8.9.5　检查评估

评估以下各项：

a）系统运行维护符合DB21/T 1799.3要求；

b）IT服务符合DB21/T 1799.1要求；

c）系统运行、使用权限设计合理、实际；

d）系统运行、使用相关文档与相关制度相符；

e）系统变更审批备案相关规定合理、符合实际；

f）计算机桌面、办公桌面未涉及敏感信息、重要文件；

g）与网络连接的办公终端、移动设备、存储介质等无重要文档；

h）存放重要文档的办公终端、移动设备等无上网残留信息；

i）复印机、打印机、扫描仪、传真机等接入网络符合安全策略，且管理、维护良好；

j）移动设备、移动通讯设备、存储介质等的使用符合系统安全策略；

k）已存储过重要数据的办公设备、移动设备、存储介质等，其重复使用或销毁有严格的控制程序和措施，并切实执行；

l）已建立信息安全应急预案，内容清晰、完整，并根据实际情况定期修订；

m）应急预案完全覆盖信息系统，具备可操作性；

n）定期开展应急预案演练，相关记录完整、清晰；

o）应急支援队伍各项制度建设完善，能够满足业务需求；

p）重大信息安全事件、灾难处置、恢复机制有效、适用；

q）如果运行维护服务外包，已与IT服务组织签订相关合同且签署保密安全协议。

则此项检查结果应通过。

8.10　管理安全检查

8.10.1　检查准备

a）信息系统管理各项规章、制度；

b）信息系统组织机构相关文档；

c）系统日常管理各项文档；

d）信息系统安全建设、发展规划；

e）其它必要的文档。

8.10.2　检查对象

信息系统日常管理。

8.10.3　检查项

a）信息系统组织机构建立和运行情况；

b）针对信息安全各个层次和整体制定的安全管理策略和机制；

c）健全、完善的管理规章、制度；

d）日常管理措施；

e）根据系统安全策略，制定信息安全建设、发展规划；

f）文档管理规范、完整。

8.10.4　检查实施

8.10.4.1　规范管理检查

a）信息安全组织机构相关文件、管理架构、人员岗位配备合理、有相关会议记录；

b）针对信息安全各个层次和信息系统生命周期各个阶段，建立、完善相应的管理规章、制度，包括定期维护、运行操作、信息保密、用户使用、安全管理、变更管理、运行日志等等；

c）针对信息安全各个层次和信息系统生命周期各个阶段，建立完善的安全管理控制策略、措施和管理机制；

d）定期、依据系统变更实施信息安全风险评估，并有制度保证；

e）依据信息安全的变化制定信息系统安全建设、发展规划及资源整合安全规划等；

f）各项文档管理规范、完整。

8.10.4.2 人员管理检查

a）人员配置合理、职责明确；

b）信息安全重要性明确，具有信息安全防护的主动意识；

c）人员管理制度完善，包括各类与信息安全相关人员（在职、离职、外部）相应的安全管理规定；

d）关键岗位人员签订信息安全责任书、保密协议等；

e）重要工作区域访问管理规定，有清晰的访问记录；

f）违反相关规章制度造成信息安全事件的处理措施和明确的记录。

8.10.4.3 资产管理检查

a）清晰、明确、完整的资产清单、资产管理文档；

b）完善的资产管理、使用制度；

c）IT设备购入、维修、维护的流程和管理规定；

d）IT设备、存储设备报废和销毁的流程和管理规定；

e）系统软件、应用软件（包括办公软件）安装、使用规定。

8.10.5 检查评估

评估以下各项：

a）已建立完善的信息安全组织机构、有单位主管领导负责，指定专职的信息安全机构管理、且有专职信息安全员；

b）定期实施信息系统安全工作部署、信息安全检查、考核；

c）日常管理符合DB21/T 1799.3的要求；

d）有信息安全不同层次和信息系统生命周期不同阶段的完善的安全管理规章、制度、机制、措施；

e）在信息系统生命周期不同阶段和实际情况定期实施信息安全风险评估；

f）制定信息系统安全建设、发展规划及资源整合安全规划；

g）与关键岗位人员签订了信息安全责任书、保密协议等；

h）人员管理制度完善，针对不同人员制定相应的安全管理规定；

i）有重要工作区域访问管理规定；

j）有违反相关规章造成信息安全事件的处理规定和措施；

k）有完善的设备管理、使用规章；

l）资产清单、资产管理文档清晰、完整；

m）IT设备购入、维修、维护和报废、销毁有规范的流程和管理规定；

n）系统软件、应用软件（包括办公软件）安装、使用符合规章的规定

o）各项文档规范、完整。

则此项检查结果应通过。

8.11 教育培训检查

8.11.1 检查准备

a）信息安全培训教育计划；

b）信息安全培训教育资料；

c）信息安全培训教育记录；

d）信息安全培训教育效果评估相关文档；

e）其它必须的文档。

8.11.2 检查对象

信息安全培训教育相关文档、资料。

8.11.3 检查项

a）全体工作人员信息安全培训教育情况；

b）信息安全管理相关人员信息安全培训教育情况；

c）专业技术人员信息安全培训教育情况；

d）信息安全培训教育成效评估。

8.11.4 检查实施

a）检查全体工作人员信息安全培训教育记录，并抽样考核部分人员信息安全基础知识；

b）检查信息安全管理相关人员信息安全培训教育记录，并抽样考核部分人员信息安全和信息安全管理基础知识；

c）检查专业技术人员信息安全培训教育记录，并抽样考核部分人员

专业技术能力；

d）检查信息安全培训教育考核情况，评估信息安全考核实效。

8.11.5 检查评估

评估以下各项：

a）定期组织全体工作人员信息安全培训教育，记录完整；经抽样考核，培训教育效果良好，了解信息安全相关法规、标准，具备信息安全意识和基础防护能力；

b）定期组织信息安全管理相关人员信息安全培训教育，记录完整；经抽样考核，培训教育效果良好，熟悉信息安全管理体系建设、应用基本知识，并在实践中有所应用；

c）定期组织信息安全专业技术培训，记录完整；经抽样考核，掌握信息安全理论、技术规范，具备一定的信息安全专业技能。

则此项检查结果应通过。

DB21

IT
服
务
标
准
辑
录

辽 宁 省 地 方 标 准

DB21/T 1799.1-2010

- -

信息服务管理规范 第1部分：总则

ITSM Specification—Part1: General Rules

2010-05-12发布   2010-06-01实施

- -

辽宁省质量技术监督局 发布

前　言

DB21/T 1799-2010《信息服务管理规范》分为10个部分：

——第1部分：总则

——第2部分：计算机信息系统集成管理

——第3部分：计算机信息系统运营和维护管理

——第4部分：软件服务管理

——第5部分：数据加工和处理管理

——第6部分：内容和增值服务管理

——第7部分：数据库服务管理

——第8部分：电子商务服务管理

——第9部分：信息化工程监理

——第10部分：其它专业类服务管理

本部分为DB21/T 1799的第1部分。

本标准依据GB/T1.1-2009《标准化工作导则 第1部分：标准的结构域编写》制定。

请注意本文件的某些内容可能涉及专利。本文件的发布机构不承担识别这些专利的责任。

本部分由大连市经济和信息化委员会提出。

本部分由辽宁省经济和信息化委员会归口。

本部分主要起草单位：大连软件行业协会。

本部分主要起草人：郎庆斌、孙鹏、冯宇军、刘玉贞、王小庚、孙毅、杨莉、尹宏。

本标准于二〇一〇年五月十二日首次发布。

C*ontents*

目　录

信息服务管理规范 第1部分：总则

1 范围

本规范规定了与信息服务相关的信息服务类别、管理范畴、过程模式、要素、过程及文档管理和培训的通用要求。

本规范适用于信息服务管理活动所涉及的各类组织。

2 规范性引用文件

下列文件对于本文件的应用是必不可少的。凡是注日期的引用文件，仅所注日期的版本适用于本文件。凡是不注日期的引用文件，其最新版本（包括所有的修改单）适用于本文件。

GB/T22080-2008信息安全管理体系-要求

GB/T22081-2008信息安全管理实用规则

3 术语和定义

下列术语和定义适用于本部分。

3.1 信息服务 IT service

综合利用人、资源、信息技术及其它相关知识，为用户提供全方位的信息产品和相关服务，满足用户需求。

3.2 信息服务管理 IT service management

以服务为中心、以流程为基础、以用户满意和服务质量为核心，计划、组织、控制、协调人、资源、技术及其它相关知识，实现信息服务与业务整合的管理体系。

3.3 信息服务管理对象 IT service management object

不同类型的信息服务活动。

3.4 信息服务管理单位 IT service management company

具有相应资质证书并提供信息服务的各类组织。

3.5 服务水平 service level

用户在信息服务管理活动中获得服务的程度和质量。

3.6 服务能力 service capability

包括信息服务管理单位员工能力和信息服务管理单位能力。

3.6.1 信息服务管理单位员工 IT service management company staff

信息服务管理单位员工的业务素养、专业知识、服务水平、工作经验等。

3.6.2 信息服务管理单位 IT service management company

信息服务管理单位的技术储备、相应资质、信用等级、员工整体素质及个体服务能力、服务类型、质量管理体系等。

3.7 计算机信息系统 computer information system

由计算机及其相关的和配套的设备、设施（含网络）构成的，按照一定的应用目标和规则对信息进行采集、加工、存储、传输、检索等处理的人机系统。

3.8 过程模式 process pattern

将活动和相关的资源作为过程进行管理，可以更高效地得到期望的结果。

4 信息服务类别

根据信息服务管理对象和用户需求的特点、性质、服务功能，或具有特定的影响，划分信息服务的类别。

4.1 计算机信息系统集成服务

根据用户的业务需求和质量要求，规划、设计、整合基础硬件平台、系统软件平台、支撑软件系统、应用软件系统、安全防护体系及其它相关功能，建构跨厂商、多协议、面向各种应用的互联、互操作的计算机信息系统体系结构。

4.2 计算机信息系统运营和维护服务

为保证信息系统长期、稳定、持续运行，从技术、管理等各个方面做出的保障。运营和维护的范畴包括系统运行和系统支撑。系统支撑包括运营和维护的组织和人员保障、运营和维护的管理和制度保障、系统运行监测和预警、应急故障处理等。

4.3 软件服务

为实现计算机信息系统各项功能和基于计算机信息系统的各种应用，研发、编制、定制、提供各类程序及相关说明文档。

4.3.1 基础软件服务

基础软件的提供、销售、安装、调试、技术支持、维护等；基础软件包括系统软件、支撑软件、通用软件、工具软件、网络管理软件、安全管理软件等。

4.3.2 应用软件服务

除基础软件外的专业领域软件应用的研发、编制、提供、销售、安装、调试、技术支持、维护等。

4.3.3 定制软件服务

根据特定的业务需求提供相应的软件研发、编制、安装、调试、技术支持、维护等服务。

4.4 数据加工和处理服务

提供数据录入（含文字、图像、图片等）、加工、存储、编辑，或使用特定的数据处理软件分析处理、数据挖掘、加工数据等。数据加工和处理包括数据录入服务、CAD服务、DTP服务、呼叫中心服务、数据中心服务等。

4.5 内容和增值服务

通过互联网提供信息服务，包括电子邮件、电子公告、网络游戏、动漫制作、搜索引擎、新闻及其它相关服务等。

4.6 数据库服务

提供数据资源服务，包括数据资源开发、数据收集、数据存储、联机数据库等服务。

4.7 电子商务

利用互联网络资源提供各类信息、交易、支付等商业服务，包括选购和交易、支付和结算、交易凭证交换、商情广告、网上服务等。

4.8 信息化工程监理服务

以独立的、具备相应资质的第三方监理机构，受用户委托，依据国家法律、法规、技术标准和监理工程合同，基于公平、公正、独立的原则，对信息系统工程实施规范的监督、审核、控制和协调。

4.9 其它专业类服务

提供除上述类别外的其它专业领域服务。

4.9.1 软件测试服务

在正常和非正常条件下，检测和评价软件的需求分析、设计规格、代码编制、操作运行等，以验证软件的功能、性能、人机界面等是否满足实际需求。

4.9.2 咨询服务

以专业化的知识、经验、信息为资源，根据不同的实际需求，提供解决与信息服务相关的特定问题的建议、方案。

4.9.3 IT教育与培训

社会力量办学的非学历教育和培训。IT教育和培训分为三个层次：基础培训、职业培训和认证培训。

5 信息服务管理方式

根据不同类别的信息服务需求和业务需求，提供具有不同特点的服务管理。

5.1 服务支持

根据用户不同类别的信息服务需求和业务需求，采用电话、远程（在线）、现场等方式，提供持续的服务和技术支持，解决用户各种疑难问题。

5.2 服务提供

根据用户不同类别的信息服务需求和业务需求，定义服务流程，提供相应的、与信息服务类别相关的服务和技术支持。

5.3 服务交付

提供不同类别信息服务的检测、验收和交付，保证该类服务的可靠性、可用性、安全性及可持续改进。

6 信息服务管理过程模式

信息服务管理采用PDCA过程模式。

6.1 P模式（计划）

明确服务需求和内容，确定服务目标，制定服务计划和服务流程。服务内容应明确信息服务管理对象的质量控制目标。

6.2 D模式（执行）

根据用户的需求和质量控制目标，整合信息资源，执行信息服务计划。

6.3 C模式（检查）

根据服务计划和质量控制目标，检测、检查、分析、评估服务计划执行情况。

6.4 A模式（改进）

根据C模式的结果，采取相应的改进、完善、预防措施，或肯定计划的执行情况。

7 信息服务管理要素

信息服务管理要素是信息服务的基础。在信息服务过程中，根据信息服务管理要素的内容，对信息服务管理对象实施管理和监控。信息服务管理要素包括信息服务管理合同、信息服务管理计划和信息服务管理流程。

7.1 信息服务管理合同

是实施信息服务管理的依据。合同应规定信息服务管理双方的权利和义务、违约责任及争议的解决办法、服务等级协议及其它约定事项等。

7.2 信息服务管理计划

7.2.1 计划要求

根据信息服务管理对象和用户实际需求，明确信息服务管理目标，确定服务管理制度、流程、方式方法等。

7.2.2 制定计划的依据

制定信息服务管理计划，应依据：

a）与信息服务类别相关的法律、法规等；

b）与信息服务类别相关的标准、规范、技术文件、技术资料等；

c）信息服务管理合同、项目建设合同、其它与信息服务类别对应的文档等。

7.2.3 计划内容

信息服务管理计划，应包括以下主要内容：

a）信息服务类别和等级；

b）信息服务管理需求和内容；

c）信息服务管理目标；

d）信息服务管理技术和方法；

e）信息服务管理实施过程；

f）信息服务管理人员的职责；

g）信息服务管理工作制度。

7.3 信息服务管理流程

信息服务管理流程，主要应包括：

a）信息服务管理对象相关资源的分类、整合、定义；

b）信息服务管理计划编制；

c）信息服务管理质量控制；

d）信息服务管理变更控制；

e）信息服务管理安全控制；

f）信息服务持续性和可用性管理。

8 信息服务管理过程

8.1 服务水平管理

信息服务管理单位应与用户进行充分、全面的沟通，确定服务水平要求和实际业务需求，明确服务目标，编制服务管理计划，根据可靠性、可用性、可持续性等原则，与用户签订量化的服务等级协议，实现信息服务质量的规划、定义、监控和变更管理，确保与用户需求的符合性。

8.1.1 服务等级协议

明确服务目标和用户需求，确定服务质量和管理职责，规范服务管理，满足用户的服务需求。

8.1.2 服务等级协议内容

服务等级协议应包括：

a）用户需求说明；

b）服务目标；

c）服务职责；

d）服务类型和内容；

e）服务提供和响应、应急处理说明；

f）服务质量（质量目标、可靠性、可用性、安全性等）说明；

g）服务成本；

h）其它。

8.1.3　服务等级协议修订

应根据业务发展和需求变化，定期修订服务等级协议，以满足不断变化和增长的需求。

8.2　服务能力管理

应根据业务需求的现状和发展、服务水平管理确定所提供服务的资源组合，通过配置合理的服务能力，使信息资源发挥最大效能，保证投资的计划性和有效性，以合理的成本满足业务需求，保证服务的持续性。服务能力管理分为员工服务能力管理和信息服务管理单位服务能力管理。

8.2.1　员工

应依据业务需求和服务能力，组合、配置人力资源，为用户提供符合服务水平管理的相应服务。

8.2.1.1　人力资源整合

应依据业务需求、服务等级协议、员工服务能力，识别、整合、合理配置人力资源，发挥员工的最大效能，满足信息服务管理对象的需求。

8.2.1.2　员工培训

应依据员工的服务能力和信息服务管理单位的发展，为员工学习新的知识、技术，总结信息服务管理经验，提供培训机会，不断提升员工的服务能力。

8.2.2　信息服务管理单位

应依据业务需求和服务能力，组合、配置各类资源，为用户提供符合服务水平管理的相应服务。

8.2.2.1　资源整合

应依据业务需求和服务等级协议，识别、整合、配置、优化人员、技术、管理及其它相关资源和服务能力，为用户提供符合服务水平管理的相应服务。

8.2.2.2　质量管理体系

应确定信息服务管理的质量目标，明确实现质量目标的管理程序、人员职责和质量保证措施，构建和实施信息服务的质量管理体系。

8.2.2.3 服务能力标准

信息服务管理单位所拥有的相应资质认证材料，是认定服务能力的标准，也是社会认同的证明，反映了信息服务管理单位在信息服务中的特征。

8.3 用户管理

应了解用户的各项需求，并由用户对各项服务职能进行评价，衡量用户的满意度，共同解决出现的问题，保证可持续性管理。

8.4 流程控制

8.4.1 配置管理

应对包括已存在的信息系统基础设施和服务在内的资源进行识别、整合、分类、控制、维护和测试。

8.4.2 变更管理

识别、管理、控制信息系统基础架构和信息服务的变更需求。应采用基于流程的变更管理，实现灵活需求与稳定需求的平衡。

8.4.3 业务评估

应对整体信息服务管理业务进行评估，并根据用户的业务需求确定信息服务管理要求。

8.4.4 需求整合

应通过整合业务系统的需求，使用户的业务需求与信息技术达成一致。

8.4.5 规划管理

应对目标信息系统的体系架构及架构建立的实施过程进行管理、控制，并以前瞻性原则，对信息系统中长期的应用、发展、实施进行论证、定义和描述。主要包括：

a）用户的业务发展战略；

b）信息系统中长期建设目标；

c）信息系统设计标准化；

d）信息系统规划设计；

e）IT治理；

f）其它。

8.4.6 安全管理

安全管理应符合GBT22080-2008、GBT22081-2008及其它相关标准，通过风险评估，制定安全策略，保障信息系统基础架构的安全、可靠，避免未经授权的安全威胁和隐患。

8.4.7 可用性管理

应通过优化、设计，提高系统基础架构的可用性、可靠性和可维护性，确保以合理成本满足持续增长的可用性需求，保证可持续性管理。

8.4.8 质量控制

应根据国家相关法律、法规、行业标准、用户需求，制定质量控制计划，并在信息服务管理全过程执行。

8.5 服务融合

为保证信息服务的质量、信息服务和信息服务管理的持续性，应考虑信息服务类别间的融合，如咨询服务、信息化监理服务与计算机信息系统集成服务的融合、软件测试服务与软件服务的融合等。

8.6 服务要求

信息服务管理过程应参考ISO/IEC 20000:2005 信息技术–服务管理的要求。

9 文档管理

9.1 用户文档管理

在信息服务管理中，应根据信息服务管理对象和用户实际需求，收集、分类、组织和管理用户的文档，建立相应的文档管理制度，使文档管理科学化、专业化、规范化。

9.2 现场文档管理

应收集、分类、组织和管理信息服务管理过程中的所有文档，建立文档管理规范和使用制度，使信息服务管理更加科学化、规范化。

10 个人信息保护

应建立个人信息安全管理机制，制定个人信息安全策略，对工作人员进行个人信息安全宣传和教育。制定个人信息安全事件处理预案。

11 培训

应根据信息服务管理对象和用户的实际需求，针对不同的服务类型提供相应的培训。

DB21

辽 宁 省 地 方 标 准

DB21/T 1799.2-2010

信息服务管理规范 第2部分：计算机信息系统集成管理

ITSM Specification Part2: Computer Information System Integration Management

2007-05-12 发布 2010-06-01实施

辽宁省质量技术监督局 发布

前　言

DB21/T1799《信息服务管理规范》分为10个部分：

——第1部分：总则

——第2部分：计算机信息系统集成管理

——第3部分：计算机信息系统运营和维护管理

——第4部分：软件服务管理

——第5部分：数据加工和处理管理

——第6部分：内容和增值服务管理

——第7部分：数据库服务管理

——第8部分：电子商务服务管理

——第9部分：信息化工程监理

——第10部分：其它专业类服务管理

本部分是DB21/T1799的第2部分。

本标准依据GB/T1.1—2009《标准化工作导则 第1部分：标准的结构与编写》制定。

请注意本文件的某些内容可能涉及专利。本文件的发布机构不承担识别这些专利的责任。

本部分由大连市经济和信息化委员会提出。

本部分由辽宁省经济和信息化委员会归口。

本部分起草单位：大连软件行业协会、大连奥远电子有限公司、大连高新园区恒新电脑网络有限公司、大连运邦科技发展有限公司、大连正德信息技术发展有限公司、辽宁九州网络科技有限公司、大连中天融信软件技术有限公司、大连宏旗计算机网络技术发展有限公司、大连东方之星信息技术有限公司。

本部分主要起草人：郎庆斌、孙鹏、何斌武、冯宇军、尹振习、王小庚、孙毅、杨莉、尹宏。

本标准于二0一0年五月十二日首次发布。

C*ontents*
目　录

信息服务管理规范　第2部分：计算机信息系统集成管理

1　范围

本规范规定了提供计算机信息系统集成服务的各类组织实施计算机信息系统集成服务的类型、需求管理、新建及改扩建计算机信息系统、高端服务、项目实施、项目管理、技术支持、项目监理和服务规划的一般要求和规则。

本规范适用于计算机信息系统集成服务活动涉及的各类组织。

2　规范性引用文件

下列文件对于本文件的应用是必不可少的。凡是注日期的引用文件，仅注日期的版本适用于本文件。凡是不注日期的引用文件，其最新版本（包括所有的修改单）适用于本文件。

DB21/T1799.1—2010 信息服务管理规范 第1部分：总则

3　术语、定义和缩略语

DB21/T1799.1界定的以及下列术语和定义适用于本文件。

3.1　系统集成 computer information system integration

根据用户的业务需求和质量要求，规划、设计、整合基础硬件平台、系统软件平台、支撑软件系统、应用软件系统、安全防护体系及其它相关功能，建构跨厂商、多协议、面向各种应用的互联、互操作的计算机信息系统体系结构。

注：系统集成即计算机信息系统集成服务。

3.2　信息资源 information resource

参与系统集成服务的各种与信息相关的资源，包括设备、物资、人员、技术、概念、能力、信誉、知识等所有支撑系统集成的有形、无形的因素的组合。

3.3 项目 project

基于明确的目标，在有限资源和需求的约束下，无重复地完成一系列相互关联的、具有特定性质的任务。

3.4 TCO Total Cost of Ownership

项目总体拥有成本，包括系统集成、技术支持、售后服务等。

4 原则

本部分遵循DB21/T1799.1的一般原则和要求，重点描述计算机信息系统集成服务类型、服务内容以及过程管理等。

计算机信息系统集成服务的一般原则和要求，参照DB21/T1799.1执行。

在计算机信息系统集成服务中，应同时使用DB21/T1799.1和本部分。

5 系统集成服务类型

5.1 新建计算机信息系统

根据业务需求和质量要求，构建完备的、全生命周期的计算机信息系统的系统集成服务。

5.2 改、扩建计算机信息系统

根据业务需求、质量要求、既有系统的现状和需求，整合、构建新增计算机信息系统功能。保证新增系统与既有系统的充分融合。

5.3 高端服务

为保证计算机信息系统的高效率和可持续性，提供技术难度相对较高的高端增值服务。

6 需求管理

在系统集成项目的整个生命周期，识别、确认整体建设目标、功能要求，分析项目的各个不同任务，明确需求，确认需求范围，跟踪需求变更。

6.1 需求识别

应在调研、沟通、讨论中，识别用户实际的或可能的需求，包括功能、性能、安全性、可靠性、健壮性、业务流程和目标、环境、投资效率、进度等各方面需求。

6.2 需求分析

应充分理解用户的业务流程和建设目标，细化识别的需求，分析需求的关联、合理与不合理、限制与条件，以及项目建设的质量控制目标、降低TCO的可能、建设风险等。

6.3 需求范围

应基于需求识别和分析，明确项目建设范围，确认可以明确的需求、不明确但有实际目标的需求、潜在的业务需求及其它模糊需求，降低需求变更频度。

6.4 需求变更

项目实施过程中，应明确需求范围、跟踪需求变化，控制必须的和可能的需求变更，分析和降低需求变更风险。

6.5 需求确认

需求或变更需求明确后，应达成建设方与用户方的共同理解，并经用户确认。

6.6 需求文档

应科学、规范管理需求管理过程中形成的文档，包括《用户需求说明书》、《需求分析说明书》、《需求确认说明书》、《需求变更说明书》、《需求变更确认说明书》等。

7 新建、改扩建计算机信息系统

7.1 规划设计

7.1.1 信息资源规划设计

7.1.1.1 信息资源识别和整合

应根据第6章确定的需求，分析、识别用户的信息资源，明确信息资源规划的目标、原则、内容和实施规范。

7.1.1.2 系统整体设计

应根据7.1.1.1并充分考虑环境因素，设计系统整体框架、功能要求、质量目标、安全目标等，制定项目管理预案，保证系统的高可用性、高可靠性、安全性、健壮性和可扩展性，降低TCO。

7.1.1.3　资源整合配置规划

应根据7.1.1.1，整合用户管理、业务、技术、设备、人员等及其相互关联的各类资源，以及与外部关联的资源，按照系统整体设计原则，划分资源类型和分布，确定资源整合技术，制定资源配置、管理规划。

7.1.1.4　基础平台设计

应根据第6章和7.1.1，规划、设计计算机信息系统的硬件基础平台、系统软件平台、支撑软件；构建计算机信息系统基础平台的技术策略；产品性能要求和选择策略；配置和部署方案等。

7.1.2　数据管理规划

7.1.2.1　数据存储

应根据第6章和7.1.1，规划、设计计算机信息系统数据存储平台，如服务器设备、集群系统、存储阵列、存储网络等，及支撑数据存储平台运行的支撑软件平台；数据存储管理的技术策略、产品性能要求和选择策略；配置和部署方案等。

7.1.2.2　数据管理

应根据第6章，规划、设计数据管理方案，包括数据完整性、安全性；备份、容灾策略和数据恢复策略。

7.1.2.3　数据交换

应规划、设计数据安全交换平台，保证网络之间数据交换的完整性、可靠性、安全性，制定数据交换事件恢复策略。

7.1.3　应用系统规划

应根据第6章和7.1.1，规划、设计应用系统整体架构、标准设计、功能模块、技术路线、开发手段、安全性、配置和部署方案、调试和维护、研发团队等。

7.1.4　业务融合规划

应根据第6章和7.1.1，充分考虑业务需求与信息技术的融合，实现业务流程的改进，提高业务运营水平。

7.2　信息安全规划与设计

7.2.1　风险管理

应在需求管理、信息资源规划设计中，识别、分析、评估潜在的风险因素（威胁、漏洞、脆弱性、系统健壮性及安全管理等），制定风险应对策略，采取风险管理措施，消除、弱化风险，并将残余风险控制在可接受范围内。

7.2.2　整体信息安全防御体系

应根据第6章和7.2.1，规划、设计整体信息安全防御体系，包括安全技术、安全产品、实体安全、产品和架构安全、信息资源安全、安全策略、安全机制、安全级别、安全服务等。

7.2.3　安全平台

应根据7.3，识别、分析、评估安全平台的安全性和可靠性，包括安全产品、安全技术、安全模块等。

7.2.4　病毒防护

应根据7.2.1，规划、设计病毒防护体系，包括网络病毒防护、桌面病毒防护、攻击防护、安全监控和响应等，制定病毒预防和恢复策略。

7.2.5　安全策略

应根据第6章、7.2.1和7.3，制定信息安全策略，包括物理环境、基础平台、数据管理、应用软件、事件管理等。

7.2.6　安全机制

应根据第6章、7.2.1和7.3，定义不同的安全机制，如加密机制、访问控制机制、身份认证机制、数据完整性机制、数字签名机制等。

7.2.7　非传统信息安全

应充分考虑非传统信息安全的威胁，如木马、网络钓鱼及引诱、欺骗等。

7.3　物理环境

应根据第6章、7.1和7.2，规划、设计物理环境。

7.3.1　机房建设

7.3.1.1　场地

a）空间。应依据国家相关标准和实际需求，合理分割机房空间，规划机房配置。机房可以分割为主机、供配电、消防、维护、监控、办公等空间；

b）环境。应依据国家相关标准和实际需求，规划机房内通风、温度、湿度、灰尘、采光、静电、电磁干扰、噪音、物理安全等的配置，满足机房内各种设备和人员对机房环境的需求。

7.3.1.2 电源系统

a）供配电。应依据国家相关标准和实际需求，确认合理的电源容量和裕度、供电质量、供电方式、不间断电源系统模式和规格，有效分配电源。应充分考虑供配电系统可能对设备产生的影响，如过压、过流、浪涌、断路、雷电等；

b）等电位。应依据国家相关标准和实际需求，构建机房接地系统的等电位连接，设置配电系统、各类电子设备及附属设施、防雷、静电防护等的等电位体，将机房内各金属组件（如柜体、箱体、壳体、机架等）、设备、活动地板等做等电位连接。

7.3.1.3 空气调节

应依据国家相关标准和实际需求，计算机房空调载荷，确定空气调节参数，选择适宜的空调产品。应考虑机柜放置与冷却效率和制冷单元热点的关系；以及可能因功能扩大引起的冷却效率问题等。

7.1.3.4 机房布线

应依据国家相关标准、实际需求和机房特点，合理敷设强、弱电系统缆线，保证机房的高可用性、高可靠性、规范性、安全性、可维护性和可扩展性：

a）强电系统缆线。应根据实际需求和发展需要，计算相应参数，选择适用的缆线；并根据空间划分和应用需要，合理配置端点；

b）弱电系统缆线。应根据实际需求和发展需要，选择适宜的缆线类别，采用相应的技术和施工要求，合理敷设并配置端口。

7.3.1.5 监控系统

a）门禁控制。机房宜采用门禁控制系统，根据实际需求和机房特点，选择适用的功能和技术，提供质量可靠、有良好技术支持的解决方案，以保证机房重要区域的安全管理；

b）视频监控。机房宜采用视频监控系统，根据实际需求和机房特点，确定有效控制和管理机房的功能、技术、接口、产品，实时全面了解和掌握机房状态。

7.3.1.6 消防系统

应依据国家相关标准、实际需求和机房特点，制定消防安全方案，并经消防部门同意。

7.3.1.7 机房节能

在机房建设中，应充分考虑机房整体节能措施，选择节能技术和产品，降低机房能耗和碳排放量。

7.3.2 综合布线

7.3.2.1 规划设计

应依据国家相关标准、实际需求和环境因素，规划、设计支持语音、数据、图像、多媒体通信应用，满足业务、技术、管理发展的综合布线系统，确定质量目标。

7.3.2.2 管理

应选择适宜的管理方式，包括彩色标识、配线架及相关连接件、缆线、弱电井、设备间等管理。

7.3.2.3 缆线

应根据需求、技术、性能、环境等因素，选择适宜的缆线类别、布线结构、布线方式和技术。

7.3.2.4 配线设施

应根据7.3.2.1、7.3.2.3，确定合适的弱电井、设备间，选择适宜、匹配的配线架及相关连接件。弱电井、设备间应注意防火、防水、通风、接地，方便管理。

8 高端服务

8.1 性能评估和调优

应确定并细化性能指标，测量、评估系统各项参数、运行数据，分析性能瓶颈，采取相应的技术手段，调整、优化系统性能。

8.2 系统安全性评估

应明确、细化系统安全性能指标，评测系统整体架构、安全体系、应用系统等及其相互关联的信息资源的风险、威胁、脆弱性、安全隐患，制定风险应对策略和安全性能优化方案。

8.3 高端应用服务

提供新建系统与既有系统的无缝融合、跨平台或异构系统的移植、业务系统移植、数据迁移、大型（复杂）系统的安装与部署等高端应用的服务。

8.4 业务融合性评估

应明确、细化信息技术与业务融合的目标，评估信息技术与业务融合的差异，优化资源配置，制定以服务为核心的业务治理方案，实现信息技术支持的业务高效运行。

9 项目实施

9.1 质量控制

应根据第6章，明确质量控制目标，制定全面质量管理方案，采用PDCA管理模式，保证项目优质高效。

9.2 管理机制和职责

应根据质量控制目标，确定项目组织和管理机制，明确项目参与人员的职责。

9.3 团队管理

应依据DB21/T1799.1确立的服务能力管理，建设高效的项目管理团队。项目参与人员应有责任意识，主动协作、沟通，互相学习，共同达成项目目标。

9.4 进度计划和管理

应合理调度资源，确定项目时间，制定经济、有效的进度计划。在项目执行期间，适时调整、优化项目进度。

9.5 物资和资金管控

应在项目实施现场，加强设备、物资、材料进场检验、使用管理，根据进度计划和工程需要，确定资金需求，控制资金使用。

9.6 协调沟通机制

在项目实施过程中，应重视与业主、监理及项目团队自身的协调、沟通、交流，适时调整、优化项目管理，保证项目顺利实施。

9.7 文档管理

应依据DB21/T1799.1第9章，实施文档管理。

9.8 测试与试运行

项目实施过程中和项目完成后，应分阶段和最终测试系统的性能指标、各项功能，及系统可靠性、稳定性、安全性，并在试运行过程中，测试系统整体运行状态。

9.9 验收

应在项目实施过程中分阶段验收，并在系统试运行结束后，组织竣工验收。验收应提供项目实施报告、测试报告、试运行报告、资金使用情况报告，及项目实施过程中形成的所有文档；应根据第6章确定验收流程和验收内容；形成最终验收报告。

10 项目管理

10.1 质量目标

符合相关的技术规范和标准，使设计质量、产品质量、材料质量、施工质量、影响项目实施的环境质量满足项目的质量要求，保证计算机信息系统的健壮性、可靠性、安全性、可用性及可扩展性。

10.2 实施计划

应根据第6章、第7章及服务水平和服务能力，制定项目实施计划，确定项目实施流程，建立项目管理机制，保证项目质量目标的达成。

10.3 项目组织

10.3.1 项目经理

应指定项目经理，负责项目的计划、实施和控制；项目经理应具有组织、业务、技术、沟通和交流及决策能力。

10.3.2 岗位职责

应明确项目团队的岗位职责，保证项目目标按时、优质、高效实现。项目经理的职责应包括：

a）应用系统工程的思想方法管理项目；

b）项目分解，制定相应的目标，实施目标管理；

c）全面实施质量管理，在项目实施的各个阶段，控制影响质量的因素，包括人员、物资、设备、技术、环境等；

d）合理调配资源，量化任务，包括人力资源；跟踪项目进度，适时调整；

e）与用户、工程监理和团队内部的即时沟通和交流；

f）其它。

10.3.3　资源配置

应在项目实施中，优化配置项目涉及的有限资源，包括人力资源，最大限度满足项目的资源需求。

10.3.4　绩效管理

应在项目实施中实行绩效管理，了解团队成员的优势和缺陷，明确绩效目标，持续改进和完善，提高工作绩效。

10.3.5　成本管理

应在项目实施中实行全过程成本管理，包括项目构成的成本要素、项目工程量、资源配置、职责分配、物资需求、工期、风险等等，协调平衡，适时调整。

10.4　质量管理

10.4.1　质量规划

应根据第6章明确项目范围；项目应遵循的技术标准；可能影响项目质量的技术、管理、人员等因素，确定实施过程管理方法；关键点监控，制定质量管理规划。

10.4.2　质量控制

应根据质量规划，实施技术、管理、人员质量控制。主要应包括：

a）项目计划的可行性、前瞻性；

b）需求分析的合理性、明确性；

c）技术方案的可行性、适应性；

d）IT与业务需求的融合；

e）资源配置的合理性（包括人力资源的管理和配置）；

f）过程管理模式；

g）阶段和整体验收；

h）文档管理；

i）质量偏差处理的有效性和合理性。

10.4.3　风险控制

应识别、评估项目实施的风险，分析、评价风险的影响，采取合理、有效的风险管理策略，规避或弱化风险，监控风险的变化，减少项目实施的不确定性。风险主要包括：

　　a）技术风险：技术路线的选择、服务能力和水平、工程经验等；

　　b）应用风险：项目适应业务的水平和程度、项目实施的影响等；

　　c）实施风险：过程管理的不确定性。

10.4.4　质量保证

应在质量管理活动中，保证系统集成服务满足用户的质量要求，并提供优质、高效的集成产品：

　　a）内部质量保证：应在项目团队内部展开质量控制和质量保证活动；

　　b）外部质量保证：应在项目计划、设计、实施、交付的全过程提供质量保证，并向用户提交相应的依据。

10.5　过程管理

在项目实施过程中，应采用PDCA模式，不断提高和改进项目管理。

11　技术支持

11.1　服务管理

应根据DB21/T1799.1中第5章要求，提供相应的服务。

11.l2　售后服务

项目实施完成后，应依据用户需求和本规范，提供相应的售后服务。服务流程包括：

　　a）跟踪、响应用户的服务请求；

　　b）售后服务的管理和协调；

　　c）与用户的沟通和协调；

　　d）售后服务规划和处理；

　　e）服务跟踪和确认；

　　f）用户满意度评估。

11.3　技术培训

项目实施完成后，应依据用户需求和本规范，为用户提供相应的技术培训。培训主要包括：

　　a）项目概况；

　　b）项目规划和设计；

c）项目的技术实现；

d）资源配置；

e）设备性能和应用；

f）系统管理；

g）应用管理；

h）故障处理和应急管理。

12　项目监理

应自项目计划阶段引入信息系统工程监理，根据用户需求，全程或按确定的关键点跟踪、监督、控制、协调项目实施。

13　服务规划

应根据DB21/T1799.1中8.5的要求，与项目计划同步实施信息服务规划。主要包括：

a）服务资源整合；

b）运营规划；

c）维护管理；

d）服务过程管理；

e）培训与技术支持；

f）服务评价等。

参 考 文 献

[1]GB/T 19688.1—2005 信息化工程监理规范 第1部分 总则

[2]GB/T 19688.2—2007 信息化工程监理规范 第2部分 通用布缆系统工程监理规范

[3]GB/T 19688.3—2007 信息化工程监理规范 第3部分 电子设备机房系统工程监理规范

[4]GB/T 19688.4—2007 信息化工程监理规范 第4部分 计算机网络系统工程监理规范

[5]GB/T 19688.5—2007 信息化工程监理规范 第5部分 软件工程监理规范

[6]GB/T 19688.6—2007 信息化工程监理规范 第6部分 信息化工程安全监理规范

[7]GBT22080—2008信息安全管理体系–要求

[8]GBT22081—2008信息安全管理实用规则

[9]ISACA COBIT 信息及相关的控制目标

[10]本规范涉及系统集成相关的所有国家标准

[11]DSIA02052008 信息服务管理规范 第二部分 计算机信息系统集成管理规范

[12]ISO/IEC 20000—1:2005 信息技术—服务管理—第1部分：规范

[13]ISO/IEC 20000—2:2005 信息技术—服务管理—第2部分：实施指南

[14]郎庆斌等著《信息监理–信息系统工程质量控制》 人民出版社 2005

DB21

IT服务标准辑录

辽 宁 省 地 方 标 准

DB21/T 1799.3–2010

信息服务管理规范 第2部分：计算机信息系统运营和维护管理

ITSM Specification Part3: Computer Information System Operation and Maintenance Management

2010–05–12 发布   2010–06–01实施

辽宁省质量技术监督局 发布

前　言

DB21/T1799《信息服务管理规范》分为10个部分：

——第1部分：总则

——第2部分：计算机信息系统集成管理

——第3部分：计算机信息系统运营和维护管理

——第4部分：软件服务管理

——第5部分：数据加工和处理管理

——第6部分：内容和增值服务管理

——第7部分：数据库服务管理

——第8部分：电子商务服务管理

——第9部分：信息化工程监理

——第10部分：其它专业类服务管理

本部分是DB21/T1799的第3部分。

本标准依据GB/T1.1—2009《标准化工作导则 第1部分：标准的结构与编写》制定。

请注意本文件的某些内容可能涉及专利。本文件的发布机构不承担识别这些专利的责任。

本部分由大连市经济和信息化委员会提出。

本部分由辽宁省经济和信息化委员会归口。

本部分起草单位：大连软件行业协会、大连奥远电子有限公司、大连高新园区恒新电脑网络有限公司、大连运邦科技发展有限公司、大连正德信息技术发展有限公司、大连九州网络科技发展有限公司、大连中天融信软件技术有限公司、大连宏旗计算机网络技术发展有限公司、大连东方之星信息技术有限公司。

本部分主要起草人：郎庆斌、孙鹏、林华英、王永丹、冯宇军、刘玉贞 王小庚、孙毅、杨莉、尹宏。

本标准于二〇一〇年五月十二日首次发布。

$\mathcal{C}$ontents 目 录

6.1.6　数据管理和维护

6.1.6.1　数据安全性管理和维护

6.1.6.2　媒介安全性管理和维护

6.1.7　安全管理和维护

6.1.7.1　风险评估

6.1.7.2　安全策略

6.1.7.3　安全级别

6.1.7.4　安全机制

6.1.7.5　数据交换

6.1.7.6　病毒防护

6.1.8　子网管理和维护

6.1.9　桌面管理

6.1.10　操作管理

6.2　性能优化服务内容

6.2.1　系统平台性能评估

6.2.2　应用系统性能评估

6.2.3　数据存储和通信安全评估

6.2.4　系统整体安全性能评估

6.2.5　系统安全平台性能评估

6.2.6　业务整合

6.3　增值服务内容

6.3.1　规划管理

6.3.2　可用性管理

6.3.3　核心应用管理

6.3.4　安全管理

6.3.5　投资保护

6.3.6　系统运营策略和应用拓展

7　服务台管理

信息服务管理规范　第3部分：计算机信息系统运营和维护管理

1　范围

本规范规定了提供计算机信息系统运营和维护服务的类型、内容、服务台管理、运营和维护管理体系、运营管理、维护管理、突发事件管理和管理机制的一般要求和规则。

本规范适用于计算机信息系统运营和维护服务活动涉及的各类组织。

2　规范性引用文件

下列文件对于本文件的应用是必不可少的。凡是注日期的引用文件，仅注日期的版本适用于本文件。凡是不注日期的引用文件，其最新版本（包括所有的修改单）适用于本文件。

GB/T17859—1999 计算机信息系统安全保护等级划分准则

DB21/T1799.1—2010 信息服务管理规范 第1部分:总则

DB21/T1799.2—2010 信息服务管理规范 第2部分:计算机信息系统集成管理

3　术语和定义

DB21/T1799.1界定的以及下列术语和定义适用于本文件。

3.1　服务台 service desk

信息服务单位设置的与用户之间的接入点，负责记录、分解、监控运营维护中的事件；受理投诉、意见、建议；与用户沟通，提出事件的处理和解决方案及意见反馈等。

3.2　事件 accident

计算机信息系统运营过程中发生的问题、故障等情况。

3.3　问题　problem

计算机信息系统运营的各种需要解决的疑难、缺陷等。

3.4　突发事件　emergency

突然发生的、未曾预防的、需要立即处理的紧急事件、灾害事故等。

4　原则

本部分遵循DB21/T1799.1的一般原则和要求，重点描述计算机信息系统运营和维护服务类型、服务内容以及运营和维护管理等。

计算机信息系统运营和维护服务的一般原则和要求，参照DB21/T1799.1执行。

在计算机信息系统运营和维护服务中，应同时使用DB21/T1799.1和本部分。

5　运营和维护服务类型

5.1　基础服务

确保计算机信息系统安全稳定运营，必须提供的基础性的保障和维护工作。

5.2　性能优化服务

计算机信息系统在运营过程中，各项应用（硬件基础平台、系统平台、存储平台、应用系统平台、安全平台等）、各项业务的性能、效能的优化、整合、评估等服务。

5.3　增值服务

保证计算机信息系统运营的高效能、高效益，最大限度的保护并延长已有投资，在原有基础上实施进一步的应用拓展业务。

6　运营和维护服务内容

计算机信息系统运营和维护服务内容，依据计算机信息系统集成服务确定，参见DB21/T1799.2。

6.1　基础服务内容

6.1.1　物理环境管理和维护

6.1.1.1　机房管理和维护

为保证机房内所有设备的安全、稳定、无故障运行，监控机房的环境、监测并定期检查电源、通风、接地等所有机房设施的工作状态，发现并报告问题和提出变更建议。

a）电源管理：将电源有效分配到系统中不同的设备组件。应考虑电源设备参数对设备的影响，如过压、过流、浪涌、短路等；

b）等电位管理：应设置配电系统、各类电子设备及附属设施、防雷等的接地等电位体，应考虑静电防护、感应雷电可能形成的电磁脉冲和过电压的干扰和毁坏等；

c）设备管理：计算机信息系统设备的日常运行和管理、可靠性评价；

d）环境管理：应考虑机房内通风、温度、湿度、灰尘、灯光等的配置；考虑机柜放置与冷却效率和制冷单元热点的关系；以及可能因功能扩大引起的冷却效率问题等；

e）灾害预防：应考虑物理和自然灾害发生的可能性，制定应急预案。

6.1.1.2　其它管理和维护

a）布线系统管理和维护：监控、诊断、分析设备间、弱电井等区域配线设备、线缆、信息插座等设施，及网络通信线路的工作状态和可能的故障状态，发现并报告问题，提出维护建议，保证系统运行的高可靠性和维护的高效率；

b）监控系统管理和维护：监控、诊断、分析门禁系统、各类监控设备等的运行状态、参数变化、提示信息等，发现并报告问题，及时变更、维护，保证监控系统的可靠性。

6.1.2　网络基础设施管理和维护

为保证路由设备、网络交换设备等网络基础设施的安全性、可靠性、可用性和可扩展性，保证网络结构的优化，定期评估网络基础平台的性能，制定故障维护预案，及时消除可能的故障隐患，制定应急预案，保证网络基础平台的高可靠性、高可用性。

6.1.3　数据存储设施

为保证数据存储设施，如服务器设备、集群系统、存储阵列、存储网络等，以及支撑数据存储设施运行的软件平台的安全性、可靠性和可用性，保证存储数据的安全，定期评估存储设施及软件平台的性能，确认数据存储的安全等级，制定故障应急预案，及时消除故障隐患，保障信息系统的安全、稳定、持续运行。

6.1.4　系统平台管理

为保证操作系统、数据库系统、中间件、其它支撑系统应用的软件系统及网络协议等的安全性、可靠性和可用性；定期评估系统平台的性能，制定系统故障处理应急预案，及时消除故障隐患，保障信息系统的安全、稳定、持续运行。

6.1.5　应用系统管理和维护

为保证在系统平台上运行的各类应用软件系统的安全性、可靠性和可用性，定期评估应用软件系统的性能、功能缺陷、用户满意度等，及时或与开发商沟通消除应用系统可能存在的安全隐患和威胁、根据需求更新或变更系统功能。

6.1.6　数据管理和维护

数据管理是系统应用的核心。为保证数据存储、数据访问、数据通信、数据交换的安全，定期评估数据的完整性、安全性、可靠性；制定备份、容灾策略和数据恢复策略，消除可能存在的安全隐患和威胁。

6.1.6.1　数据安全性管理和维护

a）安全评估：评估数据的完整性、可靠性、可用性和保密性等要素进行评估，制定数据管理和数据恢复策略，保证数据的安全；

b）数据访问控制：制定数据访问控制策略、访问权限控制策略、非授权访问处理策略，防止未经授权的数据访问、修改、移动、删除、毁损等；

c）数据存储与容灾：制定数据存储、数据容灾策略，评估数据存储的安全性，保证数据存储的完整可靠性；制定数据存储事件处理预案；

d）数据通信安全：评估数据通信的安全性，制定数据通信的安全策略，保证数据的完整性、可靠性、保密性和不可抵赖性；制定数据通信应急处理预案。

6.1.6.2　媒介安全性管理和维护

制定媒介管理、权限策略，制定媒介泄露的处理策略，明确责任，保证数据保管的安全。

6.1.7　安全管理和维护

保证物理环境和系统运行的安全，物理环境安全包括机房监控、门禁系统、灾害预防、等电位系统、消防系统等等；系统运行安全包括风险评估、安全策略、安全机制、安全级别、病毒防护、补丁管理等等。定期检查和评估可能的安全隐患、缺陷和威胁，制定安全恢复预案。

6.1.7.1　风险评估

评估系统的安全威胁、脆弱性、漏洞，评估安全管理，制定风险应对策略和风险处理机制，及时消除或弱化风险，并将残余风险控制在可控范围内。

6.1.7.2　安全策略

制定物理环境、基础平台、数据、应用软件、事件管理等的信息安全策略，实行信息安全教育，明确责任，采取相应的安全措施，实施安全策略的综合管理。

6.1.7.3　安全级别

根据GB17859—1999评估安全等级，定义安全级别。

6.1.7.4　安全机制

定义不同的安全机制，包括加密机制、访问控制机制、身份认证机制、数据完整性机制、数字签名机制等，制定事件处理流程和机制，避免安全威胁和隐患。

6.1.7.5　数据交换

规划建设数据安全交换平台，保证内、外网络之间数据交换的安全。应制定数据安全交换、交换过程，保证数据的完整性、可靠性、安全性策略；制定数据交换事件处理预案，评估数据交换事件的影响。

6.1.7.6　病毒防护

制定病毒防护和恢复策略，定期评估病毒影响，采取相应的病毒防护措施；制定病毒事件处理预案。

6.1.8　子网管理和维护

子网是构成系统的要素。定期评估子网的安全性、可靠性、可用性，消除可能存在的故障和安全隐患及对系统的威胁。

6.1.9　桌面管理

个人计算机终端及环境的可靠性、可用性、安全性管理。

6.1.10　操作管理

日常操作的规范化和标准化。

6.2　性能优化服务内容

6.2.1　系统平台性能评估

评估系统整体架构的合理性、安全性、可靠性、可用性、可扩展性，以及系统健壮性评估等。

6.2.2　应用系统性能评估

评估支撑软件、应用软件及其它应用系统性能的安全性、可靠性、可用性，和功能缺陷等。

6.2.3　数据存储和通信安全评估

评估数据的完整性、保密性、不可抵赖性；数据通信的安全策略；访问控制策略，以及安全隐患评估、数据交换安全性评估等。

6.2.4　系统整体安全性能评估

风险评估及应对策略、系统脆弱性检测、非传统安全隐患评估及应对策略等。

6.2.5　系统安全平台性能评估

评估安全防护体系架构的合理性、安全防护体系自身的安全性、可靠性、可用性及存在的风险；安全管理体系的合理性、可用性等。

6.2.6　业务整合

评估用户的业务系统与信息技术整合的现状和改进措施。

6.3　增值服务内容

6.3.1　规划管理

主要包括：信息系统总体发展架构；信息系统中长期建设、应用、发展规划；资源整合和规划；IT治理模式；IT服务规划；标准建设等。

6.3.2　可用性管理

优化、设计、提高系统基础架构（包括硬件基础平台、系统平台、安全平台、数据管理平台等）的可用性、可靠性，降低系统TCO值。

6.3.3　核心应用管理

计算机信息系统中核心技术、高端技术的应用、部署、管理。

6.3.4 安全管理

系统安全的深层分析；安全防护体系、安全管理体系的优化、设计等。

6.3.5 投资保护

信息系统建设的投资分析、TCO分析，根据规划管理，制定投资策略等。

6.3.6 系统运营策略和应用拓展

分析系统需求影响和运营效能，制定获得最大效能的系统运营策略、分析系统潜在的增值服务的可能性等。

7 服务台管理

计算机信息系统运营和维护服务支持，由服务台根据服务内容实施。

7.1 服务台功能

服务台依据用户需求、服务水平管理定义、服务能力定义、服务类型等，实施运营和维护的日常管理。主要功能应包括：

a）响应用户服务请求；

b）事件处理的管理和协调；

c）服务相关信息的发布；

d）与用户的沟通、协调；

e）意见反馈。

7.2 服务台流程

a）服务优先级确定；

b）事件识别、分类；

c）事件解决方案和处理；

d）事件状态追踪和沟通；

e）事件处理结果确认；

f）用户满意度评估；

g）意见反馈。

7.3 服务台评价

服务台的服务水平，应根据以下三项评价：

a）可用性（事件响应、事件处理、人员素质等）；

b）技术能力（事件处理的服务能力）；

c）用户满意度（事件处理的服务质量）。

7.4 优先级

根据事件的影响和程度，确定事件处理的顺序。

7.4.1 优先级分类

应根据以下二项分类：

a）影响：根据事件对业务的影响（一般业务与关键业务，一个部门与多个部门等）；

b）程度：业务运行与恢复的紧急度。

7.4.2 优先级确定

应根据以下三项确定：

a）优先级识别、分类、定义、排队；

b）依据定义、排队人为判断；

c）不同优先级事件的响应时间定义。

8 运营和维护管理体系

应构建运营和维护管理体系，整合、协调各类资源，提升运营和维护服务能力，保障计算机信息系统和业务系统的持续、稳定运行。管理体系应包括：

a）目标和基本原则；

b）管理策略和流程；

c）人员、资源、技术管理；

d）过程模式；

e）业绩跟踪与评估；

f）服务满意度评估。

9 运营管理

9.1 运营管理目标

应确立优化信息服务成本，分散系统风险，确保跨厂商、跨平台、异构系统的运营效率，满足业务需求增长和发展的目标。

9.2 需求分析

应识别、整合各类资源，分析、检测系统性能，确定业务系统的需求，保证信息系统运营与业务系统需求的一致。

9.3 运营计划

应根据运营管理服务需求、业务需求、服务水平管理、服务能力管理，制定运营管理计划，确定管理流程，建立运营管理体系，保证计算机信息系统安全、可靠、高效、合理成本运营。

9.4 过程管理

在运营管理服务中，应采用过程模式，不断改进和完善服务过程。

9.5 协调与沟通

在运营管理服务中，应经常与用户沟通和交流，听取用户的意见和建议，协调服务过程中的各种矛盾。

9.6 服务交付

9.6.1 运行交付

计算机信息系统建成并投入运营前，应通过测试、验收，并经过试运行，保证交付信息服务单位运营管理的系统安全、可靠、可用、稳定。

9.6.2 过程交付

服务过程中或过程后交付用户运营时，应：

a）完整的管理文档交付；

b）完整的管理流程交付；

c）管理培训完成；

d）系统安全、可靠、可用、稳定。

9.7 服务评价

应分阶段评价运营服务过程，并在服务结束后，整体评价运营管理服务。

10 维护管理

10.1 维护管理目标

利用各种技术手段，检测、监控计算机信息系统的运行，分析、优化系统性能，及时发现故障、处理故障，保证信息系统和业务系统的持续、稳定运行。

10.2 需求分析

应识别、整合、定义、分类各类资源，检测、分析系统性能，确定维护服务需求和范畴。

10.3　维护计划

应根据维护服务需求、业务需求、服务水平管理、服务能力管理，制定维护计划，确定管理流程，建立维护体系。

10.4　沟通与协调

在维护服务中，应随时与用户沟通、交流，了解可能的需求变更，听取用户的意见，不断改进和完善服务过程。

10.5　问题管理

10.5.1　问题识别

应监测、记录、识别、分析系统出现的或潜在的问题，建立问题处理流程，查找引起问题的原因，降低系统运营的风险。

10.5.2　问题控制

应根据问题的性质分类，确定问题的影响和程度，按照优先级定义排队，定义问题解决方案。

10.5.3　问题跟踪

应跟踪问题处理流程，及时改进和完善。

10.5.4　协调管理

在问题管理中，应协调服务台、变更管理和问题管理，促进问题的预防、解决和管理。

10.6　维护方式

10.6.1　需求确定

应依据用户需求，确定计算机信息系统维护服务的类型、内容，明确维护服务的目标，和对服务能力的要求，建立维护服务管理流程。

10.6.2　维护支持

应依据用户需求，服务类型、服务内容和服务管理流程，采取不同层次的维护服务和技术支持：

a）定期与非定期维护；

b）远程维护；

c）现场维护。

10.6.3　维护周期

应实时、快速响应用户的维护请求。

10.7 维护确认

维护工作完成后，应经用户评价、确认，签署《维护完成确认书》。

10.8 维护跟踪

应在维护工作完成后，跟踪、监测维护效果，及时改进、弥补各类缺陷、不足。

11 突发事件管理

11.1 评估与分类

应识别、判断、分析、检测突发事件，根据事件的特点、性质明确分类。

11.2 突发事件处理

a）制定突发事件预防预案；

b）制定突发事件恢复预案；

c）根据突发事件类别判断事件处理优先级；

d）执行突发事件预案；

e）建立协调、沟通机制，有效处理突发事件；

f）对突发事件处理实施跟踪。

12 管理机制

在运营和维护服务中，应建立相应的管理机制。应包括：

a）工作制度；

b）人员规范；

c）现场操作规程；

d）安全制度；

e）员工培训计划；

f）其它相应的管理规范。

信息服务管理规范　第8部分：电子商务服务管理 网络商品交易平台服务管理（DB21/T 1799.8-2013）

ICS 35.020

L 70

DB21

辽 宁 省 地 方 标 准

DB21/T 1799.8-2010

信息服务管理规范　第8部分　电子商务服务管理　网络商品交易平台服务管理

ITSM Specification Part8: E-Commerce Management-network commodity trading platform management

2013-09-04 发布　　　　　　　　　　　　2013-10-04 实施

辽宁省质量技术监督局　发布

前　言

DB21/T 1799《信息服务管理规范》分为10个部分：

——第1部分：总则

——第2部分：计算机信息系统集成管理

——第3部分：计算机信息系统运营和维护管理

——第4部分：软件服务管理

——第5部分：数据加工和处理管理

——第6部分：内容和增值服务管理

——第7部分：数据库服务管理

——第8部分：电子商务服务管理

——第9部分：信息化工程监理

——第10部分：其它专业类服务管理

本部分是DB21/T 1799的第8部分。

本标准依据GB/T 1.1—2009《标准化工作导则　第1部分：标准的结构与编写》制定。

本标准由大连市经济和信息化委员会提出。

本标准由辽宁省经济和信息化委员会归口。

本部分主要起草单位：大连天眼网络有限公司、大连软件行业协会。

本标准主要起草人：陆雷、李君、郎庆斌、孙鹏、尹宏、牟楠、孙毅、张世元、齐林、张文远、王宗臣

本标准于2013年9月4月首次发布。

C*ontents*
目　录

信息服务管理规范 第8部分：电子商务服务管理　网络商品交易平台服务管理

1　范围

本标准规定了网络商品交易平台在提供商品交易管理服务过程中应遵循的平台运营商、网络商品交易平台、平台服务及应急、网络商品经营者、网络商品交易、平台安全、培训教育的管理、服务规范。

本标准适用于提供网络商品交易服务的平台，其他电子商务平台服务管理可参照执行。

2　规范性引用文件

下列文件对于本文件的应用是必不可少的。凡是注日期的引用文件，仅所注日期的版本适用于本文件。凡是不注日期的引用文件，其最新版本（包括所有的修改单）适用于本文件。

SJ/T 11445.2-2012《数据（信息）保护规范》

DB21/T1628.1-2012 信息安全 个人信息保护

DB21/T1799.1-2010 信息服务管理规范 第1部分：总则

DB21/T1799.3-2010 信息服务管理规范 第3部分：计算机信息系统运营和维护管理

3　术语和定义

DB21/T1799.1界定的以及下列术语和定义适用于本文件。

3.1　网络商品online commodity

基于网络交易平台交易、交换的具有产权、所有权的产品、服务和信息。

3.2　网络商品交易online commodity trading

3.2.1　商家与商家交易 B2B, business to business trading

商家与商家之间基于网络商品交易平台发生的网络商品交易。

3.2.2 商家与用户交易 B2C, business to consumer trading

商家与用户之间基于网络商品交易平台发生的网络商品交易。

3.2.3 用户与用户交易 C2C, consumer to consumer trading

用户与用户之间基于网络商品交易平台发生的网络商品交易。

3.3 网络商品交易平台 online trade platform

基于计算机网络系统提供商品交易管理和相关服务的虚拟场所和空间。

3.4 平台运营商 platform operator

基于网络商品交易平台为网络商品交易提供相关服务的管理者。

3.5 网络商品交易方 network commodity trading

3.5.1 网络商品经营者 providers of online commodity

基于网络商品交易平台销售商品、服务、信息等的法人、经济组织或者自然人。

3.5.2 网络商品消费者 consumer of online commodity and service

基于网络商品交易平台，购买、使用商品、服务、信息等，接受服务的法人、经济组织或者自然人。

3.6 第三方机构 third party organizations

基于网络商品交易平台，为网络商品交易方交易的顺利实施，提供配套及保障性服务的法人、经济组织。如网络服务提供商（ISP）、网络银行服务商、物流配送机构、信用保障及监管机构。

3.7 应急事件 emergency event

应急事件是指平台运营过程中突然发生，造成或者可能造成平台数据丢失、安全泄露、系统崩溃等严重危机平台安全的紧急事件。

4 基本原则

4.1 法规的遵从性

基于网络商品交易平台的平台运营商、网络商品交易方、第三方机构应遵守国家相关法规。

4.2 标准遵从性

基于网络商品交易平台的平台运营商、网络商品交易方、第三方机构应遵守国家、地方、行业的管理、技术、安全等相关标准、规章。

4.3 诚信、自律、公平

诚实信用，行为自律，遵守公认的商业道德，保证国家的利益，保证消费者的合法权益。

4.4 非法交易过滤

网络商品交易平台严格禁止从事任何法律和政策规定的非法交易行为。

5 平台运营商管理

5.1 资质要求

平台运营商应是经过工商行政管理部门登记注册的法人，并完成税务登记及运营过程中应办理的前置审批证件。

平台运营商跨地区经营，应遵循当地行政管理部门的规章制度。

5.2 责任和义务

5.2.1 提供基于平台交易的管理和服务

为网络商品交易方基于网络商品交易平台的交易提供持续、安全、可靠的管理和服务。

5.2.2 平台本身的安全、可靠

根据网络商品交易的业务需求提供相应的软件研发、编制、安装、调试、技术支持、维护等服务,保障平台安全、可靠的运行。以及相关和配套平台设置的技术支持、维护。

5.2.3 基于平台的交易行为和活动的监督、管理

应设立商品交易行为和活动的服务窗口，监督和管理网络商品交易方的交易行为，接受交易意见和建议，处理交易纠纷，并及时反馈处理结果。

5.2.4 基于平台交易的商品、服务、信息等的质量监控

应建立健全平台信息抽查及审核机制，保障商品、服务、信息的准确率，并及时处理违规信息。

5.2.5 数据和个人隐私的安全

应监督、管理基于平台的网络商品交易各方的行为和活动，保证基于平台的商业数据、个人隐私的安全。

5.2.6 保证商品消费者的知情权

应保障平台信息的真实性，商品消费者享有商品信息、服务信息、支付配送信息、纠纷处理及平台的政策、决定等知情权。

5.2.7 第三方机构

应配合、接受对应主管部门对网络商品交易的监督、指导、管理，保障其行为不损害网络商品交易各方的利益。

6 网络商品交易平台管理

6.1 要求

应基于公平、公正、公开的原则，监督、控制和协调网络商品交易过程，保证交易服务实施。

6.2 基础设施

6.2.1 平台构成

平台包括网络设备、存储设备、安全设备、传输设备、通信线路、系统软件、支撑软件、应用系统、平台资源及相关配套设备和软件等。

6.2.2 运营维护

平台运营商或为平台提供网络接入、服务器托管、虚拟空间租用等服务的网络服务商，应遵循DB21/T1799.3及其它相关标准，保证网络商品交易平台的安全、可靠、可用。

6.2.3 物理环境

平台应具备为网络商品交易方的交易活动提供必要和相关服务的经营场地、商品转储空间及必须的基础设施。

6.3 岗位及职责

6.3.1 管理岗位及职责

平台应根据服务的性质、对象不同，设定管理岗位并明确工作职责，建立各岗位分工协作的关系和流程。

6.3.2 人员管理及责任

平台应根据岗位的性质、对象不同,设定管理人员应具备的岗位操作能力，定期评估、考核人员能力，组织培训，以掌握新的岗位技能和技巧。

6.3.3 服务窗口管理及责任

平台应根据窗口的性质、对象不同，设定服务窗口信息处理流程，并根据窗口信息反馈内容不同建立处理时限和审核管理制度，服务窗口应对信息反馈者满意度负责。

6.4 平台政策宣传

平台应把最新的政策、制度、流程等告知商品交易方和第三方机构，加强对相关制度的培训、讲解服务。

6.5 管理规章

平台运营商应建立完善的网络交易平台管理制度和服务规范，方便阅读、检索和保存，并严格执行。管理规章宜包括：

用户注册制度；

平台交易规则；

信息披露与审核制度；

隐私权与商业秘密保护制度；

消费者权益保护制度；

广告发布审核制度；

交易安全保障与数据备份制度；

争议解决机制；

不良信息及垃圾邮件举报处理机制；

法律、法规规定的其他制度。

6.6 技术管理和维护

6.6.1 技术管理

平台运营商应根据自身的技术能力，实施或委托第三方机构维护、开发、调试等平台技术支持工作，保证平台在运营期间的稳定性。

6.6.2 技术升级

平台运营商应设定平台技术负责人，接受和处理由平台运营商或经网络浏览者反馈的技术故障和平台功能升级要求。

6.6.3 技术日志

平台系统开发、升级后，应建立平台系统技术开发日志，存储二年以上备查。

7 平台服务窗口受理

7.1 窗口负责人

根据平台服务窗口接受内容的不同，应设置服务窗口专员及服务处理结果监督、审核专员。

7.1.1 接受范围

服务窗口应接受网络商品交易行为及活动、平台管理和服务的意见和建议。

接受范围包括但不限于：交易钱款结算、物流配送、售后服务、交易投诉、出售禁售品、商品违规发布、商品侵权（包括知识产权侵权和图片发布侵权）、信用炒作、哄抬价格、求购违禁商品、发布违规信息及广告、欺骗性（假冒）电子邮件等。

7.1.2 处理流程

商品交易方的投诉与纠纷，应由商品交易方自行协调解决，如超期投诉、未达成调解意见，平台运营商应按照平台商品交易管理制度予以处理。

平台的意见及建议应根据信息的类别和性质，采取上报、整改、屏蔽、关闭、删除等办法，在接到信息后24小时内予以处理。

7.1.3 监督与管理

各级服务窗口接受、处理的各种意见、投诉反馈，应建立信息反馈及处理日志，并提供最低2年的存储备查。

8 平台应急管理

8.1 预警和预防

针对可能造成的应急事件，应建立包括信息监测与报告，预警预防行动，预警支持系统，预警级别及发布四级预警系统

8.2 应急预案

各类应急事件按照其性质、严重程度、可控性和影响范围等因素，宜分为四级：Ⅰ级（特别重大）、Ⅱ级（重大）、Ⅲ级（较大）和Ⅳ级（一般）。并建立各级别应急预案。

8.3 应急响应

根据应急预案级别不同，应设定应急联系、应急指挥、应急行动、资源调配、扩大应急等响应措施。

8.4 应急流程

根据应急预案级别不同，应建立应急流程，包括信息共享和处理，通

讯，指挥和协调，紧急处置，事故调查分析、检测与后果评估，应急结束等要素。

8.5 后期处置

系统应提供统计分析功能用于评估事故损失以及影响范围与大小，也可方便的修改应急预案并进行保存，并应在恢复阶段，审查与评估重建方案。

9 网络商品经营者管理

9.1 要求

应根据网络商品经营者的业务需求，定义服务流程，提供相应的管理服务和技术支持。

9.2 资质审核

应根据网络商品经营者不同属性、提交的资质证明，核发证明身份信息真实合法的标记，加载在其从事商品交易或者服务活动的网页上。

9.2.1 个人网络商品经营者

资质证明应包括：

（1）居民身份证、户籍证明或护照等有效身份证件；

（2）用于进行交易结算的申请人银行账号信息。

9.2.2 企业网络商品经营者

资质证明应包括：

（1）营业执照；

（2）税务登记证；

（3）公司法人有效身份证件；

（4）公司委托授权书；

（5）公司详细的通信地址及联系方式；

（6）公司银行帐号；

（7）其他必须的相关证件及证明。

9.2.3 特殊业务许可

销售特殊商品的（如酒类、医药等商品）网络商品经营者，应按照国家有关规定，提交特殊许可证件。

9.2.4 资质存储时限

网络商品经营者信息保存时间从经营者在网络交易平台的登记注销之

日起不少于两年。

9.3　责任和义务

平台运营商应保障网络商品经营者交易行为的顺利实施，保障其合法权益。应在网络商品经营者入驻、退出前依据平台管理制度履行告知义务。

网络商品经营者应充分了解平台的各项管理制度，对所发布的商品交易及服务信息负责，保障商品消费者的权利，维护平台的权益。

9.4　服务规范

平台运营商应监督、管理网络商品经营者，切实履行平台各项管理规章政策。对各项管理规章变动应给与公示，定期组织网络商品经营者进行培训。

9.5　管理机制

9.5.1　入驻及退出

平台运营商应明确告知网络商品经营者入驻及退出流程，签订入驻及退出服务协议，履行服务内容。

9.5.2　监督及管理

平台运营商应保证入驻网络商品经营者认真履行相关责任。应建立抽查、举报、投诉机制加强对网络商品经营者管理。

平台运营商应依据国家相关法律和管理规定，配合行政职能部门对商品经营者的商品交易活动进行监督和管理。

9.5.3　违规处罚

平台运营商应对违反平台管理制度的网络商品经营者，根据情节、态度、结果、损害等因素给予警告、公示、降级、罚款直至关停店铺，禁止继续从事网络商品交易的处罚。

10　网络商品交易管理

10.1　要求

网络商品交易应保障商品交易方合法的权益，以独立、公平、公开的处理原则调解、管理商品交易方的交易行为。

10.2　信息公开

便于商品交易方及浏览者明确交易流程、查阅资质证明，应真实、明晰的阐明交易内容。

10.2.1 平台资质信息

应在平台主页面或者从事经营活动的网页醒目位置公开企业营业执照、税务登记证、增值电信业务经营许可证及其他运营交易平台所必须办理的各项特殊业务许可证或其证件的电子连接标识。

10.2.2 平台服务信息

应在平台主页面或者从事经营活动的网页醒目位置公开平台运营商各项网络商品交易服务管理制度。方便商品交易双方及第三方机构查阅。包括但不限于用户注册协议、商品交易保障、商品交易纠纷处理、商品经营者管理制度等。

10.2.3 平台警示信息

应在平台主页面或者从事经营活动的网页醒目位置公开不良或问题商品的下架或处理决定、网络商品交易纠纷的处理结果、对商品交易双方违反平台运营管理制度的处理决定、平台运营商认为有必要发布保障商品交易双方合法利益的其他信息。

10.3 交易保证金

10.3.1 收取原则

保证金是平台运营商为了保证网络商品经营者能履行相应的责任、保证商品交易的顺利实施所收取的费用。保证金应在商品经营者自愿的情况下交纳。

10.3.2 管理原则

平台运营商应建立保证金管理相关制度，保障保证金资金的安全，防止挪用、抽取保证金情况。

10.3.3 扣除、退还

对网络商品经营者的违规行为，平台运营商应按相关管理制度扣除保证金。网络商品经营者退出平台后，保证金应延期三个月内予以返还。

10.4 资金结算

平台运营商应统一负责网络商品交易资金结算，禁止网络商品经营者直接收取商品消费者资金。并在商品交易完成15天后与商品经营者结算付款，保障商品消费者商品交易安全。

10.5 订单管理

10.5.1 订单信息

订单应是由平台根据商品交易方交易内容自动生成。其内容应包含商品交易方及所交易商品的详细内容，包括但不限于收款信息、商品信息、配送信息、退换货保障、售后服务、结算信息，备注信息等。

10.5.2 法律效应

订单应是电子化购货凭证或服务单据，具有法律约束力，是平台运营商处理交易收款、退货、投诉、调解的依据。

10.5.3 订单时限

平台运营商保存网络商品交易订单备份时间应自交易完成之日起不少于两年。

10.6 促销管理

10.6.1 促销定义

以提高网络商品经营者和网络商品交易平台的访问量、销售量为目的，所开展的在特定时间内或针对固定客户群体所开展的商品营销行为。其促销手段包括单不限于网络商品交易的团购、秒杀、竞拍等形式。

10.6.2 权益保障

商品促销活动应建立在真实、公平、可靠的基础上，保障参与促销活动的网络商品交易方的权益。

10.6.3 促销交易

促销交易从商品质量、售后保障、订单管理、交易保障、服务窗口宜参考一般网络商品交易规则执行。

10.6.4 促销管理

应以促销活动发起方为第一责任人，并由网络商品交易平台或第三方机构进行监督、管理。对虚假促销、不公平竞争等不良行为应建立处罚机制及公告机制。

10.7 违规交易

不应提供和买卖未经审批的需要相应资质或法律法规和政策条例规定必须禁止的商品或服务。

10.8 信用体系

10.8.1 收集及建立

平台应根据网络商品经营者的经营性质、商品性质、交易情况、奖惩情况及服务内容的不同，建立经营者资信档案。

平台应根据网络商品消费者的交易情况、个人资信、身份认证、资金认证及交易内容的不同，建立消费者资信档案。

对网络商品交易方的资信情况，应在明显位置给予公示，方便在进行商品交易前进行参考。

资信信息的收集和使用应遵循SJ/T 11445.2、DB21/T1628.1 及其它相关标准的规定。

10.8.2 交易评价

平台应在商品交易方完成交易行为后，对彼此交易履行情况给与评价。

10.8.3 商品评价

平台应在商品交易方完成交易行为后，对交易的商品质量、价格等给与评价。

10.8.4 监督及管理

平台应对网络商品经营者资信情况定期抽查、审核，应禁止任何变更、修改、伪造资信的行为，保障信用体系的安全。

11 平台运营商破产、倒闭

11.1 要求

a）网络商品交易平台运营商不能继续履行商品交易平台管理和服务，应在不损害商品交易方利益的情况下，申请破产、倒闭。

b）平台运营商在破产倒闭前三个月之内应终止网络商品交易行为。

c）破产倒闭流程应按照国家工商总局关于企业破产倒闭相关规定处理。

11.2 公示和备案

申请破产倒闭的平台运营商应在平台首页显著位置予以公示。并向上级主管部门备案。

11.3 交易处理

平台运营商对商品交易方未完成的交易，应予以完成，并不继续新的交易服务。

11.4 资金处理

平台运营商经管的商品交易方未结清资金，应予以结算。

12 网络商品交易平台安全管理

12.1 风险管理

平台运营商应对所有已经涉及到和可能涉及到的商品交易行为中存在的风险进行分析，制定风险对策和措施，保证网上商品交易安全实施。

12.2 基础设施管理

平台运营商应对所有已使用或暂未使用的平台基础设施进行登记管理，对基础设施的维护、升级、销毁情况记录，对重要的基础设施设定负责人制度。

12.3 环境管理

12.3.1 工作环境

应依据平台管理人员工作性质的不同，建立公司内部网络与互联网控制及授权访问制度，保证各个工作区间的相对独立性。

12.3.2 操作环境

平台管理人员应在多操作环境下对平台的性能进行整体测试，满足不同操作环境、不同层次浏览者的安全需求。提高平台操作环境的包容性。

12.4 系统及应用安全

平台应采用最少开放原则，仅提供平台使用者满足平台服务的最少应用安全接口。对所有平台提供服务进行系统评定，建立服务风险等级和控制方法。

12.5 数据安全

12.5.1 数据资料安全

平台存储数据如商品数据、会员数据、订单数据、财务数据应建立定期备份系统，防止意外性崩溃和损毁。对敏感及关键性数据应采取加密存储的方式。

12.5.2 数据传输安全

平台应对与访问者所建立的物理性数据通道，进行安全评估。对于资金结算、账号密码、个人信息等数据，在传输过程中应采取私钥等加密传输方式。

12.6 权限管理

权限应根据使用者的不同而设定，可分为访问权限、管理权限、维护权限三层。

12.6.1 访问权限

平台应根据网络访问者不同的性质和需求，设定访问权限。进行商品处理、订单管理、资金管理、交易管理等。不同权限的不能跨权限管理。

12.6.2 管理权限

平台应根据平台管理人员的工作性质不同，设定不同的权限。例如客服权限、财务权限、交易权限等。相互权限之间可以重叠。

12.6.3 维护权限

平台应根据平台技术人员的维护性质不同，设定维护权限。例如数据维护、代码维护、备份维护等。

12.7 网络商品经营者安全保证

平台应保障网络经营者的商品信息安全、交易信息安全，防止信息泄露对网络商品经营者的损失。

12.8 资金结算安全

平台应选择具有网络支付结算资格的网络支付平台合作，对所有资金的处理均采用加密认证的方式。

12.9 个人信息保护

12.9.1 要求

平台运营商应遵循SJ/T 11445.2、DB21/T1628.1保证网络商品交易方的个人信息安全。

12.9.2 个人信息的获取及利用

平台运营商应确保用户的个人信息，仅用于网络商品交易、提供网络商品交易平台服务等相关的活动，不得用于其他目的。

平台运营商应与用户签订隐私权保护协议（用户注册协议），并采取妥善的安全保密措施保护所有涉及用户隐私的信息。

非经用户同意，平台运营商不应以营利为目的向任何第三方披露、转让、使用或出售交易当事人名单、交易记录等涉及用户隐私或商业秘密的数据，但法律、行政法规另有规定的除外。

12.9.3　信息保护

平台运营商应允许用户个人维护自己的个人信息，并有权删除。

商品的经营者在停止网络商品交易服务后，平台运营商应禁止商品的经营者调阅、管理所获得的个人信息。

12.9.4　事故处理

如网络商品交易方个人信息因为任何原因造成披露的应及时告知个人信息被披露方，以适当的方式通报个人信息主体，并提供对应的解决方案。如造成大量网络商品交易方个人信息泄露或危害程度相对严重，应上报相应的主管部门并及时挽回或弥补损失。

12.10　知识产权保护

网络商品经营者在商品交易过程中所使用的任何图片、文字、视频、商标均应符合中国知识产权保护法的规定。

网络商品经营者应遵循相关法规和SJ/T 11445.2，采取必要的保护手段保护注册商标专用权、企业名称权等权利，对权利人有证据证明网络交易平台内的经营者实施侵犯其注册商标专用权、企业名称权等权利的行为或者实施损害其合法权益的不正当竞争行为的。

13　培训教育

13.1　平台管理者培训及教育

应依据平台运营商的运营人员服务性质不同，为平台运营商的运营人员学习新的知识、技术，总结信息服务管理经验，提供培训机会，不断提升平台运营商的运营人员的服务能力。

13.2　商品经营者培训及教育

应依据平台的服务内容、管理模式变更及完善，定期组织网络商品经营者学习新的制度、经验、技巧，不断提升网络商品经营者的经营能力。

14　持续和改进

平台运营商应依据相关法规、需求变化、建议、投诉等，持续改进和完善平台管理，保障消费者的利益，维护网络商品交易的稳定和公平公正。

参 考 文 献

[1] SB/T10518–2009 电子商务模式规范

[2] SB/T10519–2009 网络交易服务规范

[3] 国家工商行政管理总局令第 49号 网络商品交易及有关服务行为管理暂行办法

DB21

IT服务标准辑录

辽 宁 省 地 方 标 准

DB21/T 1799.10–2014

信息服务管理规范 第10部分：其他专业类服务管理 网格化社会管理系统

ITSM Specification Part10: Other professional category service management
—Gridding Social Management System

2014–07–15 发布　　　　　　　　　　　2014–09–15 实施

辽宁省质量技术监督局　发布

前　言

DB21/T 1799《信息服务管理规范》分为10个部分：
——第1部分：总则
——第2部分：计算机信息系统集成管理
——第3部分：计算机信息系统运营和维护管理
——第4部分：软件服务管理
——第5部分：数据加工和处理管理
——第6部分：内容和增值服务管理
——第7部分：数据库服务管理
——第8部分：电子商务服务管理
——第9部分：信息化工程监理
——第10部分：其它专业类服务管理

本部分是DB21/T 1799的第10部分。

本标准依据GB/T 1.1—2009《标准化工作导则　第1部分：标准的结构与编写》制定。

请注意本文件的某些内容可能涉及专利。本文件的发布机构不承担识别这些专利的责任。

本部分由大连市经济和信息化委员会、中共大连市委政法委员会提出。

本部分由辽宁省经济和信息化委员会归口。

本部分起草单位：大连运邦科技发展有限公司、大连软件行业协会、大连市社会管理综合治理委员会、大连市西岗区信息中心、大连市西岗区365市民大楼服务中心、大连理工大学、辽宁轻工职业学院。

本部分主要起草人：周传东、韩雪、马丽群、董杰、叶淑芳、李中砥、王爽、孙鹏、尹宏、牟楠、杨万清、冯卫民、徐鑫、张志刚、张宗民、金海艳、付英超、王大贺、谷锐、郑长征。

本标准于二〇一四年七月十五日首次发布。

引　言

0.1　综述

随着经济社会的飞速发展，各类社会问题日益突出，矛盾不断加剧。如何进一步创新社会管理，以维护社会稳定，促进经济社会可持续发展，成为党和国家在新时期面临的一个重大课题。党的十八大报告明确指出，"必须从维护最广大人民根本利益的高度，加快健全基本公共服务体系，加强和创新社会管理"。所以，创新社会管理的出发点和落脚点都应该是为人民群众服务，通过创新社会服务来不断实现好、维护好、发展好最广大人民群众的根本利益。从这一意义上来说，政府社会管理创新的关键在于社会服务的创新。

现行的以社区为基本单元的社会管理服务模式，因其人员配置、工作模式等的制约，已无法让政府开展的各种工作能够细腻度的渗透到每一个群众中去。因此，急需一种新的管理服务模式来为群众提供更加多元化、精细化、个性化的管理服务。

0.2　网格化社会管理

网格化社会管理是运用数字化、信息化手段，以省、市、区、街道、社区、网格为区域范围，以事件为管理内容，以处置单位为责任人，通过网格化社会管理平台，实现信息联动、资源共享的一种社会管理新模式。

网格化社会管理依托统一的社会管理以及数字化的平台，将所管理辖区按照一定的标准划分成为网格（一般把1个社区划分为若干个网格）。把人、地、物、事、组织等内容全部纳入其中，实施精细化、信息化、动态化社会服务管理，是社会管理方式的一种革命和创新。

0.3　网格化社会管理的必要性

推行网格化社会管理是实现创新社会管理的有效途径，也是维护最广大人民根本利益的重要保障。

1.将过去被动应对问题的管理模式转变为主动发现问题和解决问题；

2.管理手段数字化，包括管理对象、过程和评价的数字化，保证管理的敏捷、精确和高效；

3.是科学封闭的管理机制，不仅具有一整套规范统一的管理标准和流程，而且上报、分流、办理、反馈、评价、归档六个步骤形成一个闭环，从而提升管理的能力和水平。

通过网格化社会管理，政府能够主动发现，及时处理，加强政府对社会的管理能力和处理速度，将问题解决在居民投诉之前，将过去传统、被动、定性和分散的管理，转变为今天现代、主动、定量和系统的管理。

0.4　网格化社会管理系统

通过网格化社会管理系统，采集、管理社会基础数据资源和地理空间信息；反映社情民意，解决社会热点、难点问题；及早预防和化解影响社会和谐稳定的源头性、基础性、根本性问题；快速响应和处置重大社会事件。实现规范社会管理流程、提高行政效能、创新社会管理机制，全面提升社会管理的网络化、规范化、科学化水平。

网格化社会管理系统的建设和应用，首先形成了主动管理服务的良好态势。二是通过畅通民意渠道，提升了群众的幸福感和满意度。三是通过整合服务资源，提高了社会管理的效率和质量。四是通过严格规范管理，强化了干部队伍素质和作风建设。因此，网格化社会管理已经成为我国社会管理创新的一个重要模式。

Contents
目录

信息服务管理规范 第10部分：其他专业类服务管理 网格化社会管理系统

1 范围

本标准规定了提供网格化社会管理系统时，业务系统设计、系统规划设计、系统实施、技术支持、项目监理、服务规划等的一般要求和规则。

本规范适用于实施网格化社会管理系统建设运行的各类组织。

2 规范性引用文件

下列文件对于本文件的应用是必不可少的。凡是注日期的引用文件，仅注日期的版本适用于本文件。凡是不注日期的引用文件，其最新版本（包括所有的修改单）适用于本文件。

DB21/T1799.2 信息服务管理规范 第二部分 计算机信息系统集成管理规范

3 术语、定义和缩略语

DB21/T 1799界定的以及下列术语和定义适用于本文件。

3.1 网格 grid

社会管理的基本单位，根据社会管理工作的需要，按照一定原则划分的、边界清晰的多边形实地区域。

3.2 事件 event

人为或自然因素导致社会生活秩序或社会环境受到影响或破坏，影响人民安居乐业引发的活动、状态。

3.3 网格员 grid staff

在指定网格内巡查、上报事件、并核实反馈事件信息的工作人员。

3.4 监督中心 supervision center

实现事件信息收集、事件处理结果监督及管理状况综合评价等功能的组织机构。

3.5 事件指挥中心 event command center

实现指挥和协调专业部门、分流事件处理任务、反馈事件处理结果等功能的组织机构。

3.6 终端设备 terminal device

经由通信设施向系统输入基础资源数据或事件数据等或接收系统输出处理后的基础资源数据或事件数据的设备。

3.7 地理空间数据 geospatial data

地理空间框架数据、网格数据和人、地、物、组织的空间分布特征的数据。

4 要求

本部分遵循DB21/T 1799.1的一般原则和要求，重点描述网格化社会管理系统的功能设计、规划设计、建设验收、运行维护等。

网格化社会管理系统的一般原则和要求，参照DB21/T 1799.1执行。

实施网格化社会管理系统，应同时使用DB21/T 1799.1和本部分。

5 业务系统设计

5.1 业务说明

应提供基础资源数据采集功能，实现手工录入、外部数据导入等多种灵活方便的数据采集方式；

应提供社会事件协调处理功能，实现从事件上报到事件最终办结的全部处理操作；

应提供工作人员记录日常工作的功能；

应提供对重大社会事件指挥调度的功能，实现基础资源数据、地理空间信息与事件处理的联动；

应提供维护和展示地理空间信息的功能，并实现地理空间信息和基础资源信息等的关联；

应提供对工作人员的工作情况和发生的社会事件进行考核和评估的功能；

应提供工作人员在终端设备中进行以上操作的功能。

5.2 业务流程

可采用"六步闭环法"作为系统中的事件处理流程。包括：事件上报、事件分流、事件办理、事件反馈、事件评价、事件归档六个步骤。具体流程参看图1。

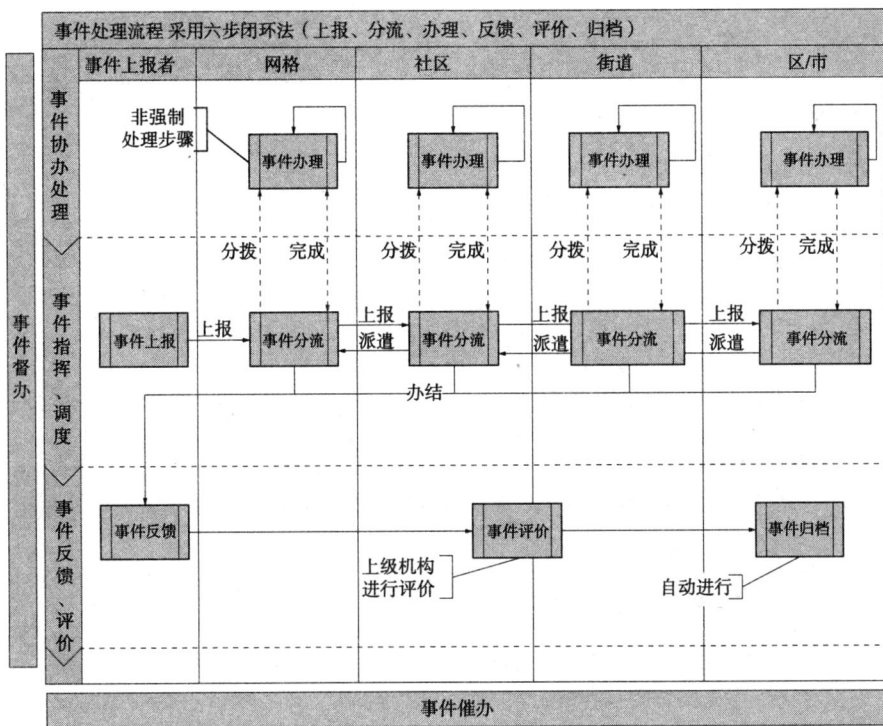

图1　系统事件处理流程

5.2.1　事件上报

事件上报途径包括网格员通过终端设备现场上报、市民通过热线电话举报、辖区人大代表和政协委员上报等。

5.2.2　事件分流

各级的指挥调度中心在接到上报事件后，依据事件的性质对事件分流。分流的方向可以是分拨到同级的其他业务部门、下派到下级部门或上报至上级部门。

5.2.3　事件办理

业务部门对接受到的事件进行处理。可采用处理的方式包括：办理、完成、办结等。

5.2.4 事件反馈

事件办结后，应自动流转到事件上报人处。由其对事件处理结果检查，对处理结果满意则"通过"进入评价环节，对处理结果不满意则"不通过"重新进入办理环节。

5.2.5 事件评价

应对反馈通过的事件进行评价，评价对象应包括事件处理过程和参与事件处理的人员。

5.2.6 事件归档

事件评价后，系统应自动对事件归档。

5.3 监督中心

a）可对在办的事件进行催办和督办等操作；

b）应由监督中心来对事件进行监督；

c）可在市、区、街道分别设置监督中心，也可在市或区级设置一个统一的监督中心；

d）若存在多个监督中心，每个监督中心应只能监督自己辖区内上报的事件。

6 系统规划设计

设计原则

a）系统建设中应注重整合和共享已有资源；

b）应保持系统的开放性，宜预留标准的业务操作接口和数据交换接口；

c）应符合建设方的整体信息化建设规划方案。

系统架构设计

6.2.1 与其他系统的关联

a）应考虑与横向、纵向系统间的互联互通；

b）与其他系统间的协同应用可采用webservice方式。

6.2.2 基础设施要求

a）系统基础设施应具备安全性、健壮性及可扩展性；

b）系统基础设施应支持系统数据的分布式存储。

6.2.3 功能模块

a）应包括地理空间系统、基础数据库系统、事件处理系统、指挥调度系统、日常工作系统、考核评估系统、终端系统等；

b）地理空间系统和基础数据库系统应提供网格化社会管理系统所需的空间地理信息、"人、地、物、组织"信息及其他信息；

c）系统基本功能框架应符合图2的规定。

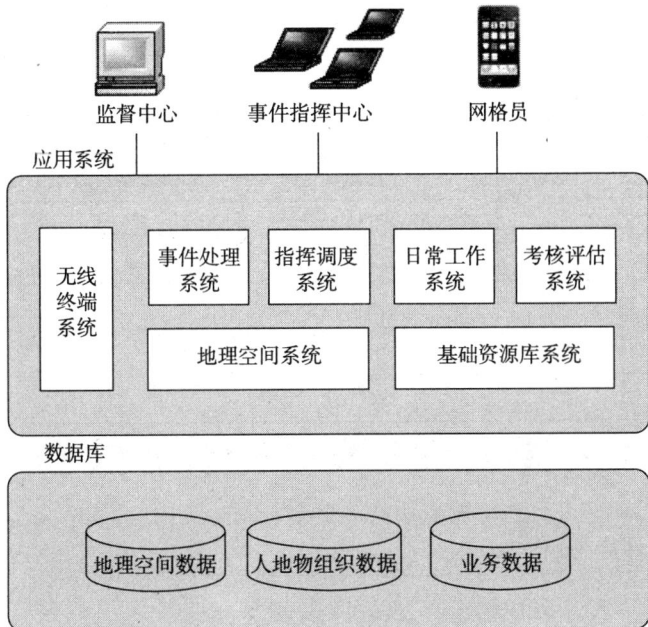

图2 系统基本功能框架

6.2.4 系统基本性能

a）终端平台与基础数据平台之间的数据传输时间不宜超过30s；

b）基础数据平台与其他平台之间的数据传输时间不宜超过20s；

c）业务数据查询的系统处理时间不宜超过20s，业务数据统计的系统处理时间不宜超过30s；

d）地图初始化的系统处理时间不宜超过30s，地图操作的系统处理时间不宜超过20s。

6.3 数据管理规划

6.3.1 地理空间数据

a）基础地理空间数据应包括基础地形数据和遥感影像数据，为网格划分、部件采集和事件定位等提供统一的空间位置参照；

b）基础地形数据应包括行政区划、道路、铁路、建筑物、绿地和河流、海洋等内容；

c）基础地形数据应采用矢量数据，并符合表1的规定；

d）基础地形数据应基于1:500~1:2000比例尺城市基础地理信息数据再加工处理（实地调查和修测）；

e）遥感影像数据空间分辨率宜为0.1m~0.5m，平面位置中误差不宜大于2m；

数据种类	矢量形式	位置信息	核心属性信息
行政区划	面	行政区域边界	行政区域名称；行政区域等级记
道路	面或线	道路边线组成的闭合多边形或道路中心线	道路名称、类别、等级
建筑物	面	建筑边界	建筑名称、门牌号码地址
绿地	面	绿地边界	绿地名称、等级
水体	面	水体边界	水体名称、类别、等级

表1　基础地形数据要求

6.3.2　"人、地、物、组织"数据

a）数据应包括人、地、物、组织四个方面且可以互相关联。

b）"人"应包括基本人员数据、重点服务人员数据、救助人员数据、重点管理人员数据等；

c）"地"应包括房屋住宅数据、重点部位数据、特种行业数据、重点场所数据等；

d）"物"应包括重点设施数据、重要物品数据、防空设施数据等；

e）"组织"应包括机关单位数据、企业数据、事业单位数据、社会组织数据、基层组织数据等；

f）应对上述数据进行质量检查，检查应内容包括数据的完整性、准确性；

g）应按照数据属性对数据进行分类管理；

h）应以"地理空间数据"标识出"人、地、物、组织"的地理空间信息。

6.3.3 业务数据

a）业务数据应包括上报、分流、办理、反馈、评价、归档等事件处理环节的数据；

b）业务数据中的时间数据宜以"YYYY-MM-DD hh:mm:ss"的格式记录，取值可为与授时服务器同步的服务器时间；

c）事件发生位置数据应包含事件发生所在区（县）、街道（镇）、居委（村）、网格、地理位置坐标等；

d）事件简述数据可包含文字、图片和声音等多媒体信息；

e）在事件处理环节，系统应自动记录此环节的处理人和处理时间；

f）应以"地理空间数据"标识出"业务数据"发生的地理空间信息；

g）应以"人、地、物、组织"数据标识出业务中关联的人员、建筑、组织等信息。

6.3.4 数据采集

a）对已有业务系统中的数据宜转化为标准格式的数据后导入到本系统中；

b）对需要新采集的数据，应提前编制好数据采集表格；

c）数据采集时应保证数据的真实性、完整性和时效性。

6.3.5 数据交换

a）应规划、设计数据安全交换平台，保证网络之间数据交换的完整性、可靠性、安全性，制定数据交换事件恢复策略；

b）应实现与外部信息系统的数据交换。交换数据可包括事件描述信息、事件办理信息、专业空间数据信息、考核评估信息等；

c）数据交换和传输的并发能力应能保证系统正常工作；

d）支持HTTP超文本传输协议和SOAP简单面向对象访问协议。

6.3.6 数据检查

a）检查可采用程序自动批量检查或人机交互检查方式进行；

b）对矢量数据应进行相邻图幅要素属性及几何图形之间的物理接边或逻辑接边，保证数据的逻辑无缝、关系正确和要素属性一致；

c）检查的内容应包括数据是否存放在规定的数据表中、入库后的数据是否完整、数据是否重复入库等；

d）数据入库后，应建立高效率的数据索引；

e）应按照数据库设计方案，对数据库中各类数据的数量、范围和内容以及数据之间的集成关系进行等进程测试。

6.3.7　数据安全

a）系统宜自动生成数据操作日志，记录数据变化过程；

b）应按数据备份计划，定期对系统数据进行备份；

c）存放备份数据的介质应有明确的标识，备份数据宜异地存放；

d）数据恢复前，应对原环境的数据进行备份，防止有用数据的丢失。

6.4　应用系统规划

6.4.1　基础资源库系统

a）应具备数据录入、修改、删除、查询、统计等基本数据操作功能；

b）应自动建立数据之间的关联关系；

c）应适用在系统运行过程中数据需求不断更新和扩展的变化。

6.4.2　事件处理系统

a）事件处理系统应包括事件上报、事件处理、事件查询、事件督办、事件管理等模块；

b）事件上报时应记录事件详细发生地点并记录其基础地理信息坐标；

c）事件处理模块宜具有事件分流、事件办理、事件驳回、事件办结、事件反馈、事件评价等功能；

d）事件反馈的接受者应是事件的上报人；

e）事件评价者应不宜为事件办结人；

f）事件查询模块宜提供在办查询和归档查询功能；

g）进行事件督办时，应能自动记录督办人员的级别；

h）事件管理模块宜提供事件挂起和事件恢复功能；

i）事件挂起操作应只能对在办的事件进行。

6.4.3　日常工作系统

a）日常工作系统应包括民情日志、舆情收集等模块；

b）民情日志和舆情收集模块应提供上传工作现场影像资料的功能。

6.4.4　指挥调度系统

a）指挥调度系统应整合地理空间数据和业务数据信息，实现基于地图的监督指挥功能，应能够对发生事件的位置、周边环境、处理过程以及工作人员在岗情况、综合绩效评价等信息进行实时监控；

b）指挥调度系统宜实现指挥中心与公安、消防、三防、卫生等指挥中心之间的语音通信和调度；

c）指挥调度系统应能在适合多人共享的显示设备（大屏幕）上显示；

d）指挥调度系统应按信息类别（地理、事件等）分区域显示。

6.4.5　考核评估系统

a）考核评估系统应包括绩效考核、分析评估等模块；

b）绩效考核模块应包括自动考核、人工考核、考核项目等功能；

c）自动考核功能应自动汇总统计工作人员、工作岗位、工作部门等在系统中的工作量并按既定规则评价；

d）人工考核功能应提供上下级和平级之间工作人员的相互评价；

e）分析评估模块对系统中的数据信息应进行自定义分析、统计，并以表格、图形等多种形式直观展现结果。

6.4.6　终端系统

a）终端系统应包括事件处理、数据采集、日常工作等模块；

b）事件处理模块应包括事件上报、事件分流、事件办理、事件反馈等功能；

c）数据采集模块应包括数据上报、数据查询等功能；

d）日常工作模块应具有显示工作人员实时位置，并自动上传工作轨迹等功能；

e）终端系统宜支持拍照、摄像、录音等多媒体功能，并可将这些多媒体资料上传到服务器。

6.4.7　地理空间系统

a）应支持地理空间数据和基础数据、业务数据的关联；

b）应提供适用的地理信息服务，实现空间数据查询、显示、分析等功能；

c）应支持使用通用编程语言进行二次开发；

d）应支持常用数据格式的转换。

6.5　信息安全规划

6.5.1　物理安全

应包括环境安全、设备安全、媒体安全、信息资产的物理分布、人员的访问控制、审计记录、异常情况的追查等。

6.5.2　网络安全

应包括网络拓扑结构、网络设备的管理、网络安全访问措施（防火墙、入侵检测系统、VPN等）、安全扫描、远程访问、不同级别网络的访问控制方式、识别/认证机制等。

6.5.3　数据加密

应包括加密算法、适用范围、密钥交换和管理等。

6.5.4　数据备份

应包括适用范围、备份方式、备份数据的安全存储、备份周期、负责人等。

6.5.5　病毒防护

应包括防病毒软件的安装、配置、对外接存储设备的使用、网络下载等做的规定等。

6.5.6　系统安全

应包括网络资源访问策略、数据库系统安全策略、应用服务器系统安全策略、其他业务相关系统安全策略等。

6.5.7　身份认证及授权

应包括认证及授权机制、方式、审计记录等。

6.5.8　安全教育

应包括安全策略的发布宣传、执行效果的监督、安全技能的培训、安全意思教育等。

6.6　系统运行环境

应符合DB21/T1799.2第7.3章。

7　系统实施

7.1　系统建设

7.1.1 项目管理

应符合DB21/T1799.2第9、10章。

7.2 系统测试及试运行

a）在系统建设过程中的各阶段，应分别对系统进行功能测试、集成测试、系统测试和压力测试；

b）在系统建设完成后，对系统进行总体测试；

c）依据上述测试结果，形成测试结果报告书；

d）在系统试运行阶段应对系统的健壮性、稳定性、可靠性、安全性等进行评估，并形成评估报告书。

7.3 系统验收

a）应用系统的功能和性能应符合第6章的规定；

b）应对各业务系统的功能、性能及各系统之间的关联功能和其开发文档等进行验收；

c）应在系统实施过程中进行分阶段验收，并在系统试运行结束后，组织竣工验收；

d）对未经软件测评通过的业务系统，应在验收前进行测评；

e）验收应提供项目实施报告、测试报告、试运行报告、资金使用情况报告，及项目实施过程中形成的所有文档，并形成最终验收报告；

f）在系统交付客户时，还应提供系统建设各阶段的测试报告书和试运行阶段系统评估报告书。

7.3.1 业务运行验收

a）各级"监督中心"和"指挥调度中心"应能正常运行，且分工明确、衔接紧密；

b）应建立并执行了有效的监督管理制度、事件调度制度、绩效评价制度，形成了社会管理的长效机制；

c）系统实际有效管理范围宜至少覆盖预期的70%以上；

d）事件处理部门的接入率宜达到90%以上。

7.3.2 地理空间数据验收

a）应实现地理空间数据与基础数据和业务数据的关联；

b）应提供基于浏览器的GIS服务，在通用浏览器中可展现空间数据；

c）应支持二次开发和常用地图数据格式的转换。

7.3.3　文档资料验收

a）文档资料应包括业务运行模式建设文档、建设过程文档、项目总结文档等；

b）业务运行模式文档应包括组织机构建设、运行管理机制等相关的政府文件和管理制度文档；

c）建设过程文档应包括应用系统开发、软硬件采购、网络建设、地理空间建设、系统集成等全过程文档；

d）项目总结文档应对项目的全过程，特别是验收评估内容进行总结说明。

8　技术支持

应符合DB21/T1799.2第11章。

9　项目监理

应符合DB21/T1799.2第12章。

10　服务规划

10.1　日常管理

a）应编制网格化社会管理系统的运行维护管理制度，配备系统管理人员；

b）宜根据GB_20269-2006-T的规定编制网格化社会管理系统的安全管理制度；

c）应监控系统功能和系统运行环境的实时状态，分析报警信息，处置相关故障，系统运行日志记录保存时间不宜低于1年；

d）应编制巡检计划，对系统运行环境进行检查保养，做好巡检记录，巡检频率不宜低于每周1次；

e）应对日常维护文档进行分析，定期形成维护工作报告。

10.2　数据维护

a）基础地理空间数据、网格数据应由专门机构（个人）统一维护；

b）基础地理空间数据更新周期不宜超过1年、网格数据应及时更新；

c）基础地理空间数据宜每月进行增量备份，每年进行全备份；

d）"人、地、物、组织"数据宜每周进行增量备份，每月进行全备份；

e）业务数据宜每日进行增量备份，每周进行全数据备份。

10.3　应急管理

a）应编制系统运行应急预案，包括系统运行环境和系统功能异常情况的应对方案；

b）系统管理人员应根据应急预案定期组织演练，其中异地机房启用和备用网络切换的演练次数每年不宜少于2次；

c）异地机房启用和备用网络切换从下达指令至进入运行状态不宜超过30min。

参 考 文 献

[1]GB/T 19688.1—2005 信息化工程监理规范 第1部分 总则

[2]GB/T 19688.2—2007 信息化工程监理规范 第2部分 通用布缆系统工程监理规范

[3]GB/T 19688.3—2007 信息化工程监理规范 第3部分 电子设备机房系统工程监理规范

[4]GB/T 19688.4—2007 信息化工程监理规范 第4部分 计算机网络系统工程监理规范

[5]GB/T 19688.5—2007 信息化工程监理规范 第5部分 软件工程监理规范

[6]GB/T 19688.6—2007 信息化工程监理规范 第6部分 信息化工程安全监理规范

[7]GB/T 22080—2008信息安全管理体系–要求

[8]GB/T 22081—2008信息安全管理实用规则

[9]GB_20269–2006–T 信息安全技术 信息系统安全管理要求

[10]ISACA COBIT 信息及相关的控制目标

[11]本规范涉及系统集成相关的所有国家标准

[12]DB21/T1799.2 信息服务管理规范 第二部分 计算机信息系统集成管理规范

[13]GB/T 24405.1–2009 信息技术 服务管理 第1部分：规范

[14]GB/T 24405.2–2010 信息技术 服务管理 第2部分:实践规则

[15]DB21/T 1799.2—2010 信息服务管理规范—第2部分：计算机 信息系统集成管理

[16]郎庆斌等著《信息监理–信息系统工程质量控制》 人民出版社 2005

附录A
（资料性附录）
大连市西岗区网格化社会管理系统

项目建设背景

大连市西岗区认真贯彻落实中央、省、市加强和创新社会管理实施意见，通过创建365市民大楼新平台，建立365工作新体系，开创了为民服务的新模式，走出了一条加强社会管理的新路子。365工作体系，就是以365市民大楼为中心，以网格化社会管理系统为支撑，以实现为社会和人民群众提供365天，全天候、全方位、全覆盖的管理和服务为目标的新体系。该体系自2012年3月启用后，及时消除了管理盲点，缩短了诉求反应时间，从源头上化解了一些矛盾，帮助百姓解决了许多实际困难，在社会和群众中产生了强烈反响，有效地促进了社会的和谐稳定。

项目建设概述

西岗区网格化社会管理系统是在365社会管理与社会服务信息平台基础上构建的，通过与365社会管理与社会服务信息平台的九大子系统有效对接，实现业务联动和数据共享，包括基础信息子系统、日常工作子系统、事件处理子系统、研判分析子系统、考核评估子系统、视频集成子系统、互动交流子系统、系统管理子系统、社会管理门户网站、移动终端软件、地理信息平台等十二部分。

系统框架设计如下图所示：

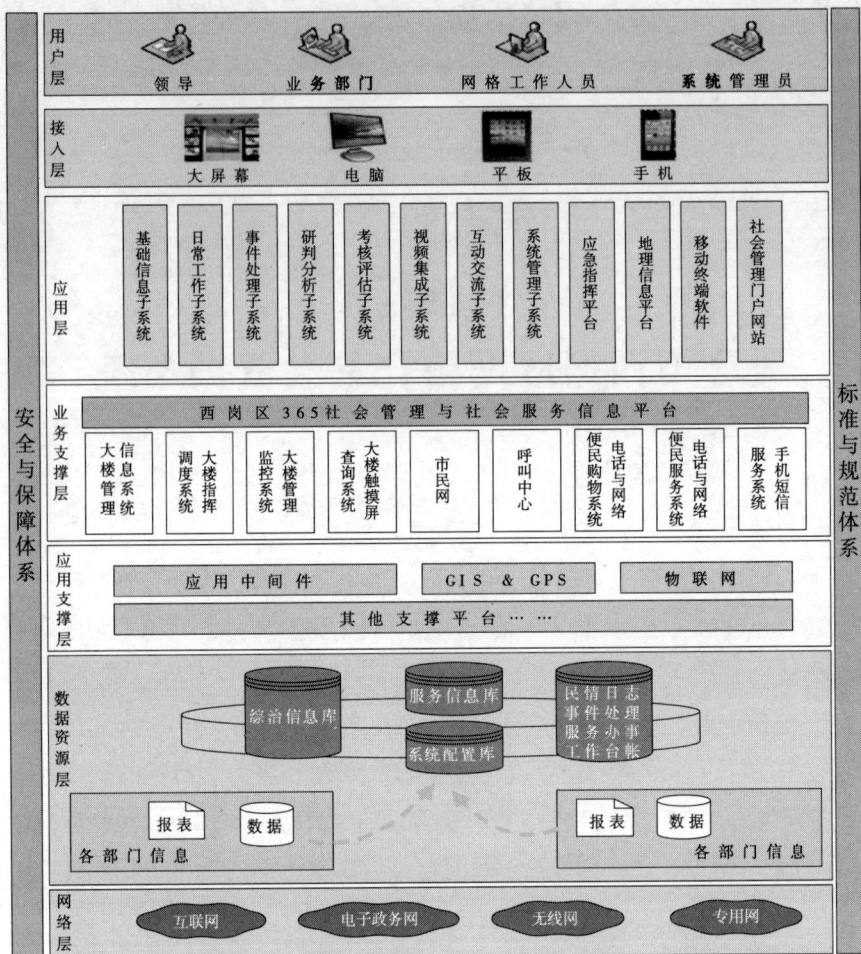

网络和硬件平台，对系统实现正常运行提供基础保证。网格化信息系统有四种网络途径，即大连市电子政务网、西岗区专用网、互联网和无线网。

数据资源层负责系统中数据资源的采集、存储与管理，采用一个物理数据库部署多个逻辑库的模式，具体包括基础信息库如重点人员、重点场所等，服务信息库，日常工作库如民情日志、事件处理、服务办事、工作台帐及系统管理和配置库。

业务支撑层，以西岗区365社会管理与社会服务信息平台为支撑，通过其九大系统提供相关接口服务，联通应用层与应用支撑层。

应用支撑层，主要包括了支撑系统运行的各种系统支撑软件，如应用中间件、GIS等。应用中间件支持Weblogic、Tomcat等。

应用层主要是各具体功能应用，包括系统支持的8个子系统以及社会管理门户网站和移动终端平台。

接入层主要实现各种用户的接入，系统可通过大屏、电脑、平板电脑、手机、门户网站对系统功能和业务进行接入和展现。

用户层是系统的各种用户，包括区领导、实施网格化管理部门、街道、社区以及社区居民等。

两大标准体系主要包括标准与规划体系和安全与保障体系，为系统的运行提供保障。一是标准与规范体系。在系统建设过程中，充分参考各种国家技术规范和行业标准，在技术上和管理上提供标准化依据，逐步形成社会管理的信息化标准。标准规范体系是系统正常运行的重要保障，包含了两方面的含义：数据标准化和管理标准化。数据标准化是指针对空间数据及相关业务数据标准化体系的建立；管理标准化是指制定社会管理各个相关负责主体的工作规范、考核标准等以健全日常工作体系。二是安全与保障体系。在系统建设过程中，充分考虑各层次的安全措施和安全技术手段，通过软硬件技术和安全管理手段以保证系统在安全稳定的环境中运行。通过机房管理、内外网隔离、数据加密、权限控制等安全机制实现对数据和信息的合法化访问。

系统运行效果

365工作体系运行时间不长，却显示出了很强的生命力。新体系促进了社会管理由粗放式向精细化转变、由运动式向常态化转变、由突击式向规范化转变，进一步满足了群众多样化、多层次、多方位需求。通过网格化管理，形成了主动管理服务的良好态势。通过畅通民意渠道，提升了群众的幸福感和满意度。通过整合服务资源，提高了社会管理的效率和质量。通过严格规范管理，强化了干部队伍素质和作风建设。

西岗区推进365工作体系的做法得到了各级领导的高度重视。中央政法委对其进行了专题调研，并把西岗区列为加强和创新社会管理直通车单位。认为这是创新社会管理的重要元素，也是一个新的平台，是为人民群众做的一件大好事，为大连市创新社会管理做出了榜样、带了个好头。

数字化社区教育实施规范（DB21/T2179-2013）

ICS35.020

L18

DB21

辽 宁 省 地 方 标 准

DB21/T 2179-2013

- -

数字化社区教育（学习）实施规范

Implementation Specification of Digitalization Community Education (Learning)

2013-10-14 发布   2013-11-14实施

- -

辽宁省质量技术监督局 发布

前　言

本标准依据GB/T1.1—2009《标准化工作导则 第1部分：标准的结构与编写》制定。

请注意本文件的某些内容可能涉及专利。本文件的发布机构不承担识别这些专利的责任。

本标准由大连市教育局提出。

本标准由辽宁省教育厅归口。

本标准起草单位：大连教育学院。

本标准主要起草人：赵德祥、郎庆斌、潘世君、王运河、尹宏、段玉霞、邵建利、石佚鹏。

本标准属首次发布。

引 言

0.1 综述

根据《国家中长期教育改革和发展规划纲要（2010-2020年）》"加强城乡社区教育机构和网络建设，开发社区教育资源"，"大力发展现代远程教育，建设以卫星、电视和互联网等为载体的远程开放继续教育及公共服务平台，为学习者提供方便、灵活、个性化的学习条件"的要求，为解决教育资源不均衡和教育不公平，使社区居民享受便捷、共享、低成本的终身教育环境，需要创新社区教育载体，深化社区教育内涵，提升社区教育质量，实现"以人为本"，落实"教育惠民"政策，推进全民终身学习，建设学习型社会。

0.2 社区教育

教育是科学、技术、知识和道德精神的传递、提升行为，以增进人们的知识、技能、影响思想活动，是教育者、受教育者和教育中介之间，以传递知识、经验，影响人的身心为直接目的的相互关系。因而，教育是教育者、受教育者之间知识传授、知识学习的有效性关系。

社区教育是为提高社区居民的素质和生活质量，促进社区和居民发展的教育活动。社区教育是为社区全体成员服务、满足全体成员及社区发展的各方面学习需求的全方位的终身教育。

0.3 数字化社区教育

数字化社区教育，是以数字化社区平台为载体（教育中介），以社区为基本教学单元，通过教育者的教学活动，满足受教育者（社区居民）的学习需要、学习意向和学习目的，构建数字化学习型社区。

数字化社区教育不是单纯的课堂式被动教学，更多的是采用以学习者为主的、多种方式的在线式互动教学。

0.4 数字化学习社区

学习是通过教授或体验获得知识、技术或价值意义的过程，以适应经验、实践或环境条件的变化，是受教育者接受教育者的教育形成的有效性关系。

数字化学习社区，是基于数字化社区平台（教育中介），获得教育者教学活动成果，满足受教育者（社区居民）的学习需要，构建以社区为基本单元的互动式学习环境。

0.5 标准建设

数字化学习社区是数字化社区教育的客体，是基于数字化社区教育形成的、以学习者为主体、以社区为基本单元的学习环境。因而，应以数字化社区教育为基准，建设教育、教学和学习适用的标准体系，规范教育者、受教育者和教育中介的行为。

*C*ontents
目　录

数字化社区教育（学习）实施规范

1 范围

本规范规定了与实施数字化社区教育（学习）相关的服务范畴、管理机制、数据中心、教育环境、资源管理、系统软件平台和支撑软件建设、应用系统平台建设、数据传输、安全管理、信息服务等的一般要求。

本规范适用于实施数字化社区教育（学习）涉及的各类组织。

2 规范性引用文件

下列文件对于本文件的应用是必不可少的。凡是注日期的引用文件，仅所注日期的版本适用于本文件。凡是不注日期的引用文件，其最新版本（包括所有的修改单）适用于本文件。

GB 17859–1999《计算机信息系统安全保护等级划分准则》

GB/T 19668.1–2005《信息化工程监理规范 第1部分：总则》

GB/T 22080–2008《信息技术–安全技术–信息安全管理体系：要求》

GB/T 22081–2008《信息技术–安全技术–信息安全管理实用规则》

GB/T24405.1–2009《信息技术 服务管理 第1部分：规范》

GB/T 24405.2–2010《信息技术　服务管理　第2部分：实践规则》

GB/Z 28828–2012《信息安全技术 公共及商用服务信息系统个人信息保护指南》

DB21/T 1799.1–2010《信息服务管理规范：总则》

DB21/T 1799.2–2010《信息服务管理规范：计算机信息系统集成管理》

DB21/T 1799.3–2010《信息服务管理规范：计算机信息系统运营和维护管理》

DB21/T1628.1–2012《信息安全 个人信息保护规范》

3 术语和定义

下列定义和术语适用于本标准。

3.1　社区 Community

社会成员在一定的地理区域内，基于生活环境，形成一定的社会关系，具有社会功能，规范社会行为的社会共同体。

3.2 数字化社区 Digitalization community

利用信息技术，有效整合社区资源，建立的基于互联网络的、高效的社区服务提供者与社区成员之间互动、交流的信息服务平台。

3.3 数字化社区教育 Digitalization community education

基于数字化社区建构的虚拟化学习环境。

4 范畴

4.1 要求

应根据不同社区、不同社区成员的学习需求，提供具有不同特点的社区教育服务。

4.2 服务提供

根据社区、社区成员不同的学习需求，识别、定义相应的教育服务功能，整合教育、教学资源，提供与学习需求相关的虚拟化学习服务环境。

4.3 服务交付

根据社区成员生活、学习需求，明确教育目标，识别、定义各类教育服务功能，整合教育、教学资源，提供满足社会生活需要的、不同类型的、适宜虚拟化学习的教育服务产品，并保证其可用性。

5 管理机制

5.1 组织管理者

相应政府组织管理者应重视社会经济生活中社区教育的重要性和特殊性，统一组织、管理数字化社区教育。宜组建相应的管理机构，指定专人负责，在资源、资金、管理等方面提供必要的支持。

5.2 管理结构

数字化社区教育管理结构，如图1示例。

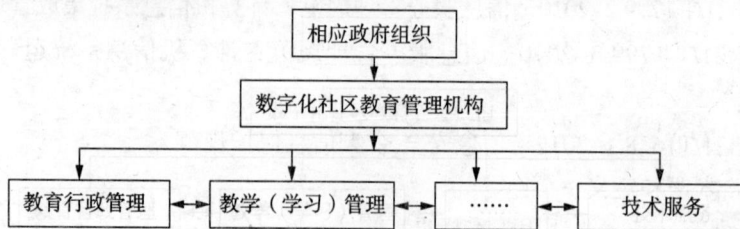

图1 数字化社区教育管理结构

5.3 管理机构

5.3.1 职能

数字化社区教育管理机构应指定专人负责，其主要职能包括：

a）制定、实施数字化社区教育计划；

b）建立规范、科学的数字化教育环境；

c）明确所有相关机构的职能和相关人员的职责及权限；

d）检查、评估、改进、完善数字化社区教育计划和相关活动；

e）数字化社区教育管理文档化，并提交数字化社区教育计划执行情况报告。

5.3.2 服务台

数字化社区教育管理机构宜设立服务台提供数字化社区教育相关服务，其主要职能应包括：

a）提供数字化社区教育相关咨询和服务；

b）提供利用数字化社区教育学习的建议和意见；

c）接受与数字化社区教育相关的建议和意见；

d）发布数字化社区教育相关信息；

e）沟通和交流；

f）其它应处理的问题。

5.4 教育管理

5.4.1 教学管理

宜规范数字化社区教育教学管理，包括：

a）明确数字化社区教育的目标；

b）编制教学规划和教学计划；

c）建立、健全社区教育管理体系，明确职责范围；

d）教学过程管理；

e）教学质量管理；

f）教学档案管理；

g）师资管理；

h）社区教育、教学研究；

i）教学、学习督导、检查、评估；

j）教学与学习成果评价等。

5.4.2　教学计划

宜根据社会要求、教育目的、教学计划和社区成员学习需求，制定普适的教学规划和一定时期内的教学计划，并根据社区教育需求的变化修改、调整。

5.4.3　教学方法和形式

教学方法可以包括集中式教学、在线式教学、在线互动式教学等。教学（学习）形式，可以采用课堂教学、自主学习等方式，也可借助BBs、uc、QQ、视频会议等手段开展教学或学习。

5.4.4　课程管理

5.4.4.1　课程建设

应根据社区成员的学习需求，建设适合社区教育特点的多元化数字化社区教育课程体系。

5.4.4.2　课程资源建设

应根据多元化数字化社区教育课程体系建设需要，采集、整合、优化相应的课程资源，设计课程体系、学习环境，实现资源重复利用、优质资源共享，提高教学质量和效果。

5.4.5　教务管理

应制定注册、考核等教学、学习活动的管理制度，监控教学、学习运行，管理教学日常事务，有序、规范社区教育服务。

5.4.6　教学过程管理

应根据社区教育的特点和规律，确定数字化教育教学活动的流程、方法和形式，采用计划、实施、检查、改进（PDCA模式）措施，监控、管理教学过程。

5.4.7　教学质量管理

应在数字化社区教育的教学过程各个阶段、环节实行质量控制，以提高、改进、完善教学质量，不断提升教育服务能力。

5.5　制度建设

应制定数字化社区教育管理的相关规章、制度，作为工作人员应遵循的行为准则，并应在实施过程中不断改进和完善。规章、制度宜包括：

a）数字化社区教育管理机构组织、职能和职责；

b）数字化社区教育行政管理；

c）数字化社区教育技术管理；

d）数字化社区教育安全管理；

e）数字化社区教育教学管理；

f）数字化社区教育资源管理；

g）数字化社区教育文档管理；

h）数字化社区教育服务台管理；

i）数字化社区教育管理改进、完善；

j）其它必要的管理规章等。

5.6 人员管理

5.6.1 要求

与数字化社区教育相关的管理人员、教学人员、其它辅助人员，应具有适应数字化社区教育需要的综合管理、业务素质和专业水平、实践能力、教学经验等，恪守职业道德，明确岗位职责和权限，保证数字化社区教育质量。

5.6.2 培训

应定期开展数字化社区教育相关的管理、业务、教学培训。与数字化社区教育相关的管理人员、教学人员、其它辅助人员，应不断学习，提高管理、教学水平，适应数字化社区教育的发展、变化。

5.7 宣传

应利用各种宣传形式，如宣传资料、网络媒介、新闻媒体等媒介，及其它相关的各种宣传载体，宣传数字化社区教育，调动社区成员利用数字化社区教育的积极性，以提高社区居民素质、工作能力和生活质量。

5.8 文档管理

5.8.1 记录

应在数字化社区教育管理过程中记录与数字化社区教育相关的行政管理、教学管理及与其相关的活动和行为的目的、时间、范围、对象、方式方法、效果、反馈等信息。

5.8.2　备案

应建立与数字化社区教育管理相关的规章、文件、记录等文档的备案管理制度，并不断改进和完善。

6　数据中心

6.1　要求

宜在市、区（或相当区一级）建设数字化社区教育数据中心，整合、共享、发布、应用教育、教学资源。

6.2　场地建设

a）数据中心空间宜为60 m2~80m2；

b）应依据国家相关标准和DB21/T 1799.2规划、建设；

c）应节能、低碳、环保。

6.3　网络平台

6.3.1　功能要求

a）应具有可用性、可靠性、安全性、健壮性和可扩展性；

b）应采用分布式网络架构（或云架构），支撑不同的教育教学、学习应用；

c）应采用标准的网络通信接口，实现社区内部及与各种社会资源的互联互通；

d）应具有一定的前瞻性，以适应技术、应用、需求的发展和变化；

e）应与既有资源（包括数字化社区）充分融和，以保护投资，使信息资源发挥最大效能；

f）数字化社区教育网络基础平台规划、设计，应依据DB21/T 1799。

6.3.2　配置要求

a）宜在市、区（相当区一级）配置核心交换机，建构数字化社区教育网络基础平台核心架构，主要技术要求应包括：

·模块化设计；

·三层交换结构；

·分布式交换体系；

·交换机自身的冗余机制；

·支持802.3z、802.3ae等及其它相关协议；

·安全性、可靠性设计等;

b)宜在街道(相当街道一级)配置汇聚交换机,建构数字化社区教育街道(相当街道一级)基础网络平台骨干架构,并汇聚、传送接入层各种应用请求,主要技术要求包括:

·模块化设计;

·三层交换结构;

·支持802.3z、802.3ae等及其它相关协议;

·安全性、可靠性设计等;

c)应在居民委(相当居民委一级)配置接入交换机,建构数字化社区教育居民委(相当居民委一级)基础网络平台局域网环境,实现底层互联互通;

d)社区成员应配置网络终端环境,与局域网环境实现互联。

注:网络平台规划设计,宜支持未来IPv6的应用,并可与其它网络运营平台实现无缝互联互通。

6.4 存储平台

6.4.1 功能要求

a)应具有可用性、可靠性、安全性和可扩展性;

b)应基于分布式网络架构建构分布式存储系统,支撑大容量教育、教学资源的应用;

c)应采用统一存储管理模式,选择适宜的存储架构,识别、管理存储资源;

d)宜采用云存储模式,实现存储空间和存储资源的按需服务;

e)应具有一定的前瞻性,以适应技术、应用、需求的发展和变化;

f)应与既有资源(包括数字化社区)充分融和,以保护投资,使存储资源发挥最大效能;

g)数字化社区教育存储平台规划、设计,应依据DB21/T 1799要求。

6.4.2 配置要求

a)宜在数据中心建设存储资源池,合理整合、优化配置、有效管理教育、教学资源,统一管理、调度、维护IT资源:

1)存储资源池构成包括:

物理资源:包括提供网络服务的物理设备,如服务器等;

存储资源：包括存储阵列空间、分布式存储系统构成的存储空间等；

虚拟化资源：物理存储资源的逻辑化表示；

2）存储资源池应与分布式存储系统整合，实现互联互通，保证社区教育教学、学习的资源需求；

3）存储资源池应支撑全市、区（相当区一级）资源存储的网络访问压力；

4）应提供资源池的管理系统，保证资源池的高可用性和高可靠性；

b）宜在街道（相当街道一级）建设分布式存储系统本地存储节点：

1）应适应街道（相当街道一级）的应用特点；

2）应支撑街道（相当街道一级）资源存储的网络访问压力；

3）应整合、存储街道（相当街道一级）的特色教育、教学资源，并提供访问接口；

4）宜建设街道（相当街道一级）存储资源池；

c）宜在居民委（相当居民委一级）局域网环境内提供一定的存储能力；

d）应基于分布式存储系统建设备份容灾系统，保证教育教学、学习服务的连续性和可持续性。

注1：存储平台规划设计，宜支持未来智慧城市应用的资源优化配置。

注2：宜采用存储备份一体化设施，便于管理、维护。

7 教育环境

7.1 要求

应利用计算机技术、通信技术、网络技术、多媒体技术等建构必要的集中教学（学习）环境。

7.2 多媒体计算机教室

宜在区（相当区一级）、街道（相当街道一级）和居民委（相当居民委一级）建设1～2间多媒体计算机教室，宜包括设备：

·投影机 1台/间；

·计算机终端 区：40台/间、街道：20台/间、居民委：10台/间以上；

·教学用计算机 1台/间；

·网络交换机；

·不间断电源（UPS）；

· 管理和教学软件；

· 线缆、配件；

· 其它必要的设备等。

7.3 多媒体教室

宜在区（相当区一级）和街道（相当街道一级）建设1～2间多媒体教室，宜包括设备：

· 投影机 1台/间；

· 投影幕布（或白板） 1块/间；

· 网络中控 1台/间；

· 计算机设备 1台/间；

· 电子讲台 1套/间；

· 影音系统；

· 管理系统；

· 线缆、配件；

· 其它必要的设备。

教室规模，宜在90 m2–120m2。

7.4 录播教室

宜在区（相当区一级）和街道（相当街道一级）建设1～2间录播教室，宜包括设备：

· 短焦投影机 1台/间；

· 电子白板 1块/间；

· 视频编码器；

· 多路编码器；

· 录播服务器；

· 跟踪定位系统；

· 录播管理软件；

· 音响、功放、麦克等；

· 配件；

· 其它必要的设备等；

教室规模，宜在40 m2–80m2。

8 资源管理

8.1 资源分类

数字化社区教育资源，应包括：

a）各级各类学校和教育文化机构提供的优质教学资源；

b）为社区教育定制的，符合社区成员学习需要的优质教学资源；

c）社区特色教育教学资源；

d）教学过程中的素材积累；

e）教学过程中的无形资源；

f）网络学习资源；

g）其它。

8.2 资源形式

学习资源应具有多种存在形式：

a）表现形式：文本、音频、视频、图像、动画，及各种教育教学软件等；

b）媒介形式：纸质、磁介质、光介质及其它数字媒介等；

c）基于互联网络的泛在的资源形式等。

8.3 资源提供

学习资源提供形式，应包括：

a）商业化学习资源：以商业化形式提供的各种教育教学、学习资源；

b）非商业化学习资源：社区特色、开放的教育教学、学习资源，及其它网络学习资源等。

8.4 资源管理

8.4.1 资源规范

应基于社区教育的特点，统一、规范数字化社区教育资源建设、管理和应用标准，建立协调、适宜的教育资源管理体系。

8.4.2 资源建设

应基于分布式存储系统统一建设适合社区教育特点、按需使用的市、区（相当区一级）、街道（相当街道一级）分布式教育教学、学习资源库，保证资源建设的高质量和通用性、可用性。

8.4.2.1 建设内容

资源建设内容，应包括：

a）适合社区教育特点的资源建设标准；

b）资源建设规划、设计，主要应包括：

1）适宜不同层次的资源库规模、容量；

2）资源功能设计；

3）资源内容规划；

4）资源适宜性评估等；

c）资源建设实施；

d）资源建设状况评估等。

8.4.2.2 内容建设

资源内容建设，应包括：

a）识别、明确社区教育教学、学习服务需求；

b）分析、评估社区教育服务的资源需求，并科学、专业地表述；

c）根据需求，明确资源的分类、范围、属性、特征等，确定资源建设内容；

d）资源审核、筛选、优化、整合；

e）资源适宜性和前瞻性评估；

f）资源更新、改进和完善；

g）资源内容，主要应包括：

1）教育、教学素材；

2）各种类型课件；

3）案例；

4）学习资料；

5）教学大纲、讲义等；

6）试题；

7）课程体系；

8）网络学习课程等。

8.4.3 整合资源

应基于存储资源池，采用适宜的管理、技术手段，整合分布式存储系统内容资源，统一管理、共享、优化配置、应用教育教学、学习资源，为全体社区成员提供优质的教育教学、学习服务，包括：

a）建立统一的资源目录；

b）建立资源的多属性分类；

c）资源的优化配置和适宜的相关设置；

d）资源的评论、统计、分析等。

9 系统软件平台和支撑软件

9.1 软件选择

应充分考虑分布式网络架构设计和各级网络平台应用规模、需求，选择适宜的操作系统，支撑教育教学、学习服务。

9.2 数据库设计

9.2.1 数据库系统

应充分考虑分布式存储系统设计和各级网络应用规模、需求和信息流量等，选择适宜的数据库系统，支撑教育、教学资源池化管理。

9.2.2 专业数据库

应根据实际需要建设各类专业数据库，主要包括：

a）资源库；

b）教育管理；

c）教学管理等。

9.2.3 其它

应根据资源建设、应用系统开发及其它应用需求，构建适宜的软件开发、应用环境。

10 应用系统平台

10.1 要求

应建设适合社区教育特点的、满足教学、管理和按需学习、服务的应用支撑平台，融和教育教学、学习和相关资源，集成各种类优质课程，形成系统、完整、开放的数字化社区教育体系。

10.2 技术要求

a）应采用异构跨平台技术；

b）应具有平台兼容、部署灵活、互操作性和标准化特点；

c）应支持分布式网络架构（云架构）、分布式存储系统（云存储）；

d）采用模块化设计；

f）应规范化、安全、健壮、可扩展、按需使用。

10.3 功能要求

a）应作为数字化社区教育的系统运行环境：

1）提供基础的公共教育服务功能；

2）提供教育服务信息管理；

3）支持协同工作；

b）应作为数字化社区教育应用管理平台：

1）统一的用户管理；

2）统一的权限控制；

3）统一的教育、教学管理；

4）统一的资源发布、整合、共享、优化配置等资源池化管理；

c）应支撑各种教育、教学、学习的应用。

10.4 网站建设

应基于分布式网络架构，建立相应的数字化社区教育应用支撑平台门户网站，主要功能应包括：

a）应适于相应网络平台的应用；

b）应符合可用性标准；

c）应具有可维护性、可靠性、可伸缩性、开放性；

d）应提供统一用户界面；

e）应支持资源池化管理；

f）应支持分布式网络架构（云架构）；

g）应提供搜索引擎服务等。

10.5 交互式教学系统

10.5.1 形式

应基于分布式网络架构，建立相应的数字化社区教育交互式教学（学习）系统，主要形式宜包括：

a）多媒体教育环境，应按第7章的要求；

b）交互式网络教学（学习）环境；

c）其它适宜的交互式教学（学习）环境。

10.5.2　功能

数字化社区教育交互式教学（学习）系统的主要功能宜包括：

a）多媒体教育环境：

1）高质量音视频交互，课堂交流清晰、流畅；

2）点对点或一点对多点的文字交互，实时答疑、讨论；

3）利用电子白板等设备，实时捕获、广播板书，支持多人标注；

4）同步共享多种格式、多种类型的课件，并提供多种标注工具，支持多人标注；

5）支持电子举手，课堂实时举手提问；

6）支持在线测试，分发、收集作业、试卷等，实时互动现场答题等。

b）交互式网络教学（学习）环境：

1）稳定运行在支撑数字化社区教育的分布式网络架构上；

2）可以实现音视频广播、屏幕广播、网页协同浏览、课件共享、文件传输等；

3）交互功能强大，可实现多种格式、多种类型课件共享；点对点或一点对多点的实时互动、交流；

4）实现自适应层次的多播技术，学习者与教学环境间的网络环境顺畅；

5）支持流行的即时通信工具，如BBs、uc、QQ、微信等，以及视频会议系统等；

6）支持不同ISP之间互通的技术实现；

7）可实现多媒体教学环境的基本功能；

8）符合可用性工程标准等。

11　数据传输

11.1　线路链接

应基于分布式网络架构，根据实际需要选择适宜的数据传输线路：

a）数字化社区教育居民委（相当居民委一级）局域网与街道（相当街道一级）基础网络平台互联；

b）数字化社区教育街道（相当街道一级）基础网络平台与区（相当区一级）数字化社区教育网络基础平台互联；

c）区（相当区一级）数字化社区教育网络基础平台与市一级互联，并应提供适宜的互联网络出口。

11.2 带宽要求

a）应根据实际需要，保证居民委（相当居民委一级）获得适宜的上联数据传输通道，应保证最低需要的速率；

b）应根据实际需要，保证区（相当区一级）、街道（相当街道一级）之间获得适宜的数据传输通道，应保证不低于10Mbps。

c）应根据社区实际，保证社区成员应用数字化社区教育、教学资源的网络便利性；

d）应根据实际需要，保证区（相当区一级）具有接入公网的适宜的网络出口，应保证不低于50Mbps。

注：为保证社区成员应用数字化社区教育、教学资源的网络便利性，应充分利用智慧城市的泛在网络基础设施。

12 安全管理

12.1 信息安全

应基于GB 17859、GB/T 22080、GB/T 22081，充分考虑数字化社区教育及相关因素的特点，构建包括网络基础平台、系统平台、资源管理平台、应用系统、安全系统、数据传输及信息交换等的信息安全防护和管理体系，保障数字化社区教育平台提供优质、安全、可靠的服务。

12.2 行为管理

应制定相应的社区教育管理措施，采用管理、技术手段，规范、约束社区教学、学习的行为，构建规范、科学、合理、文明的在线教学、学习秩序。

12.3　个人信息安全

应参照GB/Z 28828，并依据DB21/T1628.1，建立个人信息安全管理机制，制定个人信息安全策略，对工作人员进行个人信息安全宣传和教育。制定个人信息安全事件处理预案。

13　信息服务

数字化社区教育规划、实施、应用、维护，应依据GB/T24405.1、GB/T24405.2、DB21/T 1799及其它相关标准；并宜依据标准将应用、维护、技术支持服务外包，以提供标准化、规范化的技术服务和运营管理。

数字化社区教育规划、建设，应依据GB/T 19668.1实施工程监理。

14　评价

为保证数字化社区教育科学、规范和教育质量，应评价数字化社区教育规划、建设、实施、应用的基本状况，确定其与相关法规、标准的符合性、目的有效性。

附录A
（资料性附录）
区级数据中心参考方案（略）

A.1 概述

基于互联网的数据服务模式（IDC：基于互联网的数据中心），是传统的数据中心与互联网的融和，具有传统数据中心的特征，亦应具有灵活性、适应性。

基于云服务的数据中心采用虚拟化技术，整合信息资源，根据资源需求不同，划分服务层次，管理、监控资源应用。

区级数据中心建设参考方案，基于云架构设计。主要包括：

a.网络基础平台：数字化社区教育的网络环境；

b.服务器和服务系统：提供基于网络的基础服务、系统服务、教育应用服务和服务管理；

c.存储系统（资源池）：整合、共享、发布、应用教育、教学资源；

d.虚拟化系统：资源环境的虚拟化，实现资源的有效整合、调配；统一管理等；

e.备份容灾系统：保证数字化社区教育持续稳定安全运行，避免因各种原因中断；

f.系统软件平台和支撑系统：支撑教育、教学应用的软件环境；

g.应用系统：教育、教学应用和开发环境；

h.安全系统：信息安全系统；

i.场地等：环境建设。

A.2 网络基础平台

网络基础平台是支撑数字化社区教育应用的基础网络架构。区级数据中心网络基础平台规划，采用分布式网络架构（云架构设计），支撑全区数字化社区教育应用、资源池化。

1.方案设计

本方案基于高性能、高可靠性、高安全性、高可扩展性的原则，以"统一交换架构"为基础，将传统数据中心中的计算网络、存储网络和数据网络统一到基于100 Gbps以太网的高性能数据交换平台，充分利用高密度的万兆以太网和融合增强型以太网，传送数据中心内部的同步大流量、备份大流量、虚拟机迁移大流量等等，使得数据中心内部在交换层面不再出现瓶颈，满足新一代数据中心业务高效的需求。

数据中心采用面向融合业务网络的高端多业务路由交换机。基于智能弹性虚拟化架构技术，融合MPLS VPN、IPv6、网络安全、无线、无源光网络等多种网络业务，提供不间断转发、不间断升级、故障重启、环网保护等多种高可靠技术，在提高应用效率的同时，保证网络最大正常运行时间，降低总拥有成本（TCO）。

2.配置

1）万兆核心路由交换机1台，基本配置包括：

· 交换容量：≥768Gbps

· 背板容量：≥2.4Tbps

· IPv4包转发率：≥492Mbps

· 槽位数：≥12个

· 业务槽位数：≥10个

· 冗余设计：电源、主控冗余

· 高性能IPv4/IPv6业务能力

· 三平面安全保障机制

· 电信级高可靠性设计

· 多业务高可靠性运行等。

2）资源管理中心交换机1台，基本配置包括：

· 交换容量：≥480Gbps

· 包转发率：≧350Mbps

· 所有端口支持线速转发

· 支持智能弹性虚拟化架构

· 丰富的QOS策略

· 多样的管理方式等。

A.3 服务器和服务系统

a.服务器是分布式网络架构的核心之一，为整网提供各种应用服务。

1.方案设计

区级数据中心支撑数字化社区教育服务器系统，主要包括：

· 主服务器：支撑数字化社区教育平台应用的核心主机；

· 数据库服务器：教育、教学资源应用的数据处理，包括素材库、课件库等资源库；

· 应用服务器：教育、教学应用系统，包括各种课件、教学软件等；

· web服务器：门户网站（随着应用的增加，需要增加1台，并配置负载均衡）；

· 视频应用服务器：音视频教学应用；

· 管理服务器：数字化社区教育管理，包括注册、学籍、统计等；

· 目录服务器：资源整合。分布式存储系统存储资源的整合、池化；

· 备份服务器：备份、容灾；

· 其它必须的服务器。

2.配置

· 主服务器：4颗64位多核处理器支持虚拟化技术，≧128G内存，≧2块146G SAS硬盘支持RAID0,1、冗余电源、4个1000M网卡、1块8GB光纤通道卡1台

· 数据库服务器：≧4颗64位多核处理器支持虚拟化技术，≧64G内存，≧2块146G SAS硬盘支持RAID0,1、冗余电源、4个1000M卡、1块8GB光纤通道卡、I/O加速卡 2台

· 应用服务器：2颗64位多核处理器，最大可支持4颗，≧16G内存，≧2块146G SAS硬盘支持RAID0,1、冗余电源、2个1000M网卡 1台

· web服务器：2颗64位多核处理器，最大可支持4颗，≧16G内存，

≥2块146G SAS硬盘支持RAID0,1、冗余电源、2个1000M网卡 1台

·视频应用服务器：2颗64位多核处理器支持虚拟化技术，≥32G内存，≥24块146G SAS硬盘支持RAID0,1,5、冗余电源、6个1000M网卡，1块视频加速卡 1台

·管理服务器：2颗64位多核处理器支持虚拟化技术，≥16G内存，≥2块146G SAS硬盘支持RAID0,1、冗余电源2个1000M网卡 1台

·目录服务器：2颗CPU，≥16G内存，≥2块300G SAS硬盘支持RAID0,1、冗余电源2个1000M网卡 1台

·备份服务器：机架式备份存储系统,64位高性能处理器、≥8GB Cache，2个300GB 15K SAS 系统盘、内嵌Windows 2008标准简体中文版与企业版备份软件，2个千兆备份接口。配备10TBVTL（虚拟带库）支持智能磁盘，配置LAN Free许可、配置15个异构客户端模块许可、配置数据库模块许可、配置虚拟化插件许可 1台。

b.服务系统：是基于服务器系统建设，构建优质、高效数字化社区教育服务体系。

A.4 存储平台

a.分布式存储系统

分布式存储，是基于分布式网络架构，将数据分散存储在不同网络节点的存储设备中。在本方案中，数据中心的存储架构，是构建基于SAN的资源管理中心。考虑数据传输的带宽瓶颈，各街道配置相应IPSAN存储作为分布式存储系统的本地节点，存储本地资源。

b.存储平台设计

1.方案设计

区级数据中心存储架构，主要包括以下部分：

·存储阵列：数字化社区教育、教学资源的核心存储设备；

·光交换设备：提供服务器与存储设备间的数据传输通道；

·数据交换设备：资源管理中心与核心交换机间的数据交换通道；

2.配置

·存储阵列：采用全模块化设计、多个8GB FC接口和万兆ISCSI接口并存、单套系统支持≥96GB Cahce、配置 BBU 电池保护，配置基于 Flash

的永久保护模组，不存在断电时间限制、最大扩展到 ≥1124块硬盘、配置 ≥64个分区许可、支持基于磁盘阵列的快照，卷拷贝功能，支持基于磁盘阵列的远程复制功能、提供冗余和负载均衡管理、具有完全在线、无需停机的扩充能力，包括系统微码升级、系统处理能力的扩充、存储容量的扩充和 IO 能力的扩充、配置路径冗余和负载均衡，通过负载均衡实现性能的线性提升

·光交换设备：配置24端口交换机，24端口激活，配置24个8Gb短波 SFP，含Web tools、Zoning软件授权，支持级联、相关配套光纤线缆等。

·数据交换设备同A.2。

A.5　虚拟化系统

a.网络虚拟化

在一张物理网络多种应用承载上，通过网络虚拟化分割（纵向分割）功能使不同社区相互隔离，但可在同一网络上访问自身应用，从而实现将物理网络逻辑纵向分割，虚拟化为多个网络；整合多个网络节点（横向整合），虚拟化成一台逻辑设备，提升数据中心网络可用性和节点性能，同时极大简化网络架构。

数据中心中存在着大量的虚拟服务器，基于VEPA实现的虚拟以太网交换机技术的部署，将明确界定新虚拟架构下的管理权限，并深度感知虚拟服务器的存在。

基于智能弹性虚拟化架构技术，极大简化网络逻辑架构、整合物理节点、支撑上层应用快速变化，实现IT 网络运行的简捷化，改变了传统网络规划与设计的繁冗规则。

通过虚拟化技术将网络与安全进行融合后的"纵向分割"，可以将网络资源进行更加细致的划分，真正实现数据中心内部资源的整合和动态调整，提高了数据中心的资源利用率，增加网络的可靠性。

在网络基础平台设计中，采用智能弹性虚拟化架构技术，实现一致的转发表项，统一的管理界面，使整个网络拓扑具有极强的稳定性。

b.云存储

云存储是基于云架构整合数据中心各种类型的存储资源，协同工作，形成存储资源池，对外提供一致的数据存储和业务访问功能。其关键技术

是实现存储虚拟化，搭建满足用户需求的动态弹性存储系统。

存储资源池采用类CDN的目录管理模式整合、池化全区数字化教育、教学资源，实现资源漂移。当用户访问请求时，全局目录服务器指向离用户最近的工作正常的存储和服务器，由本地存储及服务器直接响应用户的请求。服务器或者本地存储中如果没有用户要访问的内容，会根据配置自动从数据中心存储资源池抓取相应的内容，再通过数据传输将数据推送到本地存储，为辖区内用户提供统一的访问支持。

c.云存储设计

1.方案设计

云存储架构主要有以下几部分构成：

·虚拟化系统：构建区级数字化社区教育、教学存储资源池的构建技术

云存储系统需要数据库、文件系统和块设备三种虚拟化技术的支撑，为用户提供结构化数据、非结构化数据和特殊的块设备应用的支持。

·数据库虚拟化技术

采用无共享结构的并行数据库，低耦合性带来更好的扩展性能，按需为结构化数据提供存储空间。

·文件虚拟化技术

采用集群化技术构建具有全局单一命名空间的大规模文件共享存储资源池，具有高性能、高可扩展性以及高可靠性等特点，面向海量数据、高并发访问的应用环境，有效的平衡了存储系统的负载，解决存储系统的性能瓶颈问题。

·块设备虚拟化技术

云数据中心还有一些应用数据需要直接存储在块设备上，传统的存储架构如DAS、SAN结构上无法形成一个整体，而且还会带来后期容量和性能扩展难等问题，管理工作难以进行，需要引入块设备虚拟化技术，隐藏底层设备之间的差异，结合二维扩展、自动精简、负载均衡、QoS以及数据保护等技术，为用户提供虚拟的块设备存储资源池，并通过管理软件系统实现存储设备的统一管理和监控。

云存储总体架构如图示。

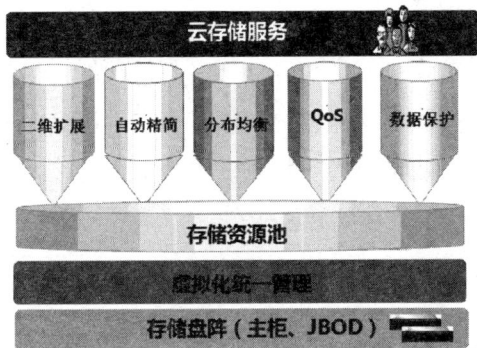

该系统基于存储虚拟化技术，具备8G FC 和万兆Iscsi接口，可为用户提供统一命名的虚拟存储资源池，资源池可以根据用户对性能和容量的需求变化进行动态变更，且具有自动负载均衡功能，保证系统的资源得以充分利用，可以根据业务的重要性分配性能不同的存储空间，使最关键的应用获得性能最好的存储空间，同时可以实现存储设备的虚拟化管理和硬件设备的状态监控和故障维护，利用虚拟化技术可以将这些存储盘阵虚拟为一个存储资源池，该存储资源池可支持超过10,000个虚拟卷，这些虚拟卷可以分配给不同的用户使用，且该存储系统具备二维扩展、自动精简、负载均衡、QoS以及数据保护等技术。

云存储系统，可以很好地满足业务系统对高吞吐、高带宽的需求，同时可以满足用户不断扩展容量的海量存储应用的需求。

·云存储管理：存储资源池管理系统

利用虚拟化技术，整合服务器、存储和网络池化环境，通过Web界面面向多用户提供云服务。用户通过Web界面访问云资源，可部署虚拟应用系统、虚拟机和虚拟网络，搭建虚拟数据中心。

2.配置

·虚拟化系统：配置≥8颗CPU的虚拟化授权许可，要求支持每CPU核心数≥12

云存储管理：具备计算资源管理、存储管理、网络管理、企业（组织）管理、应用系统管理和用户权限管理功能，支持≥50个虚拟机的管理。

A.6　备份容灾系统

存储系统是灾备中心的基础，必须具备高速、海量、多介质、多途径、易管理、安全可靠的特性，满足各类用户的需求。

以云柜为中心节点，以备份存储柜、备份软件为基础的备份子节点和应用容灾子节点，提供不同级别的数据备份和应用容灾解决方案，具有统一管理、弹性扩展、成本可控等特点。灾备平台可以融汇多种灾备技术，以满足不同服务等级的灾备指标需求。

云柜应用环境广泛，备份容灾性能可达每小时18TB，支持400TB的物理容量，通过重复数据删除功能，最大支持3.5PB的逻辑容量，满足非常庞大的并发客户端备份和恢复，其服务规模在2万客户端左右。

A.7　系统软件平台和支撑系统

a.数字化社区教育、教学的软件支撑平台，包括Windows、Unix、Linux等，可根据需要选择。

b.数据库系统是数字化社区教育、教学资源、应用服务系统，主流数据库系统包括Oracle、Sybase、DB2、SQLserver、MYSQL等，可根据设计应用选择。

c.数字化社区教育、教学的其它开发环境，可根据应用系统的技术路线选择。

A.8　应用系统

a.数字化社区教育IDC统一管理服务：数字化社区教育基于云架构，为广大的、不同的用户提供多种类的教学、学习服务，IDC提供统一的架构、存储、资源、应用等管理服务。

b.资源库：根据8.4.2.2建设各类资源库。

c.各种类教学应用软件。

d.其它。

A.9　安全系统

基于云架构提供数字化社区教育、教学服务，对数据中心提出了更高的安全要求。

a.安全设计

系统安全防护架构，需要防范云内部可能产生的安全隐患，防范云外部的安全威胁。主要包括：

1.实体安全

·场地安全：IDC物理环境的安全，应在机房设计中考虑；

·网络平台安全：采用技术和管理手段防止对网络的非法访问；

·系统平台：系统软件和支撑软件的安全性；

·应用服务平台：提供网络应用服务设施的安全性；

·安全平台：各种安全设备、安全手段的安全性等；

2.资源池安全：资源池化环境、虚拟化技术的安全性；

3.数据安全

各类资源、数据的完整、可用；访问控制等，防止资源、数据丢失、崩溃、非法访问等；

4.传输安全

数据传输、传输线路等的安全性；

5.应用系统安全

应用系统的可靠性、可用性、安全性检测等；

6.运行安全

IDC运行期的稳定性、可靠性、安全性监测等；

7.管理安全

上述各项实施中的安全管理、安全评估和管理策略等。

b.方案设计

方案设计主要包括：

·系统平台的用户管理、系统管理员的管理、文件系统安全、远程访问安全等；

·网络、系统入侵监控；

安全设备，如防火墙等；

·防病毒；

·数据交换安全

······

A.10 场地

IDC承载数字化社区教育的网络平台、存储资源池等重要基础架构，运行数字化教育、教学系统，整合、存储教育、教学资源，因而，IDC机房场地环境要求相对较高。IDC的机房场地建设主要包括：

·机房装修：机房装修主要考虑吊顶、隔断墙、门窗、墙壁和活动地板等。

·供电系统：由于IDC的大量设备需要较高的电力功率，所以供电系统的可靠性、扩展性是极其重要的。供电系统建设主要包括：供电功率、UPS系统、配电柜、电线、插座、照明系统、防雷等。

·接地系统：构建机房接地系统的等电位连接，设置配电系统、各类电子设备及附属设施、防雷、静电防护等的等电位体，将机房内各金属组件（如柜体、箱体、壳体、机架等）、设备、活动地板等做等电位连接。

·空调系统：机房的温湿度、通风方式、机房空气环境等。

·安全系统：门禁系统、消防系统、监控系统。

·布线系统：完整的机房综合布线系统，包括数据布线、语音布线、终端布线等。

附录B
（资料性附录）
多媒体教室参考方案（略）

B.1 多媒体计算机教室

多媒体计算机教室，是实现多媒体网络教学的多学科辅助教学环境。教师通过本机（教学计算机），将多媒体教学内容实时播放到教室内与本机相连的所有学习机（学生计算机），同时，可以提供各种教学功能。

a.设计要求：

1）计算机

计算机是教师演示操作和学员学习的基本工具，要满足计算机上网、多媒体操作等较高应用需求，基本配置要求：

· CPU INTEL E7500

· 内存 2G

· 硬盘 320G

· 独立显卡 显存512M

· DVD R/W

· 19"显示器

· 网络硬盘保护卡

· 采用知名品牌产品

2）网络系统

· 网络系统包括网络管理、交换机和网络布线部分：

· 网络管理：实现网络资源管理、上机管理、上网管理等功能

·交换机：千兆到桌面

·网络布线：超五类双绞线

3）多媒体教学系统

多媒体教学系统可以实现各类多媒体教学、语言类教学等功能，其产品组成包括：

控制操作面板：可通过按键实现多媒体屏幕广播、监视监听、转播示范等功能；通过控制操作面板可实现对外接设备的切换和操作控制；

多媒体终端：采用外接终端方式，通过双绞线与视频交换机连接，实现系统的互通，完成教学功能。

多媒体中控：可外接多种多媒体外设，包括笔记本、实物展示台、DVD、投影机等设备。

视频交换机：采用双绞线连接教师机和学生机，实现视频信号数字化交换。

4）其它要求从略。

b.设备清单（略）

B.2　多媒体教室

多媒体教室，是在传统教室中综合运用计算机、投影机、视频音响等多种媒体构成的多学科辅助教学环境。如果采用交互式多媒体教学，可以实现传统教室和多媒体教室的优势互补。

a.设计要求：

1）配置要求：

·计算机

·电子白板

·短焦投影机

·交互式数字多媒体教学系统

·网络中央控制器

·网络中控远程管理系统

·电子讲台

2）技术要求

·计算机配置要求与B.1同。

·电子白板采用新一代的DVIT触控技术，实现手触功能，且具备防辐射和抗干扰能力。与现有计算机、实物展台、投影机和校园网络等多媒体设施结合使用，可以使教学内容即刻变成可编辑的动态资源，真正实现互动教学。

·短焦投影机，投影比在0.8以下，短焦投影机对距离要求较小，往往只需要几十厘米的投影距离，能在较短的距离里投影出更大的画面。短焦投影机在安装的时候也非常方便，只需放在投影幕前方即可，相比通常只能安装在房顶中间的常规投影机具有更加节省空间、安装方便等优势。

·交互式数字多媒体教学系统，可以使用压感笔直接在屏幕上输入数据，就像使用传统的纸张一样在课件上直接批注、讲解。体验完美的手眼协调，教师无需摘掉耳麦背对学生使用白板，可直接在屏幕上控制演示内容、并对内容进行批注，讲解。压感笔具有至少512级的真实压感，可写触书法笔体，并且是无线无源的，使用它可体会自然的书写，笔上设有两个快捷键可随使用者的习惯设置成单、双击、右键等。为方便教师的书写习惯，可以将显示屏的角度从接近垂直位置(至少70°)连续调整至接近水平(至少20°)

·网络中央控制器，可通过网络实现对多个多媒体教室设备的远程管理。在本地一次操作即可完成现场设备的启动或者关闭。主要功能包括：

一键通功能，一键开启或者关闭所有设备

通过网络实现电教设备的远程管理

支持台式机、笔记本电脑、实物展台等设备的音频切换和视频切换

控制投影机、音响、计算机开关、电动幕升降

具有投影机延时保护功能，延长投影机灯泡使用寿命

对投影机开机总时间进行自动累计，用户可以查询

使用者通过IC/ID卡进行身份认证，获取操作权限

电子讲台电子锁控制

外部设备红外遥控

控制摄像机云台

集成网络交换机实现网络数据交换等。

·网络中控远程管理系统，包括2个模块：

中控管理模块：远程集中管理多媒体教室相关设备。用户除在本地使

用ID/IC卡授权管理设备外，还可通过网络在远程控制中心甚至在家中远程管理相应教室的设备（如打开电子锁、打开电脑等）。

课表管理模块：管理上下课时间和课程表。通过本模块，系统可自动根据上、下课时间音乐打铃，也可根据课程表所设定的课程及上课时间自动开启相应教室的多媒体设备，方便设备管理。系统自带的刷卡/开锁日志功能，可以使管理员清晰地了解设备授权使用情况。

·电子讲台，具有拉开即用和关闭即锁的功能，该讲台含有多种接口包括电源、网络、音视频、USB接口等。讲台结构采用嵌入式设计，实用美观。

b.设备清单（略）

B.3 录播教室

录播教室，是综合运用视频处理、自动控制、多媒体技术等，自动实时录制、实时播放、点播授课内容，全真再现课堂教学的全过程。

a.设计要求

1）设计目标

支持多点同时录制教室内视频、音频、计算机等动态屏幕内容，可实现老师图像、学生图像和计算机屏幕的同步录制、直播，全面记录教学实况，即时生成多媒体教学课件。画面质量高，能够用于教学分析和作为学校资源保存。使学校在日常的工作中更加科学化、现代化、时效化、便捷化。

2）功能要求

·集中管理：有统一的管理平台，有集中控制操作间，能统筹各个教学点。

·系统共享：支持网络共享，能够实现教室转播与异地远程网络直播。

·资源标准：资源格式标准，按要求统一存储，能够刻盘。

·单个通道支持5路以上多媒体信号的任意组合录制（包含：AV、VGA、高清720P/1080i/1080P），即可将现场的图像声音、DVD、视频展台和文件资料、讲稿PPT等计算机屏幕上所显示的内容同步录制到一个文件中，全面记录教学全过程信息。

·后期编辑：支持对多媒体录播系统录制的文件进行剪切、合并、格式转换、添加片头片尾等操作，可满足录播系统用户的后期编辑需求。

·操控便捷：控制中心设备操作简单便捷，具有单独和统一启动教室录制设备的功能；终端教室内设置录制控制开关，。

·安全稳定：系统平台及设备安全稳定，录制过程稳定，录制的内容需权限访问。

3）技术要求

·教室信号采集、编码系统，通过教室内配置的采集及编码设备实现对教学现场的视频（包括高清、标清和计算机等）、音频信息的实时采集，并通过网络发送给后台的录播服务器。

·录播服务器，主要功能包括：

录播服务器及综合管理平台服务器，应安置在管理中心，以便于各服务器的安全、稳定运行，及减少噪声干扰等。

管理方式不限于在机房/管理中心内，只要用户网络内能够和服务器连接，就可以通过网络以WEB方式登陆来管理服务器及综合管理平台。

·社区教育网络内的其它用户，可以通过终端连接网络中的后台专属综合管理平台，经过录播系统客户端软件实时接收多媒体教室的实时教学情况。

·声音采集系统，为保证录播系统对声音的采集效果，能够滤除终端教室现场环境噪音，保证录播系统拾取的声音干净明亮，要求拾音器高保真、语音清晰、噪音低。自动声音增益电路使音频监控监听面积达至少80平方米。自动抑制高强度声音，可靠保护音频监控后端设备。采用灵巧旋转卡口,拆卸灵活。按照国际标准烟感器设计，便于室内天花板吊顶安装。超长线路传输，采用3芯0.5线径RVVP电缆传输3公里不失真。–25℃ ～ 75℃工作温度范围。

·跟踪系统，结合目前多媒体教室对录播需要的发展潮流和实际使用需求，每个教室可分别配置两个自动跟踪的摄像头，一个高清摄像头主要自动跟踪摄取老师在授课过程中的讲课画面，另外一个标清摄像头主要自动跟踪摄取学生上课画面，当没有学生站起来发言时，跟踪拍摄学生的摄像机会取全景的画面，而当有学生站起来发言时，跟踪拍摄学生的摄像机会自动跟踪拍摄站起来发言的学生，两个摄像头分别安装教室墙壁不同位置，实现不同画面的摄取。

·其它（略）

参 考 文 献

[1] 国家中长期教育改革和发展规划纲要（2010–2020年）；

[2] 中国成人教育协会社区教育专业委员会《关于推进全国数字化学习社区建设的意见》；

[3] 中国成人教育协会社区教育专业委员会《数字化学习社区建设基本标准》（试行）。

IT服务标准辑录

大 连 软 件 行 业 规 范
DSIA02062008

信息服务资费标准
计算机信息系统集成类
（试行）

2008年12月26日 发布　　　　　2009年1月19日施行

大连软件行业协会

前　言

　　《信息服务资费标准》依据《ISO/IEC20000：2005"信息技术——服务管理"》标准、《信息服务管理规范》（试行），及其它国家和行业相关法律、法规制订。

　　《信息服务资费标准》分为9部分：

　　第一部分：计算机信息系统集成类

　　第二部分：计算机信息系统运营和维护类

　　第三部分：软件服务类

　　第四部分：数据加工和处理费类

　　第五部分：内容和增值服务类

　　第六部分：数据库服务类

　　第七部分：电子商务服务类

　　第八部分：信息化工程监理类

　　第九部分：其它专业类服务类

　　本部分为《计算机信息系统集成类》

　　本部分由大连市信息产业局提出并归口。

　　本标准项目召集单位：大连软件行业协会。

　　本标准专家和起草人：郎庆斌、孙鹏、王永丹、何斌武

Contents 目 录

7　协商与沟通

8　实施

附件1：新建、改扩建计算机信息系统集成基本服务内容和要求

附件2：高端增值服务内容和要求

附件3：投资区段与服务资费比例对应表

附件4：权重分配

附件5：权重分配的项目及对应权重值详表

信息服务资费标准 计算机信息系统集成类

1 适用范围

本标准规定了实施信息服务资费管理的原则和依据。

本标准适用于提供计算机信息系统集成服务所涉及的各类组织。

2 引用标准

《ISO/IEC20000：2005 "信息技术——服务管理"》

《信息服务管理规范 第一部分 总则》（试行）

《信息服务管理规范 第二部分 计算机信息系统集成管理规范》（试行）

3 定义

《信息服务管理规范》确立的以及下列定义适用于本部分。

3.1 相关投资

计算机信息系统集成服务合同中与系统集成服务相关的信息系统建设的产品费用（提供用户的硬件设备、第三方软件、支撑软件及相应的其它费用）的总投资，是计算机信息系统集成服务资费的基础数据。

4 要求

本标准遵循《信息服务管理规范 第一部分 总则》（试行）、《信息服务管理规范 第二部分 计算机信息系统集成管理规范》（试行）的一般原则和要求，重点描述计算机信息系统集成资费管理的通用性原则。

计算机信息系统集成资费管理的一般原则和要求，参照《信息服务管理规范 第一部分 总则》（试行）、《信息服务管理规范 第二部分 计算机信息系统集成管理规范》（试行）执行。

在计算机信息系统集成资费管理中，应同时使用《信息服务管理规范 第一部分 总则》（试行）、《信息服务管理规范 第二部分 计算机信息系统集成管理规范》（试行）和本标准。

5 资费管理

为保证计算机信息系统集成服务的高质量、高效率，保障用户和信息服务单位的合法权益，对计算机信息系统集成管理服务发生费用的管理策略。

5.1 管理原则

a）计算机信息系统集成资费管理是计算机信息系统集成服务管理的辅助手段，以保证其科学化、专业化、规范化和标准化。

b）计算机信息系统集成资费管理，应保证集成服务提供产品的高效、高质、安全、可靠、可用和可维护。

c）计算机信息系统集成资费管理，应与用户的需求一致，降低计算机信息系统的总体拥有成本（TCO）。

5.2 资费构成

计算机信息系统集成资费应由以下部分组成：

a）项目计划阶段费用：应包括可行性论证、需求预测、预算评估、咨询服务、环境分析、招投标等相应费用；

b）项目规划设计阶段费用：应包括需求管理、信息资源规划（概念设计）、设计方案（详细设计）、实施规划、规划设计论证等相应费用；

c）工程阶段费用：应包括安装费用、人工费用、施工现场发生费用及信息服务管理单位的管理费用、财务管理费用、计划利润、上缴利税等直接和间接费用；

d）风险费用：项目实施过程中可能发生内部或外部风险时的应对费用；

e）项目监理费用：应依据《信息服务资费标准·信息化工程监理类》预算项目监理费用；

f）项目验收阶段费用：应包括项目测试、项目阶段验收、项目试运行、项目总体验收等相应费用；

g）其它费用：在项目实施过程中，根据项目需要，或为应对突发事件所需相应费用。

5.3 资费确认

依据《信息服务管理规范 第一部分 总则》（试行）、《信息服务管理规范 第二部分 计算机信息系统集成管理规范》（试行）相关条款及其它相关因素，确认系统集成的相应服务资费：

a）资费构成；

b）服务周期；

c）服务水平管理；

d）服务能力管理；

e）服务等级协议；

f）其它相关内容。

5.4 成本控制

应通过资源整合和合理利用，控制系统集成服务内容的复杂性，提供成本合理、高质量的服务。

6 资费计算

以相关投资为基准，计算计算机信息系统集成服务资费，该资费应由基本服务资费和加权服务资费两部分组成。

6.1 基本服务资费

实施计算机信息系统集成服务的基础资费，由一般性服务资费和高端增值服务资费两部分组成。基本服务应包括：

a）服务类型；

b）基本的服务质量指标；

c）基本的服务能力要求；

d）基本的服务周期要求；

e）基本的服务内容要求；

f）其它基本需求。

（见附件1、附件2）

6.2 加权服务资费

基于基本服务资费，在计算机信息系统集成服务中其它所有服务需求

采用加权计算的服务资费。（见附件4、附件5）

6.3 相关投资计算方式

相关投资的计算可采用公式：

$S=\sum P_i Q_i D_i T$

S：相关投资

P_i：第i类产品的市场单价

Q_i：第i类产品的数量

D_i：购买第i类产品获得的折扣

T：相应的费用。

6.4 投资区段

相关投资划分为6个区段：

a）50万元以下（含50万元）

b）50–200万元（含200万元）

c）200–500万元（含500万元）

d）500–1000万元（含1000万元）

e）1000–2000万元（含2000万元）

f）2000万元以上。

6.5 资费基准

6.5.1 计算基准

根据5.2明确整体服务需求，确认投资区段，并作为计算资费的基准。

6.5.2 权重

根据5、6.1、6.2设定不同的资费权重。（见附件4、附件5）

6.5.3 权重确认规则

a）服务质量；

b）服务能力；

c）服务方式；

d）服务周期；

e）项目复杂度。

6.6 计算公式

	基本服务资费	加权资费	合计
一般性服务资费M_b： $M_b = M_{b1} + M_{b2}$	$M_{b1}=S \times Qb$	$M_{b2}=S \times Q_b \times P_b$	$M_b=S \times Q_b(1+P_b)$
高端增值服务资费M_a： $M_a = M_{a1} + M_{a2}$	$M_{a1}=S \times Q_a$	$M_{a2}=S \times Q_a \times P_a$	$M_a=S \times Q_a(1+P_a)$

计算机信息系统集成服务资费M：

$$M = M_b + M_a = S[（1+P_b）Q_b+（1+P_a）Q_a]$$

Q_b：一般性服务资费基数（见附件3）

Q_a：高端增值服务资费基数（见附件3）

S：相关投资（见3.1、6.3、附件3）

$$P=\sum_{i=1}^{5} P_i$$

P：权重累加值

P_i为权重（见附件4、附件5）。

根据6，P可为P_a（高端增值服务资费权重）或P_b（一般性服务资费权重）。

7 协商与沟通

计算机信息系统集成服务过程中，服务内容涉及相关行业、专业公司时，应与之协商，确定适当的资费标准，并经用户确认。

8 实施

本标准应与《信息服务管理规范 第一部分 总则》（试行）、《信息服务管理规范 第二部分 计算机信息系统集成管理规范》（试行）配套使用。

附件1　新建、改扩建计算机信息系统集成基本服务内容和要求

内容和要求		
规划设计阶段	需求管理	
	物理环境	机房建设
		综合布线
	规划设计	信息资源规划设计
		数据管理规划
		应用系统规划
		业务融合规划
	信息安全规划设计	风险管理
		整体信息安全防御体系
		安全平台
		病毒防护
		安全策略
		安全机制
		非传统信息安全
项目实施阶段	项目实施	质量控制
		管理机制和职责
		团队管理
		进度计划和管理
		物资和资金管控
		协调沟通机制
		文档管理
		测试与试运行
		验收
	项目管理	质量目标
		实施计划
		项目组织
		质量管理
		过程管理
后项目阶段	技术支持	
	服务规划	
服务能力	信息服务单位	ISO9000认证
		相应资质、能力
		信息安全相应资质
		机房建设相应资质
		其它必须的资质
	信息服务单位员工	个人资质
		专业水平
		业务素质

服务质量	用户满意度不低于99%	系统可靠性
		系统可用性
		系统健壮性
		系统安全性
		系统可扩展性
服务信誉	商业信誉	
	企业信誉	
	资信证明	
服务周期	根据项目实际需求确定	

附件2 高端增值服务内容和要求

内容和要求		
	性能评估和调优	
	系统安全性评估	
	高端应用服务	
	业务融合性评估	
	项目管理	质量目标
		实施计划
		项目组织
		质量管理
		过程管理
	技术支持	
	服务规划	
服务能力	信息服务单位	ISO9000认证
		系统集成资质3级及以上
		信息安全相应资质
		高端应用所需相应资质
		其它必须的资质
	信息服务单位员工	个人资质
		专业水平
		业务素质
服务质量	用户满意度不低于99%	系统可靠性
		系统可用性
		系统安全性
		业务融合性
服务信誉	商业信誉	
	企业信誉	
	资信证明	
服务周期	根据项目实际需求确定	

附件3　投资区段与服务资费比例对应表

投资区段（单位：人民币万元）	S					
	50及以下	50–200	200–500	500–1000	1000–2000	2000以上
资资费基数　基本服务（%）	Q_b					
	15	13	11	9	7	5
高端增值服务（%）	Q_a					
	20	18	16	14	13	10

附件4　权重分配

内容	权重与权重累加值	权重上限	
		一般性服务	高端增值服务
服务质量	P_1	20.00%	20.00%
服务能力	P_2	40.00%	40.00%
服务方式	P_3	10.00%	10.00%
服务周期	P_4	10.00%	10.00%
项目复杂度	P_5	20.00%	20.00%
合计	P	100.00%	100.00%

附件5　权重分配的项目及对应权重值详表

服务质量（P_1）		权重	
		一般性服务	高端增值服务
可靠性	设计质量	5.80%	5.80%
	功能	1.20%	1.20%
	应用	1.20%	1.20%
可用性	有效性	1.20%	1.20%
	效率	1.20%	1.20%
	用户满意度	1.20%	1.20%
健壮性		2.20%	2.20%
安全性		4.00%	4.00%
可扩展性		1%	1%
业务融合性		1%	1%
合计		20.00%	20.00%

服务能力（P_2）		权重	
		一般性服务	高端增值服务
业务能力管理	员工素质	5.00%	5.00%
	管理	8.00%	8.00%
	技术	5.00%	5.00%
	学习	3.00%	3.00%
	沟通	2.00%	2.00%
资源能力管理	需求管理	4.00%	4.00%
	识别、整合	2.00%	2.00%
	资源配置	1.00%	1.00%
	实施规划	1.00%	1.00%
	效能监控	1.00%	1.00%
	其它相关管理	1.00%	1.00%
服务能力管理	系统集成3级	1.00%	
	系统集成2级及以上	2.00%	2.00%
	信息系统安全服务资质3级	1.00%	
	信息系统安全服务资质2级及以上	1.00%	1.00%
	ISO27001、ISO27002	1.00%	
	专业资质认证	0.80%	0.80%
	其它相关资质	0.20%	0.20%
合计		40.00%	37.00%

服务方式（P_3）		权重	
		一般性服务	高端增值服务
现场		6.00%	6.00%
远程		4.00%	4.00%
合计		10.00%	10.00%

服务周期（P_4）		权重	
		一般性服务	高端增值服务
依项目需求确定		10.00%	10.00%
合计		10.00%	10.00%

项目复杂度（P_5）		权重	
		一般性服务	高端增值服务
数据迁移	小型数据库、通用系统平台	2.00%	2.00%
数据迁移	大型数据库、通用系统平台	3.00%	3.00%
数据迁移	基于UNIX平台		4.00%
系统移植	跨平台、异构系统移植		3.00%
业务系统移植			2.00%
系统部署	大型（复杂）系统安装部署		4.00%
其它	其它高端应用		2.00%
合计		5.00%	20.00%

大 连 软 件 行 业 规 范

DSIA02032007

信息服务资费标准

计算机信息系统运营和维护类

（试行）

2007年12月26日发布　　　　　　　2008年1月25日实施

前　言

　　《信息服务资费标准》依据《ISO/IEC20000：2005"信息技术——服务管理"》标准、《信息服务管理规范》（试行），及其它国家和行业相关法律、法规制订。

　　《信息服务资费标准》分为9部分：

　　第一部分：计算机信息系统集成类

　　第二部分：计算机信息系统运营和维护类

　　第三部分：软件服务类

　　第四部分：数据加工和处理费类

　　第五部分：内容和增值服务类

　　第六部分：数据库服务类

　　第七部分：电子商务服务类

　　第八部分：信息化工程监理类

　　第九部分：其它专业类服务类

　　本部分为《计算机信息系统运营和维护类》

　　本部分由大连市信息产业局提出并归口。

　　本标准项目召集单位：大连市软件行业协会。

　　本标准专家和起草人：郎庆斌、孙鹏、王永丹、林华英。

C*ontents* 目 录

6.6　调整

7　协商与沟通

8　实施

附件1：一般性服务的基本服务内容和要求

附件3：投资区段与服务资费比例对应表

附件4：权重分配

附件5：权重分配的项目及对应权重值详表

信息服务资费标准　计算机信息系统运营和维护类

1　适用范围

本标准规定了实施信息服务资费管理的原则和依据。

本标准适用于提供计算机信息系统运营和维护服务所涉及的各类组织。

2　引用标准

《ISO/IEC20000：2005"信息技术——服务管理"》

《信息服务管理规范 第一部分 总则》（试行）

《信息服务管理规范 第三部分 计算机信息系统运营和维护管理规范》（试行）

3　定义

《信息服务管理规范》确定的定义适用于本部分。

3.1 相关总投资

签订计算机信息系统运营和维护服务合同前，与运营和维护服务相关的信息系统建设的总投资，是计算机信息系统运营和维护资费的基础数据。

4　要求

本标准遵循《信息服务管理规范 第一部分 总则》（试行）、《信息服务管理规范 第三部分 计算机信息系统运营和维护管理规范》（试行）的一般原则和要求，重点描述计算机信息系统运营和维护资费管理的通用性原则。

计算机信息系统运营和维护资费管理的一般原则和要求，参照《信息服务管理规范 第一部分 总则》（试行）、《信息服务管理规范 第三部分 计算机信息系统运营和维护管理规范》（试行）执行。

在计算机信息系统运营和维护资费管理中，应同时使用《信息服务管理规范 第一部分 总则》（试行）、《信息服务管理规范 第三部分 计算机信息系统运营和维护管理规范》（试行）和本标准。

5 资费管理

为保证计算机信息系统运营和维护服务的高质量、高效率，保障用户和信息服务单位的合法权益，对计算机运营和维护管理服务发生费用的管理策略。

5.1 管理原则

a）计算机信息系统运营和维护资费管理是计算机信息系统运营和维护服务管理的辅助手段，以保证其科学化、专业化、规范化和标准化。

b）计算机信息系统运营和维护资费管理，应保证运营和维护服务提供的高效、高质、各项业务的可靠性、可用性和安全性及服务管理的可持续性。

c）计算机信息系统运营和维护资费管理，应与信息服务管理对象的需求一致，保证公平、公正。

5.2 资费确认

依据《信息服务管理规范 第一部分 总则》（试行）、《信息服务管理规范 第三部分 计算机信息系统运营和维护管理规范》（试行）相关条款确认运营和维护相应服务资费：

a）服务水平管理定义；

b）服务能力管理定义；

c）服务等级协议；

d）其它相关内容。

5.3 成本控制

应通过资源整合和合理利用，控制服务内容的复杂性，提供成本合理、高质量的服务。

6 资费计算

以相关总投资为基准，计算计算机信息系统运营和维护服务资费，该资费应由基本服务资费和加权服务资费两部分组成。

6.1 基本服务资费

实施计算机信息系统运营和维护服务的基础资费，由一般性服务资费和性能优化与增值服务资费两部分组成。基本服务应包括：

a）服务类型；

b）基本的服务质量指标；

c）基本的服务能力要求；

d）基本的服务时间要求；

e）最低的服务响应和恢复时间；

f）其它基本需求。（见附件1、附件2）

6.2 加权服务资费

基于基本服务资费，在计算机信息系统运营和维护中其它所有服务需求采用加权计算的服务资费。（见附件3）

6.3 投资区段

相关总投资划分为4个区段：

a）200万元以下（含200万元）

b）200–500万元（含500万元）

c）500–1000万元（含1000万元）

d）1000万元以上。

6.4 资费基准

6.4.1 计算基准

根据5.2明确整体服务需求，确认投资区段，并作为计算资费的基准。

6.4.2 权重

根据5、6.1、6.2设定不同的资费权重。（见附件4、附件5）

6.4.3 权重确认规则

a）服务质量；

b）服务能力；

c）服务方式；

d）服务时间；

e）服务响应和恢复时间

6.5 计算公式

	基本服务资费	加权资费	合计
一般性服务资费M_b： $M_b = M_{b1} + M_{b2}$	$M_{b1}=S \times Q_b$	$M_{b2}=S \times Q_b \times P$	$M_b=S \times Q_b(1+P)$
性能优化与增值服务资费 M_a：$M_a = M_{a1} + M_{a2}$	$M_{a1}=S \times Q_a$	$M_{a2}=S \times Q_a \times P$	$M_a=S \times Q_a(1+P)$

计算机信息系统运营和维护资费M：

$M = M_b + M_a = S(1+P)(Q_b + Q_a)$

Q_b：一般性服务资费基数（见附件3）

Q_a：性能优化与增值服务资费基数（见附件3）

S：相关总投资（见3.1、附件3）

P：权重累加值

$$P=\sum_{i=1}^{5} P_i$$

P_i为权重(见附件4、附件5)。

6.6 调整

a) 计算机信息系统运营和维护资费应在计算机信息系统正常运营一年后予以调整；

b）计算机信息系统运营和维护资费应随着计算机信息系统运营时间的延长向上调整。调整公式为：

计算机信息系统运营和维护资费调整值M'

$M'=M +1\%（n-1）S$

n：计算机信息系统正常运营时间，n≥1，单位：年；

c）加权服务资费中权重累加值的最大取值应小于权重上限的90%。

7 协商与沟通

计算机信息系统运营和维护服务过程中，服务内容涉及相关行业、专业公司时，应与之协商，确定适当的资费标准，并经用户确认。

8 实施

本标准应与《信息服务管理规范 第一部分 总则》（试行）、《信息服务管理规范 第三部分 计算机信息系统运营和维护管理规范》（试行）配套使用。

服务内容和要求	
基础服务类型	物理环境管理和维护
	网络基础设施管理和维护
	数据存储设施
	系统平台管理
	应用系统管理和维护
	数据管理和维护
	安全管理和维护
	子网管理和维护
	桌面管理
	操作管理
服务能力	ISO9000认证
	系统集成4级
	PIPA
服务质量	平均无故障率不低于99%
服务方式	电话
	远程（在线）
服务时间	5×8小时或不定期
服务响应和恢复时间	8-12小时

附件2　性能优化服务与增值服务的基本服务内容和要求

服务内容和要求	
性能优化服务类型	系统平台性能评估
	应用系统性能评估
	数据存储和通信安全评估
	系统整体安全性能评估
	系统安全平台性能评估
	业务整合
增值服务类型	规划管理
	可用性管理
	核心应用管理
	安全管理
	投资保护
	系统运营策略和应用拓展
服务能力管理	ISO9000认证
	系统集成3级或以上
	PIPA
	ISO17799
	ISO27001
服务质量	用户满意度不低于99%
服务方式	电话
	远程（在线）
服务时间	5×8小时或不定期
服务响应	4–8小时

附件3　投资区段与服务资费比例对应表

投资区段 （单位：人民币万元）	S			
	200及以下	500及以下	1000及以下	1000以上
资费基数	基本服务	Q_b			
		15.00%	13.50%	12.00%	10.00%
	性能优化与 增值服务	Q_a			
		15.00%	12.50%	10.00%	8.00%

附件4　权重分配

内容	权重与权重累加值	权重上限	
		一般性服务	性能优化与增值服务
服务质量	P_1	20.00%	20.00%
服务能力	P_2	40.00%	40.00%
服务方式	P_3	20.00%	20.00%
服务时间	P_4	10.00%	10.00%
服务响应	P_5	10.00%	10.00%
合计	P	100.00%	100.00%

附件5　权重分配的项目及对应权重值详表

服务质量（P_1）		权重	
		一般性服务	性能优化与增值服务
可靠性	平均无故障率大于99%	5.80%	5.80%
	功能	1.20%	1.20%
	应用	1.20%	1.20%
可用性	有效性	1.20%	1.20%
	效率	1.20%	1.20%
	用户满意度	1.20%	1.20%
可信性		2.20%	2.20%
安全性		6.00%	6.00%
合计		20.00%	20.00%

服务能力（P_2）		权重	
		一般性服务	性能优化与增值服务
业务能力管理	员工素质	5.00%	5.00%
	管理	8.00%	8.00%
	技术	5.00%	5.00%
	学习	3.00%	3.00%
	沟通	2.00%	2.00%
资源能力管理	需求管理	4.00%	4.00%
	识别、整合	2.00%	2.00%
	资源分配	1.00%	1.00%
	服务规划	1.00%	1.00%
	效能监控	1.00%	1.00%
	其它相关管理	1.00%	1.00%
服务能力管理	系统集成3级	1.00%	
	系统集成2级及以上	2.00%	2.00%
	ISO20000认证	1.00%	1.00%
	ISO17799	1.00%	
	ISO27001	1.00%	
	GB9361-1988计算站场地安全要求	0.80%	0.80%
	其它相关标准	0.20%	0.20%
合计		40.00%	37.00%

服务方式（P_3）		权重	
		一般性服务	性能优化与增值服务
现场		20.00%	20.00%

服务时间（P_4）		权重	
		一般性服务	性能优化与增值服务
7×24		10.00%	10.00%

响应与恢复时间（P_5）		权重	
		一般性服务	性能优化与增值服务
4–8小时		3.00%	
4小时以下		7.00%	7.00%
合计		10.00%	7.00%

信息服务资费标准　信息化工程监理类（DSIA02042007）

大 连 软 件 行 业 规 范

DSIA02042007

- -

信息服务资费标准

信息化工程监理类

（试行）

2007年12月26日 发布　　　　　　2008年1月25日施行

- -

大连软件行业协会

前　言

《信息服务资费标准》依据《ISO/IEC20000：2005"信息技术——服务管理"》标准、《信息服务管理规范》（试行），及其它国家和行业相关法律、法规制订。

《信息服务资费标准》分为9部分：

第一部分：计算机信息系统集成类

第二部分：计算机信息系统运营和维护类

第三部分：软件服务类

第四部分：数据加工和处理费类

第五部分：内容和增值服务类

第六部分：数据库服务类

第七部分：电子商务服务类

第八部分：信息化工程监理类

第九部分：其它专业类服务类

本部分为《信息化工程监理类》。

本部分起草人：孙毅、薛源福、孙鹏、于道勇、孙传刚、谢长健

本标准专家组：郎庆斌、孙鹏、刘玉贞、王小庚、孙毅、杨莉

本标准由大连市信息产业局提出并归口。

本标准召集单位：大连软件行业协会

C*ontents*
目　录

信息服务资费标准 信息化工程监理类

1 适用范围

本标准规定了实施信息化工程监理服务资费管理的原则和依据。

本标准适用于提供信息化监理服务的相关组织。

提供信息化监理服务的相关组织包括:

a)信息化工程监理的管理、监督部门;

b)从事信息化工程监理的单位和个人;

c)信息化工程的业主单位;

d)信息化工程的承建单位;

e)信息化工程监理的教育、培训和研究单位。

2 引用标准

《ISO/IEC20000:2005"信息技术——服务管理"》

《GB/T 19668.1-2005 信息化工程监理规范 第1部分 总则》

《GB/T 19668.2-2007 信息化工程监理规范 第2部分 通用布缆系统工程监理规范》

《GB/T 19668.3-2007 信息化工程监理规范 第3部分 电子设备机房系统工程监理规范》

《GB/T 19668.4-2007 信息化工程监理规范 第4部分 计算机网络系统工程监理规范》

《GB/T 19668.5-2007 信息化工程监理规范 第5部分 软件工程监理规范》

《GB/T 19668.6-2007 信息化工程监理规范 第6部分 信息化工程安全监理规范》

《信息服务管理规范 第一部分 总则》(试行)

3 定义

GB/T 19668确定的定义及下列定义适用于本部分。

3.1 相关总投资

签订信息系统工程监理服务合同前，相关的信息系统建设的总投资，是信息化工程监理服务资费的基础数据。

4 要求

本标准遵循GB/T 19668、《信息服务管理规范 第一部分 总则》（试行）的一般原则和要求，重点描述信息化工程监理服务资费管理的通用性原则。

信息化工程监理服务资费管理，参照GB/T 19668规定的信息化工程新建、升级、改造过程中监理工作的一般原则执行。

在信息化工程监理服务资费管理中，应同时使用GB/T 19668、《信息服务管理规范 第一部分 总则》（试行）和本标准。

5 资费管理

为保证计算机信息系统建设的高质量、高效率，保障用户和信息系统工程监理单位的合法权益，对信息系统工程监理服务发生费用的管理策略。

5.1 管理原则

a）信息化工程监理服务资费管理是信息化监理服务的辅助手段，以保证其科学化、专业化、规范化和标准化。

b）信息化工程监理服务资费管理，应保证信息化工程建设的高效、高质、计算机信息系统的可靠性、可用性和安全性及监理服务的可持续性。

c）信息化工程监理服务资费管理，应与信息服务管理对象的需求一致，保证公平、公正。

d）信息化监理服务资费标准根据国家计委、建设部印发的《工程建设监理规定》、信息产业部《关于发布通信工程建设监理费计费标准规定的通知》（信部规｛2000｝1219号），参照北京、深圳的收费标准并结合大连市的具体情况，综合考虑信息工程监理特点，项目建设周期、地域分布、监理方式、监理难度等因素制定。

5.2 资费确认

依据GB/T 19668、《信息服务管理规范 第一部分 总则》（试行）相关条款和用户的实际需求确认相应的服务资费：

a）监理目标；

b）监理内容；

c）监理方式和方法；

d）监理周期；

e）服务水平管理定义；

f）服务能力管理定义；

g）其它相关内容。

6　资费计算

以相关总投资为基准，计算信息化工程监理服务资费，该资费应由相关总投资区段内不同服务类别的百分比累加。（见附件1）

6.1　投资区段

相关总投资M划分为11个区段：

M＜100万元

100≤M＜300万元

300≤M＜500万元

500≤M＜800万元

800≤M＜1000万元

1000≤M＜2000万元

2000≤M＜3000万元

3000≤M＜5000万元

5000≤M＜8000万元

8000≤M＜10000万元

10000≤M万元

6.2　计算基准

根据5.2明确整体服务需求，确认投资区段，并作为计算资费的基准。

6.3　取费方式

a）根据投资区段不同设定不同的资费比例。（见附件1）

b）合同金额≤30万的小型工程项目、业主单位有特殊要求的工程项目等，可按人·月取费。（见附件2）

7　实施

本标准应与GB/T19668、《信息服务管理规范 第一部分 总则》（试行）配套使用。

附件1:

序号	名称	取费										
	工程投资总值M（万元）	M≤100	100<M≤300	300<M≤500	500<M≤800	800<M≤1000	1000<M≤2000	2000<M≤3000	3000<M≤5000	5000<M≤8000	8000<M≤10000	10000≤M
1-1	工程设计咨询服务阶段取费a（%） 机房工程智能布线综合布线	0.78	0.69	0.59	0.49	0.39	0.34	0.29	0.25	0.2	0.18	0.15
	计算机网络信息系统集成	1.12	0.98	0.84	0.7	0.56	0.48	0.42	0.36	0.28	0.25	0.22
	软件工程	2.12	1.86	1.59	1.33	1.06	0.9	0.8	0.69	0.53	0.48	0.42
1-2	实施、验收阶段监理取费b（%） 机房工程智能布线综合布线	5.49	4.7	4.48	4.37	3.92	3.54	3.14	2.67	2.2	2.04	1.88
	计算机网络信息系统集成	6.86	5.88	5.6	5.46	4.9	4.42	3.92	3.33	2.74	2.55	2.35
	软件工程	11.29	9.68	9.22	8.98	8.06	7.28	6.45	5.48	4.51	4.19	3.87
2-1	地域调整系数 大连市内四区计算机信息系统集成项目	1	1	1	1	1	1	1	1	1	1	1
2-2	其他县市区	1.1	1.1	1.1	1.1	1.1	1.1	1.1	1.1	1.1	1.1	1.1
3-1	工期调整系数 工程期一年以内C1	1.0	1.0	1.0	1.0	1.0	1.0	1.0	1.0	1.0	1.0	1.0
3-2	工程期一至两年C2	1.3	1.3	1.3	1.3	1.3	1.3	1.3	1.3	1.3	1.3	1.3
3-3	工程期两年以上C3	1.5	1.5	1.5	1.5	1.5	1.5	1.5	1.5	1.5	1.5	1.5
4	综合取费下限%			4				2			1.5	

附件2 如小型工程（合同金额小等于30万项目）、业主单位有特殊要求的工程等，按人·月取费。

单位：元/人·月

岗位 ＼ 范围	软件工程	方案设计	软件安装调试	工程实施
高级监理工程师	24000–28000	24000–28000	18000–22000	18000–22000
监理工程师	22000–26000	22000–26000	16000–20000	16000–20000
高级监理员	17000–21000	17000–21000	12000–16000	12000–16000
监理员	10000–14000	10000–14000	8000–12000	8000–12000

IT行业职业技能标准

通用要求（DB21/T 1793.2–2010）

DB21

辽 宁 省 地 方 标 准

DB21/T 1793–2010

IT行业职业技能标准通用要求

IT Skill Standards——General Requirements

2010–02–25 发布　　　　　　　　2010–03–25实施

辽宁省质量技术监督局 发布

前　言

本标准由大连市经济和信息化委员会提出。

本标准由辽宁省经济和信息化委员会归口。

本标准主要起草单位：大连软件行业协会

本标准主要起草人：郎庆斌、罗毅、孙鹏、韩强、马场宏治、杨莉、尹宏、汤玉杰、司丹、陈志华、宋明秋

本标准属首次发布。

C*ontents*
目　录

IT行业职业技能–通用要求

1 范围

本标准规定了IT行业涉及职业种类所需职业划分、职业资格等级、职业技能鉴定及职业技能培训的一般原则和要求。

本标准适用于IT行业的企业及相关组织职业技能管理、鉴定、职业培训等。

2 定义和术语

2.1 职业技能

在IT职业活动范围内，从业人员的业务能力和技术能力。

2.2 职业资格

从事IT职业必须具备的知识、技术和能力的基本要求。

2.3 职业种类

依据职业活动对象、从业方式、工作性质等划分的IT职业类别。

2.4 职业分类

同一职业种类中，依据专业知识和特点、技能要求及实际需求的不同，划分的不同的工作类别。

2.5 业务能力

在从事相应职业种类的专业工作中发现、解决实际问题并能创造相关价值的工作经验和业绩。

2.6 技术能力

完成职业种类及相应职业分类的工作任务必需具备的专业、知识、技能水平和熟练程度。

2.7 基本知识

依据本标准，各等级从业人员必须掌握的通用基础知识，主要包括IT

职业及与IT职业相关并贯穿整个职业活动的基本理论和相关知识。

2.8 职业技能鉴定

按照国家相关标准和本标准，对IT从业人员的职业技能水平或职业资格进行客观、公正、科学、规范的评价和认证的活动。

3 职业道德

IT行业从业人员均应具备以下职业道德：

a）遵守国家法律、法规和相关政策，及行业规范、标准和企业规章；

b）诚实守信、科学严谨、恪尽职守、团队协作、公道正派。

4 职业划分

4.1 职业种类

职业种类划分如表1示。

表1 职业种类

类别序号	01	02	03	04	05	06	07	08	09	10	11	12
职业种类	软件开发	系统集成	信息化监理	运营维护	数据库应用	电子商务	信息安全	多媒体制作	嵌入式系统	数据处理	咨询服务	市场营销

4.2 职业分类

依据表4.1划分职业分类和相应说明，参看附录A。

5 职业资格等级

5.1 等级

IT行业职业资格等级，分为7级：职业资格1级（初级）、职业资格2级（初级）、职业资格3级（中级）、职业资格4级（中级）、职业资格5级（高级）、职业资格6级（高级）、职业资格7级（特级）。

5.2 等级要求

IT行业职业资格各个等级，应符合相应的要求：

a）职业资格1级（初级）：应能运用职业种类及相应职业分类所需的职业技能和基本知识，在指导下完成所承担的工作；

b）职业资格2级（初级）：应能运用职业种类及相应职业分类所需的职业技能和基本知识，在指导下完成所承担的工作，并具有一定独立工作能力；

c）.职业资格3级（中级）：应能熟练运用职业种类及相应职业分类所需的职业技能和基本知识，独立完成所承担的工作；已具备指导他人工作能力；

d）职业资格4级（中级）：应能熟练运用职业种类及相应职业分类所需的职业技能和基本知识，独立完成所承担的工作；具备指导他人工作的能力，并能够承担部分项目管理工作；

e）职业资格5级（高级）：应具有一定的项目经验和业务、专业能力，独立完成项目管理工作；

f）职业资格6级（高级）：应具有较丰富的项目经验和业务、专业能力，创新性运用职业种类所需的职业技能和专业知识；能够在专业领域内提供专业技能指导；

g）职业资格7级（特级）：应具有相当丰富的项目经验和业务能力、系统全面的专业能力和知识，在专业领域具有开创性，有一定的影响力。

职业资格间关系参见附录B。

5.3　等级设置

职业种类及相应职业分类的职业资格等级设置，均应根据相应从业人员的职业活动范围和相应技能要求确定。各职业种类及相应职业分类的职业资格等级参照5.1、5.2的规定（参见附录C）。

6　职业技能鉴定

6.1　鉴定要求

IT职业从业人员申报各职业资格等级，应符合相应职业种类规定的条件，并应通过获得授权或具备相应资质的专门鉴定机构的相应职业技能鉴定。

6.2　鉴定内容

6.2.1　业务能力鉴定

6.2.1.1　业绩评价

从事本专业工作年限内，完成的实际项目及在项目中所担负的责任范围、项目的难易度与项目的规模、质量。

6.2.1.2　专业评价

a）专业发展：所从事专业的精通程度、专业更新和完善状况及影响范围；

　　b）技术传承：从事本专业工作年限内，使专业技术体系化、制度化；

　　c）新人培养：培训、指导无经验或经验不多的该专业从业人员；

　　d）从业年限：从事相应职业种类的工作年限。

6.2.2　技术能力鉴定

6.2.2.1　基本知识评价

IT行业从业人员必须掌握的基础理论知识、专业知识和相关知识的评价。

6.2.2.2　专业技能评价

　　从事该职业种类及相应职业分类的工作必须掌握的专业技术和应达到的专业水平的评价。

6.3　内容设置

　　职业技能鉴定的内容，应根据职业种类及相应职业分类的技能、专业要求设置，科学、规范、客观的评价业务能力和技术能力。

6.4　鉴定方式

　　职业技能鉴定方式，应根据职业种类及相应职业分类的特点，采用考试、履历鉴定和面试综合考核方法，准确评估、判断职业技能水平。

6.4.1　考核要求

　　应根据各职业种类及相应职业分类的特点，确定相应的考核要求，并详细说明。

6.4.2　考核说明

　　a）基本知识考试：基础知识、专业知识、相关知识；

　　b）职业履历鉴定：业务能力、技术能力及教育背景、工作经历、相关资格、获奖情况、发表论文等；

　　c）面试：基本素质、实践经验、表达能力、综合分析能力、应变能力、自我控制能力、人际交往能力等。

6.5　鉴定比重

　　根据考核说明，设置IT职业技能鉴定指标比重。各鉴定指标所占比例，宜参照表2规定：

表2 鉴定比重表　　　　　　　（%）

比重　等级 方式	初级		中级		高级		特级
	1	2	3	4	5	6	7
基本知识考试	60		30		20		0
职业履历鉴定	0		50		60		80
面试	40		20		20		20
合计	100		100		100		100

7　职业技能培训

7.1　培训计划

应基于企业的发展计划和本标准，根据职业种类及相应职业分类、职业技能需求和变化，制定职业培训计划，确定培训目标、培训手段和培训周期：

a）企业培训计划：企业应有针对性、有计划的实施职业技能培训，满足个人发展的需要，增强企业竞争力；

b）个人培训计划：从业人员应根据个人职业发展计划，融合企业发展目标，不断积累专业、知识、经验，提升业务能力和技术能力。

7.2　培训内容

职业培训的内容应包括：

a）基本知识培训；

b）技术能力培训；

c）业务能力培训。

7.3　培训方式

职业培训方式可以有多种选择：

a）内部培训或外部培训；

b）在职培训或脱产培训等。

7.4　培训流程

培训流程应包括：

a）职业分析和需求评估；

b）确定培训目标；

c）建立培训考核标准；

d）确定培训内容及方案；

e）培训考核。

7.5 培训机构

应是能够提供和实施IT行业职业技能培训，具备相应资格和条件的各种教育及培训服务机构（含高等教育机构）。

附录A
（规范性附录）

职业分类及说明

职业种类	职业分类	说明
软件开发01	软件架构 01-1	软件项目的总体设计、新产品开发、新技术体系的构建者。基于丰富的软件设计和应用经验，分析、评估系统整体架构，优化系统结构，选择适宜的实践参考模型，构建适用的软件架构
	系统分析 01-2	基于丰富的实践和经验，熟知软件工程、主流技术架构、网络、数据库技术等专业知识，理解客户业务流程，确认项目范围，获取、分析、定义、确认、验证客户需求，根据软件架构人员的架构设计，分析、设计适合客户业务需求的软件系统
	程序设计 01-3	按照系统分析人员提出的系统设计报告，设计、编制、调试、修改程序
	项目管理 01-4	制定项目实施计划，组织、配置项目资源（包括人、财、物），沟通、激励项目组成员的工作，化解可能的矛盾；跟踪、监控项目进展，保证项目的有效实施
	软件测试 01-5	根据软件项目规范编制测试计划，设计测试数据和示例，完成项目模块测试、系统测试，跟踪、分析发现的问题，评估解决方案的合理性
系统集成02	IT架构 02-1	基于丰富的工程设计和应用经验，分析、整合客户需求，构建包括基础设施平台、应用系统平台、资源平台、数据管理等的系统整体架构，融合IT与业务需求，保证架构的可靠性、安全性、可用性和可扩展性
	需求分析 02-2	基于丰富的工程经验、良好的客户沟通能力和客户业务流程的把握，理解、确认项目范围，获取、分析、定义、确认、验证客户需求，为IT架构人员提供相对完善、合理的客户需求方案

系统集成02	信息资源规划02-3	根据需求分析人员的方案,梳理客户业务流程,识别、整合信息资源,基于系统整体架构,规划、设计包括系统基础平台、数据管理、应用平台、信息安全平台的功能、结构、性能,制定整体解决方案
	项目建设和管理02-4	根据项目整体解决方案,制定项目实施计划,组织、配置项目资源(包括人、财、物),实施项目建设,跟踪、监控项目进展;建立沟通机制,激励项目组的工作
	系统测试02-5	根据需求方案和整体解决方案,编制系统测试计划,确定测试方法和测试流程,完成系统分阶段测试和整体调试,跟踪、分析发现的问题,评估解决方案的合理性

职业种类	职业分类	说明
信息化监理03	弱电监理03-1	基于丰富的工程经验,明确项目范围,确认、验证客户需求,监控弱电项目的实施
	网络监理03-2	基于丰富的工程经验,明确项目范围,确认、验证客户需求,监控网络基础平台、数据管理等项目的实施
	软件监理03-3	基于丰富的工程经验,明确项目范围,确认、验证客户需求,监控系统软件、中间件、支撑软件、应用系统及资源建设等项目的实施
	信息安全监理03-4	基于丰富的工程经验和实践,明确项目范围,确认、验证客户需求,监控信息安全防御体系和管理体系、信息安全管理平台、信息安全设备的安全性等项目的实施
	系统环境监理03-5	基于丰富的工程经验,明确项目范围,确认、验证客户需求,监控信息系统环境建设的实施,包括机房建设(电源系统、接地系统、新风系统、消防系统、机房环境等)、监控系统、防灾等
	总监理师03-6	监理单位履行监理职责的总负责人,基于丰富的工程经验和广泛的专业知识,制定监理规划和方案,组织协调监理实施和项目各方的关系,跟踪项目进度,监控项目实施

运营维护04	基础平台维护 04-1	为网络基础设施和数据管理的安全性、可靠性、可用性和可扩展性，保证网络结构的优化，定期评估网络基础平台性能、数据管理完整性、安全性，制定故障维护预案，及时消除可能的故障隐患。
	应用平台维护 04-2	为保证操作系统、数据库系统、中间件、其他支撑系统应用及在系统平台上运行的各类应用软件系统的安全性、可靠性和可用性，定期评估系统平台的性能和应用软件系统的性能、功能缺陷、用户满意度等，制定系统故障处理应急预案，及时消除可能存在的安全隐患和威胁、根据需求更新或变更系统功能。
	信息安全维护 04-3	为保证物理环境和系统运行的安全，定期检查和评估可能的安全隐患、缺陷和威胁，制定安全恢复预案。
	系统环境维护 04-5	为保证信息系统的安全、稳定、无故障运行，监控系统运行的环境、监测并定期检查电源、通风、接地等所有机房设施的工作状态，发现并报告问题和提出变更建议。
	系统管理 04-6	为保证信息系统正常、高效运行，监控、适时调整系统状态，高效、高质利用系统的各种资源。当系统出现故障时及时报告和处理，协调、保持系统的高效运行
	系统评估 04-7	在信息系统运营过程中，各项应用（硬件基础平台、系统平台、存储平台、应用系统平台、安全平台等）、各项业务的性能、效能的优化、整合、评估
数据库应用05	数据库设计 05-1	基于丰富的数据库应用和设计经验，熟悉各种主流数据库技术和性能调优经验，熟悉各种数据库设计工具和设计方法；规划、设计IT项目的数据库解决方案
	数据库应用 05-2	基于丰富的数据库应用和部署经验，具有数据库安装、部署、开发、调优、能力和数据迁移、数据交换、数据转换等相关工作经验
	数据库管理 05-3	管理、监控、备份、恢复、维护数据库系统，确保数据库系统的完整性，准确性，安全性

职业种类	职业分类	说明
电子商务06	平台设计 06-1	熟悉电子商务流程、信息技术及相关技术，规划、设计电子商务系统和电子商务应用平台，保证电子商务系统的可靠性、安全性和可用性
	网站开发与维护06-2	精通Web架构设计，熟悉各种主流数据库技术和开发语言、工具及网页设计软件，设计、创意网站整体架构，开发、构建电子商务网站
	内容管理 06-3	策划、收集、整理、分类、编辑网站内容，根据行业规范和网站定位制定相应的行业类别和目录，适时发布、完善、更新网站内容
信息安全07	安全架构 07-1	基于丰富的实践经验，熟悉IT基础设施、系统架构设计、安全应用集成、网络安全产品典型部署，熟悉各种通信标准及协议，了解安全趋势和客户的整体安全需求。识别、分析、评估项目风险、确定项目安全需求、安全技术，设计、构建信息安全整体防御体系和管理体系，为软件/IT架构人员提供安全、可靠的安全构架
	安全评估 07-2	基于丰富的安全实践，熟悉IT基础设施、系统架构、各种通信标准及协议的缺陷、漏洞和防御技术，识别、分析、评估系统风险、系统安全性能，提供评估报告和解决方案
	安全服务 07-3	熟悉主流的操作系统、数据库系统和基础架构，熟悉信息安全管理和项目管理的基本知识，理解并掌握信息安全和攻防技术，提供安全机制、安全策略、安全管理等服务
	安全咨询 07-4	熟悉各种安全标准、信息安全基本知识和相关知识，提供信息安全整体解决方案
多媒体制作08	多媒体设计 08-1	掌握计算机及相关设备的基本原理，熟练运用计算机设计软件，设计多媒体系统、视觉系统、音频系统等
	多媒体制作 08-2	掌握计算机及相关设备的基本原理，熟练运用多媒体制作技术，制作多媒体系统、视音频系统等
嵌入式系统09	软件架构 01-1	与软件开发职业相同，但基于嵌入式系统开发
	嵌入式系统开发09-1	熟悉嵌入式系统，掌握主流的开发工具，具备嵌入式软件系统独立开发能力、解决问题能力
	软件测试 01-5	与软件开发职业相同，但基于嵌入式系统

职业种类	职业分类	说明
数据处理10	图形图像处理 10-1	使用计算机及图形图像输入输出设备和相应处理软件处理静态、动态图形图像
	数据分析处理 10-2	整理、分析、抽取、转换、挖掘大量分散的、独立的原始数据，转化为可理解、利用的信息
	呼叫中心服务支持10-3	利用计算机技术、通信技术、网络技术、计算机电话集成技术等，构成统一、高效的服务工作平台，采用统一的标准服务模式，为用户提供系统化、智能化、人性化的服务
	数据录入 10-4	利用计算机及相关输入设备、相应软件处理系统，及时、准确、高效、高质量的录入文字或数据
咨询服务11	IT管理咨询 11-1	具有丰富管理理论和实践经验的专家，提供包括管理模式、流程重组、商业模式、管理系统等与IT融合的咨询和服务
	业务咨询 11-2	与IT管理咨询结合，提供信息化建设整体解决方案
市场营销12	客户关系 12-1	基于企业业务，服务客户为中心，满足客户需求，提高客户满意度
	渠道管理 12-2	创建适合业务需求的渠道，制定相应的渠道政策，合理管理和发展渠道
	成本控制 12-3	根据成本管理目标，对企业、项目等运行中影响成本的各种因素和条件采取预防和调控措施
	市场分析 12-4	根据企业经营目标和业务，分析市场需求、市场容量及竞争能力等，制定营销策略和销售目标
	宣传策划 12-5	根据市场分析，树立企业形象和品牌形象，实现产品（项目）营销计划和品牌推广计划
	市场开拓 12-6	根据企业经营目标，拓展业务
注：		类别序号以 m-n 形式表示 m：职业种类序号，为2位数字，自01始，升序排列； n：职业分类序号，自1始，升序排列。

附录B
（资料性附录）

职业资格间关系

初级		中级		高级		特级
1级	2级	3级	4级	5级	6级	7级
具有一般应用的业务能力				具有创新性的业务能力		
					专业领域的开创性、影响力	
					专业领域的创新性、能力认可	
				项目管理能力、企业内的能力认可		
			指导他人工作的能力			
		完全独立工作的能力				
	一定程度上独立工作的能力					
在指导下工作的能力						

附录C
（资料性附录）

软件开发职业资格等级示例

职业分类 \ 等级	类别序号	01-1	01-2	01-3	01-4	01-5
		软件架构	系统分析	程序设计	项目管理	软件测试
特级	7	■	■			
高级	6	■	■		■	■
	5		■	■	■	■
中级	4			■		■
	3			■		■
初级	2			■		
	1					

注： ■ 表示该职业分类设置的职业资格等级
　　 □ 表示该职业分类未设置相应的职业资格等级

ICS 35.020

L70

DB21

IT服务标准辑录

辽 宁 省 地 方 标 准

DB21/T 1948-2012

- -

IT职业技能标准 计算机信息系统集成

IT Skill Standards - Computer Information System Integration

2012-02-07 发布　　　　　　　　　　　　　　2012-03-07 实施

- -

辽宁省质量技术监督局 发布

前　言

本标准依据GB/T1.1—2009《标准化工作导则　第1部分：标准的结构与编写》和DB21/T1793—2010《IT行业职业技能 通用要求》制定。

本标准由大连市经济和信息化委员会提出。

本标准由辽宁省经济和信息化委员会归口。

本标准主要起草单位：大连软件行业协会、大连奥远电子有限公司、大连运邦科技发展有限公司、大连诚高科技股份有限公司、大连高新园区恒新电脑网络有限公司、辽宁九州网络科技有限公司

本标准起草人：郎庆斌、孙鹏、李泽锋、尹宏

本标准于2012年2月7日首次发布。

C*ontents*

目 录

IT职业技能标准　计算机信息系统集成

1　范围

本标准规定了计算机信息系统集成职业定义、分类，职业技能鉴定要求、基本知识、各职业分类的等级、申报条件和等级要求。

本标准适用于计算机信息系统集成企业及相关组织职业技能管理、鉴定、职业培训等。

2　规范性引用文件

下列文件对于本文件的应用是必不可少的。凡是注日期的引用文件，仅所注日期的版本适用于本文件。凡是不注日期的引用文件，其最新版本（包括所有的修改单）适用于本文件。

DB21/T 1793—2010 IT行业职业技能 通用要求

DB21/T 1799.2—2010　信息服务管理规范 第2部分: 计算机信息系统集成管理

3　术语、定义和缩略语

3.1　术语和定义

DB21/T1793界定的以及下列定义和术语适用于本标准。

3.1.1　复杂度 complexity

根据环境、技术、业务、资源、管理等及其相互关联的因素，确定系统集成项目的复杂程度。

3.1.2　规模 scale

根据投资、团队、复杂度等因素，确定系统集成项目的范畴。

3.2　缩略语

3.2.1　系统集成 computer Information system integration

计算机信息系统集成（DB21/T1799.2 3.1）。

4　要求

本标准遵循DB21/T1793的一般原则和要求，重点描述系统集成职业技能的基本要求、业务能力和技术能力要求等。

系统集成职业技能的一般原则和要求，参照DB21/T1793执行。

在系统集成职业技能管理和鉴定中，应同时使用DB21/T1793和本标准。

5　职业说明

5.1　职业名称

计算机信息系统集成。

5.2　职业分类

系统集成职业细分为IT架构、需求分析、信息资源规划、项目建设和管理及系统测试等5个职业分类。

6　鉴定要求

6.1　适用对象

系统集成职业技能鉴定适用于申报职业等级鉴定及从事或准备从事本职业的人员。

6.2　鉴定方式

应根据DB21/T 1793中6.4节要求的方式鉴定。鉴定采用百分制，成绩均达到60分以上为及格。

7　基本知识

7.1　计算机基础知识

1.计算机硬件基础知识

2.计算机软件基础知识

7.2　网络基础知识

1.数据传输与通信基础知识

2.网络体系结构基础知识

3.网络设备基础知识

4.网络管理基础知识

5.网络操作系统基础知识

6.网络应用基础知识

7.服务器设备基础知识

8.信息安全基础知识

9.信息安全防护体系和信息安全管理体系基础知识

10.信息安全设备基础知识

11.数据存储管理基础知识

12.数据存储设备基础知识

13.数据安全性管理基础知识

7.3　软件基础知识

1.软件开发基础知识

2.数据库及其它支撑软件基础知识

3.应用系统设计基础知识

7.4　弱电基础知识

1.综合布线基础知识

2.门禁、监控、智能建筑基本知识

7.5　机房管理基础知识

1.电源系统基础知识

2.防雷、接地系统基础知识

3.空调系统基础知识

4.消防系统基础知识

5.环境管理基础知识

6.电磁屏蔽基础知识

7.灾害预防基础知识

7.6　视频基础知识

1.视频系统基础知识

2.视频应用基础知识

3.视频设备基础知识

7.7 规划设计基础知识

1.需求工程基础知识

2.信息资源规划基础知识

3.系统设计基本知识

4.产品技术理解

7.8 项目实施基础知识

1.系统工程基础知识

2.质量管理基础知识

3.项目管理基础知识

4.项目监理基础知识

5.系统测试基础知识

7.9 相关基础知识

1.风险管理基础知识

2.商务策划基础知识

3.营销基础知识

4.行业知识理解

5.知识产权相关知识

6.劳动法相关知识

7.个人信息安全相关知识

8.国家相关法律、法规

7.10 外语基础知识

与构建计算机信息系统相关的英语专业术语

8 IT架构

8.1 职业定义

基于非常丰富的IT项目设计和应用经验，理解、分析、整合业务需求，构建包括基础设施平台、应用系统平台、资源平台、数据管理、安全体系等的系统整体架构，融合IT与业务需求，保证系统架构的可靠性、安全性、可用性和可扩展性。

8.2 等级

IT架构设3个等级，即职业资格7级（特级IT架构师）、职业资格6级（高级IT架构师）、职业资格5级（IT架构师）。

8.3 申报条件

申报IT架构各等级职业资格，应符合以下条件之一：

1.职业资格7级：

a.获得国家计算机技术与软件专业技术资格（水平）考试相关高级资格，并连续从事本职业工作10年以上；

b.在国内具有重大影响和知名度，并获得认可；

2.职业资格6级：

a.获得国家计算机技术与软件专业技术资格（水平）考试相关高级资格，并连续从事本职业工作8年以上；

b.在地区内具有重大影响和知名度，并获得认可；

3.职业资格5级：

a.获得国家计算机技术与软件专业技术资格（水平）考试相关高级资格，并连续从事本职业工作5年以上；

b.在行业内具有重大影响和知名度，并获得认可。

8.4 等级要求

申报IT架构各等级职业资格，应考核业务能力和技术能力。

8.4.1 业务能力

表1 IT架构各等级职业资格—业务能力

等级	业务能力
7级	在国内具有一定的知名度和影响力，成功参与国内省级以上重点、重大工程的规划、设计。专业造诣较深，并注重将丰富的实践经验和理论知识规范化和体系化
6级	具有一定知名度和影响力，成功参与市级以上重点、重大工程的规划和设计。有一定的专业造诣，并注重将丰富的实践经验和理论知识规范化和体系化
5级	在行业内具有一定知名度和影响力，成功参与市级重点、重大工程规划和设计。有一定专业造诣，并注重将丰富的实践经验和理论知识规范化和体系化

8.4.2 技术能力

表2　IT架构各等级职业资格—技术能力

等级	技术能力
7级	对专业技术、新技术的发展有深入的研究，跟踪、把握新技术、新产品的发展方向，精通架构设计的理论、实践和经验，熟练掌握、运用项目所需各类知识，具有战略性和前瞻性思维能力，深刻理解需求，明确项目规范，采用关键、合理技术，构建包括基础架构、资源架构、数据架构、安全架构、应用架构的系统整体技术和业务融合架构，平衡、化解项目风险
6级	对专业技术、新技术的发展有比较深入的研究，跟踪、把握新技术、新产品的发展方向，熟悉架构设计的理论、实践和经验，具有前瞻性思维能力，能够运用项目所需各类知识，深刻理解需求，采用关键、合理技术，构建包括基础架构、资源架构、数据架构、安全架构、应用架构的系统整体技术和业务融合架构，平衡、化解项目风险
5级	对专业技术、新技术的发展有一定研究，跟踪新技术、新产品的发展方向，具有前瞻性思维能力，能够运用项目所需部分知识，理解需求，采用相应技术，构建系统所需的整体架构

9　需求分析

9.1　职业定义

基于丰富的工程经验、良好的用户沟通能力和对用户业务流程的把握，理解、确认项目范围，获取、分析、定义、确认、验证用户需求，编制并为架构师提供合理、适宜、充分、有效，相对完善的用户需求管理方案和文档。

9.2　等级

需求分析设3个等级，即职业资格6级（高级需求分析师）、职业资格5级（需求分析师）、职业资格4级（需求分析员）。

9.3　申报条件

申报需求分析各等级职业资格，应符合以下条件之一：

1.职业资格6级：

a.获得国家计算机技术与软件专业技术资格（水平）考试相关高级资格，并连续从事本职业工作8年以上；

b.取得需求分析师职业资格3年以上；

2.职业资格5级：

a.获得国家计算机技术与软件专业技术资格（水平）考试相关高级资格，并连续从事本职业工作5年以上；

b.取得需求分析员职业资格2年以上；

c.具有相关专业博士学位，连续从事本职业工作3年以上，具有获得认可的业务能力；

3.职业资格4级：

a.获得国家计算机技术与软件专业技术资格（水平）考试相关中级资格，并连续从事本职业工作3年以上；

b.具有相关专业硕士学位，连续从事本职业工作2年以上；

c.取得其它职业分类职业资格4级及以上3年以上。

9.4　等级要求

申报需求分析各等级职业资格，应考核业务能力和技术能力。

9.4.1　业务能力

表3　需求分析各等级职业资格—业务能力

鉴定内容		职业等级		
		职业资格6级	职业资格5级	职业资格4级
项目	复杂度	业务模型的复杂度：业务种类繁多，业务地域业、跨地域业务，业务流程复杂 需求一致性和完整性：项目范围判定准确，与前需求的复合率达到98%，变更频度较低 需求文档完整性：需求管理过程形成的各类文档齐全、完整 用户认可度：清晰、明确、分析、确认的用户满意率 对前项说明	业务模型的复杂度：业务种类繁多，业务相关非相关业务，存在相关业务，业务流程复杂 需求一致性和完整性：项目范围判定准确，与用户需求的复合率达到95%以上，变更频度较低 需求文档完整性：需求管理过程形成的各类文档齐全、清晰、明确、完整 用户认可度：对前项项目说明、分析、确认的用户满意率	业务模型的复杂度：业务种类较多，业务相关度高；业务流程较复杂；接口数10以上 需求一致性和完整性：项目范围判定准确，与用户需求的复合率达到95%以上，变更频度较低 需求文档完整性：需求管理过程形成的各类文档齐全、清晰、明确、完整 用户认可度：对前项说明、分析、确认的用户满意率
	规模	市级以上重点、重大工程3项以上 符合复杂度要求 负责项目需求管理	市级重点、重大工程3项以上 符合复杂度要求 负责项目需求管理	中、大型工程5项以上 符合复杂度要求 负责项目需求管理
业务能力	专业发展	创新性运用需求工程专业知识，深刻理解业务需求，并与信息技术充分融合；在需求管理过程中，根据业务变化和技术发展、跟踪、更新、完善，运用专业知识，在国内具有一定的知名度和影响力	创新性运用需求工程专业知识，深刻理解业务需求，并与信息技术充分融合；在需求管理过程中，根据业务变化和技术发展、跟踪、更新、完善，在行业内具有一定的知名度和影响力	创新性运用需求运用需求工程专业知识，深刻理解业务需求，并与信息技术充分融合；在需求管理过程中，根据业务变化和技术发展、跟踪、更新、完善，运用专业知识，专业水平逐步提升
专业	技术传承	在实践中，注重需求管理的规范化、体系化；在国内、行业内以各种形式参与学术交流、发表论著等	在实践中，注重需求管理的规范化、体系化；以各种形式参与学术交流、发表论著等	在实践中，注重需求管理的规范化、体系化；以各种形式参与学术交流、发表论著等
	新人培养	注重新从业人员，已有一定实践经验的从业人员专业水平提升的指导和培养	注重新从业人员，已有一定实践经验的从业人员专业水平提升的指导和培养	注重新从业人员，已有一定实践经验的从业人员专业水平提升的指导和培养

9.4.2 技术能力

表4 需求分析各等级职业资格—技术能力

鉴定内容		职业等级		
		职业资格6级	职业资格5级	职业资格4级
技术能力	基本知识 — 基础知识	熟练掌握和运用基础理论知识，融合业务需求、清晰、明确地表述需求分析结果，并易于转换为系统设计语言；熟练掌握和运用基础理论知识，及时发现、改正需求分析中的错误和缺陷	熟练掌握和运用基础理论知识，融合业务需求、清晰、明确地表述需求分析结果，并易于转换为系统设计语言；熟练掌握和运用基础理论知识，及时发现、改正需求分析中的错误和缺陷	熟练掌握和运用基础理论知识，融合业务需求、清晰、明确地表述需求分析结果，并易于转换为系统设计语言；熟练掌握和运用基础理论知识，及时发现、改正需求分析中的错误和缺陷
	基本知识 — 相关知识	理解、运用相关知识、识别、分析、评估需求管理中可能存在的风险，并采取相应的应对策略；理解、运用相关知识，在需求管理中控制可能存在的知识产权、相关法律法规、行业规范、个人信息保护等；理解、运用相关知识，考虑如营销策略、商务策划等问题	理解、运用相关知识、识别、分析、评估需求管理中可能存在的风险，并采取相应的应对策略；理解、运用相关知识，在需求管理中控制可能存在的知识产权、相关法律法规、行业规范、个人信息保护等；理解、运用相关知识，考虑如营销策略、商务策划等问题	理解、运用相关知识、识别、分析、评估需求管理中可能存在的风险，并采取相应的应对策略；理解、运用相关知识，在需求管理中控制可能存在的知识产权、相关法律法规、行业规范、个人信息保护等；理解、运用相关知识，考虑如营销策略、商务策划等问题
	专业技术技能	创新性运用需求工程理论，熟悉并熟练运用各种需求获取技术，在需求管理中理解、运用需求系统集成及的信息技术及其他相关技术，深刻理解、明确描述用户需求、需求的功能要素，行为特征及相关约束等，并转换为设计需求，为架构设计、资源规划、项目实施提供可靠、有效的依据	熟练运用需求工程理论，熟悉并熟练运用各种需求获取技术，在需求管理中理解、运用需求系统集成及的信息技术及其他相关技术，理解、明确描述用户需求、需求的功能要素，行为特征及相关约束等，并转换为设计需求，为架构设计、资源规划、项目实施提供有效的依据	能够运用各种需求获取技术，熟悉并熟练运用各种需求获取技术，在需求管理中理解、运用需求系统集成及的信息技术及其他相关技术，理解、明确描述用户需求、需求的功能要素，行为特征及相关约束等，并转换为设计需求，为架构设计、资源规划、项目实施提供的依据
	专业知识	熟练掌握需求工程相关专业知识，构建需求管理知识体系，指导需求工程的实施	熟练掌握需求工程相关专业知识，在需求管理中注重知识体系的形成，有效的实施	熟练掌握需求工程相关专业知识，并指导需求工程的实施

10　信息资源规划

10.1　职业定义

根据需求分析师的方案，梳理客户业务流程，识别、整合信息资源，基于系统整体架构，规划、设计包括系统基础平台、数据管理、应用平台、信息安全平台等的功能、结构、性能，制定整体解决方案。

10.2　等级

信息资源规划设三个等级，即职业资格6级（高级规划设计师）、职业资格5级（规划设计师）、职业资格4级（助理规划设计师）。

10.3　申报条件

申报信息资源规划各等级职业资格，应符合以下条件之一：

1.职业资格6级：

a.获得国家计算机技术与软件专业技术资格（水平）考试相关高级资格，并连续从事本职业工作8年以上；

b.取得本职业规划设计师职业资格3年以上；

2.职业资格5级：

a.获得国家计算机技术与软件专业技术资格（水平）考试相关高级资格，并连续从事本职业工作5年以上；

b.取得助理规划设计师职业资格3年以上；

c.具有相关专业博士学位，连续从事本职业工作5年以上，具有获得认可的业务能力；

3.职业资格4级

a.获得国家计算机技术与软件专业技术资格（水平）考试相关中级资格，并连续从事本职业工作5年以上；

b.具有相关专业硕士学位，连续从事本职业工作3年以上，具有获得认可的业务能力；

c.具有大学本科学历，连续从事本职业工作5年以上，具有获得认可的业务能力；

d.取得其它职业分类职业资格4级及以上3年以上。

10.4　等级要求

申报信息资源规划各等级职业资格，应考核业务能力和技术能力。

10.4.1 业务能力

表5 信息资源规划各等级职业资格—业务能力

鉴定内容		职业等级		
		职业资格6级	职业资格5级	职业资格4级
业务能力	项目 复杂度	业务模型的复杂度：业务种类繁多、业务相关地域业务、跨地域业务、业务流程复杂 功能复杂度：10个以上的功能需求（子系统），实现路径复杂；各子系统（包括基础平台、数据管理平台、应用平台、信息安全平台等）和系统整体的可靠性、可用性达到99.99%，安全度高 资源整合复杂度：信息资源分散、混乱、繁复，存在多个信息孤岛，标准化难度大 规划复杂度：用户发展战略及信息化战略的符合度，业务流程重组、IT与业务的高度融合，资源合理优化配置，用户不同需求的平衡、技术储备、规范信息服务管理、发展空间	业务模型的复杂度：业务种类繁多、业务相关业务，存在非相关业务、业务流程较复杂 功能复杂度：5个以上的功能需求（子系统），实现路径较复杂；各子系统（包括基础平台、数据管理平台、应用平台、信息安全平台等）和系统整体的可靠性、可用性达到99.99%，安全度高 资源整合复杂度：信息资源分散、混乱、繁复，存在多个信息孤岛，标准化难度大 规划复杂度：用户发展战略及信息化战略的符合度，业务流程重组、IT与业务融合，资源合理优化配置，用户不同需求的平衡、规范信息服务管理、技术储备、发展空间	业务模型的复杂度：业务种类繁多、业务相关业务，业务流程高，业务流程复杂 功能复杂度：5个以下的功能需求（子系统），实现路径较复杂；各子系统（包括基础平台、数据管理平台、应用平台、信息安全平台等）和系统整体的可靠性、可用性达到99%，安全度高 资源整合复杂度：存在多个信息孤岛，繁复，可用性达到99%，安全度高 资源整合复杂度：信息资源分散、混乱 规划复杂度：业务流程重组、IT与业务融合，用户不同需求的平衡、资源合理优化配置，规范信息服务管理、技术储备

424

业务能力					
项目	复杂度	数据复杂度：大型数据库应用；大数据量高并发率；与系统整体规划的一致性、可扩展性、可靠性和安全性 技术复杂度：创新技术跨度较大的应用；高安全等级要求、多业务领域 风险管控难度较大 文档完整性：信息资源规划设计过程形成的各类文档齐全、清晰、明确、完整 用户认可度：规划设计与用户需求的符合度、达成度和满意率	数据复杂度：中小型数据库应用；大数据量高并发率；与系统整体规划的一致性、可扩展性、可靠性和安全性 技术复杂度：创新技术的应用；高安全等级要求、多专业领域 一定的风险管控难度 文档完整性：信息资源规划设计过程形成的各类文档齐全、清晰、明确、完整 用户认可度：规划设计与用户需求的符合度、达成度和满意率	数据复杂度：小型数据库应用；大数据量高并发率；与系统整体规划的一致性、可扩展性、可靠性和安全性 技术复杂度：创新技术的应用；高安全等级、多业务领域 文档完整性：信息资源规划设计过程形成的各类文档齐全、清晰、明确、完整 用户认可度：规划设计与用户需求的符合度、达成度和满意率	
	规模	市级以上重点、重大工程3项以上 符合复杂度要求 负责信息资源规划管理	市级重点、重大工程3项以上 符合复杂度要求 负责信息资源规划管理	中、大型工程5项以上 符合复杂度信息资源规划管理	
专业	专业发展	创新性运用信息资源规划相关专业知识，深刻理解业务需求，在规划设计中与信息技术无分融合；在信息资源规划过程中，根据业务变化和技术发展，跟踪、更新、完善，运用专业知识，在国内具有一定的知名度和影响力	运用信息资源规划相关专业知识，深刻理解业务需求，在规划设计中与信息技术充分融合；在信息资源规划过程中，根据业务变化和技术发展，跟踪、更新、完善，运用专业知识，在行业内具有一定的知名度和影响力	运用信息资源规划相关专业知识，理解业务需求，在规划设计中与信息技术融合；在信息资源规划过程中，根据业务变化和技术发展，跟踪、更新、完善，运用专业知识；专业水平逐步提升	
	技术传承	在实践中，注重信息资源规划的规范化、体系化；在国内、行业内以各种形式参与学术交流、发表论著等	在实践中，注重信息资源规划的规范化、体系化；参与行业内各种形式学术交流、发表论著等	在实践中，注重信息资源规划的规范化、体系化；以各种形式参与学术交流、发表论著等	
	新人培养	注重新从业人员，已有一定实践经验的从业人员专业水平提升的指导和培养	注重新从业人员，已有一定实践经验的从业人员专业水平提升的指导和培养	注重新从业人员，已有一定实践经验的从业人员专业水平提升的指导和培养	

10.4.2 技术能力

表6 信息资源规划各等级职业资格—技术能力

鉴定内容		职业等级		
		职业资格6级	职业资格5级	职业资格4级
技术能力	基础知识	熟练掌握和运用基础理论知识,融合用户需求,准确、清晰,明确地表述信息资源规划,设计的知识要素,并易于项目管理识别;熟练掌握和运用基础理论知识,及时发现、改正规划、设计中的错误和缺陷	熟练掌握和运用基础理论知识,融合用户需求,准确、清晰,明确地表述信息资源规划,设计的知识要素,并易于项目管理识别;熟练掌握和运用基础理论知识,及时发现、改正规划、设计中的错误和缺陷	熟练掌握和运用基础理论知识,融合用户需求,准确、清晰,明确地表述信息资源规划,设计的知识要素,并易于项目管理识别;熟练掌握和运用基础理论知识,及时发现、改正规划、设计中的错误和缺陷
	相关知识	理解、运用相关知识,识别、分析、评估规划设计中可能存在的隐患、风险,并采取相应的应对策略;理解、运用相关知识,在规划设计中控制可能存在的知识产权、相关法律法规、行业规范、个人信息保护等;理解、运用相关知识,考虑如营销策略、商务策划等问题	理解、运用相关知识,识别、分析、评估规划设计中可能存在的隐患、风险,并采取相应的应对策略;理解、运用相关知识,在规划设计中控制可能存在的知识产权、相关法律法规、行业规范、个人信息保护等;理解、运用相关知识,考虑如营销策略、商务策划等问题	理解、运用相关知识,识别、分析、评估规划设计中可能存在的隐患、风险,并采取相应的应对策略;理解、运用相关知识,在规划设计中控制可能存在的知识产权、相关法律法规、行业规范、个人信息保护等;理解、运用相关知识,考虑如营销策略、商务策划等问题
	专业技术	创新性运用信息资源规划相关理论,熟练运用各种规划设计技术,在规划设计中理解、运用系统集成及涉及的信息技术及其他相关技术,深刻理解、明确描述资源识别、整合、分类、配置,资源约束条件、系统功能要素、结构特征、技术策略、性能选择等,为系统规划及基础平台、系统平台、安全平台提供可靠、有效的依据	熟练运用信息资源规划相关理论,熟悉并熟练运用各种规划设计技术,在规划设计中理解、运用系统集成及涉及的信息技术及其他相关技术,深刻理解、明确描述资源识别、整合、分类、配置,资源约束条件、系统功能要素、结构特征、技术策略、性能选择等,为系统规划及基础平台、系统平台、安全平台提供可靠、有效的依据	能够运用信息资源规划相关理论,熟悉运用各种规划设计技术,在规划设计中理解、运用系统集成及涉及的信息技术及其他相关技术,理解、明确描述资源识别、整合、分类、配置,资源约束条件、系统功能要素、结构特征,为系统规划及安全基础平台的设计提供可靠、有效的依据
	专业知识	熟练掌握信息资源规划相关专业知识,构建规划设计知识体系,指导信息资源规划的实施	熟练掌握信息资源规划相关专业知识,构建规划设计知识体系,指导信息资源规划的实施	熟练掌握信息资源规划相关专业知识,指导信息资源规划的实施

11 项目建设和管理

11.1 职业定义

根据项目整体解决方案，掌握项目管理的原理、技术、方法和工具，参与或领导项目的启动、计划、组织、项目资源（包括人、财、物）配置、实施项目建设和收尾过程的活动，跟踪、监控项目进展；建立沟通机制，激励项目组的工作，确保项目能在规定的范围、时间、质量与成本等约束条件下完成既定目标的人员。

11.2 等级

项目建设和管理设六个等级，即职业资格6级（高级项目管理师）、职业资格5级（项目管理师）、职业资格4级（助理项目管理师）和职业资格3级（项目管理员），及职业资格2级和职业资格1级。

11.3 申报条件

申报项目建设和管理各等级职业资格，应符合以下条件之一：

1.职业资格6级：

a.获得国家计算机技术与软件专业技术资格（水平）考试相关高级资格，并担任项目管理领导工作3年以上；

b.取得本职业项目管理师职业资格证书后，连续从事本职业工作3年以上；

2.职业资格5级：

a.获得国家计算机技术与软件专业技术资格（水平）考试相关中级资格，并担任项目管理领导工作3年以上；

b.取得本职业助理项目管理师职业资格证书后，连续从事本职业工作3年以上；

c.具有本专业或相关专业博士学位，连续从事本职业工作3年以上，并担任项目管理领导工作1年以上；

d.本科以上学历，连续从事本职业工作8年以上，并担任项目管理领导工作3年以上；

3.职业资格4级：

a.获得国家计算机技术与软件专业技术资格（水平）考试相关中级资格，并连续从事本职业工作2年以上；

b.取得本职业项目管理员职业资格证书后，连续从事本职业工作2年以上；

c.取得本专业硕士学位（或同等学历），从事本职业工作3年以上，担任项目管理领导1年以上；

d.具有大学本科学历（或同等学历），从事本职业工作5年以上，担任项目管理领导2年以上；

4.职业资格3级：

a.取得本专业或相关专业硕士学位，连续从事本职业工作1年以上；

b.具备本专业或相关专业大学本科学历，连续从事本职业工作3年以上；

c.具有大专学历（或同等学历），连续从事本职业工作5年以上；

5.职业资格2级：

a.取得高中毕业证（或同等学历），连续从事本职业工作2年以上；

b.其它相关专业大专以上学历，从事项目管理工作1年以上；

6.职业资格1级：

高中毕业以上学历，连续从事本职业工作1年以上。

11.4 等级要求

申报项目建设和管理各等级职业资格，应考核业务能力和技术能力。

11.4.1 业务能力

表7 项目建设和管理各等级职业资格—业务能力

鉴定内容			职业等级			
			职业资格6级	职业资格5级	职业资格4级	职业资格3级
业务能力	项目管理	复杂度	业务模型的复杂度：业务种类繁多，业务相关度高，存在非相关业务，跨地域业务，业务流程复杂 管理复杂度：现场管理、质量监控、团队管理、冲突管理、沟通与协调、过程改进 质量管理复杂度：风险控制能力，质量控制和保证能力 技术复杂度：创新技术的应用；多专业领域，多技术跨度融合；高安全等级要求 文档完整性：项目建设和管理过程形成的各类文档齐全、清晰、明确、完整 用户认可度：项目建设质量与用户需求的符合度，达成度和满意率	业务模型的复杂度：业务种类繁多，业务相关度高，存在非相关业务，业务流程较复杂 管理复杂度：现场管理、质量监控、团队管理、冲突管理、沟通与协调、过程改进 质量管理复杂度：风险控制能力，质量控制和保证能力 技术复杂度：创新技术应用；多专业领域，多技术应用；高安全等级要求；有一定的风险管理难度 文档完整性：项目建设和管理过程形成的各类文档齐全、清晰、明确、完整 用户认可度：项目建设质量与用户需求的符合度，达成度和满意率	业务模型的复杂度：业务种类繁多，业务相关度高，业务流程较复杂 管理复杂度：现场管理、质量监控、团队管理、冲突管理、沟通与协调、过程改进 质量管理复杂度：风险控制能力，质量控制和保证能力 技术复杂度：创新技术应用；多专业领域，多技术应用；高安全等级要求 文档完整性：项目建设和管理过程形成的各类文档齐全、清晰、明确、完整 用户认可度：项目建设质量与用户需求的符合度，达成度和满意率	管理复杂度：现场管理、质量监控、团队管理、冲突管理、沟通与协调 质量管理复杂度：质量控制和保证能力 技术复杂度：多技术应用；多专业领域，等级要求； 文档完整性：管理过程形成的各类文档齐全、清晰、明确、完整 用户认可度：项目建设质量与用户需求的符合度，达成度和满意率
		规模	市级以上重点，重大工程3项以上 300人以上团队规模 集成企业组织结构较复杂 符合复杂度要求 负责项目管理	市级重点，重大工程3项以上 100-300人以上团队规模 符合复杂度要求 负责项目管理	中、大型工程5项以上 50-100人团队规模 符合复杂度要求 负责项目管理	中型及以下工程5项以上 50人以下团队规模 符合复杂度要求 负责项目管理

续表

业务能力	专业			
	专业发展	具有8年以上的工作经历；创新性运用项目管理的专业知识，深刻理解业务需求，在项目管理中注意与信息技术的充分融合；在项目管理过程中，根据业务变化、技术发展，需求变更、更新、完善，运用专业知识；注重采用PDCA模式改进管理过程；专业水平逐步提升，在国内具有一定的知名度和影响力	具有5年以上的工作经历；运用项目管理的专业知识，理解业务需求，在项目管理中注意与信息技术的分融合；在项目管理过程中，根据业务变化、技术发展，需求变更、更新、完善，运用专业知识；能够采用PDCA模式改进管理过程；专业水平逐步提升，在行业内具有一定的知名度和影响力	具有3年以上的工作经历；运用项目管理的专业知识，理解业务需求，在项目管理中注意与信息技术项目管理的融合；在项目管理过程中，根据业务变化、技术发展，跟踪、更新、需求、运用专业知识；专业水平逐步提升
	技术传承	注重实践中项目管理过程的规范化、体系化；在国内、行业内各种形式以学术交流、发表论著等	在实践中，注重项目管理过程的规范化、体系化；以各种形式学术交流、发表论著等	在实践中，尝试项目管理过程的规范化、体系化；以各种形式参与学术交流、发表论著等
	新人培养	注重新从业人员，已有一定实践经验的从业人员专业水平提升的指导和培养	注重新从业人员，已有一定实践经验的从业人员专业水平提升的指导和培养	注重新从业人员专业水平提升的指导

11.4.2 技术能力

表8 项目建设和管理各等级职业资格—技术能力

鉴定内容			职业等级			
			职业资格6级	职业资格5级	职业资格4级	职业资格3级
技术能力	基本知识	基础知识	熟练掌握和运用理论知识，融合用户需求，在项目管理实践中，准确、清晰，明确地表述知识运用，指导和管理项目实施，并及时发现、改进项目管理中的错误和缺陷	熟练掌握和运用基础理论知识，在项目管理实践中，准确、清晰，明确地表述知识运用，指导和管理项目实施，并及时发现、改进项目管理中的错误和缺陷	掌握和运用基础理论知识，在项目管理实践中，准确、清晰，明确地表述知识运用，指导和管理项目实施，并及时发现、改进项目管理中的错误和缺陷	掌握和运用基础理论知识，在项目管理实践中，准确、清晰，明确地表述知识运用，指导和管理项目实施，并及时发现、改进项目管理中的错误和缺陷
		相关知识	理解、运用相关知识，识别、分析、评估项目实施中可能存在的隐患、风险，并采取相应的应对策略，理解、运用相关知识，在项目自实施中控制可能存在的知识产权、相关法律法规、行业规范、个人信息保护等；理解、运用相关知识，注意人际交往、沟通交流、表达、应变、综合分析等能力的运用和提高	理解、运用相关知识，识别、分析、评估项目实施中可能存在的隐患、风险，并采取相应的应对策略，理解、运用相关知识，在项目自实施中控制可能存在的知识产权、相关法律法规、行业规范、个人信息保护等；理解、运用相关知识，注意人际交往、沟通交流、表达、应变、综合分析等能力的运用和提高	理解、运用相关知识，识别、分析，评估项目实施中可能存在的隐患、风险，并采取相应的应对策略，理解、运用相关知识，在项目自实施中控制可能存在的知识产权、相关法律法规、行业规范、个人信息保护等；理解、运用相关知识，注意人际交往、沟通交流、表达、应变、综合分析等能力的运用和提高	理解、运用相关知识，识别、分析，评估项目实施中可能存在的隐患、风险，并采取相应的应对策略，理解、运用相关知识，在项目自实施中控制可能存在的知识产权、相关法律法规、行业规范、个人信息保护等；理解、运用相关知识，注意人际交往、沟通交流、表达、应变、综合分析等能力的运用和提高
	专业技能	专业技术	创新性运用理解、运用项目管理理论中理解、运用系统相关技术及其他相关技术，深刻理解明确描述项目管理各个知识要素，如质量管理、团队管理、成本管理、风险管理、进度管理、现场管理、过程改进，为项目实施提供可靠的质量保证	熟练性运用理解、运用项目管理理论，运用系统集成及涉及的信息技术及其他相关技术，理解并明确描述项目管理各个知识要素，如质量管理、团队管理、成本管理、风险管理、进度管理、现场管理等，为项目实施提供可靠的质量保证	能够在项目管理中理解、运用系统集成及涉及的其他相关技术，理解并明确描述项目管理各个知识要素，如质量管理、团队管理、成本管理、风险管理、进度管理、现场管理等，为项目实施提供可靠的质量保证	能够在项目管理中理解、运用系统技术及其他相关技术，理解并运用项目管理各个知识管理，如质量管理、团队管理、成本管理、风险管理、进度管理、现场管理等，为项目实施提供可靠的质量保证
		专业知识	熟练掌握项目管理专业知识、熟练运用项目管理知识体系，指导项目管理的实施	熟练掌握项目管理专业知识，熟练运用项目管理知识的实施	熟练掌握项目管理专业知识，能够运用项目管理知识体系，指导项目管理的实施	熟悉并运用项目管理专业知识，指导项目管理的实施

12 系统测试

12.1 职业定义

根据需求方案和整体解决方案，编制系统测试计划，确定测试方法和测试流程，完成系统分阶段测试和整体调试，跟踪、分析发现的问题，评估解决方案的合理性。

12.2 等级

系统测试设三个等级，即职业资格5级（系统测试师）、职业资格4级（助理系统测试师）和职业资格3级（系统测试员）。

12.3 申报条件

具备下列条件之一者：

1.职业资格等级5级：

a.获得国家计算机技术与软件专业技术资格（水平）考试相关高级资格，并连续从事本职业工作5年以上；

b.取得助理系统测试师职业资格3年以上；

c.具有相关专业博士学位，连续从事本职业工作3年以上，具有获得认可的业务能力；

2.职业资格4级

a.获得国家计算机技术与软件专业技术资格（水平）考试相关中级资格，并连续从事本职业工作3年以上；

b.取得系统测试员职业资格1年以上；

c.具有相关专业硕士学位，连续从事本职业工作2年以上，具有获得认可的业务能力；

d.具有大学本科学历，连续从事本职业工作5年以上，具有获得认可的业务能力；

3.职业资格3级：

a.具有相关专业硕士学位，连续从事本职业工作1年以上，具有获得认可的业务能力；

d.具有大学专科以上学历，连续从事本职业工作3年以上，具有获得认可的业务能力；

e.取得其它相关职业分类职业资格4级及以上3年以上；

12.4 等级要求

申报系统测试各等级职业资格，应考核业务能力和技术能力。

12.4.1 业务能力

表9 系统测试各等级职业资格—业务能力

鉴定内容	职业等级		
	职业资格5级	职业资格4级	职业资格3级
业务能力 项目复杂度	业务模型的复杂度：业务种类繁多、业务相关度高，存在非相关业务，跨地域业务，业务流程较复杂 需求一致性和完整性：项目范围判定准确，与用户需求的复合率达到98%以上 规划复杂度：用户发展战略及信息化战略的符合度、业务流程重组，IT与业务的高度融合，用户不同需求的高度优化配置，资源合理配置 功能复杂度：10个以上的功能需求（子系统），实现路径复杂（各子系统（包括基础平台、数据管理平台、数据整合平台、应用平台、信息安全平台等）和系统整体的可靠性、可用性达到99.99%，安全度高 资源整合复杂度：信息资源分散、混乱、繁复，存在多个信息孤岛 数据库复杂度：大型数据库应用；大数据量高并发开发率；与系统整体规划的一致性、可扩展性、可靠性和安全性 技术复杂度：创新技术的应用；多专业领域、多技术跨度融合 文档完整性：高安全等级要求；风险管理难度较大 文档完整性：系统集成过程形成的各类文档齐全、清晰、明确、完整 用户认可度：系统集成质量与用户需求的符合度、达成度和满意率	业务模型的复杂度：业务种类繁多、业务相关度高，存在非相关业务，业务流程较复杂 需求一致性和完整性：项目范围判定准确，与用户需求的复合率达到95%以上 规划复杂度：业务流程重组，IT与业务的高度融合，用户不同需求的平衡，资源合理配置 功能复杂度：5个以上的功能需求（子系统），实现路径复杂：各子系统（包括基础平台、数据管理平台、数据整合平台、应用平台、信息安全平台等）和系统整体的可靠性、可用性达到99%，安全度高 资源整合复杂度：信息资源分散、混乱、繁复，存在信息孤岛 数据库复杂度：大型数据库应用；大数据量高并发开发率；与系统整体规划的一致性、可扩展性、可靠性和安全性 技术复杂度：创新技术的应用；多专业领域、多技术跨度融合；风险管理难度 文档完整性：系统集成过程形成的各类文档齐全、明确、完整 用户认可度：系统集成质量与用户需求的符合度、达成度和满意率	需求一致性和完整性：项目范围判定准确，与用户需求的复合率达到95%以上 功能复杂度：1个以上的功能需求（子系统），并和系统整体的可靠性、可用性达到99%，安全度高 技术复杂度：多专业领域、多技术 文档完整性：各类文档齐全、清晰、明确、完整；系统集成过程形成的 用户认可度：系统集成质量与用户需求的符合

续表

业务能力	项目			
	规模	市级及以上重点、重大工程3项以上 符合复杂度要求 负责系统测试	中、大型工程5项以上 符合复杂度要求 负责系统测试	中型以下工程3项以上 符合复杂度要求 参与系统测试
	专业发展	熟练运用系统测试相关专业知识，在系统测试实践中、跟踪、更新，运用相关专业知识；采用PDCA模式改进系统测试过程；专业水平逐步提升	能够运用系统测试相关专业知识，在系统测试实践中、跟踪、更新，运用相关专业知识；专业水平逐步提升	具有2年工作经历；理解、运用系统测试相关专业知识，在系统测试实践中、跟踪、更新、完善，运用相关专业知识；专业水平逐步提升
	技术传承	在实践中，注重系统测试过程的规范化、体系化；参与各种形式的学术交流、发表论著等	在实践中，注重系统测试过程的规范化、体系化；参与各种形式的学术交流、发表论著等	参与各种形式的学术交流、发表论著等
	新人培养	注重新从业人员，已有一定实践经验的从业人员专业水平提升的指导和培养	注重新从业人员，已有一定实践经验的从业人员专业水平提升的指导和培养	

12.4.2 技术能力

表10 系统测试各等级职业资格—技术能力

鉴定内容		职业等级		
		职业资格5级	职业资格4级	职业资格3级
基本知识	基础知识	熟练掌握和运用基础理论知识，在系统测试实践中，准确、清晰、明确地表述知识运用，指导和管理系统测试，并及时发现、改进系统测试过程中的错误和缺陷	熟练掌握和运用基础理论知识，在系统测试实践中，准确、清晰、明确地表述知识运用，指导和管理系统测试，并及时发现、改进系统测试过程中的错误和缺陷	熟练掌握和运用基础理论知识，在系统测试实践中，准确、清晰、明确地表述知识运用，指导和管理系统测试，并及时发现、改进系统测试过程中的错误和缺陷
	相关知识	理解、运用相关知识，识别、分析、评估系统测试中可能存在的隐患、风险，并采取应对的应对策略；理解、运用相关知识，任系统测试中控制可能存在的知识产权、相关法律法规、行业规范、个人信息保护等；理解、运用相关知识，注意人际交往，沟通、表达、应变，综合分析等能力的运用和提高	理解、运用相关知识，识别、分析、评估系统测试中可能存在的隐患、风险，并采取应对的应对策略；理解、运用相关知识，任系统测试中控制可能存在的知识产权、相关法律法规、行业规范、个人信息保护等；理解、运用相关知识，注意人际交往，沟通、表达、应变，综合分析等能力的运用和提高	理解、运用相关知识，识别、分析、评估系统测试中可能存在的隐患、风险，并采取应对的应对策略；理解、运用相关知识，任系统测试中控制可能存在的知识产权、相关法律法规、行业规范、个人信息保护等；理解、运用相关知识，注意人际交往，沟通、表达、应变，综合分析等能力的运用和提高
技术技能	专业技术技能	创新性运用系统测试相关理论，熟悉并熟练运用各种系统测试工具和技术，任系统测试中熟悉、理解系统集成涉及的信息技术及其他相关技术，深刻理解、明确描述测试流程及各个测试项目执行结果，公正评价系统测试执行结果	熟悉系统测试相关理论，能够运用各种系统测试工具和技术，任系统测试中能够理解系统集成涉及的信息技术及其他相关技术，理解、明确描述测试流程及各个测试项目执行结果，公正评价项目执行结果	能够运用各种系统测试工具和技术，任系统测试中能够理解系统集成涉及的信息技术及其他相关技术，并描述测试流程及各个测试项
	专业知识	熟练掌握系统测试相关专业知识，IT专业知识及相关知识，并指导系统测试的实施	熟练掌握系统测试相关专业知识，IT专业知识及相关知识，并指导系统测试的实施	熟悉系统测试相关专业知识，IT专业知识及相关知识，并指导系统测试的实施

13　鉴定比重

应根据DB21/T 1793中6.5节的要求，确定系统集成职业各职业分类的职业技能鉴定比重。

在职业履历考核中，业务能力应为相应职业资格比重的50%，技术能力应为相应职业资格比重的40%。

14　培训要求

应根据DB21/T 1793第7章的要求，实施系统集成职业各职业分类的培训。应根据各职业分类的职业技能要求确定培训标准学时。标准学时宜不少于200学时。

ICS 35.080

L77

DB21

IT服务标准辑录

辽 宁 省 地 方 标 准

DB 21/ T2347.3—2014

IT职业技能标准 软件开发
IT Skill Standards - Software Development

2014-07-15 发布　　　　　　　2014-09-15实施

辽宁省质量技术监督局 发布

前　言

本标准依据GB/T1.1—2009《标准化工作导则　第1部分：标准的结构与编写》和DB21/T1793-2010《IT行业职业技能 通用要求》制定。

本标准由大连市经济和信息化委员会提出。

本标准由辽宁省经济和信息化委员会归口。

本标准主要起草单位：东软集团股份有限公司、大连软件协会、东软睿道教育信息技术有限公司

本标准起草人：谢尚飞、南丽岚、徐磊、尹宏、赵振文、孙鹏、杨万清

本标准于二〇一四年七月十五日首次发布。

C*ontents*
目　录

7.1　职业定义

7.2　等级

7.3　申报条件

7.4　等级要求

8　系统分析

8.1　职业定义

8.2　等级

8.3　申报条件

8.4　等级要求

9　程序设计

9.1　职业定义

9.2　等级

9.3　申报条件

9.4　等级要求

10　项目管理

10.1　职业定义

10.2　等级

10.3　申报条件

10.4　等级要求

11　软件测试

11.1　职业定义

11.2　等级

11.3　申报条件

11.4　等级要求

12　鉴定要求

12.1　适用对象

12.2　鉴定方式

12.3　鉴定比重

13　培训要求

IT职业技能标准 软件开发

1 范围

本标准规定了软件开发职业定义、分类，职业技能鉴定要求、基本知识、各职业分类的等级、申报条件和等级要求。

本标准适用于软件企业及相关组织职业技能管理、鉴定、职业培训等。

2 规范性引用文件

下列文件对于本文件的应用是必不可少的。凡是注日期的引用文件，仅所注日期的版本适用于本文件。凡是不注日期的引用文件，其最新版本（包括所有的修改单）适用于本文件。

DB21/T1793–2010《IT行业职业技能 通用要求》

3 定义、术语和缩略语

DB21/T1793确立的以及下列定义和术语适用于本标准。

3.1 计算机软件computer software

计算机软件是指计算机系统中的程序、数据及其文档。

3.2 软件开发 software development

软件开发是根据用户要求建造出计算机软件系统或者系统中的软件部分的过程。

4 要求

本标准遵循DB21/T1793的一般原则和要求，重点描述软件开发职业技能的基本要求、业务能力和技术能力要求等。

软件开发职业技能的一般原则和要求，参照DB21/T1793执行。

在软件开发职业技能管理和鉴定中，应同时使用DB21/T1793和本标准。

5 职业说明

5.1 职业名称

软件开发。

5.2 职业分类

软件开发职业细分为软件架构、系统分析、程序设计、项目管理及软件测试等5个职业分类。

6 基本知识和技术能力

6.1 计算机基础知识

1.计算机硬件基础知识

2.计算机软件基础知识

6.2 网络基础知识

1.数据传输与通信基础知识

2.网络体系结构基础知识

3.网络设备基础知识

4.网络管理基础知识

5.网络操作系统基础知识

6.网络应用基础知识

6.3 软件基础知识

1.软件开发基础知识

2.软件测试基础知识

3.数据库开发基础知识

4.中间件平台基础知识

5.应用系统设计基础知识

6.4 项目管理基础知识

1.项目整合管理基础知识

2.项目范围管理基础知识

3.项目时间管理基础知识

4.项目成本管理基础知识

5.项目质量管理基础知识

6.项目人力资源管理基础知识

7.项目沟通管理基础知识

8.项目风险管理基础知识

9.项目采购管理基础知识

6.5 相关基础知识

1.商务策划基础知识

2.营销基础知识

3.行业知识理解

4.知识产权相关知识

5.劳动法相关知识

6.信息安全相关知识

7.国家相关法律、法规

6.6 外语基础知识

与软件系统相关的英语专业术语

6.7 技术能力

技术能力等级可依据表1相关技术能力等级和要求。

表1 技术能力等级要求

技术能力等级	等级要求
等级4（L4）	精通该领域全面的知识和信息；可以给出专家级的意见，能够领导其他人成功工作；
等级3（L3）	掌握该领域深入的知识和信息；可以带领其他人有效地完成工作；
等级2（L2）	理解该领域的知识和信息；能够独立工作，可以成功完成大多数任务；
等级1（L1）	了解该领域概念性和实践性知识和信息；在他人指导的情况下可以完成工作任务。

7 软件架构

7.1 职业定义

软件项目的总体设计、新产品开发、新技术体系的构建者。基于丰富的软件设计和应用经验，分析、评估系统整体架构，优化系统结构，选择适宜的实践参考模型，构建适用的软件架构。

7.2 等级

软件架构设2个等级，即职业资格7级（特级软件架构师）、职业资格6级（高级软件架构师）。

7.3 申报条件

申报软件架构各等级职业资格，应符合以下条件之一：

1.职业资格7级：

a.获得国家计算机技术与软件专业技术资格（水平）考试相关高级资格，并连续从事软件总体设计工作10年以上；

b.在国内具有重大影响和知名度，并获得认可；

2.职业资格6级：

a.获得国家计算机技术与软件专业技术资格（水平）考试相关高级资格，并连续从事软件总体设计工作5年以上；

b.在地区内具有重大影响和知名度，并获得认可；

7.4 等级要求

申报软件架构各等级职业资格，应考核业务能力和技术能力。

7.4.1 业务能力

表2 软件架构业务能力等级

等级	业务能力
7级	1.负责过总体设计的最大软件项目规模：80万行以上，或者200个人月以上。 2.负责总体设计的软件产品线数3个以上。 3.在国内具有一定的知名度和影响力，成功参与国内省级以上重点、重大软件项目的规划、设计。专业造诣较深，并注重将丰富的实践经验和理论知识规范化和体系化，负责高级架构师的培养。 4.对专业技术、新技术的发展有深入的研究，跟踪、把握新技术、新产品的发展方向，精通架构设计的理论、实践和经验，熟练掌握、运用项目所需各类知识，具有战略性和前瞻性思维能力，主导完成项目中的软件架构设计、管理软件开发技术风险、复用公司公共框架&构件、制定编程指南、制定设计指南。参与组织软件架构设计和标准编制，参与公司重大项目评审、业务分析和需求分析工作。
6级	1.负责过总体设计的最大软件项目规模：50万行以上，或者120个人月以上。负责总体设计的软件产品线数2个以上。 具有一定的知名度和影响力，成功参与市级以上重点、重大软件项目的规划和设计。有一定的专业造诣，并注重将丰富的实践经验和理论知识规范化和体系化，负责软件设计人员的培养。 对专业技术、新技术的发展有比较深入的研究，跟踪、把握新技术、新产品的发展方向，熟悉架构设计的理论、实践和经验，具有前瞻性思维能力，能够运用项目所需各类知识，深刻理解需求，主导完成项目中的软件架构设计、管理软件开发技术风险、复用公司公共框架&构件、制定编程指南、制定设计指南。参与组织软件架构设计和标准编制，参与公司重大项目评审、业务分析和需求分析工作。

7.4.2 技术能力

表3 软件架构技术能力等级

技术能力	职业等级							
	职业资格6级				职业资格7级			
	L1	L2	L3	L4	L1	L2	L3	L4
1 需求管理			√					√
2 业务领域知识			√					√
3 业务分析			√					√
4 需求分析				√				√
5 架构分析与设计				√				√
6 系统分析设计				√				√
7 数据库设计				√				√
8 系统化复用				√				√
9 测试/验证方法				√				√
10 软件开发方法学				√				√
11 外语读写能力		√					√	
12 外语听说能力	√					√		

8 系统分析

8.1 职业定义

基于丰富的实践和经验，熟知软件工程、主流技术架构、网络、数据库技术等专业知识，理解客户业务流程，确认项目范围，获取、分析、定义、确认、验证客户需求，根据软件架构人员的架构设计，分析、设计适合客户业务需求的软件系统。

8.2 等级

系统分析设3个等级，即职业资格7级（特级系统分析师）、职业资格6级（高级系统分析师）、职业资格5级（系统分析师）。

8.3 申报条件

申报系统分析各等级职业资格，应符合以下条件之一：

1.职业资格7级：

a.获得国家计算机技术与软件专业技术资格（水平）考试相关高级资格，并连续从事软件开发和需求分析工作8年以上；

b.取得高级系统分析师职业资格3年以上；

2.职业资格6级：

a.获得国家计算机技术与软件专业技术资格（水平）考试相关高级资格，并连续从事本软件开发和需求分析5年以上；

b.取得系统分析师职业资格3年以上；

3.职业资格5级：

a.获得国家计算机技术与软件专业技术资格（水平）考试相关高级资格，并连续从事本软件开发和需求分析4年以上；

b.具有相关专业硕士学位，连续从事本职业相关工作3年以上，具有获得认可的业务能力。

8.4 等级要求

申报系统分析各等级职业资格，应考核业务能力和技术能力。

8.4.1 业务能力

表4 系统分析业务能力等级

等级	业务能力
7级	1.负责总体分析的最大软件项目规模50万行以上，或者120个人月以上； 2.具有8年及以上的软件开发经验，其中至少包括4年软件需求分析经验； 通过对知识和技能的运用，能够较好完成下列业务工作内容： （1）把握相关领域的产品线功能的定义，参与组织相关产品线评审； （2）领导与协调系统或产品需求的获取工作； （3）确定、协调系统的项目干系人，对有待解决的问题达成一致； （4）确定系统边界、说明系统的主要特性、质量范围； （5）定义软件需求规范，规范化描述系统的功能需求和非功能需求； （6）有效管理软件需求，维护需求矩阵； （7）相关工作结果有清晰的文档描述并存档； （8）有较高的综合能力，能够兼管业务建模或软件架构方面的工作； 系统分析师的培养和指导工作。

6级	1、负责部分分析的最大软件项目规模20万行以上，或者60个人月以上； 2、具有5年及以上的软件开发经验，其中至少包括3年软件需求分析经验； 3、通过对知识和技能的运用，能够较好完成下列工作内容： （1）领导与协调系统（或产品）需求的获取工作； （2）确定、协调系统的项目干系人，对有待解决的问题达成一致； （3）确定系统边界、说明系统的主要特性、质量范围； （4）定义软件需求规范，规范化描述系统的功能需求和非功能需求； （5）有效管理软件需求，维护需求矩阵； （6）相关工作结果有清晰的文档描述并存档； 负责系统分析师的培养和指导工作。
5级	1.具有4年及以上的软件开发经验，其中至少包括2年软件需求分析经验； 2.通过对知识和技能的运用，能够较好完成下列工作内容： （1）软件系统（或产品）需求的获取工作； （2）规范化描述软件系统的功能需求； （3）规范化描述软件系统的非功能需求； （4）遵循UI设计和规范，参与构建界面原型； （5）编写并检查软件系统的用户手册； （6）相关工作结果有清晰的文档描述并存档。

8.4.2 技术能力

表5 系统分析技术能力等级

	技术能力	职业等级											
		职业资格5级				职业资格6级				职业资格7级			
		L1	L2	L3	L4	L1	L2	L3	L4	L1	L2	L3	L4
1	业务领域知识		√					√					√
2	业务分析		√					√				√	
3	需求分析			√				√					√
4	需求管理			√				√					√
5	系统分析设计			√				√					√
6	开发语言和工具								√				√
7	应用集成中间件/数据库			√				√				√	
8	软件开发方法学		√					√					√
9	外语读写能力			√				√				√	
10	外语听说能力		√			√					√		

9 程序设计

9.1 职业定义

按照系统分析人员提出的系统设计报告，设计、编制、调试、修改软件程序。

9.2 等级

程序设计设五个等级，职业资格5级（资深软件工程师）、职业资格4级（高级软件工程师）和职业资格3级（软件工程师），及职业资格2级（初级软件工程师）和职业资格1级（见习软件工程师）。

9.3 申报条件

申报信息资源规划各等级职业资格，应符合以下条件之一：

1.职业资格5级：

a.获得国家计算机技术与软件专业技术资格（水平）考试相关高级资格，并连续从事本职业工作5年以上；

b.取得高级软件工程师职业资格3年以上；

c.具有相关专业硕士学位，连续从事本职业工作5年以上，具有获得认可的业务能力；

2.职业资格4级

a.获得国家计算机技术与软件专业技术资格（水平）考试相关中级资格，并连续从事本职业工作4年以上；

b.具有相关专业硕士学位，连续从事本职业工作3年以上，具有获得认可的业务能力；

c.具有大学本科学历，连续从事本职业工作5年以上，具有获得认可的业务能力。

4.职业资格3级：

a.获得国家计算机技术与软件专业技术资格（水平）考试相关中级资格，并连续从事本职业工作2年以上；

b.取得本专业或相关专业硕士学位，连续从事本职业工作2年以上；

c.具备本专业或相关专业大学本科学历，连续从事本职业工作3年以上；

d.具有大专学历（或同等学历），连续从事本职业工作5年以上；

3.职业资格2级：

a.具备本专业或相关专业大学本科学历，连续从事本职业工作2年以上；

b.具有大专学历（或同等学历），连续从事本职业工作3年以上；

4.职业资格1级：

a.具备本专业或相关专业大学本科学历，连续从事本职业工作1年以上；

b.具有大专学历（或同等学历），连续从事本职业工作2年以上。

9.4 等级要求

申报程序设计各等级职业资格，应考核业务能力和技术能力。

9.4.1 业务能力

表6 程序设计业务能力等级

等级	业务能力
5级	1.主持设计过的最大软件规模：20万行以上，或者60个人月以上； 2.累计软件规模40万行以上，或者200人月以上； 3.通过对知识和技能的运用，能够较好完成下列工作内容： （1）分析应用项目的需求、市场竞争与技术挑战，并选择应用技术和方法论，以指导部门的技术发展和应用； （2）规格化描述系统的功能需求和非功能需求，定义出软件需求规格； （3）根据软件需求规格和软件架构，进行系统设计。典型活动有模块、包或子系统的划分，设计出数据存储（如数据库表）、主要类或元素的属性和方法，并说明相互交互的关系（如面向对象的子系统、包、类、用例的设计）。保证设计足够详细到可以进入开发； （4）支持架构设计的验证，负责提出验证需求并确认验证结果； （5）验证设计的结果（如通过同行评审）； （6）评审项目实现中可能发生的各种风险，并有效地采取措施规避技术风险； （7）系统核心模块的编码和实现； （8）支持组织业务策略和技术策略的制定，负责组织内技术白皮书的制定和改进； （9）将工作成果推介到市场或在企业内部得到应用，以保证企业获得利益；负责开发人员的设计和开发能力培养工作，检验他们工作结果的正确性。
4级	1.主持设计过的最大软件规模：10万行以上，或者30个人月以上； 2.累计软件规模20万行以上，或者100人月以上； 3.通过对知识和技能的运用，能够较好完成下列工作内容： （1）理解、评价并接受软件架构； （2）规格化描述系统的功能需求和非功能需求，定义出软件需求规格；

4级	（3）根据软件需求规格和软件架构，进行系统设计。典型活动有模块、包或子系统的划分，设计出数据库、主要类或元素的属性和方法，并说明相互交互的关系（如面向对象的子系统、包、类、用例的设计）。保证设计足够详细到可以进入开发； （4）支持架构设计的验证，负责提出验证需求并确认验证结果； （5）验证设计的结果（如通过同行评审）； （6）评估项目实现中可能发生的各种风险，并有效地采取措施规避技术风险； （7）系统关键模块的编码； （8）指导项目开发过程中的设计实现； （9）编写项目技术相关文档，进行项目技术总结，以积累和分享项目经验； （10）负责开发人员的设计和开发能力培养工作，检验他们工作结果的正确性。
3级	通过对知识和技能的运用，能够较好完成下列工作内容： （1）理解、评估并接收相关的需求、架构和软件文档； （2）根据需求规格和系统设计文档，参与项目相关子系统的详细设计； （3）遵循公司（部门）编码规范，负责编码实现； （4）负责验证编码质量（如Code Review，单体测试）； （5）协助测试人员进行集成测试，并负责修改缺陷，完善软件模块； （6）负责编写项目技术相关文档，进行项目技术总结，以积累和分享项目经验。
2级	通过对知识和技能的运用，能够较好完成下列工作内容： （1）理解、评估并接收相关的需求、架构和软件文档； （2）遵循公司（部门）编码规范，完成编码实现； （3）验证编码质量（如Code Review，单体测试）； （4）协助测试人员进行集成测试，并负责修改缺陷，完善软件模块； （5）编写项目技术相关文档，进行项目技术总结，以积累和分享项目经验。
1级	通过对知识和技能的运用，能够较好完成下列工作内容： （1）理解、评估并接收相关的需求和软件文档； （2）遵循公司（部门）编码规范，完成简单模块的编码实现； （3）协助验证编码质量（如Code Review，单体测试）； （4）协助测试人员进行集成测试，完善软件模块。

9.4.2　技术能力

表7 程序设计技术能力等级

技术能力		职业资格1级				职业资格2级				职业资格3级				职业资格4级				职业资格5级			
		L1	L2	L3	L4	L1	L2	L3	L4	L1	L2	L3	L4	L1	L2	L3	L4	L1	L2	L3	L4
1	业务领域知识	√						√				√				√				√	
2	需求分析	√					√				√					√				√	
3	需求管理	√				√				√					√					√	
4	软件开发方法学		√				√				√				√					√	
5	系统分析设计	√					√				√				√					√	
6	数据库设计	√				√					√					√					√
7	UML和工具	√				√					√					√					√
8	系统化复用	√				√					√						√				√
9	开发语言和工具		√				√					√					√				√
10	应用集成中间件/数据库	√					√					√					√				√
11	测试工具						√					√					√				√
12	配置管理	√					√				√					√				√	
13	外语读写能力		√				√				√				√					√	
14	外语听说能力	√					√				√				√					√	

451

10　项目管理

10.1　职业定义

制定项目实施计划，组织、配置项目资源（包括人、财、物），沟通、激励项目组成员的工作，化解可能的矛盾；跟踪、监控项目进展，保证项目的有效实施。

10.2　等级

项目管理设三个等级，即职业资格6级（资深项目经理）、职业资格5级（高级项目经理）和职业资格4级（项目经理）。

10.3　申报条件

申报项目管理各等级职业资格，应符合以下条件之一：

1.职业资格6级：

a.获得国家计算机技术与软件专业技术资格（水平）考试相关高级资格，并担任软件项目管理领导工作3年以上；

b.取得本职业高级项目经理职业资格后，连续从事本职业工作3年以上；

2.职业资格5级：

a.获得国家计算机技术与软件专业技术资格（水平）考试相关中级资格，并担任软件项目管理领导工作3年以上；

b.取得本职业项目经理职业资格后，连续从事本职业工作3年以上；

c.具有本专业或相关专业博士学位，连续从事本职业工作3年以上，并担任软件项目管理领导工作1年以上；

d.本科以上学历，连续从事本职业工作8年以上，并担任项目管理领导工作3年以上；

3.职业资格4级：

a.获得国家计算机技术与软件专业技术资格（水平）考试相关中级资格，并连续从事本职业工作2年以上；

b.取得本专业硕士学位（或同等学历），从事本职业工作4年以上；

c.具有大学本科学历（或同等学历），从事本职业工作6年以上。

10.4　等级要求

申报项目管理各等级职业资格，应考核业务能力和技术能力。

10.4.1　业务能力

表8　项目管理业务能力等级

等级	业务能力
6级	1.开发过的软件的回款额：300万元以上；软件回款比例90%以上； 2.客户满意度高于95%；项目延期率低于5%； 3.通过对知识和技能的运用，能够较好完成下列工作内容： （1）支持客户需求的调研，负责确认项目软件需求； （2）根据客户需求分析报告，负责制定项目计划； （3）根据开发计划，负责监控软件开发过程，并通过周报/例会等方式，及时跟客户和项目开发小组沟通项目开发进度情况及计划的变更； （4）负责项目开发过程中问题的解决把握，推动与协调整个项目中的技术活动，为设计和开发提供顾问支持，保证项目顺利实施； （5）负责与质量工程师一起进行项目开发质量管理活动，配合质量工程师对于软件开发过程的评审和对软件产品的审计； （6）项目开发周期内，负责团队的建设以及新人的指导工作，保持团队的凝聚力和战斗力； （7）支持组织软件开发过程管理的持续改善、项目软件经理的培养； （8）支持组织业务发展策略的制定和实施。
5级	1.开发过的软件的回款额：100万元以上；软件回款比例90%以上； 2.客户满意度高于90%；项目延期率低于5%； 3.通过对知识和技能的运用，能够较好完成下列工作内容： （1）支持客户需求的调研，负责确认项目开发需求； （2）根据软件需求分析报告，负责制定项目计划； （3）根据开发计划，负责监控软件开发过程，并及时跟客户和项目开发小组沟通项目开发进度情况及计划的变更； （4）负责项目开发过程中问题的解决把握，推动与协调整个项目中的技术活动，为设计和开发提供顾问支持，保证项目顺利实施； （5）负责与质量工程师一起进行项目开发质量管理活动，配合质量工程师对于软件开发过程的评审和对软件产品的审计； （6）项目开发周期内，负责团队的建设以及新人的指导工作，保持团队的凝聚力和战斗力； （7）支持组织软件开发过程的持续改善。
4级	1.开发过的软件的回款额：100万元以上；软件回款比例85%以上； 2.客户满意度高于85%；项目延期率低于7%；

4级	3.通过对知识和技能的运用，能够较好完成下列工作内容： （1）支持客户需求的调研，负责确认项目开发需求； （2）根据软件需求分析报告，负责制定项目计划； （3）根据开发计划，负责监控软件开发过程，并及时跟客户和项目开发小组沟通项目开发进度情况及计划的变更； （4）负责项目开发过程中问题的解决把握，推动与协调整个项目中的技术活动，为设计和开发提供顾问支持，保证项目顺利实施； （5）负责与质量工程师一起进行项目开发质量管理活动，配合质量工程师对于软件开发过程的评审和对软件产品的审计； （6）项目开发周期内，负责团队的建设以及新人的指导工作，保持团队的凝聚力和战斗力。

10.4.2 技术能力

表9 项目管理技术能力等级

	技术能力	职业等级											
		职业资格4级				职业资格5级				职业资格6级			
		L1	L2	L3	L4	L1	L2	L3	L4	L1	L2	L3	L4
1	业务领域知识		√					√				√	
2	软件开发方法学			√				√					√
3	需求管理和变更管理		√					√					√
4	分析设计			√				√					√
5	开发语言和工具		√					√				√	
6	数据库/应用集成中间件			√				√					√
7	测试/验证方法			√				√					√
8	配置管理		√					√				√	

9	软件开发度量		√				√				√
10	项目管理			√			√					√
11	质量模型		√				√				√
12	外语读写能力		√			√				√	
13	外语听说能力	√				√		√			

11 软件测试

11.1 职业定义

根根据软件项目规范编制测试计划，设计测试数据和示例，完成项目模块测试、系统测试，跟踪、分析发现的问题，评估解决方案的合理性。

11.2 等级

软件测试设五个等级，即职业资格5级（资深软件测试师）、职业资格4级（软件测试师）、职业资格3级（软件测试工程师）、职业资格2级（初级软件测试工程师）和职业资格2级（见习软件测试工程师）。

11.3 申报条件

具备下列条件之一者：

1.职业资格等级5级：

a.获得国家计算机技术与软件专业技术资格（水平）考试相关高级资格，并连续从事本职业工作5年以上；

b.取得软件测试师职业资格3年以上；

c.具有相关专业博士学位，连续从事本职业工作3年以上，具有获得认可的业务能力；

2.职业资格4级

a.获得国家计算机技术与软件专业技术资格（水平）考试相关中级资格，并连续从事本职业工作3年以上；

b.取得软件测试工程师职业资格1年以上；

c.具有相关专业硕士学位，连续从事本职业工作2年以上，具有获得认可的业务能力；

d.具有大学本科学历，连续从事本职业工作5年以上，具有获得认可的业务能力；

3.职业资格3级：

a.具有相关专业硕士学位，连续从事本职业工作1年以上，具有获得认可的业务能力；

d.具有大学专科以上学历，连续从事本职业工作3年以上，具有获得认可的业务能力；

e.取得其它相关职业分类职业资格4级及以上3年以上；

3.职业资格2级：

a.具备本专业或相关专业大学本科学历，连续从事本职业工作1年以上；

b.具有大专学历（或同等学历），连续从事本职业工作2年以上；

4.职业资格1级：

a.具备本专业或相关专业大学本科学历；

b.具有大专学历（或同等学历），连续从事本职业工作1年以上。

11.4 等级要求

申报软件测试各等级职业资格，应考核业务能力和技术能力。

11.4.1 业务能力

表10 软件测试业务能力等级

等级	业务能力
5级	通过对知识和技能的运用，能够较好完成下列工作内容： （1）理解项目需求（包括功能和非功能规格的定义），详述和验证需要的测试环境配置； （2）根据软件功能和非功能需求规格，制定测试策略和设计测试过程、定义测试数据，并选择和准备系统性能测试方法和工具，以保证测试的效率和质量； （3）编写所承担软件部分的测试设计文档，并指导他人进行测试设计； （4）按照测试设计文档，执行所承担软件部分的测试过程，收集和管理测试数据，提交缺陷报告，并反馈和跟踪缺陷的修改； （5）定义并维护测试自动化架构； （6）验证与评估测试途径； （7）组织测试技术、测试方法和测试工具的研究和开发； （8）实施软件测试技术、测试方法和测试工具等方面的培训和咨询。

4级	通过对知识和技能的运用，能够较好完成下列工作内容： （1）理解项目需求（包括功能和非功能规格的定义），详述和验证需要的测试环境配置； （2）根据软件功能和非功能需求规格，制定测试策略和设计测试过程、定义测试数据，并选择和准备系统性能测试方法和工具，以保证测试的效率和质量； （3）编写所承担软件部分的测试设计文档，并指导他人进行测试设计； （4）按照测试设计文档，执行所承担软件部分的测试过程，收集和管理测试数据，提交缺陷报告，并反馈和跟踪缺陷的修改； （5）定义并维护测试自动化架构； （6）验证与评估测试途径。
3级	通过对知识和技能的运用，能够较好完成下列工作内容： （1）支持制定测试策略和设计测试过程，准备和搭建测试环境； （2）根据系统分析和软件设计文档，进行所承担模块的测试设计，并指导他人进行测试设计； （3）组织并参与系统测试设计的评审； （4）按照测试设计文档，执行所承担功能模块的测试过程，提交缺陷报告，并反馈和跟踪缺陷的修改； （5）对开发人员修改过的缺陷进行测试确认，形成测试报告。
2级	通过对知识和技能的运用，能够较好完成下列工作内容： （1）根据需求文档，编写所承担功能模块的测试设计文档； （2）根据测试设计文档，负责执行所承担功能模块的测试过程，记录测试结果并验证测试的执行； （3）提交缺陷报告，并反馈和跟踪缺陷的修改； （4）支持编写测试总结报告
1级	通过对知识和技能的运用，能够较好完成下列工作内容： （1）协助编写所承担功能模块的测试设计文档； （2）协助执行所承担功能模块的测试过程，记录测试结果并验证测试的执行； （3）协助提交缺陷报告，并反馈和跟踪缺陷的修改； （4）协助编写测试总结报告

IT服务标准辑录

11.4.2 技术能力

表11 软件测试技术能力等级

序号	技术能力	职业资格1级				职业资格2级				职业资格3级				职业资格4级				职业资格5级			
		L1	L2	L3	L4	L1	L2	L3	L4	L1	L2	L3	L4	L1	L2	L3	L4	L1	L2	L3	L4
1	业务领域知识	√					√					√				√					√
2	需求分析	√				√					√				√	√				√	
3	软件开发方法学	√				√					√				√					√	
4	测试设计	√				√					√					√					√
5	测试/验证方法	√	√				√					√				√					√
6	自动测试工具	√					√					√					√				√
7	操作系统/数据库/应用集成中间件	√					√			√						√					√
8	开发语言工具	√				√					√					√					√
9	外语读写能力	√	√				√				√				√						√
10	外语听说能力	√				√				√					√				√		

12 鉴定要求

12.1 适用对象

软件开发职业技能鉴定适用于申报职业等级鉴定及从事或准备从事本职业的人员。

12.2 鉴定方式

应根据DB21/T1793中6.4节要求的方式鉴定。鉴定采用百分制,成绩均达到60分以上为及格。

12.3 鉴定比重

应根据DB21/T1793中6.5节的要求,确定软件开发职业各职业分类的职业技能鉴定比重。

在职业履历考核中,业务能力应为相应职业资格比重的50%,技术能力应为相应职业资格比重的40%。

13 培训要求

应根据DB21/T1793第7章的要求,实施软件开发职业各职业分类的培训。应根据各职业分类的职业技能要求确定培训标准学时。标准学时宜不少于200学时。

IT服务标准研究——理论和实践（下册）

DB21

辽 宁 省 地 方 标 准

DB21/T 1949–2012

IT职业技能标准　数据处理
日文数据录入

IT Skill Standards – Data Processing

Japanese Data Entry

2012-02-07 发布　　　　　　　　　2012-03-07实施

辽宁省质量技术监督局 发布

前　言

本标准依据GB/T 1.1—2009《标准化工作导则　第1部分：标准的结构与编写》和DB21/T 1793-2010《IT行业职业技能 通用要求》制定。

本标准由大连市经济和信息化委员会提出。

本标准由辽宁省经济和信息化委员会归口。

本标准主要起草单位：大连软件行业协会、大连市女子中等职业技术专业学校、益德穿梭科技（大连）有限公司、大连信雅达软件有限公司、大连爱丁数码产品有限公司、大连亿达信息技术有限公司。

本标准起草人：毛军、孙鹏、尹宏、常伟

本标准于2012年2月7日首次发布。

Contents
目 录

IT职业技能标准　日文数据录入

1　范围

本标准规定了日文数据录入职业定义、职业资格等级、鉴定要求、基本知识和能力要求。

本标准适用于与日文数据录入相关的企业、个人以及职业技能管理、鉴定和培训等。

2　规范性引用文件

下列文件对于本文件的应用是必不可少的。凡是注日期的引用文件，仅所注日期的版本适用于本文件。凡是不注日期的引用文件，其最新版本（包括所有的修改单）适用于本文件。

DB21/T 1793—2010 IT行业职业技能 通用要求

3　术语和定义

DB21/T 1793确立的以及下列定义和术语适用于本标准。

3.1　复杂度 complexity

根据信息种类、数据类型、工作流程、技术、管理、安全等及其相互关联的因素，确定日文数据录入的复杂程度。

4　要求

本标准遵循DB21/T 1793的一般原则和要求，重点描述日文数据录入职业技能的基本要求、业务能力和技术能力要求等。

日文数据录入职业技能的一般原则和要求，参照DB21/T 1793执行。

规范日文数据录入职业技能，应同时使用DB21/T 1793和本标准。

5　职业说明

5.1　职业名称

日文数据录入。

5.2　职业定义

运用计算机、输入设备、网络平台和相关软件从事日文数据输入处理工作。

5.3　职业资格等级

日文数据录入职业资格设4个等级，即职业资格4级（中级）、职业资格3级（中级）、职业资格2级（初级）、职业资格1级（初级）。

6　基本知识

6.1　计算机基础知识

a）计算机硬件基础知识；

b）计算机常用应用软件基础知识。

6.2　网络基础知识

网络设备基础知识；

网络应用基础知识；

信息安全基础知识。

6.3　相关基础知识

行业知识理解；

劳动法相关知识；

个人信息保护相关知识；

国家相关法律、法规。

6.4　外语基础知识

与日文数据录入业务相关的日语知识。

7　鉴定要求

7.1　适用对象

从事或准备从事本职业的人员。

7.2　鉴定方式

应根据DB21/T 1793中6.4节要求的方式鉴定。鉴定采用百分制，成绩均达到60分以上为及格。

7.3　申报条件

申报本标准规定的日文数据录入职业资格1级，需接受180学时以上的日文数据录入职业技能培训并取得结业证书，或者在日文数据录入岗位上通过了学徒考核；申报职业资格2、3、4级需要在获得前一级资格一年以后进行。

8 等级要求

申报日文数据录入各等级职业资格，应考核业务能力和技术能力。

8.1 业务能力

表1 日文数据录入各等级职业资格—业务能力

鉴定内容			职业等级			
			职业资格4级	职业资格3级	职业资格2级	职业资格1级
业务能力	业绩	责任	熟练运用日文数据录入相关技能和知识，完全独立承担工作，并对业务实施和完成进行管理	熟练运用日文数据录入技能和基础知识，独立完成所承担的工作	能够运用日文数据录入的基本技能和基础知识，在一定程度上独立或通过指导完成所承担的工作	掌握日文数据录入业务的基础知识，具有英文、数字和日文录入的基本技能，需要通过指导完成所承担的工作
		复杂度	多种类型日文数据录入业务，流程复杂	数据种类繁多，流程较为复杂	数据和处理流程较为简单	最基础的日文数据录入，数据类型单一
	专业	专业发展	具有3年以上的工作经历，深刻理解业务需求，并能明确提出业务完成的方式	具有2年以上的工作经历，能够理解业务需求，并按照规则要求完成工作	具有1年以上的工作经历，初步理解业务需求	理解多种数据类型的日文录入业务
		技术传承	在实践中，注重业务管理的规范化	在实践中，注重业务流程的规范化	在实践中，注重业务流程的规范化	
		新人培养	注重指导和培养低职业资格等级的从业人员的水平提升			

8.2 技术能力

表2 日文数据录入各等级职业资格—技术能力

鉴定内容			职业等级			
			职业资格4级	职业资格3级	职业资格2级	职业资格1级
技术能力	基本知识	基础知识	熟练掌握和运用基础理论知识，理解融合业务需求，准确、清晰表达数据录入，指导和管理日文数据录入，并采取纠正发现、改进录入过程中的错误和缺陷	熟练掌握和运用基础理论知识，理解融合业务需求，准确、清晰表达数据录入，进行日文数据录入，并及时发现、改进录入过程中的错误和缺陷	掌握和运用基础理论知识，融合业务需求，在日文数据录入中，能够准确、清晰表达录入运用，并及时发现、改进录入过程中的错误和缺陷	初步掌握和运用基础理论知识，在日文数据录入中，能够明确表达知识运用，并能发现、改进录入过程中的错误和缺陷
		相关知识	识别、分析、评估存在的隐患、风险，并采取相应的对策略；在日文数据录入中全面控制可能存在的知识产权、数据安全、个人信息保护等；行业规范、相关法律法规，注意人际交往、表达，应变、综合分析运用能力和提高	理解、运用相关知识、识别、分析、评估日文数据录入中可能存在的隐患、风险，并采取相应的应对策略；在日文数据录入中自觉控制可能存在的知识产权、数据安全、个人信息保护等；行业规范、相关法律法规，注意人际交往、沟通交流、表达，应变、综合分析运用能力的运用和提高	理解、运用相关知识，在日文数据录入中主动控制可能存在的知识产权、数据安全，相关法律法规、行业规范、个人信息保护等	初步了解、运用相关知识，在日文数据录入中具有相应的知识产权、数据安全、相关法律法规、行业规范、个人信息保护等的意识
	专业技能	日语知识	相当于日本语能力测试（JLPT）2级水平	相当于日本语能力测试（JLPT）3级水平	相当于日本语能力测试（JLPT）4级水平	相当于日本语能力测试（JLPT）4级水平
		专业技术	能够熟练运用与日文数据录入相关的应用软件和技术，录入水平达到：英文260字符/分钟；数字260个/分钟；假名200个/分钟；日语单词40词/分钟；日语文章55字/分钟，准确率99.9%	能够熟练运用与日文数据录入相关的应用软件和技术，录入水平达到：英文260字符/分钟；数字260个/分钟；假名200个/分钟；日语单词30词/分钟；日语文章50字/分钟，准确率99.7%	能够运用与日文数据录入相关的应用软件和技术，录入水平达到：英文200字符/分钟；数字200个/分钟；假名120个/分钟；日语单词20词/分钟；日语文章35字/分钟，准确率99.7%	熟悉日文操作系统，熟练掌握日文office办公系统的应用，录入水平达到：英文150字符/分钟；数字200个/分钟；假名100个/分钟；日语单词16词/分钟；日语文章30字/分钟，准确率99%
		专业知识	熟练掌握日文数据录入业务专业知识，IT专业知识及相关知识，指导业务实施	熟练掌握日文数据录入业务专业知识，IT专业知识及相关知识	掌握日文数据录入业务专业知识，理解IT专业知识及相关知识	初步掌握日文数据录入业务知识，了解IT专业知识及相关知识

9 鉴定比重

根据考核说明，设置日文数据录入职业技能鉴定指标比重。各鉴定指标所占比例宜参照下表的规定：

表3 鉴定比重表

比重 \ 方式	初级		中级	
	1	2	3	4
基本知识考试	80		20	
职业履历鉴定			50	
面试	20		30	
合计	100		100	

10 培训要求

应根据DB21/T 1793第7章的要求，实施日文数据录入职业技能培训。应根据职业技能要求确定培训标准学时。不少于180标准学时。全日制职业学校教育，应根据其培养目标和教学计划确定培训期限。

11 实施

日文数据录入的从业人员从事日文数据录入工作；相关企业和机构实施日文数据录入职业技能培训、职业技能评价；相关企业招聘、录用、使用从业人员，均宜参照本标准的基本规定。

从业人员能力规范（SJ/T ×××××.×—20××）

ICS 35.020

L77

SJ

中华人民共和国电子行业标准

SJ/T XXXXX.X—20XX

信息技术服务 从业人员能力规范
第1部分 总则

Information technology service

IT Skill Standards——part 1: General Principle

（送审稿）

（本稿完成日期：2012-12-06）

×××× - ×× - ××发布   ×××× - ×× - ××实施

中华人民共和国工业和信息化部 发布

前　言

SJ/T ××××× —×××× 分为2部分：

第1部分：总则

第2部分：IT职业技能标准—××××（职业）。

本部分是XX/T ××××× —×××× 的第1部分。

本标准依据GB/T1.1—2009《标准化工作导则 第1部分：标准的结构与编写》制定。

本标准由中华人民共和国工业和信息化部软件服务业司提出。

本部分由中国电子技术标准化研究院归口。

本标准起草单位：大连软件行业协会、大连交通大学、东软集团股份有限公司、江苏润和软件股份有限公司、上海翰纬信息管理咨询有限公司、成都信息化技术应用发展中心、广州市金禧信息技术服务有限公司、大连华信计算机技术股份有限公司、海辉软件（国际）集团公司。

本标准主要起草人：郎庆斌、孙鹏、张剑平、尹宏、谢尚飞、赵振文、邵峰、刘颐、但强、熊健淞、崔静、刘宏、蔡德辉。

C *ontents*
目 录

信息技术服务 从业人员能力规范
第1部分 总则

1 范围

本标准规定了IT服务过程中与职业技能相关的职业种类划分、职业资格等级、职业技能鉴定及职业技能培训的一般原则和要求。

本标准适用于提供IT服务的企业及相关组织的职业技能管理、鉴定、培训等。

2 规范性引用文件

下列文件对于本文件的应用是必不可少的。凡是注日期的引用文件，仅所注日期的版本适用于本文件。凡是不注日期的引用文件，其最新版本（包括所有的修改单）适用于本文件。

SJ/T ××××× —×××× 信息技术 服务分类与编码

3 术语和定义

下列术语和定义适用于本文件。

3.1 职业技能

在IT职业活动范围内，从业人员的业务能力和技术能力。

3.2 职业资格

从事IT职业应具备的知识、技术和能力的基本要求。

3.3 职业种类

依据职业活动对象、从业方式、工作性质等划分的IT职业类别。

3.4 职业分类

同一职业种类中，依据专业知识和特点、技能要求及实际需求的不同，划分的不同的工作类别。

3.5 业务能力

在从事相应职业种类的专业工作中发现、解决实际问题并能创造相关价值的工作经验和业绩。

3.6 技术能力

完成职业种类及相应职业分类的工作任务应具备的专业、知识、技能水平和熟练程度。

3.7 基本知识

申报各职业资格等级的从业人员应掌握的通用基础知识，主要包括IT职业及与IT职业相关并贯穿整个职业活动的基本理论和相关知识。

3.8 职业技能鉴定

按照国家相关标准，客观、公正、科学、规范的评价和认证IT从业人员职业技能水平或职业资格的活动。

4 职业道德

IT职业从业人员均应具备以下职业道德：

a）遵守国家法律、法规和相关政策，及行业规范、标准和企业规章；

b）诚实守信、科学严谨、恪尽职守、团队协作、精益求精。

5 职业划分

5.1 分类原则

参照SJ/T ×××××—×××× 确定的IT服务类别和IT职业特征，划分IT职业种类。

5.2 职业种类

职业种类划分如表1。

表1 职业种类

类别序号	1	2	3	4	5	6	7	8	9	10	11
职业种类	咨询服务	信息化监理	IT培训教育	软件开发	系统集成	数据库应用	运行维护	数据加工和处理	数字内容制作	信息安全	互联网应用

5.3 职业分类

基于表1确定的职业种类细分职业分类。职业分类和相应描述参看附录A。

6 职业资格等级

6.1 等级

6.1.1 等级设置

IT职业资格等级，应分为7级：职业资格1级（初级）、职业资格2级（初级）、职业资格3级（中级）、职业资格4级（中级）、职业资格5级（高级）、职业资格6级（高级）、职业资格7级（特级）。

6.1.2 专业职称

1.IT职业资格各等级设置，可对应国家相关部门认可的专业技术职称；

2.IT职业资格等级设置对应相应专业技术职称，宜参照表2。

表2　职业资格VS专业技术职称

职业资格	职　　称
职业资格7级	特级××师
职业资格6级	高级××师
职业资格5级	高级××师
职业资格4级	××师
职业资格3级	××师
职业资格2级	助理××师
职业资格1级	××员

注：1.IT职业资格等级对应的专业技术职称设置，是一般性的建议，应根据各职业种类的实际情况设置；

2.各等级职业资格对应的同等级专业技术职称的差异，应依据职业技能要求区分。

6.2 等级要求

表3　职业资格等级要求

职业资格等级	等级要求
职业资格7级（特级）	应具有相当丰富的项目经验和业务能力、系统全面的专业能力和知识，在专业领域具有开创性，专业水准为同行认可，有一定的影响力

职业资格6级（高级）	应具有较丰富的项目经验和业务、专业能力，创新性运用职业种类所需的职业技能和专业知识；能够在专业领域内提供有效的专业技能指导
职业资格5级（高级）	应具有一定的项目经验和业务、专业能力，独立完成项目管理工作，或提供一定的专业技能支持，并能对他人的工作提供有效的指导
职业资格4级（中级）	应能熟练运用职业种类及相应职业分类所需的职业技能和基本知识，独立完成所承担的工作；具备指导他人工作的能力，并能够承担部分项目管理工作
职业资格3级（中级）	应能熟练运用职业种类及相应职业分类所需的职业技能和基本知识，独立完成所承担的工作；已具备指导他人工作能力
职业资格2级（初级）	应能运用职业种类及相应职业分类所需的职业技能和基本知识，在指导下完成所承担的工作，并具有一定独立工作能力
职业资格1级（初级）	应能运用职业种类及相应职业分类所需的职业技能和基本知识，在指导下完成所承担的工作

6.3 等级设置

职业种类及相应职业分类的职业资格等级设置，均应根据相应从业人员的职业活动范围和相应技能要求确定。各职业种类及相应职业分类的职业资格等级应参照6.1、6.2的规定（参见附录C示例）。

7 职业技能鉴定

7.1 鉴定要求

IT职业从业人员申报各职业资格等级，应符合相应职业种类规定的条件，并应通过获得授权或具备相应资质的专门鉴定机构的相应职业技能鉴定。

7.2 鉴定方式

职业技能鉴定方式，应根据职业种类及相应职业分类的特点，采用考试、履历鉴定和面试综合考核方法，准确评估、判断职业技能水平。

7.2.1 考核要求

应根据各职业种类及相应职业分类的特点，确定相应的考核要求，并详细说明。

7.2.2 考核说明

a）基本知识考试：基础知识、专业知识、相关知识；

b）职业履历鉴定：职业技能及教育背景、工作经历、相关资格、获奖情况、发表论文等；

c）面试：基本素质、实践经验、表达能力、综合分析能力、应变能力、自我控制能力、人际交往能力等。

7.3 内容设置

职业技能鉴定的内容，应根据职业种类及相应职业分类的技能、专业要求设置，科学、规范、客观的评价业务能力和技术能力。

7.4 能力鉴定

7.4.1 业务能力鉴定

7.4.1.1 业绩评价

a）从事本专业工作年限内，实际完成的、可衡量的项目的数量、成功率；

b）在项目中所担负的责任范围；

c）项目的规模、难易度及项目质量。

7.4.1.2 专业评价

a）专业发展：所从事专业的精通程度、专业更新和完善状况及影响范围；

b）技术传承：从事本专业工作年限内，使专业技术体系化、制度化；

c）新人培养：培训、指导无经验或经验不多的该专业从业人员；

d）从业年限：从事职业种类及相应职业分类的工作年限。

7.4.2 技术能力鉴定

7.4.2.1 基本知识评价

a）IT职业从业人员应掌握的基础理论知识；

b）IT职业从业人员应掌握的其它相关知识。

7.4.2.2 专业技能评价

a）从事该职业种类及相应职业分类工作应掌握的专业技术；

b）从事该职业种类及相应职业分类工作应掌握的专业知识；

c）从事该职业种类及相应职业分类工作应达到的专业水平。

7.5 鉴定比重

应根据考核说明，设置IT职业技能鉴定指标比重。各鉴定指标所占比例，宜参照表4规定。

表4　鉴定比重表

	初级		中级		高级		特级
	1	2	3	4	5	6	7
基本知识考试	60		30		20		0
职业履历鉴定	0		50		60		80
面试	40		20		20		20
合计	100		100		100		100

8　职业技能培训

8.1　培训计划

应基于企业的发展计划和本标准，根据职业种类及相应职业分类、职业技能需求和变化，制定职业培训计划，确定培训目标、培训手段和培训周期：

a）企业培训计划：企业应有针对性、有计划的实施职业技能培训，满足个人发展的需要，增强企业竞争力；

b）个人培训计划：从业人员应根据个人职业发展计划，融合企业发展目标，不断积累专业、知识、经验，提升业务能力和技术能力。

8.2　培训机构

a）应是能够提供和实施IT职业技能培训，具备相应资格和条件的各种教育及培训服务机构（含高等教育机构）。

b）应依据本标准、市场需求、个人职业发展计划，明确培训目的，选择适宜的教材、课程设置，加强实践环节，提供市场需要的技能人才。

附录A
（规范性附录）
职业分类及说明

表A.1　职业分类及说明

职业种类	职业分类	说　　明
咨询服务01	IT管理咨询 01-11	具有丰富管理理论和实践经验的专家，提供包括管理模式、流程重组、商业模式、管理系统等与IT融合的咨询和服务
	业务咨询 01-2	与IT管理咨询结合，基于丰富的IT和相关知识、经验、技术，提供信息化建设相关信息、方案、建议等
信息化监理02	弱电监理 02-1	基于丰富的工程经验，明确项目范围，确认、验证客户需求，监控弱电项目的实施
	网络监理 02-2	基于丰富工程经验，明确项目范围，确认、验证客户需求，监控网络基础平台、分布式网络架构、数据管理、数据通信等项目的实施
	软件监理 02-3	基于丰富的工程经验，明确项目范围，确认、验证客户需求，监控系统软件、中间件、支撑软件、应用系统及资源建设等项目的实施
	信息安全监理 02-4	基于丰富的工程经验和实践，明确项目范围，确认、验证客户需求，监控信息安全防御体系和管理体系、信息安全管理平台、信息安全设备的安全性等项目的实施
	系统环境监理 02-5	基于丰富的工程经验，明确项目范围，确认、验证客户需求，监控信息系统环境建设的实施，包括机房建设（电源系统、接地系统、新风系统、消防系统、机房环境等）、监控系统、防灾等
	总监理师 02-6	监理单位履行监理职责的总负责人，基于丰富的工程经验和广泛的专业知识，制定监理规划和方案，组织协调监理实施和项目各方的关系，跟踪项目进程，监控项目实施

IT培训教育 03	教育管理 03-1	具有丰富的培训教育和管理经验，基于IT培训教育的特点，合理配置教育资源，有效运转各项教育管理活动，协调、沟通相关关系
	课程管理 03-2	具有丰富的培训教育经验，基于IT培训教育特点，合理配置、设计课程体系，确定培训教育的阶段培养目标、课程内容、培训实施等
	师资管理 03-3	具有丰富的培训教育管理经验，基于IT培训教育特点和专业需求，科学、合理选择、聘用、管理师资队伍，提高管理水平和效率
	学生管理 03-4	具有丰富的教学和学生管理工作经验，基于IT培训教育特点，建立有效的管理机制；指导、引导、管理学生学习，跟踪学生学习效果；提供咨询、沟通、交流服务
	教育培训 03-5	具有丰富的教育培训经验，基于IT行业特点和市场需求，设计教学计划和培训方案，有效地开展相关的培训教育活动

职业种类	职业分类	说　　明
软件开发04	软件架构 04-1	软件项目的总体设计、新产品开发、新技术体系的构建者。基于丰富的软件设计和应用经验，分析、评估系统整体架构，优化系统结构，选择适宜的实践参考模型，构建适用的软件架构
	系统分析 04-2	基于丰富的实践和经验，熟知软件工程、主流技术架构、网络、数据库技术等专业知识，理解客户业务流程，确认项目范围，获取、分析、定义、确认、验证客户需求，根据软件架构人员的架构设计，分析、设计适合客户业务需求的软件系统
	程序设计 04-3	按照系统分析人员提出的系统设计报告，设计、编制、调试、修改程序
	过程管理 04-4	基于丰富的实践和经验，熟知软件过程方法和过程管理，深刻理解项目阶段、状态、方法、技术、人员及各类文档等，组织、配置项目资源，制定项目实施计划，沟通、激励项目组成员的工作；跟踪、监控项目进展，保证项目的有效实施；提高软件过程规范化，提高软件过程成熟度
	嵌入式系统 04-5	熟悉嵌入式系统，掌握主流的开发工具，具备嵌入式软件系统独立开发能力、解决问题能力
	软件测试 04-6	根据软件项目规范编制测试计划和测试大纲，设计测试数据和示例，完成项目模块、系统测试，跟踪、分析发现的问题，评估解决方案合理性

系统集成 05	IT架构 05-1	基于丰富的工程设计和应用经验，分析、整合客户需求，构建包括基础设施平台、应用系统平台、资源平台、数据管理等的系统整体架构、分布式应用架构及大型IDC架构等，融合IT与业务需求，保证架构的可靠性、安全性、可用性和可扩展性
	需求分析 05-2	基于丰富的工程经验、良好的客户沟通能力和客户业务流程的把握，理解、确认项目范围，获取、分析、定义、确认、验证客户需求，为IT架构人员提供相对完善、合理的客户需求方案
	信息资源规划 05-3	根据需求分析人员的方案，梳理客户业务流程，识别、整合信息资源，基于系统整体架构，规划、设计系统整体功能、结构、性能等，如系统基础平台、数据存储和管理、应用平台、信息安全平台等，制定整体解决方案
	项目实施 05-4	基于丰富的技术、知识积累和工程经验，熟悉、掌握并熟练运用信息系统集成相关技术、工具、知识、资源等，具备独立完成信息系统各要素配置、集成的能力和发现问题、解决问题的能力
	项目管理 05-5	根据项目整体解决方案，制定项目实施计划，组织、配置项目资源（包括人、财、物），实施项目建设，跟踪、监控项目进展；建立沟通机制，激励项目组的工作
	系统测试 05-6	根据需求方案和整体解决方案，编制系统测试计划和测试大纲，确定测试方法和测试流程，完成系统分阶段测试和整体调试，跟踪、分析发现的问题，评估解决方案的合理性

职业种类	职业分类	说　明
数据库应用06	数据库设计 06-1	基于丰富的数据库应用和设计经验，熟悉和掌握各种主流数据库技术，具备性能调优经验，熟悉各种数据库设计工具和设计方法；规划、设计IT项目的数据库解决方案
	数据库应用 06-2	基于丰富的数据库应用和部署经验，具有数据库安装、部署、开发、调优、能力和数据迁移、数据交换、数据转换等相关工作经验
	数据库管理 06-3	管理、监控、备份、恢复、维护数据库系统，确保数据库系统的完整性，准确性，安全性

运行维护07	基础平台维护 07-1	为网络基础设施和数据管理安全性、可靠性、可用性和可扩展性,保证网络结构优化,定期评估网络基础平台、数据管理等的可靠性、完整性、安全性,制定故障维护预案,及时消除可能的故障隐患。
	应用平台维护 07-2	为保证操作系统、数据库系统、中间件、虚拟系统、其他支撑系统应用及在系统平台上运行的各类应用软件系统的安全性、可靠性和可用性,定期评估系统平台的性能和应用软件系统的性能、功能缺陷、用户满意度等,制定系统故障处理应急预案,及时消除可能存在的安全隐患和威胁、根据需求更新或变更系统功能。
	信息安全维护 07-3	为保证物理环境和系统运行的安全,定期检查和评估可能的安全隐患、缺陷和威胁,制定安全恢复预案。
	系统环境维护 07-4	为保证信息系统的安全、稳定、无故障运行,监控系统运行的环境、监测并定期检查电源、通风、接地等所有机房设施的工作状态,发现并报告问题和提出变更建议。
	系统管理 07-5	为保证信息系统正常、高效运行,监控、适时调整系统状态,高效、高质利用系统的各种资源。当系统出现故障时及时报告和处理,协调、保持系统的高效运行
	系统评估 07-6	在信息系统运行过程中,各项应用(硬件基础平台、系统平台、存储平台、虚拟系统、应用系统平台、分布式架构、安全平台等)、各项业务的性能、效能的优化、整合、评估
数据加工和处理08	图形图像处理 08-1	使用计算机及图形图像输入输出设备和相应处理软件处理静态、动态图形图像
	数据分析处理 08-2	整理、分析、抽取、转换、挖掘大量分散的、独立的原始数据,转化为可理解、利用的信息
	呼叫中心服务支持08-3	利用计算机技术、通信技术、网络技术、计算机电话集成技术等,构成统一、高效的服务工作平台,采用统一的标准服务模式,为用户提供系统化、智能化、人性化的服务
	数据录入 08-4	利用计算机及相关输入设备、相应软件处理系统,及时、准确、高效、高质量的录入文字或数据

IT服务标准辑录

职业种类	职业分类	说　明
数字内容制作09	数字内容设计 09-1	掌握计算机及相关和配套设备的基本原理，熟练运用计算机设计软件和数字化技术，设计多媒体内容、视觉系统、音频系统及GIS系统应用等
	数字内容制作 09-2	掌握计算机及相关和配套设备的基本原理，熟练运用多媒体制作技术、数字化技术，制作、加工、整合多媒体内容、视音频系统等，以及GIS系统应用等
信息安全10	安全架构 10-1	基于丰富的实践经验，熟悉IT基础设施、系统架构设计、安全应用集成、网络安全产品典型部署，熟悉各种通信标准及协议，了解安全趋势和客户的整体安全需求。识别、分析、评估项目风险，确定项目安全需求、安全技术，设计、构建信息安全整体防御体系和管理体系，为软件/IT架构人员提供安全、可靠的安全构架
	安全评估 10-2	基于丰富的安全实践，熟悉IT基础设施、系统架构、各种通信标准及协议的缺陷、漏洞和防御技术，识别、分析、评估系统风险、系统安全性能，提供评估报告和解决方案
	安全服务 10-3	熟悉主流的操作系统、数据库系统和基础架构，熟悉信息安全管理和项目管理的基本知识，理解并掌握信息安全和攻防技术，提供安全机制、安全策略、安全管理等服务
	安全咨询 10-4	熟悉各种安全标准、信息安全基本知识和相关知识，基于丰富的信息安全和相关知识、技术、经验，提供信息安全相关信息、方案、建议等
互联网应用11	平台管理 11-1	熟悉各类互联网应用技术、信息技术及相关技术，管理互联网应用系统和互联网应用平台，保证互联网应用的可靠性、安全性和可用性
	内容管理 11-2	熟悉互联网内容制作基本技能、工具、法规及相关知识，策划、收集、整理、分类、编辑、发布互联网应用内容
	开发与维护 11-3	精通Web架构设计，熟悉各种主流数据库技术和开发语言、工具及网页设计软件，设计、创意网站整体架构，开发、构建、维护网站，保证互联网应用易用、功能完善

附录B

（资料性附录）

职业资格间关系

表B.1　职业资格间关系

初级		中级		高级		特级
1级	2级	3级	4级	5级	6级	7级
具有一般应用的业务能力				具有创新性的业务能力		
					专业领域的开创性、影响力	
					专业领域的创新性、能力认可	
				项目管理能力、企业内的能力认可		
			指导他人工作的能力			
		完全独立工作的能力				
	一定程度上独立工作的能力					
在指导下工作的能力						

附录C
（资料性附录）
职业资格等级示例

表C.1　计算机信息系统集成职业资格等级示例

职业分类 等级	类别序号	02-1 IT架构	02-2 需求分析	02-3 信息资源规划	02-4 项目实施	项目管理	02-5 系统测试
特级	7						
高级	6						
	5						
中级	4						
	3						
初级	2						
	1						
注：		▨ 表示该职业分类设置的职业资格等级 □ 表示该职业分类未设置相应的职业资格等级					

注：IT架构职业资格设3个等级，即职业资格7级（特级IT架构师）、职业资格6级（高级IT架构师）、职业资格5级（高级IT架构师）。

需求分析职业资格设3个等级，即职业资格6级（高级需求分析师）、职业资格5级（高级需求分析师）、职业资格4级（需求分析师）。

信息资源规划职业资格设三个等级，即职业资格6级（高级规划设计师）、职业资格5级（高级规划设计师）、职业资格4级（规划设计师）。

项目实施职业资格设6个等级，即职业资格6级（高级项目实施工程师）、职业资格5级（高级项目实施工程师）、职业资格4级（项目实施工程师）和职业资格3级（项目实施工程师）、职业资格2级（助理项目实施工程师）和职业资格1级（项目实施技术员）。

项目管理职业资格设六个等级，即职业资格6级（高级项目管理师）、职业资格5级（高级项目管理师）、职业资格4级（项目管理师）、职业资格3级（项目管理师），职业资格2级（助理项目管理师）和职业资格1级（项目管理员）。

系统测试职业资格设三个等级，即职业资格5级（高级系统测试师）、职业资格4级（系统测试师）和职业资格3级（系统测试师）。

依据第5章的要求，同等级职业资格的差异通过职业技能要求区分，如需求分析职业资格6级和需求分析职业资格5级，同为高级需求分析师，其差异是对职业技能要求的不同。

参 考 文 献

[1]《中华人民共和国职业分类大典》 2007增补本

[2] DB21/T 1793-2010《IT行业职业技能通用要求》

[3] DB21/T 1948-2012《IT职业技能标准 计算机信息系统集成》

数据管理基础规范（DB21/T 1981-2012）

ICS

35.020

DB21

辽 宁 省 地 方 标 准

DB21/T 1981-2012

数据管理基础规范

Data Administration Basic Specification

2012-04-23 发布   2012-05-23 实施

辽宁省质量技术监督局   发布

前　言

本标准依据GB/T1.1—2009《标准化工作导则 第1部分：标准的结构与编写》制定。

本标准由大连市经济和信息化委员会提出。

本标准由辽宁省经济和信息化委员会归口。

本标准起草单位：大连圣达信息工程有限公司、大连软件行业协会。

本标准主要起草人：高复先、李伟、孙立宪、欧阳余山、曾平。

本标准于2012年4月23日首次发布。

引　言

数据管理基础规范，是指建立数据标准的一些基本规则和方法，是电子政务和企事业信息化建设单位建立数据标准的基础。

本标准所制定的数据管理基础规范包括五部分：数据元素的命名和标识规则、信息分类编码的ABC分类规则、用户视图的分类和组成表示方法、概念数据库的表示方法和逻辑数据库的表示方法。其中，前两部分，是对国家数据元标准和信息分类编码标准的补充；后三部分，是信息化建设所需要的数据结构的规范化表示方法。这些都是数据管理规范标准的最基础的部分。

本标准所制定的信息分类编码规则，是基于数据整理、加工形成，在相关国家标准基础上，发展、延伸的数据管理规则。

本标准具有科学、简明、实用的特点。采用本标准，能够：

a)以实际和有效的方式建立数据标准；

b)有助于提升数据管理的质量；

c)促进信息化总体水平的提高。

C*ontents* 目 录

数据管理基础规范

1 范围

本标准规定了数据管理基础规范的数据元素、信息分类编码、用户视图、概念数据库和逻辑数据库等五部分的有关规则和方法。

本标准适用于政府和企事业单位。

2 术语和定义

下列术语和定义适用于本标准。

2.1 职能域 function Area

一个组织的主要业务范围的划分或界定，是基本职能的概括和抽象，不是当前机构部门名称的翻版。

2.2 数据项 data Item

一般是指业务报表栏目所代表的数据对象。

2.3 数据元素 data Element

最小的不可再分的信息单位，是一类数据对象的抽象。

2.4 信息分类编码 information Classifying and Coding

根据信息内容的属性或特征，将信息按一定的原则和方法进行区分和归类；在此信息分类的基础上，将信息对象（编码对象）赋予有一定规律性的、易于计算机和人识别与处理的符号。信息编码是数据元素的离散取值。

2.5 用户视图 user View

业务工作所使用的单证、报表、帐册和屏幕表单等数据格式的抽象，是一些数据的集合，它反映了最终用户对数据实体的看法。

2.6 概念数据库 conceptual Database

最终用户对数据存储的看法，反映了用户的综合性信息需求。

2.7 逻辑数据库 logical Database

系统分析设计人员的观点，是对概念数据库的进一步分解和细化，由一组基本表构成。

2.8 主题数据库 SDB，subject Database

面向业务主题，按规范化的数据结构（一般达到3-NF）建立的数据库，具有良好的稳定性结构。

主题数据库包括概念数据库和逻辑数据库。

2.9 基本表 base Table

关系数据库的基本数据结构，具有的基本性质是：原子性，即表中的数据项是数据元素；演绎性，即可由表中的数据生成应用系统全部的输出数据；规范性，即表中的数据关系满足三范式（3-NF）。

3 数据元素

3.1 数据元素命名

应采用词组结构"修饰词—基本词—类别词"命名数据元素。

其中：

类别词（Class Word）：识别和描述数据元素的一般用途或功能。

示例1

常用类别词有：

——数量（AMOUNT）

——名称（NAME）

——编号（NUMBER）

——代码（CODE）

——日期（DATE）

——时间（TIME）等。

基本词（Prime Word）：对一大类数据对象进一步分类的词，一般具有行业特征。

示例2

制造业的基本词有：

——设备（FACILITY）

——产品（PRODUCT）

——订单（ORDERS）

——计划（PLANNING）

——采购（PROCUREMENT）

——库存（INVENTORY）等；

修饰词（Modifying Word）：限定基本词和类别词的名词。

示例3

数据元素"社会保险号码"：

——号码：类别词；

——保险：基本词；

——社会：修饰词。

3.2 数据元素标识

应采用英文缩略语标识数据元素。

示例：

社会保险号码可标识为：

——SCL_SCR_NO。

3.3 数据元素值域

对数据元素取值类型和范围的限定。

其中：

——字符型数据元素 C字符个数

——整型数数据元素 N位数

——实型数数据元素 N整数部分位数.小数部分位数

——文本型数据元素 T字符个数

——媒体型数据元素 M k字节数

——日期型数据元素 YYYY–MM–DD 年月日

——时间型数据元素 HH–MM–SS 时分秒

3.4 数据元素一致性

对数据元素的命名和标识，应消除同名异义""和"同义异名"，以保持数据元素一致性控制。

注："名"即数据元素的标识；"义"即数据元素的名称。"同名异义"是指标识相同，但名称不同；"同义异名"是指名称相同，但标识不同。

3.5 数据元素集

对某组织一定范围内的所有数据元素，按数据元素的命名、标识和一致性控制，识别、定义、列出全部的数据元素，即为该组织一定范围内的数据元素集。

示例：

某组织–项目管理职能域的数据元素集（部分）如表1。

表1 某组织–项目管理职能域数据元素集（部分）

序号	数据元素名称	数据元素标识	数据元素值域
1	项目代码	PRJ_CD	C11
2	项目分类属性代码	PRJ_TP_CD	C4
3	项目分类属性名	PRJ_TP_NM	C40
4	项目计划编号	PRJ_PLN_NO	C8
5	项目计划年度	PRJ_PLN_YYYY	YYYY
6	项目经费来源	PRJ_FEE_SRC	C40
7	项目经费用途	PRJ_FEE_PRP	C30

4 信息分类编码

4.1 信息分类编码对象分类

信息分类编码对象划分为A、B、C三种类型：

——A类编码对象：在信息系统中不单设编码库表，代码表寓于主题数据库表之中的信息分类编码对象；

——B类编码对象：在信息系统中单设编码库表的信息分类编码对象；

——C类编码对象：一些码表短小而使用频度很大，在信息系统中统一设编码库表的编码对象。

示例：

通用信息分类编码对象分类（部分）如表2。

表2　通用信息分类编码对象分类（部分）

编码对象分类	政务部分	企业部分
A类编码对象	文件编号 备案号 法规编号 许可证编号	员工编号 客户编号 计划编号 合同编号
B类编码对象	行政区划 经济类型 学历代码	财务科目 物资编码 工艺代码
C类编码对象	文件类型 文件密级 币种代码 性别	计量单位 贸易性质 客户信用等级 设备报废原因

4.2　信息分类编码对象登记

某一范围内的信息分类编码管理，首先要识别登记所有编码对象，其内容包括：编号、编码对象标识（含分类标志）、编码对象名称、标准级别、标准编号、发布日期、最近更新日期等。

4.3　信息分类编码规则

对每一编码对象，应采用科学简明的方法规定其代码的长度、各位字符和其代表的意义。

4.4　信息分类编码集

对某组织的一定范围，按上述规则识别、定义、列出所有各类编码对象，对每一编码对象制定编码规则，并按编码规则编制列出"代码-名称"一览表，即为该组织一定范围的信息分类编码集。

5　用户视图

5.1　用户视图登记

用户视图登记应包括用户视图名称、用户视图分类编码、用户视图记录数和生存期等。

a）用户视图名称:用一短语表示用户视图的意义和用途。

b）用户视图分类编码规则:

DXXXXXXX

- 族码
- 序号
- 小类编码
- 大类编码
- 职能域编码

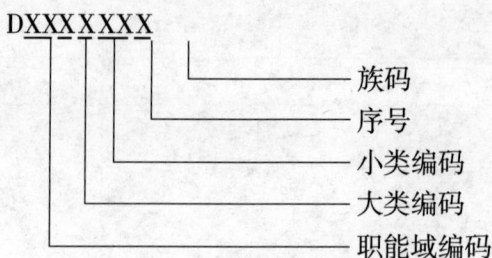

用户视图分类编码规则

其中：

——大类按用户视图流向分类，编码取值：1＝输入，2＝存储，3＝输出；

——小类按用户视图类型分类，编码取值：1＝单证，2＝账册，3＝报表，4＝其它；

——序号是指同一大类、小类中的用户视图的顺序，编码取值：01～99；

——族码是指同一用户视图拆分出的部分子视图编码，取值：A～Z。

示例：

某组织–通航管理职能域的用户视图登记表（部分）如表3。

表3　某组织–通航管理职能域的用户视图登记表（部分）

序号	用户视图分类编码	用户视图名称	流向	类型	生存期	记录数
1	D032107	处理违章行为记录	存储	单证	月	2000
2	D032109	环境安全评估审查意见	存储	单证	旬	2000
3	D032107	年度巡航工作计划表	存储	报表	年	500
4	D032404	海事业务审批单	存储	其它	动态	600
5	D032404A	海事业务审批单(证书明细)	存储	其它	动态	6000
6	D032404B	海事业务审批单(文书明细)	存储	其它	动态	6000

5.2　用户视图组成

用户视图应由数据项/数据元素及其结构关系组成。复杂的用户视图应做规范化分析，如复杂报表应拆分，描述每一部分的组成。

示例：

某组织–通航管理职能域–用户视图"海事业务审批单"的组成，规范

化分析为表4.1、表4.2和表4.3:

表4.1　D032404 海事业务审批单

序号	数据项标识	数据项名称	主键标志
01	APPL_NO	申请标号	√
02	APPLR	申请人	–
03	APPL_ITM_NM	申请项目名称	–
04	APPL_CONT	申请内容	–
…	………………	………………	–
06	RMK	备注	–

表4.2　D032404A 海事业务审批单(证书明细)

序号	数据项标识	数据项名称	主键标志
01	APPL_NO	申请标号	√
02	CERT_SN	制证流水号	√
03	CRT_NM	证书名称	–
04	CRT_MEDER	证书制作人	–
05	CRT_MEDE_DT	证书制作日期	–
06	CRT_CHECK	证书核对人	–
07	CRT_CHCK_DT	证书核对日期	–

表4.3　D032404B 海事业务审批单(文书明细)

序号	数据项标识	数据项名称	主键标志
01	APPL_NO	申请标号	√
02	WRIT_NO	文书号	√
03	WRIT_NM	文书名称	–
04	WRIT_MEDER	文书制作人	–
05	WRIT_MEDE_DT	文书制作日期	–

5.3　用户视图集

对某组织的一定范围,按用户视图登记规则识别、定义、列出其所有用户视图,并对其中重要的用户视图做组成规范化表达,即为该组织的一定范围的用户视图集。

6　概念数据库

6.1　概念数据库定义

概念数据库用下述格式表示：

> 概念数据库标识，概念数据库名称（信息内容描述）

概念数据库表述格式

其中：

概念数据库标识：用字符串（英文缩略语）表达；

概念数据库名称：通常的汉语名词；

信息内容描述：用自然语言（中文）或数据项/属性列表描述。

示例：

某组织的"机构"和"员工"概念数据库：

ORGN 机构（机构代码，机构名称，机构基本信息）

EMPL 员工（员工代码，姓名，自然信息，简历，培训记录，…）

6.2　概念数据库集

对某组织的一定范围，按概念数据库定义规则识别、定义其所有概念数据库，即为该组织的一定范围的概念数据库集。

7　逻辑数据库

7.1　逻辑数据库定义

逻辑数据库用下述格式表示：

> 逻辑数据库标识，逻辑数据库名称（主键，属性表）
>
> 　基本表i标识，基本表i名称（主键，属性表）
>
> 　　（i = 1，2，…n）

逻辑数据库表述格式

其中：

逻辑数据库标识和逻辑数据库名称：即一级基本表的标识和名称，采用概念数据库的标识和名称；

基本表i标识和基本表i名称：即二级基本表的标识和名称，一个逻辑数据库可包括多个二级基本表（i=1,2,…,n），二级基本表的标识主部与一级基本表标识相同，后缀可用字符串（汉语拼音或英文）表达；二级基本表名称，继承一级基本表名称再增加注明的缩略语；

属性表：每一属性由数据元素标识和数据元素名称表示，属性间用逗号分开；

主键：用相应属性标识表示，多个属性标识用加号连接。

示例1：

某组织的"机构"和"员工"逻辑数据库：

ORGN 机构基本信息（机构代码，机构代码，机构名称，成立日期，人员总数，……）

ORGN_LD 领导班子（机构代码+职务代码，机构代码，职务代码，任命日期，员工代码，……）

ORGN_MM 机构成员（机构代码+员工代码，机构代码，员工代码）

EMPL 员工基本信息（员工代码，员工代码，员工姓名，出生日期，学历代码，……）

EMPL_RS 员工简历（员工代码+起始日期，员工代码，起始日期，结束日期，所

在单位，……

EMPL_TR 培训记录（员工代码+起始日期，员工代码，起始日期，结束日期，培训地点，培训课程，……）

某组织的"机构"和"员工"逻辑数据库

示例2：

某组织的"机构"和"员工"逻辑数据库的简化E-R图表达法：

ORGN 机构基本信息	主键：机构代码 机构代码，机构名称，成立日期，人员总数，……
ORGN-LD 领导班子	主键：机构代码+职务代码 机构代码，职务代码，任命日期，员工代码，……
ORGN-MM 机构成员	主键：机构代码+员工代码 机构代码，员工代码
EMPL 员工基本信息	主键：员工代码 员工代码，员工姓名，出生日期，学历代码，……
EMPL-RS 员工简历	主键：员工代码+起始日期 员工代码，起始日期，结束日期，所在单位，……
EMPL-TR 培训记录	主键：员工代码+起始日期 员工代码，起始日期，结束日期，培训地点，培训课程，……

逻辑数据库的简化E-R图

7.2 逻辑数据库集

对某组织的一定范围，按逻辑数据库定义规则识别、定义其所有逻辑数据库，即为该组织一定范围的逻辑数据库集。

参 考 文 献

[1] GB/T18391.1-2009/ISO/IEC 11179-1-2004 信息技术 元数据注册系统(MDR) 第1部分：框架

[2] GB/T18391.2-2009/ISO/IEC 11179-2-2005 信息技术 元数据注册系统(MDR) 第2部分：分类

[3] GB/T18391.3-2009/ISO/IEC 11179-3-2003 信息技术 元数据注册系统(MDR) 第3部分：注册系统元模型与基本属性

[4] GB/T18391.4-2009/ISO/IEC 11179-4-2004 信息技术 元数据注册系统(MDR) 第4部分：数据定义的形成

[5] GB/T18391.5-2009/ISO/IEC 11179-5-2005 信息技术 元数据注册系统(MDR) 第5部分：命名和标识原则

[6] GB/T18391.6-2009/ISO/IEC 11179-6-2005 信息技术 数据元的规范与标准化第6部分：注册

[7] GB/T19488.1-2004 电子政务数据元 第1部分：设计和管理规范

[8] GB/T 20001.3-2001 标准编写规则 第3部分:信息分类编码

[9] GB/T 20529.1-2006 企业信息分类编码导则 第1部分：原则与方法

[10] GJB/Z 139-2004 数据标准化管理规程

[11] 高复先.数据管理——信息系统建设的基础.大连海事大学出版社，1992.9

[12] 高复先.信息资源规划——信息化建设基础工程.清华大学出版社，2004.4

[13] 包和平等.民族地区经济信息资源论.民族出版社.2005.6

[14] 高复先.信息化IRP之路——文集1996-2006.大连理工大学出版社，2008.4

[15] 蒋东兴、付小龙等.高校数字校园建设指南.高等教育出版社.2008.11

[16] 杨辉.数据标准化与企业信息化安全.万方数据.2010.9

[17] 李学军、邹红霞等.军事信息资源规划与管理.国防工业出版社.2010.10

计算机软件工程文档编号规范（DB21/T 1948-2012）

ICS

35.080

DB21

辽 宁 省 地 方 标 准

DB21/T 2139-2013

计算机软件工程文档编号规范

Specification for computer software engineering documentation numbering

2013-08-20发布　　　　　　　　2013-09-20实施

辽宁省质量技术监督局　发布

前　言

本标准依据GB/T1.1—2009《标准化工作导则 第1部分：标准的结构与编写》制定。

本标准由大连市经济和信息化委员会提出。

本标准由辽宁省经济和信息化委员会归口。

本标准起草单位：大连华信计算机技术股份有限公司、大连软件行业协会。

本标准主要起草人：刘宏、张静、尹宏、郎庆斌、孙鹏。

本标准于2013年08月20日首次发布。

引　　言

本规范借鉴其他行业的设计文档编号规范，对计算机软件开发过程输出的软件工程文档的编号提出一般性要求。

软件工程文档从使用的角度上大致可分为开发方在开发过程中使用的软件工程文档和软件用户需要的用户文档两类。本标准适用于对在开发过程中使用的软件工程文档的编号管理。

使用者可根据实际情况对本标准进行适当的裁剪。供方应提供给需方的用户文档类型和编号，由软件的需方和供方在合同中规定。

Contents
目　录

计算机软件工程文档编号规范

1 范围

本规范规定了文档编号的通用要求，以及软件工程文档编号、软件工程文档编号的存储与标注要求。

2 规范性引用文件

下列文件中的条款通过本标准的引用而成为本部分的条款。凡是注日期的引用文件，其随后所有的修改单（不包括勘误的内容）或修订版均不适用于本部分，然而，鼓励使用本标准的各方研究是否可使用这些文件的最新版本。凡是不注日期的引用文件，其最新版本适用于本部分。

GB/T 8566-2007 信息技术 软件生存周期过程

GB/T 8567-2006 计算机软件工程文档编制规范

GB/T 11457-2006 软件开发术语

3 术语和定义

GB/T 11457-2006 确立的以及以下术语和定义适用于本文件。

3.1 文档 document

能供人或机器阅读的，一般具有永久性的一套数据媒介和其中包含的信息（不管它们记录在什么媒体上）。

3.2 软件工程文档 Software engineering document

在计算机软件开发过程中所形成、用以描述或规定软件产品必要信息的有关技术文档。

4 文档编号基本规则

4.1 文档编号字符

文档编号一般可采用下列字符表示：

0~9阿拉伯数字；

A~Z拉丁字母（O、I除外）；

短横线（–）、圆点（·）。

4.2 文档编号基本原则

科学性：选择事物或概念的最稳定的本质属性或特征作为信息分类的基础和依据。

系统性：将选定的事物、概念的属性或特征按一定排列顺序予以系统化，并形成一个合理的科学分类体系。

唯一性：一个编号只能唯一地标识一个分类对象。

可延性：应设置收容类目，以便保证增加新的事物和概念时，不致打乱已建立的分类体系，同时，还应为下级信息管理系统在原有基础上的延拓、细化创造条件。

规范性：同一层级代码的编写格式必须统一。

4.3 文档编号一般要求

每个产品、子系统、组件、模块的文档均应有独立的编号。

采用表格时，表中每个产品、子系统、组件、模块都应标出独立的编号。

同一产品、子系统、组件、模块的文档用数张纸印刷成纸介质文档时，各张纸介质文档应标注同一编号。

同一文档使用两种以上的存储介质时，每种存储介质中的文档都应标注同一编号。

复用文档的编号应采用被复用文档的编号。

文档的编号一般可采用分类编号或隶属编号。也可采用将分类编号与隶属编号混合组合方式进行编号。

文档的编号应与企业计算机辅助管理分类编号要求相协调。

4.4 分类编号

分类编号是按对象(软件产品、子系统、组件、模块)、功能、特性等的相似性，采用十进位分类法编号。

编号的基本部分由分类号（大类）、特征号（中类）和识别号（小类）三部分组成，中间可以圆点或短横线分开，圆点在下方，短横线在中间。必要时可以在尾部加尾注号。

大、中、小类的编号按十进位分类编号法。每类的码位一般由2位数（如软件产品、子系统、组件、模块）组成。

分类编号码位的序列及其含义表

分类号（大类）	特征号 （中类）	识别号 （小类）	尾注号	校验号
软件工程文档按软件开发过程、类型等编号	软件产品、子系统、组件、模块区分码位	软件工程文档按种类、编写语言等编号	软件工程文档、软件产品改进尾注号	检验软件产品代号的码位

尾注号表示软件工程文档、软件产品改进。一般改进的尾注号用拉丁字母表示。

用计算机自动生成软件产品文档编号时，应在编号终端加校验号（校验码）。

4.5 隶属编号

隶属编号是按系统、组件、模块的隶属关系编号。

编号由软件产品编号和隶属号组成。中间可用圆点或短横线隔开，必要时可加尾注号。

需要时在首位前加分类号表示计算机辅助管理信息分类编号系统的大类号。

系统编号由字母和数字组成。

隶属号由数字组成，其级数和位数应按软件产品结构的复杂程度而定。

组件的序号，应在其所属（系统或上一级组件）的范围内编号。

模块的序号，应在其所属（系统或组件）的范围内编号。

编流水号时，可在尾部以带"0"或不带"0"区别模块与组件。

5 软件工程文档编号

5.1 软件工程文档编号组成结构

续表

概要设计	03	BD	Basic Design
详细设计	04	DD	Detail Design
编码	05	CD	Coding
单体测试	06	UT	Unit Testing
集成测试	07	TT	Integration Testing
系统测试	08	ST	System Testing
实施交付	09	AD	Application Delivery
运行维护	10	PM	Operations & Maintenance

软件工程文档在多个软件开发过程中共同进行修改与更新时，软件开发过程文档编号可省略。

在软件开发中，不区分软件开发过程时，软件开发过程文档编号可省略。

5.4 子系统、组件、模块文档编号

子系统、组件、模块文档编号应满足如下要求：

子系统、组件、模块文档编号应由软件产品编号加各层顺序号组成。

分文档最多不超过5层。

每层文档的编号方法应统一，编号应连续。

第5层的模块文档采用并列顺序编号，必要时也可以从第4层、第3层或第2层开始采用并列顺序号方法。

当本层级顺序号为00时，表示此文档是本层级的公共子系统、组件、模块的软件工程文档。

当下一层级顺序为00时，表示存在下一层级分文档。当无下一层级编号时，表示不存在下一层级分文档。

子系统、组件、模块文档编号示例，参见图2。

第0层	第1层	第2层	第3层	第4层
SSA-00 系统	SSA-0000 公共子系统	SSA-000100 公共组件	SSA-000101 公共模块	
			SSA-000102 公共模块	
		SSA-000200 公共组件	SSA-000201 公共模块	
			SSA-000202 公共模块	
	SSA-0100 子系统1	SSA-010000 公共组件	SSA-010001 公共模块	
		SSA-010100 组件	SSA-010101 模块	
			SSA-010102 模块	
	SSA-0200 子系统	SSA-020000 公共组件	SSA-020001 公共模块	
		SSA-020100 组件	SSA-020101 模块	
			SSA-02010200 模块	
	SSA-0300 子系统	SSA-030000 公共组件	SSA-030001 模块	
		SSA-030100 组件	SSA-03010100 组件	SSA-03010101 模块
				SSA-03010102 模块

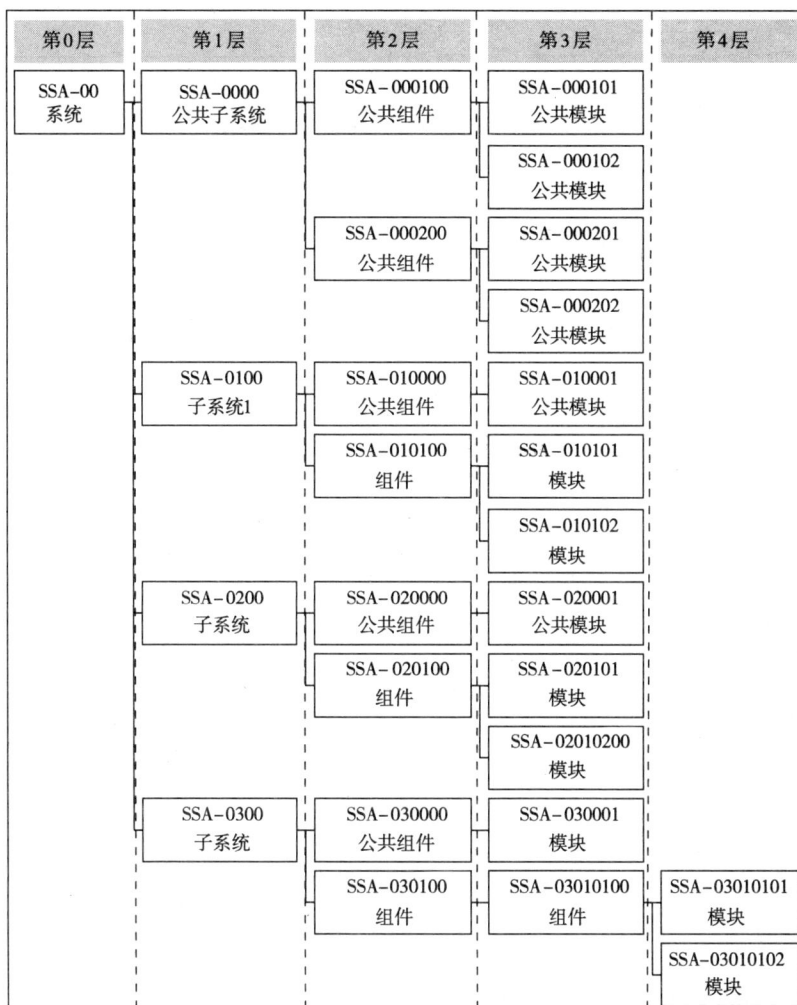

图2　子系统、组件、模块文档编号示意图

5.5　文档种类编号

文档种类编号应满足如下要求:

文档种类编号由2位大写的英文字母或数字组成。大写的英文字母是文档种类的英文名称缩写。文档种类编号示例,参见表5。

当文档种类名称为"功能定义"时,文档种类编号可省略。

文档种类编号表

文档种类名称	文档种类编号		英文
	数字编号	英文缩写编号	
产品介绍	01	PT	Product Introduction
产品方案	02	SL	Product Solution
流程图	03	WF	Work Flow
组织结构	04	RS	Organizational Structure Chart
实体关系	05	ER	Entity Relation Chart
功能定义	06	FD	Function Define
产品需求定义	07	PD	Product Requirement Define
数据字典	08	DD	Data Dictionary
架构模型	09	AM	Architecture Model
CRUD矩阵	10	CM	CRUD Matrix
需求与变更	11	RC	Requirement and Change
确认报告	13	VR	Validation Report
用户界面	14	UF	User Interface
测试用例	17	TC	Testing Case
测试报告	18	TR	Testing Report
检查单	19	CL	Check List
评估报告	20	AR	Assessment Report
培训	21	TR	Training
缺陷	22	DF	Defect
评审	23	RW	Review
需求跟踪矩阵	24	RT	Requment Tracing Matrix
词语表	25	TT	Terminology Table
产品介绍	01	PT	Product Introduction
产品方案	02	SL	Product Solution

5.6 文档序号

文档序号编号应满足如下要求：

文档序号编号由2为数字组成。不足2两位，左侧用"0"补足。

当相同的子系统、组件或模块，且相同文档种类存在多个文档时，使用文档序号进行编号区分。

当只有一份文档时，文档序号可省略。

5.7 语种编号

语种编号应满足如下要求：

语种编号为2位英文大写字母或数字组成。

大写的英文字母是语言的英文名称缩写。

当语言种类为"中文"，可省略。

常用语种编号示例，参见表6语种编号表。

语种编号表

文档语言名称	文档语种编号		英文
	数字编号	英文缩写编号	
中文	01	CN	China
英文	02	EN	English
日文	03	JP	Japanese
德语	04	GN	German

6 软件工程文档编号存储与标注

6.1 软件工程文档格式

软件工程文档格式为办公软件的兼容格式，文档用于发布可以采用PDF格式。

6.2 软件工程文档编号存储

在OFFICE的兼容格式文件中，软件工程文档编号存放在文件的"属性"的自定义项目的"文档编号"字段中。当一个文件中存在多个文档时，存放软件开发主文档编号。

6.3 软件工程文档编号标注

在每个文档的封面应标注文档编号。

在电子表格类（如：XLS）文档中，在表头部分标注文档编号。

在文字类（如：DOC）文档中，在页眉或页脚中标注文档编号。

附录A
（资料性附录）
软件工程文档编号示例

A.1 示例说明

以A软件产品的01子系统为例，说明软件各类文档编号。

所有文档使用中文编写。

示例中的各种文档在软件开发中只是典型的文档，并不代表软件开发中全部种类文档。

A.2 共同文档

01子系统共同文档编号示例如下：

文档名称	文档编号（英文缩写）	文档种类
01子系统数据字典	SSA–01–DD	数据字典
01子系统的需求跟踪矩阵表	SSA–01–TT	词语表
01子系统的词语表	SSA–01–RT	需求跟踪矩阵表
01子系统的缺陷记录(第1个)	SSA–01–DF01	缺陷记录

A.3 业务分析过程

01子系统的业务分析文档编号示例如下：

文档名称	文档编号	文档种类
01子系统业务介绍	SSA–BA01–PT	介绍
01子系统业务方案	SSA–BA01–SL	方案
01子系统业务流程图	SSA–BA01–WF	流程图
01子系统业务相关的组织结构图	SSA–BA01–RS	组织结构图

文档名称	文档编号	文档种类
01子系统数据概念模型	SSA-BA01-ER	实体关系图
01子系统业务功能总体说明	SSA-BA0100-FD	功能定义
01子系统业务功能组件01说明	SSA-BA0101-FD	功能定义
01子系统业务总体架构图	SSA-BA01-AM	架构图
01子系统业务功能与数据实体CRUD矩阵表	SSA-BA01-CM	CRUD矩阵
01子系统业务分析确认单(第1个)	SSA-BA01-VR01	确认报告
01子系统业务分析文档评审检查单(第1个)	SSA-BA01-CL01	检查单
01子系统业务分析评估报告(第1个)	SSA-BA01-AR01	评估报告
01子系统业务分析评审记录表(第1个)	SSA-BA01-RW01	评审记录
01子系统业务的培训资料(第1个)	SSA-BA01-TR01	培训

A.4 需求定义过程

01子系统的功能需求定义文档编号示例如下:

文档名称	文档编号	文档种类
01子系统的系统功能介绍文档	SSA-RD01-PT	介绍
01子系统功能流程图	SSA-RD01-WF	流程图
01子系统相关角色组织结构图	SSA-RD01-RS	组织结构图
01子系统的数据逻辑模型	SSA-RD01-ER	实体关系图
01子系统功能需求总体说明	SSA-RD0100-FD	功能定义
01子系统功能需求组件01说明	SSA-RD0101-FD	功能定义
01子系统总体结构图	SSA-RD01-AM	架构图
01子系统CRUD矩阵表	SSA-RD01-CM	CRUD矩阵
01子系统需求变更票(第1个)	SSA-RD01-RC01	需求与变更票
01子系统用户界面(第1个)	SSA-RD01-UF01	用户界面
01子系统评审检查单(第1个)	SSA-RD01-CL01	检查单
01子系统需求定义评审记录表(第1个)	SSA-RD01-RW01	评审记录
01子系统评估报告(第1个)	SSA-RD01-AR01	评估报告

A.5 设计过程

A子系统的设计文档编号示例如下:

文档名称	文档编号	文档种类
01子系统处理模块流程图	SSA-BD01-WF	流程图
01子系统的数据物理模型	SSA-BD01-ER	实体关系图
01子系统设计总体说明	SSA-BD0100-FD	功能定义
01子系统01组件设计说明	SSA-BD0101-FD	功能定义
01子系统设计架构图	SSA-BD01-AM	架构图
01子系统设计CRUD矩阵表	SSA-BD01-CM	CRUD矩阵
01子系统设计确认票(第1个)	SSA-BD01-VR01	确认报告
01子系统集成测试用例(第1个)	SSA-TT01-TC01	测试用例
01子系统设计评审检查单	SSA-BD01-CL	检查单
01子系统设计评估报告	SSA-BD01-AR	评估报告
01子系统设计评审记录表(第1个)	SSA-BD01-RW01	评审记录

A.6 系统测试过程

A子系统的系统测试文档编号示例如下：

文档名称	文档编号	文档种类
01子系统的系统测试介绍文档	SSA-ST01-PT	介绍
01子系统的系统测试方案文档	SSA-ST01-SL	方案
01子系统的系统测试用例总体说明文档	SSA-ST0100-FD	功能定义
01子系统的01组件系统测试用例说明文档	SSA-ST0101-FD	功能定义
01子系统的系统测试评审检查单(第1个)	SSA-ST01-CL01	检查单
01子系统的系统测试评估报告	SSA-ST01-AR	系统测试评估报告
01子系统的系统测试评审记录表(第1个)	SSA-ST01-RW01	评审记录

参 考 文 献

[1] GB/T 8566-2007 信息技术 软件生存周期过程

[2] GB/T 8567-2006 计算机软件工程文档编制规范

[3] GB/T 16680-1996 软件工程文档管理指南

[4] GB/T 20158-2006 信息技术 软件生存周期过程 配置管理

[5] GB/T 19000-2008 质量管理体系 基础和术语

[6] GB/T 7027-2002 信息分类和编号的基本原则与方法

[6] GB/T 10113 分类编号通用术语

[7] GB/T 17710 数据处理 校验码系统

IT 服务标准辑录

DB

地　方　标　准

DB xx / x xxxx－xxxx

智慧城市标准体系框架

Standard system framework for intelligent city

（报批稿）

xxxx－xx－xx 发布　　　　　　　xxxx－xx－xx 实施

发布

前　言

本标准依据GB/T1.1—2009《标准化工作导则 第1部分：标准的结构与编写》制定。

本标准由大连生态科技创新城提出。

本标准由　　归口。

本标准主要起草单位：大连生态科技创新城、大连交通大学

本标准主要起草人：郎庆斌、牟楠、孙鹏、尹宏、

引　言

0.1　综述

智慧城市标准体系框架的建构，需要深刻、充分理解智慧、智慧城市的内涵，研究构建标准体系的标准范畴、理论基础和实践评估体系，形成具有扎实基础的普适、适宜、适用的规范化智慧城市建设、运营保障体系。

0.2　智慧

实体智慧，非一般意义的解释。主要包括3层涵义：

a.社会意义：社会各个层面的创新能力、社会各种形态的价值体系、社会成员的智能认知、社会评价体系等；

b.技术意义：科学技术，特别是IT技术的创新、新一代信息技术的应用，是推动社会创新性发展的动因；

c.市场意义：随着科技进步、社会发展，新一代信息技术应用市场亦是推动社会各个层面、社会各种形态创新性发展的动力。

0.3　智慧基础

实现城市智慧化的基础是：

a.社会基础元素整合：城市管理中，构成社会运行的基本要素，包括社会各个层面、各种社会形态的政治、经济、社会、生活、文化等构成要素的整合、优化、协调；

b.社会基础资源整合：城市管理涉及的社会各个层面、各种社会形态的政治、经济、社会、生活等相关基础资源，包括智力、知识、文化等资源的整合、共享、支撑、优化配置。

0.4　智慧城市

智慧城市是城市管理的感知化、物联化、智能化和资源效能化。智慧城市充分整合信息、知识、智力和其它各类资源，通过透明、充分的信息获取，广泛、安全的信息传递，有效、科学的信息处理，均衡、有效地提高城市运行和管理效率，改善城市公共服务水平，从而跨越式地提高城市发展的创新性、有序性和持续性，形成低碳城市生态圈，构建城市发展的新形态，使整个城市像一个有智慧的人那样，具有较为完善的感知、认知、学习、成长、创新、决策、调控能力和行为意识，使绝大多数市民都能享受到智慧城市的服务和应用。

0.5　智慧城市基本社会架构

智慧城市的基本社会架构，主要包括：

a.社会结构：社会结构构成要素优化配置、协调发展，社会体系功能均衡、完善，社会秩序有效、创新，社会成员互动、和谐，形成同一的智慧城市基本价值规范体系；

b.社会生态：社会发展与生态环境相适应，人与生态环境互惠、调适，人与社会系统能动、和谐，社会文化环境适应智慧城市基本的价值规范体系，形成正向、有序的社会生态演化路径；

c.社会形态：社会各构成形态与社会环境之间公平发展，公共服务均衡、普适，社会资源配置共享、优化、有效，形成有序、有效、公平、合理的社会发展机制；

d.信任体系：可信的信任评估机制，有效的风险管理措施，可靠的法律救济体系，建立人与人、人与社会之间的完善的信任体系。

0.6　智慧城市基本技术架构

智慧城市的基本技术架构，主要包括：

a.泛在网络：智慧城市的基本架构，是以泛在网络建设为基础的。采用有线、无线等多种网络通信技术，整合、建设无所不在的智慧城市网络基础设施，使市民都能够随时、随地畅通的使用网络；

b.物联网络：物联网络是基于泛在网络实现智慧应用的基本框架，支撑智慧城市各个层面的相互协同、资源共享及各类应用集成和融合；

c.大数据交换与共享服务：大数据交换与共享是智慧城市的核心。在智慧城市的大量应用中，可能产生大量复杂的同构或异构数据，各项公共服务间生成频繁、复杂的数据交换和业务协同，大数据交换提供统一的数据交换标准，借助各种数据管理技术和策略，实现多源数据的共享、交换、集成，从而全面整合资源，实现高效业务协同；

d.智慧城市运营平台：智慧城市运营平台是城市市民获得智慧服务的通道，是基于泛在网络架构，整合各种构成的平台、不同结构的信息和资源，提供具有统一、公用、开放标准的跨行业、跨领域的、完善的智慧服务功能，为市民提供智能化的服务；

e.智慧城市应用

智慧城市应用是资源整合、业务协同形成的不同领域（行业）应用体系，通过智慧城市运营平台，实现城市管理互联化、感知化、智能化和人文化；

f.智慧城市安全：保证智慧城市的信息安全，是保证智慧城市应用普适化的关键。需要建立统一、系统、整体的深层次信息安全防御体系；

0.7 智慧城市基本治理架构

智慧城市的基本治理架构，主要包括：

a.法律保障体系：适应智慧城市基本社会架构，形成完善的基于智慧城市基本价值体系的有效的秩序建构；

b.社会自组织：适应智慧城市基本价值体系，形成社会内部各种要素、各种形态的自我调整、自我约束；

c.社会管理：在建构智慧城市法律保障体系基础上，实现多元利益主体对社会事务、社会组织、社会生活的规范化管理；

d.智慧城市规范：智慧城市建设和运营，应在各种完善的法规、标准、规范保障下实施。同时，建立智慧城市建设评估监督机制，建立统一的评估考核标准，健全项目建设监督管理机制。

0.8 本标准基本架构

基于智慧城市的基本认知，以技术为支撑，以管理为主线，以服务为核心，形成智慧城市标准体系总体架构，并据此形成智慧城市标准体系总体框架。

智慧城市标准体系框架内各标准体系间可能存在重复，需要在标准研制中，提取共性的特征部分，形成统一的标准，抑或各标准体系依据相关特征各自表述。

0.9 本标准基准

本标准应作为智慧城市标准体系研制的基准，其内容并不一定完全适用，也可能需要本标准未涵盖的内容。标准使用者宜根据实际情况剪裁、调整、修正，并与本标准的条款相互印证，以期达到标准的可用性、可操作性和普适性目标。

$\mathcal{C}$ontents 目　录

智慧城市标准体系框架

1 范围

本标准规定了智慧城市标准体系建设原则、标准体系总体架构、标准体系总体框架的一般要求和规则。

本标准适用于指导智慧城市标准体系建设。

2 术语和定义

2.1 智慧 intelligent

依据智力、知识、经验等快速、灵活、清晰、准确地理解和处理事务的能力。

2.2 智慧城市 intelligent city

以智慧化服务为核心，以知识社会创新为导向，以新一代信息技术为支撑，优化配置资源，平衡社会需求，实现城市规化、治理、运营，人文环境建设的智能化。

2.3 云 cloud

在智慧城市中，云是以资源整合为核心，基于泛在网络实现的可用、便捷、按需服务模式。

2.4 总体架构 general architecture

智慧城市标准体系的构成结构，指导标准体系框架完整性、关联性和约束机制设计。

2.5 框架 framework

智慧城市标准体系内的标准构成和层次结构。

3 构成原则

3.1 适用性

适用先进成熟的科学技术、创新的管理思想和"以人为本"的服务

理念;

3.2　前瞻性

跟踪社会发展、科技进步，适度前瞻;

3.3　相关性

标准体系内各个标准之间是相关的，体现标准体系框架的整体性、完整性;

3.4　开放性

标准体系是开放的，适应社会发展、科技进步;

3.5　普适性

标准体系具有一般意义的普遍适用规则。

4　标准层次

智慧城市标准体系总体框架主要包括3个层次:

a）已发布实施、已完成、编制中的国家、行业、地方标准、规范;

b）已发布实施、已完成国家、行业、地方标准、规范修订;

c）研制适用的新一代标准体系。

5　总体架构

智慧城市标准体系总体架构，宜如图1示。

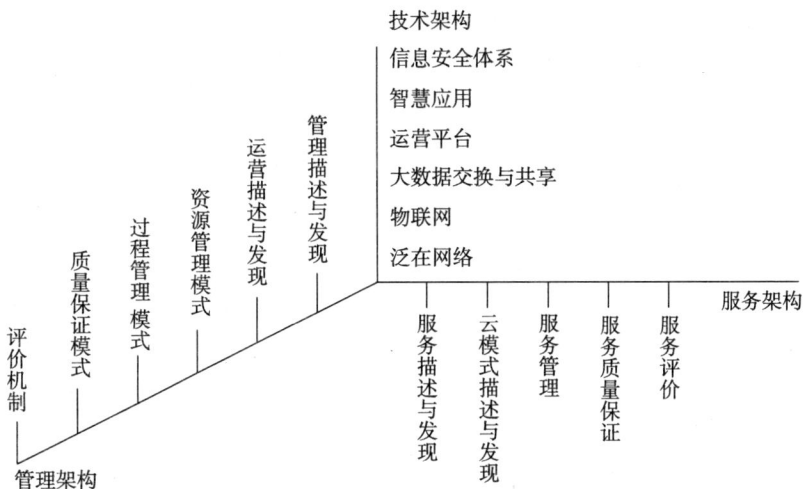

图1　智慧城市标准体系总体架构

6 总体框架

6.1 标准体系框架

智慧城市标准体系基本框架，宜如图2所示。

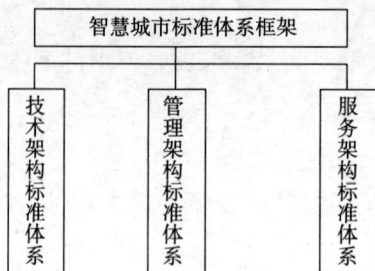

图2 智慧城市标准体系框架

6.2 技术架构

6.2.1 总体框架

技术架构标准体系总体框架，宜如图3所示。

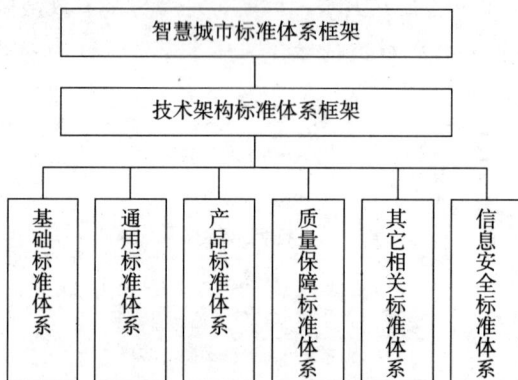

图3 技术架构标准体系总体架构

6.2.2 标准体系描述

a）基础标准体系：技术架构标准体系中具有广泛使用范围，并可作为其它标准的依据和基础的标准簇。如术语标准体系、泛在网络标准体系、物联网标准体系、大数据标准体系等，包括体系结构、基础架构、存储架构、数据库技术、数据管理技术、虚拟技术、图形图像技术、资源整合配置等等元素的约束规则；

b）通用标准体系：技术架构标准体系中具有同一的共性特征，实现标准间互操作性的标准簇。如泛在网络接口标准体系、物联网接入标准体系、数据交换标准体系、智慧城市应用标准体系、测试标准体系、多标准融合体系等，包括接口标准、系统互联、物联网通信、数据交换、应用系统、IT标准与相关标准的互操作性、智慧城市要素的测试标准等等智慧城市构件的约束规则；

c）产品标准体系：智慧城市建设中涉及各类产品的规格、结构、工艺、质量、检测等的标准簇。如智能传感器、芯片、智能终端、安全等等；

d）质量保障标准体系：智慧城市全生命周期质量保障标准簇。如技术提供、技术支持、项目交付、过程管理等标准体系，包括设备、项目、人员、流程等要素的约束规则；

e）其它相关标准体系：与智慧城市相关的其它标准簇，如环保、卫生等等；

f）信息安全标准体系：智慧城市整体信息安全防御体系、信息安全管理体系及个人信息安全标准簇。如安全设备规范、安全技术标准体系、安全管理标准体系、个人信息安全标准体系等等。

6.3 管理架构

6.3.1 架构描述

6.3.1.1 管理描述与发现

a）智慧城市相关环境（建设、运营等）的发现、描述；

b）智慧城市相关管理模式、管理机制、管理策略的发现、描述；

c）智慧城市运营管理体系的发现和描述等。

6.3.1.2 运营描述与发现

a）智慧城市运营环境的发现、描述；

b）智慧城市运营战略、架构、运营设计的发现、描述；

c）智慧城市运营管理机制、策略、模式的发现、描述；

d）智慧城市运营模式评估方式的发现、描述等。

6.3.1.3 资源管理模式

a）资源分类、编码模式和策略；

b）资源整合管理机制、模式；

c）资源配置机制和策略；

d）资源开发策略、模式；

e）资源安全策略等。

6.3.1.4　过程管理模式

a）基于PDCA的智慧城市全生命周期过程管理；

b）智慧城市全生命周期的过程跟踪、追溯、监控等。

6.3.1.5　质量保证模式

a）智慧城市全生命周期的质量管理模式、保证措施；

b）智慧城市质量保证模式的评估策略、机制等。

6.3.1.6　评价机制

a）智慧城市全生命周期的评价模式、策略和机制；

b）评价质量保证措施等。

6.3.2　总体框架

管理架构标准体系总体框架，宜如图4所示。

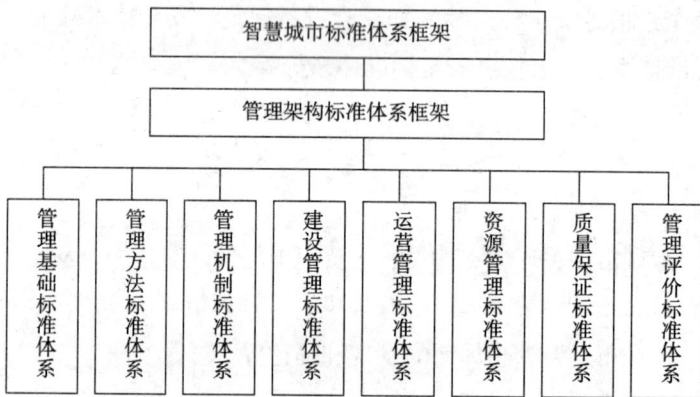

图4　管理架构标准体系总体架构

6.3.3　标准体系描述

a）管理基础标准体系：智慧城市全生命周期管理活动中具有共性特征的标准簇，如管理分类和代码规范、组织结构管理规范、业务分类和协同管理规范、人力资源管理规范、文档管理规范等等，包括管理融合和分类、体系规划和管理、机构设置和管理、业务整合协同、人员管理等等要素的约束规范；

b）管理方法标准体系：智慧城市全生命周期管理活动中管理方法的标准簇，如政务应用管理标准体系、经济运行管理标准体系、社区管理规范、社会治理规范、过程管理规范、法律保障体系等等，包括组织、计划、创新、决策等等要素的约束规则；

c）管理机制标准体系：智慧城市全生命周期管理活动中管理机制的标准簇，如统一且个性化政治、经济、社会、公众管理机制标准体系，包括制度、职责、职能、激励、行为、监督等等要素的约束和规则；

d）建设管理标准体系：智慧城市建设生命周期管理活动中管理工作的标准簇，如工程项目管理规范、工程监理规范、工程市场管理规范等等，包括规划设计、招投标、项目质量、过程管理、测试验收、市场管理和权益等等元素的约束规则；

e）运营管理标准体系：智慧城市运营过程中管理活动的标准簇，如运营平台架构设计规范、运营平台支撑体系设计规范、运营平台接入标准、运营平台管理标准体系等等，包括运营设计、计划、管理、控制、保障等等要素的约束规则；

f）资源管理标准体系：智慧城市全生命周期中资源管理活动的标准簇，如资源分类编码标准、资源采集获取规范、资源整合配置规范、资源呈现分布规范、资源管理规范等等，包括资源目录、规划、识别和获取、整合机制、管理机制、开发、安全等等元素的约束规则；

g）质量保证标准体系：智慧城市全生命周期质量保证标准簇，包括设备、过程、项目、资源、管理等等要素的约束规则；

h）管理评价标准体系：智慧城市全生命周期管理活动的符合性、目的有效性评估的标准簇。

6.4 服务架构

6.4.1 架构描述

6.4.1.1 服务描述与发现

a）智慧城市建设、运营中，服务需求、服务协议、服务能力的发现、描述；

b）智慧城市建设、运营中，服务提供、服务交付、服务支持的发现、描述；

c）智慧城市建设、运营中，服务资源整合、优化、配置的发现、描述。

6.4.1.2　云模式描述与发现

a）云服务的基本特征、云服务基本架构的发现、描述；

b）云服务模型、形式、流程的发现、描述；

c）云服务资源的特征、配置、共享的发现、描述；

d）云服务过程中，业务协同模式的发现、描述。

6.4.1.3　服务管理

a）智慧城市建设、运营服务中，服务环境、服务需求管理；

b）智慧城市建设、运营中，服务管理体系的建立；

c）智慧城市建设、运营服务中的服务模式、服务机制、控制机制；

d）智慧城市建设、运营服务流程；

e）智慧城市建设、运营中，服务资源、业务协同管理；

f）智慧城市建设、运营服务中的知识管理。

6.4.1.4　服务质量保证

a）智慧城市建设、运营服务中的质量保证模式、机制；

b）智慧城市建设、运营服务中的过程管理模式。

6.4.1.5　服务评价

参见6.3.1.6。

6.4.2　总体框架

服务架构标准体系总体框架，宜如图5所示。

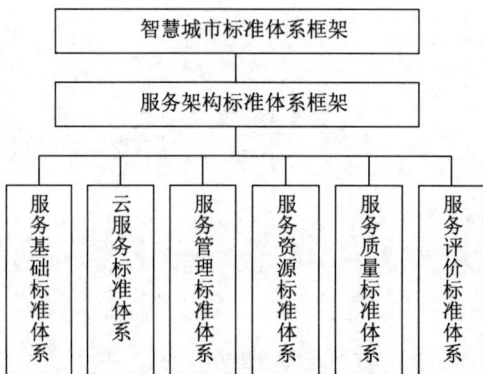

图5　服务架构标准体系总体架构

6.4.3　标准体系描述

a）服务基础标准体系：服务标准体系中其它服务标准的基础，具有广泛指导意义的标准簇。如服务分型分类编码标准体系、服务资质规范体系、公共服务信息规范、服务设施准备和服务环境规范等等，包括服务提供、服务交付、服务支持各个阶段基础元素的约束规则；

b）云服务标准体系：基于泛在网络的全分布式、按需服务标准簇。如云架构设计规范、云服务发现和提供规范、云服务内容提供标准、云服务识别和追溯规范、云接口和接入规范等等，包括云服务基本架构、规划、模式、形式、内容等等元素的约束规则；

c）服务管理标准体系：智慧城市建设、运营中，规范服务管理全生命周期活动的标准簇。如服务管理基本要求规范、服务管理实施细则、分行业特征服务标准体系等等，包括服务需求、协议、等级、管理体系、服务规则等等要素的约束规则；

d）服务资源标准体系：智慧城市建设、运营中，规范服务管理中相关资源管理的标准簇。如资源分类编码规范、资源呈现识别规范、资源采集获取规范、资源配置和追溯标准、资源评价标准等等，包括服务资源识别、获取、公共资源分类编码、优化配置等等要素的约束规则；

e）服务质量标准体系：智慧城市建设、运营中，规范服务管理质量的标准簇；

f）服务评价标准体系：智慧城市全生命周期服务管理活动的符合性、目的有效性评估的标准簇。

7 规则

a）智慧城市标准体系框架内各标准体系、标准体系内各标准是相互关联。在标准建设中，应充分考虑标准间的相互关系、标准环境的关联度；

b）某项标准体系、标准建设，若尚未建立智慧城市标准体系框架内的关联关系，则应尽可能地涵盖必要的标准要素，一俟建立了相应的关联关系，再行修订；

c）智慧城市标准体系建设，应特别注意用词、用语的语境，适应智慧城市建设、运营中新技术、新概念的应用。

附录A
（资料性附录）
智慧城市总体框架示例

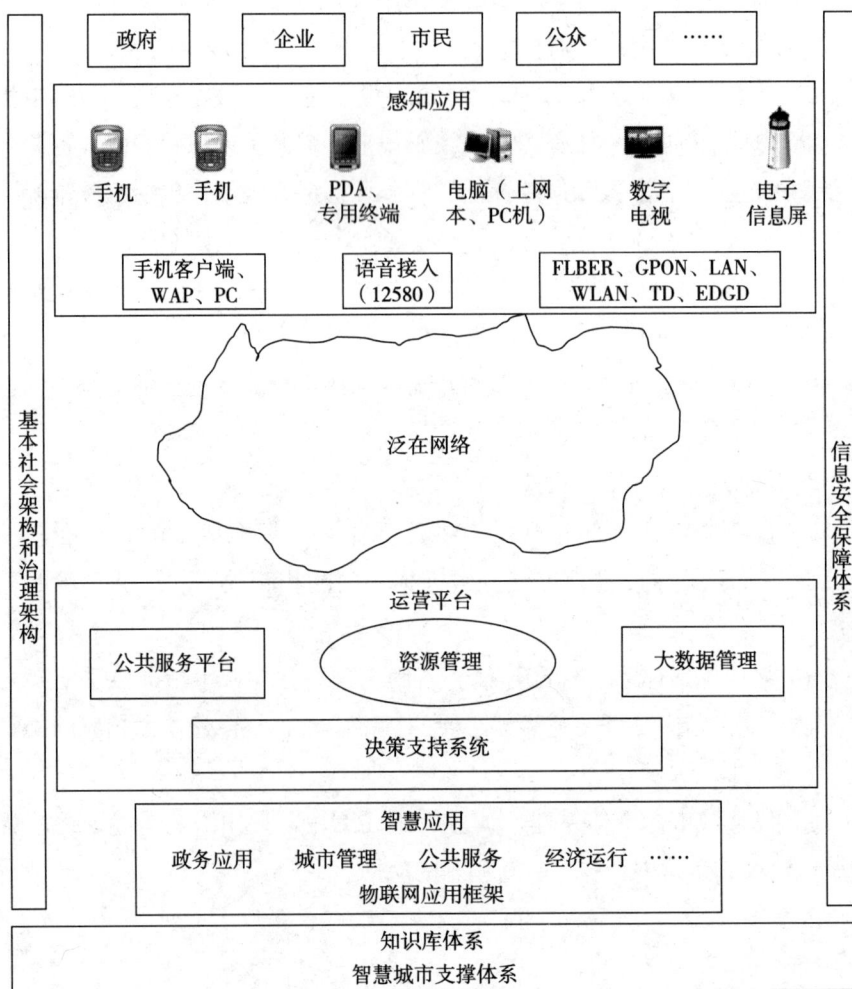

| 政府 | 企业 | 市民 | 公众 | …… |

感知应用

手机　　手机　　PDA、专用终端　　电脑（上网本、PC机）　　数字电视　　电子信息屏

| 手机客户端、WAP、PC | 语音接入（12580） | FLBER、GPON、LAN、WLAN、TD、EDGD |

泛在网络

运营平台

| 公共服务平台 | 资源管理 | 大数据管理 |

决策支持系统

智慧应用

政务应用　　城市管理　　公共服务　　经济运行　　……
物联网应用框架

知识库体系
智慧城市支撑体系

基本社会架构和治理架构

信息安全保障体系

附录B
（资料性附录）
智慧应用标准体系示例

A.1 智慧应用

在智慧城市运营中，智慧应用以多业态分布。行业种类、数量庞大、繁杂，且存在行业分化、聚集、重组的演化机制。行业特征明显，行业与行业间存在关联，因而，智慧应用统一于智慧城市运营平台，智慧应用标准化建设基于智慧城市总体架构。

A.2 总体架构

虽然行业特征明显，各具特色，但在智慧应用研发中，可以基于智慧城市总体架构，提取共性的技术特征，规范统一的研发路径。

智慧应用标准体系总体架构设计，以通用要求提纲挈领，贯穿多业态智慧应用，构成体系的整体框架，享有文本优先权，保证各行业智慧应用的连续性、关联性。

a.通用要求：基于智慧城市总体架构，定义同一的智慧应用研发技术架构、技术路线、功能设计、代码及系统安全、接口设计等等及其它智慧应用研发共有技术特征的约束规则；

b.行业应用：基于不同的行业特征、智能化需求、与其它行业的关联等，定义相应行业智慧应用研发应遵循的准则。

A.3 标准体系

智慧应用标准体系框架，可以设计为：

智慧应用 第1部分：通用要求

智慧应用 第2部分：行业 交通

智慧应用 第2部分：行业 医疗

智慧应用 第2部分：行业 ……

……………

参 考 文 献

[1]智慧城市标准体系框架及核心标准参考集　工信部电子工业标准化研究院等

DB

IT服务标准辑录

地 方 标 准

DB×× /× ××××－××××

智慧应用 第2部分：行业 城市管理

Intelligents application Part 2: Code Urban management

（报批稿）

××××－××－×× 发布　　　　　　　××××－××－×× 实施

发布

前　言

　　本标准依据GB/T1.1—2009《标准化工作导则　第1部分：标准的结构与编写》制定。

　　本标准由大连市经济和信息化委员会提出。

　　本标准由辽宁省经济和信息化委员会归口。

　　本标准主要起草单位：大连云帆科技有限公司、大连软件行业协会、大连金州新区市政管理处

　　本标准主要起草人：孙先锋、路新一、崔海军、任晓栋、孙鹏、尹宏、牟楠、王玉石、白毅

引　言

0.1　综述

城市管理是基于法律、经济、行政、技术等的管理机制运用，通过政府、市场与社会的互动，决策引导、规范协调城市运行和发展的管理、服务、运营活动和行为。

本标准采用狭义的城市管理定义，即与城市规划、城市建设及城市运行相关联的城市基础设施、公共服务设施和社会公共事务的管理，包括对市容环境、园林绿化、市政公路、城市排水、河道、公共客运交通、道路交通安全、社区公益性服务设施与社区环境等实施的管理。

0.2　智慧城市管理

智慧城市管理是智慧城市的重要组成部分。是新一代信息技术支撑、知识社会创新2.0环境下的城市管理新模式。通过新一代信息技术支撑实现全面透彻感知、宽带泛在互联、智能融合应用，实现社会模式创新、管理模式创新、服务模式创新的智能化、可持续发展的城市管理新模式。

0.3　智慧城市管理基础

依据DB21/T ××××《智慧城市标准体系框架》，智慧城市管理的基础和核心，包括：

a.城市管理中各种基础部件、元素的整合。如道路养护、园林绿化所涉及的各种部件，市政管理中的各种元素等等的统一规划、整合；

b.城市管理中相关资源的整合。城市管理涉及城市运行所需各种资源的统一规划、整合、配置。

0.4　智慧城市管理架构

依据DB21/T ××××《智慧城市标准体系框架》，智慧城市管理包括3个部份：

a.智慧的管理架构：实现城市管理的管理模式创新、服务模式创新、知识创新和城市运行模式创新，发挥城市整体优势和聚集效应，使整个城市系统高效、有序、智能化协调运行；

　　b.技术支撑架构：基于新一代信息技术实现全面透彻感知、宽带泛在互联、智能融合应用，支撑城市管理智能化；

　　c.智慧管理的治理架构：实现多元利益主体在城市运行中对社会事务、社会组织、社会生活的规范化管理。

0.5　标准架构

　　智慧城市标准可形成系列化标准体系。本标准提炼城市管理中共性的约束规则形成，以期为后续标准研制提供参照，并为一般性智慧城市管理构建标准框架。

　　依据DB21/T ××××《智慧城市标准体系框架》，基于智慧城市管理的基本认知，智慧城市管理标准总体架构应如图1示，并据此在后续标准研制中逐步规范化。

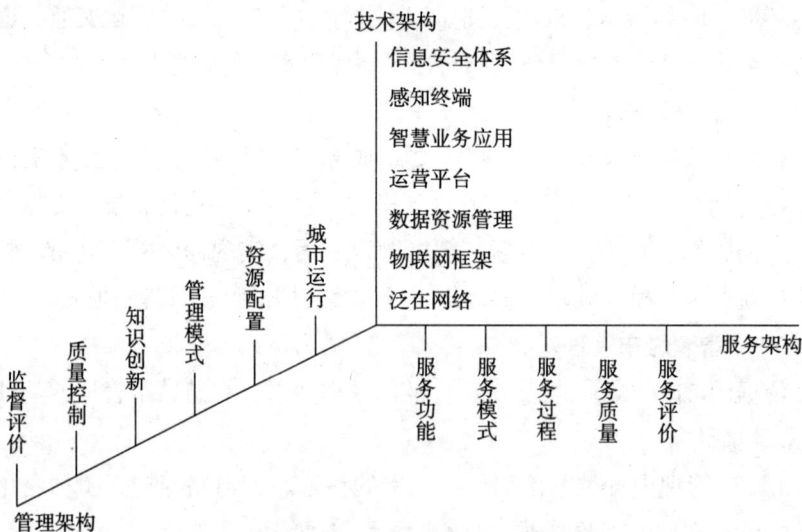

智慧城市管理标准总体架构

0.6　标准基准

　　本标准可作为智慧城市管理标准体系研制的基准。在智慧城市管理中，本标准内容并不一定完全适用，也可能需要本标准未涵盖的内容。标准使用者宜根据实际情况剪裁、调整、修正，并与本标准的条款相互印证，以期达到标准的可用性、可操作性和普适性目标。

C *ontents* 目 录

智慧应用 第2部分：行业 城市管理

1 范围

本标准规定了智慧城市管理总体架构、资源管理、业务管理、终端管理、信息安全、城市管理、公共服务、知识创新和评价的一般要求和规则。

本标准适用于智慧城市管理相关人员。

2 规范性引用文件

下列文件对于本文件的应用是必不可少的。凡是注日期的引用文件，仅所注日期的版本适用于本文件。凡是不注日期的引用文件，其最新版本（包括所有的修改单）适用于本文件。

DB21/T ××××《智慧城市标准体系框架》

3 术语和定义

DB21/T ××××界定的以及下列术语和定义适用于本标准。

3.1 城市管理 urban management

通过政府、市场与社会的互动，对城市行政辖区内一切人、事、物的管理活动的总称。

3.2 城市部件 urban component

城市行政辖区内城市基础设施和公共服务设施相关的物理元素。

3.3 管理元素 management element

城市行政辖区内除城市部件外，与城市管理相关的其它城市构件、环境和社会因素等。

4 总体架构

4.1 IT基础平台

应基于智慧城市总体规划，系统、科学、规范地统一、整体规划、设计承载智慧化城市管理的IT基础平台，以保证信息化基础的无缝整合。

4.2 架构设计

应依据城市自然特点、城市管理特征合理、适宜地规划设计智慧城市管理总体架构，避免因过分追求技术、产品、市场造成资源、投资浪费。

4.3 标准化

在智慧城市管理整体架构规划、设计、建设中，应遵循基于DB21/T ××××的基本原则形成的各类标准体系确立的约束规则，系统、科学、规范、完整地实施。

5 资源管理

5.1 综述

在智慧城市管理总体架构规划、设计中，应充分考虑城市资源的采集、整合、处理，保证智慧化城市管理中资源的优化、按需配置。

5.2 元素类型

实现智慧化城市管理的相关元素，包括2类：

a）城市部件：城市基础设施、公共服务设施相关的物理元素；

b）城市管理元素：除城市部件外，城市基础设施、公共服务设施和社会公共事务中构成管理元素的各种事物，如人员、组织、制度、专业（职业）、服务……

5.3 资源类型

实现智慧化城市管理相关资源，包括4类：

a）城市管理资源：城市管理所涉及的所有有形、无形资源，包括城市部件；

b）知识资源：城市管理所涉及的相关知识、技能、智力等资源；

c）人文资源：城市管理相关的社会传统、文化等资源；

d）其它资源：与城市管理相关的其它各类资源。

5.4 资源规划

应基于智慧城市总体规划，系统、科学、规范地统一、整体规划、设计资源管理平台，以保证智慧城市管理核心和基础的可用性、可靠性。

5.5 资源管理

5.5.1 采集

应建立规范化的资源采集标准，系统、完整、科学、合理的采集各类资源，建立统一的资源集。

5.5.2 整合

应建立规范化的资源整合机制，系统、完整、科学、合理的整合各类离散、孤立、封闭的资源，形成统一的资源集。

5.5.3 配置

应建立规范化的资源配置策略，依据智慧城市管理的需要，合理配置、优化配置、按需配置。

5.6 大数据

应建立城市管理相关大数据采集、存储等管理策略，及大数据分析、挖掘、使用策略。

6 业务管理

6.1 综述

城市基础设施、公共服务设施和社会公共事务，如市容环境、园林绿化、市政公路、城市排水、河道、公共客运交通、道路交通安全、社区公益性服务设施与社区环境等业务应用系统，应基于统一的规划、设计，保证智慧城市管理中业务系统应用的协同性，信息资源的共享和优化配置。

6.2 规划设计

应基于城市管理的总体需求，系统、完整地规划、设计智慧城市管理业务系统的整体架构，并根据各业务系统的个性特征，在业务系统整体架构内规划设计相应的业务系统。

6.3 实施

各业务系统上线运行前，应经充分论证、调试、试运行，且文档齐全、完整、清晰。

注1：在智慧城市管理业务系统整体架构下，各业务系统是相互关联的。

7 终端管理

应基于智慧城市总体规划，统一规划、部署电子标签、智能传感器、二维码，及移动终端、视频等多种信息采集设施，自动感知、采集、处理城市管理各种信息。

8 信息安全

应基于智慧城市信息安全总体规划，建设系统、整体、深层的智慧城市管理信息安全防御体系、信息安全管理体系和个人信息安全管理体系，保障城市管理信息资源、个人信息资源的安全。

9 城市管理

9.1 架构设计

应基于智慧城市总体规划，梳理、分析现有城市管理架构，设计、重构适宜的智慧城市管理架构，以适应城市智慧化的管理需求。

9.2 流程设计

应基于智慧城市管理特征，梳理、分析现有城市管理流程，设计、重构适宜的创新型智慧城市管理流程，以适应智慧城市服务需求。

9.3 管理模式

应基于智慧城市管理特征，梳理、分析现有异同管理模式，设计、整合、重构统一的创新型智慧城市管理模式。

9.4 管理规范

智慧化城市管理重构，应遵循基于DB21/T xxxx的基本原则形成的各类标准体系确立的约束规则，系统、协同、科学，保证智慧化城市管理架构的统一、完整、规范。

10 公共服务

10.1 服务类型

在城市管理中，公共服务类型主要包括：

--基础公共服务

--经济公共服务

--公共安全服务

--社会公共服务。

10.2 框架设计

应基于资源管理平台，构建统一的公共服务框架，各类公共服务资源高度共享、优化配置，各类公共服务相互协同、整合，实现智慧化的公共服务。

10.3　流程设计

应基于统一的公共服务框架，依据公共服务的不同特征，梳理、重组相应的服务流程，以适应智慧城市管理提供公共服务的需求。

10.4　服务模式

应基于统一的公共服务框架和各类公共服务特征，梳理、分析现有异同服务模式，设计、整合、重构统一的创新型智慧城市管理公共服务模式。

10.5　质量目标

应基于统一的公共服务框架、各类公共服务特征和智慧化需求，构建统一的质量管理体系，明确不同服务的质量目标，以保证智慧化公共服务的质量。

10.6　过程管理

在提供智慧化公共服务过程中，应创新性运用PDCA模式，明确相应的服务目标，持续改进、提高、完善智慧化服务。

10.7　价值体系

基于智慧城市总体规划，在提供智慧化公共服务中，应逐步推进新型的、适于智慧化城市管理的价值体系建设。

10.8　服务规范

智慧化公共服务，应遵循基于DB21/T xxxx的基本原则形成的各类标准体系确立的约束规则，系统、协同、科学，保证智慧化公共服务的统一、完整、规范。

11　知识创新

在城市管理智慧化过程中，应根据研究、实践创新知识，引导科技、管理、秩序和标准规范创新，引导智慧城市管理科学发展。

12　评价

在智慧化城市管理中，应建立相应的评价机制，以保证智慧化城市管理的可持续和科学发展：

a）应遵循基于DB21/T xxxx的基本原则形成的各类标准体系确立的评价规则；

b）应建立相应的评价机制，包括组织、机构、人员、职责、流程等等；

c）应建立过程跟踪机制，跟踪、监督智慧城市管理全过程；

d）应建立自我评价机制，全面评价智慧城市管理全过程；

e）宜引进第三方评价机制，充分保证智慧城市管理的可用性、可靠性。

附录A
（资料性附录）
智慧城市总体架构示例

智慧城管总体架构如图A.1示：

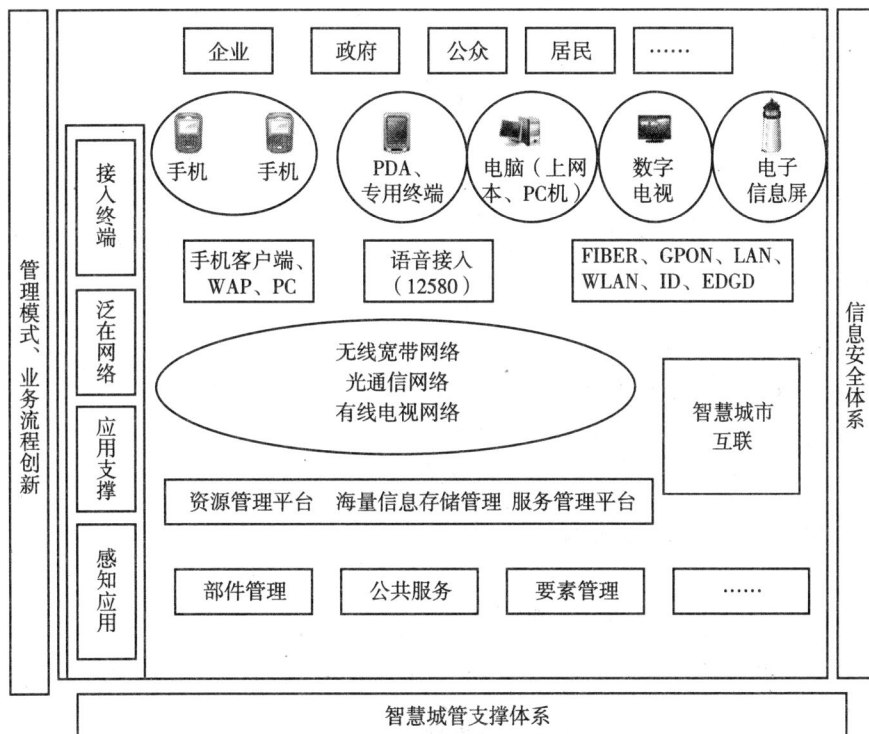

智慧城管总体架构图

智慧城管总体架构主要包括四部分：

A.1 城市管理架构

城市基础设施、公共服务设施和社会公共事务，构成城市社会经济发展的环境，基于这一环境的城市经济社会发展的基础是社会管理。涉及各种社会形态、社会阶层、市民和劳动力、资本、社会生活和经济活动基础设施等。因而，智能化社会管理需要创新社会管理模式，梳理、重组业务管理流程，规范城市部件、元素管理，构建适应智能化城市管理的新的城市管理架构。

A.2　智能化城市管理基础架构

基于泛在网络构建物联网基本架构，搭建智能化城市管理平台，实现信息感知、信息整合、资源优化整合、信息分析处理及服务、指挥、监察的智能化城市管理基础架构。

智能化城市管理基础架构包括：

a）泛在网络

采用有线、无线等多种网络技术，整合、建设无所不在、能够随时、随地畅通的智慧网络基础设施，使社会管理的触角延伸至城市的每个角落。

b）物联网络

基于泛在网络实现的智能化城市管理应用框架。基于物联网络构建城市部件、城市元素的智能应用体系。

c）数据中心

在智能化城市管理的应用中，可产生大量复杂的同构或异构数据，城市部件、元素、各项公共服务间生成频繁、复杂的数据交换和业务协同，借助各种数据管理技术和策略，实现多源数据的共享、交换、集成，从而全面整合资源，实现高效业务协同。

d）管理平台

智能化城市管理的服务重心是平台化。需要整合各种构成的平台、不同结构的信息和资源，提供具有统一、公用、开放标准的智能化城市管理服务平台，为城市管理提供智能化的服务。

e）城市管理应用

智能化城市管理应用是资源整合、业务协同形成的城市管理应用体系，通过城市管理平台，实现城市管理智能化、互联化、自动化和人文化。

A.3　信息安全体系

建设统一、系统、整体的智能化城市管理深层信息安全防御体系和信息安全管理体系。

A.4　智能化城市管理建设、运营支撑体系

智能化城市管理建设、运营应在各种完善的政策、法规、标准、规范保障下实施。同时，建立规范化的智慧城管建设、运营评估监督机制，和统一的评估考核标准，健全项目建设、平台运营监督管理机制。

大 连 软 件 行 业 标 准

DSIA04012010

PHP编程规范
（试行）

2010年11月4日发布　　　　　　　　2010年10月19日施行

大连软件行业协会

前　言

为规范PHP开发的编码风格，提高开发效率和降低开发人员的时间成本，建立统一的PHP开发标准体系，依据国际、国内相关标准、法规，参照国际、国内通行的职业技能标准制定本规范。

本规范由大连市经济和信息化委员会提出并归口。

本规范项目召集单位：大连软件行业协会。

本规范项目专家组：孙毅、郎庆斌、孙鹏、张文远、林华英、尹宏、牟楠、王宗臣

本规范主要起草单位：大连普华阳光科技有限公司

本规范起草人：张世元、齐林、陆雷

本规范于二○一○年十一月四日首次发布。

PHP编程规范

1 适用范围

本规范规定了PHP开发当中的代码编写格式、注释及命名规则、错误及异常的处理方法、性能与安全的操作准则。确立了PHP开发工作的一般原则。针对PHP开发过程当中模糊不清的约定给出了统一明确的约定指南。

本标准适用于从事PHP开发的相关企业、开发团队、教育和培训服务机构以及相关决策等机构，针对PHP开发工作进行约定、检验、鉴定以及针对PHP开发人员的技术培训。

2 定义和术语

2.1 PHP语言

PHP是基于服务端应用和创建动态网页的多用途脚本语言，可嵌入HTML，并支持主流数据库和操作系统。

2.2 程序代码

程序代码是一系列计算机系统可以识别的，人类可读的具有特定含义的计算机语言字符集合。

3 代码编写格式

3.1 代码标记

PHP程序可以使用<?php ... ?>或<? ... ?>来界定PHP代码，在HTML页面中嵌入纯变量时，可以使用<?=$variablename?>这样的形式。

3.2 缩进

PHP程序中缩进宜按标准键盘的1个"TAB"键，即4个空格为单位，一段程序中不应出现两种缩进的规则。

3.3 长度

a）单个函数的有效代码长度应控制在100行以内，不包括注释行。

b）单个类的有效代码长度应控制在1500行以内，不包括注释行。

3.4 行宽

每行PHP代码的行宽宜设置为80个字符。

3.5 间隔

a）操作符两端应各空一个字符。

b）相应独立的功能模块之间应使用注释行间隔，并标明相应内容。

c）程序体上下之间应加入一个空白行，不应使用多空行。

3.6 对齐

a）关系密切的代码行应对齐，例如类型、修饰、名称、参数等。

b）连续赋值时应对齐操作符。

c）方法参数过多时应在每个参数的逗号后换行并对齐。

d）控制或循环中的条件大于行宽时，应在操作符前换行，对齐并注释相应条件。

e）变量定义应通过添加空格对齐操作符，同一类型的变量应放在一起。

3.7 括号

a）小括号（"（）"）使用过程中，"（"应和函数的关键词紧贴在一起，除此以外宜使用空格将"（"同前面的内容分开；右括号"）"除后面是"）"或者是"."以外，其它内容应一律用空格隔开；

b）大括号（"{ }"）中的语句应单独作为一行，其中："{"应紧跟语句后；"}"应单独一行与程序体第一个字符对齐，并说明相应匹配的功能模块；

c）较长的方法以及类、接口等的"}"后应使用//end ...等标识结束。例如：

类的结束符：}//EOC ClassName，

方法结束符：}//end methodName()，

功能块结束：}//end if...userName is null?循环体结束：}//end for...every user in userList

示例：

```php
<?Php //代码标记 3.1
//缩进 3.2------------------------------------------------
for($i = 0; $i < $length; $i++){
if($i > 0){
$n = $i;
}
}
//变量对齐 3.6---------------------------------------------
$count    = 100;
$length   = 0;
$user_name = null;
$porduct  = array(); //声明数组
//参数对齐 3.6---------------------------------------------
getConnection($url,
        $user_name,
        $password){
} //getConnection（）结束
//换行对齐 3.6---------------------------------------------
$sql = "SELECT * ".
    " FROM TProduct WHERE Prod_ID = ".
$prod_id;
//条件对齐------------------------------------------------
if( Condition1    //当条件一
   && Condition2  //并且条件二
|| Condition3){ //或者条件三
...
}
//操作符两边空格-------------------------------------------
$result = (($a + 1) * 3 / 2 + $num).'Test';
$condition ? func1($var) : func2($var);
?>
```

4 注释

4.1 预注释

预注释中，应包括程序名称、程序版本及修订版本号、CVS（版本控制系统）控制字符串、更新时间等信息内容。在预注释中，宜放入相应的CVS控制字串，以方便CVS提交时自动更新。宜采用多行注释的方式。

预注释示例代码：

```
/*
开发组名称和版权声明等
$RCSfile:forumdisplay.php,v $
    $Revision:1.75$
$Date:2006/02/23 13:44:02$
*/
```

4.2 类、接口注释

在类、接口定义之前，应做相应注释，包括类、接口的目的、作用、功能、继承于何种父类，实现的接口、实现的算法、使用方法、示例程序等。

类、接口注释示例代码：

```
/**
 * 字符串实用类
 *
 * 定义字符串操作时所需要用到的方法，如转换中文、HTML 标记处理等。
 *
 * @author $Author: l_walker$
 * @version $Revision: 1.2 $ $Date: 2003/05/15 02:10:27 $
 */
public class StringUtil{
…
}
```

4.3 函数方法注释

a）应明确该方法的功能、作用、各参数含义及返回值等。

b）若在函数方法内注释复杂算法，应用/*...*/。

c）为参数作注释时应注明取值范围和返回值，还应明确相应失败、错误、异常时的返回情况。

函数方法注释示例代码：

```
/**
* 执行查询。
* 该方法调用 Statement 的 executeQuery(sql)方法并返回 ResultSet
* 结果集。
* @param sql 标准的 SQL 语句
* @return ResultSet 结果集，若查询失败则返回 null
* @throws SQLException 当查询数据库时可能引发此异常
*/
function execute_query($sql) {
//SQL 语句都不能为空
if("" != $sql){
//返回查询执行结果
return mysql_query($sql);
}
    return null;
}//end eexecute_query()
```

4.5　其它注释

程序开发中的临时代码和调试代码，应添加注释。譬如："//debug"。

其它注释示例代码：

```
$num  = 1;
$flag = TURE;
//debug
if(empty($flag)){
... //Statements
}
```

5　命名

5.1　文件

文件名应使用小写英文字母和下划线："_"，文件名不宜出现数字，不应使用纯数字命名。可用前缀来明确文件的类别及功能，例如：class_db_mysql.php。

5.2　变量

变量名中所有字母宜小写。对于一个变量使用多个单词的，应使用下划线'_'作为每个词的间隔。例如：$base_dir、$red_rose_price等。

5.3 常量

常量应全部使用大写字母命名，少数特别必要的情况下，可以使用下划线来分隔单词；例如：define("A_GLOBAL_CONSTANT", "Hello world!")；PHP的内建值TRUE、FALSE和NULL应全部采用大写字母书写。

5.4 类、接口

类和接口命名，应以大写字母开头；多个单词组成命名，单词之间不必使用间隔，各个单词首字母宜使用大写。类和接口中属性的命名方式参考本规范5.2的变量命名规范。

例如：class MyClass 或class DbOracle等。

5.5 方法、函数

函数名应一律使用小写格式，如有必要，单词之间宜使用下划线"_"进行分割；以标准计算机英文为蓝本，可使用拼音、但拼音应该语义清晰明了，不应使用拼音英文混杂的命名方式；变量命名只能是使用项目中有据可查的英文缩写方式。譬如：宜使用$data这样的形式，而不宜使用$data1、$data2这样容易产生混淆的形式，应使用$theraddata、$postdata这样容易理解的形式。

6 声明

6.1 类、接口

类的划分代码块不宜太大，避免造成过于庞大的单个类。也不宜太细，避免类的继承太深。根据类的职责，应当一个类只做一件事，每个类应写在单独一个程序文件中。宜多使用设计模式，随时重构。多个类中使用相同方法时，应将其方法提到一个接口中或使用抽象类，提高复用度。

6.2 方法

一个方法应只完成一项功能。定义系统的公用接口方法以外的方法时，应缩小其可见性。避免用一个类的实例去访问其静态变量和方法。在一个较长的方法里不应提供多个出口。不应定义过多的参数列表，应控制在5个以内。

方法的示例代码如下：

```
//不要使用这钟方式，当处理程序段很长时将很难找到出口点
if($condition){
    return "A";
}else{
    return "B";
}


//建议使用如下方式
$result = null;
if($condition){
    $result = "A";
}else{
    $result = "B";
}
return $result;
```

6.3 变量

任何变量在进行累加、直接显示或存储前应进行声明。

例如：

```
$number = 0;              //数值类行声明
$string = ' ';           //字符串声明
$array = array();        //数组声明
```

判断一个无法确定（不知道是否已被赋值）的变量时，可用empty()或isset(),不应直接使用if($switch)的形式。

6.4 常量

任何常量应在使用前声明，并且常量应在其他声明之前进行声明。

6.5 其他

在程序代码中不应直接使用有特殊含义的数字及字符串。直接使用的数字或字符串时应先定义和说明。

示例代码：

```
//错误的示例
//22和19这样的数字，很难知道它的含义，造成理解上的困难。
if (22 == $foo){
start_thermo_nuclear_war();
}else if (19 == $foo){
refund_lotso_money();
}else {
cry_cause_im_lost();
}
//正确的示例代码。
//应该用define()来给你想表示某样东西的数值一个真正的名字，
//而不应直接采用数字，这样的代码阅读起来清晰明了。
define("PRESIDENT_WENT_CRAZY", "22");
define("WE_GOOFED", "19");
if(PRESIDENT_WENT_CRAZY == $foo){
start_thermo_nuclear_war();
}else if(WE_GOOFED == $foo){
refund_lotso_money();
```

7　表达式与语句

7.1　控制语句

左大括号应与关键词同行，右大括号应与关键字同列。

if结构中，else 和 elseif 与前后两个大括号同行，左右各一个空格；另外，即便if后只有一行语句，应加入大括号，以保证结构清晰。

switch结构中，当一个case块处理后，应添加break。break的位置与case同在一行，或新起一行均可。同一switch体中，break的位置格式应当保持一致。

控制语句示例代码：

```
if($condition){
switch($var){
case 1:
echo 'var is 1'; break;
case 2:
echo 'var is 2'; break;
default:
echo 'var is neither 1 or 2'; break;
}
}elseif($condition){
switch($str){
case 'abc';
$result = 'abc';
break;
default:
$result = 'unknown';
break;
}
}else{
echo 'unknown';
}
```

7.2 循环语句

在for和while的循环使用中,对于continue、break的使用,应避免导致程序流程混乱，不易理解和维护障碍。

8 错误与异常

8.1 已检查异常与运行时异常

已检查异常应捕捉并做相应处理，不能将已检查异常抛到系统之外去处理。对可预见的运行时异常应当进行捕捉并处理。

8.2 异常错误提示设置

在软件开发和调试阶段，如果使用error_reporting(E_ALL)，宜在程序文件的头几行进行设置。

在软件发布时，应使用error_reporting(E_ERROR｜E_WARNING｜E_PARSE)作为默认的错误报告级别，利于用户使用并可将无谓错误提示出现频率降至最低。

9 测试与BUG跟踪

9.1 测试基本原则

测试要完整并且全面，应将各种可能的情况都测试通过，将可能的Bug在开发中捕捉并处理掉。测试要保证可再测试性。

测试应当对数据库等资源不留或少留痕迹。譬如：当测试添加一个用户时，在其成功后应及时从数据库中删除该记录，避免残余数据的产生。对关键功能应测试并通过。

9.2 BUG跟踪和缺陷处理

当系统出现 BUG 时，应由该 DUG 的负责人（代码负责人）尽快修改。 DUG 的处理根据其优先级高低和重要级别高低先后处理。不应隐瞒BUG。

10 性能与安全

10.1 输入与输出

当程序接受输入操作时，应检查输入数据的合法性，避免造成不合法或错误的数据存入数据库或者导致意料之外的程序操作。譬如：如果程序以用户输入的参数值做为文件名，进行文件操作，恶意输入系统文件名会造成系统损毁。

应核实对cookie的使用以及对用户数据的处理可能出现的问题，避免造成用户数据泄漏。

10.2 针对PHP.INI的规则

设置 register_globals = off

10.3 SQL语句处理规则

在程序接到参数需要进行SQL操作时，应对特殊符号做转义，尤其要注意分号(";")和单引号（"'"）的使用。

11 其它

包含调用程序文件，应全部使用require_once()或include_once()，以避免可能的重复包含问题。

12 附录

12.1 注释模板

```php
<?php
/* vim: set expandtab tabstop=4 softtabstop=4 shiftwidth=4: */
// +-----------------------------------------------------------------------+
// | PHP version 4                                                         |
// +-----------------------------------------------------------------------+
// | Copyright (c) 1997-2002 The PHP Group                                 |
// +-----------------------------------------------------------------------+
// | This source file is subject to version 2.0 of the PHP license,        |
// | that is bundled with this package in the file LICENSE, and is         |
// | available at through the world-wide-web at                            |
// | http://www.php.net/license/2_02.txt.                                  |
// | If you did not receive a copy of the PHP license and are unable to    |
// | obtain it through the world-wide-web, please send a note to           |
// | license@php.net so we can mail you a copy immediately.                |
// +-----------------------------------------------------------------------+
// | Authors: Original Author <author@example.com>                         |
// | Your Name <you@example.com>                                           |
// +-----------------------------------------------------------------------+
// $ Id $
?>
```